U0682888

宿州西关运河遗址考古发掘报告

安徽省文物考古研究所

宿 州 市 博 物 馆 编著

宿 州 市 文 物 管 理 所

科 学 出 版 社

北 京

内 容 简 介

隋唐大运河遗址穿宿州城而过。2006年4~8月，为配合宿州西关商业步行街C区建设，安徽省文物考古研究所和宿州市文物部门对涉及区域进行了考古勘探，并对此段运河遗址进行了考古发掘。本次发掘面积近600平方米，揭露出较完整的运河河堤、河坡、河道等遗迹，清理发掘水井3眼，墓葬1座，灰坑1个，出土各类遗物1500余件，取得了重要收获。本书对此次发掘资料进行了系统梳理和总结，对于运河考古研究具有重要的参考价值。

本书可供文物考古研究机构及高等院校考古、历史专业的师生阅读、参考。

图书在版编目（CIP）数据

宿州西关运河遗址考古发掘报告 / 安徽省文物考古研究所，宿州市博物馆，宿州市文物管理所编著.—北京：科学出版社，2023.6
ISBN 978-7-03-075623-7

Ⅰ.①宿…　Ⅱ.①安…②宿…③宿…　Ⅲ.①运河–文化遗址–发掘报告–宿州　Ⅳ.①K878.45

中国国家版本馆CIP数据核字（2023）第094108号

责任编辑：雷　英 / 责任校对：邹慧卿
责任印制：肖　兴 / 封面设计：金舵手世纪

科 学 出 版 社 出版
北京东黄城根北街 16 号
邮政编码：100717
http://www.sciencep.com

北京中科印刷有限公司 印刷
科学出版社发行　各地新华书店经销

*

2023年6月第 一 版　开本：889×1194　1/16
2023年6月第一次印刷　印张：18 1/4　插页：35
字数：522 000

定价：350.00元
（如有印装质量问题，我社负责调换）

目　　录

插图目录

插表目录

图版目录

第一章 概　　述

一、宿州市地理环境

宿州市位于安徽省东北部，东、北、西三面分别与江苏淮安及徐州、山东菏泽、河南商丘等市接壤，是苏鲁豫皖四省交界之地；南连安徽省蚌埠市的怀远、固镇、五河三县；西接淮北市及濉溪县。在北纬33°18′～34°38′与东经116°09′～118°10′之间。辖砀山县、萧县、灵璧县、泗县、埇桥区四县一区，总面积9787平方千米（图一）。

宿州市属于古老的华北地区南部淮北盆地一穹隆分区，地质基础比较稳定。在北部丘陵地区，可见到一些褶皱构造，轴线总体方向为北东向，形成于2亿年前的印支运动期间。由于受多次地壳运动的影响，主要地质断裂呈北东、北北东、东西向展布，形成于距今约1亿年的燕山运动第二期。郯城—庐江断裂带斜贯泗县东侧，断裂带西侧，以东西向断裂为主，东向断裂以宿北断裂规模最大，大体沿北纬33°45′的纬线展布，西自临涣以西，向东延伸至泗县与郯庐断裂交会。该断裂以北有震旦纪以下石灰岩分布，并含有部分页岩、砂岩、石英岩，构成低山缓丘；以南基本上为新生代第四纪的松散沉积物覆盖，形成地势低缓的平原。

宿州市位于黄淮平原的东南端，属淮北平原中部，地势由西北向东南略微倾斜，其中西北黄河故道两岸滩地53米，东南泗县河间洼地只有14米。地貌要素的差异较大，大体可分为丘陵、台地、平原三大类型。丘陵主要集中分布在濉河以北，面积597平方千米，集中在萧县东南部，埇桥、灵璧、泗县的北部。最高处为萧县的大官山，海拔为395米。丘陵基岩的岩性除少数为酸性和基性岩浆岩外，大多由石灰岩及少量砂页岩构成。台地主要分布在丘陵周围，面积293平方千米，可分为剥蚀堆积台地和沉积台地两类。地面先被夷平而后抬升经剥蚀堆积形成的残留阶地是剥蚀堆积台地，基本与丘陵连成一片；沉积台地主要分布于泗县墩集一带，主要由河流冲积物构成。平原是本市地貌中心的主体，8897.06平方千米。以五千分之一至万分之一的比降由北向南、由西向东呈缓状倾斜。各地的中、小地貌形态及沉积物的性质又各自迥异。大致分三种类型：一是洪积扇和洪积平原；二是黄泛平原；三是河间砂姜黑土平原。洪积平原集中分布于濉河以北丘陵之间和丘陵岗地的边缘，面积约260平方千米，基本上是第四纪以来的现代沉积，黄土覆盖于砂姜黑土之上，土质肥沃，是丘陵与岗地边缘的重要耕作地带。黄泛平原是因黄河多次溃堤决口，改道南泛长期淤积形成，面积为5657平方千米，主要分布于萧县、砀山和埇桥、灵璧、泗县的北部，是主要农业区。河间平原，面积为2980平方千米，分布于濉河以南的广阔地带，主要集中在埇桥、灵璧、泗县的南部，其形成原因是河流作用，有多条淮河支流平行穿过，将地面自然分割成条块状。平原位于两河之间，并且广泛发育着砂姜黑土。

宿州介于淮河流域与黄河流域之间，属淮河流域，全市有主要河道70多条，分别属于黄河、淮河水系。较大的河流有浍水、沱河、瀤河、濉河、奎河、新汴河、石梁河等。本市河流主要由降水补给，故汛期和雨季基本一致，每年6～9月为丰水期，当年10月～次年5月为枯水期，有些河道在冬春季节干枯断流。黄河故道是金代明昌五年（1194年）至清代咸丰五年（1855年）的一段黄河遗迹。萧砀境内的黄河故道，至今仍高出地面6～8米，一般称之为黄河高滩地，经砀山中北部沿萧县北界向东逶迤而去，成为该区南北水流的自然分界线，北面之水流入微山湖和京杭大运河，南面之水通过淮河水系的各条支流注入洪泽湖。

宿州属于水资源严重缺乏的地区，全市天然水资源总量为34.78亿立方米，占全省水资源总量的5.71%。全市多年平均地表水径流量为16.39亿立方米，径流深181.8毫米，每亩耕地占有222.02立方米。地下水资源量为19.47亿立方米，表水与地下水重复量为1.06亿立方米。

宿州地属暖温带半湿润季风气候区，主要特点是气候温和，四季分明，雨热同季，光照充足，降雨适中，但降水的年际变化较大，并且空间分布不均，而往往因为降水集中，易造成洪涝灾害。从总体上看，本市气候条件较为优越、气候资源丰富，适于多种作物和树木生长。多年平均气温为14～14.5℃，1月份平均气温最低为-0.6～0.1℃，7月份气温为27.2～27.6℃，极端最低气温小于或等于-20℃，极端最高气温大于或等于40℃。全市日平均气温≥0℃的持续期为310～313天，≥10℃的持续期为210～220天。每年无霜期平均为201～210天。光能资源丰富，本市的太阳辐射年平均值为124～130千卡/平方厘米，居全省之冠。从热量条件看，本市可以满足一年两熟或两年三熟的耕作制度的要求。本区年平均降水量在774～895.6毫米之间，一般在827毫米左右，是全省降水量最少的地区。其地理分布南多、西北少。各季降水分布极不均匀，夏季降水高度集中，容易出现暴雨，造成水土流失或洪涝灾害。年际变化较大，相对变化率保持在35%～45%。

二、宿州市历史沿革

宿州历史悠久，早在8000年前，先民就在这里渔猎耕牧、繁衍生息，燃起了人类文明的篝火。宿州的原始社会大概可分为三个时期：新石器时代偏早阶段，相当于大汶口文化时期，龙山文化时期。新石器时代偏早阶段以宿州埇桥区小山口遗址和古台寺遗址为代表，中国社会科学院考古研究所安徽队《安徽宿县小山口和古台寺遗址试掘简报》资料说明小山口遗址和古台寺遗址的早期遗存应属同一文化类型。经^{14}C测定和树轮校正，小山口早期文化分别为公元前6077～前5700年和公元前5958～前5650年，距今约8000年，是已确定的安徽省最早的新石器时代文化，具有明显的地域文化特点，目前暂定为"小山口一期文化"，处在史前"淮河文化大

系"中的源头地位。宿州大汶口文化的遗址分布较多，经过发掘的主要有萧县花家寺遗址和金寨遗址、灵璧玉石山遗址、小山口中层和古台寺中层、芦城孜遗址下层、埇桥区杨堡遗址等，还有埇桥区桃山遗址和夏疃遗址、灵璧双龙埝遗址等。龙山文化时期遗存在宿州更为密集，具有代表性的有芦城孜遗址中层、小山口上层、花家寺遗址中层、玉石山遗址上层，还有埇桥区禅堂遗址和安阳遗址、灵璧三山蒋庙遗址、泗县佘家台遗址、扬台遗址等。

夏、商和西周时期，宿州属夷的势力范围，淮夷、徐夷等部落在这里繁衍生息。岳石文化遗址，经过发掘的主要有芦城孜遗址中上层、杨堡遗址上层、萧县前白遗址下层等。商周遗址亦分布较多，埇桥区五柳遗址、西上航遗址、离山铺遗址等都是证明。帝乙、帝辛卜辞"十祀征人方"，征人方往返历程所及地名考释，有十余处地名与宿州附近相关，表明商代宿州地面上已有众多城邑。

西周至春秋时期，宿州多为宋国属地。春秋时期，有两个附属于宋国的附庸小国，即宿国与萧国。宿国是西周初期的封国，风姓，伏羲氏之后，原在山东东平县境。周庄王十四年（公元前683年），宋国将位于山东东平境内的宿国迁入域内作为附庸。这是作为地名的"宿"字第一次进入宿州的历史。《春秋》记载"（鲁庄公十年）三月，宋人迁宿"。《明嘉靖宿州志》在宿州建置的沿革中说："庄公十年宋人迁宿，移入封内，以为附庸，始国于此。"萧国，故城在今萧县西北5千米。

宿州市在战国后期属于楚，楚本为江淮间大国，经过与秦国的长期战争，其政治中心逐渐被迫自西向东转移，楚风东渐，宋国衰微，楚国疆域扩至今苏鲁豫皖交界一带，两淮之间成为其最重要的根据地。这一地区在战国时受楚文化的影响颇深。战国时期楚国铸行的异形布币有一种是殊布当圻背十货钱，俗称"楚大布"。"楚大布"在宿州屡有出土。

秦统一中国，于此广置郡县。在今淮河以北苏皖交界一带置泗水郡，今宿州市各县区大部分属于该郡，只有西北一隅的砀山属于砀郡。砀郡治所在今砀山北部，泗水郡治在宿州北部。秦代置县有：符离县（治所在今埇桥区东北），蕲县（治所在今埇桥区蕲县镇），取虑县（治所在今灵璧县高楼乡潼郡村），僮县（治所在今泗县骆庙乡潼城村），萧县（治所在今萧县西北5千米），下邑县（治所在今砀山县城东）。秦末，这里发生了大泽乡起义和楚汉战争。

宿州属于汉室发祥地。西汉，在秦郡县制的基础上实行郡国并行制。据《汉书·地理志》记载，今宿州市各县区分别隶属于徐州刺史部的临淮郡、楚国，兖州刺史部的梁国，豫州刺史部的沛郡。宿地有沛郡治及符离县（治所同秦）、竹县（治所在今埇桥区老符离集）、蕲县（治所同秦）、萧县（治所同秦）、夏丘县（治所在今泗县城东）、扶阳县和萧县（今萧县境），梁国所辖杼秋县（萧县西北老黄口）、下邑县（砀山境），楚国所辖甾丘县（治所在埇桥区北支河乡）、梧县（宿州境），临淮郡的僮县（治所同秦）、取虑县（治所同秦）。西汉末年，王莽篡夺政权，为宣扬自己受命于天而滥设行政区划，乱改地名。例如改符离为符合，蕲县为蕲城，竹县为笃亭，夏丘为归思，杼秋为予秋，甾丘为善丘，下邑为下洽等。东汉，郡国名称也有所调整，例如沛郡改为沛国，楚国改为彭城国，临淮郡改为下邳国，梁国名称依旧不变，属豫州沛国、梁国，徐州彭城国、下邳国。县基本不变，唯夏丘县由原属沛郡改属下邳国，杼秋县由原属梁国改属沛国。

三国时，宿州属魏。沛国改为新设的谯郡（曹操原籍），下邳国改为下邳郡。西晋属沛国、梁国、谯郡、彭城国、下邳国。原属谯郡的符离、竹邑、萧县划归沛国管辖。西晋末年，本地先后沦为后赵、前燕、前秦占领地区。东晋侨置郡县，行政区划混乱。南北朝，刘宋与北魏、萧梁与东魏等在本地战争连年，形成拉锯态势，初属南朝宋地，后属北周。此时的州郡范围缩小，如东魏时在今埇桥区北部置有睢南郡，领斛城、新丰二县。及至北齐武平三年（572年），本地置有潼州、夏丘郡、潼郡、蕲城郡。

隋朝统一全国，将全国州县加以省并，同时改州为郡，推行郡县两级制。本地建置有彭城郡所领符离县（治所在埇桥区东北）、蕲县、萧县（治所均同两汉）；下邳郡所领夏丘县（治所在今泗县城）；梁郡所领砀山县（治所在今砀山县城。此县为北魏时所置安阳县）。唐代前期，本地属于河南道的徐州、宋州、泗州管辖，其中符离县（治所在今埇桥区老符离集）、蕲县、萧县属徐州，砀山县属宋州，虹县（唐初析夏丘地分置虹县，后废夏丘，移虹县于夏丘故城）属泗州。随着大运河的兴起，宿州也迎来了历史上的发展高峰。宿州的诞生和发展及其建置演变，与大运河的兴衰息息相关。唐宪宗元和四年（809年），为了保护汴河的漕运，将徐州所属的符离县、蕲县和泗州所属的虹县割出，始建宿州。宿州建置初期，"初治虹，后徙治符离（埇桥）"。埇桥在交通位置上北通徐州，南达濠州（今安徽凤阳县东），是陆上南北交通的中心，又是汴水东西水上运输的咽喉。从此，宿州迎来了"地当要冲、舟车交会、帆樯如林、商旅云集"的繁华时期，迅速成为这一方的政治、经济、军事、文化中心。

五代十国期间，再度陷入南北分裂割据局面。宿州除虹县在吴、南唐的控制下（五代末并入后周），其余各县及徐州的萧县，宋州的砀山县都在后梁、后唐、后晋、后汉政权统治之下。唐末藩镇节度使朱温（后梁建立者）曾上表请求将其家乡砀山建置辉州，因此砀山一度属辉州，又改属单州（治今山东省单县）。

北宋地方行政区划为路、州（府、军、监）、县（军、监）三级制。宿州分属于京东西路与淮南东路。宋哲宗元祐元年（1086年），把虹县所属零壁镇析出建置为县，至宋徽宗政和七年（1117年），将零壁县更名为灵璧县。此时，宿州属淮南东路，下辖符离、蕲县、灵璧、临涣四县，其余萧县、砀山分别属于京东西路的徐州与单州。宋高宗绍兴十一年（1141年），宋金议和，双方以东起淮水西至大散关为界，淮北之地尽入于金，宿州成为金国南部疆土。金代基本沿用宋代三级行政区划制度，本地分属南京路及山东西路，其中宿州及所领符离、蕲县、临涣、灵璧，泗州虹县，单州砀山（金宣宗兴定元年即1217年，县城被黄水淹没，县治迁至虞山保安镇，今属河南永城），属于南京路；萧县属山东西路的徐州；以后砀山县因与单州往来有黄河隔阻，改属南京路归德府。

元朝统一中国，实行行省、路府、州县三级行政区划制度。宿州当时分属河南江北行省的归德府、淮安路及中书省济宁路，其中宿州（元世祖至元二年即1265年，废符离、蕲县、临涣三县并入宿州）、灵璧、萧县属归德府，虹县属淮安路的泗州，砀山（蒙哥汗七年即1257年，迁回旧治）属济宁路。明朝设置南北两直隶区及十三布政使司，行政区划为布政使司、府（直隶州）、县（散州及辖县）三级制。宿州，属于南京直隶区的统辖范围，其中宿州、灵璧（时为宿州属县）、虹县均属凤阳府，砀山、萧县均属徐州。清初仍沿袭明朝布政使司制度，仅改南京直隶区为江南省。康熙六年（1667年），撤销江南省分为江苏、安徽两省。宿州成为不辖县的散州，与灵璧同属安徽省凤阳府。康熙十九年（1680年），泗州州城陷没于洪泽湖，寄治盱眙。乾隆四十二年（1777年），移州治于虹县，后又撤销虹县建置并入泗州，此时的泗州已升格为直隶州。砀山、萧县属江苏省徐州府管辖。

辛亥革命后，中华民国成立。民国元年（1912年）4月，宿州易名宿县，泗州易名泗县，与灵璧县同属安徽省，砀山、萧县仍属江苏省。民国二十四年（1935年），宿县、灵璧、泗县属安徽省第六行政督察区，专员公署驻泗县；砀山、萧县属江苏省铜山行政督察区，专员公署驻徐州。抗日战争胜利后，宿县、灵璧、泗县均属安徽省第四行政督察专员区，专员公署驻宿县；砀山、萧县则属江苏省徐州专区。

中华人民共和国成立以来，最初本地属于皖北行政公署的宿县专区，下辖宿县、灵璧、泗洪、泗县、五河、怀远、砀山、萧县、永城九县，专员公署驻宿县。1952年，撤销皖南、皖北行政公署，恢复安徽省建置。宿县专区所辖砀山、萧县划归江苏省，永城划归河南省。1955年宿县专区的泗洪县被划归江苏省，江苏省的砀山、萧县划属宿县专区。1964年，以宿县、灵璧、五河各一部分置固镇县，属宿县专区。1971年，宿县专区更名为宿县地区。1977年，濉溪县划归淮北市。1979年，析宿县城关镇及郊区为县级宿州市。1983年，怀远、五河、固镇三县被划归蚌埠市。1993年，宿州市与宿县合并，仍为县级市。1999年5月，宿县地区撤销，改为省辖宿州市，辖埇桥区、灵璧县、泗县、萧县、砀山县一区四县。

三、通济渠历史及宿州段情况

通济渠又称"汴河"或"汴水"，是隋炀帝于大业元年（605年）利用旧有运河鸿沟或蒗荡渠开凿的。鸿沟是中国古代最早沟通黄河和淮河的人工运河。战国魏惠王十年（公元前361年）开始兴建，至汉代仍然存在，并能通航使用。《史记》卷二九《河渠书》载："荥阳下引河东南为鸿沟（楚汉中分之界，文颖云即今官渡水也。盖为二渠：一南经阳武，为官渡水；一东经大梁城，即鸿沟，今之汴河是也），以通宋、郑、陈、蔡、曹、卫，与济、汝、淮、泗会。于楚，西方则通渠汉水、云梦之野，东方则通沟江淮之间。"可知一二。

蒗荡渠，实为"狼荡渠"，亦作"莨荡渠"。始见于《汉书》卷二八上《地理志》载"有狼汤渠，首受沛，东南至陈入颍，过郡四，行七百八十里。……县十七：陈留，鲁渠水首受狼汤渠，东至阳夏，入涡渠"。《汉书》卷二八下《地理志》载"宁平，扶沟，涡水首受狼汤渠，东至向入淮，过郡三，行千里"。这里说明狼荡渠和颍河、涡水之间是有交汇的，并在流入涡水后，东南行千里之后注入淮水。《水经注》中也有关于蒗荡渠的记载，"阴沟水出河南阳武县蒗荡渠。……阴沟首受大河于卷县……东南至大梁，合蒗荡渠"。注文中说蒗荡渠故渎实兼阴沟、浚仪之称，且和涡水时分时合，关联密切①。

汴水，可能源于汳水，关于汳水的记载，最早在《春秋》里提到，《宋史》卷九三《河渠志》载"渠外东合济水，济与河、渠浑涛东注，至敖山北，渠水至此又兼邲之水，即《春秋》晋、楚战于邲。邲又音汳，即'汴'字，古人避'反'字，改从'汴'字。渠水又东经荥阳北，旃然水自县东流入汴水"。史念海先生认为汳水的开凿利用是在梁惠王时期②。《汉书》卷二八下《地理志》作卞水，指今河南荥阳市西南索河。《后汉书》始作汴渠。

魏晋之际，汴渠自开封东循"汳水、获水至今江苏徐州市转入泗水一道，渐次代替了古代自狼汤渠南下颖水、涡水一道，成为当时从中原通向东南的水运干道；自晋以后，遂将这一运道全流各段统称为'汴水'。隋开通济渠后，开封以东一段汴水渐不为运道所经；唐宋人称通济渠为汴河。金元后全流皆为黄河所夺，汴水一名即废弃不用"③。

西晋末年，汴渠淤塞，"（胡三省注）兵乱之余，汴水填淤，未尝有人浚治"④。东晋时期，《晋书》卷六十七《郗超传》载："（郗）超谏以道远，汴水又浅，运通不通。"

隋初，隋炀帝在大业元年（605年）开凿通济渠（图二）。《隋书》卷三《炀帝上》载："（大业元年三月）徙天下富商大贾数万家于东京。辛亥，发河南诸郡男女百余万，开通济渠，自西苑引谷、洛水达于河，自板渚引河通于淮。"《隋书》卷二四《食货》载："开渠，引谷、洛水，自苑西入，而东注于洛。又自板渚引河，达于淮海，谓之御河。河畔筑御道，树以柳。"

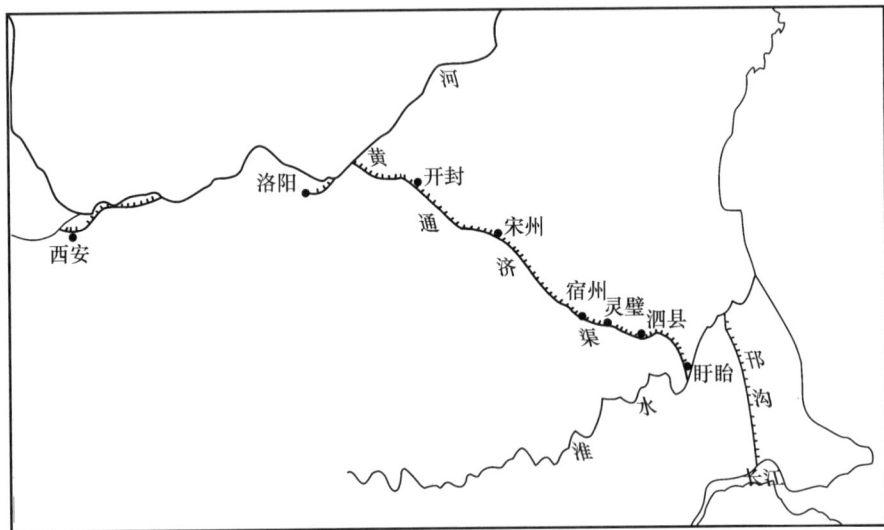

图二　隋唐时期通济渠流向示意图
（引自《中国史稿地图集》，经简化）

---

① 安徽省文物考古研究所、濉溪县文物事业管理局、淮北市博物馆：《柳孜运河遗址第二次考古发掘报告》，科学出版社，2017年。

② 史念海：《河山集（三集）》，人民出版社，1988年。

③ 辞海编纂委员会：《辞海》（1999年版），上海辞书出版社，1999年。

④ （北宋）司马光著，胡三省注：《资治通鉴》卷一百二《晋纪二十四·海西公太和四年》。

到了唐代，通济渠更名为广济渠，成为输送江淮物资的重要水道。《宋史》卷九三《河渠志》载："唐初，改通济渠为广济渠。开元中，黄门侍郎、平章事裴耀卿言：江、淮租船，自长淮西北溯鸿沟，转相输纳于河阴、含嘉、太原等仓。凡三年，运米七百万石，实利涉于此。开元末，河南采访使、汴州刺史齐浣，以江、淮漕运经淮水波涛有沉损，遂浚广济渠下流，自泗州虹县至楚州淮阴县北八十里合于淮，逾时毕功。既而水流迅急，行旅艰险，寻乃废停，却由旧河。"虹县即今泗县。

由于唐末战乱，唐末五代时期，运河疏于疏浚，致使河道淤塞严重，到后周时，也曾进行过疏浚。《资治通鉴》卷二九二《后周纪》载："（后周显德二年十一月乙未）汴水自唐末溃决，自埇桥东南悉为污泽。上谋击唐，先命武宁节度使武行德发民夫，因故堤疏导之。东至泗上；议者皆以为难成，上曰：'数年之后，必获其利。'（故注：谓淮南既平，藉以通漕。将获其利也。）"《资治通鉴》卷二九四《后周纪》载："（后周显德五年三月）浚汴口，导河流达于淮，于是江、淮舟楫始通（胡注：此即唐时运路也。自江、淮割据，运漕不通，水路湮塞，今复浚之）。"《宋史》卷四八四《韩通传》载："（周显德）六年春，诏通河北按行河堤，因发徐、宿、宋、单等州民浚汴渠数百里。"唐末汴水溃决，宿州东南皆为"污泽"，后周显德五年（958年）、显德六年（959年）均发民众，"导河流达于淮"，使"江淮舟楫始通"。

两宋时期，运河对于大宋王朝十分重要。正如宋人张洎所说"汴水横亘中国，首承大河，漕引江湖，利尽南海，半天下之财赋，并山泽之百货，悉由此路而进"。《宋史》卷九三《河渠志·汴河上》载："每岁自春及冬，常于河口均调水势，止深六尺，以通行重载为准。岁漕江、淮、湖、浙米数百万，及至东南之产，百物众宝，不可胜计。又下西山之薪炭，以输京师之粟，以振河北之急，内外仰给焉。故于诸水，莫此为重。其浅深有度，置官以司之，都水监总察之。"由于自然条件、朝廷疏于疏浚等原因，"汴渠有二十年不浚，岁岁堙淀"致使水患亦重，史书多有记载。《宋史》卷九三《河渠志·汴河上》载"然大河向背不常，故河口岁易；易则度地形，相水势，为口以逆之。遇春首辄调数州之民，劳费不赀，役者多溺死。吏又并缘侵渔，而京师常有决溢之虞""淳化二年六月，汴水决浚仪县""是月，汴又决于宋城县"。《宋史》卷六一《五行志》载："（宋太祖乾德四年）八月，宿州汴水溢，坏堤。"因此，两宋时期，大宋王朝多次兴修汴河。《宋史》卷九三《河渠志·汴河上》载："泗州西至开封府界，岸阔底平，水势薄，不假开浚。请止自泗州夹冈，用功八十六万五千四百三十八，以宿、亳丁夫充，计减功七百三十一万，仍请于沿河作头踏道辟岸，其浅处为锯牙，以束水势，使其浚成河道，止用河清、下卸卒，就未放春水前，令逐州长吏、令佐督役。自今汴河淤淀，可三五年一浚。又于中牟、荥泽县各置开减水河。"《宋史》卷十二《仁宗本纪》载："（宋仁宗嘉祐元年九月癸卯），自京至泗州置汴河木岸。"《宋史》卷九四《河渠志·汴河下》载："胡师文昨为发运使，创开泗州直河，及筑签堤阻遏汴水，寻复淤淀，遂行废拆。然后并役数郡兵夫，其间疾苦瘤殍，无虑数千，费钱谷累百万计。"可见运河淤塞之严重，治理之难。

元以后，汴河更是疏于管理，不能通航，宿州段运河基本淤平。《元史》卷六五《河渠志》载："运河在扬州之北，宋时常设军疏涤，世祖取宋之后，河渐壅塞。至元末年，江淮行省尝以为言，虽有旨浚治，有司奉行，未见实效。"《明史》卷八三《河渠志》载："弘治二年五月……引中牟决河出荥泽阳桥以达淮，浚宿州古汴河以入泗，又浚睢河自归德饮马池，经符离桥至宿迁以会漕河，上筑长堤，下修减水闸。由疏月河十余以泄水，塞决口三十六，使河流入汴，汴入睢，睢入泗，泗入淮，以达海。水患稍宁。"清·康熙《灵璧县志》卷三载："汴渠之在灵璧者，西至宿州界，东至虹县界，横亘南北之中，唐宋时江淮漕运由此以达京师，南渡后废而不用，河底随与堤平。今河身之内田庐官民并处，永无复开之理。"清·光绪《泗虹合志》卷三《汴河考》载："汴水由虞姬墓经阴陵、鹿鸣二山入州境（按：指泗州），穿城东注。土人谓西关外为西汴河，东关外为东汴河。西汴与长直沟合东流三十里，绕城南与南潼河合。越二十里至石梁子，中有巨石，如徐州洪，然夏秋水发通舟楫，冬则否。又南三十里，至天井湖入淮。此其在虹乡者也。东汴至马公店，四十里与谢家沟合；又东三十里，至青阳镇，水阔而深，两岸夹东大桥，似长虹跨其上，俯视汴流，帆樯杂沓，往来如织，古运河形势，犹可循览。又东四十里至城儿头，会临淮归洪泽湖。此其在泗境者也。泗南为淮，虹北为濉，汴由中流，贯注泗虹境内，伺淮、濉以涨溢，地势然也。今濉、汴上游全淤，无复从前便利矣。"

综上所述，隋炀帝在利用原来的鸿沟、蒗荡渠、汴渠等基础上，开凿了通济渠，沟通了中原与东南地区的水路要道。唐宋时期，通济渠成为关系朝廷经济的大动脉，所以当时政府注重对通济渠的管理。南宋后，由于洪水、战争等原因，运河疏于治理，河道淤塞严重，并最终废弃。南宋孝宗乾道五年（1169年），灵璧汴水断流，宿州河溢湮塞，几与岸平，河床已成为陆行大道，并开辟农田、盖有房屋[①]。元明清时期，宿州段运河部分河道可能存在，但原有的功能已经失去。

四、大运河安徽段以往的考古工作与研究

1979～1981年，宿县文物工作组在社会调查中于宿县东二铺、三铺、四铺、大店镇等窑厂、集镇和村庄征集了一批唐宋时期珍贵的陶瓷器[②]。

1983年，宿县文物工作组又一次对运河进行了考察，认为运河故道基本是沿着今泗永公路北侧向东西延伸[③]。

① 马正林：《论唐宋汴河》，《陕西师范大学学报（哲学社会科学版）》1986年第3期。
② 安徽省文物考古研究所、濉溪县文物事业管理局、淮北市博物馆：《柳孜运河遗址第二次考古发掘报告》，科学出版社，2017年。
③ 政协淮北市委员会：《永远的中国大运河——沿河城市征文集》，安徽人民出版社，2009年。

1984年，中国唐史学会组织了一个由历史、文物、地里、水利等多学科专家组成的"隋唐大运河综合科研考察团"开展隋唐大运河学术考察，重点是宿州地区。考察成果汇集出版了《唐宋运河考察记》和《运河访古》。这两本书中对安徽段运河做了初步研究，详细介绍了当时通济渠安徽段的保存状况和沿线的风土人情①。

1987年，中国工商银行宿州支行在宿州市城内大隅口淮海路西侧建办公大楼，发现在大河南街北侧与中山街南侧相对两处距地表2米多深处发现大量凿制规整、错缝叠砌的长方形条石构筑遗存，两边相距约40米。限于当时的保护条件，就地于地下保护。结合文献记载，该处很可能是埇桥遗址所在②。

1999年，安徽省文物考古研究所对濉溪县百善镇柳孜遗址进行了抢救性考古发掘，拉开了运河考古的序幕。此次发掘发现了河道、石构建筑等遗迹，出土沉船，并发现瓷器等一大批珍贵文物③。

2003年，泗县在挖掘虹都大厦地基时，于运河遗址中出土了唐三彩、邢窑、定窑、钧窑、建窑、景德镇窑、磁州窑等数十个窑口的残瓷器④。

2006年，安徽省文物考古研究所和宿州市文物管理所在宿州市区西关步行街发掘运河遗址600平方米，出土遗物1500余件⑤。

2007年，在宿州市城区内"埇上嘉苑"建设工程中发掘运河遗址约500平方米。

两处均揭露出较完整的运河河床剖面，弄清了运河宽度、河床基本结构以及运河开凿技术、疏浚、使用等信息，发现宋代石筑码头1座、宋代木船1艘，还在南堤上发现唐代建筑基址和道路遗迹。出土唐宋瓷器、陶器、铜器、铁器、骨器、石器、琉璃器、玉器等各类文物标本近5000件⑥。

2009年，因编制运河总体保护规划需要，中国文化遗产研究院、安徽省文物考古研究所联合淮北、宿州文物部门，对安徽段全线进行了一次较全面的调查。通过分析史料记载、现场踏勘调研、布点考古钻探、走访等方法，基本确定了隋唐运河遗址在安徽境内的边界，将坐标点及基本情况进行了详细记录⑦。

---

① 中国唐史学会唐宋运河考察队：《唐宋运河考察记》，陕西社会科学院，1985年；唐宋运河考察队：《运河访古》，上海人民出版社，1986年。

② 全国政协文史和学习委员会、政协安徽省宿州市委员会：《运河名城——宿州》，中国文史出版社，2012年；宫希成：《运河重现——运河安徽段考古发掘与研究》，《宿州文博》2017年第一辑；王晶：《隋唐大运河线性文化遗产特点及保护方式初探——以安徽段大运河为例》，《东南文化》2010年第1期。

③ 安徽省文物考古研究所、安徽省淮北市博物馆：《淮北柳孜运河遗址发掘报告》，科学出版社，2002年。

④ 宫希成：《运河重现——运河安徽段考古发掘与研究》，《宿州文博》2017年第一辑。

⑤ 高雷、贾庆元：《安徽宿州隋唐大运河遗址首次考古发掘取得重要成果》，《中国文物报》2006年12月8日第5版。

⑥ 宫希成：《运河重现——运河安徽段考古发掘与研究》，《宿州文博》2017年第一辑。

⑦ 王晶：《隋唐大运河线性文化遗产特点及保护方式初探——以安徽段大运河为例》，《东南文化》2010年第1期。

2011～2013年，因申报世界文化遗产和编制大运河保护规划需要，安徽省文物考古研究所分别在泗县曹苗、邓庄、刘圩、马铺、朱桥、宗庄6处地点对运河河道与河堤进行了解剖发掘，目的是了解该段河道、河堤的结构与建造技术①。

2012年7月，安徽省文物考古研究所组织人员对境内隋唐运河又做了一次田野调查，分为濉溪段、宿州段及泗县段，进一步确认了运河的走向和沿途相关遗迹②。

2013年初，安徽省文物考古研究所对通济渠沿线进行了钻探工作，对濉溪、宿州埇桥区、灵璧及泗县各段通济渠河道的走势、河道的堆积情况及宽度、河堤的高度及宽度有了进一步的了解③。

2012～2013年，因运河保护和大运河申报世界文化遗产的需要，又对柳孜遗址进行了第二次发掘。两次发掘总面积约3000平方米，揭露出34米长的一段河道，发现两岸河堤、石筑桥墩、道路等重要遗迹，发现唐代沉船8艘、宋代沉船1艘。河道中出土唐宋时期瓷器、陶器、石器、骨器、铜器、铁器等，可复原遗物达7000多件。通过发掘，对认识运河的形成、使用、变迁、淤塞、废弃的整个历史变化过程具有重要意义④。

2015年，因宿州市城市规划和运河保护的需要，又对宿州市城区运河进行了勘探。勘探范围西起京台高速，东至港口路，全长6044米，此次勘探基本确定了宿州城区运河的具体边界位置⑤。

2010～2016年，安徽省文物考古研究所配合当地城乡建设，分别在濉溪县大隅口、百善老街，灵璧县小田庄、二墩子，泗县陆李、朝阳路等地点对运河进行了局部发掘，出土了丰富的遗物。对运河不同河段的结构、河道演变以及文化遗存埋藏情况等信息有了比较全面的认识⑥。

———————————

①　安徽省文物考古研究所、泗县文物保护管理所：《安徽泗县刘圩汴河故道遗址发掘简报》，《东南文化》2011年第5期；安徽省文物考古研究所：《隋唐大运河安徽泗县段邓庄遗址发掘简报》，《南方文物》2013年第3期；安徽省文物考古研究所、泗县文物局：《安徽泗县刘圩汴河故道遗址的第二次发掘》，《中国国家博物馆馆刊》2014年第12期；宫希成：《运河重现——运河安徽段考古发掘与研究》，《宿州文博》2017年第一辑。

②　安徽省文物考古研究所、濉溪县文物事业管理局、淮北市博物馆：《柳孜运河遗址第二次考古发掘报告》，科学出版社，2017年。

③　安徽省文物考古研究所、濉溪县文物事业管理局、淮北市博物馆：《柳孜运河遗址第二次考古发掘报告》，科学出版社，2017年；宫希成：《运河重现——运河安徽段考古发掘与研究》，《宿州文博》2017年第一辑。

④　安徽省文物考古研究所、濉溪县文物事业管理局、淮北市博物馆：《柳孜运河遗址第二次考古发掘报告》，科学出版社，2017年。

⑤　宫希成：《运河重现——运河安徽段考古发掘与研究》，《宿州文博》2017年第一辑。

⑥　宫希成：《运河重现——运河安徽段考古发掘与研究》，《宿州文博》2017年第一辑；安徽省文物考古研究所：《安徽灵璧小田庄大运河遗址》，《大众考古》2015年第6期；安徽省文物考古研究所：《宿州陆李运河遗址发掘简报》，《宿州文博》2017年第一辑。

五、发 掘 经 过

宿州西关商业步行街C区位于安徽省宿州市西关大街东端北侧，由宿州华原房地产开发有限公司开发，项目北邻胜利路，东倚护城河，恰在隋唐大运河通济渠遗址上（图三）。2006年初，宿州市文物管理所专业人员发现宿州西关大街东头的旧城改造项目清表施工暴露河沙堆积，经现场调查认定该项目处于大运河遗址范围，随即报告安徽省文物局，省文物局知悉后，多次发文要求做好抢救性文物保护工作。为配合基本建设，做好文物保护工作，安徽省文物考古研究所会同宿州市文物管理所多次与建设单位和有关职能部门协商，在宿州市政府领导的关心支持下，最终落实了保护经费，考古工作得以顺利进行（图版八）。随后，安徽省文物考古研究所联合宿州市文物部门组成宿州西关运河遗址考古队，考古发掘领队为贾庆元，参加发掘的业务人员有任一龙、任鹏、高雷、文立中、高勇、任鹏等，后勤保障人员为吴知建、胡万华。

考古工作自2006年4月起至8月基本完成了预期考古工作目标。4月对该建设范围内的遗址区域进行了考古勘探，累计勘探面积20000平方米，钻探结果标注了运河河道、河堤位置，确

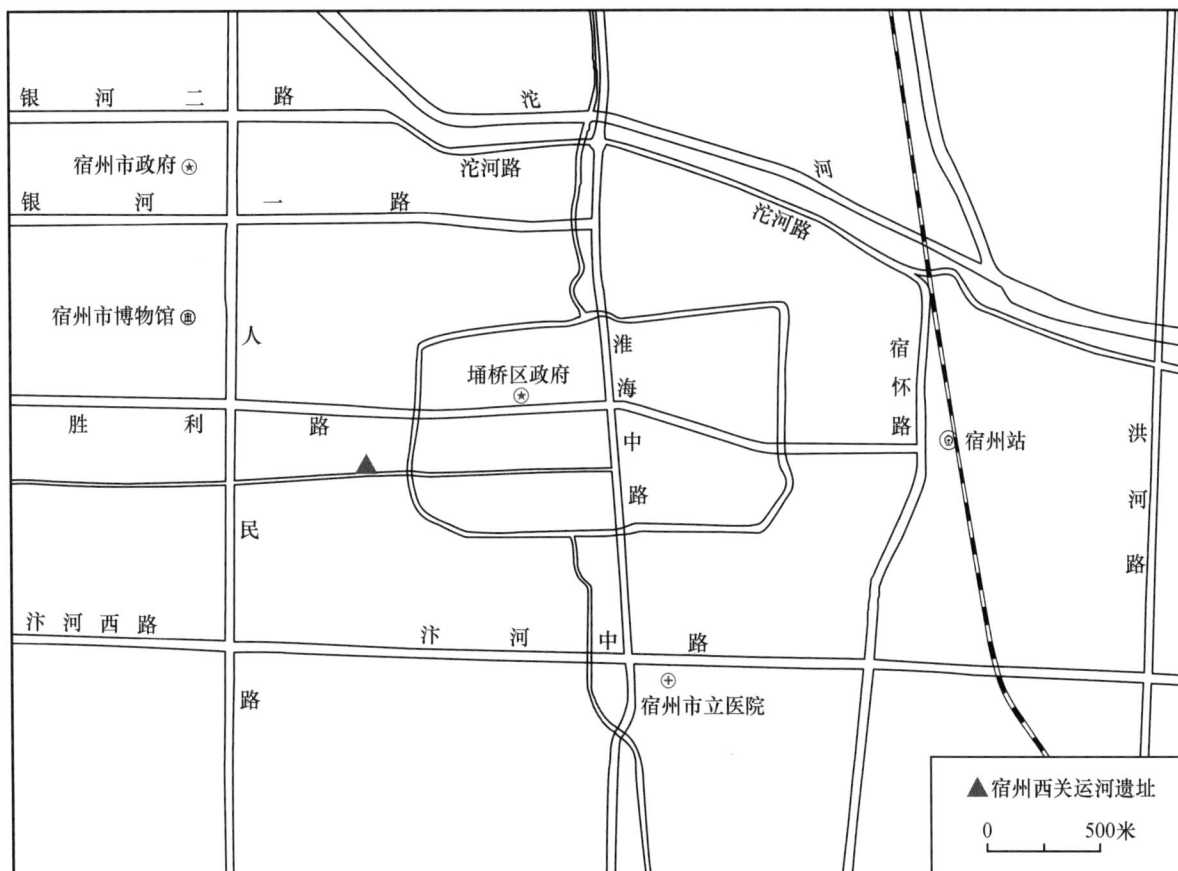

图三 遗址位置示意图

定了运河走向、运河河道的宽度、深度及文化层的堆积情况，为下一步的发掘工作提供了参考。5月4日开始正式发掘，至8月中旬结束，共发掘遗址面积近600平方米，共布方5个，依次编号为T1~T5，其中T5南北横跨河道。7月20~29日、8月4~12日，分别向东进行了两次扩方（图版一~图版四）。清理发掘水井3眼，墓葬1座，灰坑1个，出土各类遗物1500余件，取得了重要收获（图四；图版五~图版七）。

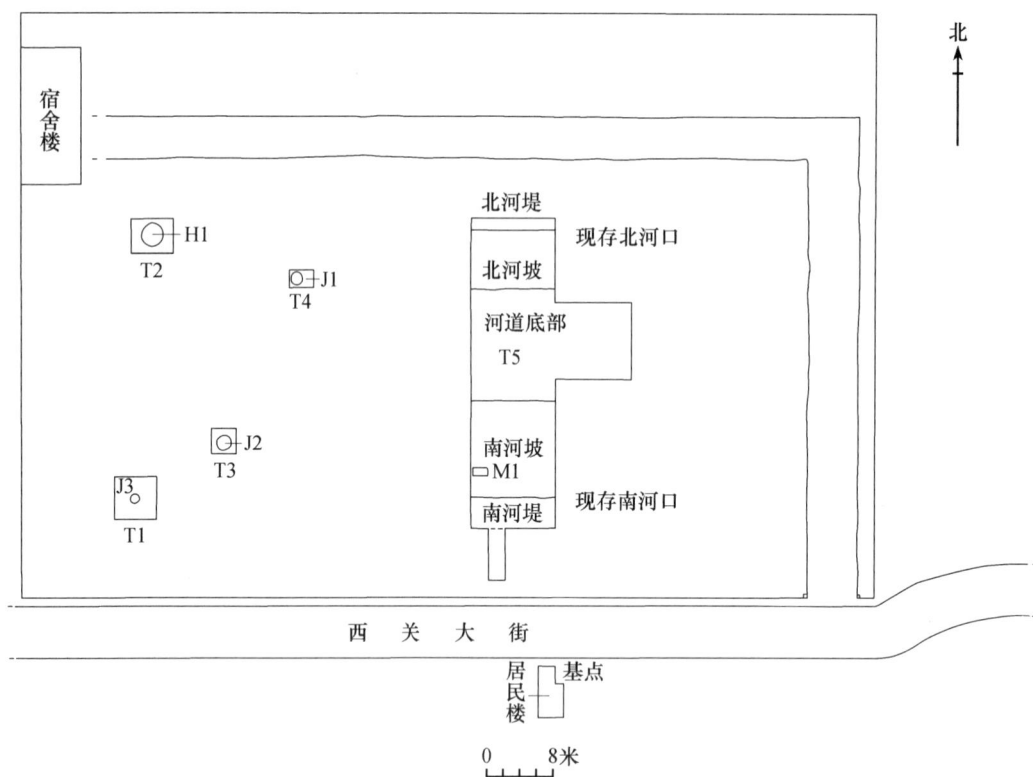

图四　发掘总平面图

六、资料整理与报告编写

资料整理于2018年初在宿州市博物馆内正式启动，工作大致分为两个阶段（图版九）。

第一阶段：原始资料的整理核对、重新梳理及其他基础工作。

（1）对发掘日记、照片进行了整理，制定了整理时间表。

（2）对发掘总平面图、探方四壁图、遗迹图等资料进行整理与核对，并制作电子版。

（3）对探方尤其是T5的层位关系、堆积情况进行梳理，并制作电子版。

（4）对出土遗物进行详细的核对、登记工作。

（5）对遗物进行了重新编号，并根据整理需要，重新制作了出土器物登记表。发掘过程中，编号混乱，重复编号严重，且在后期部分地层合并后，器物编号未修改。因此，我们根据发掘日记、标签日期、地层合并记录等资料，进行了统一编号，对于一些标签不清甚至无标签的器物，一律按采集处理。

（6）对器物进行绘图、描述、拍摄，并对铜钱做了拓片。

第一阶段，由于资料繁杂、器物多、任务重，参与人员也比较多。主要有安徽省文物考古研究所任一龙、任鹏、杜康，宿州市博物馆高雷、邱少贝、孙肖肖，淮南市博物馆文立中，安徽大学黄婷、解明明，宿州学院吴蕙瑶、周红娟、薛辉，天水师范学院魏春婴、魏娜、刘白绒，陕西文物保护专修学院杨妍英、李月莉、冯妮、杨妍丽等。

在此阶段，我们还邀请了一些陶瓷专家对出土陶瓷器进行了鉴别，对瓷器的分类研究提供了宝贵的指导意见，同时邀请安徽省文物考古研究所程京安对器物进行了拍摄，邀请辽宁师范大学戴玲玲老师对出土的动物骨骼进行了鉴别和研究。

第二阶段：报告编写。

报告首先是概述部分，然后是主体，主要分遗迹和遗物两大部分。遗迹部分又细分水井、灰坑、墓葬等。遗物部分是先按照地层早晚来区分，再对材质进行分类，接着按照釉色、器类逐件进行描述。最后是器物研究和相关其他研究。具体情况如下。

第一章概述，首先描述宿州市地理位置和周围环境，介绍皖北地区的河流，以便让大家更清楚这些河流与通济渠之间的关系。其次介绍历史沿革以及大运河宿州段的历史、近年来的考古工作情况。最后介绍发掘的过程及资料的整理与报告的编写。

第二章主要是地层的堆积和年代。介绍本次发掘的布方和发掘目的、运河的结构等，并对地层堆积年代做出判断。

第三章主要是墓葬、水井、灰坑等遗迹的叙述。

第四章是按照层位关系介绍出土器物。

第五章是器物研究。

第六章是出土骨骼的专题研究。

第七章是结语。

发掘报告的编写由宫希成主持，主要编写人员有任一龙、邱少贝、高雷、魏春婴等。分工负责，个人按统一规定的标准分别撰写相关章节。具体分配详见后记。

第二章　地层堆积

一、探方分布

2006年4月，首先对建设范围内的遗址区域进行了考古勘探，了解了地层堆积情况，确定了遗迹的类型及位置。根据勘探结果，在水井、灰坑分布的相应位置布设T1~T4，分别为5米×5米、5米×4米、3米×3米、3米×2米。为解剖河道，布设南北向的探方T5，为10米×36米，后根据发掘需要，T5河道部分向东分别扩方了两次，两次扩方共81平方米；为了解南河堤地层情况，对T5南部进行了探沟解剖，探沟长6、宽2米，面积为12平方米。因此，此次发掘实际面积为513平方米。

二、地层堆积情况

T1~T4仅仅是为发掘遗迹布设的探方，发掘深度较浅；T5发掘至生土，主要为运河河道堆积。因此发掘范围内的地层堆积情况将以T5西壁和北壁为例，介绍如下。

1. 西壁地层堆积（图五）

第1层：灰褐色土，土质较硬，湿度小。包含物有现代建筑废弃物、唐宋至近现代陶瓷片、砖瓦片、动物骨骼、石块、蚌壳等。瓷器所涉窑口大致有寿州窑、越窑、长沙窑、曲阳窑、洪州窑、磁州窑、定窑、耀州窑、吉州窑、钧窑、巩县窑等；陶器可辨器形有盆、罐等。深0.1~0.5、厚0.1~0.5米。

第2层：深灰褐色土，土质较疏松，湿度较小。包含物有现代建筑废弃物、唐宋至近现代陶瓷片、砖瓦片、动物骨骼、蚌壳等。瓷器所涉窑口大致有寿州窑、长沙窑、洪州窑、磁州窑、定窑、耀州窑、吉州窑、钧窑、景德镇窑、龙泉窑、建窑、越窑等；陶器可辨器形有盆、罐等。

第3层：灰色土，土质较硬，湿度较小。包含物有现代建筑废弃物、唐宋至近现代陶瓷片、砖瓦片、宋代铜钱、人骨、动物骨骼、蚌壳等。瓷器所涉窑口大致有寿州窑、长沙窑、洪州窑、磁州窑、定窑、耀州窑、吉州窑、钧窑、景德镇窑、龙泉窑、建窑、越窑等；陶器可辨

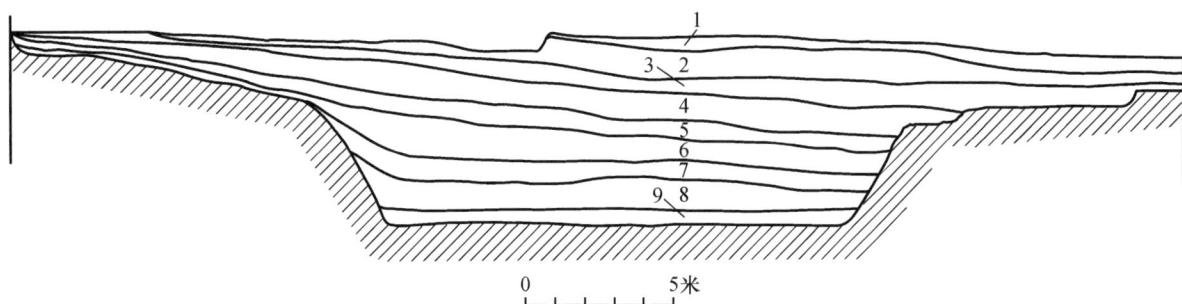

图五 T5西壁剖面图

器形有盆、罐等。深0.15~1.8、厚0.15~1米。

第4层：黄灰色土，土质疏松较细腻，砂量大，泥量少，泥砂自然掺和。包含物较多，有唐宋陶瓷片（器形有碗、盏、执壶、盒、罐、豆、灯盏、棋子、骰子等）、铜筷、灰陶片（可辨器形有盆、罐、缸等）、宋代铜钱、石块等。深0.5~2.25、厚0.1~1米。

第5层：土色呈铁锈红泛灰，夹褐色颗粒，土质疏松，湿度中等，砂量大，泥量小。包含物有丰富的唐宋瓷片、宋代铜钱、动物骨骼、人骨、蚌壳、螺蛳壳等。瓷器器形主要有碗、盏、执壶、罐、瓷塑、围棋子、骰子等，所涉窑口有磁州窑、耀州窑、定窑、吉州窑、越窑、建窑等。另有铁质器物，因锈蚀严重，无法辨识。深0.4~2.8、厚0.2~0.55米。

第6层：土色呈灰褐泛黄，夹大量的炭化木条、木棍、木块等，土质疏松，砂量大，泥量甚少，有大小不等的砂姜。包含物以唐晚期、五代的碗、盏、执壶等为主，另有小动物瓷塑、陶铃、五代南唐铜钱、"开元通宝"、动物骨骼、蚌壳、鹅卵石等。深2.8~3.6、厚0.5~1.5米。

第7层：土色呈黄灰色，土质纯净，疏松，夹少量木炭颗粒。包含物较少，主要有唐中期黄釉、黑釉、白釉瓷片，灰陶管、盆及铜钱、动物骨骼、蚌壳等。深3.2~2.1、厚0.5~0.8米。

第8层：土色呈灰色，土质疏松较细腻，夹木炭颗粒、砂姜、砂礓泥，砂量大，泥量少，湿度大。包含物丰富，主要有唐代黄釉、青釉、白釉、绿釉瓷片、灰陶盆、木锤、动物骨骼、蚌壳、鹅卵石、人骨、炭化木器、锈蚀严重的铁器。瓷器器形有碗、盏、盆、钵、注子、壶、罐、枕、器座、瓷塑等，所涉窑口有寿州窑、邢窑、长沙窑、巩县窑、鹤壁窑、曲阳窑、邛窑、越窑、婺州窑、洪州窑、界庄窑等。深4.6~4.8、厚0.5~0.8米。

2. 北壁地层堆积（图六）

第1层：灰褐色土，土质较硬，湿度小。包含物有现代建筑废弃物、唐宋至近现代陶瓷片、砖瓦片、动物骨骼、石块、蚌壳等。

第2层：深灰褐色土，土质较疏松，湿度较小。包含物有现代建筑废弃物、唐宋至近现代陶瓷片、砖瓦片、动物骨骼、蚌壳等。

第3层：灰色土，土质较硬，湿度较小。包含物有现代建筑废弃物、唐宋至近现代陶瓷片、砖瓦片、铜钱、动物骨骼、蚌壳等。

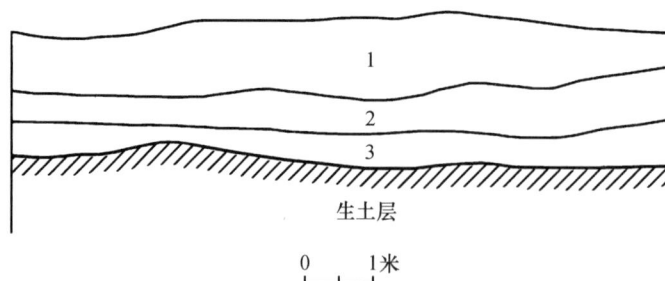

图六　T5北壁剖面图

3. 各层堆积的分布范围

T5①层：中部堆积厚，中部向南北两侧渐薄。南侧近10余米宽已被破坏。

T5②层：中部厚，南北两侧薄，堆积成波浪状，无规律，南侧约80平方米范围内第2层已不存在。

T5③层：中部厚，南北两侧薄。

T5④层：中部厚，南北两侧薄。中部向南北过渡趋薄，呈波浪状。

T5⑤层：中部堆积与南北两侧厚薄差距不大。

T5⑥层：中部厚，南北两侧偏薄。

T5⑦层：中部厚，南北两侧偏薄。

T5⑧层：东南部偏厚，中部厚薄适中，北部偏厚，南部西侧偏薄。

第三章　遗　　迹

遗迹有墓葬、水井、灰坑等。具体如下：

M1，位于T5西南部，开口于2层下，长方形竖穴土坑墓，呈东西向，葬式为单人侧身屈肢葬，头朝东。随葬品仅一件白釉圈足碗（残）。长1.8、宽1、深0.3米（图七；图版五，1）。

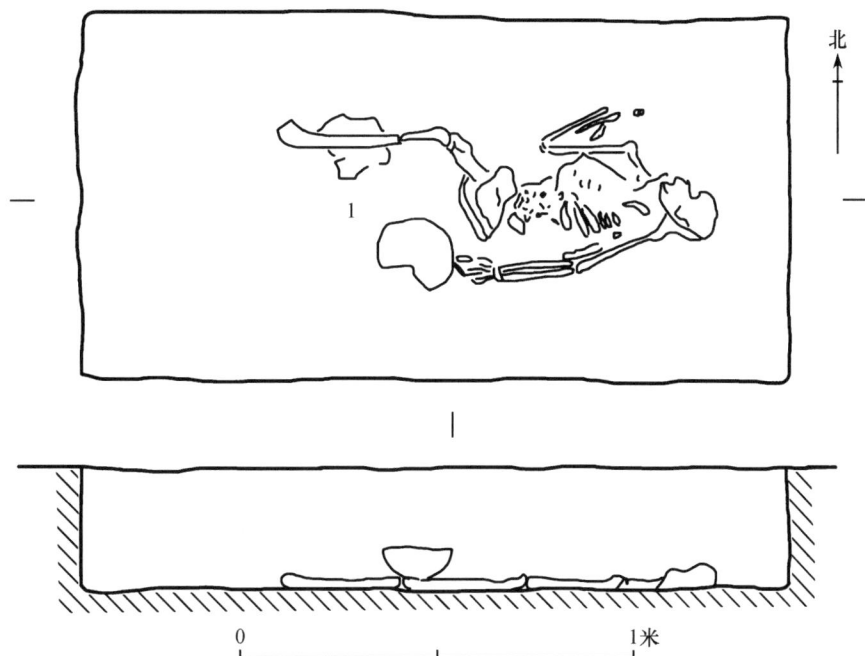

北

图七　M1平、剖面图
1. 瓷碗

J1，位于T4内，开口于1层下，打破2层，井口呈不规则圆形，井壁砖砌。井口直径约1.7米，填土呈灰褐色，夹杂有炭粒，土质疏松。包含遗物较多，有唐宋陶瓷片、碎砖块板瓦、动物骨骼、蚌壳等，近底部出土青釉鼓腹执壶、瓜棱执壶各一件（图八）。

J2，位于T3内，开口于1层下，打破2层，井口呈不规则圆形，土结构。填土呈灰褐色，夹杂有炭粒，土质疏松。包含有唐宋陶瓷片、碎砖块板瓦、动物骨骼、蚌壳等。井底直径0.66米，距地表深度4.08米。当为饮水用井，井底发现已破碎的罐等汲水器，时代为唐代中晚期（图九；图版六，1）。

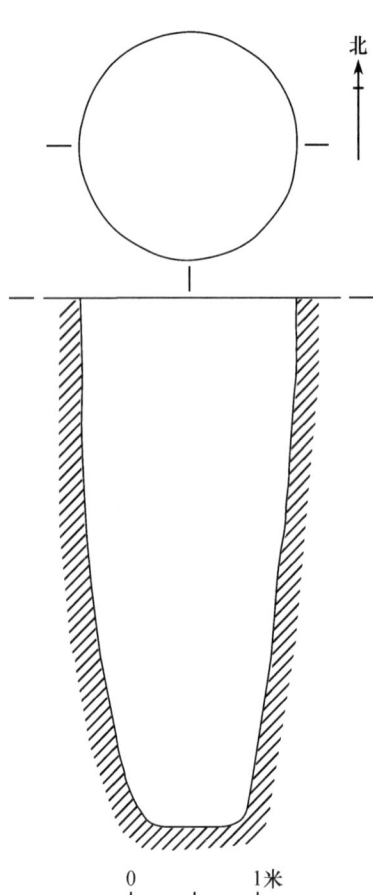

图八　J1平、剖面图

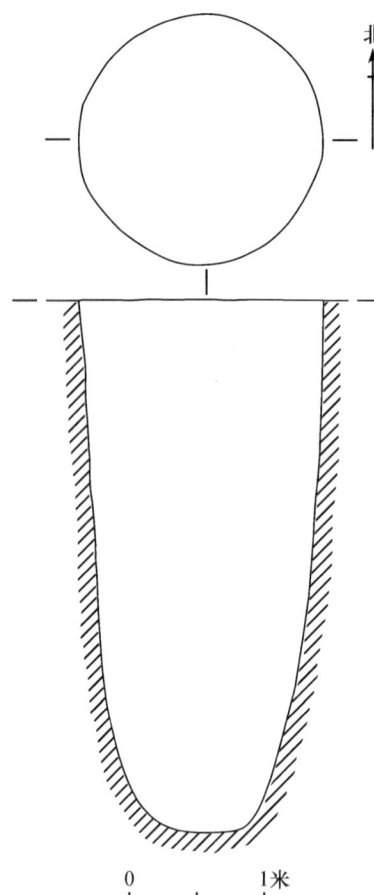

图九　J2平、剖面图

J3，位于T1内，开口于1层下，打破2层，井口呈不规则圆形，井壁砖砌。填土呈灰褐色，土质疏松。包含遗物丰富，出土绞胎球1件、琉璃钗1件、"绍圣通宝"和"熙宁元宝"铜钱各1枚及较多的瓷片、瓦片、动物骨骼、蚌壳等。当为饮水用井。井口直径1.1米（图一〇；图版六，2）。

H1，位于T2内，开口于1层下，打破2层，井口呈不规则圆形，土壁。填土呈灰褐色，土质疏松，湿度较大。包含有少量宋代陶瓷片、泥质灰陶残片、骨质小件器物。陶器可辨器形有盆、罐、缸等。直径2.6～2.7米（图一一；图版五，2）。

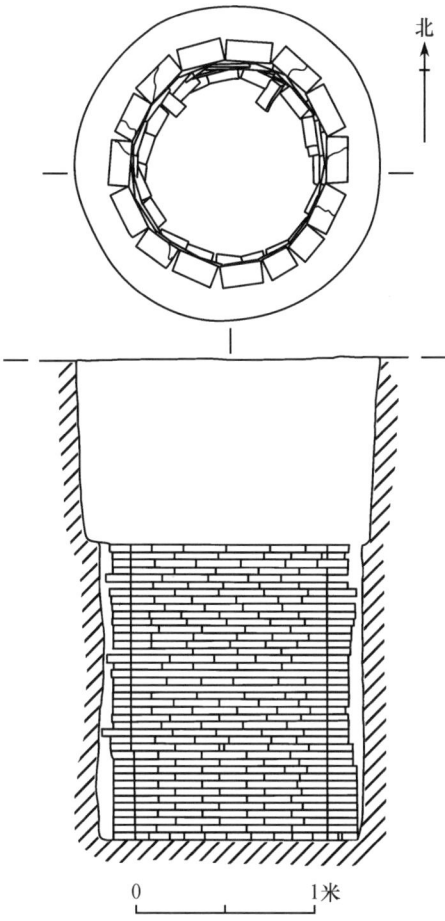

图一〇 J3平、剖面图

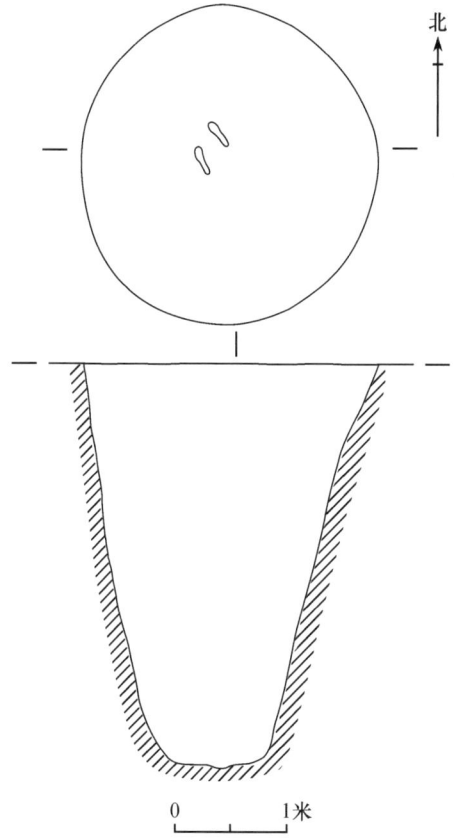

图一一 H1平、剖面图

第四章 出 土 器 物

出土遗物众多，以瓷器为主，按釉色划分有白釉、青釉、黄釉、黑釉、青白釉等，器形有碗、盏、钵、壶等。本文将按地层单位的早晚按序，再按材质、釉色、器形，依次介绍如下。

一、第 8 层

（一）瓷器

1.青釉

464件。

碗 347件。

2006SBT5⑧：9，残。敞口，圆唇，弧腹，玉璧底。内施满釉，外施釉至腹下部，有流釉、积釉现象，釉面有开片，釉下施化妆土。灰黄色胎，胎质较疏松。内外底有支钉痕。口径18.5、底径8.4、高6.2厘米（图一二，1）。

2006SBT5⑧：12，残。微侈口，圆唇，弧腹，饼底微内凹。内施满釉，外施半釉，有流釉、积釉现象，釉面有开片，釉下施化妆土。黄色胎，胎质较疏松。内底有三个支钉痕。口径16.9、底径7.7、高6.1厘米（图一二，2）。

2006SBT5⑧：13，残。敞口，圆唇，弧腹，玉璧底。内施满釉，外施釉至腹下部，有流釉、积釉现象，釉下施化妆土。夹砂姜黄色胎，胎质较疏松。内外底有支钉痕。口径19.2、底径8.6、高6.4厘米（图一二，3）。

2006SBT5⑧：15，残。敞口，圆唇，弧腹，玉璧底。内施满釉，外施釉至腹下部，有流釉、积釉、脱釉现象，釉下施化妆土。灰黄色胎，胎质较疏松。外底有支钉痕。口径14、底径5.2、高5厘米（图一二，4；图版二七，2）。

2006SBT5⑧：16，残。敞口，圆唇，斜弧腹，饼底内凹，外沿斜削。内施满釉，外施半釉，有流釉、积釉现象，釉面有小开片，釉下施化妆土。浅黄色胎，胎质较致密。内底有支钉痕。口径19.6、底径10.8、高6.9厘米（图一二，5）。

2006SBT5⑧：18，整。敞口，圆唇，弧腹，饼底。内施满釉，外施半釉，有流釉、积釉现象，釉下施化妆土。姜黄色胎，胎质较疏松。内底有三个支钉痕。口径12.4、底径6、高6.8厘米（图一二，8；图版二八，3）。

2006SBT5⑧：28，残。敞口，圆唇，弧腹，饼底。内施满釉，外施釉至腹下部，有流釉、积釉现象，釉下施化妆土。灰色、黄色胎，胎质较疏松。内底有三个支钉痕。口径18.6、底径9.2、高6.7厘米（图一二，6）。

2006SBT5⑧：41，残。侈口，圆唇，斜弧腹，平底。内施满釉，外施半釉，有流釉、漏釉现象。褐色胎，胎质较致密。内外底有支钉痕。口径20、底径11.6、高5.6厘米（图一二，7）。

2006SBT5⑧：43，残。敞口，圆唇，弧腹，饼底。内施满釉，外施釉至腹下部，有流釉、积釉现象，釉面有小开片。浅黄色胎，胎质较疏松。口径18、底径10.8、高7.6厘米（图一二，9）。

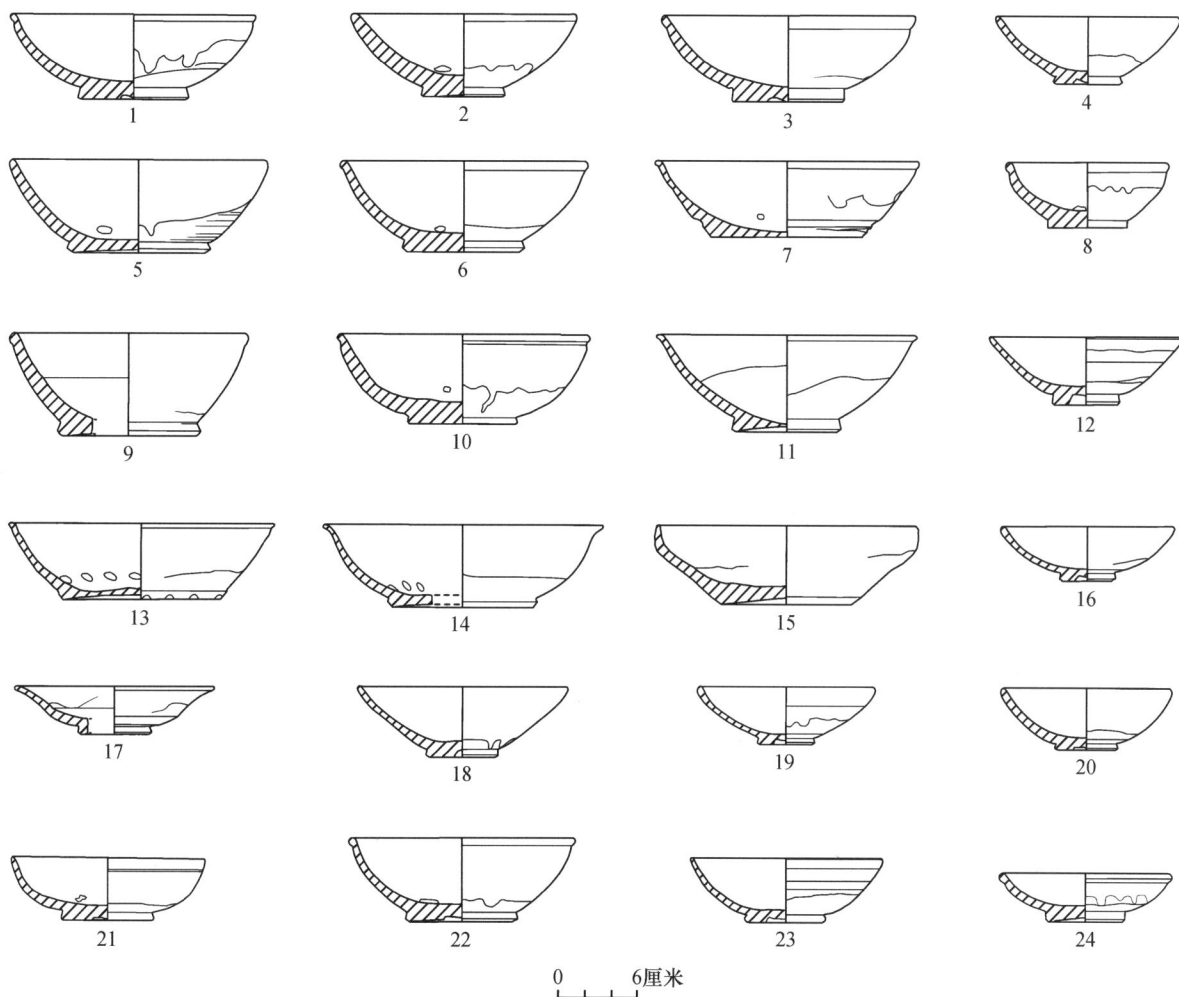

图一二　第8层青釉碗

1. 2006SBT5⑧：9　2. 2006SBT5⑧：12　3. 2006SBT5⑧：13　4. 2006SBT5⑧：15　5. 2006SBT5⑧：16　6. 2006SBT5⑧：28
7. 2006SBT5⑧：41　8. 2006SBT5⑧：18　9. 2006SBT5⑧：43　10. 2006SBT5⑧：49　11. 2006SBT5⑧：53　12. 2006SBT5⑧：50
13. 2006SBT5⑧：58　14. 2006SBT5⑧：66　15. 2006SBT5⑧：68　16. 2006SBT5⑧：55　17. 2006SBT5⑧：70　18. 2006SBT5⑧：78
19. 2006SBT5⑧：67　20. 2006SBT5⑧：57　21. 2006SBT5⑧：72　22. 2006SBT5⑧：73　23. 2006SBT5⑧：74
24. 2006SBT5⑧：65

2006SBT5⑧：49，残。敞口，圆唇，弧腹，饼底。内施满釉，外施半釉，施釉不均，有流釉、积釉现象，釉面有小开片，釉下施化妆土。姜黄色胎，胎质较疏松，胎体厚重。内底有支钉痕，外有窑粘现象。口径18.8、底径8.2、高6.6厘米（图一二，10）。

2006SBT5⑧：50，残。敞口，圆唇，弧腹，玉璧底。内施满釉，外施釉至腹下部，有流釉现象，釉面有小开片，釉下施化妆土。灰黄色胎，胎质较疏松。内底有垫砂痕。口径14.6、底径5.2、高5厘米（图一二，12）。

2006SBT5⑧：53，残。侈口，圆唇，弧腹，饼底内凹，外沿斜削。内外施半釉，釉几乎完全脱落。灰色、褐色胎，胎质较疏松。口径19.8、底径8.4、高7厘米（图一二，11）。

2006SBT5⑧：55，残。敞口，圆唇，弧腹，玉璧底，外沿斜削。内施满釉，外施半釉，有流釉、积釉现象，釉面有小开片，釉下施化妆土。灰黄色胎，胎质细净、较致密。口径13.2、底径4.3、高4厘米（图一二，16）。

2006SBT5⑧：57，残。敞口，圆唇，弧腹，玉璧底，外沿斜削。内施满釉，外施半釉，釉面有小开片，釉下施化妆土。灰色胎，胎质细净、较疏松。口径13、底径4.8、高4.5厘米（图一二，20）。

2006SBT5⑧：58，残。侈口，圆唇，弧腹，平底内凹。内施满釉，外施半釉，有流釉、积釉现象，釉面有开片。灰色胎，胎质较致密。内外均有支钉痕。口径20、底径12、高5.6厘米（图一二，13）。

2006SBT5⑧：65，整。敞口，圆唇，弧腹，饼底。内施满釉，外施半釉，有流釉、积釉、脱釉现象，釉面有小开片，釉下施化妆土。灰黄色胎，胎质较疏松。内外底有支钉痕。口径13.2、底径6、高3.6厘米（图一二，24）。

2006SBT5⑧：66，残。敞口，圆唇，斜弧腹，平底。内施满釉，外施半釉，有流釉现象，釉面有开片，釉下施化妆土。灰色胎，胎质较致密。内外底有支钉痕。口径21、底径11.2、高6厘米（图一二，14）。

2006SBT5⑧：67，残。敞口，圆唇，弧腹，玉璧底，外沿斜削。内施满釉，外施半釉，有流釉、积釉现象，釉面有小开片，釉下施化妆土。土黄色胎，胎质较致密。内有垫砂痕。口径13.6、底径4.4、高4.3厘米（图一二，19）。

2006SBT5⑧：68，残。敛口，圆唇，直腹折收，平底内凹。内外施半釉，有流釉、积釉、粘釉现象。褐色、灰色胎，胎质较致密。内外底有支钉痕。口径20、底径10、高6.8厘米（图一二，15）。

2006SBT5⑧：70，残。敞口，圆唇，弧腹，饼底，外沿斜削。内外施半釉，有流釉、积釉现象，釉面有小开片，釉下施化妆土。灰黄色胎，胎质较致密。口径15、底径5.6、高3.5厘米（图一二，17）。

2006SBT5⑧：72，残。敞口，圆唇，弧腹，玉璧底。内施满釉，外施釉至腹下部，施釉不均，有流釉、积釉、窑变现象，釉下施化妆土。夹砂姜黄色胎，胎质疏松。内底有支钉痕。口径14.6、底径7.1、高4.6厘米（图一二，21）。

2006SBT5⑧：73，残。敞口，圆唇，弧腹，玉璧底，外沿斜削。内施满釉，外施釉至腹下部，有流釉、积釉现象，釉面有小开片，釉下施化妆土。夹砂灰色、姜黄色胎，胎质较疏松。内外底有支钉痕。口径17、底径8.4、高6.2厘米（图一二，22）。

2006SBT5⑧：74，残。敞口，圆唇，弧腹，玉璧底。内施满釉，外施釉至腹下部，釉面有小开片，釉下施化妆土。土黄色胎，胎质细腻、较致密。口径14.6、底径6.2、高4.7厘米（图一二，23）。

2006SBT5⑧：78，残。敞口，圆唇，弧腹，玉璧底。内施满釉，外施釉至腹下部，有流釉、积釉现象，釉面有小开片，釉下施化妆土，釉层薄，釉质清润。灰黄色胎，胎质较致密。内外底有支钉痕。口径15.8、底径5.4、高5.2厘米（图一二，18）。

2006SBT5⑧：79，残。敞口，圆唇，弧腹，玉璧底。内施满釉，外施釉至腹下部，有流釉现象，釉下施化妆土。姜黄色胎，胎质较疏松。口径14.6、底径5.8、高4.8厘米（图一三，1）。

2006SBT5⑧：82，残。敞口，圆唇，斜弧腹，玉璧底，外沿斜削。内施满釉，外施半釉，釉面有小开片，釉下施化妆土。青灰色、灰色胎，胎质较致密。口径17.6、底径5、高4.6厘米（图一三，2）。

2006SBT5⑧：83，残。侈口，圆唇，弧腹，玉璧底，外底心隆起，似乳状。内施满釉，外施釉至腹下部，有流釉、积釉现象，釉面有小开片。夹砂浅黄色胎，胎质较疏松。内外底均有三个支钉痕。口径18.8、底径8.8、高6.1厘米（图一三，3）。

2006SBT5⑧：87，残。敞口，圆唇，弧腹，玉璧底。内施满釉，外施半釉，有流釉、飞釉现象，釉面有小开片。浅灰色胎，胎质较致密。口径13.2、底径5、高5厘米（图一三，10）。

2006SBT5⑧：88，残。敞口，圆唇，弧腹，玉璧底。内施满釉，外施半釉，有流釉、积釉现象，釉面有小开片，釉下施化妆土。灰黄色胎，胎质较疏松。外底有支钉痕。口径12.8、底径4.6、高4.4厘米（图一三，5）。

2006SBT5⑧：90，残。敞口，圆唇，弧腹，玉璧底。内施满釉，外施釉至腹下部，有流釉、积釉现象。夹砂姜黄色胎，胎质疏松。内外底均有三个支钉痕。口径18.8、底径9、高6.1厘米（图一三，7）。

2006SBT5⑧：92，残。敞口，圆唇，弧腹，玉璧底。内施满釉，外施釉至腹下部，施釉不均，有流釉、积釉现象，釉下施化妆土。夹砂姜黄色胎，胎质较疏松。内外底有支钉痕。口径18、底径8、高5.6厘米（图一三，8）。

2006SBT5⑧：101，残。敞口，圆唇，弧腹，玉璧底，外沿斜削，底足微外撇。内施满釉，外施半釉，有积釉现象，釉面有小开片，釉下施化妆土。土黄色胎，胎质较疏松。外底有支钉痕。口径13、底径4.9、高4.6厘米（图一三，6）。

2006SBT5⑧：102，残。敞口，圆唇，弧腹，玉璧底。内施满釉，外施釉至腹下部，有流釉、积釉现象，釉面有开片，釉下施化妆土。姜黄色胎，胎质较疏松。内外底有支钉痕。口径19.2、底径9、高6.6厘米（图一三，11）。

2006SBT5⑧：108，残。敞口，圆唇，弧腹，玉璧底。内施满釉，外施釉至腹下部，有流

釉现象，釉面有小开片，釉下施化妆土。灰黄色胎，胎质较致密。口径14.6、底径5.2、高5.3厘米（图一三，9）。

2006SBT5⑧：109，残。敞口，圆唇，弧腹，底缺失。内施满釉，外施釉至腹下部，有流釉现象，釉下施化妆土。夹砂灰色胎，胎质较粗糙。口径18厘米（图一三，12）。

2006SBT5⑧：111，残。敞口，圆唇，弧腹，饼底。内施满釉，外施釉至腹下部，有积釉现象，釉面有开片，釉下施化妆土。夹砂灰色、浅黄色胎，胎质较疏松。内底有支钉痕。外有窑粘现象。口径20、底径8.8、高6.4厘米（图一三，15）。

2006SBT5⑧：116，残。微侈口，圆唇，斜直腹，平底。内施满釉，外施半釉，有流釉、飞釉现象。褐色胎，胎质较致密。内外均有支钉痕。口径19.6、底径11.2、高5.6厘米（图一三，16）。

2006SBT5⑧：117，残。微侈口，圆唇，斜腹，平底。内施满釉，外施半釉，有流釉现象，脱釉严重。灰色胎，胎质较致密。内外底有支钉痕。口径19.2、底径11.4、高5.5厘米（图一三，19）。

2006SBT5⑧：121，残。敞口，圆唇，弧腹，玉璧底。内施满釉，外施釉至腹下部，有流釉、积釉现象，釉下施化妆土。浅黄色胎，胎质疏松。口径15.2、底径6.8、高4.8厘米（图一三，4）。

2006SBT5⑧：122，残。敞口，圆唇，弧腹，饼底，外沿斜削。内施满釉，外施釉至腹下部，有积釉、脱釉、窑变现象，釉面有小开片，釉下施化妆土。灰黄色胎，胎质较疏松。外底有三个支钉痕。口径12.6、底径6.4、高4.7厘米（图一三，13）。

2006SBT5⑧：127，整。敞口，圆唇，弧腹，饼底。内施满釉，外施釉至腹下部，有流釉、积釉现象，釉下施化妆土。姜黄色胎，胎质较疏松，胎体偏厚重。内底有支钉痕。口径11.2、底径5、高4.2厘米（图一三，14）。

2006SBT5⑧：128，残。敞口，圆唇，弧腹，玉璧底，外沿斜削。内施满釉，外施釉至腹下部，有流釉、积釉现象，釉面有小开片。灰色、土黄色胎，胎质较致密。口径14.2、底径5.8、高5.3厘米（图一三，17）。

2006SBT5⑧：130，残。敞口，圆唇，弧腹，玉璧底。内施满釉，外施釉至腹下部，有流釉、积釉现象，釉面有小开片，釉下施化妆土。姜黄色胎，胎质较疏松。内外底有支钉痕。口径19.6、底径9.4、高6.5厘米（图一三，20）。

2006SBT5⑧：131，残。敞口，圆唇，弧腹，玉璧底。内施满釉，外施釉至腹下部，有流釉现象，釉面有小开片，釉下施化妆土。灰黄色胎，胎质较致密。口径13.4、底径5.2、高4.2厘米（图一三，18）。

2006SBT5⑧：133，残。敞口，圆唇，弧腹，宽圈足。内施满釉，外施釉至腹下部，有流釉、积釉现象，釉面有小开片，釉下施化妆土。土黄色胎，胎质较疏松。内外底均有三个支钉痕。口径19.8、底径8.2、高6.6厘米（图一三，23）。

2006SBT5⑧：137，残。敞口，圆唇，弧腹，玉璧底，外沿斜削。内施满釉，外施半釉，

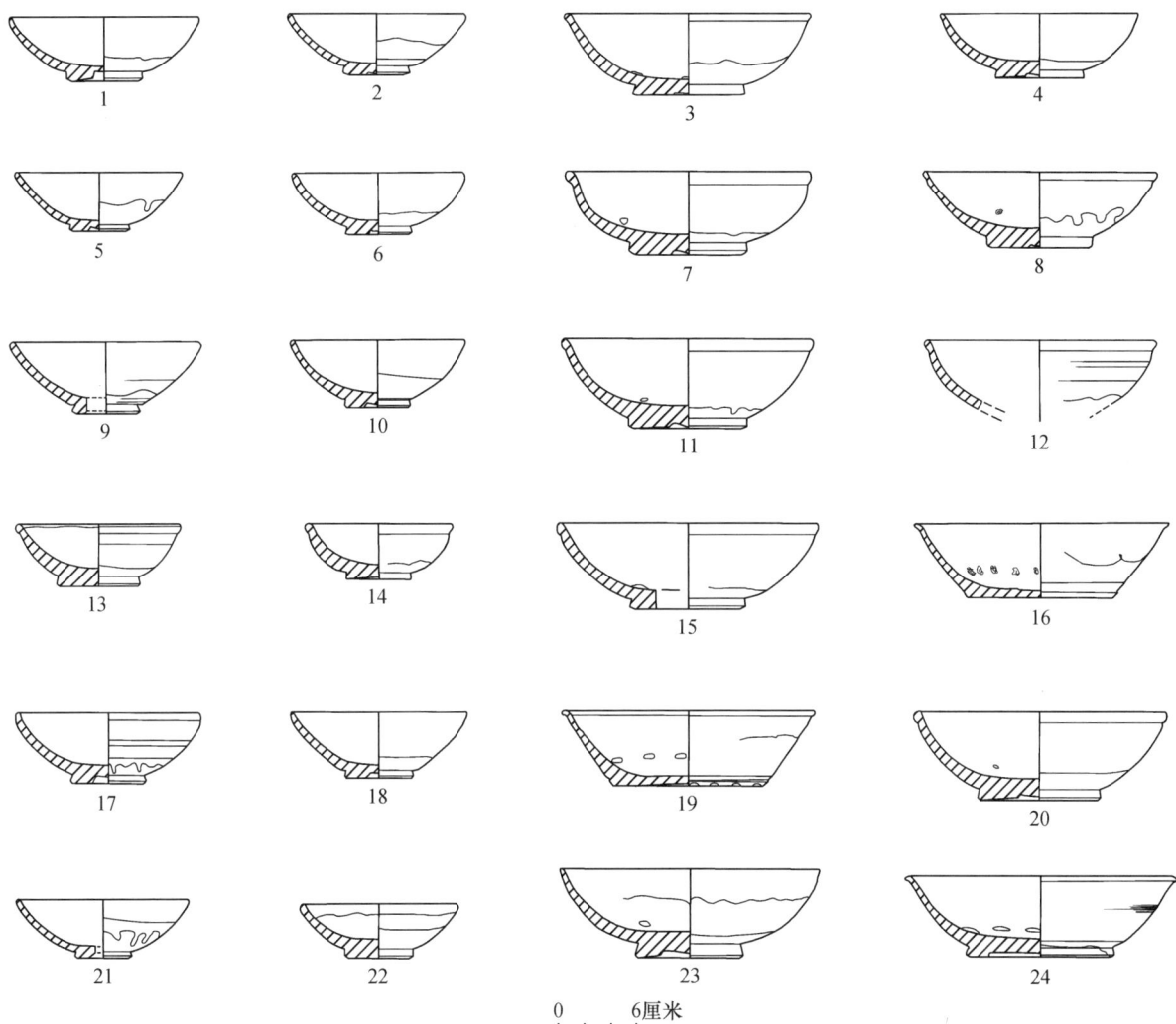

图一三 第8层青釉碗

1. 2006SBT5⑧：79 2. 2006SBT5⑧：82 3. 2006SBT5⑧：83 4. 2006SBT5⑧：121 5. 2006SBT5⑧：88 6. 2006SBT5⑧：101
7. 2006SBT5⑧：90 8. 2006SBT5⑧：92 9. 2006SBT5⑧：108 10. 2006SBT5⑧：87 11. 2006SBT5⑧：102 12. 2006SBT5⑧：109
13. 2006SBT5⑧：122 14. 2006SBT5⑧：127 15. 2006SBT5⑧：111 16. 2006SBT5⑧：116 17. 2006SBT5⑧：128
18. 2006SBT5⑧：131 19. 2006SBT5⑧：117 20. 2006SBT5⑧：130 21. 2006SBT5⑧：137 22. 2006SBT5⑧：138
23. 2006SBT5⑧：133 24. 2006SBT5⑧：141

有流釉、积釉现象，釉面有小开片，釉下施化妆土。灰黄色胎，胎质较致密。口径13.2、底径4.4、高4.3厘米（图一三，21）。

2006SBT5⑧：138，整。敞口，圆唇，斜腹，饼底。内施满釉，外施半釉，有流釉、积釉、脱釉、窑变现象，釉面有小开片，釉下施化妆土。姜黄色胎，胎质较疏松。外底有垫砂痕。口径12、底径5.2、高4厘米（图一三，22）。

2006SBT5⑧：141，残。侈口，圆唇，斜弧腹，圈足。内施满釉，外施釉不及底，有流釉现象。褐色、灰色胎，胎质细净、较致密。内外底有支钉痕。口径21、底径11.4、高6厘米（图一三，24）。

2006SBT5⑧：142，残。侈口，圆唇，弧腹，玉璧底。内施满釉，外施釉至腹下部，有流釉、积釉、脱釉、窑变现象，釉面有小开片，釉下施化妆土。夹砂灰黄色胎，胎质较疏松。内外底均有三个支钉痕。口径17.8、底径7.2、高5.8厘米（图一四，1）。

2006SBT5⑧：144，残。敛口，圆唇，弧腹，玉璧底。通体施釉，釉层薄匀，釉质莹润。浅灰色胎，胎质较致密。口径11.6、底径5.2、高4.3厘米（图一四，2）。

2006SBT5⑧：146，残。敞口，圆唇，斜弧腹，平底。内施满釉，外施半釉，有流釉、积釉、飞釉现象。灰黄色胎，胎质细腻、较致密。内外底有支钉痕。口径18.8、底径12、高4.8厘米（图一四，3）。

2006SBT5⑧：149，残。敞口，圆唇，弧腹，玉璧底。内施满釉，外施半釉，有流釉现象。夹砂姜黄色胎，胎质较疏松。内外底均有三个支钉痕。口径19.4、底径8.4、高7厘米（图一四，4）。

2006SBT5⑧：153，残。敞口，圆唇，弧腹，玉璧底。内施满釉，外施釉至腹下部，有流釉、积釉现象，釉面有小开片，釉下施化妆土。灰黄色胎，胎质较疏松。外底有支钉痕。口径14、底径4.8、高4厘米（图一四，6；图版二六，1）。

2006SBT5⑧：155，残。敞口，圆唇，弧腹，饼底内凹。内外施半釉，有流釉现象。紫灰色胎，胎质较致密。内底有支钉痕。口径16.4、底径6.2、高6.3厘米（图一四，5）。

2006SBT5⑧：156，残。敞口，圆唇，弧腹，饼底。内施满釉，外施釉至腹下部，有流釉、积釉现象。灰黄色胎，胎质较致密。内底有支钉痕，外沿有一道弦纹。口径19、底径10.8、高7.2厘米（图一四，7）。

2006SBT5⑧：158，残。敞口，圆唇，弧腹，饼底微内凹，外沿斜削。内施满釉，外施半釉，脱釉严重，釉下施化妆土。黄色胎，胎质较致密。内外底有三个支钉痕，外有窑粘现象。口径16.8、底径8.2、高6.7厘米（图一四，8）。

2006SBT5⑧：160，残。敞口，圆唇，弧腹，饼底。内施满釉，外施半釉，有流釉、积釉现象，釉下施化妆土。夹砂浅黄色胎，胎质较疏松。内底有支钉痕，有窑粘现象。口径17.4、底径7.8、高6.2厘米（图一四，9）。

2006SBT5⑧：162，残。敞口，圆唇，斜直腹，玉璧底，外沿斜削。内施满釉，外施釉至腹下部，有流釉、积釉现象，釉下施化妆土。浅灰色、浅褐色胎，胎质细净、较致密。内外底有支钉痕。口径14.2、底径6.2、高4厘米（图一四，10）。

2006SBT5⑧：164，残。侈口，圆唇，斜腹，平底。内施满釉，外施半釉，有飞釉、漏釉现象。灰色胎，胎质细净、较致密。内外底有支钉痕。口径19.4、底径10.8、高6厘米（图一四，11）。

2006SBT5⑧：167，残。敞口，圆唇，弧腹，玉璧底，外沿斜削。内施满釉，外施釉至腹下部，釉面有小开片，釉下施化妆土。黄色胎，胎质较疏松。内底有支钉痕。口径13.4、底径5、高5厘米（图一四，13）。

2006SBT5⑧：169，残。敞口，圆唇，弧腹，玉璧底。内施满釉，外施釉至腹下部，有流

釉、积釉现象，釉面有小开片，釉下施化妆土。浅黄色胎，胎质较疏松。内外底有支钉痕。口径14、底径7.2、高4.6厘米（图一四，14）。

2006SBT5⑧：173，残。侈口，圆唇，弧腹，平底内凹。内施满釉，外施釉至腹下部，有流釉、积釉现象，釉面有小开片，釉下施化妆土。灰黄色胎，胎质较致密。内外底有垫砂痕。口径12.2、底径5、高4.6厘米（图一四，22）。

2006SBT5⑧：174，残。敞口，圆唇，弧腹，玉璧底。内施满釉，外施半釉，有流釉、积釉现象，釉下施化妆土。土黄色胎，胎质较疏松。外底有支钉痕。口径13、底径4.8、高5厘米（图一四，18）。

2006SBT5⑧：176，残。敞口，圆唇，弧腹，饼底。内施满釉，外施半釉，有流釉、积釉

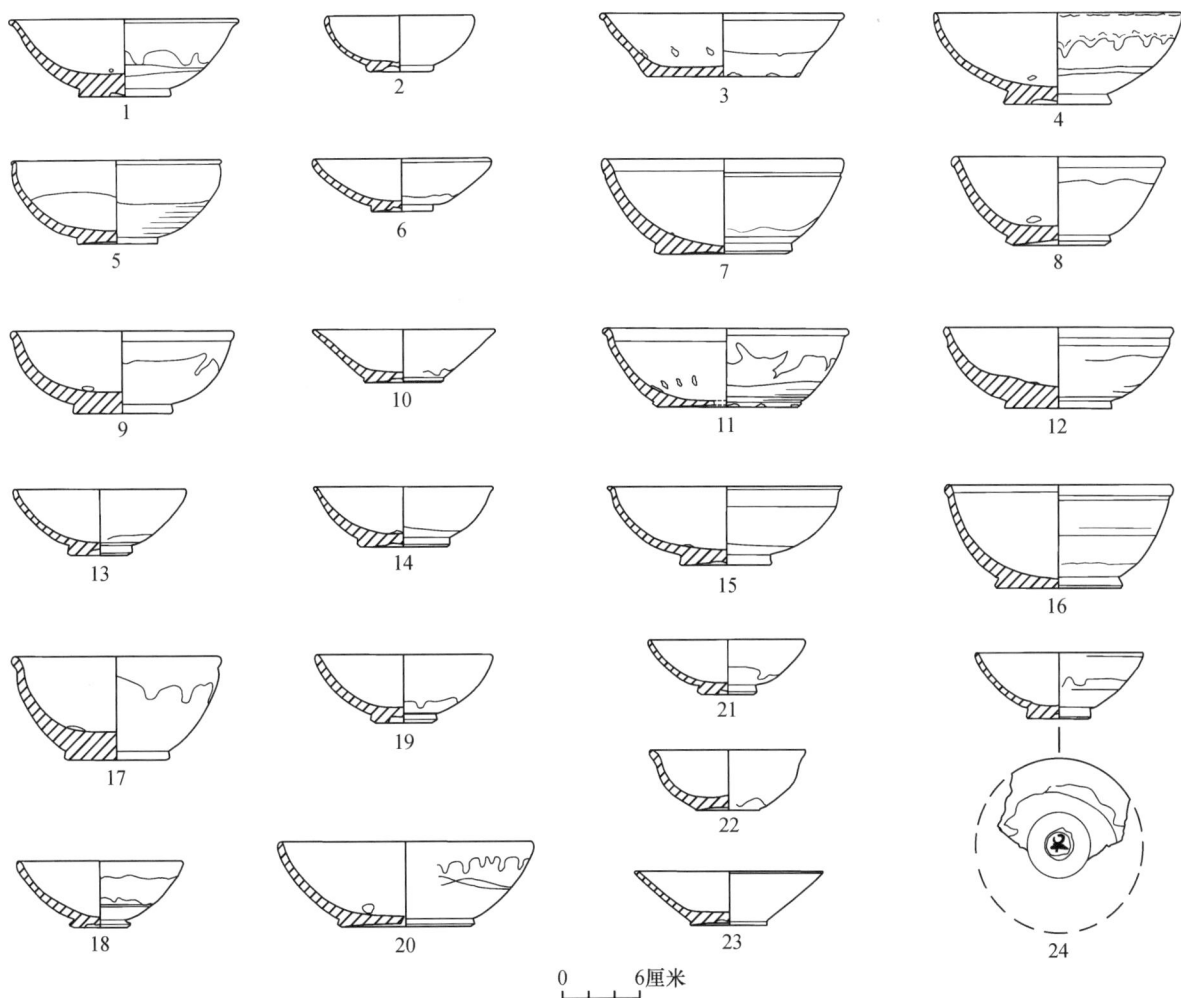

图一四　第8层青釉碗

1. 2006SBT5⑧：142　2. 2006SBT5⑧：144　3. 2006SBT5⑧：146　4. 2006SBT5⑧：149　5. 2006SBT5⑧：155
6. 2006SBT5⑧：153　7. 2006SBT5⑧：156　8. 2006SBT5⑧：158　9. 2006SBT5⑧：160　10. 2006SBT5⑧：162
11. 2006SBT5⑧：164　12. 2006SBT5⑧：176　13. 2006SBT5⑧：167　14. 2006SBT5⑧：169　15. 2006SBT5⑧：182
16. 2006SBT5⑧：186　17. 2006SBT5⑧：181　18. 2006SBT5⑧：174　19. 2006SBT5⑧：179　20. 2006SBT5⑧：190
21. 2006SBT5⑧：183　22. 2006SBT5⑧：173　23. 2006SBT5⑧：188　24. 2006SBT5⑧：185

现象，釉下施化妆土。姜黄色胎，胎质较疏松。内底有三个支钉痕。口径18、底径8.4、高6.2厘米（图一四，12）。

2006SBT5⑧：179，残。敞口，圆唇，弧腹，玉璧底，外沿斜削。内施满釉，外施釉至腹下部，有流釉、积釉现象，釉下施化妆土。灰色、黄色胎，胎质较致密。口径13.8、底径5.2、高5.2厘米（图一四，19）。

2006SBT5⑧：181，残。敞口，圆唇，弧腹，饼底。内施满釉，外施半釉，有流釉、积釉现象，釉下施化妆土。浅黄色胎，胎质较疏松，胎体厚重。内底有支钉痕。口径16.4、底径8.2、高7.8厘米（图一四，17）。

2006SBT5⑧：182，残。侈口，圆唇，弧腹，玉璧底内凹。内施满釉，外施釉至腹下部，有流釉、积釉现象，釉面有小开片，釉下施化妆土。姜黄色胎，胎质较疏松。内外底有支钉痕。口径18.6、底径7.2、高6厘米（图一四，15）。

2006SBT5⑧：183，残。敞口，圆唇，斜弧腹，玉璧底，外沿斜削。内施满釉，外施半釉，有流釉、积釉现象，釉面有小开片，釉下施化妆土。浅灰色胎，胎质较致密。内外底有支钉痕。口径12.4、底径4.6、高4.1厘米（图一四，21）。

2006SBT5⑧：185，残。敞口，圆唇，弧腹，玉璧底。内施满釉，外施半釉，有流釉现象，釉面有小开片，釉下施化妆土。灰黄色胎，胎质较疏松。外底心有墨书"吉"字。口径13.2、底径5、高5厘米（图一四，24）。

2006SBT5⑧：186，残。敞口，圆唇，弧腹，饼底。内施满釉，外施釉至腹下部，有流釉、积釉现象，釉下施化妆土。姜黄色胎，胎质较疏松。口径18、底径10、高7.9厘米（图一四，16）。

2006SBT5⑧：188，残。敞口，圆唇，斜直腹，玉璧底。除外底沿通体施釉。青灰色胎，胎质细净、较致密。外底有支钉痕。口径14.8、底径6、高4.1厘米（图一四，23）。

2006SBT5⑧：190，残。敞口，圆唇，弧腹，饼底。内施满釉，外施半釉，有流釉、积釉现象，釉面有小开片，釉下施化妆土。姜黄色胎，胎质较疏松。内底有支钉痕。口径20、底径10.6、高6.4厘米（图一四，20）。

2006SBT5⑧：192，残。敞口，圆唇，弧腹，玉璧底，外底心隆起、似乳状。内施满釉，外施釉至腹下部，施釉不均，有流釉、积釉现象，釉下施化妆土。夹砂姜黄色胎，胎质较疏松。内外底有支钉痕。口径16、底径7.6、高5厘米（图一五，1）。

2006SBT5⑧：193，残。侈口，圆唇，弧腹，饼底，外沿斜削。内施满釉，外施釉至腹下部，有流釉、积釉现象，釉下施化妆土。夹砂姜黄色胎，胎质较疏松。内底有支钉痕。口径20、底径9.6、高6.5厘米（图一五，2）。

2006SBT5⑧：195，残。敞口，圆唇，弧腹，饼底。内施满釉，外施釉至腹下部，有流釉现象，釉面有小开片，釉下施化妆土。褐色胎，胎质较致密。口径12、底径4.8、高4.4厘米（图一五，3）。

2006SBT5⑧：197，残。敞口，圆唇，弧腹，玉璧底。内施满釉，外施釉至腹下部，釉面有开片，釉下施化妆土。夹砂姜黄色胎，胎质疏松。内底有支钉痕。口径18、底径8.4、高5.6厘米（图一五，4）。

2006SBT5⑧：202，残。敞口，圆唇，弧腹，玉璧底。内施满釉，外施釉至腹下部，有流釉、积釉现象，釉面有小开片。灰色、土黄色胎，胎质较致密。口径13、底径4.8、高5厘米（图一五，7）。

2006SBT5⑧：204，残。敞口，圆唇，弧腹，饼底。内外施满釉，有流釉、积釉、漏釉现象，釉面有小开片。灰白色胎，胎质较致密。口径18.4、底径11.2、高7.4厘米（图一五，6）。

2006SBT5⑧：206，残。敞口，圆唇，弧腹，玉璧底。内施满釉，外施釉至腹下部，有流釉、积釉现象，釉面有开片，釉下施化妆土。夹砂姜黄色胎，胎质较疏松。内外底均有三个支钉痕。口径18.4、底径8.4、高5.8厘米（图一五，8）。

2006SBT5⑧：207，残。侈口，圆唇，斜弧腹，玉璧底。内施满釉，外施半釉，有流釉、积釉、飞釉现象，釉下施化妆土。灰色胎，胎质细净、较致密。内外底有支钉痕。口径18.6、底径10、高5.8厘米（图一五，10）。

2006SBT5⑧：210，残。敞口，圆唇，弧腹，饼底。内施满釉，外施半釉，施釉不均，有脱釉现象，釉下施化妆土。夹砂姜黄色胎，胎质粗糙、较疏松。内底有三个支钉痕。有窑粘现象。口径16.4、底径7.2、高6厘米（图一五，5）。

2006SBT5⑧：212，残。敞口，圆唇，弧腹，饼底。内施满釉，外施釉至腹下部。有流釉、积釉现象，釉面有小开片，釉下施化妆土。黄白色胎，胎质较疏松。外底有三个支钉痕。口径13.4、底径6、高4.8厘米（图一五，11）。

2006SBT5⑧：213，残。敞口，圆唇，弧腹，饼底内凹。内外施半釉，有流釉、积釉现象，釉下施化妆土。深灰色胎，胎质细净、较致密。内底有垫饼痕。口径15.4、底径5.2、高6.2厘米（图一五，9）。

2006SBT5⑧：214，残。微侈口，圆唇，弧腹，饼底内凹。内施满釉，外施半釉，有流釉现象，脱釉严重，釉下施化妆土。姜黄色胎，胎质较疏松。内底有支钉痕。口径17.4、底径8、高7厘米（图一五，12）。

2006SBT5⑧：215，残。敞口，圆唇，弧腹，玉璧底。内施满釉，外施釉至腹下部，釉面有小开片，釉下施化妆土。夹砂姜黄色胎，胎质较疏松。内外底有支钉痕。口径15.4、底径7.8、高4.8厘米（图一五，13）。

2006SBT5⑧：217，残。微侈口，圆唇，弧腹，底缺失。内施满釉，外施半釉，有流釉、积釉现象，釉面有开片，釉下施化妆土，釉层薄匀，釉质润亮。夹砂浅黄色胎，胎质较疏松。口径18.6厘米（图一五，14）。

2006SBT5⑧：218，残。侈口，圆唇，弧腹，饼底。内施满釉，外施半釉，有流釉、积釉现象，釉面有小开片，釉下施化妆土。姜黄色胎，胎质较疏松。内外底有支钉痕。口径11.8、底径5.6、高5.6厘米（图一五，15）。

2006SBT5⑧：219，残。敞口，圆唇，弧腹，玉璧底，外沿斜削。内施满釉，外施半釉，有流釉、积釉现象，釉面有小开片，釉下施化妆土。青灰色胎，胎质较致密。口径13.8、底径4.6、高5.1厘米（图一五，19）。

2006SBT5⑧：220，残。敞口，平唇，弧腹，饼底内凹。内外施半釉，有流釉、积釉现象，釉面有小开片。灰色胎，胎质细腻、较致密。内外底有支钉痕。口径15.6、底径6、高6.2厘米（图一五，17）。

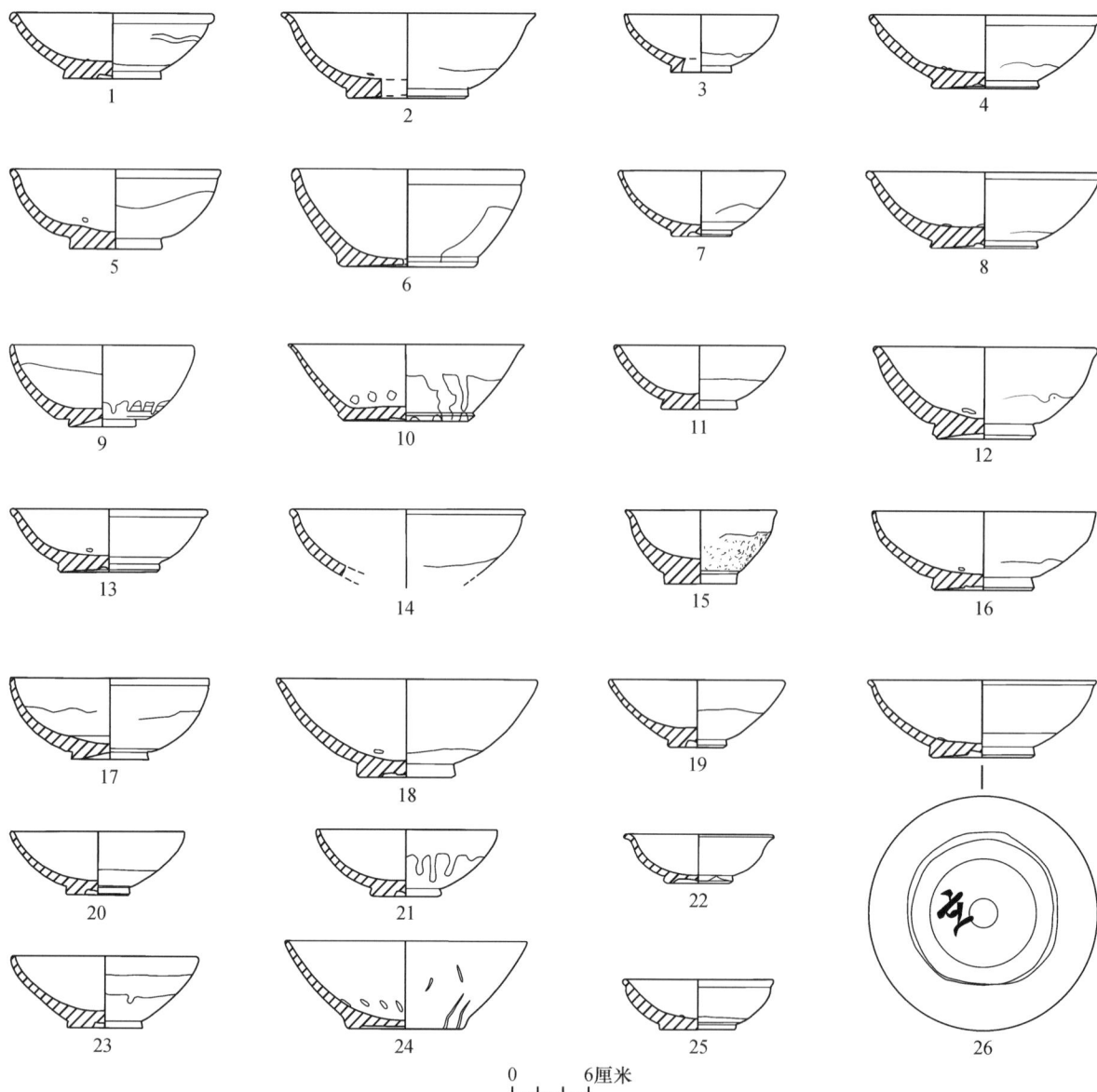

0　　　6厘米

图一五　第8层青釉碗

1. 2006SBT5⑧：192　2. 2006SBT5⑧：193　3. 2006SBT5⑧：195　4. 2006SBT5⑧：197　5. 2006SBT5⑧：210
6. 2006SBT5⑧：204　7. 2006SBT5⑧：202　8. 2006SBT5⑧：206　9. 2006SBT5⑧：213　10. 2006SBT5⑧：207
11. 2006SBT5⑧：212　12. 2006SBT5⑧：214　13. 2006SBT5⑧：215　14. 2006SBT5⑧：217　15. 2006SBT5⑧：218
16. 2006SBT5⑧：222　17. 2006SBT5⑧：220　18. 2006SBT5⑧：224　19. 2006SBT5⑧：219　20. 2006SBT5⑧：227
21. 2006SBT5⑧：243　22. 2006SBT5⑧：226　23. 2006SBT5⑧：241　24. 2006SBT5⑧：233　25. 2006SBT5⑧：231
26. 2006SBT5⑧：228

2006SBT5⑧：222，残。敞口，圆唇，弧腹，玉璧底。内施满釉，外施釉至腹下部，有流釉、积釉、脱釉现象，釉下施化妆土。灰色、灰黄色胎，胎质较致密。内外底有支钉痕。口径17.4、底径7.5、高6厘米（图一五，16）。

2006SBT5⑧：224，残。敞口，圆唇，弧腹，玉璧底，外沿斜削。内施满釉，外施釉至腹下部，有脱釉现象，釉下施化妆土，灰黄色胎，胎质较疏松。内外底有支钉痕。口径20.6、底径7.8、高7.4厘米（图一五，18）。

2006SBT5⑧：226，残。侈口，圆唇，弧腹，圈足。内施满白釉，外施满釉，底足露胎。黄白色胎，胎质较疏松。口径11.8、底径5.4、高3.7厘米（图一五，22）。

2006SBT5⑧：227，残。敞口，圆唇，弧腹，玉璧底。内施满釉，外施釉至腹下部，有流釉、积釉现象，釉下施化妆土。灰色、黄褐色胎，胎质较致密。口径13.6、底径5、高4.8厘米（图一五，20）。

2006SBT5⑧：228，残。敞口，圆唇，弧腹，玉璧底。内施满釉，外施半釉，内外有流釉、积釉现象，釉下施化妆土。姜黄色胎，胎质较疏松。内底有支钉痕，外底有墨书"立"字。口径17.8、底径8.2、高5.9厘米（图一五，26；图版二五，4）。

2006SBT5⑧：231，残。敞口，圆唇，弧腹，饼底。内施满釉，外施釉至腹下部，施釉不均，有积釉，脱釉现象，釉面有小开片，釉下施化妆土。夹砂姜黄色胎，胎质疏松。内外底有支钉痕。口径11.8、底径6、高3.8厘米（图一五，25）。

2006SBT5⑧：233，残。敞口，圆唇，斜直腹，圈足，内足墙极低。内外施满釉，有脱釉现象。灰色胎，胎质细腻、较致密。内底有十二个支钉痕。口径19.2、底径9.2、高6.6厘米（图一五，24）。

2006SBT5⑧：240，残。敞口，圆唇，弧腹，玉璧底。内施满釉，外施釉不及底，施釉不均，有流釉、积釉现象，釉面有小开片，釉下施化妆土。姜黄色胎，胎质较疏松。内底有三个支钉痕。口径15.5、底径7.4、高5厘米（图一六，1）。

2006SBT5⑧：241，残。敞口，圆唇，弧腹，玉璧底。内施满釉，外施半釉，有流釉、积釉现象，釉面有小开片，釉下施化妆土。姜黄色胎，胎质较疏松。口径14.6、底径5.8、高5.4厘米（图一五，23）。

2006SBT5⑧：243，残。敞口，圆唇，弧腹，玉璧底。内施满釉，外施半釉，有流釉、积釉现象，釉面有小开片，釉下施化妆土。灰色胎，胎质较致密。口径14.4、底径5.6、高5厘米（图一五，21）。

2006SBT5⑧：244，残。敞口，圆唇，弧腹，玉璧底。内施满釉，外施釉至腹下部，有流釉、积釉现象，釉面有小开片，釉下施化妆土。夹砂姜黄色胎，胎质较疏松。内底有支钉痕。口径18.6、底径8.6、高5.4厘米（图一六，2）。

2006SBT5⑧：247，残。敞口，圆唇，弧腹，玉璧底。内施满釉，外施釉至腹下部，有流釉、积釉现象，釉面有小开片，釉下施化妆土。姜黄色胎，胎质较疏松。内外底有支钉痕。口径14.4、底径6.2、高5.4厘米（图一六，3）。

2006SBT5⑧：248，残。敞口，圆唇，弧腹，饼底。内施满釉，外施半釉，施釉不均，有流釉、积釉现象，釉面有小开片。夹砂浅黄色胎，胎质较疏松。口径11.2、底径5.4、高3.8厘米（图一六，4）。

2006SBT5⑧：249，残。敞口，圆唇，弧腹，玉璧底。内施满釉，外施釉至腹下部，有流釉、积釉现象，釉面有小开片，釉下施化妆土。灰色胎，胎质较致密。内底有支钉痕。口径17.2、底径5.6、高6厘米（图一六，6）。

2006SBT5⑧：251，整。敞口，圆唇，弧腹，玉璧底。内施满釉，外施釉至腹下部，施釉不均，有流釉、积釉现象，釉面有开片，釉下施化妆土。灰黄色胎，胎质较疏松。内外底有支钉痕。口径19、底径9.6、高6.3厘米（图一六，10；图版二五，5）。

2006SBT5⑧：256，残。敞口，圆唇，弧腹，玉璧底，外沿斜削。内施满釉，外施釉至腹下部，有流釉、积釉现象，釉面有小开片，釉下施化妆土。灰色胎，胎质细腻、较致密。口径13.2、底径4.8、高5厘米（图一六，7）。

2006SBT5⑧：257，残。敛口，圆唇，弧腹，饼底内凹。内外施半釉，有脱釉现象，釉下施化妆土。红褐色、灰色胎，胎质较致密。内底有支钉痕。口径17、底径6.8、高6.5厘米（图一六，5）。

2006SBT5⑧：261，残。敞口，圆唇，弧腹，饼底。内施满釉，外施釉至腹下部，口沿处无釉，釉面有小开片，釉下施化妆土。浅黄色胎，胎质较疏松。口径18.2、底径9.8、高6.7厘米（图一六，9）。

2006SBT5⑧：264，残。敞口，圆唇，弧腹，玉璧底。内施满釉，外施半釉，有流釉、积釉现象，釉面有小开片，釉下施化妆土。灰黄色胎，胎质较致密。口径13.6、底径4.6、高4.8厘米（图一六，8）。

2006SBT5⑧：266，残。侈口，圆唇，弧腹，玉璧底，内有凸棱，外有对应凹槽。内施满釉，外施釉至腹下部，有流釉现象，釉面有小开片，釉下施化妆土。青灰色胎，胎质较致密。口径21.2、底径7、高6.9厘米（图一六，14）。

2006SBT5⑧：268，残。敞口，圆唇，弧腹，玉璧底。内施满釉，外施半釉，有流釉现象，釉下施化妆土。黄色胎，胎质较致密。口径15.8、底径5.2、高4.8厘米（图一六，11）。

2006SBT5⑧：272，残。敞口，圆唇，弧腹，玉璧底，外沿斜削。内施满釉，外施釉至腹下部，釉面有小开片。黄色胎，胎质较致密。口径14.6、底径6、高5.5厘米（图一六，12）。

2006SBT5⑧：273，残。敞口，圆唇，折腹，饼底内凹。内外施半釉，有脱釉现象，釉下施化妆土。灰黄色胎，胎质较疏松。内底有支钉痕。口径16.4、底径6.5、高3.9厘米（图一六，17）。

2006SBT5⑧：276，残。敞口，圆唇，弧腹，玉璧底。内施满釉，外施釉至腹下部，有流釉、积釉现象，釉面有小开片，釉下施化妆土。灰色胎，胎质细腻、较致密。口径14.2、底径5.8、高5.3厘米（图一六，19）。

2006SBT5⑧：282，残。敞口，圆唇，弧腹，玉璧底，外沿斜削。内施满釉，外施釉至腹下部，有流釉、积釉现象，釉面有小开片，釉下施化妆土。灰色胎，胎质较致密。口径13、底径4.2、高4.3厘米（图一六，16）。

2006SBT5⑧：285，残。敞口，圆唇，弧腹，饼底。内施满釉，外施半釉，施釉不均，有积釉、脱釉现象，釉面有小开片，釉下施化妆土。夹砂灰黄色胎，胎质疏松。内底有支钉痕。口径17.6、底径9.2、高5.7厘米（图一六，13）。

2006SBT5⑧：286，残。敞口，圆唇，弧腹，玉璧底。内施满釉，外施半釉，有流釉现象，釉面有小开片，釉下施化妆土。黄色胎，胎质较疏松。口径13.2、底径4.8、高4.5厘米

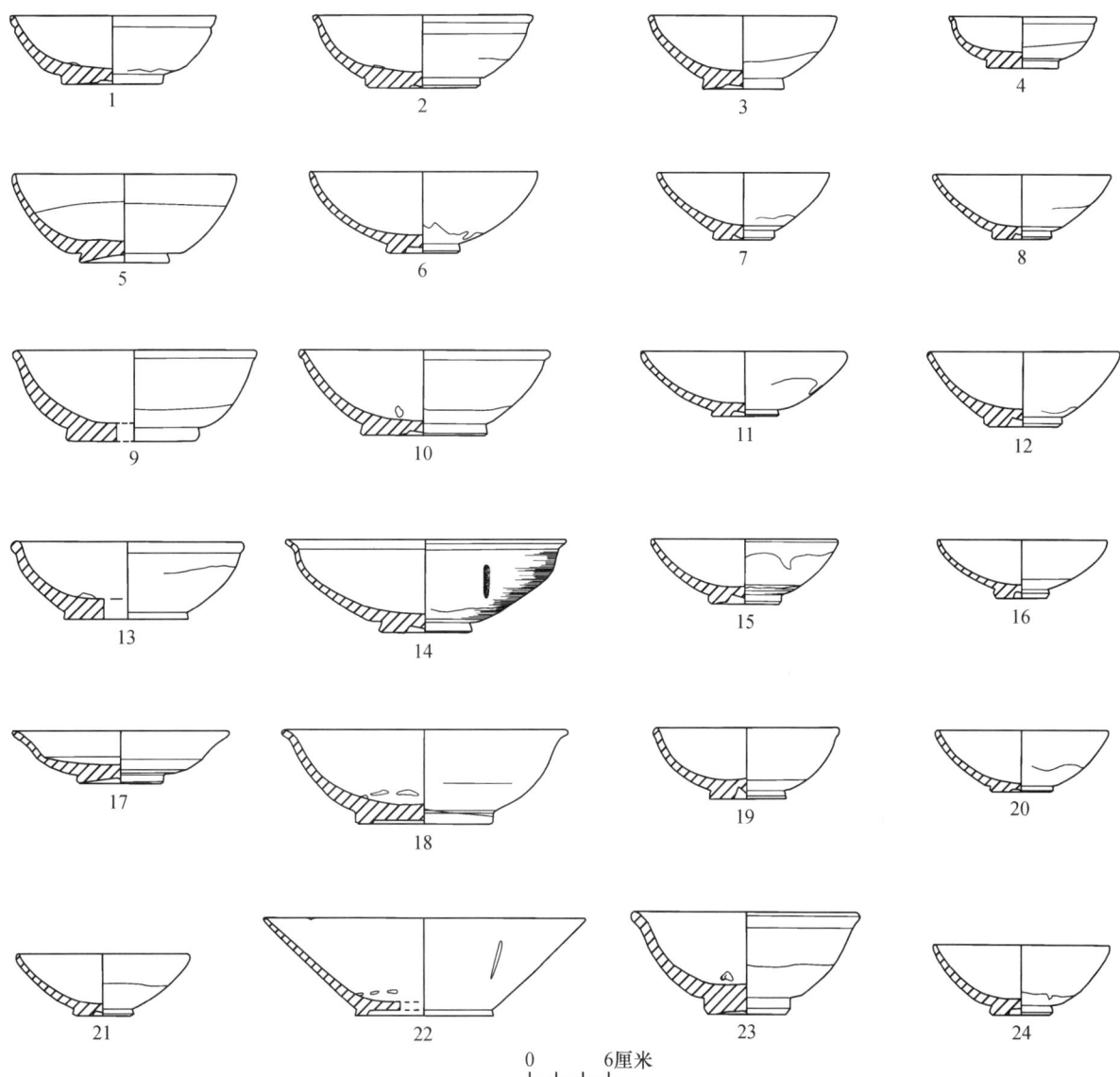

0　　6厘米

图一六　第8层青釉碗

1. 2006SBT5⑧：240　2. 2006SBT5⑧：244　3. 2006SBT5⑧：247　4. 2006SBT5⑧：248　5. 2006SBT5⑧：257
6. 2006SBT5⑧：249　7. 2006SBT5⑧：256　8. 2006SBT5⑧：264　9. 2006SBT5⑧：261　10. 2006SBT5⑧：251
11. 2006SBT5⑧：268　12. 2006SBT5⑧：272　13. 2006SBT5⑧：285　14. 2006SBT5⑧：266　15. 2006SBT5⑧：297
16. 2006SBT5⑧：282　17. 2006SBT5⑧：273　18. 2006SBT5⑧：288　19. 2006SBT5⑧：276　20. 2006SBT5⑧：286
21. 2006SBT5⑧：294　22. 2006SBT5⑧：293　23. 2006SBT5⑧：298　24. 2006SBT5⑧：296

（图一六，20）。

2006SBT5⑧：288，残。侈口，圆唇，弧腹，宽圈足，外沿斜削。内施满釉，外施釉不及底，有流釉现象。浅灰色、黄褐色胎，胎质致密。内外底有支钉痕。口径21.6、底径10.4、高7厘米（图一六，18）。

2006SBT5⑧：293，残。花口，圆唇，斜直腹，矮圈足。除外底沿通体施釉。青灰色胎，胎质细腻，致密。内外底有支钉痕。口径24.2、底径10.4、高7.2厘米（图一六，22）。

2006SBT5⑧：294，残。敞口，圆唇，弧腹，玉璧底。内施满釉，外施半釉，有流釉、积釉现象，釉面有小开片，釉下施化妆土。灰黄色胎，胎质较疏松。口径13.2、底径4.6、高4.6厘米（图一六，21）。

2006SBT5⑧：296，残。敞口，圆唇，弧腹，玉璧底，外沿斜削。内施满釉，外施釉至腹下部，有流釉、积釉现象，釉面有小开片，釉下施化妆土。灰黄色胎，胎质较疏松。外底有支钉痕。口径13.4、底径4.8、高5.2厘米（图一六，24；图版二七，1）。

2006SBT5⑧：297，残。敞口，圆唇，弧腹，玉璧底，外沿斜削。内施满釉，外施釉至腹下部，有流釉现象，釉面有小开片，釉下施化妆土。灰黄色胎，胎质较疏松。口径14.4、底径5.6、高4.8厘米（图一六，15）。

2006SBT5⑧：298，残。侈口，圆唇，弧腹，饼底内凹。内施满釉，外施半釉，施釉不均，有脱釉现象，釉下施化妆土。姜黄色胎，胎质较疏松。内底有支钉痕。口径17.4、底径6、高7.5厘米（图一六，23）。

2006SBT5⑧：300，残。微侈口，圆唇，斜弧腹，平底。内施满釉，外施釉至腹下部，有流釉、积釉、窑变现象，釉下施化妆土。灰色、浅褐色胎，胎质较致密。内外底有支钉痕。口径19.2、底径10.8、高5.5厘米（图一七，1）。

2006SBT5⑧：301，残。敞口，圆唇，斜弧腹，饼底，外沿斜削。内施满釉，外施半釉，有流釉、积釉现象，釉面有开片，釉下施化妆土，釉质润亮。黄色胎，胎质较致密。内外底有支钉痕。口径19、底径10.4、高5.4厘米（图一七，2）。

2006SBT5⑧：308，残。敞口，圆唇，弧腹，玉璧底。内施满釉，外施釉至腹下部，有流釉、积釉现象，釉面有小开片，釉下施化妆土。灰黄色胎，胎质较疏松。内外底有支钉痕，外有窑粘现象。口径18.4、底径8.8、高5.2厘米（图一七，3）。

2006SBT5⑧：309，整。敞口，圆唇，弧腹，玉璧底，外沿斜削。内施满釉，外施釉至腹下部，有流釉、积釉现象。姜黄色胎，胎质较疏松。内底有三个支钉痕，有窑粘现象。口径15.2、底径7、高4.9厘米（图一七，4；图版二六，2）。

2006SBT5⑧：310，残。敞口，圆唇，弧腹，饼底。内施满釉，外施半釉，有流釉现象，釉面有小开片，釉下施化妆土。土黄色胎，胎质较疏松。内外底有支钉痕，有窑粘现象。口径11.4、底径5.2、高5.4厘米（图一七，7）。

2006SBT5⑧：311，残。敞口，圆唇，弧腹，玉璧底。内施满釉，外施半釉，有积釉现象，釉面有小开片，釉下施化妆土。灰色胎，胎质较致密。口径12.8、底径3.8、高3.8厘米

（图一七，11）。

2006SBT5⑧：320，残，敞口，圆唇，弧腹，饼底。内施满釉，外施半釉，有流釉、积釉现象。釉下施化妆土。姜黄色胎，胎质较疏松。内底有支钉痕。口径10.6、底径5.4、高4.1厘米（图一七，21）。

2006SBT5⑧：322，残。敞口，圆唇，弧腹，饼底。内施满釉，外施釉至腹下部，有流釉、积釉现象，釉面有小开片，釉下施化妆土。土黄色胎，胎质较疏松。内底有三个支钉痕。口径17.6、底径8.2、高6.3厘米（图一七，5；图版二四，1）。

2006SBT5⑧：324，残。敞口，圆唇，弧腹，饼底。内施满釉，外施半釉，施釉不均，有流釉、积釉现象，釉面有小开片，釉下施化妆土。姜黄色胎，胎质较疏松。内底有三个支钉痕。口径17、底径8.6、高6.7厘米（图一七，6）。

2006SBT5⑧：325，残。侈口，圆唇，弧腹，玉璧底，外沿斜削。内外施半釉，有流釉现象，釉下施化妆土。浅褐色胎，胎质较致密。外底面有一道凹弦纹。口径18.8、底径6.8、高6.4厘米（图一七，8）。

2006SBT5⑧：326，残。敞口，圆唇，弧腹，玉璧底。内施满釉，外施釉至腹下部，有流釉、积釉现象，釉面有小开片。灰黄色胎，胎质较致密。口径13.4、底径4.8、高4.4厘米（图一七，15）。

2006SBT5⑧：329，残。敞口，圆唇，弧腹，饼底。内施满釉，外施半釉，施釉不均，有流釉、积釉、窑变现象。夹砂灰黄色胎，胎质较疏松、粗糙。内底有支钉痕。口径17.2、底径7.8、高6.5厘米（图一七，9）。

2006SBT5⑧：331，残。敞口，圆唇，弧腹，玉璧底，外沿斜削。内施满釉，外施半釉，有流釉、积釉现象，釉面有小开片，釉下施化妆土。灰黄色胎，胎质较致密。口径13.6、底径5、高5厘米（图一七，22）。

2006SBT5⑧：335，残。敞口，圆唇，弧腹，玉璧底。内施满釉，外施半釉，有流釉、积釉现象，釉下施化妆土。浅褐色胎，胎质细净、较致密。口径14、底径5.2、高5.1厘米（图一七，23）。

2006SBT5⑧：337，残。微侈口，圆唇，弧腹，玉璧底。内施满釉，外施釉至腹下部，有流釉、积釉现象，釉面有小开片。姜黄色胎，胎质较疏松。内底有三个支钉痕。口径18.4、底径7.9、高5.8厘米（图一七，10）。

2006SBT5⑧：338，残。侈口，圆唇，斜腹，平底。内施满釉，外施半釉，有流釉现象。深褐色胎，胎质较致密。内外底有支钉痕。口径18.4、底径9.4、高5厘米（图一七，12）。

2006SBT5⑧：340，残。敞口，圆唇，斜腹，玉璧底。内施满釉，外施釉至腹下部，釉下施化妆土。灰色胎，胎质细净、较致密。内外底有七个支钉痕。口径14.6、底径5.8、高4.1厘米（图一七，13）。

2006SBT5⑧：346，残。敞口，圆唇，弧腹，玉璧底。内施满釉，外施半釉，有流釉、积釉现象，釉面有小开片，釉下施化妆土。灰黄色胎，胎质较致密。口径13.6、底径4.2、高4.5

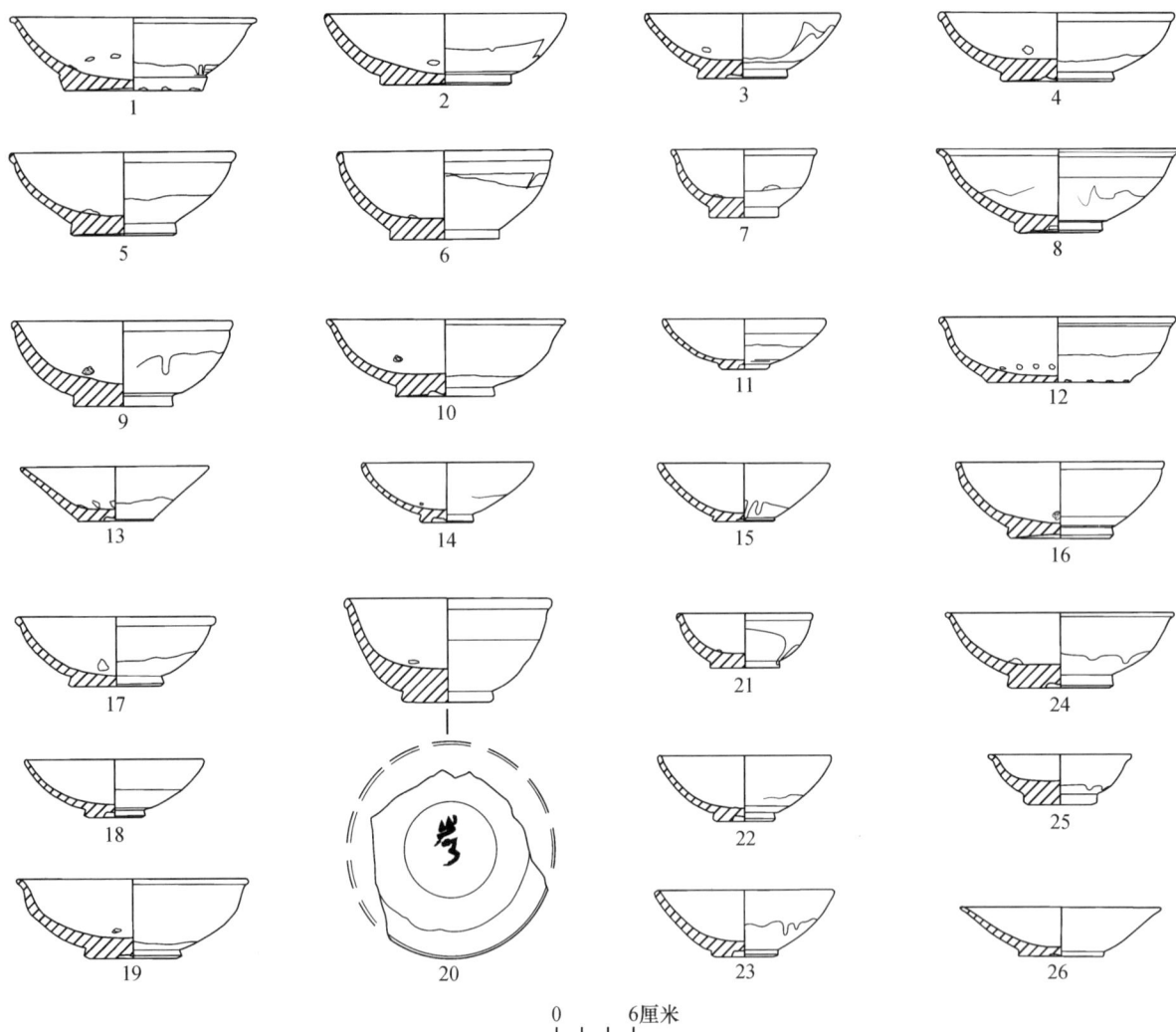

图一七　第8层青釉碗

1. 2006SBT5⑧：300　2. 2006SBT5⑧：301　3. 2006SBT5⑧：308　4. 2006SBT5⑧：309　5. 2006SBT5⑧：322
6. 2006SBT5⑧：324　7. 2006SBT5⑧：310　8. 2006SBT5⑧：325　9. 2006SBT5⑧：329　10. 2006SBT5⑧：337
11. 2006SBT5⑧：311　12. 2006SBT5⑧：338　13. 2006SBT5⑧：340　14. 2006SBT5⑧：346　15. 2006SBT5⑧：326
16. 2006SBT5⑧：347　17. 2006SBT5⑧：355　18. 2006SBT5⑧：362　19. 2006SBT5⑧：353　20. 2006SBT5⑧：358
21. 2006SBT5⑧：320　22. 2006SBT5⑧：331　23. 2006SBT5⑧：335　24. 2006SBT5⑧：352　25. 2006SBT5⑧：356
26. 2006SBT5⑧：361

厘米（图一七，14）。

2006SBT5⑧：347，残。敞口，圆唇，弧腹，饼底内凹。内施满釉，外施釉至腹下部，有流釉现象，釉面有小开片，釉下施化妆土。夹砂灰色胎，胎质较疏松。内底有三个支钉痕，外有窑粘现象。口径16.2、底径8.4、高5.8厘米（图一七，16）。

2006SBT5⑧：352，残。侈口，圆唇，弧腹，玉璧底。内施满釉，外施釉至腹下部，有流釉、积釉现象，釉下施化妆土。夹砂姜黄色胎，胎质较疏松。内底有三个支钉痕，外有窑粘现象。口径17.8、底径8.2、高5.7厘米（图一七，24）。

2006SBT5⑧：353，残。侈口，圆唇，弧腹，玉璧底，外沿斜削。内施满釉，外施半釉，有流釉、有积釉现象，釉面有开片，釉下施化妆土。夹砂灰色、黄色胎，胎质较疏松。内底有三个支钉痕。口径18、底径6、高7.4厘米（图一七，19）。

2006SBT5⑧：355，残。敞口，圆唇，弧腹，饼底，外沿斜削。内施满釉，外施釉至腹下部，有流釉、积釉、窑变现象，釉下施化妆土。姜黄色胎，胎质较疏松。内底有支钉痕，有窑粘现象。口径15.6、底径7.4、高5.3厘米（图一七，17）。

2006SBT5⑧：356，残。敞口，圆唇，弧腹，饼底。内施满釉，外施釉至腹下部，有流釉，积釉现象，釉面有开片，釉下施化妆土。姜黄色胎，胎质较疏松。口径11、底径5.6、高3.8厘米（图一七，25）。

2006SBT5⑧：358，残。敞口，圆唇，弧腹，饼底。内施满釉，外施半釉，有流釉、积釉现象，釉下施化妆土。土黄色胎，胎质较疏松。内底有三个支钉痕，外底有墨书文字。口径16.4、底径7.2、高7.8厘米（图一七，20）。

2006SBT5⑧：361，残。敞口，圆唇，斜弧腹，玉璧底。除外底沿面通体施釉，釉面有开片，釉层薄匀，釉质莹润。灰色胎，胎质细净、较致密。外底有支珠痕。口径15.6、底径6.6、高3.7厘米（图一七，26）。

2006SBT5⑧：362，残。敞口，圆唇，弧腹，玉璧底，外沿斜削。内施满釉，外施半釉，有流釉、积釉现象，釉面有小开片，釉下施化妆土。灰色胎，胎质较致密。口径14、底径4.8、高4.4厘米（图一七，18）。

2006SBT5⑧：363，残。敞口，圆唇，弧腹，圈足。通体施釉，釉面有小开片。灰色胎，胎质细腻、较致密。内外底有支钉痕。口径20.8、底径10.4、高6.4厘米（图一八，1）。

2006SBT5⑧：364，残。敞口，圆唇，斜弧腹，玉璧底。内施满釉，外施半釉，有流釉、积釉现象，釉面有小开片，釉下施化妆土。灰黄色胎，胎质较疏松。口径12.8、底径4.4、高4.4厘米（图一八，2）。

2006SBT5⑧：365，整。敞口，圆唇，弧腹，玉璧底。内施满釉，外施釉至腹下部，有流釉、积釉现象，釉面有小开片，釉下施化妆土。灰黄色胎，胎质较疏松。外底有支钉痕。口径15.4、底径7.2、高4.6厘米（图一八，3；图版二四，2）。

2006SBT5⑧：369，残。敞口，圆唇，弧腹，饼底。内施满釉，外施半釉，有流釉、积釉现象，釉下施化妆土，腹部饰褐彩。姜黄色胎，胎质较疏松。内底有支钉痕。口径16.2、底径7.5、高7.2厘米（图一八，4）。

2006SBT5⑧：371，残。敞口，圆唇，弧腹，玉璧底，外沿斜削。内施满釉，外施半釉，有积釉、脱釉现象，釉下施化妆土。夹砂灰色胎，胎质较疏松，内底有三个支钉痕。口径18.6、底径8.6、高6.3厘米（图一八，5）。

2006SBT5⑧：374，残。敞口，圆唇，弧腹，玉璧底。内施满釉，外施半釉，有流釉、积釉现象，釉面有小开片，釉下施化妆土。土黄色胎，胎质较疏松。口径13.5、底径5、高4.5厘米（图一八，6）。

2006SBT5⑧：379，残。侈口，圆唇，弧腹，玉璧底，外沿斜削。内施满釉，外施釉至腹下部，有流釉、积釉现象，釉面有小开片。夹砂姜黄色胎，胎质疏松。内外底有支钉痕。口径18.8、底径9.2、高6.1厘米（图一八，7）。

2006SBT5⑧：383，残。敞口，圆唇，弧腹，玉璧底。内施满釉，外施半釉，有积釉现象，釉面有小开片，釉下施化妆土。灰黄色胎，胎质较疏松。外底有支钉痕。口径13.8、底径5、高5厘米（图一八，8）。

2006SBT5⑧：384，残。敞口，圆唇，弧腹，玉璧底。内施满釉，外施半釉，有流釉、积釉现象，釉下施化妆土。夹砂姜黄色胎，胎质较疏松。内外底有三个支钉痕。口径18.4、底径8.2、高5.6厘米（图一八，9）。

2006SBT5⑧：387，残。敞口，圆唇，弧腹，玉璧底内凹。内施满釉，外施釉至腹下部，釉面脱落严重，釉下施化妆土。红褐色胎，胎质较致密。口径15.5、底径5.5、高5.3厘米（图一八，12）。

2006SBT5⑧：388，残。侈口，圆唇，弧腹，玉璧底。内施满釉，外施釉至腹下部，有流釉、积釉、窑变现象，釉面有开片，釉下施化妆土。姜黄色胎，胎质较疏松。内底有三个支钉痕，外底有窑粘现象。口径18.4、底径8.6、高6.2厘米（图一八，11）。

2006SBT5⑧：391，残。敞口，圆唇，弧腹，玉璧底。内施满釉，外施半釉，有积釉现象，釉面有小开片。灰色胎，胎质细腻、较致密。内外底有支钉痕。口径19.2、底径9.2、高6厘米（图一八，13）。

2006SBT5⑧：392，残。敞口，圆唇，弧腹，玉璧底。内施满釉，外施半釉，釉面有小开片，釉下施化妆土。灰色胎，胎质较致密。口径12.8、底径4.4、高4.5厘米（图一八，10）。

2006SBT5⑧：396，残。敞口，圆唇，弧腹，玉璧底。内施满釉，外施半釉，有流釉现象，釉下施化妆土。浅灰色胎，胎质细净、较致密。外底有支钉痕，外腹下部墨书"王"字。口径13.4、底径4.8、高4.5厘米（图一八，15）。

2006SBT5⑧：398，残。敞口，圆唇，弧腹，玉璧底。内施满釉，外施釉至腹下部，有流釉、积釉现象，釉面有开片，釉下施化妆土。夹砂姜黄色胎，胎质较疏松。内底有支钉痕。口径16、底径7.2、高5.4厘米（图一八，16）。

2006SBT5⑧：400，残。敞口，圆唇，弧腹，饼底。内施满釉，外施半釉，有流釉、积釉现象，釉面有小开片，釉下施化妆土。夹砂姜黄色胎，胎质较疏松。口径13.8、底径6.2、高4.7厘米（图一八，21）。

2006SBT5⑧：401，残。敞口，圆唇，弧腹，饼底，内施满釉，外施釉至腹下部，有积釉现象，釉面有小开片。土黄色胎，胎质较致密。内底有三个支钉痕。口径11.2、底径5.2、高3.6厘米（图一八，23）。

2006SBT5⑧：409，残。敞口，圆唇，弧腹，玉璧底。内施满釉，外施半釉，有流釉、积釉现象，釉面有小开片，釉下施化妆土。灰黄色胎，胎质较疏松。口径13.8、底径4.6、高4.8厘米（图一八，22）。

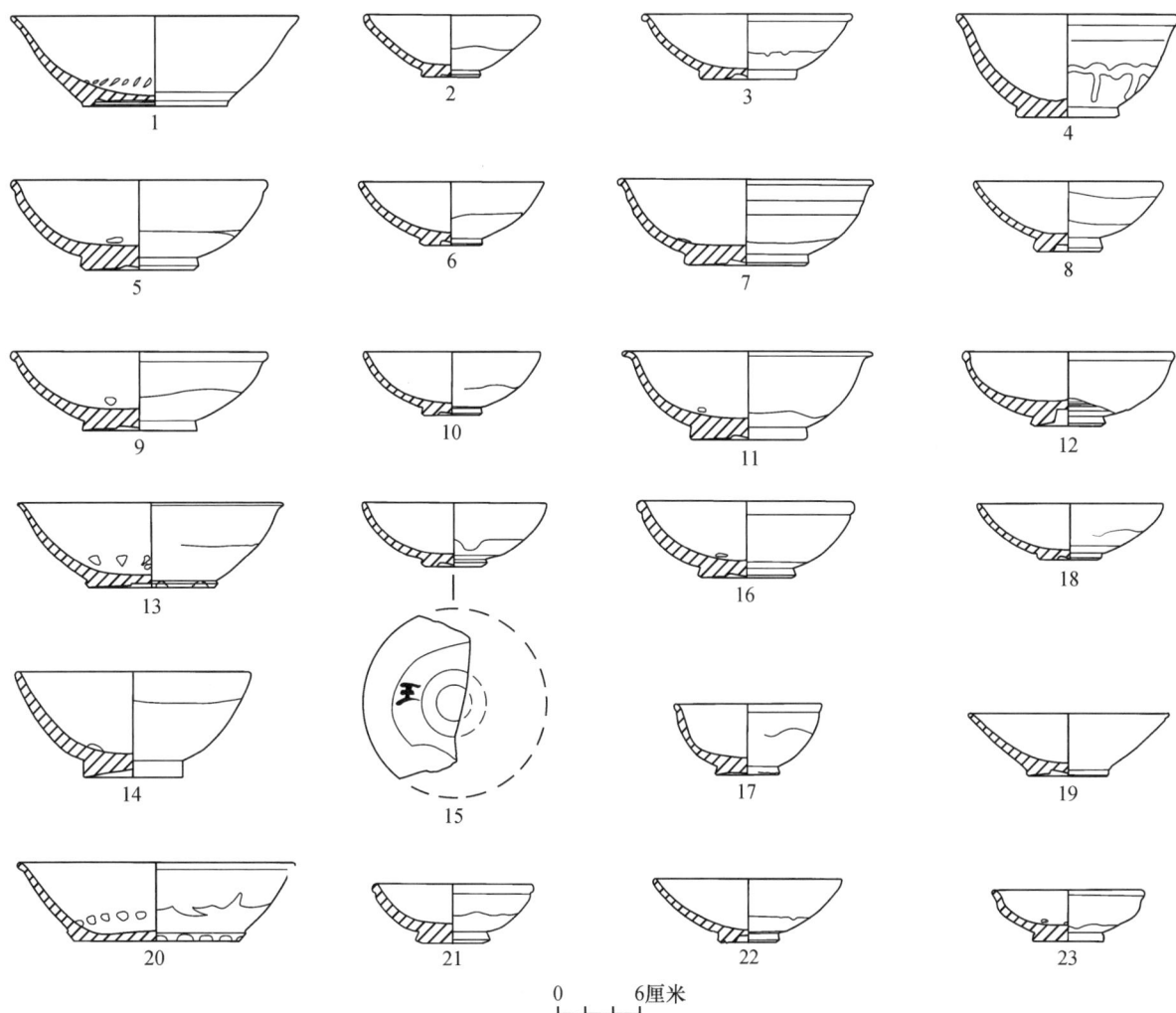

图一八 第8层青釉碗

1. 2006SBT5⑧：363 2. 2006SBT5⑧：364 3. 2006SBT5⑧：365 4. 2006SBT5⑧：369 5. 2006SBT5⑧：371
6. 2006SBT5⑧：374 7. 2006SBT5⑧：379 8. 2006SBT5⑧：383 9. 2006SBT5⑧：384 10. 2006SBT5⑧：392
11. 2006SBT5⑧：388 12. 2006SBT5⑧：387 13. 2006SBT5⑧：391 14. 2006SBT5⑧：411 15. 2006SBT5⑧：396
16. 2006SBT5⑧：398 17. 2006SBT5⑧：423 18. 2006SBT5⑧：416 19. 2006SBT5⑧：420 20. 2006SBT5⑧：412
21. 2006SBT5⑧：400 22. 2006SBT5⑧：409 23. 2006SBT5⑧：401

2006SBT5⑧：411，残。敞口，圆唇，斜弧腹，饼底内凹。内施满釉，外施半釉，有流釉、积釉现象，釉下施化妆土。夹砂姜黄色胎，胎质较疏松。内底有三个支钉痕，有窑粘现象。口径17.2、底径7.2、高7.5厘米（图一八，14）。

2006SBT5⑧：412，残。敞口，圆唇，斜腹，平底。内施满釉，外施半釉，有流釉、积釉、飞釉现象，釉面有小开片，釉下施化妆土。灰褐色胎，胎质细净、较致密。内外底有支钉痕，外有窑粘现象。口径20.2、底径12、高5.5厘米（图一八，20）。

2006SBT5⑧：416，残。敞口，圆唇，弧腹，玉璧底，外沿斜削。内施满釉，外施半釉，有流釉现象，釉面有小开片，釉下施化妆土。灰色胎，胎质较致密。口径13.6、底径4.7、高4

厘米（图一八，18）。

2006SBT5⑧：420，残。敞口，圆唇，斜腹，玉璧底，外底心隆起、似乳状。通体施釉，釉质清润，釉层薄匀，釉面有小开片，釉下施化妆土。灰色胎，胎质细净、较致密。外底有七个支钉痕。口径14.6、底径5.8、高4.4厘米（图一八，19）。

2006SBT5⑧：423，残。敞口，圆唇，弧腹，饼底。内施满釉，外施半釉，施釉不均，有漏釉现象，釉面有小开片。灰黄色胎，胎质较疏松。口径10.8、底径4.8、高5厘米（图一八，17）。

2006SBT5⑧：424，残。敞口，圆唇，弧腹，玉璧底，外沿斜削。内施满釉，外施半釉，有流釉、积釉现象，釉面有小开片，釉下施化妆土。灰黄色胎，胎质较疏松。口径14.2、底径5.8、高5.2厘米（图一九，1）。

2006SBT5⑧：427，残。敞口，圆唇，弧腹，玉璧底。内施满釉，外施釉至腹下部，有流釉、积釉现象，釉面有开片，釉下施化妆土。夹砂姜黄色胎，胎质较疏松。内底有支钉痕。口径19.8、底径8.6、高6.6厘米（图一九，2）。

2006SBT5⑧：429，残。敞口，圆唇，斜腹，平底内凹。内施满釉，外施半釉，有流釉、积釉、飞釉现象。灰色、褐色胎，胎质细净、较致密。内外底有支钉痕。口径18.8、底径12、高5厘米（图一九，3；图版二四，3）。

2006SBT5⑧：431，残。敞口，圆唇，弧腹，玉璧底，外沿斜削。内施满釉，外施半釉。灰黄色胎，胎质较致密。口径13.8、底径5、高5厘米（图一九，4）。

2006SBT5⑧：440，残。敞口，圆唇，弧腹，玉璧底。内施满釉，外施釉至腹下部，有流釉、积釉现象，釉面有小开片，釉下施化妆土。青灰色胎，胎质较致密。外底有支钉痕。口径13.4、底径4.8、高4厘米（图一九，8）。

2006SBT5⑧：441，残。敞口，圆唇，弧腹，玉璧底。内施满釉，外施釉至腹下部，有积釉现象，釉面有小开片，釉下施化妆土。夹砂姜黄色胎，胎质较致密。内底有支钉痕。口径18、底径8.6、高5.5厘米（图一九，6）。

2006SBT5⑧：445，残。侈口，圆唇，弧腹，玉璧底。内施满釉，外施釉至腹下部，有流釉现象，釉面有小开片，釉下施化妆土。姜黄色胎，胎质较疏松。内外底有垫砂痕，腹部有四个凹槽。口径20、底径6.8、高8.2厘米（图一九，5）。

2006SBT5⑧：446，残。敞口，圆唇，弧腹，饼底，外沿斜削。内施满釉，外施半釉，有流釉、窑变现象，釉面有小开片。夹砂姜黄色胎，胎质较疏松。内外底有支钉痕。口径14.4、底径6.6、高5厘米（图一九，12）。

2006SBT5⑧：449，残。敞口，圆唇，弧腹，玉璧底，外沿斜削。内施满釉，外施半釉，有流釉、积釉现象，釉面有小开片，釉下施化妆土。外腹下、底部有墨书"徐"字。灰黄色胎，胎质较致密。口径12.8、底径5.2、高4.4厘米（图一九，7）。

2006SBT5⑧：453，残。敞口，圆唇，弧腹，玉璧底，外沿斜削。内施满釉，外施半釉，有流釉、积釉现象，釉面有小开片，釉下施化妆土。浅黄色胎，胎质较致密。外底有支钉痕。口径13.6、底径4.6、高4.2厘米（图一九，16）。

2006SBT5⑧：462，残。敞口，圆唇，弧腹，玉璧底。内施满釉，外施釉至腹下部，有积釉现象，釉面有小开片，釉下施化妆土，釉质润亮。夹砂姜黄色胎，胎质疏松。内底有支钉痕。口径14.8、底径7.2、高4.7厘米（图一九，11）。

2006SBT5⑧：465，残。敞口，圆唇，弧腹，玉璧底。内施满釉，外施釉至腹下部，有流釉、积釉现象，釉下施化妆土。灰黄色胎，胎质较致密。内底有支钉痕。口径13.8、底径5、高5.3厘米（图一九，13）。

2006SBT5⑧：470，残。敞口，圆唇，斜弧腹，玉璧底。除外底沿通体施釉，有流釉现象，釉面有小开片。灰色胎，胎质较疏松。外底有支钉痕。口径14、底径5.8、高4.4厘米（图

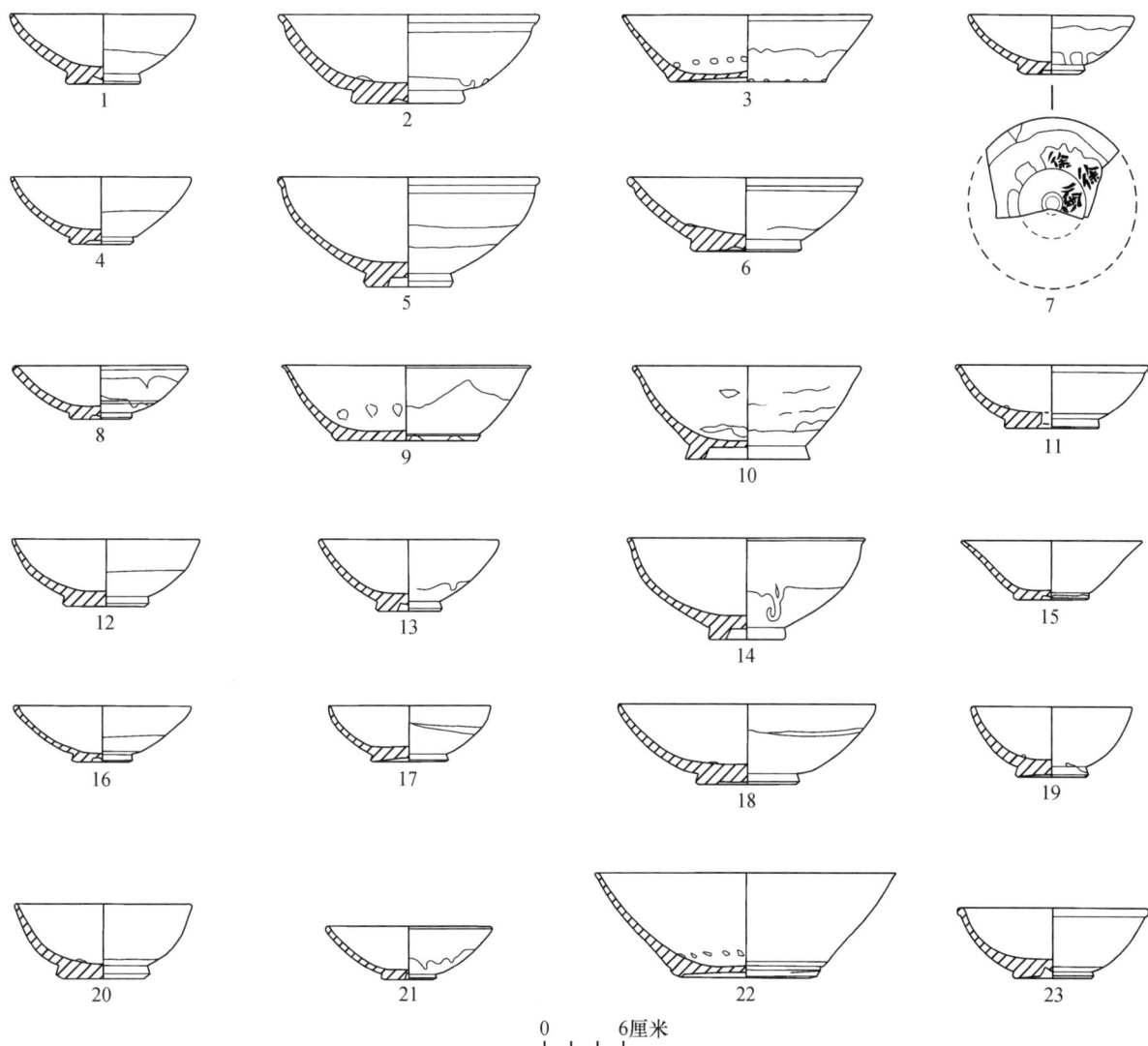

图一九 第8层青釉碗

1. 2006SBT5⑧：424　2. 2006SBT5⑧：427　3. 2006SBT5⑧：429　4. 2006SBT5⑧：431　5. 2006SBT5⑧：445

6. 2006SBT5⑧：441　7. 2006SBT5⑧：449　8. 2006SBT5⑧：440　9. 2006SBT5⑧：471　10. 2006SBT5⑧：480

11. 2006SBT5⑧：462　12. 2006SBT5⑧：446　13. 2006SBT5⑧：465　14. 2006SBT5⑧：482　15. 2006SBT5⑧：470

16. 2006SBT5⑧：453　17. 2006SBT5⑧：485　18. 2006SBT5⑧：488　19. 2006SBT5⑧：478　20. 2006SBT5⑧：496

21. 2006SBT5⑧：497　22. 2006SBT5⑧：489　23. 2006SBT5⑧：493

一九，15）。

2006SBT5⑧：471，残。侈口，圆唇，弧腹，饼底。内施满釉，外施半釉，有流釉、积釉现象。灰色胎，胎质细净、较致密。内外底有支钉痕。口径19、底径10.8、高5.6厘米（图一九，9）。

2006SBT5⑧：478，残。敞口，圆唇，弧腹，饼底。内外施满釉。夹砂灰黄色胎，胎质较致密。内底有支钉痕，外有窑粘现象。口径12.4、底径5.6、高5.2厘米（图一九，19）。

2006SBT5⑧：480，残。敞口，圆唇，斜腹，圈足。内施满釉，外施半釉，有流釉、积釉、窑变现象，釉下施化妆土。灰色胎，胎质细净、较致密。内外底有支钉痕，有窑粘现象。口径17.6、底径9.6、高7厘米（图一九，10）。

2006SBT5⑧：482，残。敞口，厚圆唇，弧腹，玉璧底。内施满釉，外施半釉，有流釉、积釉现象，釉面有小开片，釉下施化妆土。姜黄色胎，胎质较疏松。口径18.4、底径6、高7.9厘米（图一九，14）。

2006SBT5⑧：485，残。敞口，圆唇，弧腹，饼底内凹。内施满釉，外施半釉，有积釉现象，釉面有小开片，釉下施化妆土。夹砂姜黄色胎，胎质较致密。外底有支钉痕。口径12.4、底径6、高4.2厘米（图一九，17）。

2006SBT5⑧：488，残。敞口，圆唇，弧腹，玉璧底。内施满釉，外施半釉，釉面有开片，釉下施化妆土。姜黄色胎，胎质较疏松。内底有三个支钉痕。口径19.8、底径8、高6厘米（图一九，18）。

2006SBT5⑧：489，残。敞口，圆唇，斜腹，矮圈足。通体施釉，有积釉现象，釉面有小开片。灰色胎，胎质细净、致密。内外底有支钉痕。口径23、底径11、高7.5厘米（图一九，22）。

2006SBT5⑧：493，残。敞口，圆唇，弧腹，玉璧底，外沿斜削。内施满釉，外施釉至腹下部，釉面有小开片，釉下施化妆土。灰黄色胎，胎质较致密。口径14.8、底径6.2、高5.2厘米（图一九，23）。

2006SBT5⑧：496，残。敞口，圆唇，弧腹，饼底，外沿斜削。内施满釉，外施釉不及底，有流釉、积釉现象，釉面有开片，釉下施化妆土。夹砂灰黄色胎，胎质较疏松。内底有三个支钉痕。口径13.6、底径7.2、高5.6厘米（图一九，20）。

2006SBT5⑧：497，残。敞口，圆唇，斜弧腹，玉璧底。内施满釉，外施半釉，有流釉、积釉现象，釉面有小开片，釉下施化妆土。土黄色胎，胎质较疏松。口径12.8、底径4.2、高4厘米（图一九，21）。

2006SBT5⑧：498，残。敞口，圆唇，斜腹，宽圈足。内施满釉，外施半釉，釉面有小开片，釉下施化妆土。灰色胎，胎质细净、较致密。口径13.6、底径4.6、高4厘米（图二〇，1）。

2006SBT5⑧：505，残。敞口，圆唇，弧腹，饼底。内施满釉，外施半釉，有流釉、积釉现象，釉下施化妆土。灰色胎，胎质较疏松。内外底有支钉痕，有窑粘现象。口径17.6、底径7.8、高6.8厘米（图二〇，2；图版二六，3）。

2006SBT5⑧：508，残。敞口，圆唇，斜弧腹，平底。内施满釉，外施半釉，釉面有小开片。灰色胎，胎质较致密。内外底有支钉痕。口径20、底径12、高5.5厘米（图二〇，3）。

2006SBT5⑧：509，残。敞口，圆唇，弧腹，玉璧底。内施满釉，外施釉至腹下部，施釉不均，有流釉、积釉现象，釉下施化妆土。姜黄色胎，胎质较疏松。内底有三个支钉痕。口径18.6、底径8.8、高6.3厘米（图二〇，4）。

2006SBT5⑧：513，残。敞口，圆唇，斜腹，矮圈足，除外底沿面通体施釉，脱釉严重。浅灰色胎，胎质细净、较致密。内外底有支钉痕。口径21.4、底径10、高6.7厘米（图二〇，7）。

2006SBT5⑧：514，残。敞口，圆唇，弧腹，饼底内凹。内施满釉，外施半釉，有流釉、积釉、脱釉、窑变现象，釉面有小开片，釉下施化妆土。夹砂灰黄色胎，胎质疏松。内外底有支钉痕，有窑粘现象。口径18、底径8.2、高7.1厘米（图二〇，6）。

2006SBT5⑧：518，残。敞口，圆唇，弧腹，平底。内施满釉，外施半釉，有流釉、飞釉现象。灰褐色胎，胎质细净、较致密。内外底有支钉痕，外有窑粘现象。口径19.4、底径10.8、高5.6厘米（图二〇，8）。

2006SBT5⑧：521，残。敞口，圆唇，弧腹，饼底。内施满釉，外施半釉，有流釉、积釉、脱釉现象，釉下施化妆土。土黄色胎，胎质疏松。内底有支钉痕。口径19.8、底径9.2、高7.2厘米（图二〇，11）。

2006SBT5⑧：523，残。敞口，圆唇，弧腹，玉璧底，外沿斜削。内施满釉，外施半釉，有流釉、积釉现象，釉面有小开片，釉下施化妆土。灰黄色胎，胎质较疏松。内底有三个支钉痕。口径18.2、底径7.6、高6.3厘米（图二〇，10）。

2006SBT5⑧：526，残。敞口，圆唇，斜腹，平底。内施满釉，外施半釉，有流釉现象，釉面几乎完全脱落。灰色胎，胎质细净、较致密。内外底有支钉痕。口径20.2、底径13.2、高5.5厘米（图二〇，12）。

2006SBT5⑧：527，整。敞口，圆唇，弧腹，饼底，外沿斜削。内施满釉，外施半釉，有流釉、积釉、脱釉、窑变现象，釉面有小开片，釉下施化妆土。灰黄色胎，胎质较致密。内外底有支钉痕。口径12.8、底径6、高4.4厘米（图二〇，5）。

2006SBT5⑧：528，残。敞口，圆唇，弧腹，饼底微内凹。内施满釉，外施釉至腹下部，有积釉现象，釉下施化妆土。夹砂姜黄色胎，胎质疏松。内外底有支钉痕。口径20.6、底径8.6、高7.8厘米（图二〇，16）。

2006SBT5⑧：529，残。敞口，圆唇，斜腹，平底。内施满釉，外施半釉。灰色胎，胎质较致密。内外底有支钉痕。口径19.4、底径12.4、高5.8厘米（图二〇，15）。

2006SBT5⑧：532，残。敞口，圆唇，弧腹，玉璧底。内施满釉，外施半釉，有流釉、积釉现象，釉面有小开片，釉下施化妆土。灰黄色胎，胎质较疏松。内底有垫砂痕。口径14.2、底径5.4、高5.1厘米（图二〇，9）。

2006SBT5⑧：533，残。微侈口，圆唇，弧腹，玉璧底。内施满釉，外施釉至腹下部，有流釉、积釉、脱釉现象，釉面有开片，釉下施化妆土。夹砂姜黄色胎，胎质较致密。内底有支钉痕。口径17、底径8.4、高5.5厘米（图二〇，14）。

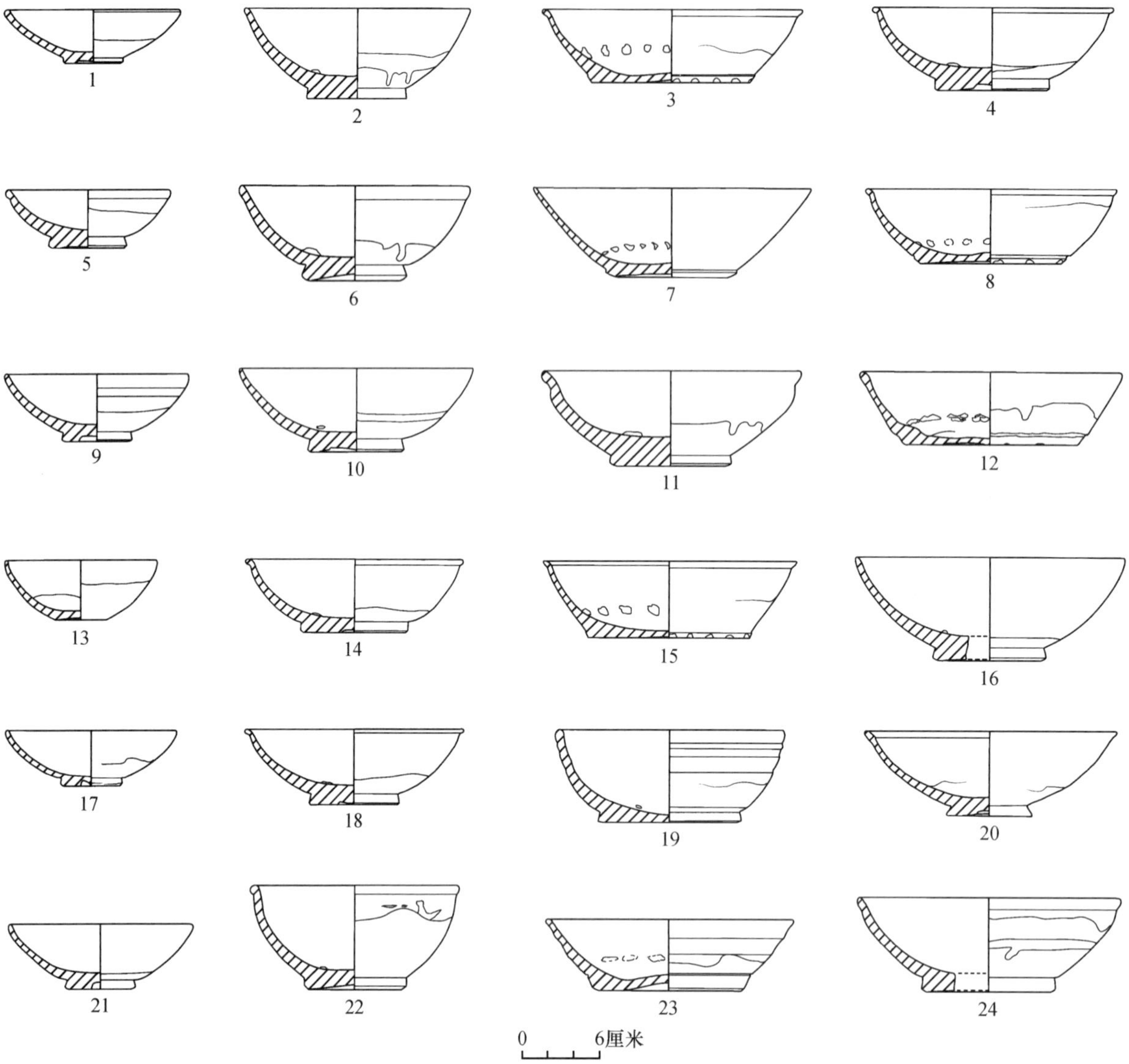

图二〇　第8层青釉碗

1. 2006SBT5⑧：498　2. 2006SBT5⑧：505　3. 2006SBT5⑧：508　4. 2006SBT5⑧：509　5. 2006SBT5⑧：527
6. 2006SBT5⑧：514　7. 2006SBT5⑧：513　8. 2006SBT5⑧：518　9. 2006SBT5⑧：532　10. 2006SBT5⑧：523
11. 2006SBT5⑧：521　12. 2006SBT5⑧：526　13. 2006SBT5⑧：534　14. 2006SBT5⑧：533　15. 2006SBT5⑧：529
16. 2006SBT5⑧：528　17. 2006SBT5⑧：537　18. 2006SBT5⑧：536　19. 2006SBT5⑧：541　20. 2006SBT5⑧：544
21. 2006SBT5⑧：540　22. 2006SBT5⑧：547　23. 2006SBT5⑧：546　24. 2006SBT5⑧：545

2006SBT5⑧：534，残。敞口，圆唇，弧腹，平底内凹。内外施半釉，有流釉现象，釉面有小开片，釉下施化妆土。紫色胎，胎质细净、较致密。口径11.8、底径4、高4.5厘米（图二〇，13）。

2006SBT5⑧：536，残。侈口，圆唇，弧腹，玉璧底。内施满釉，外施釉至腹下部，施釉不均，有流釉、积釉现象，釉面有小开片，釉下施化妆土。姜黄色胎，胎质较疏松。内底有支钉痕。口径17.2、底径7.2、高5.7厘米（图二〇，18）。

2006SBT5⑧：537，残。敞口，圆唇，弧腹，玉璧底。内施满釉，外施釉至腹下部，有流釉、积釉现象，釉面有小开片，釉下施化妆土。灰色胎，胎质较致密。口径13.2、底径4.8、高4.1厘米（图二〇，17）。

2006SBT5⑧：540，残。敞口，圆唇，弧腹，玉璧底。内施满釉，外施釉至腹下部，有流釉、积釉现象，釉面有小开片，釉下施化妆土。灰色胎，胎质细净、较致密。口径14.2、底径5.6、高4.9厘米（图二〇，21）。

2006SBT5⑧：541，残。敞口，圆唇，腹，饼底。内施满釉，外施半釉，口沿处无釉。姜黄色胎，胎质较致密。内底有支钉痕。口径17.2、底径11、高7厘米（图二〇，19）。

2006SBT5⑧：544，残。敞口，圆唇，斜弧腹，玉璧底。内外施半釉，有流釉、积釉现象，釉面有小开片，釉下施化妆土。黄褐色胎，胎质较致密。口径19.4、底径6.4、高6.4厘米（图二〇，20）。

2006SBT5⑧：545，残。敞口，圆唇，弧腹，饼底微内凹。内施满釉，外施半釉，有流釉、积釉现象，釉下施化妆土。夹砂灰黄色胎，胎质较疏松。内底有支钉痕。口径20.2、底径10.2、高7.1厘米（图二〇，24）。

2006SBT5⑧：546，残。敞口，圆唇，斜腹，平底内凹。内施满釉，外施半釉，有飞釉现象，脱釉严重。红褐色胎，胎质较致密。内外底有支钉痕。口径19、底径11、高5.4厘米（图二〇，23）。

2006SBT5⑧：547，整。敞口，圆唇，弧腹，饼底内凹，外沿斜削。内施满釉，外施半釉，有流釉、积釉现象，釉下施化妆土。姜黄色胎，胎质较疏松。内底有三个支钉痕。口径16.4、底径8、高7.9厘米（图二〇，22）。

2006SBT5⑧：548，残。敞口，圆唇，弧腹，饼底内凹。内施满釉，外施釉至腹下部，有脱釉现象，釉下施化妆土。姜黄色胎，胎质较疏松。口径18、底径9.4、高7.4厘米（图二一，1；图版二四，4）。

2006SBT5⑧：549，残。侈口，圆唇，弧腹，玉璧底。内施满釉，外施釉至腹下部，施釉不均，有流釉、积釉现象，釉面有小开片。夹砂姜黄色胎，胎质疏松。内底有三个支钉痕。口径18.6、底径7.6、高6厘米（图二一，2）。

2006SBT5⑧：550，残。侈口，圆唇，弧腹，饼底。内外施半釉，有流釉、积釉现象，釉面有小开片，釉下施化妆土。灰色、褐色胎，胎质较致密。口径19、残高6.7厘米（图二一，3）。

2006SBT5⑧：551，残。敞口，圆唇，斜弧腹，玉璧底。内施满釉，外施釉至腹下部，釉下施化妆土。灰褐色胎，胎质较疏松。口径16.4、底径6、高6厘米（图二一，4）。

2006SBT5⑧：553，残。敞口，圆唇，弧腹，玉璧底。内施满釉，外施半釉，釉面有小开片，釉下施化妆土。灰色胎，胎质较致密。口径13.4、底径4.8、高4.3厘米（图二一，7）。

2006SBT5⑧：554，残。敞口，圆唇，弧腹，玉璧底。内施满釉，外施釉至腹下部，釉面有小开片，釉下施化妆土。灰色、褐色胎，胎质细净、较致密。口径15、底径6、高5.4厘米

（图二一，8）。

2006SBT5⑧：556，残。敞口，圆唇，弧腹，玉璧底。内施满釉，外施半釉，有流釉、积釉现象，釉面有小开片，釉下施化妆土。灰色胎，胎质较致密。口径14、底径4.8、高5厘米（图二一，11）。

2006SBT5⑧：557，残。敞口，圆唇，斜弧腹，平底。内外施满釉。灰色胎，胎质较致密。内外底有支钉痕。口径16.6、底径9.2、高5厘米（图二一，5）。

2006SBT5⑧：558，残。敞口，圆唇，弧腹，饼底。内施满釉，外施半釉，有流釉、积釉、脱釉现象，釉面有小开片，釉下施化妆土。黄褐色胎，胎质较疏松。内底有支钉痕，外有窑粘现象。口径17.2、底径8.4、高6.6厘米（图二一，6）。

2006SBT5⑧：559，残。敞口，圆唇，弧腹，玉璧底。内施满釉，外施釉至腹下部，有流釉、积釉现象，釉面有小开片，釉下施化妆土。灰色胎，胎质细净、较致密。口径14.2、底径5.6、高5.2厘米（图二一，12）。

2006SBT5⑧：560，残。敞口，圆唇，弧腹，玉璧底。内施满釉，外施半釉，有积釉现象，釉面有小开片，釉下施化妆土，釉质润亮。夹砂浅黄色胎，胎质较疏松。内底有支钉痕。口径15、底径6、高5.2厘米（图二一，15）。

2006SBT5⑧：562，残。敞口，圆唇，弧腹，玉璧底，外沿斜削。内施满釉，外施半釉，有流釉、积釉现象，釉下施化妆土。灰色、褐色胎，胎质较致密。口径14.2、底径5.6、高5.1厘米（图二一，16）。

2006SBT5⑧：564，残。敞口，圆唇，弧腹，玉璧底，外沿斜削。内施满釉，外施半釉，施釉不均匀，有积釉现象，釉面有小开片，釉下施化妆土。灰黄色胎，胎质较疏松。内外底均有三个支钉痕。口径17.6、底径7.8、高6厘米（图二一，9）。

2006SBT5⑧：574，残。侈口，圆唇，弧腹，玉璧底。除外底沿通体施釉，有脱釉现象。褐色胎，胎质较致密。口径21.2、底径9、高5.9厘米（图二一，13）。

2006SBT5⑧：576，残。敞口，圆唇，斜腹，平底。内施满釉，外施半釉，有流釉、积釉现象，釉面有小开片，釉下施化妆土。灰色胎，胎质较致密。内外底均有十九个支钉痕。口径19、底径11.6、高5厘米（图二一，10）。

2006SBT5⑧：580，残。敞口，圆唇，斜弧腹，平底。内施满釉，外施半釉，有流釉现象。浅灰色胎，胎质较疏松。内外底有支钉痕。口径18.2、底径10.2、高5.8厘米（图二一，14）。

2006SBT5⑧：599，残。敞口，圆唇，弧腹，饼底内凹，外沿斜削。内施满釉，外施半釉。姜黄色胎，胎质较致密。内底有三个支钉痕。口径18.2、底径8.6、高6.7厘米（图二一，17）。

2006SBT5⑧：604，残。敞口，圆唇，弧腹，玉璧底。内施满釉，外施釉至腹下部，有流釉现象，釉面有小开片，釉下施化妆土。姜黄色胎，胎质较致密。口径13.6、底径5.4、高5.3厘米（图二一，19）。

2006SBT5⑧：608，残。敞口，圆唇，弧腹，饼底。内施满釉，外施半釉，施釉不均，有积釉现象，釉下施化妆土。夹砂姜黄色胎，胎质疏松。内外底有三个支钉痕。口径17.2、底径

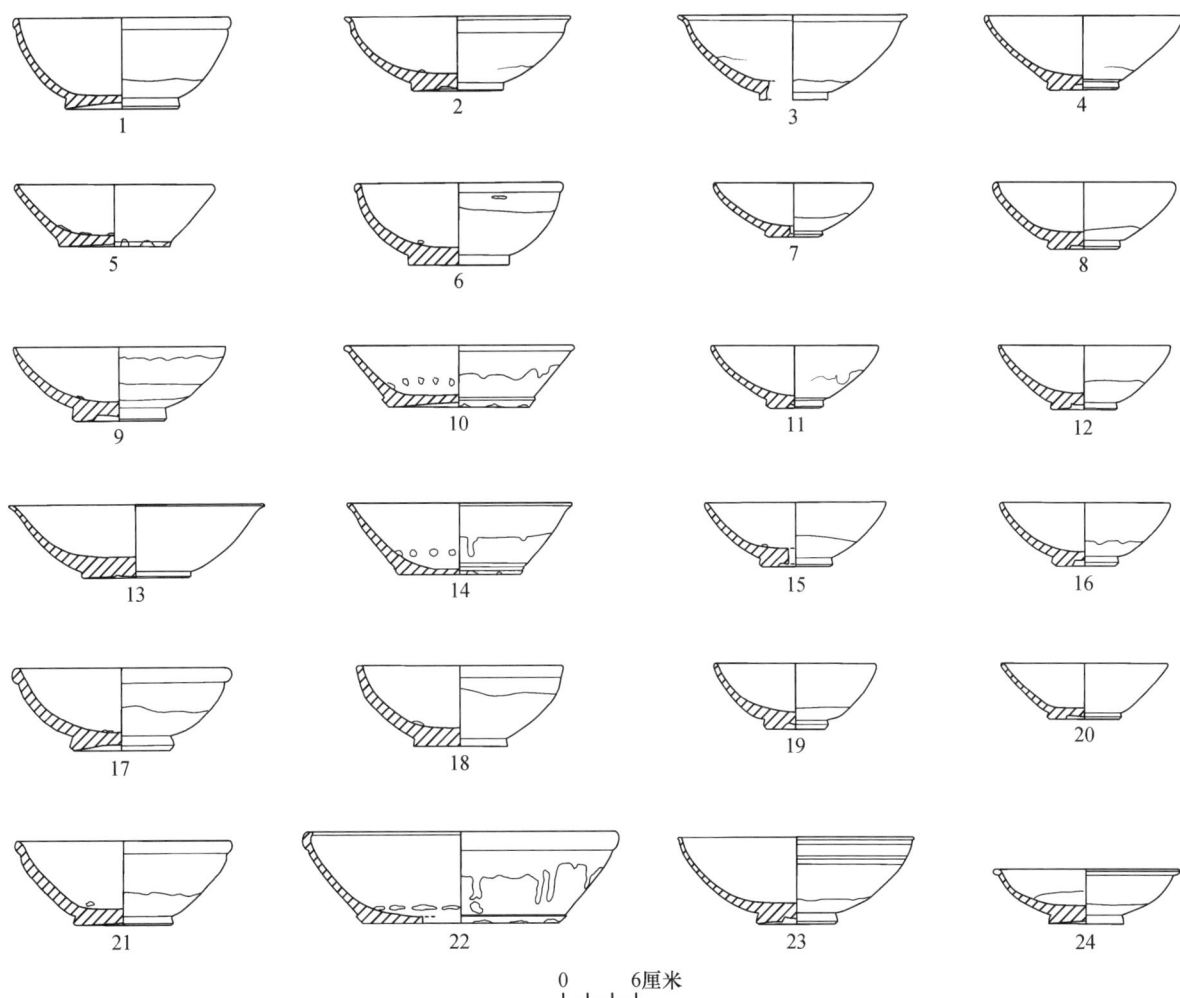

图二一 第8层青釉碗

1. 2006SBT5⑧：548　2. 2006SBT5⑧：549　3. 2006SBT5⑧：550　4. 2006SBT5⑧：551　5. 2006SBT5⑧：557
6. 2006SBT5⑧：558　7. 2006SBT5⑧：553　8. 2006SBT5⑧：554　9. 2006SBT5⑧：564　10. 2006SBT5⑧：576
11. 2006SBT5⑧：556　12. 2006SBT5⑧：559　13. 2006SBT5⑧：574　14. 2006SBT5⑧：580　15. 2006SBT5⑧：560
16. 2006SBT5⑧：562　17. 2006SBT5⑧：599　18. 2006SBT5⑧：608　19. 2006SBT5⑧：604　20. 2006SBT5⑧：618
21. 2006SBT5⑧：617　22. 2006SBT5⑧：621　23. 2006SBT5⑧：622　24. 2006SBT5⑧：623

7.8、高6.5厘米（图二一，18）。

2006SBT5⑧：617，残。敞口，圆唇，弧腹，饼底，外沿斜削。内施满釉，外施半釉，有流釉、积釉、脱釉、窑变现象，釉面有小开片，釉下施化妆土。姜黄色胎，胎质较疏松。内外底有三个支钉痕。口径18、底径8.2、高6.8厘米（图二一，21）。

2006SBT5⑧：618，残。敞口，圆唇，斜腹，玉璧底。除外底沿面通体施釉，釉面有小开片，釉下施化妆土。灰黄色胎，胎质较致密。口径14、底径6.2、高4.5厘米（图二一，20）。

2006SBT5⑧：621，残。敛口，圆唇，弧腹，平底。内施满釉，外施半釉，施釉不均，有流釉、积釉、飞釉现象，釉面有小开片。浅灰色胎，胎质较致密。内外底有支钉痕。口径26、底径16.2、高7.4厘米（图二一，22）。

2006SBT5⑧：622，残。敞口，圆唇，弧腹，玉璧底，外沿斜削。内施满釉，外施釉至腹下部，有流釉、积釉现象，釉下施化妆土。灰黄色胎，胎质较疏松。口径19.6、底径6.8、高7厘米（图二一，23）。

2006SBT5⑧：623，残。侈口，圆唇，弧腹，饼底微内凹。内外施半釉，釉下施化妆土。外底心有墨书文字。深褐色内凹胎，胎质较致密。内底有支钉痕。口径15.6、底径6.2、高4.4厘米（图二一，24）。

2006SBT5⑧：624，残。敞口，圆唇，弧腹，饼底，外沿斜削。内施满釉，外施半釉，有流釉、积釉、脱釉现象，釉面有小开片，釉下施化妆土。夹砂灰黄色胎，胎质疏松。内底有三个支钉痕，有窑粘现象。口径18、底径8.2、高6.3厘米（图二二，1）。

2006SBT5⑧：626，残。敞口，圆唇，弧腹，玉璧底，外沿斜削。内外施半釉，有流釉现象，釉面有小开片，釉下施化妆土。灰黄色胎，胎质较疏松。内底有支钉痕。口径19.8、底径7、高5.5厘米（图二二，2）。

2006SBT5⑧：630，残。敛口，圆唇，弧腹，饼底。内口沿处施釉，外施釉至腹下部，釉下施化妆土。紫灰色胎，胎质较致密。口径7.4、底径3.8、高3.8厘米（图二二，4）。

2006SBT5⑧：631，残。侈口，圆唇，折腹，圈足。内施满釉，外施釉不及底，有流釉现象，釉面有小开片，釉下施化妆土。灰色、砖红色胎，胎质细净、较致密。内底有支钉痕，外底有支珠痕。口径20.4、底径9.4、高6.2厘米（图二二，3）。

2006SBT5⑧：632，残。敞口，圆唇，斜弧腹，玉璧底，外沿斜削。内施满釉，外施釉至腹下部，有流釉现象，釉面有小开片。灰黄色胎，胎质较致密。内底有支钉痕。口径13.6、底径5.2、高5.3厘米（图二二，8）。

2006SBT5⑧：634，残。敞口，圆唇，弧腹，饼底。内施满釉，外施半釉，釉面有小开片，釉质清亮、温润，釉下施化妆土。灰黄色胎，胎质较疏松。外底有支钉痕。口径12、底径5.4、高3.6厘米（图二二，16）。

2006SBT5⑧：635，残。敞口，圆唇，玉璧底，外沿斜削。内施满釉，外施半釉，有流釉现象，釉面有小开片。灰黄色胎，胎质较致密。口径12.8、底径4.4、高4.3厘米（图二二，17）。

2006SBT5⑧：637，残。敞口，圆唇，弧腹，玉璧底。内施满釉，外施釉至腹下部，有流釉现象，釉面有小开片，釉下施化妆土。夹砂姜黄色胎，胎质较疏松。内外底有三个支钉痕。口径20、底径8.2、高7.5厘米（图二二，6）。

2006SBT5⑧：639，残。敞口，圆唇，饼底。内施满釉，外施釉至腹下部，施釉不均，有流釉、积釉、漏釉现象，釉下施化妆土。夹砂姜黄色胎，胎质疏松。口径17.2、底径8、高6.8厘米（图二二，5；图版二四，5）。

2006SBT5⑧：640，残。敞口，圆唇，弧腹，玉璧底，外沿斜削。内施满釉，外施半釉，有流釉现象。灰褐色胎，胎质较致密。内外有垫砂痕。口径14.7、底径5.1、高4.8厘米（图二二，14）。

2006SBT5⑧：641，残。敞口，圆唇，弧腹，平底内凹。内施满釉，外施半釉，有流釉、积釉现象，釉面有小开片，釉下施化妆土。灰黄色胎，胎质细净、较致密。内外底有支钉痕。口径19.4、底径11.2、高6.7厘米（图二二，13）。

2006SBT5⑧：643，残。敞口，圆唇，弧腹，玉璧底，外沿斜削。内施满釉，外施釉至腹下部，有流釉现象，釉面有小开片，釉下施化妆土。灰黄色胎，胎质较致密。口径12.8、底径4.2、高4.5厘米（图二二，18）。

2006SBT5⑧：644，残。侈口，圆唇，弧腹，玉璧底内凹。内外施半釉，釉下施化妆土。外腹下部有墨书文字。灰黄色胎，胎质细腻、较致密。口径19.6、底径7.4、高6.4厘米（图二二，12）。

2006SBT5⑧：656，残。敞口，圆唇，弧腹，玉璧底，底足外撇，外沿斜削。内施满釉，外施釉至腹下部，有流釉、积釉现象，釉面有小开片，釉下施化妆土。姜黄色胎，胎质较疏

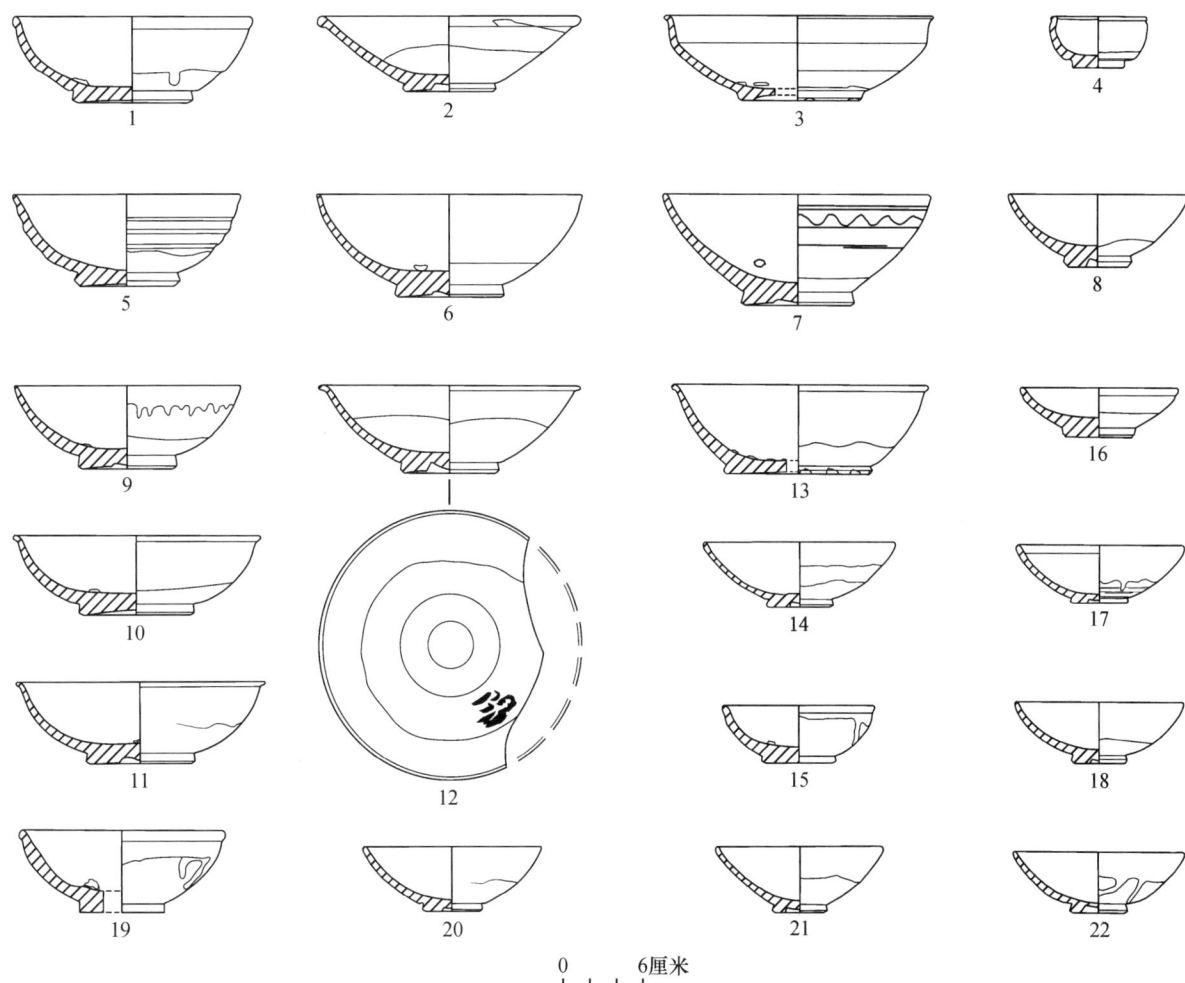

图二二 第8层青釉碗

1. 2006SBT5⑧：624　2. 2006SBT5⑧：626　3. 2006SBT5⑧：631　4. 2006SBT5⑧：630　5. 2006SBT5⑧：639
6. 2006SBT5⑧：637　7. 2006SBT5⑧：656　8. 2006SBT5⑧：632　9. 2006SBT5⑧：661　10. 2006SBT5⑧：662
11. 2006SBT5⑧：665　12. 2006SBT5⑧：644　13. 2006SBT5⑧：641　14. 2006SBT5⑧：640　15. 2006SBT5⑧：658
16. 2006SBT5⑧：634　17. 2006SBT5⑧：635　18. 2006SBT5⑧：643　19. 2006SBT5⑧：671　20. 2006SBT5⑧：670
21. 2006SBT5⑧：667　22. 2006SBT5⑧：666

松。内外底有支钉痕。口径21、底径8.6、高8.1厘米（图二二，7）。

2006SBT5⑧：658，残。敞口，圆唇，弧腹，饼底。内施满釉，外施半釉，施釉不均，有流釉、积釉现象，釉面有小开片，釉下施化妆土。夹砂浅黄色胎，胎质疏松。内外底有支钉痕。口径11.6、底径5.6、高4.2厘米（图二二，15）。

2006SBT5⑧：661，残。敞口，圆唇，弧腹，玉璧底。内施满釉，外施釉至腹下部，施釉不均，有流釉、积釉现象，釉面有小开片，釉下施化妆土。黄褐色胎，胎质较疏松。内外底有三个支钉痕。口径17、底径7.4、高6.1厘米（图二二，9）。

2006SBT5⑧：662，残。侈口，圆唇，弧腹，饼底内凹。内施满釉，外施半釉，施釉不均，有流釉现象、积釉现象，釉面有小开片，釉下施化妆土。夹砂姜黄色胎，胎质较疏松。内底有三个支钉痕。口径18.6、底径8.6、高5.8厘米（图二二，10）。

2006SBT5⑧：665，残。侈口，圆唇，弧腹，玉璧底。内施满釉，外施釉至腹下部，有积釉现象，釉面有小开片，釉下施化妆土。姜黄色胎，胎质较疏松。内底有三个支钉痕。口径18.8、底径8.2、高6厘米（图二二，11）。

2006SBT5⑧：666，残。敞口，圆唇，弧腹，玉璧底。内施满釉，外施釉至腹下部，有流釉现象，釉面有小开片，釉下施化妆土。灰黄色胎，胎质较疏松。口径13、底径4.4、高4.5厘米（图二二，22）。

2006SBT5⑧：667，残。敞口，圆唇，弧腹，玉璧底。内施满釉，外施釉至腹下部，有流釉、积釉现象，釉面有小开片，釉下施化妆土。灰色胎，胎质较疏松。外底有支钉痕。口径12.8、底径4.2、高4.9厘米（图二二，21）。

2006SBT5⑧：670，残。敞口，圆唇，弧腹，玉璧底。内施满釉，外施半釉，釉面有开片，釉下施化妆土。灰色胎，胎质较致密。口径13.4、底径4.5、高4.8厘米（图二二，20）。

2006SBT5⑧：671，残。敞口，圆唇，弧腹，饼底。内施满釉，外施半釉，施釉不均，有流釉、积釉现象，釉几乎完全脱落，釉下施化妆土。夹砂姜黄色胎，胎质粗糙、疏松，胎体偏厚。内外底有支钉痕。口径15.6、底径6.4、高6厘米（图二二，19）。

2006SBT5⑧：672，残。敞口，圆唇，斜腹，平底。内施满釉，外施半釉，有积釉、脱釉现象。灰褐色胎，胎质较致密。内外底有支钉痕。口径18.8、底径11、高5.1厘米（图二三，2）。

2006SBT5⑧：673，残。敞口，圆唇，弧腹，玉璧底，外沿斜削。内施满釉，外施半釉，有流釉、积釉、窑变现象，釉面有小开片，釉下施化妆土。姜黄色胎，胎质较疏松。内底有三个支钉痕，外底有墨书"王"字。口径18.6、底径7.4、高6厘米（图二三，1）。

2006SBT5⑧：679，残。侈口，圆唇，弧腹，饼底内凹。内施满釉，外施半釉，有流釉、积釉现象，釉面有小开片，釉下施化妆土。姜黄色胎，胎质较疏松。内底有三个支钉痕。口径17.8、底径7.6、高6.8厘米（图二三，3；图版二四，6）。

2006SBT5⑧：683，残。敞口，圆唇，弧腹，玉璧底，外沿斜削。内施满釉，外施釉至腹下部，有流釉、积釉现象，釉面有小开片，釉下施化妆土。灰黄色胎，胎质较致密。口径13.6、底径5、高5厘米（图二三，5）。

2006SBT5⑧：687，残。敞口，圆唇，弧腹，玉璧底，外沿斜削。内施满釉，外施半釉，有流釉、积釉现象，釉面有小开片，釉下施化妆土。土黄色胎，胎质较疏松。口径14.4、底径5.4、高5厘米（图二三，6）。

2006SBT5⑧：689，残。敞口，圆唇，弧腹，饼底。内外施半釉，有流釉、积釉、脱釉现象。紫灰色胎，胎质较致密。内底有支钉痕。口径16、底径6、高5.5厘米（图二三，4）。

2006SBT5⑧：694，残。敞口，圆唇，弧腹，玉璧底。内施满釉，外施釉至腹下部，施釉不均，有流釉、积釉、脱釉、窑变现象，釉面有小开片，釉下施化妆土。姜黄色胎，胎质较疏松。内底有支钉痕。口径18.3、底径8.2、高5.6厘米（图二三，8）。

2006SBT5⑧：696，残。侈口，圆唇，腹收，圈足斜削。内施满釉，外施釉不及底，釉面有小开片。灰色、黄褐色胎，胎质较致密。内外底有支钉痕。口径20.4、底径9.6、高6.7厘米（图二三，9）。

2006SBT5⑧：699，残。敞口，圆唇，弧腹，玉璧底。内施满釉，外施釉至腹下部，有流釉现象，施釉不均，釉面有小开片，釉下施化妆土。灰黄色胎，胎质较疏松。内外底有三个支钉痕。口径18.8、底径8.2、高5.8厘米（图二三，10）。

2006SBT5⑧：705，残。敞口，圆唇，斜弧腹，玉璧底，外沿斜削。内施满釉，外施半釉，有流釉、积釉现象，釉下施化妆土。灰色、土黄色胎，胎质细腻、较致密。口径13.6、底径4.6、高5.1～5.3厘米（图二三，7）。

2006SBT5⑧：706，残。敞口，圆唇，弧腹，玉璧底。内施满釉，外施釉至腹下部，有流釉、积釉现象，釉面有小开片，釉下施化妆土。夹砂姜黄色胎，胎质疏松。内底有支钉痕。口径19.6、底径9.2、高5.6厘米（图二三，11）。

2006SBT5⑧：708，残。侈口，圆唇，弧腹，玉璧底内凹，外沿斜削。内施满釉，外施釉至腹下部，有积釉现象。灰色、土黄色胎，胎质较致密。外底有垫圈痕。口径14.6、底径6.6、高5.5厘米（图二三，13）。

2006SBT5⑧：709，残。敞口，圆唇，弧腹，饼底。内施满釉，外施釉至腹下部，有积釉现象，釉下施化妆土。夹砂姜黄色胎，胎质较疏松。内底有支钉痕。口径18.4、底径8.6、高6.4厘米（图二三，12）。

2006SBT5⑧：714，残。敞口，圆唇，斜腹，平底内凹。内施满釉，外施釉至腹下部，有流釉、脱釉、窑变现象。褐色胎，胎质较致密。内外底有支钉痕。口径16.6、底径8.8、高4.4厘米（图二三，14；图版二三，5）。

2006SBT5⑧：720，残。敞口，圆唇，弧腹，玉璧底，外沿斜削。内施满釉，外施半釉，有流釉、积釉现象，釉面有小开片，釉下施化妆土。灰黄色胎，胎质较致密。口径13.2、底径4.4、高4.2厘米（图二三，15）。

2006SBT5⑧：724，残。敞口，圆唇，弧腹，玉璧底，外沿斜削。内施满釉，外施釉至腹下部，有流釉现象，釉下施化妆土。灰黄色胎，胎质较疏松。内外底有三个支钉痕。口径14、底径7、高5厘米（图二三，16）。

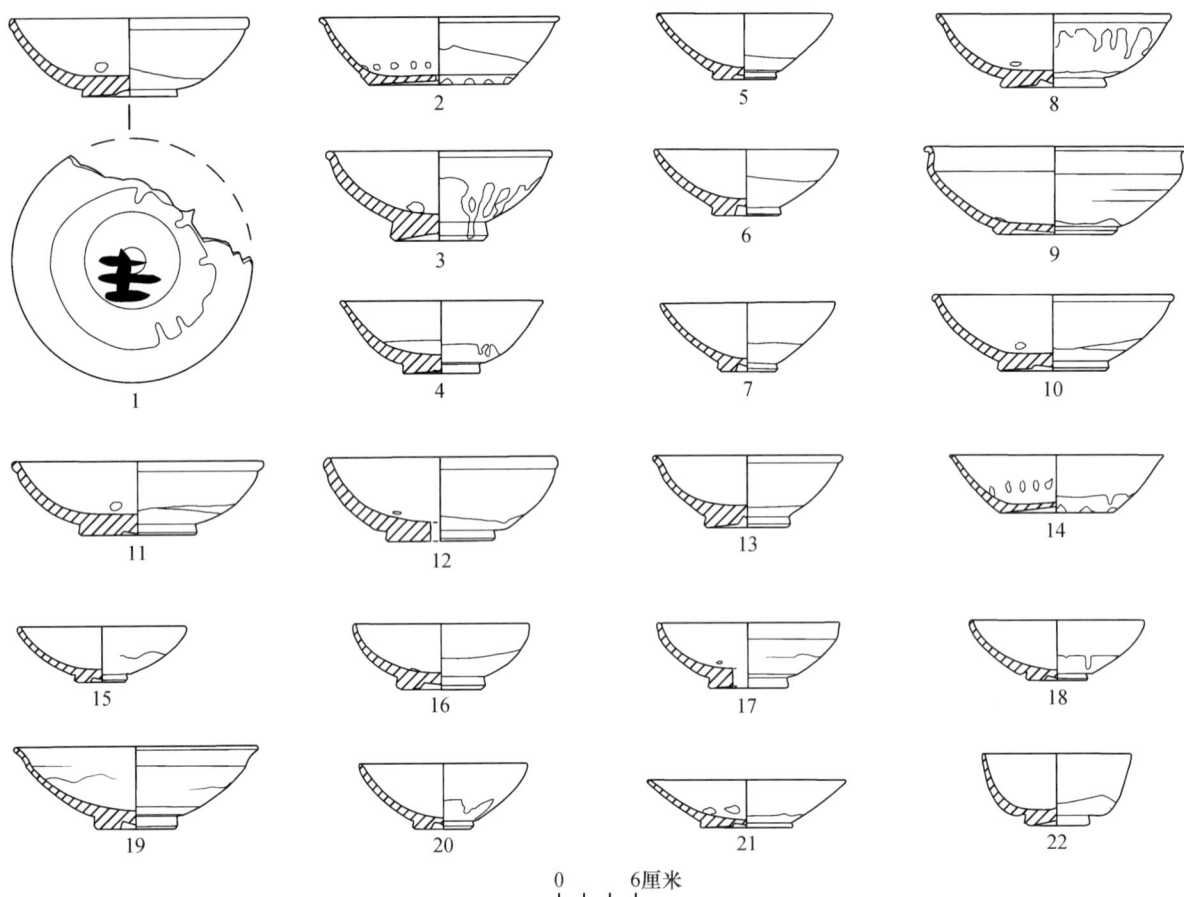

图二三　第8层青釉碗

1. 2006SBT5⑧：673　2. 2006SBT5⑧：672　3. 2006SBT5⑧：679　4. 2006SBT5⑧：689　5. 2006SBT5⑧：683
6. 2006SBT5⑧：687　7. 2006SBT5⑧：705　8. 2006SBT5⑧：694　9. 2006SBT5⑧：696　10. 2006SBT5⑧：699
11. 2006SBT5⑧：706　12. 2006SBT5⑧：709　13. 2006SBT5⑧：708　14. 2006SBT5⑧：714　15. 2006SBT5⑧：720
16. 2006SBT5⑧：724　17. 2006SBT5⑧：725　18. 2006SBT5⑧：726　19. 2006SBT5⑧：734　20. 2006SBT5⑧：739
21. 2006SBT5⑧：742　22. 2006SBT5⑧：747

2006SBT5⑧：725，残。敞口，圆唇，弧腹，饼底微内凹。内施满釉，外施半釉，釉下施化妆土。夹砂灰黄色胎，胎质疏松。内底有支钉痕。口径14.2、底径6.2、高5厘米（图二三，17）。

2006SBT5⑧：726，残。敞口，圆唇，弧腹，玉璧底。内施满釉，外施半釉，施釉不均匀，有流釉现象。浅灰色胎，胎质较致密。口径13.6、底径4.8、高4.6厘米（图二三，18）。

2006SBT5⑧：734，残。敞口，圆唇，弧腹，玉璧底。内外施半釉，外有流釉、积釉现象，釉面有小开片。灰色胎，胎质较致密。口径19、底径6.5、高6.3厘米（图二三，19）。

2006SBT5⑧：739，残。敞口，圆唇，弧腹，玉璧底，外沿斜削。内施满釉，外施半釉，有流釉、积釉现象，釉面有小开片，釉下施化妆土。灰色胎，胎质较致密。口径13.4、底径4.4、高4.9厘米（图二三，20）。

2006SBT5⑧：742，残。敞口，圆唇，斜弧腹，玉璧底。内施满釉，外施釉至腹下部。灰黄色胎，胎质细纯，致密。内底有支钉痕。口径15.4、底径7.2、高3.6厘米（图二三，21）。

2006SBT5⑧：747，残。敞口，圆唇，斜直腹，下腹内收，饼底微内凹。内外施半釉，脱釉严重，釉下施化妆土。深灰色胎，胎质较致密。口径11.6、底径5、高5.4厘米（图二三，22）。

2006SBT5⑧：750，残。敞口，圆唇，弧腹，玉璧底。内施满釉，外施釉至腹下部，有脱釉现象，釉下施化妆土。姜黄色胎，胎质较疏松。内外底有三个支钉痕。口径17.6、底径7.2、高5.6厘米（图二四，1）。

2006SBT5⑧：752，残。口、腹缺失，饼底内凹。内施满釉，外不详，釉面有小开片，釉下施化妆土。姜黄色胎，胎质较疏松。内外底有支钉痕，外底墨书文字。底径8.1厘米（图二四，3）。

2006SBT5⑧：753，残。口、腹缺失，弧腹，饼底。内施满釉，外施釉不及底，有流釉、积釉现象，釉面有小开片，釉下施化妆土。姜黄色胎，胎质较疏松。内外底有支钉痕，外底墨书文字。底径8.8厘米（图二四，4）。

2006SBT5⑧：754，残。口、腹缺失，弧腹，饼底。内施满釉，外不详，釉下施化妆土。外底墨书“卫”字。姜黄色胎，胎质较疏松。内底有支钉痕。底径7.3厘米（图二四，5）。

2006SBT5⑧：759，残。敞口，圆唇，斜腹，平底。内施满釉，外施半釉。褐色胎，胎质细净、较致密。内外底有支钉痕。口径20、底径12、高5.1厘米（图二四，6）。

2006SBT5⑧：761，残。敞口，圆唇，弧腹，玉璧底，外沿斜削。内施满釉，外施半釉，有流釉、积釉现象，釉下施化妆土。姜黄色胎，胎质较疏松。内外底有支钉痕。口径15、底径7.6、高4.6厘米（图二四，9）。

2006SBT5⑧：764，残。敞口，圆唇，斜腹，玉璧底。除外底沿通体施釉，釉面有开片。灰色胎，胎质细净、较致密。外底有支钉痕。口径14.6、底径6、高4厘米（图二四，2）。

2006SBT5⑧：769，残。敞口，圆唇，斜腹，玉璧底，外沿斜削。除外底沿通体施釉，釉下施化妆土。灰色胎，胎质细净、较致密。外底有支钉痕。口径14、底径5.6、高4.8厘米（图二四，7）。

2006SBT5⑧：772，残。敞口，圆唇，斜腹，玉璧底。内施满釉，外施半釉，有积釉现象，釉面有开片，釉下施化妆土。浅黄色胎，胎质粗糙。口径15、底径5.3、高5.4厘米（图二四，8）。

2006SBT5⑧：780，残。侈口，圆唇，斜腹，玉璧底。除器底外通体施青釉，釉面有开片，施釉均匀，釉下施白色化妆土。浅黄色胎，胎质较粗糙。口径15.2、底径6.4、高4厘米（图二四，13）。

2006SBT5⑧：781，残。口微敛，圆唇，斜弧腹，平底。内施满釉，外施半釉，有积釉现象，釉面有开片，釉层厚薄不均。浅灰色胎，胎质粗糙。外底有支钉痕。口径9.2、底径5、高5.2厘米（图二四，11）。

2006SBT5⑧：785，残。敞口，厚圆唇，斜弧腹，平底。内外施半釉，有流釉现象。褐色胎，胎质较致密。内外底有支钉痕。口径20.2、底径12.6、高5.7厘米（图二四，10）。

2006SBT5⑧：788，残。敞口，圆唇，弧腹，玉璧底。内施满釉，外施半釉，有流釉、积釉现象，釉下施化妆土。姜黄色胎，胎质较疏松。内外有支钉痕。口径17.8、底径7.4、高6.2厘米（图二四，14）。

2006SBT5⑧：789，残。侈口，圆唇，弧腹，饼底内凹。内施满釉，外施半釉，有流釉、积釉、窑变现象，釉下施化妆土。姜黄色胎，胎质较疏松。内底有支钉痕。口径18、底径8.2、高6.2厘米（图二四，12）。

2006SBT5⑧：790，残。敞口，圆唇，弧腹、饼底内凹。内外施半釉，有窑变现象，釉面有小开片，釉下施化妆土。灰色胎，胎质较疏松。外底有垫砂痕。口径17.4、底径7.6、高6.1厘米（图二四，16）。

2006SBT5⑧：794，残。敞口，圆唇，斜腹，平底。内施满釉，外施半釉，有流釉、积釉现象，釉下施化妆土。褐色胎，胎质细净、较致密。内外底有支钉痕。口径18.8、底径11.6、高5.2厘米（图二四，17）。

2006SBT5⑧：795，残。敞口，圆唇，斜腹，平底。内施满釉，外施半釉，有流釉、积釉现象，釉下施化妆土。褐色胎，胎质细净、较致密。内外底有支钉痕。口径20、底径12.8、高4.8厘米（图二四，18）。

2006SBT5⑧：796，残。敞口，圆唇，斜腹，平底，内施满釉，外施半釉，有流釉、积釉现象，釉下施化妆土。褐色胎，胎质细净、较致密，内外底有支钉痕。口径19、底径11、高5.8厘米（图二四，20）。

2006SBT5⑧：797，残。敞口，圆唇，弧腹，饼底。内施满釉，外施半釉，有流釉、积釉现象，釉面有小开片，釉下施化妆土。灰色胎，胎质较疏松。内外底有支钉痕。口径13.6、底径7.2、高4.1厘米（图二四，15）。

2006SBT5⑧：798，残。侈口，圆唇，弧腹，饼底，外沿斜削。内外施满釉，有窑变现象，釉面有小开片，釉下施化妆土。夹砂姜黄色胎，胎质较疏松。口径16、底径8.2、高5.3厘米（图二四，25）。

2006SBT5⑧：799，残。敞口，圆唇，弧腹，饼底，外沿斜削。内施满釉，外施釉至腹下部，釉下施化妆土。夹砂姜黄色胎，胎质较疏松。内外底有支钉痕。口径15.6、底径7.2、高5厘米（图二四，21）。

2006SBT5⑧：800，残。敞口，圆唇，鼓腹，饼底。内口沿施釉，外施釉至腹下部，有脱釉现象，釉下施化妆土。褐色胎，胎质细净、较致密。口径9.4、底径4.8、高4.9厘米（图二四，19）。

2006SBT5⑧：805，残。敞口，圆唇，折腹，平底。内外施半釉，有流釉、积釉现象。灰色胎，胎质细净、较致密。内外底有四个支珠痕。口径13.2、底径6、高4.5厘米（图二四，24）。

2006SBT5⑧：807，残。敞口，圆唇，斜弧腹，平底。内施满釉，外施半釉，有流釉现

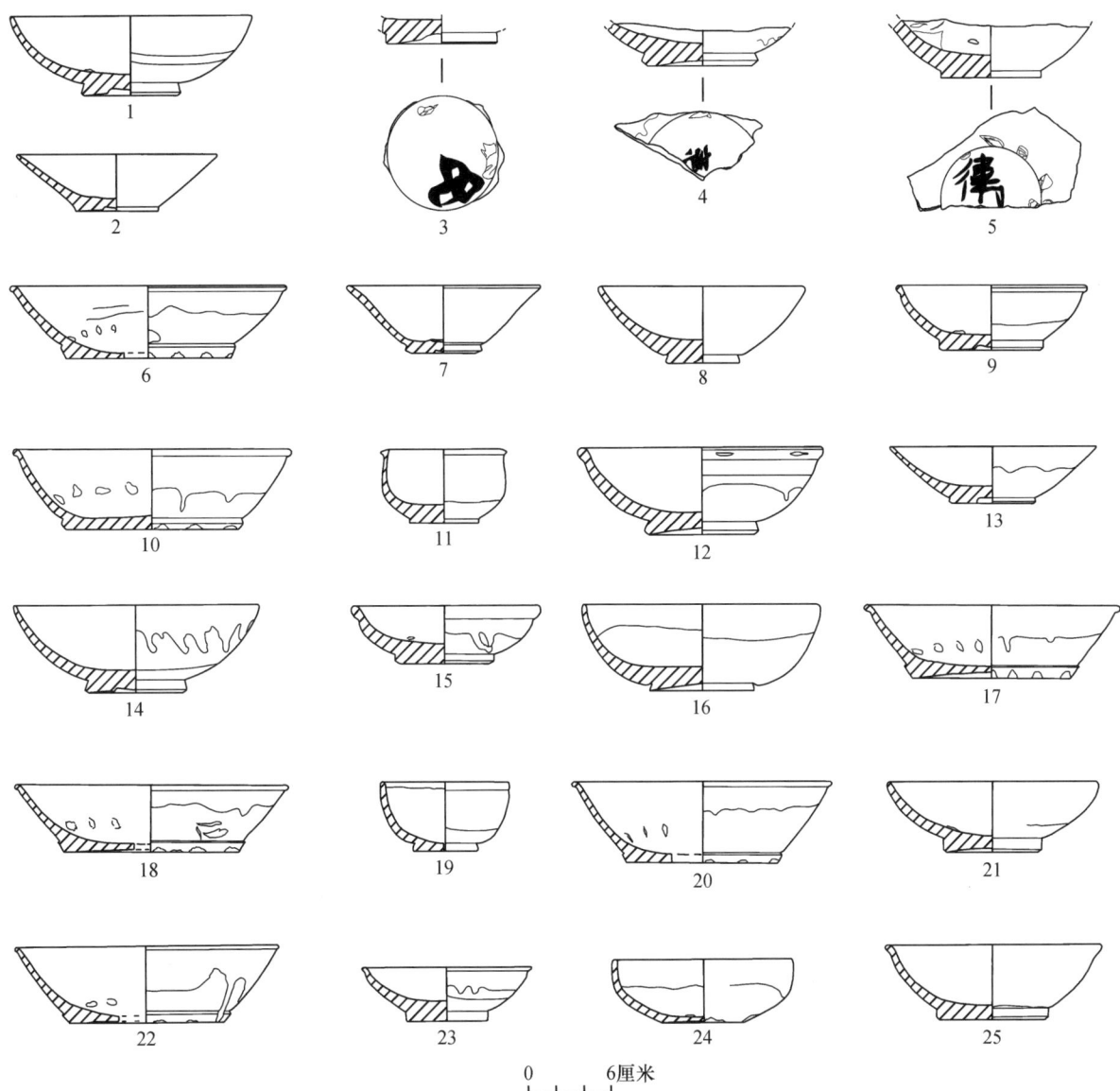

图二四　第8层青釉碗

1. 2006SBT5⑧：750　2. 2006SBT5⑧：764　3. 2006SBT5⑧：752　4. 2006SBT5⑧：753　5. 2006SBT5⑧：754

6. 2006SBT5⑧：759　7. 2006SBT5⑧：769　8. 2006SBT5⑧：772　9. 2006SBT5⑧：761　10. 2006SBT5⑧：785

11. 2006SBT5⑧：781　12. 2006SBT5⑧：789　13. 2006SBT5⑧：780　14. 2006SBT5⑧：788　15. 2006SBT5⑧：797

16. 2006SBT5⑧：790　17. 2006SBT5⑧：794　18. 2006SBT5⑧：795　19. 2006SBT5⑧：800　20. 2006SBT5⑧：796

21. 2006SBT5⑧：799　22. 2006SBT5⑧：807　23. 2006SBT5⑧：809　24. 2006SBT5⑧：805　25. 2006SBT5⑧：798

象，釉下施化妆土。灰褐色胎，胎质细净、较致密。内外底有支钉痕。口径19.2、底径11.2、高5.4厘米（图二四，22）。

　　2006SBT5⑧：809，残。侈口，圆唇，弧腹，饼底。内施满釉，外施釉至腹下部，有流釉、积釉现象，釉面有小开片，釉下施化妆土。夹砂姜黄色胎，胎质较疏松。外底有支钉痕。口径12.4、底径6、高3.8厘米（图二四，23）。

2006SBT5⑧：812，残。敞口，圆唇，弧腹，玉璧底。内施满釉，外施釉至腹下部，有流釉现象，釉面有小开片，釉下施化妆土。灰色胎，胎质细净、较致密。口径12.8、底径4.4、高4.4厘米（图二五，1）。

2006SBT5⑧：813，残。敞口，圆唇，弧腹，玉璧底。内施满釉，外施半釉，有流釉现象，釉面有小开片，釉下施化妆土。灰黄色胎，胎质较疏松。口径13.6、底径5.2、高5.1厘米（图二五，4）。

2006SBT5⑧：814，残。敞口，圆唇，弧腹，玉璧底，外沿斜削。内施满釉，外施釉不及底，釉面有小开片，釉下施化妆土。灰色胎，胎质细净、较疏松。口径13.4、底径5.4、高5.3厘米（图二五，7）。

2006SBT5⑧：816，残。敛口，圆唇，弧腹，平底。内施满釉，外施半釉，有流釉、积釉现象，釉面有小开片，釉下施化妆土。灰色胎，胎质细净、较致密。内外底有支钉痕。口径18、底径11.2、高5.4厘米（图二五，2）。

2006SBT5⑧：817，残。敞口，圆唇，斜腹，平底。内施满釉，外施半釉，内外有流釉、积釉现象，釉下施化妆土。灰色胎，胎质细净、较致密。内外底有支钉痕。口径19.4、底径12.2、高5.4厘米（图二五，5）。

2006SBT5⑧：818，残。敞口，圆唇，斜腹，玉璧底，外沿斜削。内外施满釉，有脱釉现象，釉下施化妆土。姜黄色胎，胎质较疏松。内底有支钉痕。口径17.6、底径7.6、高5.8厘米（图二五，8）。

2006SBT5⑧：821，残。敞口，圆唇，斜腹，平底。内外施满釉，釉下施化妆土。浅灰色胎，胎质较疏松。内外底有支钉痕。口径16.8、底径9.6、高4.6厘米（图二五，12）。

2006SBT5⑧：823，残。敞口，圆唇，弧腹，玉璧底，外沿斜削。内施满釉，外施半釉，有流釉、积釉现象，釉面有小开片，釉下施化妆土。灰黄色胎，胎质较疏松。口径14、底径5.6、高4.8厘米（图二五，11）。

2006SBT5⑧：824，残。敞口，圆唇，弧腹，玉璧底。内施满釉，外施半釉，有流釉、积釉现象，釉面有小开片。姜黄色胎，胎质较疏松。外底有支钉痕。口径14、底径5.2、高5.1厘米（图二五，15）。

2006SBT5⑧：825，残。口、腹缺失，玉璧底。内施满釉，外施半釉，釉下施化妆土。外底心有墨书文字。姜黄色胎，胎质较疏松。内底有支钉痕。底径9厘米（图二五，14）。

2006SBT5⑧：832，残。敞口，圆唇，弧腹，玉璧底。内施满釉，外施釉至腹下部，有脱釉现象，釉下施化妆土。夹砂浅黄色胎，胎质较疏松。内底有支钉痕。口径16.6、底径8.2、高5厘米（图二五，3）。

2006SBT5⑧：834，残。敞口，圆唇，弧腹，玉璧底，外沿斜削。内施满釉，外施釉至腹下部，釉下施化妆土。夹砂黄褐色胎，胎质较疏松。内底有支钉痕。口径16.4、底径8、高4.6厘米（图二五，6）。

2006SBT5⑧：835，残。侈口，圆唇，弧腹，玉璧底。内外施满釉，有流釉、积釉现象，

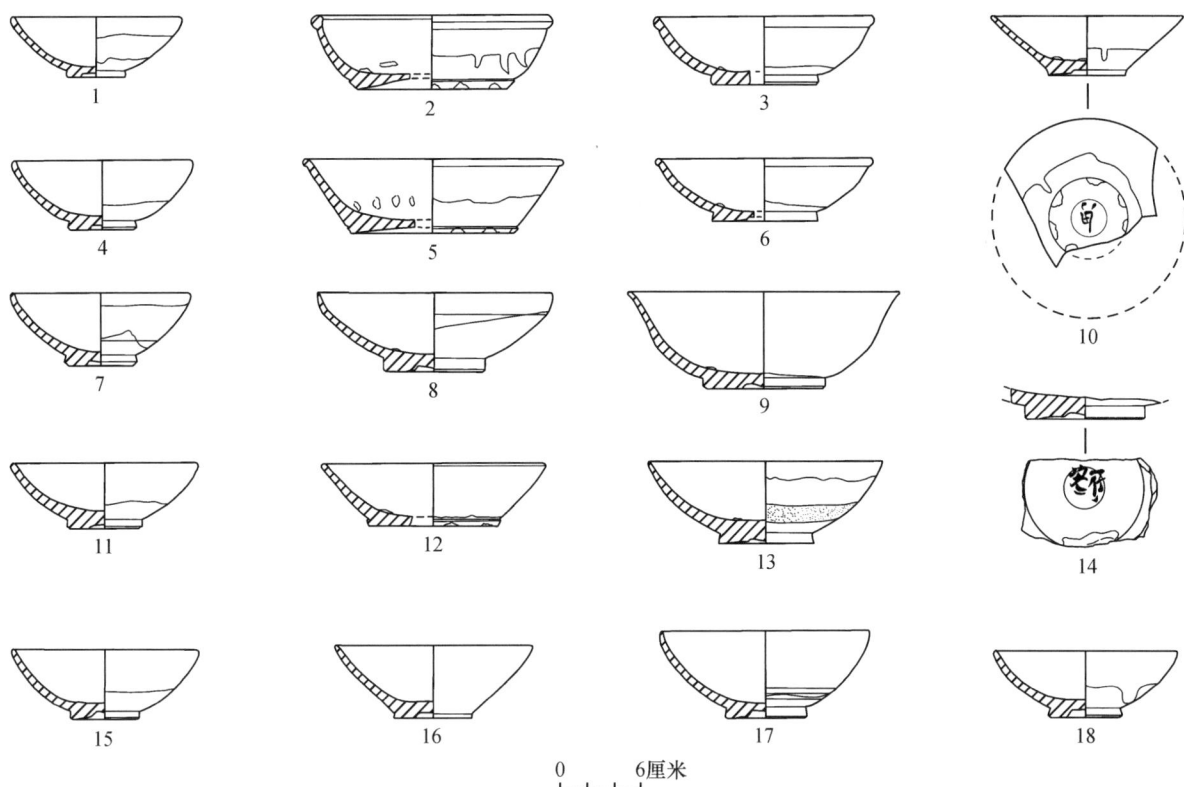

图二五 第8层青釉碗

1. 2006SBT5⑧：812　2. 2006SBT5⑧：816　3. 2006SBT5⑧：832　4. 2006SBT5⑧：813　5. 2006SBT5⑧：817
6. 2006SBT5⑧：834　7. 2006SBT5⑧：814　8. 2006SBT5⑧：818　9. 2006SBT5⑧：835　10. 2006SBT5⑧：843
11. 2006SBT5⑧：823　12. 2006SBT5⑧：821　13. 2006SBT5⑧：837　14. 2006SBT5⑧：825　15. 2006SBT5⑧：824
16. 2006SBT5⑧：844　17. 2006SBT5⑧：850　18. 2006SBT5⑧：845

釉下施化妆土。浅黄色胎，胎质较疏松。内底有支钉痕。口径20.4、底径9.2、高7.1厘米（图二五，9）。

2006SBT5⑧：836，残。敞口，圆唇，弧腹，玉璧底，外沿斜削。内施满釉，外施釉至腹下部，有流釉、积釉现象，釉面有小开片，釉下施化妆土。夹砂姜黄色胎，胎质较疏松。外底有支钉痕。口径13.8、底径6.4、高4.8厘米（图二六，1）。

2006SBT5⑧：837，残。敞口，圆唇，弧腹，玉璧底，外沿斜削。内施满釉，外施半釉，有流釉现象，釉面有小开片，釉下施化妆土。夹砂灰黄色胎，胎质较疏松。内外底有支钉痕。口径17.6、底径7.2、高6厘米（图二五，13）。

2006SBT5⑧：838，残。敞口，圆唇，弧腹，玉璧底。内施满釉，外施半釉，有积釉现象，釉面有小开片，釉下施化妆土。姜黄色胎，胎质较疏松。内外底有三个支钉痕。口径13.4、底径6、高4.3厘米（图二六，5）。

2006SBT5⑧：843，残。敞口，圆唇，斜腹，玉璧底内凹。内施满釉，外施半釉，有流釉现象。青灰色胎，胎质细净、较致密。外底有支钉痕。口径14.4、底径5.8、高4.3厘米（图二五，10）。

2006SBT5⑧：844，残。敞口，圆唇，斜腹，玉璧底。通体施釉，釉下施化妆土。灰色胎，胎质细净、致密。外底有支钉痕。口径14.8、底径5.8、高5.3厘米（图二五，16）。

2006SBT5⑧：845，残。敞口，圆唇，弧腹，玉璧底。内施满釉，外施半釉，有流釉、积釉现象，釉面有小开片，釉下施化妆土。灰黄色胎，胎质细净、较致密。外底有支钉痕。口径13.8、底径5.6、高4.9厘米（图二五，18）。

2006SBT5⑧：846，残。敞口，圆唇，弧腹，玉璧底，外沿斜削。内施满釉，外施半釉，釉面有小开片，釉下施化妆土。灰色胎，胎质细净、较致密。内外底有支钉痕。口径13、底径4.6、高4.4厘米（图二六，3）。

2006SBT5⑧：850，残。敞口，圆唇，弧腹，玉璧底，外沿斜削。内施满釉，外施釉至腹下部，有流釉现象，釉面有小开片，釉下施化妆土。灰黄色胎，胎质细净、较疏松。口径15.8、底径6.2、高6.4厘米（图二五，17）。

2006SBT5⑧：851，残。敞口，圆唇，弧腹，玉璧底，外沿斜削。内施满釉，外施釉至腹下部，有流釉、积釉现象，釉面有小开片，釉下施化妆土。灰黄色胎，胎质细净、较致密。口径14.4、底径5.6、高4.9厘米（图二六，7）。

2006SBT5⑧：863，残。侈口，圆唇，斜腹，平底。内施满釉，外施半釉，有流釉、积釉、飞釉现象，釉下施化妆土。灰色胎，胎质细净、较致密。内外底有支钉痕。口径18.4、底径9.6、高5.8厘米（图二六，2）。

2006SBT5⑧：874，残。侈口，圆唇，斜直腹，平底内凹。内施满釉，外施半釉，有流釉、积釉、飞釉、脱釉现象。砖红色胎，胎质细净、较疏松。内外底有支珠痕。口径19.6、底径11.2、高5.8厘米（图二六，4）。

2006SBT5⑧：875，残。侈口，圆唇，弧腹，饼底内凹。内施满釉，外施半釉，有流釉现象，施釉不均，釉面有小开片，釉下施化妆土。土黄色胎，胎质疏松，胎体厚重。内底有支钉痕。口径15.8、底径7.4、高8.1厘米（图二六，6）。

2006SBT5⑧：876，残。侈口，圆唇，弧腹，玉璧底，外沿斜削，外底心隆起、似乳状。内施满釉，外施釉至腹下部，有流釉、积釉现象，釉面有小开片，釉下施化妆土。姜黄色胎，胎质细净、较疏松。内底有支钉痕，内外有窑粘现象。口径22.8、底径10.6、高6.8厘米（图二六，8）。

2006SBT5⑧：879，残。敞口，圆唇，斜弧腹，玉璧底，外沿斜削。内施满釉，外施半釉，釉面有小开片，釉下施化妆土。灰色胎，胎质细净、较致密。内底有垫砂痕。口径17.4、底径6.6、高6.3厘米（图二六，12）。

2006SBT5⑧：881，残。敞口，圆唇，弧腹，玉璧底。内施满釉，外施釉至腹下部，釉面有小开片，釉下施化妆土。灰黄色胎，胎质细净、较疏松。口径19.2、底径7.2、高6.2厘米（图二六，13）。

2006SBT5⑧：882，残。敞口，圆唇，弧腹，玉璧底，外沿斜削。内施满釉，外施釉至腹下部，有流釉、积釉、窑变现象，釉下施化妆土。青灰色胎，胎质较疏松。内底有支钉痕，外底有垫圈痕。口径19.4、底径8、高6.6厘米（图二六，14）。

2006SBT5⑧：883，整。敞口，圆唇微敛，斜弧腹，玉璧底。釉面莹润，有开片，器内满釉，器外施釉不及足，釉线不齐。器底有修胎切削痕迹，底缘斜削。灰胎，较细腻致密。口径12.8、底径5、高4.7厘米（图二六，9；图版二六，4）。

2006SBT5⑧：884，整。敞口，圆唇，弧腹，玉璧底。釉面莹润，有开片，器内满釉，器外施半釉，釉线不齐，有流釉现象。灰黄胎，含细砂，较疏松。口径13、底径4.8、高4.7厘米（图二六，10；图版二六，5）。

2006SBT5⑧：885，整。敞口，圆唇微敛，弧腹，圈足外撇，底心微凸。器底有明显修胎切削痕迹。釉面玻璃质，有小开片，器内满釉，器外施半釉，釉线不齐，有流釉、积釉现象。灰胎，较致密。口径12.8、底径4.2、高4厘米（图二六，11；图版二六，6）。

2006SBT5⑧：893，残。敞口，圆唇微撇，弧腹，平底，器底有修胎切削痕迹。釉面莹润，器内满釉，器外施半釉，釉线不齐，有流釉现象。器内底饰放射状划线。器底缘有一周垫饼痕。灰胎，含细砂，较致密。口径19.6、底径10.2、高5.6厘米（图二六，18）。

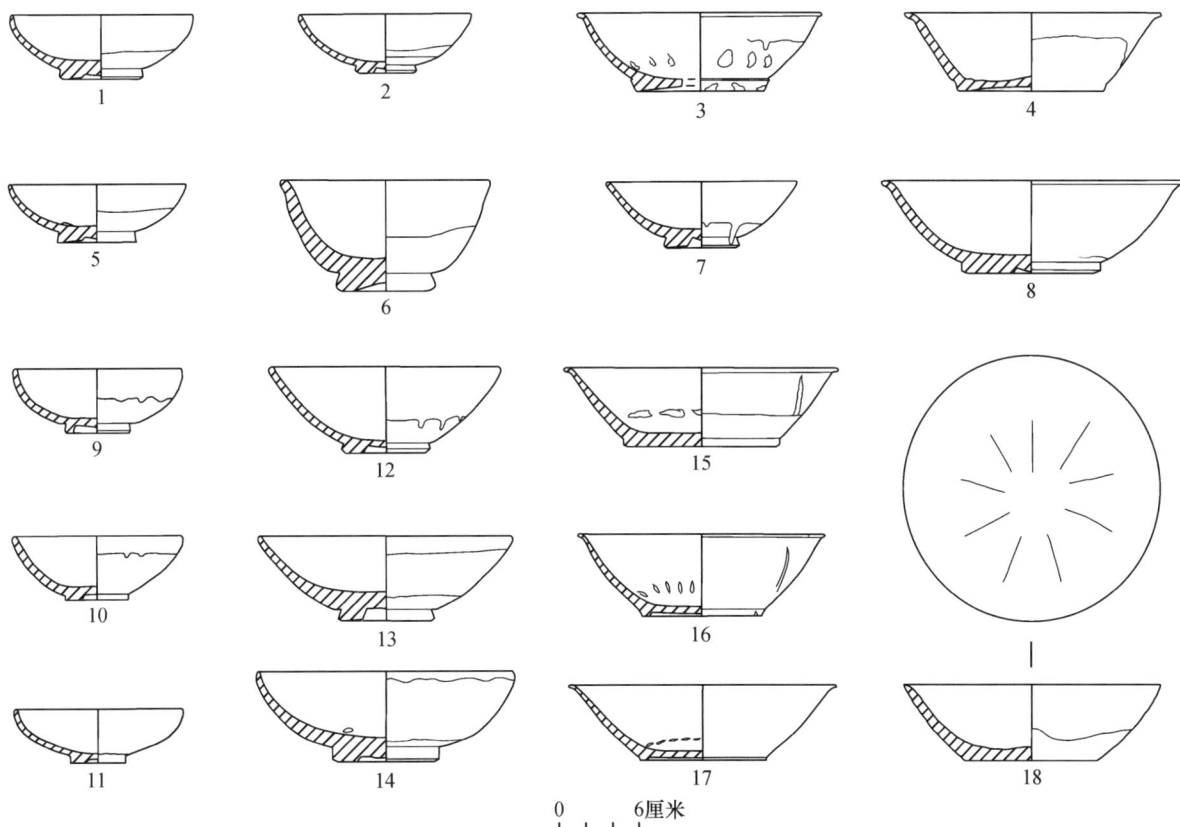

图二六　第8层青釉碗

1. 2006SBT5⑧：836　2. 2006SBT5⑧：863　3. 2006SBT5⑧：846　4. 2006SBT5⑧：874　5. 2006SBT5⑧：838
6. 2006SBT5⑧：875　7. 2006SBT5⑧：851　8. 2006SBT5⑧：876　9. 2006SBT5⑧：883　10. 2006SBT5⑧：884
11. 2006SBT5⑧：885　12. 2006SBT5⑧：879　13. 2006SBT5⑧：881　14. 2006SBT5⑧：882　15. 2006SBT5⑧：911
16. 2006SBT5⑧：912　17. 2006SBT5⑧：913　18. 2006SBT5⑧：893

2006SBT5⑧：911，整。敞口，圆唇外撇，窄折沿，弧腹，饼底微撇、底缘斜削。青釉，釉面侵蚀，脱釉，器内满釉，器外施半釉，釉线不齐，有流釉现象。器内底缘有一周支钉痕。灰褐胎，较致密。口径20.6、底径11.8、高5.8厘米（图二六，15；图版二三，3）。

2006SBT5⑧：912，残。敞口，圆唇微撇，弧腹，大圈足内收、挖足浅。器外腹壁凹射线作瓜棱状。釉面侵蚀，局部飞釉，器内外满釉。器内底缘有一周支钉痕。灰胎，较细腻致密。口径18.6、底径9、高6厘米（图二六，16；图版二三，1）。

2006SBT5⑧：913，残。敞口，尖唇微撇，弧腹，大圈足内收、挖足浅。釉面莹润，器内外满釉。器内底缘有一周支钉痕。灰胎，较细腻致密。口径20.2、底径9.6、高5.6厘米（图二六，17）。

钵　58件。

2006SBT5⑧：14，残。直口，圆唇，折腹，平底。内外施半釉，有流釉现象。灰色胎，胎质细腻、较致密。内外底有支钉痕。口径12.8、底径5.5、高4.5厘米（图二七，1）。

2006SBT5⑧：22，残。直口，圆唇，折腹，平底微内凹。内外施釉至腹上部，有流釉现象，脱釉严重，灰色胎，胎质较致密。内外底有支钉痕。口径16、底径6.4、高3.8厘米（图二七，2）。

2006SBT5⑧：32，残。侈口，圆唇，直腹折收，平底内凹。内外施半釉，有流釉、飞釉现象，釉面有小开片，釉下施化妆土。浅灰色胎，胎质较致密。内外底有支钉痕。口径15.6、底径8.4、高5.8厘米（图二七，3）。

2006SBT5⑧：42，残。敞口，平唇，直腹折收，平底微内凹。内外施半釉，有流釉、积釉现象。灰色、褐色胎，胎质较致密。内外底有支钉痕。口径16、底径9、高5厘米（图二七，4）。

2006SBT5⑧：47，残。敞口，圆唇，弧腹，近平底。内外施半釉，有流釉现象，釉下施化妆土。灰色胎，胎质较致密。内外底有支钉痕。口径11.5、底径5.8、高3.4厘米（图二七，5）。

2006SBT5⑧：51，残。直口，圆唇，直腹折收，平底微内凹。内外施半釉，有流釉现象。浅灰色胎，胎质细纯，较致密。内外底有支钉痕。口径19.4、底径8.4、高5.7厘米（图二七，6）。

2006SBT5⑧：85，残。敞口，圆唇，直腹折收，平底微内凹。内外近口沿处施釉，有流釉现象，釉面有小开片。灰黄色胎，胎质较致密。内外底有支钉痕。口径20.8、底径10.8、高5厘米（图二七，7）。

2006SBT5⑧：89，残。直口，平唇，折腹，平底内凹。内外施半釉，有飞釉现象。灰色胎，胎质较致密。内外底有支钉痕。口径13.6、底径6.4、高4.6厘米（图二七，8）。

2006SBT5⑧：93，残。敛口，圆唇，鼓腹，圈足。内施满釉，外施釉至腹下部，有流釉、积釉现象，釉下施化妆土。灰黄色胎，胎质较致密。口径15.6、底径7.4、高10.5厘米（图二七，15；图版三〇，2）。

2006SBT5⑧：100，残。敛口，圆唇，直腹折收，平底。内外施半釉，有流釉、积釉、飞釉现象。灰色、褐色胎，胎质较致密。内外底有支钉痕。口径18.4、底径9.6、高5.6厘米（图二七，10）。

2006SBT5⑧：159，残。直口，圆唇，弧腹，平底内凹。内外施半釉，外有点彩。灰色、褐色胎，胎质较致密。内外底有支钉痕。口径15、底径8.5、高6厘米（图二七，11）。

2006SBT5⑧：170，残。敛口，圆唇，直腹折收，平底。内外施半釉，有流釉、积釉、飞釉现象，釉几乎完全脱落，釉下施化妆土。黄褐色胎，胎质较致密。内外底有支钉痕，外底有墨书"周"字。口径17.8、底径9、高6.6厘米（图二七，13）。

2006SBT5⑧：175，残。敛口，圆唇，折腹，平底。内外施半釉，有飞釉现象。灰色胎，胎质较致密。内外底有支钉痕。口径17.6、底径8.2、高5.7～5.9厘米（图二七，9）。

2006SBT5⑧：178，残。侈口，圆唇，鼓腹，平底内凹。内施满釉，外施半釉。灰色胎，胎质较致密。内外底有支钉痕。口径16、底径7.6、高5.1厘米（图二七，12）。

2006SBT5⑧：196，残。侈口，圆唇，弧腹，平底。釉完全脱落，仅留釉下化妆土。浅褐

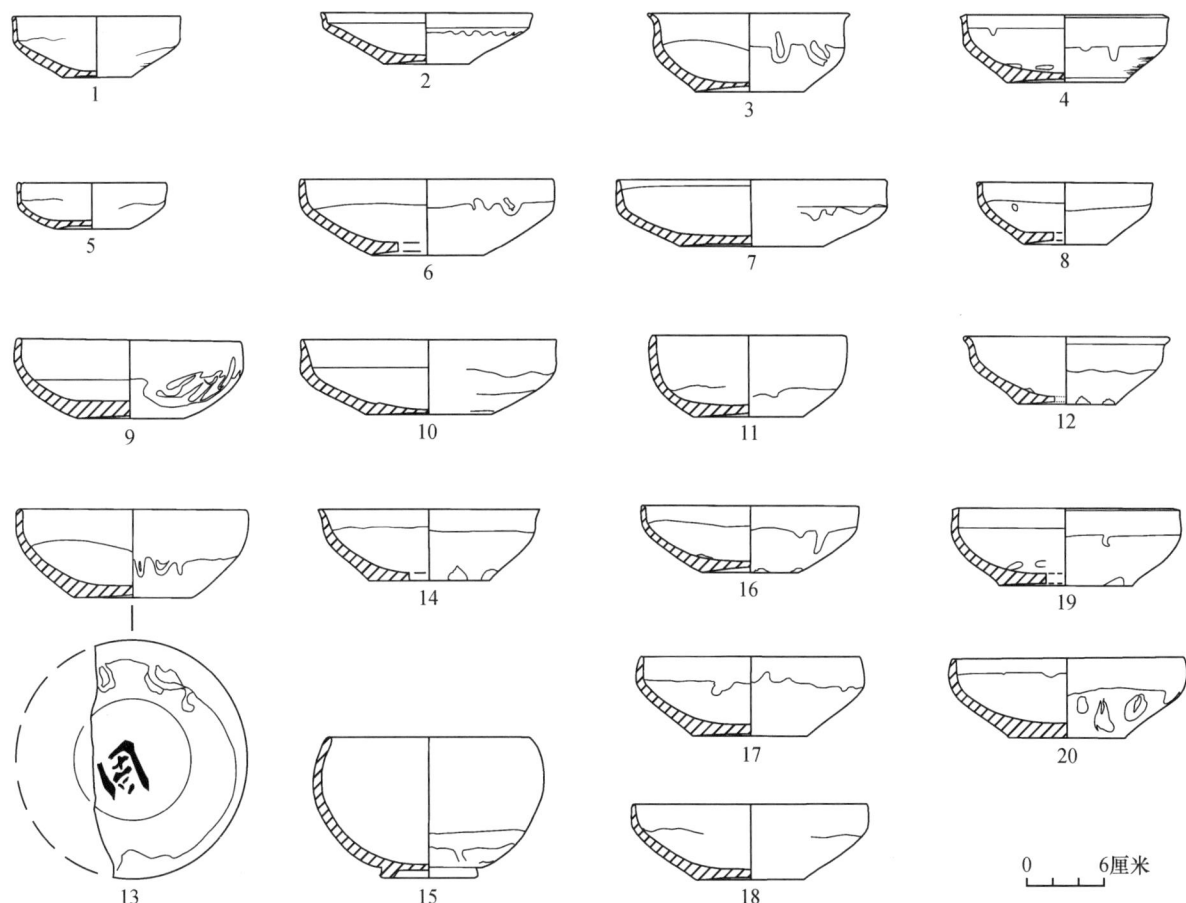

图二七　第8层青釉钵

1. 2006SBT5⑧：14　2. 2006SBT5⑧：22　3. 2006SBT5⑧：32　4. 2006SBT5⑧：42　5. 2006SBT5⑧：47　6. 2006SBT5⑧：51
7. 2006SBT5⑧：85　8. 2006SBT5⑧：89　9. 2006SBT5⑧：175　10. 2006SBT5⑧：100　11. 2006SBT5⑧：159
12. 2006SBT5⑧：178　13. 2006SBT5⑧：170　14. 2006SBT5⑧：196　15. 2006SBT5⑧：93　16. 2006SBT5⑧：205
17. 2006SBT5⑧：229　18. 2006SBT5⑧：250　19. 2006SBT5⑧：253　20. 2006SBT5⑧：258

色胎，胎质较致密。内外底有支钉痕。口径16.8、底径9.2、高5.3厘米（图二七，14）。

2006SBT5⑧：205，残。敞口，圆唇，直腹折收，平底内凹。内外施半釉，有流釉、积釉、飞釉、脱釉现象。褐色胎，胎质细腻、较致密。内外底有支钉痕。口径16.8、底径7.4、高5厘米（图二七，16）。

2006SBT5⑧：229，残。敛口，圆唇，直腹折收，平底。内外施半釉，有流釉、积釉、飞釉、窑变现象，釉面有小开片。灰色、浅黄色胎。内外底有支钉痕。口径17.6、底径8.8、高5.9厘米（图二七，17）。

2006SBT5⑧：250，残。敛口，圆唇，折腹，平底。内外腹上部施釉，有流釉现象。灰色胎，胎质较致密。内外底有支钉痕。口径18、底径8.4、高5.6厘米（图二七，18）。

2006SBT5⑧：253，残。敛口，圆唇，折腹，平底。内外施半釉，有流釉现象。灰色、红褐色胎，胎质较致密。内外底有支钉痕。口径17.6、通径17.8、底径10.2、高5.7厘米（图二七，19）。

2006SBT5⑧：258，残。敛口，圆唇，折腹，平底。内近口沿处施釉，外腹上部施釉，有流釉、积釉、飞釉现象。夹砂灰色胎，胎质较致密。内外底有支钉痕。口径18.6、底径9、高5.8～6厘米（图二七，20）。

2006SBT5⑧：280，残。敛口，圆唇，折腹，平底。内外施半釉，有流釉、积釉、飞釉、窑变现象，釉面有小开片。灰褐色胎，胎质较致密。内外底有支钉痕。口径17.4、底径8.6、高4.2厘米（图二八，1；图版三〇，6）。

2006SBT5⑧：289，残。敛口，圆唇，直腹折收，平底。内外施半釉。浅灰色、褐色胎，胎质细净、较致密。内外底有支钉痕。口径18、底径9、高5.3厘米（图二八，2）。

2006SBT5⑧：304，残。敛口，圆唇，弧腹，平底。内施满釉，外施半釉，有流釉、窑变现象。灰色胎，胎质细腻、较致密。内外底有支钉痕，内有窑粘现象。口径18.2、底径10.6、高6.8厘米（图二八，3）。

2006SBT5⑧：327，残。敛口，近平唇，直腹折收，平底内凹。釉完全脱落，仅留化妆土。浅灰色、褐色胎，胎质较致密。内外底有支钉痕。口径15.4、底径8.2、高5.7厘米（图二八，4）。

2006SBT5⑧：341，残。敛口，圆唇，直腹折收，平底。内外施半釉，有流釉，飞釉现象。灰褐色胎，胎质较致密。内外底有支钉痕。口径20.4、底径8.4、高6.2厘米（图二八，5）。

2006SBT5⑧：357，残。侈口，圆唇，弧腹，饼底内凹。内施满釉，外施釉至腹下部，内外有流釉现象，釉下施化妆土。灰黄色胎，胎质较致密。内底有支钉痕。口径18.2、底径13、高8厘米（图二八，6）。

2006SBT5⑧：378，残。敛口，近平唇，鼓腹，平底内凹。内外施半釉，有流釉现象，釉面脱落严重。灰色、褐色胎，胎质细净、较致密。内外底有支钉痕。口径17、底径7.8、高6.2厘米（图二八，7）。

2006SBT5⑧：393，残。敛口，圆唇，折腹，平底。内外施半釉，外有流釉现象，釉下施化妆土。灰色胎，胎质细净、较致密。内外底有支钉痕。口径17.4、底径9.2、高6厘米（图二八，8；图版三〇，5）。

2006SBT5⑧：419，残。敛口，圆唇，折腹，平底内凹。内外施半釉，有流釉、积釉现象，釉面有小开片。灰色胎，胎质较致密。内外底有支钉痕。口径18、底径8.6、高5.6厘米（图二八，9）。

2006SBT5⑧：437，残。敞口，圆唇，折腹，平底内凹。内外施半釉，有流釉、飞釉现象，釉下施化妆土。灰褐色胎，胎质细净、较致密。有窑粘现象。口径20、底径9.4、高5.5厘米（图二八，10）。

2006SBT5⑧：464，残。敛口，圆唇，折腹，平底。内外施半釉，有流釉、积釉、脱釉现象。灰色、黄褐色胎，胎质细净、较致密。内外底有支钉痕。口径19.4、底径9.4、高5.8厘米（图二八，11）。

2006SBT5⑧：466，残。敛口，圆唇，斜弧腹，平底微内凹。内外施半釉，有流釉现象，釉面有小开片。灰色、褐色胎，胎质较致密。内外底有支钉痕。口径17、底径8、高4.7厘米（图二八，12）。

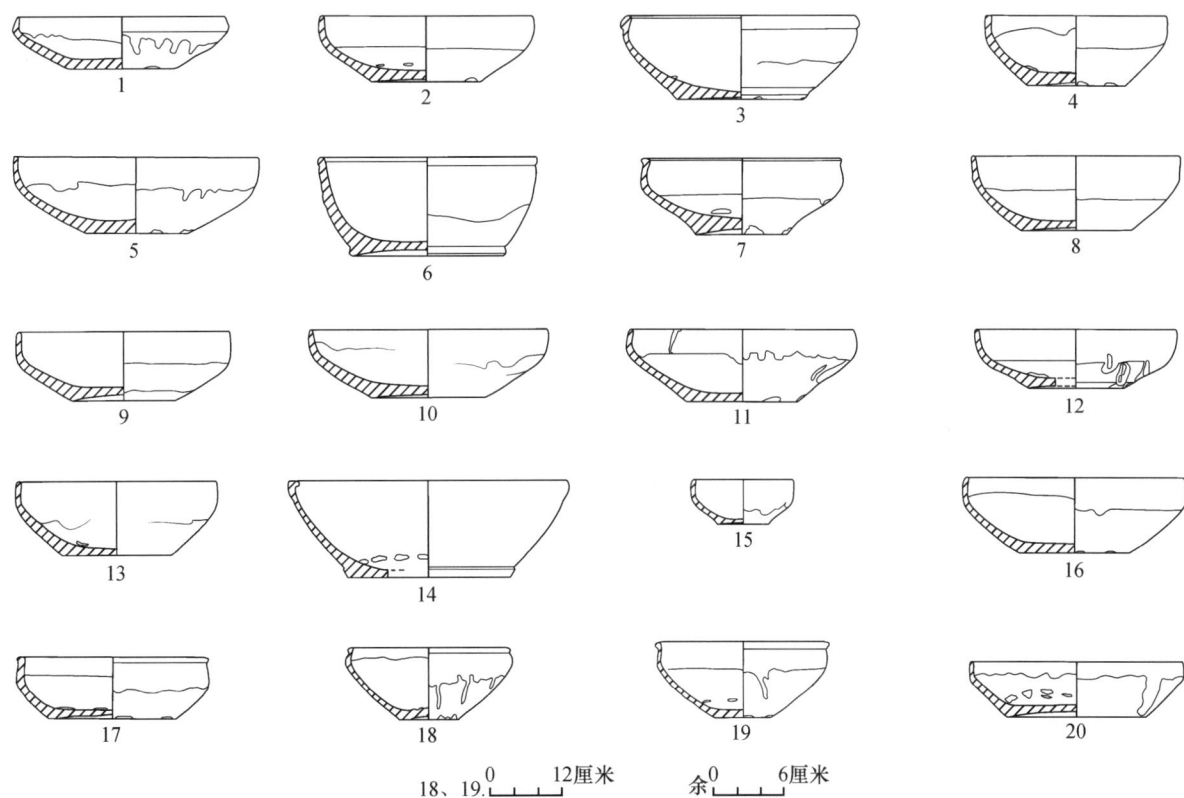

图二八 第8层青釉钵

1. 2006SBT5⑧：280　2. 2006SBT5⑧：289　3. 2006SBT5⑧：304　4. 2006SBT5⑧：327　5. 2006SBT5⑧：341　6. 2006SBT5⑧：357
7. 2006SBT5⑧：378　8. 2006SBT5⑧：393　9. 2006SBT5⑧：419　10. 2006SBT5⑧：437　11. 2006SBT5⑧：464　12. 2006SBT5⑧：466
13. 2006SBT5⑧：539　14. 2006SBT5⑧：542　15. 2006SBT5⑧：569　16. 2006SBT5⑧：570　17. 2006SBT5⑧：578
18. 2006SBT5⑧：595　19. 2006SBT5⑧：597　20. 2006SBT5⑧：605

2006SBT5⑧：539，残。敛口，圆唇，直腹折收，平底。内外施半釉，有流釉、积釉现象，釉面几乎完全脱落。黄褐色胎，胎质较致密。内外底有支钉痕。口径16.8、底径9.2、高6厘米（图二八，13）。

2006SBT5⑧：542，残。敛口，圆唇，斜弧腹，平底。内施满釉，外施半釉，有流釉、积釉现象，釉下施化妆土。外沿下有一凹弦纹。灰色胎，胎质细净、较致密。内外底有支钉痕，内有窑粘现象。口径23.4、底径13.2、高7.8厘米（图二八，14；图版三〇，3）。

2006SBT5⑧：569，整。敛口，圆唇，折腹，平底内凹。内施满釉，外施釉至腹下部，有流釉、积釉现象。灰色胎，胎质较致密。内外底有支钉痕。口径8.6、底径4.4、高3.6厘米（图二八，15）。

2006SBT5⑧：570，整。敛口，圆唇，折腹，平底。内外施半釉，有流釉、积釉现象，釉下施化妆土。灰色胎，胎质细净、较致密。内外底有支钉痕。口径18.8、底径9.2、高6.1厘米（图二八，16）。

2006SBT5⑧：578，残。敞口，近平唇，直腹折收，平底内凹。内外施半釉，有流釉、积釉现象，脱釉严重。红褐色胎，胎质细腻、较致密。内外底有支钉痕。口径16、底径9.6、高5厘米（图二八，17）。

2006SBT5⑧：595，残。敛口，折沿，圆唇，敛腹，平底。内外施半釉，有流釉、积釉现象，釉下施化妆土。红褐色胎，胎质细净、较疏松。外底有垫饼痕。口径25.8、底径9.8、高11.8厘米（图二八，18）。

2006SBT5⑧：597，残。敛口，近平唇，鼓腹，腹下内收，平底。内外施半釉，有流釉、积釉、飞釉现象。浅灰色胎，胎质细净、较致密。内外底有支钉痕。口径29、底径9.8、高12.4厘米（图二八，19）。

2006SBT5⑧：605，残，敞口，圆唇，折腹，平底内凹。内外施半釉，有流釉、积釉、窑变现象，釉下施化妆土。灰色胎，胎质细净、较致密。内外底有支钉痕。口径18、底径11.6、高4.5厘米（图二八，20；图版三〇，4）。

2006SBT5⑧：615，残。敛口，圆唇，斜弧腹，平底微内凹。内外施半釉，有流釉、脱釉现象。黄褐色胎，胎质细净、较疏松。口径16.6、底径8.6、高5.6厘米（图二九，1）。

2006SBT5⑧：645，残。敛口，圆唇，直腹折收，平底内凹。内外施半釉，有流釉现象，脱釉严重，釉下施化妆土。灰色、黄色胎，胎质细净、较致密。口径18.2、底径8.4、高5.5～6厘米（图二九，2）。

2006SBT5⑧：655，残。敛口，圆唇，直腹折收，平底。内外施半釉，有飞釉现象。灰色、灰白色胎，胎质较致密。内外底有支钉痕。口径16.8、底径7.4、高6厘米（图二九，3）。

2006SBT5⑧：675，残。敞口，圆唇，直腹折收，平底内凹。内外施半釉，有流釉、积釉、脱釉现象，釉下施化妆土。红褐色胎，胎质较致密。内底有垫砂痕。口径15、底径4.6、高4.5厘米（图二九，4）。

2006SBT5⑧：676，残。敛口，圆唇，折腹，平底。内外腹上部施釉，有飞釉、粘釉现象。

黄褐色胎，胎质较致密。内外底有支钉痕。口径18.2、底径8.6、高6.6厘米（图二九，5）。

2006SBT5⑧：707，残。敛口，圆唇，直腹折收，平底。内外施半釉，有窑变现象。灰色、红褐色胎，胎质较致密。内外底有支钉痕。口径20.2、底径9.5、高6厘米（图二九，6）。

2006SBT5⑧：715，残。敞口，直腹折收，平底微内凹。内外近口沿处施釉，有流釉现象。灰褐色胎，胎质细纯，较致密。内外底有支钉痕。口径14.4、底径6.6、高3.4厘米（图二九，9）。

2006SBT5⑧：745，残。敛口，厚圆唇，斜弧腹，平底微内凹。内外施半釉，有流釉、积釉现象，釉下施化妆土。灰褐色胎，胎质较致密。内外底有支钉痕。口径25.6、底径9.5、高9.4厘米（图二九，7）。

2006SBT5⑧：755，残。敛口，圆唇，鼓腹，平底。内外施满釉，釉面有小开片，外腹有双条线纹饰，外沿下有一道弦纹。灰色胎，胎质细净、较致密。外底有支钉痕。口径17.6、底径13.6、高11.1厘米（图二九，8；图版三〇，1）。

2006SBT5⑧：763，残。敛口，圆唇，折腹，平底。内外施半釉，有流釉、积釉现象，釉下施化妆土。灰色、褐色胎，胎质细净、较致密。口径19、底径9.6、高5.5厘米（图二九，10）。

2006SBT5⑧：801，残。敛口，平唇，折腹，平底。内外施半釉，有流釉、积釉现象，釉下施化妆土。褐色胎，胎质细净、较致密。内外底有支钉痕。口径16.4、底径9、高4.8厘米（图二九，11）。

2006SBT5⑧：804，残。敞口，圆唇，折腹，平底。内外施半釉，脱釉严重，釉下施化妆土。灰色、褐色胎，胎质细净、较致密。内外底有支珠痕。口径17.4、底径7、高5.2厘米（图二九，12）。

2006SBT5⑧：806，残。敞口，圆唇，折腹，平底。内外施半釉，釉面有小开片，釉下施化妆土。褐色胎，胎质细净、较致密。口径14、底径5.6、高3.5厘米（图二九，13）。

2006SBT5⑧：815，残。直口，圆唇，折腹，平底。内外施半釉，有流釉、积釉现象，釉面有小开片，釉下施化妆土。灰黄色胎，胎质细净、较致密。内外底有支钉痕。口径15.2、底径8、高5.6厘米（图二九，14）。

2006SBT5⑧：822，残。敞口，圆唇，弧腹，平底。内施满釉，外施釉至腹下部，有流釉、飞釉现象。灰色胎，胎质细净、较致密。内底有支钉痕。口径9.8、底径5.6、高3.8厘米（图二九，15）。

2006SBT5⑧：828，残。侈口，圆唇，折腹，平底。内外施半釉，有流釉、积釉现象，釉面有小开片。灰色胎，胎质细净、较致密。内外底有支钉痕。口径16、底径8.4、高5.3厘米（图二九，16）。

2006SBT5⑧：829，残。敞口，圆唇，折腹，平底。内外施半釉，内外釉面有墨绿点彩，釉面有小开片。灰黄色胎，胎质细净、较致密。内外底有支珠痕。口径16.6、底径8、高5.5厘米（图二九，17）。

2006SBT5⑧：830，残。敞口，圆唇，折腹，平底内凹。内外施半釉，有流釉、积釉、飞

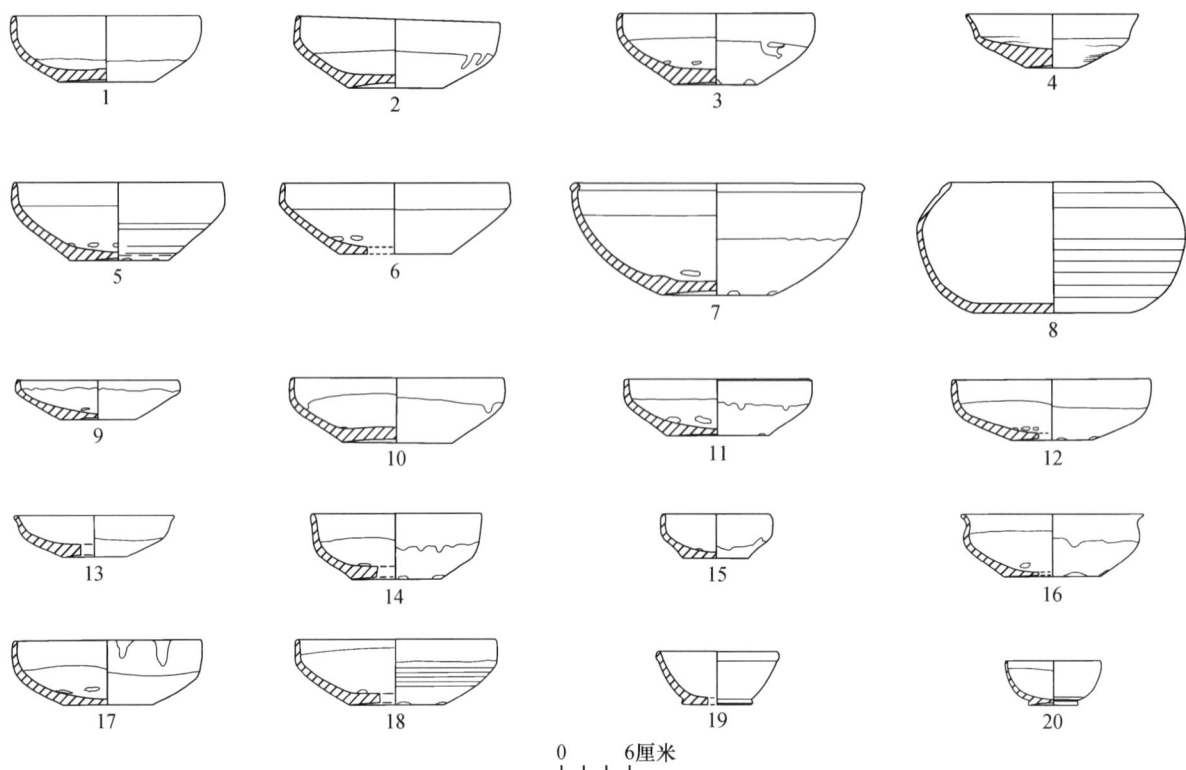

图二九　第8层青釉钵、盏

1～18.钵（2006SBT5⑧：615、2006SBT5⑧：645、2006SBT5⑧：655、2006SBT5⑧：675、2006SBT5⑧：676、
2006SBT5⑧：707、2006SBT5⑧：745、2006SBT5⑧：755、2006SBT5⑧：715、2006SBT5⑧：763、2006SBT5⑧：801、
2006SBT5⑧：804、2006SBT5⑧：806、2006SBT5⑧：815、2006SBT5⑧：822、2006SBT5⑧：828、2006SBT5⑧：829、
2006SBT5⑧：830）　19、20.盏（2006SBT5⑧：69、2006SBT5⑧：399）

釉现象。灰色、褐色胎，胎质细净、较致密。内外底有支钉痕。口径17.8、底径8.2、高5.6厘米（图二九，18）。

盏　14件。

2006SBT5⑧：69，残。敞口，圆唇，斜弧腹，饼底。内外施半釉，釉面有小开片。夹砂青灰色胎，胎质较致密。口径10.8、底径6.2、高4.5厘米（图二九，19）。

2006SBT5⑧：399，残。敛口，圆唇，弧腹，饼底内凹。内近口沿处施釉，外施釉至腹下部。灰色胎，胎质细纯、致密。口径8.2、底径4.3、高3.8厘米（图二九，20）。

2006SBT5⑧：404，整。敞口，圆唇，弧腹，饼底。内施满釉，外施釉至腹下部，有流釉、积釉、窑变现象，釉面有开片，釉下施化妆土。姜黄色胎，胎质较疏松。内底有支钉痕。口径12.4、底径5.2、高4.5厘米（图三〇，1）。

2006SBT5⑧：406，整。敞口，圆唇，弧腹，饼底。内施满釉，外施釉至腹下部，有流釉、积釉、脱釉、窑变现象，釉面有小开片，釉下施化妆土。姜黄色胎，胎质较疏松。外底有窑粘现象。口径11.2、底径5、高3.9厘米（图三〇，2）。

2006SBT5⑧：467，残。敞口，圆唇，弧腹，饼底。内外近口沿处施釉，有流釉、窑变现象。灰色胎，胎质致密。口径9.2、底径4、高3.8厘米（图三〇，3）。

2006SBT5⑧：475，残。敞口，圆唇，弧腹，玉璧底。内施满釉，外施釉至腹下部，有流釉、积釉现象，釉面有小开片，釉下施化妆土。灰色胎，胎质较致密。口径11.6、底径4.8、高4.2厘米（图三〇，4）。

2006SBT5⑧：486，残。敞口，圆唇，斜腹，玉璧底。除外底沿通体施釉，釉面有小开片，釉下施化妆土。姜黄色胎，胎质疏松。内底有支钉痕。口径13、底径5、高5厘米（图三〇，5）。

2006SBT5⑧：520，残。敞口，圆唇，弧腹，饼底。内施满釉，外施半釉，有流釉、积釉、窑变现象，釉面有开片，釉下施化妆土。姜黄色胎，胎质较疏松。口径10.8、底径4.8、高3.9厘米（图三〇，6）。

2006SBT5⑧：535，残。敞口，圆唇，弧腹，饼底。内施满釉，外施半釉，有流釉、积釉、脱釉、窑变现象，釉面有小开片，釉下施化妆土。夹砂姜黄色胎，胎质较疏松。口径11.2、底径5.4、高3.4厘米（图三〇，7）。

2006SBT5⑧：598，残。敞口，圆唇，弧腹，饼底。内施满釉，外施半釉，有流釉、积釉、脱釉现象，釉面有小开片，釉下施化妆土。灰黄色胎，胎质较致密。内外底有支钉痕。口径11.4、底径5.4、高3.6厘米（图三〇，8）。

2006SBT5⑧：629，残。敞口，圆唇，斜腹，饼底。内外施满釉，釉面有小开片，釉下施化妆土。灰黄色胎，胎质细净、较致密。口径14.2、底径6、高4厘米（图三〇，9）。

2006SBT5⑧：839，残。敞口，圆唇，弧腹，玉璧底。内施满釉，外施釉至腹下部，有流釉、积釉现象，釉面有小开片，釉下施化妆土。灰黄色胎，胎质细净、较致密。外底有支钉痕。口径13.6、底径4.4、高4.3厘米（图三〇，10）。

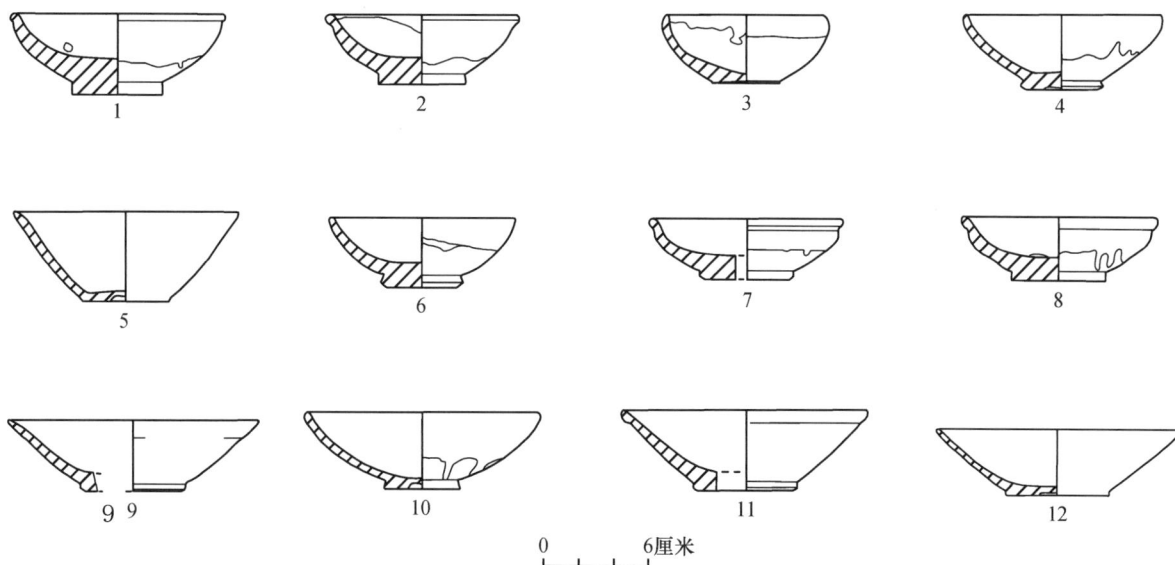

图三〇 第8层青釉盏

1. 2006SBT5⑧：404　2. 2006SBT5⑧：406　3. 2006SBT5⑧：467　4. 2006SBT5⑧：475　5. 2006SBT5⑧：486
6. 2006SBT5⑧：520　7. 2006SBT5⑧：535　8. 2006SBT5⑧：598　9. 2006SBT5⑧：629　10. 2006SBT5⑧：839
11. 2006SBT5⑧：865　12. 2006SBT5⑧：889

2006SBT5⑧：865，残。敞口，圆唇，斜直腹，饼底。内外施满釉，釉面有小开片，釉下施化妆土。灰黄色胎，胎质细净、较疏松。口径14.2、底径6、高4.5厘米（图三〇，11）。

2006SBT5⑧：889，残。敞口，圆唇，弧腹，玉璧底。内外均施满釉，釉面有小开片，有积釉现象。外底有五个支钉痕。灰色胎，稍细腻。口径14.2、底径6、通高3.7厘米（图三〇，12；图版二八，5）。

器盖　7件。

2006SBT5⑧：24，残。圆边，窄沿，内口微敛，平唇，圆弧盖面，无纽。通体施釉，釉面有开片。浅灰色胎，胎质细腻、较致密。沿面有支珠痕。口径12.2、高3.3厘米（图三一，4；图版二九，3）。

2006SBT5⑧：46，残。圆边，直口，圆唇，圆弧盖面，平顶，无纽。外施满釉，内施护胎釉。顶有四行连珠纹，盖缘有一周不规则水波纹。灰黄色胎，胎质细净、较致密。口径9.6、高3.5厘米（图三一，1）。

2006SBT5⑧：180，残。近平顶，圆形，直口，圆唇。内顶部施釉，外施满釉。灰白色胎，胎质较疏松。口径9.4、高2.8厘米（图三一，5）。

2006SBT5⑧：209，残。直口，平唇，直腹，近平顶。内施半釉，外施满釉，有飞釉现象。灰色胎，胎质细净、较致密。口径8.3、高1.6厘米（图三一，2）。

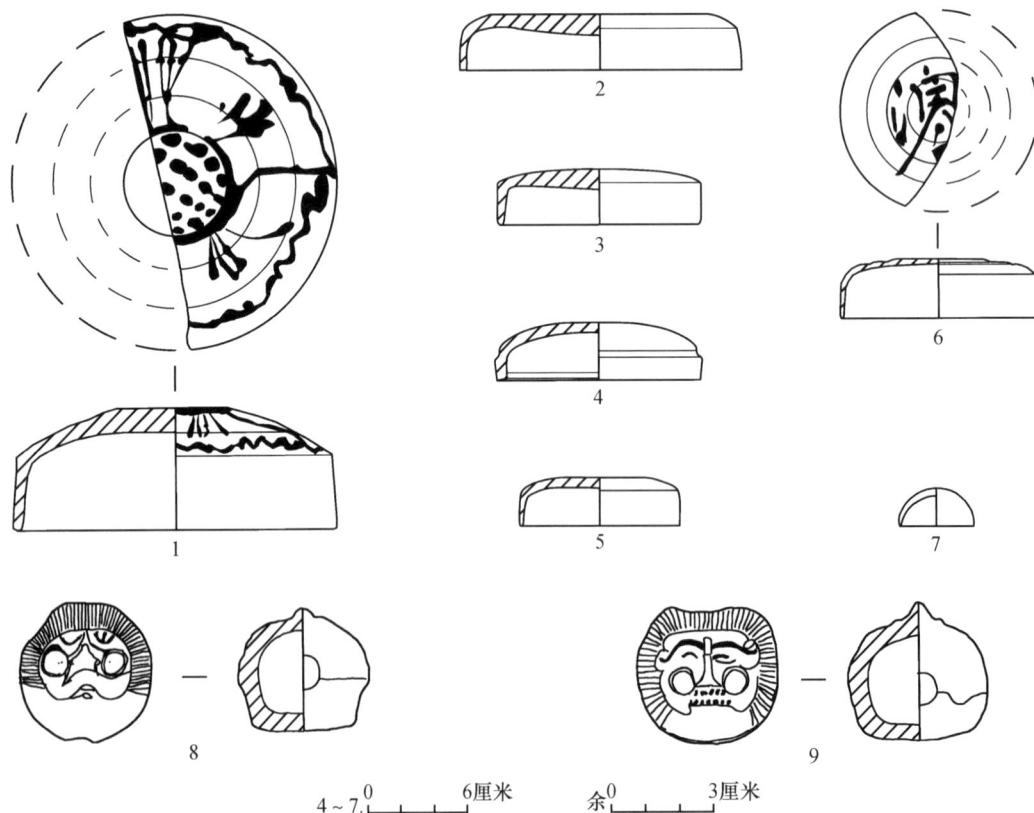

图三一　第8层青釉器盖、埙

1~7. 器盖（2006SBT5⑧：46、2006SBT5⑧：209、2006SBT5⑧：428、2006SBT5⑧：24、2006SBT5⑧：180、2006SBT5⑧：861、2006SBT5⑧：636）　8、9. 埙（2006SBT5⑧：894、2006SBT5⑧：895）

2006SBT5⑧：428，残。直口，圆唇，近平顶。内外施满釉，有积釉现象，釉面有小开片，内施青釉，外壁施蓝釉，外顶部和近口沿处施蓝釉。浅灰色胎，胎质致密。通径6、高1.6厘米（图三一，3）。

2006SBT5⑧：636，残。半圆形。内无釉，外施满釉。灰黄色胎，胎质较致密。口径4.4、高2.2厘米（图三一，7）。

2006SBT5⑧：861，残。弧顶，直口，圆唇。通体施釉。有三道凸弦纹，外顶中有褐彩书写"油合"二字。灰色胎，胎质细净、较致密。口径11.6、高3.3厘米（图三一，6）。

埙　2件。

2006SBT5⑧：894，中空，顶有吹口，前有双口。通体施釉。浅黄色胎。通高4厘米（图三一，8；图版二九，5）。

2006SBT5⑧：895，形似人首，面又似鸮，首顶有一圆吹孔，面鼻翼两侧有对称两小孔，可吹奏乐音。灰白胎，较细腻致密。青釉，面半部施釉。通高4厘米（图三一，9；图版二九，6）。

盆　3件。

2006SBT5⑧：284，残。敛口，圆唇，弧腹，平底内凹。内外施半釉，有流釉、积釉、飞釉现象。浅灰色胎，胎质细腻、较致密。内外底有支钉痕，外腹划有竹叶纹饰。口径27.4、底径10.5、高11厘米（图三二，1）。

2006SBT5⑧：334，残。侈口，卷沿，圆唇，弧腹，饼底微内凹，外沿斜削。内施满釉，外施半釉，有流釉、飞釉、窑变现象。灰褐色胎，胎质较致密。内外底有支钉痕。口径32.6、底径10.6、高13.7厘米（图三二，2）。

2006SBT5⑧：638，残。敛口，翻唇，弧腹，饼底。内施满釉，外施半釉，釉面有小开片，釉下施化妆土。外腹上部有三道凸弦纹。青白色胎，胎质较致密。外底有垫砂痕。口径17、底径12、高10.5厘米（图三二，3）。

罐　6件。

2006SBT5⑧：267，残。腹以下缺失，侈口，圆唇，溜肩，敛腹。内口沿处施釉，外施半釉，有流釉、积釉、飞釉、窑变现象。灰色、黄褐色、砖红色胎，胎质较致密。口径15.4厘米（图三二，4）。

2006SBT5⑧：502，残。敞口，圆唇，广肩，鼓腹，腹下内收，平底内凹。内外施满釉，有流釉现象，釉下施化妆土。灰色胎，胎质细净、较致密。内外底有支钉痕。口径18.4、底径10.2、高16.2厘米（图三二，5）。

2006SBT5⑧：660，残。直口，圆唇，溜肩，鼓腹，腹下内收，平底。内施满釉，外施半釉，有流釉现象，釉下施化妆土。夹砂姜黄色胎，胎质较疏松。内有窑粘现象，外底有垫饼痕。口径13.2、通径20.4、底径8.8、高18.9厘米（图三二，6）。

2006SBT5⑧：857，残。侈口，平唇，短颈，溜肩，鼓腹，平底内凹，两个条形系。内颈下无釉，外施釉至腹下部，有流釉现象，釉面已脱。褐色胎，胎质细腻、较致密。外底有垫砂痕。口径5.3、底径6.7、高16.4厘米（图三二，7；图版三一，2）。

2006SBT5⑧：886，残。侈口，卷唇，溜肩，鼓弧腹斜内收，平底。肩部对称方桥形双系，贴花于双系下，贴片近菱形，系及贴片上模印草叶纹。釉面玻璃质，润亮，内施釉至口沿下，外施釉不及底，釉线不齐。灰胎，较细腻致密。口径9.6、腹径15.2、底径11、高15.8厘米（图三二，10；图版三一，3）。

2006SBT5⑧：887，残。喇叭口，短束颈，溜肩，长弧腹，平底。肩部横装对称系，系残。内施釉至口沿下，外施酱釉至下腹部，有积釉、流釉现象。灰色胎，致密细腻。口径9.7、腹径17.4、底径11.4、通高18.8厘米（图三二，9；图版三一，4）。

碾碗　1件。

2006SBT5⑧：616，残。敞口，圆唇，弧腹，饼底内凹，外沿斜削。内近口沿处施釉，外施半釉，有流釉、积釉现象，脱釉严重，釉下施化妆土。内刻网格划纹。夹砂姜黄色胎，胎质较疏松。外底有支钉痕。口径17.8、底径7.4、高7.7厘米（图三二，8）。

灯　1件。

2006SBT5⑧：507，残。敞口，圆唇，弧腹，平底微内凹，内有一束芯环，呈耳状。内

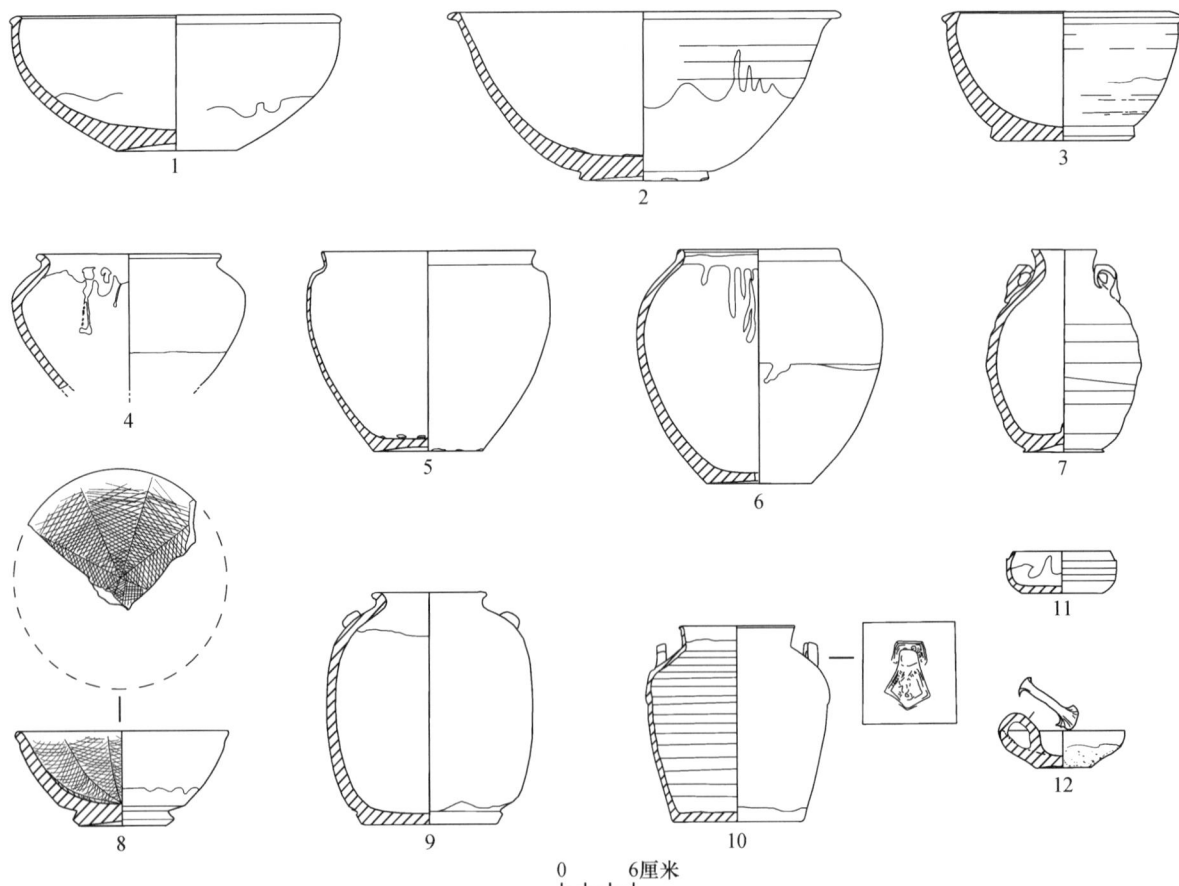

图三二　第8层青釉瓷器

1～3.盆（2006SBT5⑧：284、2006SBT5⑧：334、2006SBT5⑧：638）　4～7、9、10.罐（2006SBT5⑧：267、2006SBT5⑧：502、2006SBT5⑧：660、2006SBT5⑧：857、2006SBT5⑧：887、2006SBT5⑧：886）
8.碾碗（2006SBT5⑧：616）　11.盒（2006SBT5⑧：565）　12.灯（2006SBT5⑧：507）

施满釉，外施半釉，有流釉、积釉、飞釉现象。灰色胎，胎质较致密。外底有支钉痕。口径10.4、底径4.5、高3厘米（图三二，12；图版三二，6）。

盒　1件。

2006SBT5⑧：565，残。子母口，直腹，平底。内底部施釉，外腹部施釉，有流釉现象。土黄色胎，胎质较致密。内底有支钉痕。口径8、通径9.2、底径4.8、高3.4厘米（图三二，11）。

砚　1件。

2006SBT5⑧：80，残。侈口，圆唇，斜弧腹，饼底。内无釉，外施满釉，有流釉、积釉、漏釉现象，釉面有小开片，釉下施化妆土。灰紫色胎，胎质致密。内底有支钉痕，外底有垫砂痕。砚为碗形，内为砚池，底有一圈形墨池，在唐代瓷砚中少见，属辟雍砚。口径17.8、底径7.3、高4.5厘米（图三三，1）。

盘　5件。

2006SBT5⑧：126，残。直口，圆唇，折腹，平底内凹。内外施半釉，有飞釉现象。灰色胎，胎质较致密。内外底有支钉痕。口径15、底径6.6、高3厘米（图三三，2）。

2006SBT5⑧：376，残。直口，圆唇，折腹，平底。内外施半釉，有飞釉现象，釉下施化妆土。褐色胎，胎质细净、较致密。内外底有支钉痕。口径18、底径8.4、高4.1厘米（图三三，3）。

2006SBT5⑧：735，残。敞口，圆唇，斜腹，玉璧底，外沿斜削，外底心隆起，似乳头状。内外施半釉，有流釉现象，釉面有小开片，釉下施化妆土。灰色胎，胎质较致密。口径15.5、底径5.4、高3.3厘米（图三三，4）。

2006SBT5⑧：910，微残。侈口，圆唇，弧腹，玉璧底。内外底均有方形垫饼痕，余施青釉，有积釉、流釉现象。口径15.6、底径5.6、通高3.6厘米（图三三，5）。

2006SBT5⑧：920，残。敞口，圆唇，窄折沿，斜弧腹，浅圈足外撇。釉面莹润，器内满釉，器外施釉不及底，有流釉现象。器内底缘有一周支钉痕。灰胎，较致密。口径16.4、底径7.7、高3.1厘米（图三三，6；图版二九，1）。

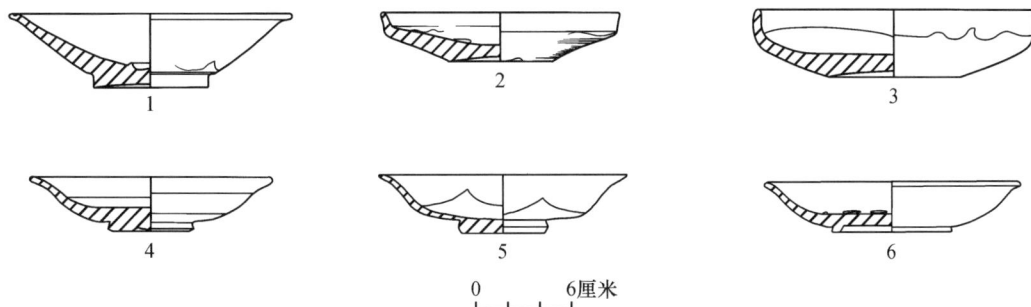

图三三　第8层青釉砚、盘

1.砚（2006SBT5⑧：80）　2～6.盘（2006SBT5⑧：126、2006SBT5⑧：376、2006SBT5⑧：735、2006SBT5⑧：910、2006SBT5⑧：920）

壶　9件。

2006SBT5⑧：199，残。侈口，圆唇，束颈，溜肩，弧腹，平底微内凹，双条扁錾，八棱短流，腹有四条凹棱、呈瓜状。内颈以下无釉，外施满釉，有流釉现象。灰色胎，胎质较疏松。口径7.4、通径10.4、底径8.4、高16.8厘米（图三四，1）。

2006SBT5⑧：385，残。柄缺失，侈口，圆唇，束颈，瓜棱流（八棱），扁形柄，鼓腹，腹下内收，腹上有四条凹线，腹形似瓜状，圈足。内沿以下无釉，外施满釉，釉下施化妆土。灰色胎，胎质细净、较致密。外底有垫砂痕。口径9.2、腹径12.4、底径7.6、高19.5厘米（图三四，2；图版三四，4）。

2006SBT5⑧：425，残。盘口，束颈，广肩，管状流，双条形系两个，柄双条形，溜肩，鼓腹，平底。内沿以下无釉，外施釉至腹下部，有流釉、积釉现象，釉下施化妆土。姜黄色胎，胎质较疏松。外底有垫饼痕。口径8.4、通径16.8、底径9.8、高23厘米（图三四，3）。

2006SBT5⑧：476，残。口、颈、錾缺失，瓜棱流（六棱），溜肩，束颈，鼓腹，平底。内沿以下无釉，外施满釉，有流釉、积釉现象，釉下施化妆土。姜黄色胎，胎质较疏松。外底有垫痕。通径12、底径7厘米（图三四，4）。

2006SBT5⑧：563，残。盘口，圆唇，束颈，腹上一侧有一短管状流，腹颈间另一侧有一条形柄（缺失），溜肩，鼓腹，腹下内收，平底内凹。内颈以下无釉，外施釉至腹下部，有流釉、积釉现象，釉面脱落，釉下施化妆土。姜黄色胎，胎质较致密。外底有支钉痕。口径9.3、腹径17.2、底径10.2、高22.1厘米（图三四，5）。

2006SBT5⑧：873，残。口、颈缺失，鼓腹，饼底，底足外撇。内口沿处施釉，外施釉至腹下部，脱釉严重。浅灰色胎，胎质致密。腹径5.4、底径3.4、高4.2厘米（图三四，9；图版三二，3）。

2006SBT5⑧：901，残。喇叭口，圆唇微凸，长直颈，溜肩，长弧腹，饼底微撇、底缘切削，肩颈部安条形曲柄，肩部对称扁条形双系，短圆管状流。釉层不均，内施釉至颈，器外施釉不及底，釉线不齐，有流釉现象。肩至上腹壁饰数周圈点纹。灰胎，较细腻致密。口径6.8、腹径11.7、底径7.8、高20.4厘米（图三四，7；图版三四，1）。

2006SBT5⑧：902，残。喇叭口，圆唇微敛，唇下微凸，束颈，溜肩，鼓弧腹斜内收，饼底外撇、底缘切削，肩颈部安条形曲柄，对称扁条形双系，短圆管状流。器内施釉至颈部，器外施半釉，不均，釉线不齐，有流釉现象。灰胎，含细砂，较致密。口径8.4、腹径17.9、底径10.4、高22.5厘米（图三四，6；图版三四，2）。

2006SBT5⑧：903，残。喇叭口，束直颈，溜肩，弧腹，饼底。颈至肩部装八棱形短流，对称装一錾，錾残。流两侧的腹部以绿彩饰线条纹。内施釉至口沿下，外施青釉至下腹部，釉面有小开片，有窑变、积釉现象。灰红色胎，致密细腻。口径9.8、腹径14、底径11.4、通高19.4厘米（图三四，8；图版三三，1）。

杯　1件。

2006SBT5⑧：230，青釉杯，残。侈口，圆唇，弧腹，缺底。内施满釉，外施釉不及底。灰色胎，胎质较致密，胎体薄。口径7.2、残高4.4厘米（图三四，10）。

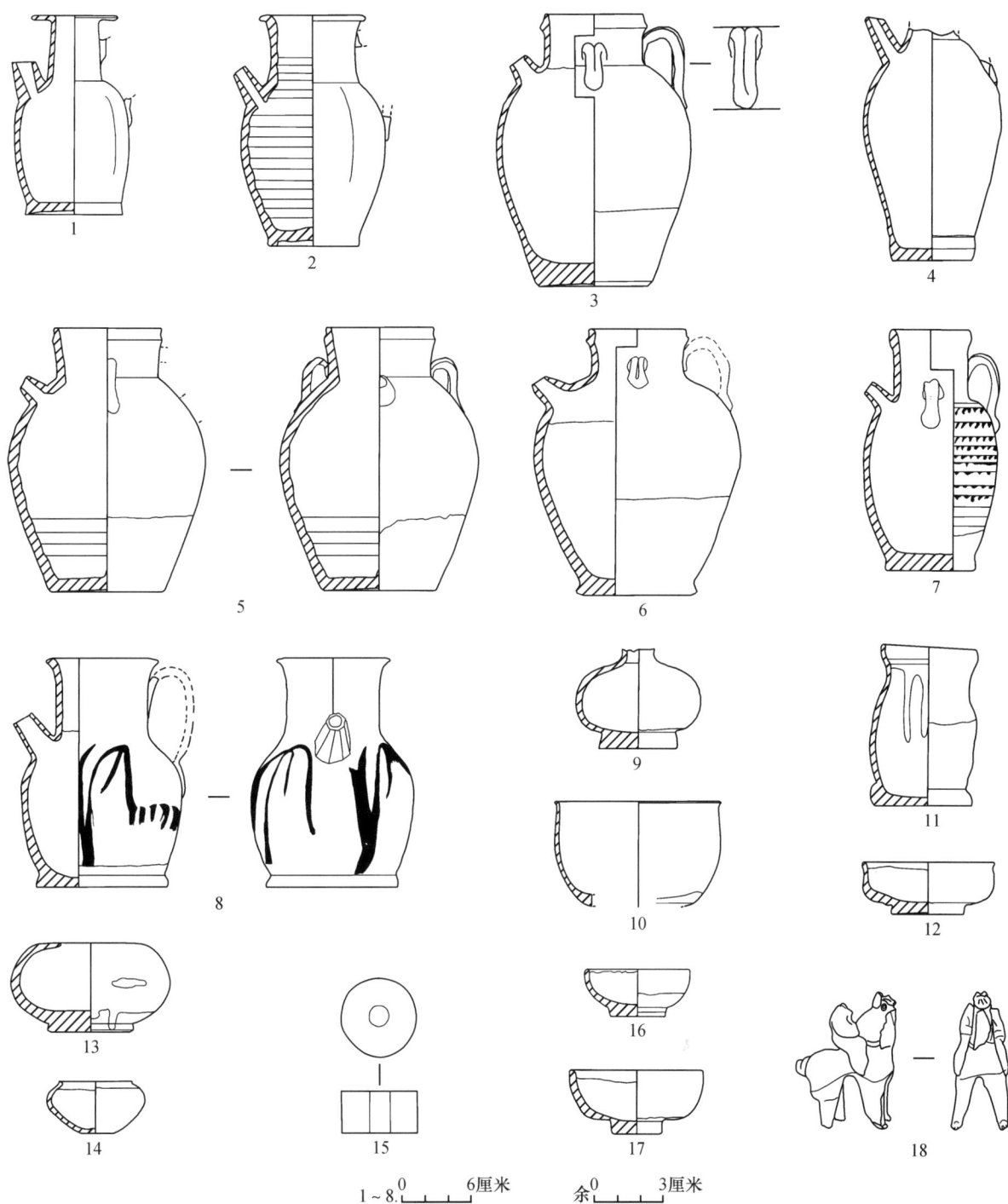

图三四 第8层青釉瓷器

1~9.壶（2006SBT5⑧：199、2006SBT5⑧：385、2006SBT5⑧：425、2006SBT5⑧：476、2006SBT5⑧：563、2006SBT5⑧：902、

2006SBT5⑧：901、2006SBT5⑧：903、2006SBT5⑧：873） 10.杯（2006SBT5⑧：230） 11.瓶（2006SBT5⑧：793）

12~14.盂（2006SBT5⑧：20、2006SBT5⑧：779、2006SBT5⑧：909） 15.纺轮（2006SBT5⑧：774） 16、17.玩具碗

（2006SBT5⑧：344、2006SBT5⑧：457） 18.骑俑（2006SBT5⑧：877）

盂　3件。

2006SBT5⑧：20，残。敞口，圆唇，鼓腹，饼底微内凹。内口沿处施釉，外施釉至腹下部，釉下施化妆土。紫灰色胎，胎质细净、致密。外底有垫砂痕。口径6、底径2.2、高3.2厘米（图三四，12）。

2006SBT5⑧：779，残。敛口，圆唇，弧腹，饼形底。内施满釉，外施釉至腹下部，有流釉、脱釉现象，施青釉，釉面泛黄。夹砂红褐色胎。轮制痕迹明显。口径2.6、通径7、底径3.8、高3.8厘米（图三四，13）。

2006SBT5⑧：909，整。敛口，圆唇，溜肩，鼓腹，平底。除内外口沿外施青釉，有积釉现象。灰色胎，致密细腻。口径3.1、腹径4.3、底径1.4、通高2.2厘米（图三四，14；图版三二，4）。

骑俑　1件。

2006SBT5⑧：877，残。马首、人首缺失，器表施半釉，釉面有小开片，釉下施化妆土。灰黄色胎，胎质细净。长4.5、宽2.5、残高5.7厘米（图三四，18；图版四九，4）。

纺轮　1件。

2006SBT5⑧：774，圆柱形，中间一圆孔。上下两面露胎，侧面施青釉，有脱釉现象，施釉不均，釉面有开片。青灰色胎，胎质较粗糙。内径0.9、外径3.35、厚1.8厘米（图三四，15）。

瓶　1件。

2006SBT5⑧：793，残。敞口，圆唇，粗颈，溜肩，鼓腹，大圈足底。内口颈处施釉，外施半釉，有流釉、脱釉现象，釉面有小开片。灰褐色胎，胎质较疏松。外底有垫砂痕。口径4.2、底径4.2、高6.8厘米（图三四，11）。

玩具碗　2件。

2006SBT5⑧：344，整。敞口，圆唇，弧腹，饼底。内口沿施釉，外施半釉，有脱釉现象，紫色胎，胎质细腻、较致密。口径4.6、底径2.4、高2厘米（图三四，16；图版二五，6）。

2006SBT5⑧：457，残。敛口，圆唇，弧腹，饼底。内施半釉，外施釉至腹下部，有窑变现象。灰色胎，胎质致密。口径5.8、底径2.7、高2.2厘米（图三四，17）。

2. 青釉褐彩

碗　1件。

2006SBT5⑧：888，残。敞口，圆唇外撇，弧腹，饼底微撇、底缘斜削。釉面莹润，器内满釉，器外施半釉。器内近口沿褐色点彩云纹。器内底缘有一周支钉痕。灰褐胎，较细腻致密。口径31.4、底径12.6、高8厘米（图三五，1；图版三八，1）。

盖　3件。

2006SBT5⑧：113，残。直口，圆唇，圆台状舌，平顶，顶中心置一隆乳状纽。内无釉，外施满釉。灰黄色胎，胎质较致密。外有点褐彩。通径5.3、底径2.3、高2.6厘米（图三五，6）。

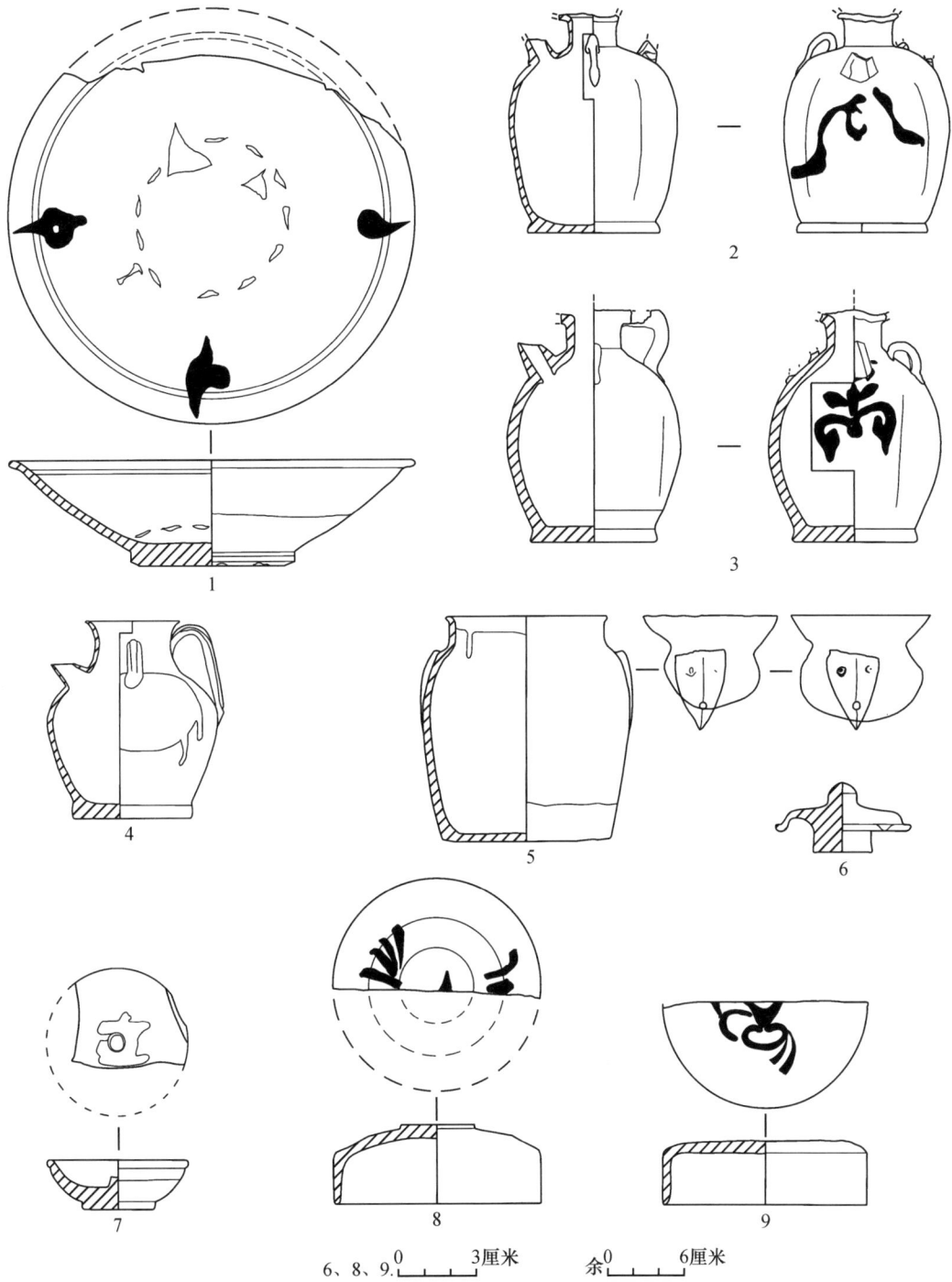

图三五 第8层青釉褐彩瓷器

1.碗（2006SBT5⑧：888） 2~4.壶（2006SBT5⑧：370、2006SBT5⑧：872、2006SBT5⑧：904） 5.罐（2006SBT5⑧：905）
6、8、9.器盖（2006SBT5⑧：113、2006SBT5⑧：234、2006SBT5⑧：555） 7.灯（2006SBT5⑧：135）

2006SBT5⑧：234，残。直口，圆弧沿面，盏顶。内面施釉，内墙无釉，外施满釉。顶面有两道凸弦纹，有褐彩花纹。浅灰色胎，胎质较致密。口径7、通高3厘米（图三五，8）。

2006SBT5⑧：555，残。直口，近平顶。除内口沿处通体施釉，釉面有小开片。顶部有褐彩纹。灰色胎，胎质较致密。口径8、高2.4厘米（图三五，9；图版三七，1）。

壶　3件。

2006SBT5⑧：370，残。口、柄缺失，束颈，广肩，瓜棱流（八棱），条形双系，条形短柄，溜肩，鼓腹，平底，腹有四个凹棱，瓜形。内沿以下无釉，外施满釉，釉下施化妆土。灰黄色胎，胎质较疏松。通径13、底径10.2、残高16.4厘米（图三五，2）。

2006SBT5⑧：872，残。口缺失，束颈，口腹间一侧有一条状柄，腹上一侧有一短瓜棱流（八棱），有对称两个双条形系，溜肩，鼓腹，腹面有四个凹槽，平底。内颈以下无釉，外施满釉，有流釉、积釉现象，釉下施化妆土。双系、流底下有点彩彩绘。灰黄色胎，胎质较致密。外底有支钉痕。腹径13.4、底径9.8、高17.6厘米（图三五，3；图版三七，2）。

2006SBT5⑧：904，残。侈口，圆唇，束颈，溜肩，弧腹，平底。肩部竖装对称三轮形曲柄，肩饰一短八棱形流和三轮形双系。双系和流下饰褐斑，内施釉至口沿下，外施青釉至下腹部，釉面有小开片，有积釉、流釉现象。夹砂浅黄色胎。口径7.3、腹径13.2、底径9.2、通高14.9厘米（图三五，4；图版三七，3）。

灯　1件。

2006SBT5⑧：135，残。敞口，圆唇，弧腹，饼底，内底置一束芯环纽、已缺失。内施满釉，外施半釉，釉下施化妆土。夹砂姜黄色胎，胎质较疏松。内底有点褐彩，外有窑粘现象。口径11、底径5.6、高3.7厘米（图三五，7）。

罐　1件。

2006SBT5⑧：905，残。敞口，短直颈，溜肩，弧腹，平底微凸。肩部横装对称系，系残，呈人面形状。两系周围至口沿饰"唾盂"形状褐斑。内施釉至口沿下，外施青釉至下腹部，釉下施白色化妆土，有积釉、流釉现象。灰色胎，致密细腻。口径12.4、腹径16、底径13.2、通高17厘米（图三五，5；图版三八，3）。

3. 青黄釉

碗　3件。

2006SBT5⑧：7，残。微侈口，圆唇，弧腹，饼底。内施满釉，外施半釉，施釉不均匀，有流釉、窑变现象，釉下施化妆土。夹砂灰色、姜黄色胎，胎质粗糙、较疏松。外底有支钉痕。口径12、底径5.6、高5.1厘米（图三六，1）。

2006SBT5⑧：8，整。敞口，圆唇，弧腹，饼底。内施满釉，外施半釉，有流釉、积釉现象，釉下施化妆土。姜黄色胎，胎质较疏松。外底有支钉痕。口径9.6、底径5、高5.1厘米（图三六，2）。

2006SBT5⑧：717，残。敞口，圆唇，弧腹，圈足。内施半釉，外施釉至腹下部，有流釉、积釉现象，釉面有小开片，釉下施化妆土。灰色胎，胎质细净、较致密。口径19、底径7.8、高6.4厘米（图三六，3）。

4. 青绿釉

器盖 1件。

2006SBT5⑧：414，残。圆舌内敛，圆唇，弧顶，顶中心置一隆乳状纽。内无釉，外施满釉，釉面有小开片。黄白色胎，胎质较致密。口径3.2、通径6、高3.5厘米（图三六，7；图版五五，2）。

5. 青釉绿彩

碗 2件。

2006SBT5⑧：148，残。敞口，圆唇，斜直腹，圈足。内施满釉，外施釉不及底，有流釉现象，釉面有小开片，釉质莹润、温亮。内有印花纹饰。浅灰色胎，胎质较致密。外底有垫砂痕。口径14.2、底径6.4、高4.4厘米（图三六，5；图版三九，3）。

2006SBT5⑧：165，残。敞口，圆唇，弧腹，圈足。内施满釉，外施釉至腹下部，釉面有小开片，釉下施化妆土。内沿有绿色点彩，内底有绿色菊花纹饰，外腹部有四条竖凹槽。灰黄色胎，胎质较疏松。口径14.4、底径6.3、高5.5厘米（图三六，6；图版三九，1、2）。

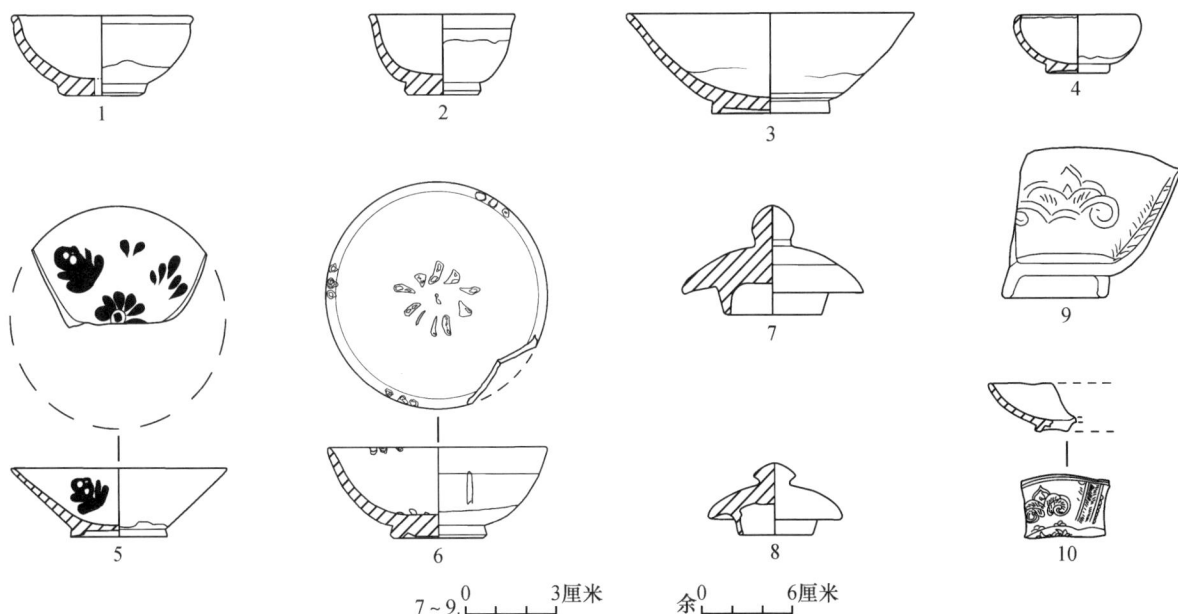

图三六 第8层其他釉色瓷器

1～3.青黄釉碗（2006SBT5⑧：7、2006SBT5⑧：8、2006SBT5⑧：717） 4.黄绿釉盏（2006SBT5⑧：189） 5、6.青釉绿彩碗（2006SBT5⑧：148、2006SBT5⑧：165） 7.青绿釉器盖（2006SBT5⑧：414） 8.绿釉器盖（2006SBT5⑧：150） 9.绿釉印花盏（2006SBT5⑧：438） 10.绿釉印花盘（2006SBT5⑧：649）

6. 黄绿釉

盏　1件。

2006SBT5⑧：189，残。敛口，圆唇，弧腹，饼底。内口沿处施釉，外施釉至腹下部，釉下施化妆土。紫灰色胎，胎质细腻、较致密。器内有朱砂使用痕迹。口径8.4、底径4.2、高3.7厘米（图三六，4）。

7. 绿釉

器盖　1件。

2006SBT5⑧：150，残。圆形，圆舌内敛，圆唇，弧顶，顶中心置一蘑菇状纽。内无釉，外施满釉。灰色胎，胎质较致密。口径2.4、直径4.4、高2.3厘米（图三六，8）。

8. 绿釉印花

2件。

盏　1件。

2006SBT5⑧：438，残。花口，圆唇，斜弧腹，圈足，体为海棠形。内外施满釉，内腹有海棠花、芭蕉叶印纹，绿色（单三彩）釉，釉面有小开片。黄白色胎，胎质较疏松。外底有垫砂痕。高4.8厘米（图三六，9；图版五五，3）。

盘　1件。

2006SBT5⑧：649，残。花口，圆唇，斜弧腹，花形圈足。内外施满釉致密。内釉下饰有花纹（由腹至底面）。黄白色胎，胎质较。高4.1厘米（图三六，10；图版五五，4）。

9. 白釉

160件。

碗　133件。

2006SBT5⑧：2，残。敞口，圆唇，斜弧腹，玉璧底。内外施满釉，底足露胎。灰白色胎，胎质较致密。内外釉面起泡。口径13.4、底径6.8、高3.7厘米（图三七，1）。

2006SBT5⑧：21，残。敞口，圆唇，斜弧腹，玉璧底。内外施满釉。黄白色胎，胎质较致密。口径13.6、底径7.6、高3.6厘米（图三七，2）。

2006SBT5⑧：25，残。敞口，圆唇，弧腹，玉璧底，外沿斜削。内外施满釉，底足露胎，釉面有小开片，釉下施化妆土。夹砂黄白色胎，胎质较致密。外底有支钉痕。口径15.2、底径8.4、高4.3厘米（图三七，3）。

2006SBT5⑧：30，残。敞口，圆唇，弧腹，饼底，外沿斜削。内施满釉，外施半釉，釉面有小开片，釉下施化妆土。灰黄色胎，胎质较致密。内外底有支钉痕。口径14.6、底径8、高4.1厘米（图三七，4）。

2006SBT5⑧：35，残。敞口，圆唇，斜弧腹，玉璧底。内外施满釉，有流釉现象，釉面有小开片。青白色胎，胎质较致密。内底有支钉痕。口径13.8、底径8、高4.2厘米（图三七，5）。

2006SBT5⑧：37，残。敞口，圆唇，斜直腹，玉璧底。内外施满釉，釉面有小开片，釉下施化妆土。姜黄色胎，胎质较致密。内底有支钉痕。口径15.2、底径8.2、高4.3厘米（图三七，6）。

2006SBT5⑧：60，残。敞口，圆唇，斜弧腹，玉璧底。内外施满釉，有流釉、积釉现象，釉面有小开片，釉下施化妆土。浅黄色胎，胎质较致密。内底有支钉痕。口径14、底径7.4、高3.9厘米（图三七，7）。

2006SBT5⑧：86，残。敞口，圆唇，斜直腹，玉璧底，外沿斜削。内外施满釉。黄白色胎，胎质较致密。内底有支钉痕。口径16.4、底径8.4、高4厘米（图三七，8）。

2006SBT5⑧：94，残。敞口，圆唇，斜弧腹，玉璧底。内外施满釉，釉下施化妆土。灰黄色胎，胎质细净、较致密。内底有支钉痕。口径14.6、底径7.8、高3.8厘米（图三七，9）。

2006SBT5⑧：98，残。敞口，圆唇，弧腹，玉璧底，外沿斜削，内面有凸棱。内外施满釉，釉面有小开片，釉下施化妆土。黄白色胎，胎质致密。口径16.8、底径9、高4.8厘米（图三七，10）。

2006SBT5⑧：115，残。敞口，圆唇，斜腹，玉璧底。内外施满釉，釉下施化妆土。青白色胎，胎质较致密。内外底有支钉痕。口径15、底径8、高4厘米（图三七，11）。

2006SBT5⑧：129，残。敞口，圆唇，弧腹，玉璧底。内施满釉，外施半釉，有流釉、积釉现象，釉下施化妆土。灰黄色胎，胎质细净、较致密。内底有支钉痕。口径14.8、底径7.2、高3.9厘米（图三七，12）。

2006SBT5⑧：132，残。敞口，斜平唇，斜直腹，宽圈足。内外施满釉，釉面有小开片。浅黄色胎，胎质较致密。内底有支钉痕。口径15.6、底径8、高4.2厘米（图三七，13）。

2006SBT5⑧：152，残。敞口，圆唇，弧腹，饼底。内施满釉，外施半釉，有流釉、积釉现象，釉面有小开片，釉下施化妆土。姜黄色胎，胎质较致密。内底有三个支钉痕。口径19.4、底径8、高6.2厘米（图三七，14）。

2006SBT5⑧：157，残。侈口，圆唇，斜直腹，底部缺失。通体施釉，釉面已脱，釉面有小开片。黄白色胎，胎质较致密。口径19.2厘米（图三七，15）。

2006SBT5⑧：166，残。敞口，圆唇，斜直腹，玉璧底。内外施满釉，釉下施化妆土。青白色胎，胎质较致密。内外底有支钉痕。口径15.6、底径7.6、高4.4厘米（图三七，16）。

2006SBT5⑧：168，残。敞口，圆唇，弧腹，玉璧底。内外施满釉。灰白色胎，胎质较致密。内底有支钉痕。口径14.6、底径8、高4.1厘米（图三七，21）。

2006SBT5⑧：171，残。敞口，圆唇，斜直深腹，外腹下部有一凸箍，圈足微外撇。内外

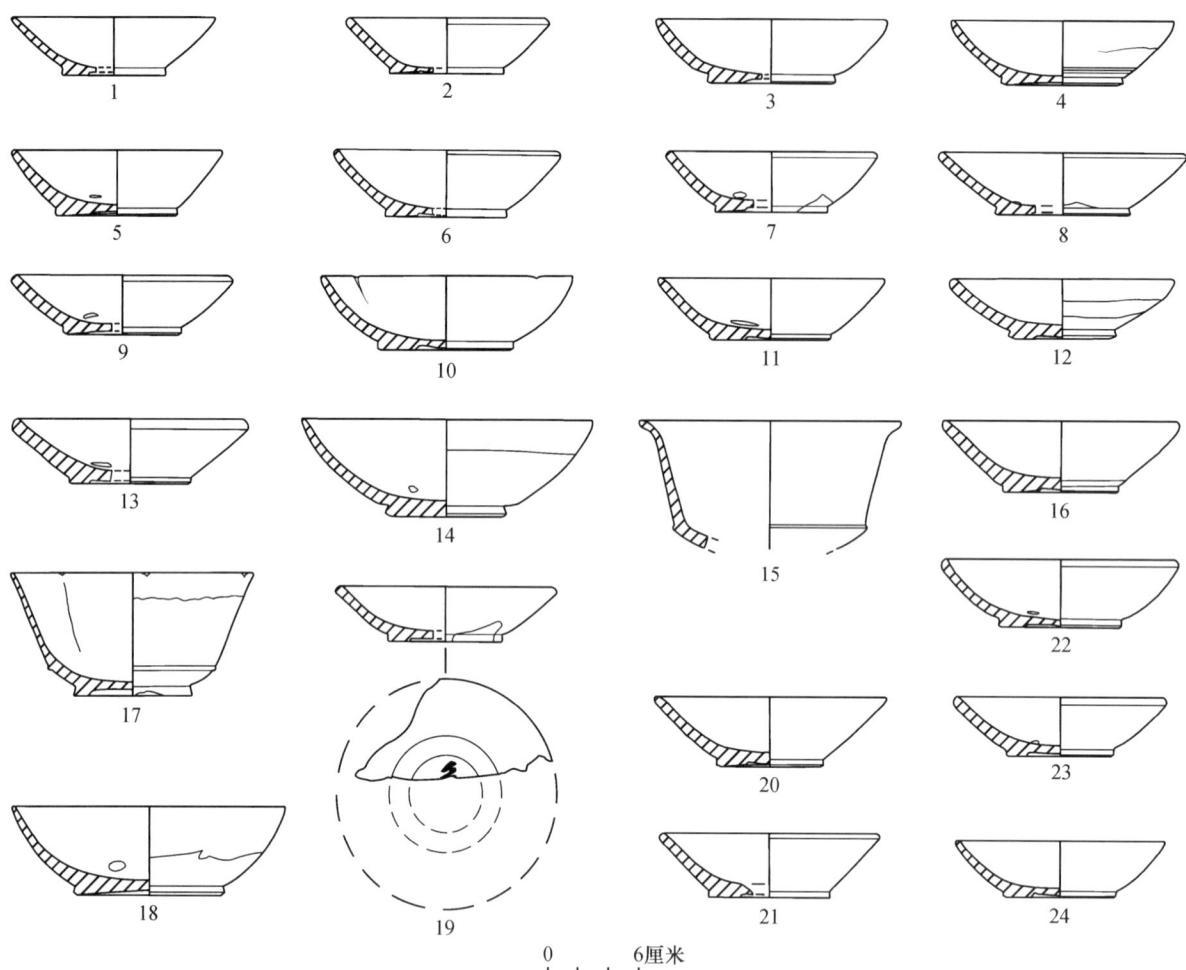

图三七　第8层白釉碗

1. 2006SBT5⑧：2　2. 2006SBT5⑧：21　3. 2006SBT5⑧：25　4. 2006SBT5⑧：30　5. 2006SBT5⑧：35　6. 2006SBT5⑧：37
7. 2006SBT5⑧：60　8. 2006SBT5⑧：86　9. 2006SBT5⑧：94　10. 2006SBT5⑧：98　11. 2006SBT5⑧：115　12. 2006SBT5⑧：129
13. 2006SBT5⑧：132　14. 2006SBT5⑧：152　15. 2006SBT5⑧：157　16. 2006SBT5⑧：166　17. 2006SBT5⑧：171
18. 2006SBT5⑧：232　19. 2006SBT5⑧：236　20. 2006SBT5⑧：194　21. 2006SBT5⑧：168　22. 2006SBT5⑧：203
23. 2006SBT5⑧：262　24. 2006SBT5⑧：239

施满釉，釉下施化妆土。灰白色胎，胎质细净、较致密。内腹有凸棱，内底有支钉痕。口径16、底径7.8、高7.9厘米（图三七，17；图版一二，2）。

2006SBT5⑧：194，残。敞口，圆唇，斜腹，玉璧底。内外施满釉，釉面有小开片。白色胎，胎质细净、较致密。内底有支钉痕。口径15.2、底径7、高4.5厘米（图三七，20）。

2006SBT5⑧：203，残。敞口，圆唇，弧腹，宽圈足。内外施满釉，釉面有小开片，釉下施化妆土。灰黄色胎，胎质较致密。内底有支钉痕。口径15.6、底径8、高4.4厘米（图三七，22）。

2006SBT5⑧：232，残。敞口，圆唇，弧腹，饼底，外沿斜削。内施满釉，外施半釉，有流釉、积釉现象，釉下施化妆土。黄褐色胎，胎质较疏松。内底有三个支钉痕。口径18、底径

10、高5.7厘米（图三七，18；图版一一，3）。

2006SBT5⑧：236，残。敞口，圆唇，斜弧腹，玉璧底。内外施满釉，有漏釉现象，釉下施化妆土。灰白色胎，胎质较致密。外底有墨书文字。口径14.8、底径7.6、高3.5厘米（图三七，19）。

2006SBT5⑧：239，残。敞口，圆唇，斜弧腹，玉璧底。内外施满釉。青白色胎，胎质致密。口径13.8、底径7.4、高3.6厘米（图三七，24）。

2006SBT5⑧：262，残。敞口，圆唇，斜腹，玉璧底。内外施满釉，釉面有小开片，釉下施化妆土。青灰色胎，胎质较致密。内底有支钉痕。口径14、底径7、高4厘米（图三七，23）。

2006SBT5⑧：265，残。敞口，圆唇，斜弧腹，玉璧底。内外施满釉，有流釉、积釉现象，釉面有小开片，釉下施化妆土。灰白色胎，胎质细腻、较致密。内底有支钉痕。口径14、底径7、高3.7厘米（图三八，1）。

2006SBT5⑧：271，残。敞口，圆唇，斜弧腹，玉璧底。内外施满釉，有积釉现象，釉面有小开片，釉下施化妆土。黄白色胎，胎质较致密。内底有支钉痕。口径17.4、底径9.6、高4.6厘米（图三八，2）。

2006SBT5⑧：274，残。敞口，圆唇，弧腹，饼底。内施满釉，外施半釉，有流釉、积釉现象，釉面有小开片，釉下施化妆土，釉色白中泛黄。浅黄色胎，胎质较疏松。内外底有支钉痕。口径18、底径6.1、高7.8厘米（图三八，3；图版一一，4）。

2006SBT5⑧：275，残。敞口，圆唇，弧腹，玉璧底。内外施满釉，釉下施化妆土。黄白色胎，胎质较致密。内底有支钉痕。口径16.8、底径8.4、高4.2厘米（图三八，4）。

2006SBT5⑧：277，残。敞口，圆唇，斜直腹，玉璧底，外沿斜削。内外施满釉，釉下施化妆土。灰白色胎，胎质较致密。口径16、底径8.8、高3.6厘米（图三八，6）。

2006SBT5⑧：279，残。敞口，圆唇，斜直腹，矮圈足。内外施满釉，釉下施化妆土。浅黄色胎，胎质较致密。口径13.8、底径6.2、高4厘米（图三八，5）。

2006SBT5⑧：281，残。敞口，圆唇，弧腹，饼底。内施满釉，外施半釉，有流釉、积釉现象，釉面有小开片，釉下施化妆土。姜黄色胎，胎质较疏松。内外底有支钉痕。口径18.6、底径8.6、高5.8厘米（图三八，7）。

2006SBT5⑧：283，残。敞口，圆唇，斜弧腹，玉璧底。内外施满釉，釉面有小开片。灰白色胎，胎质较致密。内外底有支钉痕。口径14、底径8、高3.6厘米（图三八，8）。

2006SBT5⑧：287，残。敞口，圆唇，直腹，腹下折收，饼底。内施满釉，外施釉至腹下部，有流釉、积釉现象，釉面有小开片，釉下施化妆土。灰色胎，胎质较致密。口径13.2、底径8、高6.7厘米（图三八，9）。

2006SBT5⑧：292，残。敞口，圆唇，斜弧腹，玉璧底。内外施满釉，釉下施化妆土。黄白色胎，胎质较致密。内底有支钉痕。口径16、底径8.6、高4.3厘米（图三八，10）。

2006SBT5⑧：295，残。敞口，圆唇，弧腹，圈足。内外施满釉，有脱釉、漏釉现象。黄白色胎，胎质较致密。外底有垫圈痕。口径16.4、底径3.2、高4.8厘米（图三八，11）。

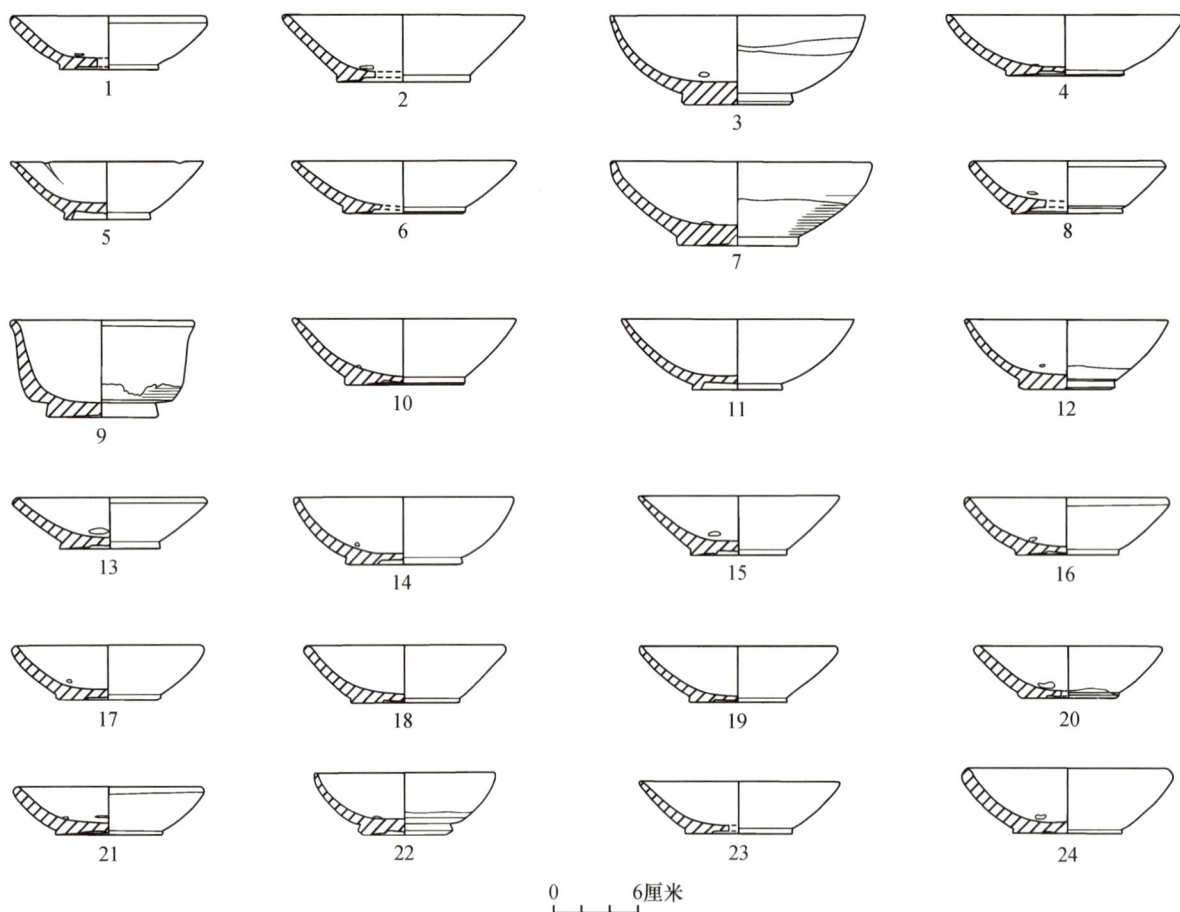

图三八　第8层白釉碗

1. 2006SBT5⑧：265　2. 2006SBT5⑧：271　3. 2006SBT5⑧：274　4. 2006SBT5⑧：275　5. 2006SBT5⑧：279
6. 2006SBT5⑧：277　7. 2006SBT5⑧：281　8. 2006SBT5⑧：283　9. 2006SBT5⑧：287　10. 2006SBT5⑧：292
11. 2006SBT5⑧：295　12. 2006SBT5⑧：305　13. 2006SBT5⑧：318　14. 2006SBT5⑧：319　15. 2006SBT5⑧：321
16. 2006SBT5⑧：323　17. 2006SBT5⑧：330　18. 2006SBT5⑧：333　19. 2006SBT5⑧：339　20. 2006SBT5⑧：349
21. 2006SBT5⑧：350　22. 2006SBT5⑧：377　23. 2006SBT5⑧：386　24. 2006SBT5⑧：390

　　2006SBT5⑧：305，残。敞口，圆唇，弧腹，饼底。内施满釉，外施釉至腹下部，有流釉、积釉现象，釉下施化妆土。黄色胎，胎质较致密。内底有支钉痕。口径14.4、底径6.8、高4.8厘米（图三八，12）。

　　2006SBT5⑧：318，残。敞口，圆唇，斜弧腹，玉璧底。内外施满釉，釉面有小开片，釉下施化妆土。青白色胎，胎质较致密。内外底有支钉痕。口径14.8、底径7.2、高3.5厘米（图三八，13）。

　　2006SBT5⑧：319，残。敞口，圆唇，斜弧腹，玉璧底。内外施满釉，釉面有小开片。黄白色胎，胎质较致密。内底有支钉痕。口径15.8、底径8.4、高4.7厘米（图三八，14）。

　　2006SBT5⑧：321，残。敞口，圆唇，斜腹，玉璧底。内外施满釉，釉面有小开片，釉下施化妆土。灰白色胎，胎质较致密。内外底有支钉痕。口径14.2、底径6.8、高4.1厘米（图三八，15）。

2006SBT5⑧：323，残。敞口，圆唇，斜直腹，玉璧底。内外施满釉，釉面有小开片，釉下施化妆土。黄白色胎，胎质较致密。内底有支钉痕。口径14.6、底径7.8、高4厘米（图三八，16）。

2006SBT5⑧：330，残。敞口，圆唇，斜弧腹，玉璧底，外沿斜削。内外施满釉，釉面有小开片，釉下施化妆土。灰白色胎，胎质较致密。内底有支钉痕，内外有窑粘现象。口径13.6、底径7.4、高3.8厘米（图三八，17）。

2006SBT5⑧：333，残。敞口，圆唇，斜直腹，玉璧底。内外施满釉，有漏釉现象，釉面有小开片。青白色胎，胎质致密。口径14.3、底径7.7、高4厘米（图三八，18）。

2006SBT5⑧：339，残。花口，圆唇，斜弧腹，玉璧底。内外施满釉，有流釉现象，釉下施化妆土。青白色胎，胎质较致密。口径14、底径6.9、高3.9厘米（图三八，19）。

2006SBT5⑧：349，残。敞口，圆唇，斜腹，玉璧底。内外施满釉，有漏釉现象，釉下施化妆土。浅黄色胎，胎质细净、较致密。内底有支钉痕。口径13.4、底径7.2、高3.6厘米（图三八，20）。

2006SBT5⑧：350，残。敞口，圆唇，斜直腹，玉璧底。内外施满釉，有漏釉现象，釉下施化妆土。灰白色胎，胎质较致密。内底有支钉痕。口径13.6、底径7.3、高3.3厘米（图三八，21）。

2006SBT5⑧：377，残。敞口，圆唇，弧腹，玉璧底，外沿斜削。内施满釉，外施釉至腹下部，釉面有小开片，釉下施化妆土，釉色白中泛黄。灰白色胎，胎质较致密。内外底均有三个支钉痕。口径13、底径6.8、高4.3厘米（图三八，22）。

2006SBT5⑧：386，残。花口，圆唇，斜弧腹，玉璧底。内外施满釉，釉下施化妆土。青白色胎，胎质细腻、较致密。内腹有凸棱，外底有墨书文字。口径14.2、底径7.6、高3.6厘米（图三八，23）。

2006SBT5⑧：390，残。敞口，圆唇，斜腹，玉璧底。内外施满釉，有积釉现象，釉下施化妆土。浅黄色胎，胎质细净、较致密。内外底有支钉痕。口径15、底径7.8、高4.5厘米（图三八，24）。

2006SBT5⑧：395，残。敞口，圆唇，弧腹，饼底，外沿斜削。内施满釉，外施半釉，有流釉、积釉现象，釉面有小开片，釉下施化妆土。青黄色胎，胎质较致密。内底有支钉痕。口径19、底径10、高6.8厘米（图三九，2）。

2006SBT5⑧：397，残。敞口，圆唇，弧腹，饼底内凹。内施满釉，外施釉至腹下部，有流釉、积釉现象，釉下施化妆土。姜黄色胎，胎质较疏松。口径13.8、底径6.2、高4.7厘米（图三九，1）。

2006SBT5⑧：402，残。敛口，圆唇，弧腹，圈足。内外施满釉，釉面有小开片，釉下施化妆土。外底沿有墨书。黄白色胎，胎质较致密。内底有支钉痕。口径13、底径9、高8厘米（图三九，5）。

2006SBT5⑧：407，残。敞口，圆唇，斜腹，玉璧底。内施满釉，外施釉不及底。青白色胎，胎质较致密。内底有支钉痕。口径13、底径7.2、高3.6厘米（图三九，3）。

2006SBT5⑧：433，残。敞口，圆唇，斜弧腹，饼底内凹。内施满釉，外施半釉，釉下施化妆土。黄色胎，胎质较疏松。内外底有支钉痕。口径19.4、底径7.6、高6.2厘米（图三九，6）。

2006SBT5⑧：436，残。敞口，圆唇，斜弧腹，玉璧底。内外施满釉，釉下施化妆土。灰白色胎，胎质较致密。内底有支钉痕。口径16、底径8.2、高4.4厘米（图三九，4）。

2006SBT5⑧：442，残。敞口，圆唇，斜弧腹，玉璧底，外沿斜削。内外施满釉，釉面有小开片。浅黄色胎，胎质较致密。内底有支钉痕。口径15、底径7.6、高4.3厘米（图三九，12）。

2006SBT5⑧：443，残。敞口，圆唇，斜直腹，玉璧底，内腹有凸棱。内外施满釉，釉下施化妆土。青白色胎，胎质细净、较致密。口径13.2、底径8、高3.8厘米（图三九，13）。

2006SBT5⑧：444，残。敞口，圆唇，斜弧腹，玉璧底。内外施满釉。底足露胎，青灰色胎，胎质较致密。内底有支钉痕。口径14.4、底径8、高3.8厘米（图三九，9）。

2006SBT5⑧：447，残。花口，圆唇，斜直腹，玉璧底。内外施满釉，釉下施化妆土。黄白色胎，胎质细腻、较致密。内腹有凸棱。口径14.6、底径7.4、高3.6厘米（图三九，10）。

2006SBT5⑧：448，残。花口，圆唇，斜弧腹，玉璧底。除底沿通体施釉，釉面有小开片，釉层薄，釉质纯净、温润。黄白色胎，胎质较致密。口径14、底径6.8、高4厘米（图三九，11）。

2006SBT5⑧：451，残。敞口，圆唇，斜直腹，玉璧底。内外施满釉，釉下施化妆土。青白色胎，胎质细腻、较致密。口径15.4、底径7.8、高3.5厘米（图三九，7）。

2006SBT5⑧：452，残。敞口，圆唇，斜弧腹，玉璧底。内外施满釉，有窑粘现象，釉面有小开片。青白色胎，胎质较致密。内外底有支钉痕。口径14.8、底径8.2、高3.8厘米（图三九，14）。

2006SBT5⑧：454，残。敞口，圆唇，弧腹，饼底，外沿斜削。内施满釉，外施半釉，有流釉现象，釉面有小开片，釉下施化妆土。浅灰色胎，胎质较致密。内底有支钉痕。口径13、底径8、高4厘米（图三九，21）。

2006SBT5⑧：455，残。敞口，圆唇，弧腹，圈足。内外施满釉，釉面有小开片，釉下施化妆土。浅灰色胎，胎质细腻、较致密。内底有支钉痕。口径14、底径7.4、高3.6厘米（图三九，17）。

2006SBT5⑧：456，残。敞口，圆唇，斜弧腹，玉璧底。内施满釉，外施釉不及底，釉下施化妆土。黄色胎，胎质较致密。内底有支钉痕。口径15、底径8、高4.1厘米（图三九，18）。

2006SBT5⑧：460，残。花口，圆唇，弧腹，玉璧底。内外施满釉，釉面有小开片，釉下施化妆土。浅黄色胎，胎质较致密。内腹有凸棱。口径16.8、底径8.8、高4.9厘米（图三九，16）。

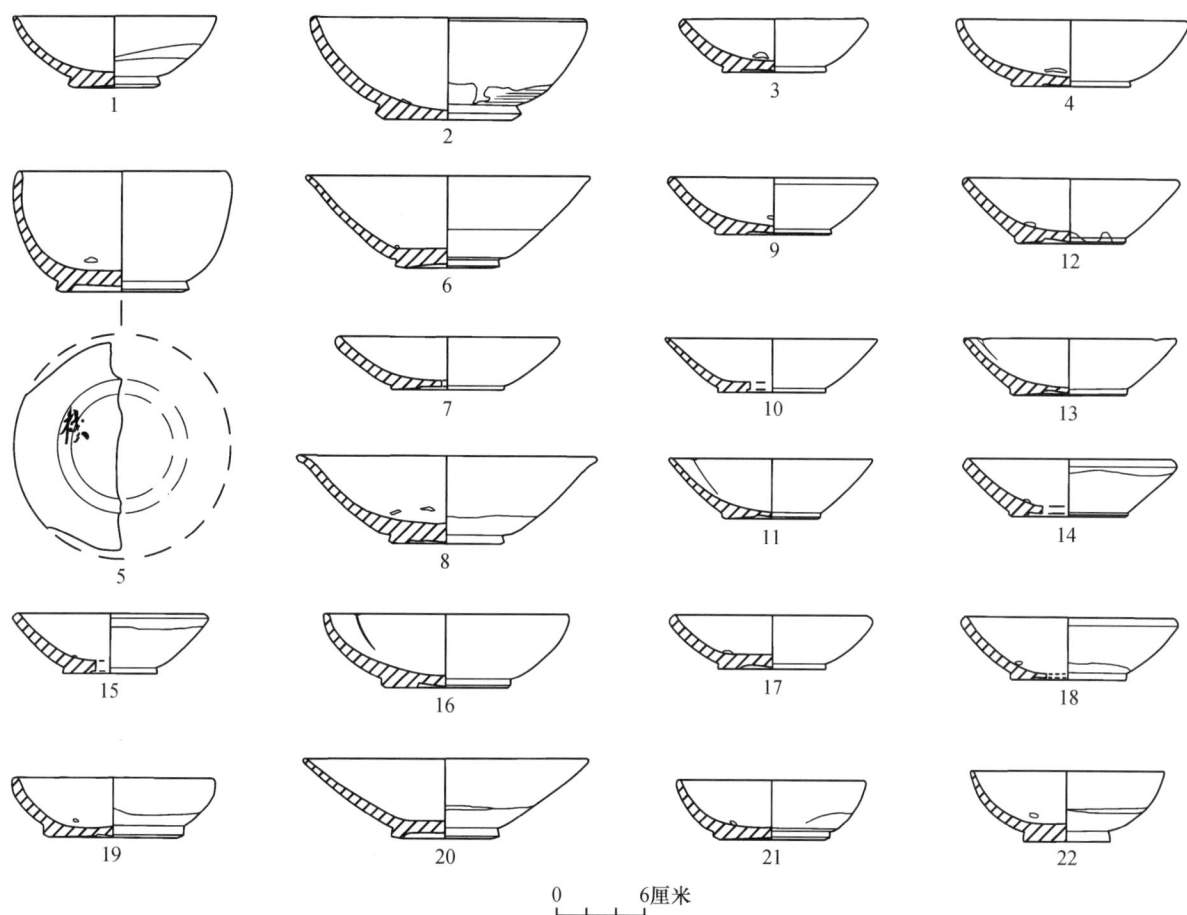

图三九 第8层白釉碗

1. 2006SBT5⑧：397 2. 2006SBT5⑧：395 3. 2006SBT5⑧：407 4. 2006SBT5⑧：436 5. 2006SBT5⑧：402
6. 2006SBT5⑧：433 7. 2006SBT5⑧：451 8. 2006SBT5⑧：492 9. 2006SBT5⑧：444 10. 2006SBT5⑧：447
11. 2006SBT5⑧：448 12. 2006SBT5⑧：442 13. 2006SBT5⑧：443 14. 2006SBT5⑧：452 15. 2006SBT5⑧：469
16. 2006SBT5⑧：460 17. 2006SBT5⑧：455 18. 2006SBT5⑧：456 19. 2006SBT5⑧：484 20. 2006SBT5⑧：474
21. 2006SBT5⑧：454 22. 2006SBT5⑧：490

2006SBT5⑧：469，残。敞口，圆唇，斜弧腹，玉璧底。内外施满釉，有积釉现象，釉下施化妆土。灰白色胎，胎质较致密。内底有支钉痕。口径13.4、底径6.4、高4厘米（图三九，15）。

2006SBT5⑧：474，残。敞口，圆唇，斜腹，圈足。内施满釉，外施釉至腹下部，釉下施化妆土。黄褐色胎，胎质较疏松。内底有支钉痕，外底有垫砂痕。口径19.4、底径7.4、高5.4厘米（图三九，20；图版一〇，6）。

2006SBT5⑧：484，残。敞口，圆唇，弧腹，玉璧底。内施满釉，外施半釉，釉面有小开片，釉下施化妆土。浅黄色胎，胎质致密。内底有支钉痕。口径14、底径9.6、高4厘米（图三九，19）。

2006SBT5⑧：490，残。敞口，圆唇，弧腹，平底。内施满釉，外施半釉，有流釉、积釉现象，釉面有小开片，釉下施化妆土。灰黄色胎，胎质较疏松。内外底有支钉痕。口径13.4、底径6、高4.7厘米（图三九，22；图版一一，5）。

2006SBT5⑧：492，残。侈口，圆唇，斜腹，圈足。内施满釉，外施釉至腹下部，有流釉、积釉现象，釉下施化妆土。夹砂灰黄色胎，胎质较致密。内底有五个支钉痕，有窑粘现象。口径20.4、底径7.6、高5.8厘米（图三九，8）。

2006SBT5⑧：512，残。敞口，圆唇，弧腹，饼底微内凹。内施满釉，外施半釉，釉下施化妆土。黄色、灰色胎，胎质较致密。内底有支钉痕。口径17.8、底径7.4、高6厘米（图四〇，16）。

2006SBT5⑧：516，残。敞口，圆唇，弧腹，饼底，外沿斜削。内施满釉，外施半釉，有流釉现象，釉面有开片，釉下施化妆土。灰黄色胎，胎质较致密。外底有支钉痕。口径19.6、底径10、高6.4厘米（图四〇，1）。

2006SBT5⑧：517，残。敞口，圆唇，斜弧腹，玉璧底，外沿斜削。内外施满釉，有流釉现象，釉面有小开片，釉下施化妆土。外底有墨书文字。黄白色胎，胎质细净、较致密。内底有支钉痕。口径13.8、底径7.2、高4厘米（图四〇，3）。

2006SBT5⑧：522，残。敞口，圆唇，斜弧腹，玉璧底。内外施满釉，有流釉、积釉现象，釉面有小开片，釉下施化妆土。灰白色胎，胎质细净、较致密。内底有支钉痕，有窑粘现象。口径15、底径8、高3.5厘米（图四〇，4）。

2006SBT5⑧：530，残。敞口，圆唇，弧腹，饼底。内施满釉，外施半釉，釉面有小开片，釉下施化妆土。黄白色胎，胎质较疏松。内外底有支钉痕。口径13.2、底径6.6、高4.4厘米（图四〇，7）。

2006SBT5⑧：561，残。敞口，圆唇，弧腹，饼底，外沿斜削。内施满釉，外施半釉，釉面有小开片，釉下施化妆土。夹砂浅黄色胎，胎质较疏松。内底有支钉痕。口径20.1、底径8.6、高7.2厘米（图四〇，5）。

2006SBT5⑧：566，残。敞口，圆唇，斜弧腹，玉璧底。内施满釉，外施釉至腹下部，釉下施化妆土。浅黄色胎，胎质细净、较致密。口径15.2、底径8.2、高4.5厘米（图四〇，6）。

2006SBT5⑧：567，残。敞口，圆唇，弧腹，饼底。内施满釉，外施釉至腹下部，釉面有小开片，釉下施化妆土。白色胎，胎质较致密。外底有支钉痕。口径14、底径6、高4.6厘米（图四〇，8）。

2006SBT5⑧：568，残。口缺失，弧腹，玉璧底。内外施满釉，釉质温润。黄色胎，胎质较致密。底径6.8厘米（图四〇，10）。

2006SBT5⑧：571，残。敞口，圆唇，斜弧腹，玉璧底。内外施满釉，釉面有小开片。黄白色胎，胎质较致密。内底有支钉痕。口径15.2、底径8、高4.2厘米（图四〇，12）。

2006SBT5⑧：581，残。敞口，花唇，斜弧腹，宽圈足，内有四条凸棱。除外底沿通体施釉，有脱釉现象，釉下施化妆土。黄白色胎，胎质较致密。内底有支钉痕。口径14.6、底径7、高4.2厘米（图四〇，14）。

2006SBT5⑧：583，残。敞口，圆唇，弧腹，饼底，外沿斜削。内施满釉，外施半釉，釉下施化妆土。灰黄色胎，胎质较致密。内底有支钉痕。口径11.8、底径7.4、高3.6厘米（图四〇，11）。

2006SBT5⑧：587，残。敞口，圆唇，弧腹，玉璧底。内施满釉，外施半釉，釉下施化妆土。灰黄色胎，胎质较致密。内外底有支钉痕。口径20.8、底径9.2、高7.4厘米（图四〇，9）。

2006SBT5⑧：588，残。敞口，圆唇，弧腹，饼底。内施满釉，外施半釉，脱釉严重，釉下施化妆土。黄白色胎，胎质较致密。口径13.2、底径5.9、高4.7厘米（图四〇，15）。

2006SBT5⑧：594，残。敞口，圆唇，斜直腹，玉璧底。内外施满釉，釉面有小开片，釉下施化妆土。浅黄色胎，胎质细净、较致密。内底有支钉痕。口径13.2、底径6.8、高4.2厘米（图四〇，13）。

2006SBT5⑧：609，残。敞口，圆唇，弧腹，玉璧底。内外施满釉。黄白色胎，胎质较致密。内底有支钉痕。口径16、底径8.4、高4厘米（图四〇，2）。

2006SBT5⑧：613，残。敞口，圆唇，弧腹，玉璧底，外沿斜削。内施满釉，外施釉至腹

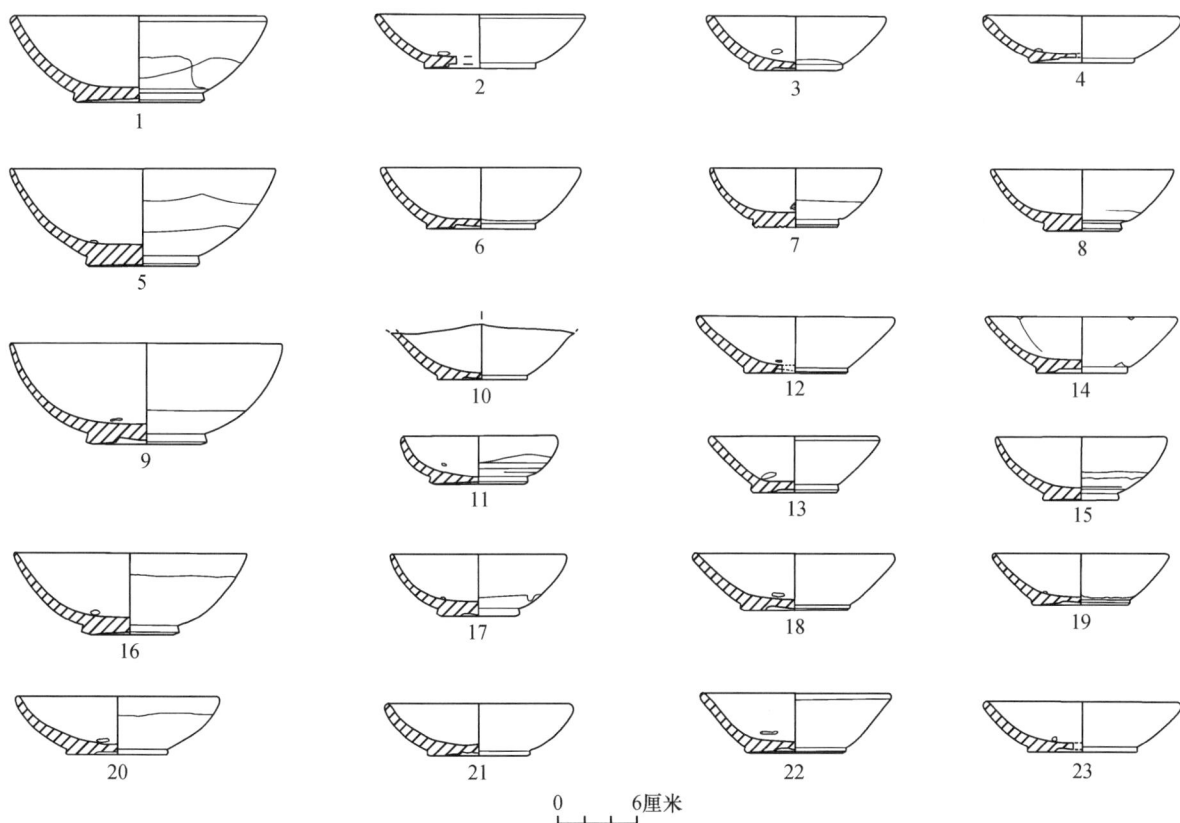

图四〇 第8层白釉碗

1. 2006SBT5⑧：516 2. 2006SBT5⑧：609 3. 2006SBT5⑧：517 4. 2006SBT5⑧：522 5. 2006SBT5⑧：561
6. 2006SBT5⑧：566 7. 2006SBT5⑧：530 8. 2006SBT5⑧：567 9. 2006SBT5⑧：587 10. 2006SBT5⑧：568
11. 2006SBT5⑧：583 12. 2006SBT5⑧：571 13. 2006SBT5⑧：594 14. 2006SBT5⑧：581 15. 2006SBT5⑧：588
16. 2006SBT5⑧：512 17. 2006SBT5⑧：613 18. 2006SBT5⑧：625 19. 2006SBT5⑧：628 20. 2006SBT5⑧：614
21. 2006SBT5⑧：648 22. 2006SBT5⑧：650 23. 2006SBT5⑧：652

下部，有流釉、积釉现象，釉面有小开片，釉下施化妆土。黄白色胎，胎质较疏松。内外底有三个支钉痕。口径13.2、底径6.2、高4.6厘米（图四〇，17）。

2006SBT5⑧：614，残。敞口，圆唇，斜弧腹，玉璧底。内外施满釉，釉面有小开片。黄白色胎，胎质致密。内底有支钉痕。口径15.6、底径7.8、高4.3厘米（图四〇，20）。

2006SBT5⑧：625，残。敞口，圆唇，斜弧腹，玉璧底，外沿斜削。内外施满釉，有流釉现象。黄色胎，胎质较疏松。内底有支钉痕。口径15.6、底径8.4、高4.2厘米（图四〇，18）。

2006SBT5⑧：628，整。敞口，圆唇，斜弧腹，玉璧底。内外施满釉，釉下施化妆土。黄白色胎，胎质细净、较致密。内底有三个支钉痕。口径13.6、底径7.6、高3.8厘米（图四〇，19；图版一一，6）。

2006SBT5⑧：648，残。敞口，圆唇，斜弧腹，玉璧底。内外施满釉，有流釉、积釉、漏釉现象。灰白色胎，胎质细净、较致密。内底有支钉痕。外底有垫饼痕。口径15.4、底径7.8、高4.4厘米（图四〇，21）。

2006SBT5⑧：650，残。敞口，圆唇，弧腹，玉璧底。内外施满釉。黄白色胎，胎质较致密。口径14.2、底径7.8、高3.9厘米（图四〇，22）。

2006SBT5⑧：652，残。敞口，圆唇，斜弧腹，玉璧底。内外施满釉。黄白色胎，胎质较致密。内底有支钉痕。口径15.2、底径8.4、高3.7厘米（图四〇，23）。

2006SBT5⑧：653，残。敞口，圆唇，弧腹，饼底。内施满釉，外施半釉，釉色白中泛黄，釉下施化妆土。姜黄色胎，胎质较致密。内外底有支钉痕。口径18.8、底径11.8、高7.1厘米（图四一，1）。

2006SBT5⑧：663，残。敞口，圆唇，弧腹，饼底。内施满釉，外施釉至腹下部，有流釉、积釉现象，釉面有小开片，釉下施化妆土。灰黄色胎，胎质较致密。内外底有三个支钉痕。口径13.2、底径6、高4.7厘米（图四一，2）。

2006SBT5⑧：677，残。敞口，圆唇，弧腹，玉璧底。内外施满釉，有积釉现象，釉下施化妆土。灰白色胎，胎质细净、较致密。口径13.8、底径7.2、高4.1厘米（图四一，3）。

2006SBT5⑧：681，残。敞口，圆唇，斜弧腹，宽圈足。内外施满釉，有流釉、积釉、脱釉现象。黄色胎，胎质较致密。内底有支钉痕。口径14.8、底径7.8、高4.4厘米（图四一，4）。

2006SBT5⑧：684，残。敞口，圆唇，弧腹，饼底。内施满釉，外施釉至腹下部，有流釉、积釉现象，釉面有小开片，釉下施化妆土。黄色胎，胎质较疏松。内外底有支钉痕。口径21.4、底径8.8、高8厘米（图四一，5）。

2006SBT5⑧：700，残。敞口，圆唇，斜弧腹，玉璧底。内外施满釉，釉下施化妆土。灰白色胎，胎质较致密。内底有支钉痕。口径13.8、底径7.6、高3.4厘米（图四一，6）。

2006SBT5⑧：701，残。敞口，圆唇，斜弧腹，玉璧底。内外施满釉，釉面已脱。黄色胎，胎质较致密。内底有三个支钉痕。口径14.6、底径7.5、高4.8厘米（图四一，7）。

2006SBT5⑧：718，残。侈口，圆唇，斜弧腹，玉璧底，外沿斜削。内外施满釉，釉下施化妆土，底足露胎。浅黄色胎，胎质较致密。外底有支钉痕。口径14、底径6.8、高3.5厘米（图四一，8）。

2006SBT5⑧：721，残。敞口，圆唇，弧腹，饼底。内施满釉，外施半釉，有流釉、积釉现象，釉面有小开片，釉下施化妆土。灰黄色胎，胎质较致密。外底有支钉痕。口径13.2、底径6.4、高5厘米（图四一，9）。

2006SBT5⑧：722，残。敞口，圆唇，弧腹，玉璧底。内外施满釉，釉下施化妆土。白色胎，胎质较致密。内底有垫砂痕。口径14、底径6.8、高4厘米（图四一，10）。

2006SBT5⑧：723，残。敞口，圆唇，斜弧腹，玉璧底。内施满釉，外施釉至腹下部，釉面有小开片，釉下施化妆土。青白色胎，胎质较致密。内底有支钉痕。口径15.2、底径8、高3.9厘米（图四一，11）。

2006SBT5⑧：732，残。敞口，圆唇，弧腹，玉璧底。内外施满釉，釉面已脱，釉面有开片。黄白色胎，胎质较致密。口径14.6、底径7.4、高4.2厘米（图四一，12）。

2006SBT5⑧：733，残。敞口，圆唇，斜直腹，玉璧底。内外施满釉，有漏釉现象，釉面有小开片。黄白色胎，胎质较致密。内底有支钉痕。口径15.4、底径8、高4.1厘米（图四一，13）。

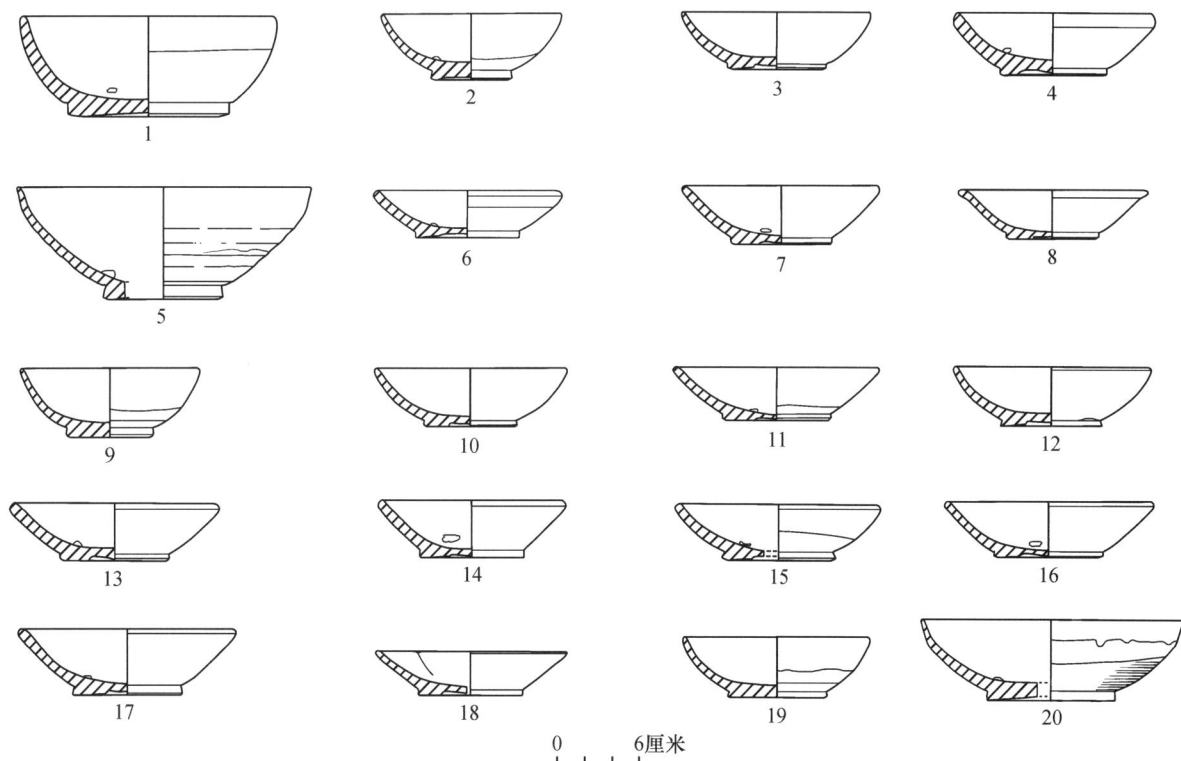

0　　　6厘米

图四一　第8层白釉碗

1. 2006SBT5⑧：653　2. 2006SBT5⑧：663　3. 2006SBT5⑧：677　4. 2006SBT5⑧：681　5. 2006SBT5⑧：684
6. 2006SBT5⑧：700　7. 2006SBT5⑧：701　8. 2006SBT5⑧：718　9. 2006SBT5⑧：721　10. 2006SBT5⑧：722
11. 2006SBT5⑧：723　12. 2006SBT5⑧：732　13. 2006SBT5⑧：733　14. 2006SBT5⑧：737　15. 2006SBT5⑧：740
16. 2006SBT5⑧：741　17. 2006SBT5⑧：758　18. 2006SBT5⑧：762　19. 2006SBT5⑧：775　20. 2006SBT5⑧：810

2006SBT5⑧：737，残。敞口，圆唇，弧腹，玉璧底。内外施满釉，有漏釉现象，釉下施化妆土，底足露胎。灰色胎，胎质粗糙、较致密。内底有支钉痕，有窑粘现象。口径13.8、底径7.6、高4.1厘米（图四一，14）。

2006SBT5⑧：740，残。敞口，圆唇，弧腹，玉璧底。内施满釉，外施半釉，釉面有小开片。黄色胎，胎质较致密。内底有支钉痕。口径15.2、底径8.4、高4厘米（图四一，15）。

2006SBT5⑧：741，残。敞口，圆唇，斜弧腹，玉璧底，外沿斜削。内外施满釉，外腹下露胎，釉下施化妆土。黄白色胎，胎质较致密。内外底有支钉痕。口径15.4、底径8、高4厘米（图四一，16）。

2006SBT5⑧：758，残。敞口，圆唇，斜腹，玉璧底。内外施满釉，釉下施化妆土。灰白色胎，胎质较致密。内底有支钉痕。口径16、底径8、高4.7厘米（图四一，17）。

2006SBT5⑧：762，残。花口，圆唇，斜腹，玉璧底。内外施满釉，釉面有小开片，釉下施化妆土。灰白色胎，胎质较致密。口径14、底径7.6、高3.1厘米（图四一，18）。

2006SBT5⑧：775，残。敞口，圆唇，斜弧腹，饼形底，足沿斜削。内施满釉，外施半釉，釉面有开片，釉层厚，釉下施化妆土。灰白色胎，胎质较粗糙。口径13.9、底径7.4、高4.3厘米（图四一，19）。

2006SBT5⑧：810，残。敞口，圆唇，弧腹，饼底。内施满釉，外施半釉，有流釉、积釉现象，釉面有小开片，釉下施化妆土。黄白色胎，胎质较致密。内底有支钉痕。口径19.4、底径9.4、高5.8厘米（图四一，20）。

2006SBT5⑧：826，残。口、腹缺失，斜腹，玉璧底。内外施满釉，釉下施化妆土。外底墨书"上"字。青白色胎，胎质较致密。底径7.4厘米（图四二，1）。

2006SBT5⑧：833，残。敞口，圆唇，斜腹，玉璧底。内外施满釉，釉面有小开片。灰白色胎，胎质细净、较致密。口径15、底径8.2、高3.9厘米（图四二，2）。

2006SBT5⑧：840，残。敞口，圆唇，斜腹，玉璧底，外沿斜削。内外施满釉，釉面有小开片，釉下施化妆土。灰白色胎，胎质细净、较致密。内底有支钉痕。口径14.4、底径8、高3.8厘米（图四二，3）。

2006SBT5⑧：847，残。敞口，圆唇，弧腹，玉璧底，外沿斜削。内外施满釉，釉面有小开片。白色胎，胎质细净、较致密。口径14.2、底径7.2、高4.6厘米（图四二，6）。

2006SBT5⑧：848，残。敞口，圆唇，斜腹，玉璧底。内外施满釉，釉面有小开片，釉下施化妆土。灰白色胎，胎质细净、较致密。内底有支钉痕。口径14.4、底径7.2、高3.9厘米（图四二，7）。

2006SBT5⑧：849，残。敞口，圆唇，斜弧腹，玉璧底。内外施满釉，釉下施化妆土。外底有墨书文字。黄白色胎，胎质细净、较致密。内底有支钉痕。口径15.2、底径7.4、高4.1厘米（图四二，4）。

2006SBT5⑧：852，残。敞口，圆唇，斜直腹，玉璧底。内外施满釉，釉下施化妆土。外底心有墨书文字。浅黄色胎，胎质细净、较致密。内底有支钉痕。口径13.8、底径7.4、高3.6

厘米（图四二，5）。

2006SBT5⑧：853，残。敞口，圆唇，斜弧腹，玉璧底。内外施满釉，釉面有小开片，釉下施化妆土。灰黄色胎，胎质细净、较致密。内底有支钉痕。口径13、底径6.4、高4厘米（图四二，9）。

2006SBT5⑧：855，残。敞口，厚圆唇，斜弧腹，玉璧底。内施满釉，外施釉不及底，有流釉、积釉现象，釉面有开片，釉下施化妆土。灰色胎，胎质细腻、较致密。口径15.2、底径5.8、高4.7厘米（图四二，10）。

2006SBT5⑧：858，残。敞口，圆唇，弧腹，玉璧底。内外施满釉，有积釉现象，釉面有小开片，釉下施化妆土。灰白色胎，胎质较致密。口径13.4、底径7.2、高3.8厘米（图四二，8）。

2006SBT5⑧：859，残。敞口，圆唇，斜腹，玉璧底。内外施满釉，釉下施化妆土。浅黄色胎，胎质较致密。口径14.4、底径7.6、高3.8厘米（图四二，11）。

2006SBT5⑧：860，残。敞口，圆唇，斜腹，玉璧底。内外施满釉，釉面有小开片，釉下施化妆土。灰黄色胎，胎质较致密。内外底有支钉痕。口径16.4、底径8.4、高4.4厘米（图

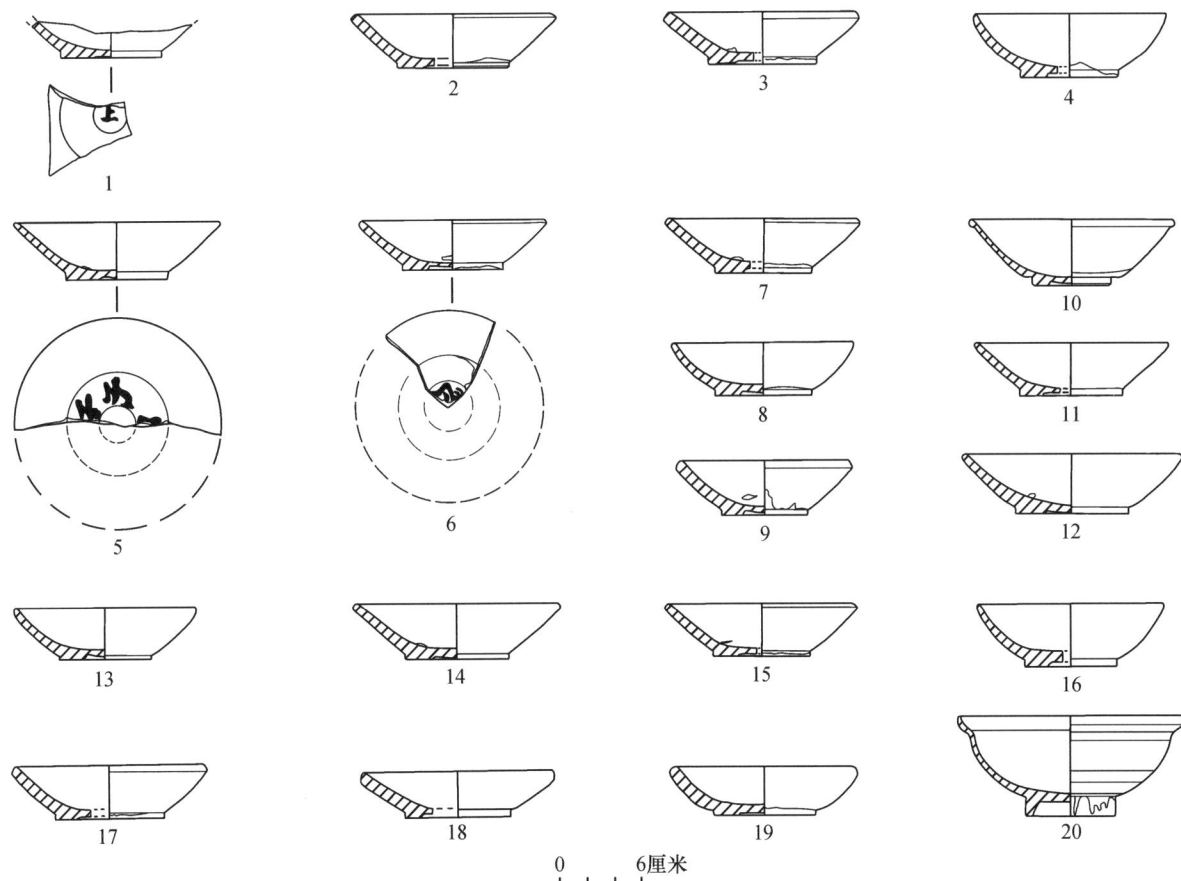

图四二　第8层白釉碗

1. 2006SBT5⑧：826　2. 2006SBT5⑧：833　3. 2006SBT5⑧：840　4. 2006SBT5⑧：849　5. 2006SBT5⑧：852
6. 2006SBT5⑧：847　7. 2006SBT5⑧：848　8. 2006SBT5⑧：858　9. 2006SBT5⑧：853　10. 2006SBT5⑧：855
11. 2006SBT5⑧：859　12. 2006SBT5⑧：860　13. 2006SBT5⑧：862　14. 2006SBT5⑧：866　15. 2006SBT5⑧：867
16. 2006SBT5⑧：868　17. 2006SBT5⑧：869　18. 2006SBT5⑧：870　19. 2006SBT5⑧：880　20. 2006SBT5⑧：925

四二，12）。

2006SBT5⑧：862，残。敞口，圆唇，斜腹，玉璧底。内外施满釉，釉下施化妆土。灰黄色胎，胎质较致密。口径13.4、底径6.8、高3.7厘米（图四二，13）。

2006SBT5⑧：866，残。敞口，圆唇，斜直腹，玉璧底。内外施满釉，有流釉现象，釉面有小开片，釉下施化妆土。浅黄色胎，胎质细净、较致密。内底有支钉痕。口径15.2、底径7.6、高4厘米（图四二，14）。

2006SBT5⑧：867，残。敞口，圆唇，斜弧腹，玉璧底。内外施满釉，有脱釉现象，釉面有小开片。黄白色胎，胎质细净、较致密。内底有支钉痕。口径14.2、底径7.2、高3.8厘米（图四二，15）。

2006SBT5⑧：868，残。敞口，圆唇，弧腹，玉璧底。内外施满釉，釉下施化妆土。黄白色胎，胎质细净、较致密。口径13.8、底径6.8、高4.5厘米（图四二，16）。

2006SBT5⑧：869，残。敞口，圆唇，斜弧腹，玉璧底。内外施满釉，釉下施化妆土。黄白色胎，胎质细净、较致密。口径14.4、底径8、高3.8厘米（图四二，17）。

2006SBT5⑧：870，残。敞口，圆唇，斜弧腹，玉璧底，外沿斜削。内外施满釉。灰白色胎，胎质细净、较致密。内底有垫圈痕，有窑粘现象。口径13.5、底径7.8、高3.3厘米（图四二，18）。

2006SBT5⑧：880，残。敞口，圆唇，斜弧腹，玉璧底。内外施满釉。青灰色胎，胎质较致密。内外底有支钉痕。口径14、底径7.6、高3.5厘米（图四二，19）。

2006SBT5⑧：925，整。敞口，圆唇，折沿，弧腹，圈足外撇。釉面莹润，匀净，器内满釉，器外施釉不及足，有流釉现象。灰白胎，较致密。口径16.8、底径6.6、高7.2厘米（图四二，20；图版一二，1）。

盏托　2件。

2006SBT5⑧：5，白釉盏托，残。花口，圆唇，折腹，圈足。除外底沿面通体施釉。浅黄色胎，胎质较致密。内口面有两道凸弦纹。口径14、底径5.6、高3.2厘米（图四三，1）。

2006SBT5⑧：729，白釉盏托，残。口、沿残，弧腹，圈足。除外底沿通体施釉，有流釉现象，釉质温润。白色胎，胎质细纯、致密。口径7.8、底径5.2、高2.6厘米（图四三，2）。

盏　6件。

2006SBT5⑧：519，残。敞口，圆唇，斜腹，玉璧底。内施满釉，外施釉不及底，釉下施化妆土。灰白色胎，胎质较致密。口径14、底径5、高3.9厘米（图四三，11）。

2006SBT5⑧：657，残。敞口，圆唇，斜弧腹，玉璧底。内外施满釉，釉面有小开片，釉下施化妆土。黄色胎，胎质较致密。内底有支钉痕。口径15.2、底径8、高3.8厘米（图四三，12）。

2006SBT5⑧：710，残。敞口，圆唇，斜腹，宽圈足。内外施满釉，有流釉现象，釉下施化妆土。灰白色胎，胎质较致密。内底有垫砂痕。口径13、底径3.5、高6.8厘米（图四三，13；图版一三，4）。

2006SBT5⑧：736，残。敞口，圆唇，斜弧腹，玉璧底，外沿斜削。内外施满釉，釉面有小开片，釉下施化妆土。黄白色胎，胎质较致密。内底有支钉痕，外底有墨书文字。口径14.6、底径8、高4厘米（图四三，14）。

2006SBT5⑧：792，整。敞口，圆唇，弧腹，饼底。内施满釉，外施半釉，有脱釉现象，釉下施化妆土。夹砂褐色胎，胎质较致密。口径9、底径4、高3.4厘米（图四三，15；图版一三，3）。

2006SBT5⑧：916，整。敞口，圆唇外撇，弧腹，器内壁四出筋，玉璧底。釉面玻璃质，器内满釉，器外施半釉，釉线不齐，有流釉、积釉现象，釉厚处有细开片。白胎，细腻致密。口径15.6、底径7.2、高5.2厘米（图四三，16；图版一三，1）。

盒 6件。

2006SBT5⑧：200，残。子母口微内敛，平唇，直腹，腹下折收，平底。内外施满釉，釉下施化妆土，有脱釉现象。灰白色胎，胎质细净、较致密。外底有支钉痕。口径8.5、通径9.7、底径7.1、高2.8厘米（图四三，3；图版一五，2）。

2006SBT5⑧：477，残。子母口微敛，平唇，直腹折收，平底。外施白釉，内施酱釉，有流釉现象，釉下施化妆土，内施茶叶末釉，外施白釉。浅黄色胎，胎质细净、较致密。外底有支钉痕。口径7.6、底径4.4、高2.8厘米（图四三，4；图版一五，4）。

2006SBT5⑧：749，残。子母口，子口微敛，平唇，直腹折收，平底。内施满釉，外施半釉，釉面有小开片。黄色胎，胎质细净、较致密。通径8、底径5.4、高3.2厘米（图四三，5）。

2006SBT5⑧：819，残。子母口，平唇，直腹，平底。内施满釉，外施半釉，釉下施化妆土。灰黄色胎，胎质细净、较致密。口径10、通径10.8、底径8.4、高2.6厘米（图四三，6）。

2006SBT5⑧：820，残。子母口，母口平唇，子口内敛、圆唇，直腹内折收，平底。内口沿无釉，外母口无釉，釉面有小开片，釉下施化妆土。灰白色胎，胎质较致密。口径7.4、通径8.2、底径4.4、高3厘米（图四三，7；图版一五，6）。

2006SBT5⑧：915，残。子母口微敛，窄沿，尖圆唇，直腹，平底。内施满釉，外腹部施白釉，有积釉现象。白色胎。口径15.4、腹径17、底径11.2、通高4.4厘米（图四三，9；图版一五，3）。

盒盖 2件。

2006SBT5⑧：317，残。花形，直口，平唇，直腹，近平顶，口至顶外缘有凹槽。除口沿通体施釉，釉面有小开片。浅黄色胎，胎质较致密。口径12.6、底径11.2、高2.6厘米（图四三，10）。

2006SBT5⑧：698，残。直口，平唇，近平顶。除口沿处通体施釉，釉面有小开片，釉下施化妆土。黄色胎，胎质较致密。口径7.8、高1.8厘米（图四三，8）。

提篮 1件。

2006SBT5⑧：777，敛口，圆唇，弧腹，平底内凹。内外均施半釉，釉层薄，有脱釉现

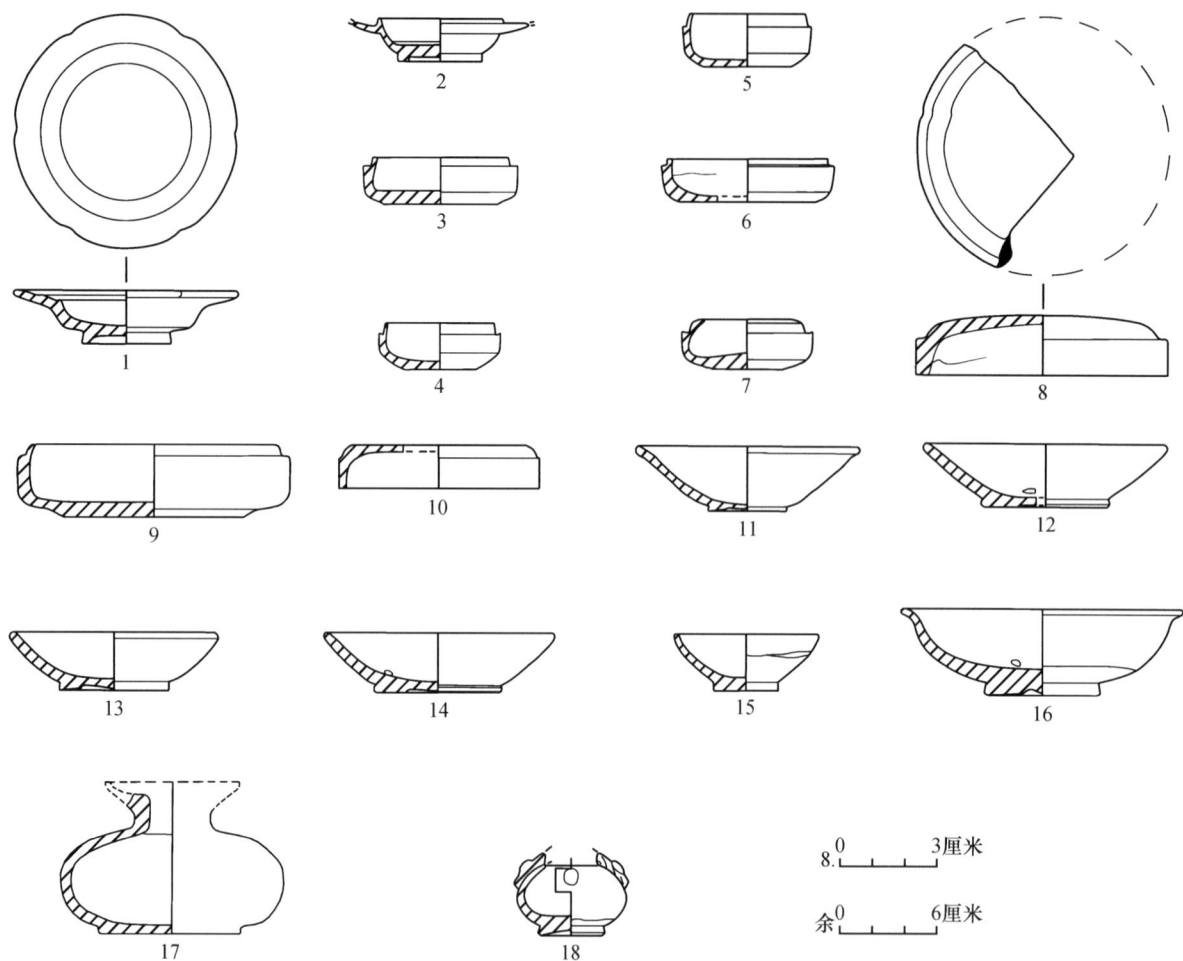

图四三　第8层白釉瓷器

1、2. 盏托（2006SBT5⑧：5、2006SBT5⑧：729）　3~7、9. 盒（2006SBT5⑧：200、2006SBT5⑧：477、2006SBT5⑧：749、
2006SBT5⑧：819、2006SBT5⑧：820、2006SBT5⑧：915）　8、10. 盒盖（2006SBT5⑧：698、2006SBT5⑧：317）
11~16. 盏（2006SBT5⑧：519、2006SBT5⑧：657、2006SBT5⑧：710、2006SBT5⑧：736、2006SBT5⑧：792、
2006SBT5⑧：916）　17. 盂（2006SBT5⑧：918）　18. 提篮（2006SBT5⑧：777）

象，釉下施白色化妆土。浅黄色胎，胎质粗糙。口径1.7、通径3.5、底径2.1、高2.4厘米（图四三，18）。

盂　1件。

2006SBT5⑧：918，口残，短束颈，溜肩，扁球腹，饼底。釉层薄匀，釉质莹润。白胎，质坚且细。腹径14、底径9.2、高9.7厘米（图四三，17；图版一六，6）。

盆　8件。

2006SBT5⑧：114，残。敞口，翻唇，弧腹，平底。内外施半釉，内外有流釉、积釉现象，釉下施化妆土。灰黄色胎，胎质较疏松。内外底有支钉痕。口径25.8、底径14、高11.9厘米（图四四，1；图版一六，5）。

2006SBT5⑧：607，残。敛口，圆唇，弧腹，圈足，内足墙外撇。内施满釉，外施半釉，釉色白中泛黄，釉下施化妆土。灰褐色胎，胎质细腻、较致密。内外底有支钉痕。口径27、底径13、高17.7厘米（图四四，8）。

2006SBT5⑧：682，残。敞口，翻唇，弧腹，饼底。内施满釉，外施半釉，有流釉现象，釉面有小开片，釉下施化妆土。黄白色胎，胎质较致密。内底有支钉痕。口径16.6、底径12、高8.7厘米（图四四，2）。

2006SBT5⑧：693，残。敛口，翻唇，弧腹，饼底，外沿斜削。内施满釉，外施半釉，釉面有小开片，釉下施化妆土，脱釉严重。黄白色胎，胎质较致密。口径15、底径12、高8.5厘米（图四四，4）。

2006SBT5⑧：704，残。敛口，翻唇，弧腹，饼底，外沿斜削。内施满釉，外施半釉，有流釉现象，釉面有小开片。灰白色胎，胎质较致密。内底有支钉痕。口径16.4、底径11.5、高7.3厘米（图四四，5）。

2006SBT5⑧：716，残。敛口，翻唇，弧腹，饼底，外沿斜削。内施满釉，外施半釉，有脱釉现象，釉面有小开片，釉下施化妆土。青白色胎，胎质较致密。外底有支钉痕。口径21、底径12.2、高8.8厘米（图四四，3）。

2006SBT5⑧：744，残。敛口，翻唇，弧腹，饼底，外沿斜削。内施满釉，外施半釉，有脱釉现象，釉面有小开片，釉下施化妆土。黄白色胎，胎质较致密。内外底有支钉痕。口径20、底径11.8、高8.7厘米（图四四，6）。

2006SBT5⑧：768，残。敞口，宽沿，翻唇，弧腹，饼底。内施满釉，外施釉至腹下部，

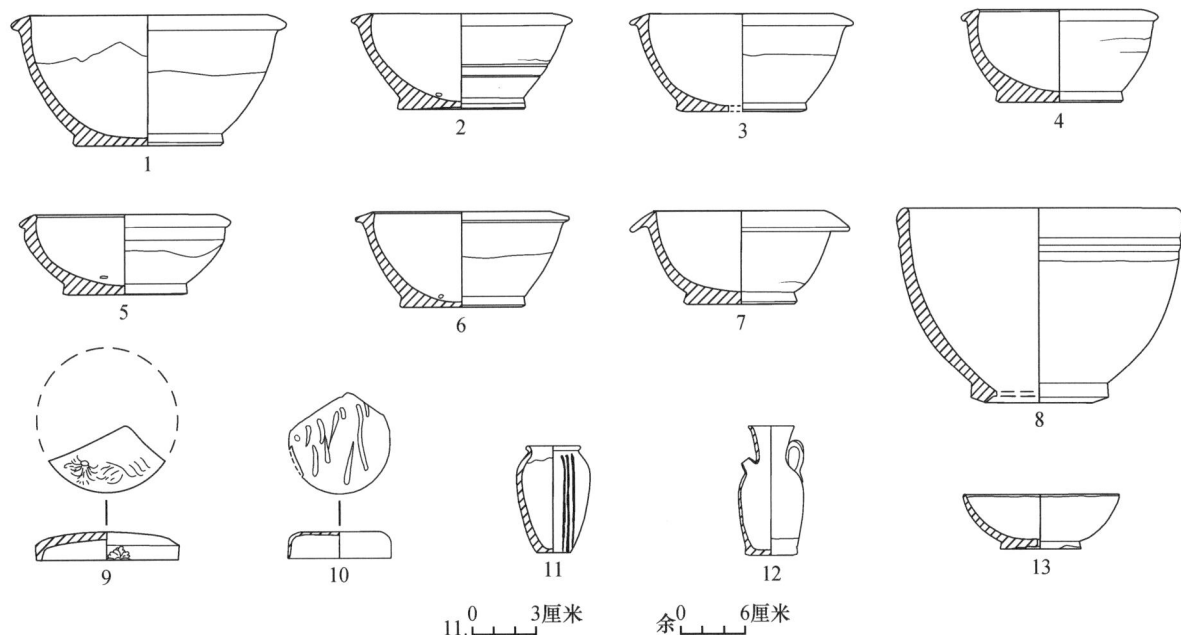

图四四 第8层白釉、白釉印划花、白釉褐彩、白釉点绿彩及内白外青瓷器

1~8.白釉盆（2006SBT5⑧：114、2006SBT5⑧：682、2006SBT5⑧：716、2006SBT5⑧：693、2006SBT5⑧：704、2006SBT5⑧：744、2006SBT5⑧：768、2006SBT5⑧：607） 9.白釉印划花器盖（2006SBT5⑧：472） 10.白釉点绿彩器盖（2006SBT5⑧：908）
11.白釉褐彩罐（2006SBT5⑧：459） 12.白釉执壶（2006SBT5⑧：907） 13.内白外青釉碗（2006SBT5⑧：841）

脱釉严重，釉下施化妆土。夹砂黄白色胎，胎质较致密。内外底有支钉痕。口径15.6、底径10.6、高8.5厘米（图四四，7）。

执壶　1件。

2006SBT5⑧：907，整。侈口，圆唇，束颈，溜肩，长弧腹，饼底内凹。颈至肩部装一双轮形曲柄，对称装一短圆形流。内施釉至口沿下，外施白釉至下腹部，釉下施白色化妆土，有积釉、流釉现象。浅黄色胎，致密细腻。口径4.4、腹径6.2、底径5、通高11.8厘米（图四四，12；图版二二，3）。

10. 白釉印划花

器盖　1件。

2006SBT5⑧：472，残。直口，平唇，直腹，近平顶。除唇、内口沿外通体施釉，釉面有小开片。外顶和口部有菊花划花纹饰。浅黄色胎，胎质细净、较致密。通径13.2、高2.6厘米（图四四，9）。

11. 白釉褐彩

罐　1件。

2006SBT5⑧：459，残。侈口，圆唇，溜肩，弧腹，隐圈足。内口沿处施釉，外施满釉，釉面有小开片。器表有褐彩划线条纹。白色胎，胎质细腻、致密。口径2.5、腹径3.4、底径1.6、高4.9厘米（图四四，11；图版二二，1）。

12. 白釉点绿彩

器盖　1件。

2006SBT5⑧：908，残。直口，圆唇，弧顶。外顶部以绿彩饰不规则排列的短线纹。内外满施青釉，釉面有小开片，有积釉现象。灰色胎，致密细腻。口径8.6、底径6.6、通高5.8厘米（图四四，10；图版二〇，5）。

13. 内白外青

碗　1件。

2006SBT5⑧：841，残。芒口，圆唇，弧腹，玉璧底，外沿斜削。口沿无釉，内为白釉，外为青釉，釉面有小开片，釉下施化妆土。黄白色胎，胎质较致密。口径14.8、底径7.6、高5厘米（图四四，13）。

14. 黄釉

158件。

碗 143件。

2006SBT5⑧：1，残。敞口，圆唇，弧腹，玉璧底内凹。内施满釉，外施釉至腹下部，有脱釉现象，釉下施化妆土。土黄色胎，胎质较疏松。内外底有支钉痕。口径19、底径8、高6.5厘米（图四五，1）。

2006SBT5⑧：4，残。敞口，圆唇，弧腹，玉璧底，外沿斜削。内施满釉，外施半釉，有流釉、积釉现象，釉下施化妆土。灰黄色胎，胎质较致密。外底有支钉痕。口径14.2、底径5.4、高4.8厘米（图四五，2）。

2006SBT5⑧：6，整。敞口，圆唇，弧腹，玉璧底。内施满釉，外施釉至腹下部，有流釉、积釉、脱釉现象，釉面有小开片，釉下施化妆土。姜黄色胎，胎质较疏松。内外底有支钉痕。口径14、底径6.6、高4.6厘米（图四五，3；图版四五，4）。

2006SBT5⑧：17，残。侈口，圆唇，弧腹，玉璧底。内施满釉，外施釉至腹下部，有流釉、积釉现象，釉面有小开片，釉下施化妆土。夹砂灰黄色胎，胎质较疏松。内外底有三个支钉痕。口径17.4、底径7.5、高5.8厘米（图四五，4）。

2006SBT5⑧：23，残。敞口，圆唇，弧腹，玉璧底。内施满釉，外施釉至腹下部，有流釉、积釉现象，釉面有小开片，釉下施化妆土。灰黄色胎，胎质较疏松。内底有三个支钉痕，外底有墨书文字。口径20、底径8.4、高6.6厘米（图四五，5；图版四四，3）。

2006SBT5⑧：26，残。敞口，圆唇，斜直腹，玉璧底。内外施满釉，釉面有小开片，釉下施化妆土。黄色胎，胎质细净、较致密。外底有墨书文字。口径14.6、底径5.9、高4厘米（图四五，6）。

2006SBT5⑧：27，残。敞口，圆唇，斜弧腹，玉璧底。内施满釉，外施釉至腹下部，釉下施化妆土。姜黄色胎，胎质较疏松。内外底有支钉痕。口径16、底径7.5、高4.8厘米（图四五，7）。

2006SBT5⑧：33，残。敞口，圆唇，弧腹，玉璧底。内施满釉，外施釉至腹下部。釉下施化妆土。姜黄色胎，胎质较疏松。内外底均有三个支钉痕。口径17.4、底径7.8、高6.1厘米（图四五，8）。

2006SBT5⑧：34，残。敞口，圆唇，弧腹，玉璧底。内施满釉，外施釉至腹下部，有流釉现象，釉面有小开片，釉下施化妆土。姜黄色胎，胎质疏松。内外底均有三个支钉痕。有窑粘现象。口径19.2、底径8.5、高6.2厘米（图四五，9）。

2006SBT5⑧：38，残。敞口，圆唇，弧腹，玉璧底。内施满釉，外施半釉，有流釉、积釉现象，釉面有小开片，釉下施化妆土。灰黄色胎，胎质较疏松。口径13.2、底径5、高5厘米（图四五，10）。

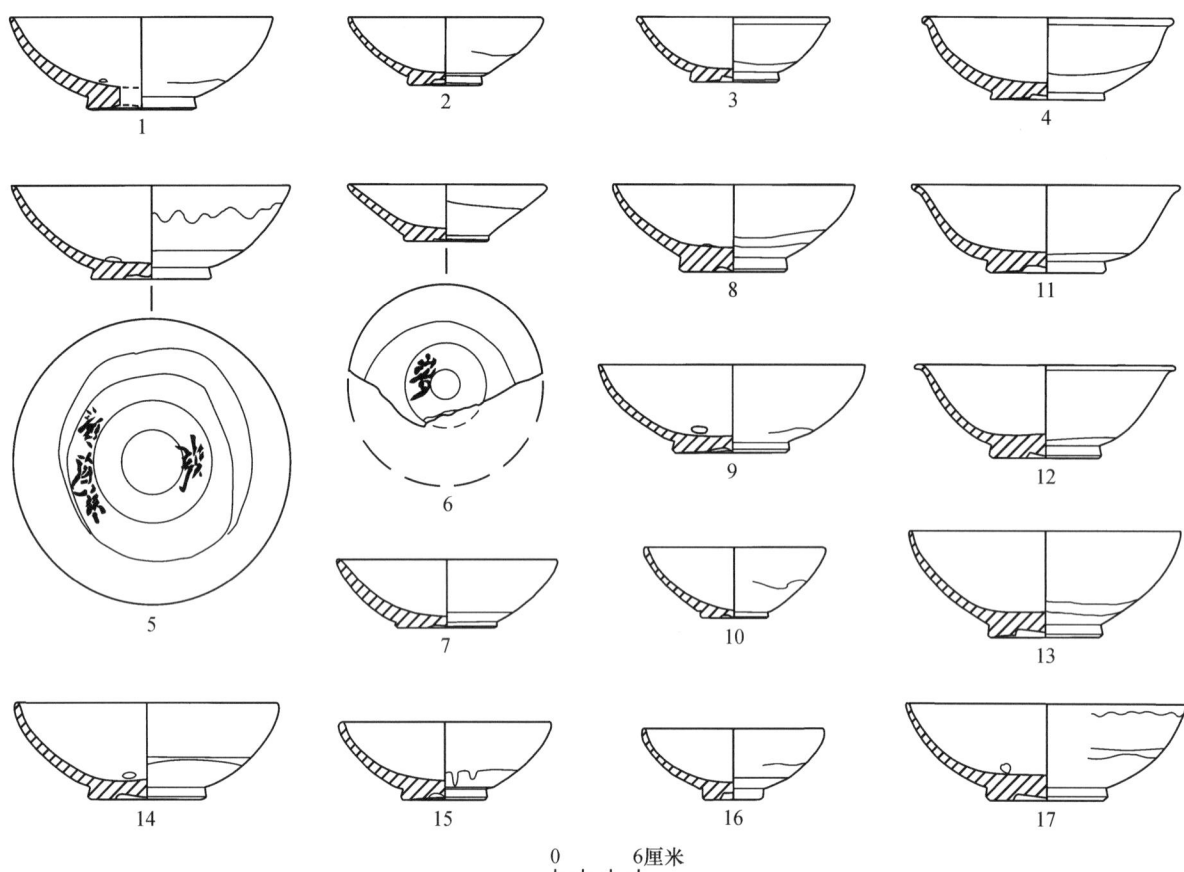

图四五　第8层黄釉碗

1. 2006SBT5⑧：1　2. 2006SBT5⑧：4　3. 2006SBT5⑧：6　4. 2006SBT5⑧：17　5. 2006SBT5⑧：23　6. 2006SBT5⑧：26
7. 2006SBT5⑧：27　8. 2006SBT5⑧：33　9. 2006SBT5⑧：34　10. 2006SBT5⑧：38　11. 2006SBT5⑧：39　12. 2006SBT5⑧：44
13. 2006SBT5⑧：45　14. 2006SBT5⑧：54　15. 2006SBT5⑧：52　16. 2006SBT5⑧：64　17. 2006SBT5⑧：59

2006SBT5⑧：39，残。侈口，圆唇，弧腹，玉璧底。内施满釉，外施釉至腹下部，脱釉严重，釉下施化妆土。黄色胎，胎质较疏松。外底有支钉痕。口径19.4、底径8.6、高6.1厘米（图四五，11）。

2006SBT5⑧：44，残。侈口，圆唇，弧腹，玉璧底。内施满釉，外施釉至腹下部，有流釉、积釉现象，釉面有小开片，釉下施化妆土。夹砂姜黄色胎，胎质较疏松。外底有三个支钉痕。口径18.8、底径8、高6.5厘米（图四五，12；图版四二，3）。

2006SBT5⑧：45，残。敞口，圆唇，弧腹，玉璧底。内施满釉，外施釉至腹下部，釉下施化妆土。姜黄色胎，胎质较疏松。内外底均有三个有支钉痕。口径19.6、底径8.2、高7.5厘米（图四五，13）。

2006SBT5⑧：52，残。敞口，圆唇，弧腹，玉璧底。内施满釉，外施半釉，有流釉、积釉现象，釉下施化妆土。浅褐色胎，胎质较疏松。口径15.6、底径6.2、高5.5厘米（图四五，15）。

2006SBT5⑧：54，残。敞口，圆唇，弧腹，玉璧底。内施满釉，外施釉至腹下部，有流釉、积釉现象，釉面有小开片，釉下施化妆。姜黄色胎，胎质疏松。内底有支钉痕。口径19.2、底径8.6、高6.8厘米（图四五，14）。

2006SBT5⑧：59，残。敞口，圆唇，弧腹，玉璧底。内施满釉，外施半釉，有流釉、脱釉现象，釉下施化妆土。姜黄色胎，胎质较疏松。内外底有支钉痕。口径20.2、底径8.8、高6.8厘米（图四五，17）。

2006SBT5⑧：64，残。敞口，圆唇，弧腹，玉璧底。内施满釉，外施釉至腹下部，有流釉现象，釉面有小开片，釉下施化妆土。灰黄色胎，胎质较致密。口径13.2、底径4.4、高5厘米（图四五，16）。

2006SBT5⑧：75，残。敞口，圆唇，弧腹，饼底。内施满釉，外施半釉，釉面有小开片，釉下施化妆土。姜黄色胎，胎质粗糙、疏松，胎壁厚。内底有三个支钉痕。口径11.4、底径4.3、高5.8厘米（图四六，2）。

2006SBT5⑧：81，残。敞口，圆唇，弧腹，宽圈足。内施满釉，外施半釉，有流釉、积釉现象，釉下施化妆土。姜黄色胎，胎质较疏松。内底三个有支钉痕。口径20、底径8.4、高7.1厘米（图四六，1）。

2006SBT5⑧：84，残。侈口，圆唇，弧腹，玉璧底。内施满釉，外施釉至腹下部，有流釉、积釉现象，釉面有小开片，釉下施化妆土。姜黄色胎，胎质较疏松。内外底有支钉痕。口径18.2、底径7.4、高5.9厘米（图四六，3）。

2006SBT5⑧：96，残。敞口，圆唇，弧腹，玉璧底，外沿斜削。内施满釉，外施釉至腹下部，有流釉、积釉、脱釉现象，釉下施化妆土。黄褐色胎，胎质较疏松。内外底有支钉痕。口径20.6、底径8.2、高7.3厘米（图四六，4；图版四二，4）。

2006SBT5⑧：97，残。侈口，圆唇，弧腹，玉璧底内凹。内施满釉，外施釉至腹下部，有流釉、脱釉现象，釉面有开片，釉下施化妆土。夹砂姜黄色胎，胎质较疏松。内外底有支钉痕。口径18.4、底径8、高6.5厘米（图四六，5）。

2006SBT5⑧：99，残。敞口，圆唇，弧腹，玉璧底。内施满釉，外施釉不及底，有流釉、积釉现象。浅黄色胎，胎质疏松。外底有支钉痕。口径16.2、底径8、高5厘米（图四六，6）。

2006SBT5⑧：104，残。敞口，圆唇，弧腹，饼底。内施满釉，外施半釉，有流釉、积釉现象，釉下施化妆土。夹砂姜黄色胎，胎质较疏松。内底有三个支钉痕。口径18、底径7.2、高5.8厘米（图四六，7）。

2006SBT5⑧：106，残。敞口，圆唇，弧腹，玉璧底。内施满釉，外施釉至腹下部，有流釉、积釉现象，釉下施化妆土。姜黄色胎，胎质较疏松。口径15.6、底径7.8、高5厘米（图四六，8）。

2006SBT5⑧：118，残。敞口，圆唇，弧腹，玉璧底。内施满釉，外施半釉，有流釉、积釉现象，釉下施化妆土。灰黄色胎，胎质较致密。外底有支钉痕。口径14、底径4.1、高4.6厘米（图四六，10）。

2006SBT5⑧：124，残。侈口，圆唇，弧腹，玉璧底，外沿斜削。内施满釉，外施釉至腹下部，有流釉现象，釉下施化妆土。姜黄色胎，胎质较疏松。内外底有支钉痕。口径18.8、底径7.8、高5.7厘米（图四六，9）。

2006SBT5⑧：125，残。敞口，圆唇，弧腹，玉璧底微内凹。内施满釉，外施半釉，有流釉、积釉现象，釉下施化妆土。姜黄色胎，胎质较疏松。口径14.8、底径6.6、高4.8厘米（图四六，14）。

2006SBT5⑧：139，残。敞口，圆唇，弧腹，饼底。内施满釉，外施半釉，釉面有小开片，釉下施化妆土。灰黄色胎，胎质较疏松。内外底有支钉痕。口径17.8、底径8、高6.8厘米（图四六，12）。

2006SBT5⑧：140，残。侈口，圆唇，弧腹，玉璧底，外沿斜削。内施满釉，外施釉不及底，有流釉、积釉现象。姜黄色胎，胎质较疏松。内底有支钉痕。口径19.6、底径8.4、高6.4厘米（图四六，11）。

2006SBT5⑧：154，残。侈口，圆唇，弧腹，玉璧底。内施满釉，外施釉至腹下部，内外

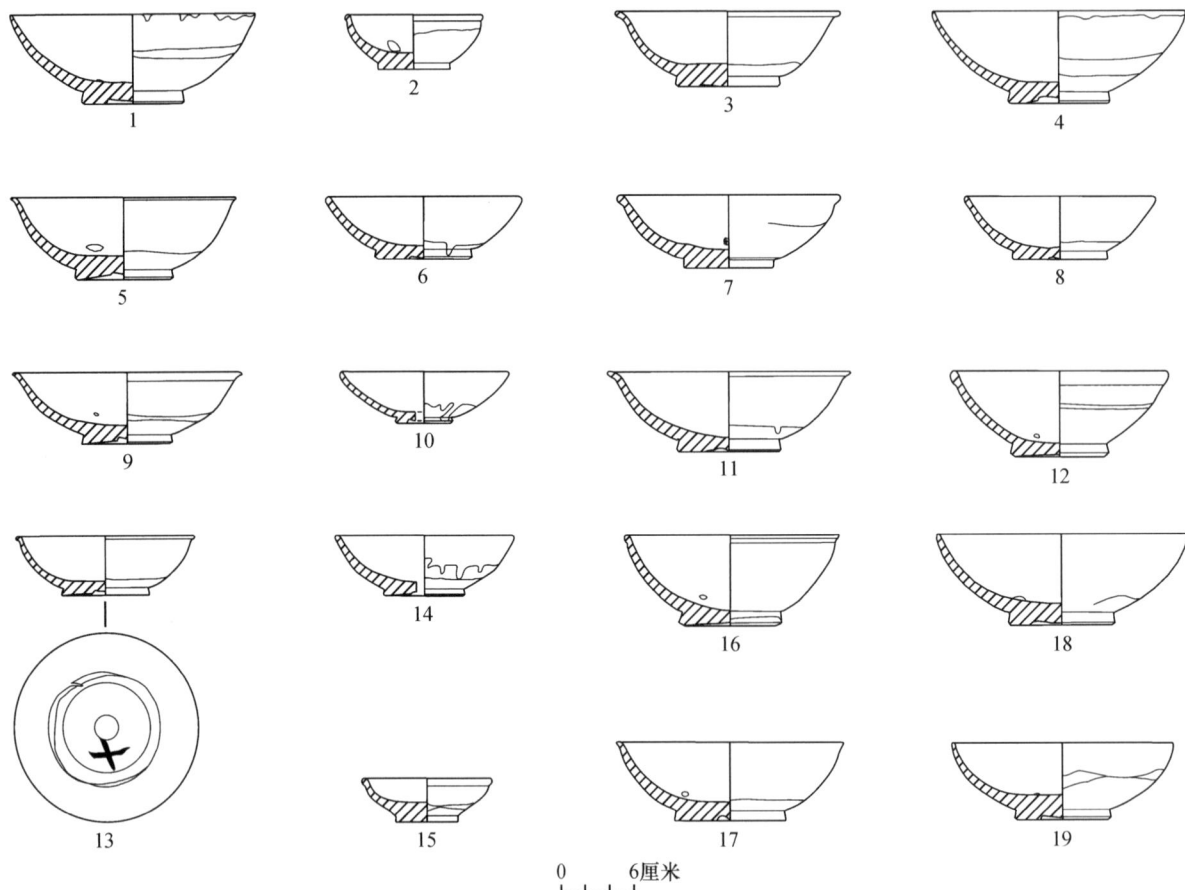

图四六　第8层黄釉碗

1. 2006SBT5⑧：81　2. 2006SBT5⑧：75　3. 2006SBT5⑧：84　4. 2006SBT5⑧：96　5. 2006SBT5⑧：97　6. 2006SBT5⑧：99
7. 2006SBT5⑧：104　8. 2006SBT5⑧：106　9. 2006SBT5⑧：124　10. 2006SBT5⑧：118　11. 2006SBT5⑧：140
12. 2006SBT5⑧：139　13. 2006SBT5⑧：154　14. 2006SBT5⑧：125　15. 2006SBT5⑧：163　16. 2006SBT5⑧：172
17. 2006SBT5⑧：177　18. 2006SBT5⑧：184　19. 2006SBT5⑧：187

釉面脱落，釉下施化妆土。姜黄色胎，胎质较疏松。外底有支钉痕，外底有墨书"十"字。口径15、底径7.2、高4.7厘米（图四六，13）。

2006SBT5⑧：163，残。敞口，圆唇，斜弧腹，饼底。内施满釉，外施釉至腹下部，有流釉现象，釉面脱落，釉下施化妆土。姜黄色胎，胎质较疏松。口径10.8、底径5、高3.5厘米（图四六，15）。

2006SBT5⑧：172，残。敞口，圆唇，弧腹，饼底内凹，外沿斜削。内施满釉，外施釉不及底，有流釉现象，釉面有小开片，釉下施化妆土。灰黄色胎，胎质较疏松。内外底有支钉痕。口径17.4、底径8.4、高7.2厘米（图四六，16；图版四五，3）。

2006SBT5⑧：177，残。微侈口，圆唇，弧腹，玉璧底。内施满釉，外施釉至腹下部，釉面几乎完全脱落，釉下施化妆土。姜黄色胎，胎质较疏松。内外底有支钉痕。口径18.4、底径9、高6.2厘米（图四六，17）。

2006SBT5⑧：184，残。敞口，圆唇，弧腹，宽圈足，外沿斜削。内施满釉，外施釉至腹下部，脱釉严重，釉下施化妆土。夹砂灰黄色胎，胎质较致密。内底有支钉痕。口径20.4、底径8.6、高7.2厘米（图四六，18）。

2006SBT5⑧：187，残。敞口，圆唇，弧腹，玉璧底。内施满釉，外施釉至腹下部，釉面已脱，釉下施化妆土。土黄色胎，胎质较疏松。内外底有支钉痕。口径18、底径7.8、高6.1厘米（图四六，19）。

2006SBT5⑧：191，残。敞口，圆唇，弧腹，玉璧底。内施满釉，外施釉至腹下部，有流釉现象，釉下施化妆土。灰黄色胎，胎质较疏松。内外底有支钉痕。口径20.6、底径8、高7.8厘米（图四七，1）。

2006SBT5⑧：198，残。敞口，圆唇，弧腹，玉璧底，外沿斜削。内施满釉，外施釉至腹下部，有流釉、积釉现象，釉下施化妆土。灰黄色胎，胎质较疏松。内外底有支钉痕。口径19、底径8.4、高6.5厘米（图四七，2）。

2006SBT5⑧：201，残。侈口，圆唇，弧腹，玉璧底微内凹。内施满釉，外施半釉，釉面几乎完全脱落，有流釉、积釉现象，釉下施化妆土。夹砂黄褐色胎，胎质较疏松。内底有支钉痕。口径16.6、底径7.2、高7厘米（图四七，3）。

2006SBT5⑧：208，残。侈口，圆唇，弧腹，玉璧底。内施满釉，外施釉至腹下部，有流釉、积釉现象，釉面有小开片，釉下施化妆土。姜黄色胎，胎质较疏松。外底有支钉痕。口径18.8、底径8、高6厘米（图四七，5）。

2006SBT5⑧：216，整。敞口，圆唇，弧腹，玉璧底内凹。内施满釉，外施釉至腹下部，有流釉、积釉、脱釉现象，釉下施化妆土。夹砂姜黄色胎，胎质较疏松。内外底均有三个支钉痕。口径17.6、底径7.4、高5.8厘米（图四七，4；图版四二，5）。

2006SBT5⑧：225，残。敞口，圆唇，弧腹，玉璧底。内施满釉，外施半釉，有流釉现象，釉下施化妆土。黄褐色胎，胎质细腻、较致密。口径14.6、底径5、高5厘米（图四七，7）。

2006SBT5⑧：237，残。敞口，圆唇，弧腹，玉璧底。内施满釉，外施釉至腹下部，有流

釉、积釉现象。夹砂黄白色胎，胎质较致密。口径15、底径7、高4.8厘米（图四七，11）。

2006SBT5⑧：238，残。敞口，圆唇，弧腹，饼底微内凹，外沿斜削。内施满釉，外施半釉，釉下施化妆土。夹砂红褐色胎，胎质较疏松。内外底有支钉痕。口径16.4、底径7.4、高6.5厘米（图四七，6）。

2006SBT5⑧：242，残。敞口，圆唇，弧腹，玉璧底。内施满釉，外施釉至腹下部，有流釉、积釉、脱釉现象，釉下施化妆土。灰黄色胎，胎质疏松。内外底有支钉痕。口径17.4、底径7.8、高6.4厘米（图四七，8）。

2006SBT5⑧：245，残。敞口，圆唇，弧腹，圈足。内施满釉，外施半釉，脱釉严重，有流釉、积釉现象，釉下施化妆土。土黄色胎，胎质细净、较致密。外底有支钉痕。口径15.2、底径5.2、高5.5厘米（图四七，12）。

2006SBT5⑧：252，残。敞口，圆唇，弧腹，玉璧底。内施满釉，外施釉至腹下部，有流釉现象。姜黄色胎，胎质较疏松。内底有支钉痕。口径15.4、底径7.6、高4.8厘米（图四七，14）。

2006SBT5⑧：254，残。敞口，圆唇，弧腹，饼底。内施满釉，外施半釉，有流釉、积釉

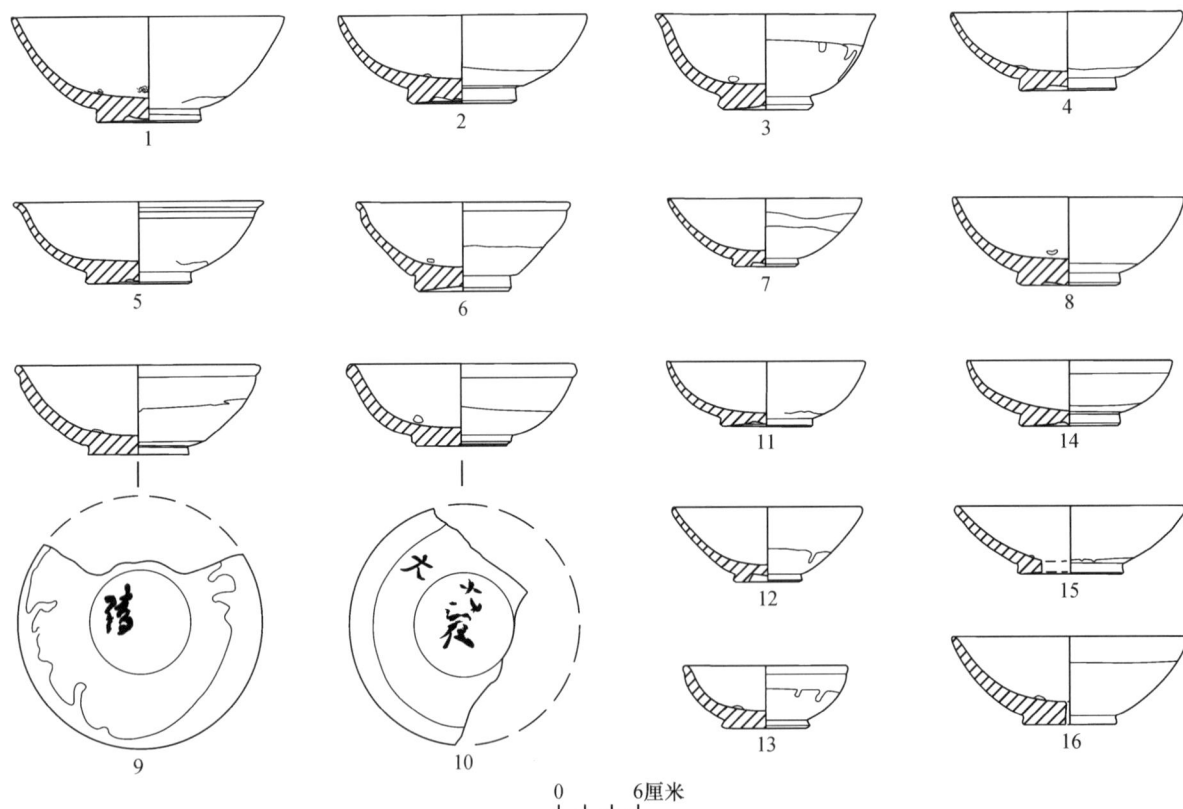

图四七　第8层黄釉碗

1. 2006SBT5⑧：191　2. 2006SBT5⑧：198　3. 2006SBT5⑧：201　4. 2006SBT5⑧：216　5. 2006SBT5⑧：208
6. 2006SBT5⑧：238　7. 2006SBT5⑧：225　8. 2006SBT5⑧：242　9. 2006SBT5⑧：260　10. 2006SBT5⑧：278
11. 2006SBT5⑧：237　12. 2006SBT5⑧：245　13. 2006SBT5⑧：254　14. 2006SBT5⑧：252　15. 2006SBT5⑧：263
16. 2006SBT5⑧：270

现象，釉下施化妆土。姜黄色胎，胎质较疏松。内底有支钉痕，内有窑粘现象。口径12.4、底径6.6、高4.6厘米（图四七，13）。

2006SBT5⑧：260，残。敞口，圆唇，弧腹，饼底。内施满釉，外施半釉，有流釉、积釉现象，釉下施化妆土。姜黄色胎，胎质较疏松。内底有支钉痕，外底有墨书文字。口径18.5、底径7.6、高6.6厘米（图四七，9）。

2006SBT5⑧：263，残。敞口，圆唇，弧腹，饼底。内施满釉，外施釉不及底，有流釉、积釉现象，釉面有小开片。姜黄色胎，胎质较疏松。内底有支钉痕。口径17、底径8、高5厘米（图四七，15）。

2006SBT5⑧：270，残。敞口，圆唇，弧腹，饼底。内施满釉，外施半釉，有脱釉现象，釉面有小开片，釉下施化妆土。夹砂姜黄色胎，胎质较疏松，胎体厚重。内底有支钉痕。口径17.6、底径7、高6.5厘米（图四七，16）。

2006SBT5⑧：278，残。敞口，圆唇，弧腹，饼底。内施满釉，外施半釉。姜黄色胎，胎质较疏松。内外底有支钉痕，外底有墨书文字。口径17.6、底径7.6、高6厘米（图四七，10）。

2006SBT5⑧：290，残。侈口，圆唇，弧腹，玉璧底。内施满釉，外施半釉，有流釉、积釉现象，釉面已脱，釉下施化妆土。姜黄色胎，胎质较疏松。内外底有支钉痕。口径17.9、底径7.1、高5.7厘米（图四八，1）。

2006SBT5⑧：291，残。敞口，圆唇，弧腹，玉璧底。内施满釉，外施釉至腹下部，釉面已脱，釉下施化妆土。姜黄色胎，胎质较疏松。内外底有支钉痕。口径19.2、底径9、高6.6厘米（图四八，2）。

2006SBT5⑧：302，残。敞口，圆唇，弧腹，玉璧底。内施满釉，外施釉至腹下部，有流釉、积釉现象，釉面有小开片，釉下施化妆土。姜黄色胎，胎质较疏松。内底有三个支钉痕。口径12.7、底径6.5、高4.9厘米（图四八，3）。

2006SBT5⑧：303，残。敞口，圆唇，弧腹，玉璧底。内施满釉，外施釉至腹下部，有流釉现象，釉下施化妆土。姜黄色胎，胎质较疏松。内外底均有三个支钉痕。口径19.5、底径9、高6.6厘米（图四八，4）。

2006SBT5⑧：307，残。敞口，圆唇，弧腹，饼底。内施满釉，外施半釉，有流釉现象，釉下施化妆土。姜黄色胎，胎质疏松。内底有三个支钉痕。口径18.6、底径8、高7.2厘米（图四八，5）。

2006SBT5⑧：313，残。敞口，圆唇，弧腹，饼底微内凹，外沿斜削。内施满釉，外施釉至腹下部，施釉不均，有流釉、积釉现象，釉面有小开片，釉下施化妆土。夹砂土黄色胎，胎质较疏松。内底有支钉痕。口径18.4、底径8、高6.7厘米（图四八，6）。

2006SBT5⑧：314，残。侈口，圆唇，弧腹，底缺失。内施满釉，外施釉至腹下部，有积釉现象，釉面有小开片，釉下施化妆土。夹砂灰黄色胎，胎质较疏松。口径18.8、高6厘米（图四八，8）。

2006SBT5⑧：316，残。敞口，斜平唇，弧腹，饼底。内施满釉，外施半釉，有流釉、积釉现象，釉面已脱，釉下施化妆土。夹砂姜黄色胎，胎质较疏松。内外底有支钉痕。口径16.4、底径7.6、高6.2厘米（图四八，7）。

2006SBT5⑧：328，残。侈口，圆唇，弧腹，玉璧底。内施满釉，外施釉至腹下部，有脱釉现象，釉下施化妆土。夹砂姜黄色胎，胎质较疏松。内底有支钉痕。口径16、底径7.8、高4.8厘米（图四八，9）。

2006SBT5⑧：342，残。敞口，圆唇，斜弧腹，玉璧底。内施满釉，外施半釉，有流釉、积釉现象，釉下施化妆土。夹砂土黄色胎，胎质较疏松。外底有支钉痕。口径14.4、底径6、高5.2厘米（图四八，11）。

2006SBT5⑧：345，残。敞口，圆唇，斜腹，平底。内施满釉，外施半釉，有流釉、脱釉、飞釉现象。灰色胎，胎质细净、较致密。内外底有支钉痕。口径18、底径11、高5.2厘米（图四八，21）。

2006SBT5⑧：351，残。侈口，圆唇，弧腹，底部缺失。内施满釉，外施釉至腹下部。夹砂黄白色胎，胎质较疏松。口径19厘米（图四八，12）。

2006SBT5⑧：360，残。敞口，圆唇，弧腹，饼底。内施满釉，外施半釉，釉面已脱，釉下施化妆土。姜黄色胎，胎质较疏松。内底有三个支钉痕。口径18.4、底径7.6、高7.3厘米（图四八，14；图版四三，2）。

2006SBT5⑧：366，残。敞口，圆唇，弧腹，玉璧底。内施满釉，外施釉至腹下部，有流釉、积釉现象，釉面有小开片，釉下施化妆土。姜黄色胎，胎质较疏松。内底有支钉痕。口径15.4、底径6.4、高5.4厘米（图四八，17）。

2006SBT5⑧：367，残。敞口，圆唇，弧腹，玉璧底。内施满釉，外施釉至腹下部，有脱釉现象，釉下施化妆土。姜黄色胎，胎质较疏松。内外底有支钉痕。口径13.6、底径6.2、高5.2厘米（图四八，18）。

2006SBT5⑧：372，残。微侈口，圆唇，弧腹，饼底内凹。内施满釉，外施釉至腹下部，外有流釉、积釉现象，脱釉严重，釉下施化妆土。外腹下有墨书"朱冕"二字。姜黄色胎，胎质较疏松。内底有支钉痕。口径18.4、底径8.6、高6厘米（图四八，13）。

2006SBT5⑧：373，残。侈口，圆唇，弧腹，饼底。内施满釉，外施釉至腹下部，脱釉严重，釉下施化妆土。姜黄色胎，胎质较疏松。内外底有支钉痕。口径19.2、底径8、高6厘米（图四八，15）。

2006SBT5⑧：375，残。敞口，圆唇，斜弧腹，玉璧底。内施满釉，外施半釉，有流釉、积釉现象，釉面有小开片，釉下施化妆土。土黄色胎，胎质较疏松。口径14、底径4.8、高4.8厘米（图四八，19）。

2006SBT5⑧：380，残。敞口，圆唇，弧腹，玉璧底，外沿斜削。内施满釉，外施釉至腹下部，有流釉、积釉现象，釉下施化妆土。夹砂姜黄色胎，胎质较疏松。内外底有支钉痕。口径19、底径8.6、高6.4厘米（图四八，16）。

2006SBT5⑧：389，残。敞口，圆唇，弧腹，玉璧底。内施满釉，外施釉至腹下部，釉

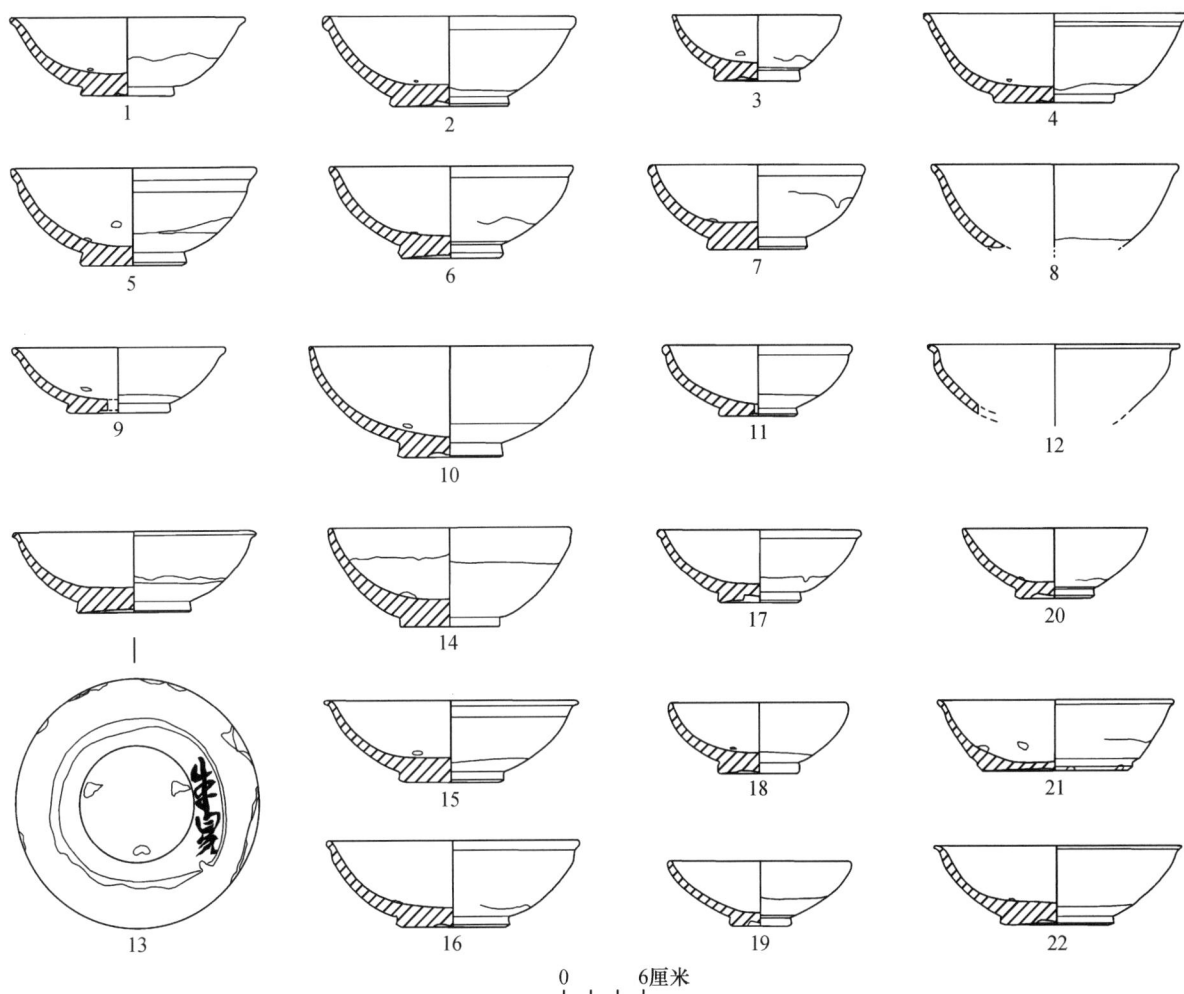

图四八 第8层黄釉碗

1. 2006SBT5⑧：290　2. 2006SBT5⑧：291　3. 2006SBT5⑧：302　4. 2006SBT5⑧：303　5. 2006SBT5⑧：307
6. 2006SBT5⑧：313　7. 2006SBT5⑧：316　8. 2006SBT5⑧：314　9. 2006SBT5⑧：328　10. 2006SBT5⑧：405
11. 2006SBT5⑧：342　12. 2006SBT5⑧：351　13. 2006SBT5⑧：372　14. 2006SBT5⑧：360　15. 2006SBT5⑧：373
16. 2006SBT5⑧：380　17. 2006SBT5⑧：366　18. 2006SBT5⑧：367　19. 2006SBT5⑧：375　20. 2006SBT5⑧：389
21. 2006SBT5⑧：345　22. 2006SBT5⑧：418

下施化妆土。姜黄色胎，胎质较疏松。内外底有三个支钉痕。口径15、底径6、高5.2厘米（图四八，20）。

2006SBT5⑧：405，残。敞口，圆唇，弧腹，玉璧底。内施满釉，外施釉至腹下部，有流釉、积釉、窑变现象，釉面有小开片，釉下施化妆土。姜黄色胎，胎质较疏松。内底有三个支钉痕。外底有垫痕。口径21.4、底径8、高8厘米（图四八，10）。

2006SBT5⑧：418，残。侈口，圆唇，弧腹，玉璧底。内施满釉，外施釉至腹下部，釉下施化妆土。浅黄色胎，胎质较疏松。内底有支钉痕。口径18.8、底径8.6、高5.8厘米（图四八，22）。

2006SBT5⑧：421，残。敞口，圆唇，弧腹，饼底，外沿斜削。内施满釉，外施釉至腹下部，釉下施化妆土。夹砂灰黄色胎，胎质较疏松。有窑粘现象。口径15.6、底径7.6、高4.5厘米（图四九，1）。

2006SBT5⑧：426，残。敞口，圆唇，弧腹，玉璧底，外沿斜削。内施满釉，外施釉至腹下部，有流釉现象，釉下施化妆土。浅褐色胎，胎质较致密。口径13.8、底径5.2、高5.2厘米（图四九，2）。

2006SBT5⑧：432，残。敞口，圆唇，弧腹，玉璧底。内外施满釉，有流釉现象。姜黄色胎，胎质较疏松。内底有支钉痕。口径16.4、底径8.1、高4.6厘米（图四九，3）。

2006SBT5⑧：439，残。敞口，圆唇，弧腹，饼底，外沿斜削。内施满釉，外施釉至腹下部，脱釉严重，釉下施化妆土。夹砂姜黄色胎，胎质较疏松。内底有支钉痕。口径18、底径8.4、高5.9厘米（图四九，4）。

2006SBT5⑧：450，整。敞口，圆唇，弧腹，玉璧底。内施满釉，外施釉至腹下部，有流釉、积釉现象，釉面有小开片，釉下施化妆土。姜黄色胎，胎质较疏松。内外底有支钉痕，有窑粘现象。口径15.6、底径7.6、高5.8厘米（图四九，5；图版四四，2）。

2006SBT5⑧：463，残。侈口，圆唇，弧腹，饼底，外沿斜削。内施满釉，外施釉至腹下部，有流釉、积釉现象，釉面有小开片，釉下施化妆土。夹砂姜黄色胎，胎质疏松。内底有三个支钉痕。口径19.6、底径9.2、高7厘米（图四九，8）。

2006SBT5⑧：468，残。侈口，圆唇，弧腹，玉璧底。内施满釉，外施半釉，脱釉严重，釉下施化妆土。夹砂灰黄色胎，胎质较粗糙。内外底有支钉痕。口径17.2、底径7.2、高6.3厘米（图四九，7）。

2006SBT5⑧：473，残。敞口，圆唇，斜弧腹，玉璧底。内施满釉，外施半釉，有流釉、积釉现象，釉下施化妆土，灰黄色胎，胎质较致密。外底有支钉痕。口径13、底径4.6、高4.2厘米（图四九，6）。

2006SBT5⑧：483，残。敞口，圆唇，弧腹，饼底内凹。内施满釉，外施半釉，有积釉现象，釉面有小开片，釉下施化妆土。姜黄色胎，胎质较疏松。内底有支钉痕。口径17.4、底径7.4、高5.3厘米（图四九，11）。

2006SBT5⑧：487，残。敞口，圆唇，弧腹，玉璧底。内施满釉，外施釉至腹下部，有流釉、积釉现象，釉下施化妆土。黄色胎，胎质较疏松。内外底有支钉痕。口径15.6、底径8.2、高4.9厘米（图四九，9）。

2006SBT5⑧：494，残。敞口，圆唇，弧腹，饼底，外沿斜削。内施满釉，外施半釉，有流釉现象，釉面有小开片，釉下施化妆土。夹砂姜黄色胎，胎质疏松。内外底有支钉痕。口径20、底径8.4、高6.2厘米（图四九，12）。

2006SBT5⑧：495，残。敞口，圆唇，弧腹，玉璧底。内施满釉，外施釉至腹下部，釉下施化妆土。姜黄色胎，胎质较疏松。内底有三个支钉痕。口径19.6、底8、高7厘米（图四九，20）。

2006SBT5⑧：503，残。敞口，圆唇，弧腹，饼底，外沿斜削。内施满釉，外施半釉，有积釉现象，釉面有小开片，釉下施化妆土。姜黄色胎，胎质疏松，内底有支钉痕。口径14、底径6.6、高4.7厘米（图四九，10）。

2006SBT5⑧：504，残。敞口，圆唇，弧腹，饼底。内施满釉，外施半釉，内外有流釉、积釉现象，釉下施化妆土。姜黄色胎，胎质较疏松，内底有三个支钉痕，外底有墨书"李"字。口径15.4、底径7、高7.6厘米（图四九，13）。

2006SBT5⑧：506，残。侈口，圆唇，弧腹，玉璧底。内施满釉，外施釉至腹下部，有流釉、积釉现象，釉下施化妆土。外底有墨书文字。姜黄色胎，胎质较疏松。内外底有支钉痕。口径18.6、底径8.5、高6.7厘米（图四九，17）。

2006SBT5⑧：510，残。敞口，圆唇，弧腹，玉璧底。内施满釉，外施釉至腹下部，有流釉、积釉、窑变现象，釉下施化妆土。姜黄色胎，胎质较疏松。内底有支钉痕。口径15、底径7、高4.2厘米（图四九，14）。

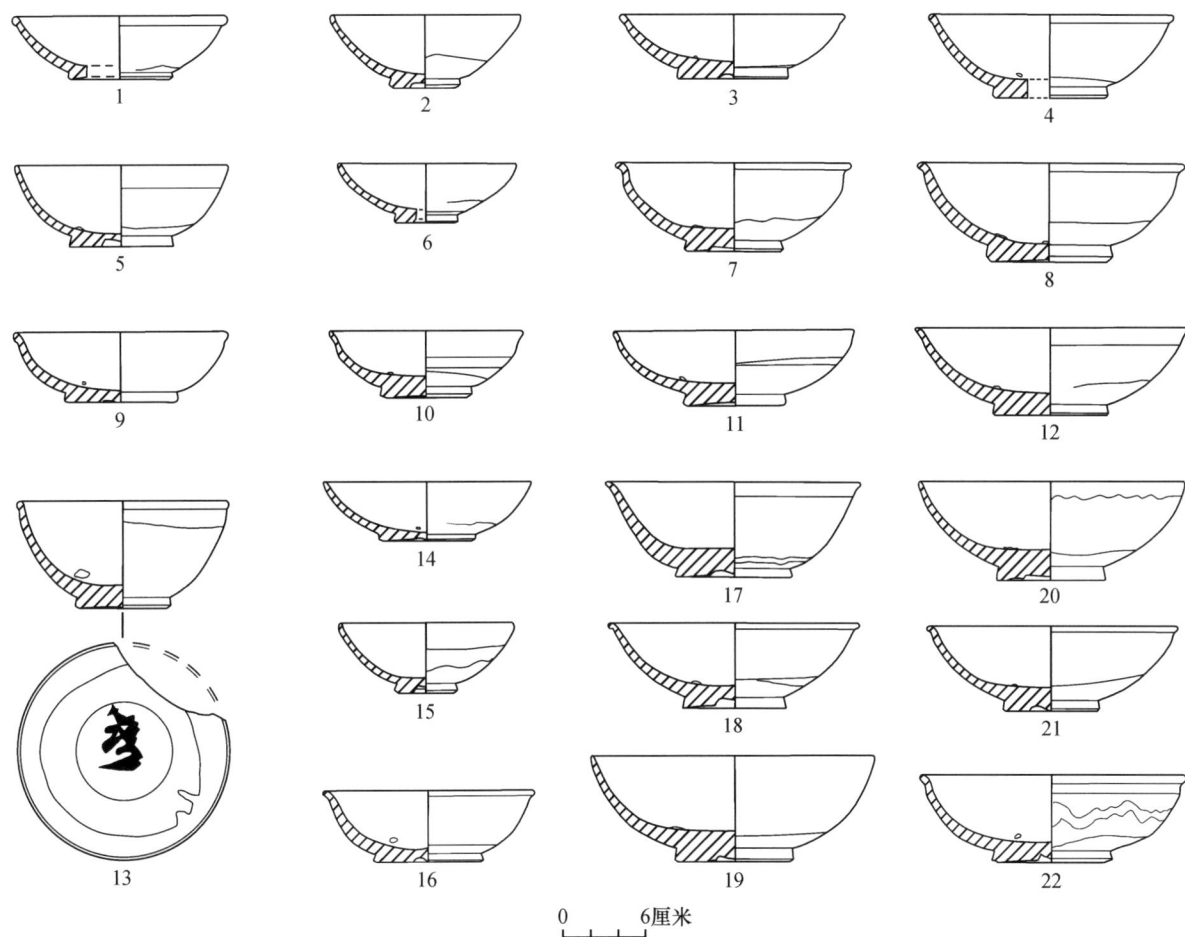

图四九 第8层黄釉碗

1. 2006SBT5⑧：421　2. 2006SBT5⑧：426　3. 2006SBT5⑧：432　4. 2006SBT5⑧：439　5. 2006SBT5⑧：450
6. 2006SBT5⑧：473　7. 2006SBT5⑧：468　8. 2006SBT5⑧：463　9. 2006SBT5⑧：487　10. 2006SBT5⑧：503
11. 2006SBT5⑧：483　12. 2006SBT5⑧：494　13. 2006SBT5⑧：504　14. 2006SBT5⑧：510　15. 2006SBT5⑧：515
16. 2006SBT5⑧：524　17. 2006SBT5⑧：506　18. 2006SBT5⑧：531　19. 2006SBT5⑧：552　20. 2006SBT5⑧：495
21. 2006SBT5⑧：525　22. 2006SBT5⑧：538

2006SBT5⑧：515，残。敞口，圆唇，弧腹，玉璧底。内施满釉，外施半釉，有流釉现象，釉面有小开片，釉下施化妆土。姜黄色胎，胎质较疏松。口径12.8、底径4.6、高5厘米（图四九，15）。

2006SBT5⑧：524，残。侈口，圆唇，弧腹，玉璧底。内施满釉，外施釉不及底，有流釉现象，釉面有小开片，釉下施化妆土。外底有墨书"伍"字。黄白色胎，胎质较疏松。内底有三个支钉痕。口径15.4、底径8、高5.1厘米（图四九，16）。

2006SBT5⑧：525，残。侈口，圆唇，弧腹，玉璧底，外沿斜削。内施满釉，外施釉至腹下部，有流釉、积釉现象，釉下施化妆土。姜黄色胎，胎质疏松。内外底有支钉痕。口径18.4、底径7.5、高6厘米（图四九，21）。

2006SBT5⑧：531，残。侈口，圆唇，弧腹，玉璧底。内施满釉，外施釉至腹下部，有流釉、积釉现象，釉面有小开片，釉下施化妆土。姜黄色胎，胎质较疏松。内外底有三个支钉痕。口径18.4、底径7.6、高6厘米（图四九，18）。

2006SBT5⑧：538，残。侈口，圆唇，弧腹，玉璧底。内施满釉，外施釉至腹下部，有流釉、积釉现象，釉面有小开片，釉下施化妆土。夹砂姜黄色胎，胎质较疏松。内外底有支钉痕。口径19.6、底径8.8、高6.2厘米（图四九，22）。

2006SBT5⑧：552，残。敞口，圆唇，弧腹，玉璧底。内施满釉，外施釉至腹下部，有流釉、积釉现象，釉面有小开片，釉下施化妆土。灰黄色胎，胎质较疏松。内外底均有三个支钉痕。口径20.8、底径8.6、高7.5厘米（图四九，19）。

2006SBT5⑧：572，残。敞口，圆唇，弧腹，玉璧底。内施满釉，外施半釉，有脱釉现象，釉下施化妆土。姜黄色胎，胎质疏松。内外底有支钉痕，外腹下部有墨书文字。口径17.6、底径8、高6.2厘米（图五〇，1）。

2006SBT5⑧：573，残。敞口，圆唇，弧腹，玉璧底，外沿斜削。内施满釉，外施釉至腹下部，有流釉、积釉现象，釉面有小开片，釉下施化妆土。黄褐色胎，胎质较致密。口径13.2、底径5、高4.8厘米（图五〇，2）。

2006SBT5⑧：577，残。侈口，圆唇，弧腹，玉璧底。内施满釉，外施半釉，釉下施化妆土。姜黄色胎，胎质疏松。内底有三个支钉痕。口径20、底径9.4、高6.2厘米（图五〇，5）。

2006SBT5⑧：584，残。敞口，圆唇，斜弧腹，饼底，外沿斜削。内施满釉，外施釉至腹下部，有流釉、积釉现象，釉面有小开片，釉下施化妆土。夹砂灰色、浅黄色胎，胎质较疏松。内底有支钉痕。口径15、底径7.6、高4.6厘米（图五〇，3）。

2006SBT5⑧：585，残。敞口，圆唇，弧腹，玉璧底。内施满釉，外施半釉，有流釉、积釉现象，釉下施化妆土。姜黄色胎，胎质较疏松。口径14.8、底径7.4、高5.3厘米（图五〇，4）。

2006SBT5⑧：589，残。侈口，圆唇，弧腹，玉璧底，外沿斜削。内施满釉，外施釉至腹下部，釉下施化妆土。褐色胎，胎质较致密。口径15.5、底径6、高5.5厘米（图五〇，6）。

2006SBT5⑧：590，残。敞口，圆唇，弧腹，玉璧底。内施满釉，外施釉至腹下部，脱釉严重，釉下施化妆土。夹砂姜黄色胎，胎质较疏松。内外底有支钉痕。口径20.8、底径8、高

7.3厘米（图五〇，8）。

2006SBT5⑧：600，残。侈口，尖圆唇，弧腹，玉璧底。内施满釉，外施釉至腹下部，有流釉、脱釉现象，釉下施化妆土。夹砂姜黄色胎，胎质较疏松。内外底有支钉痕。口径18.4、底径7.6、高6厘米（图五〇，9）。

2006SBT5⑧：601，残。侈口，圆唇，弧腹，平底。内施满釉，外施釉至腹下部，有流釉现象，釉面有小开片，釉下施化妆土。姜黄色胎，胎质较疏松。内外底有三个支钉痕。口径18、底径7.6、高5.8厘米（图五〇，7）。

2006SBT5⑧：603，残。侈口，圆唇，弧腹，玉璧底，外沿斜削。内施满釉，外施釉至腹下部，有流釉、积釉、脱釉现象，釉下施化妆土。夹砂姜黄色胎，胎质疏松。内底有支钉痕。口径19.6、底径9、高6.4厘米（图五〇，10）。

2006SBT5⑧：611，残。敞口，圆唇，弧腹，饼底内凹。内施满釉，外施釉至腹下部，有流釉现象，釉下施化妆土。夹砂姜黄色胎，胎质疏松。口径15.8、底径7.4、高5厘米（图五〇，11）。

2006SBT5⑧：620，残。侈口，圆唇，弧腹，玉璧底。内施满釉，外施釉至腹下部，釉面已脱，釉下施化妆土。姜黄色胎，胎质较疏松。内底有三个支钉痕。口径20、底径9.2、高6.4厘米（图五〇，13；图版四三，3）。

2006SBT5⑧：633，残。敞口，圆唇，弧腹，玉璧底。内施满釉，外施釉至腹下部，有流釉现象，釉下施化妆土。褐色胎，胎质较疏松。口径13.2、底径4.8、高4.4厘米（图五〇，12）。

2006SBT5⑧：642，残。侈口，圆唇，弧腹，玉璧底。内施满釉，外施釉至腹下部，有流釉现象。夹砂姜黄色胎，胎质较粗糙。内外底有三个支钉痕。口径18.8、底径9、高6.5厘米（图五〇，14）。

2006SBT5⑧：646，残。敞口，圆唇，弧腹，玉璧底。内施满釉，外施釉至腹下部，有流釉现象，脱釉严重，釉下施化妆土。姜黄色胎，胎质较疏松。口径15.4、底径7.5、高4.4厘米（图五〇，15）。

2006SBT5⑧：647，残。敞口，圆唇，弧腹，玉璧底。内施满釉，外施半釉，有流釉、积釉现象，釉面有小开片，釉下施化妆土。土黄色胎，胎质较疏松。口径13.4、底径4.6、高4.3厘米（图五〇，16）。

2006SBT5⑧：654，残。侈口，圆唇，弧腹，玉璧底。内施满釉，外施釉至腹下部，脱釉严重，釉下施化妆土。姜黄色胎，胎质较疏松。内外底有支钉痕。口径18.4、底径9、高6.1厘米（图五〇，17）。

2006SBT5⑧：659，残。侈口，圆唇，弧腹，玉璧底，外底心隆起，似乳头状。内施满釉，外施釉至腹下部，有流釉现象，釉下施化妆土。姜黄色胎，胎质较疏松。内外底有支钉痕。口径18.6、底径9.4、高6.6厘米（图五〇，18）。

2006SBT5⑧：668，残。敞口，圆唇，弧腹，饼底。内施满釉，外施半釉，有流釉、积釉现象，釉面有小开片，釉下施化妆土。灰黄色胎，胎质粗糙。内底有三个支钉痕。口径18.5、

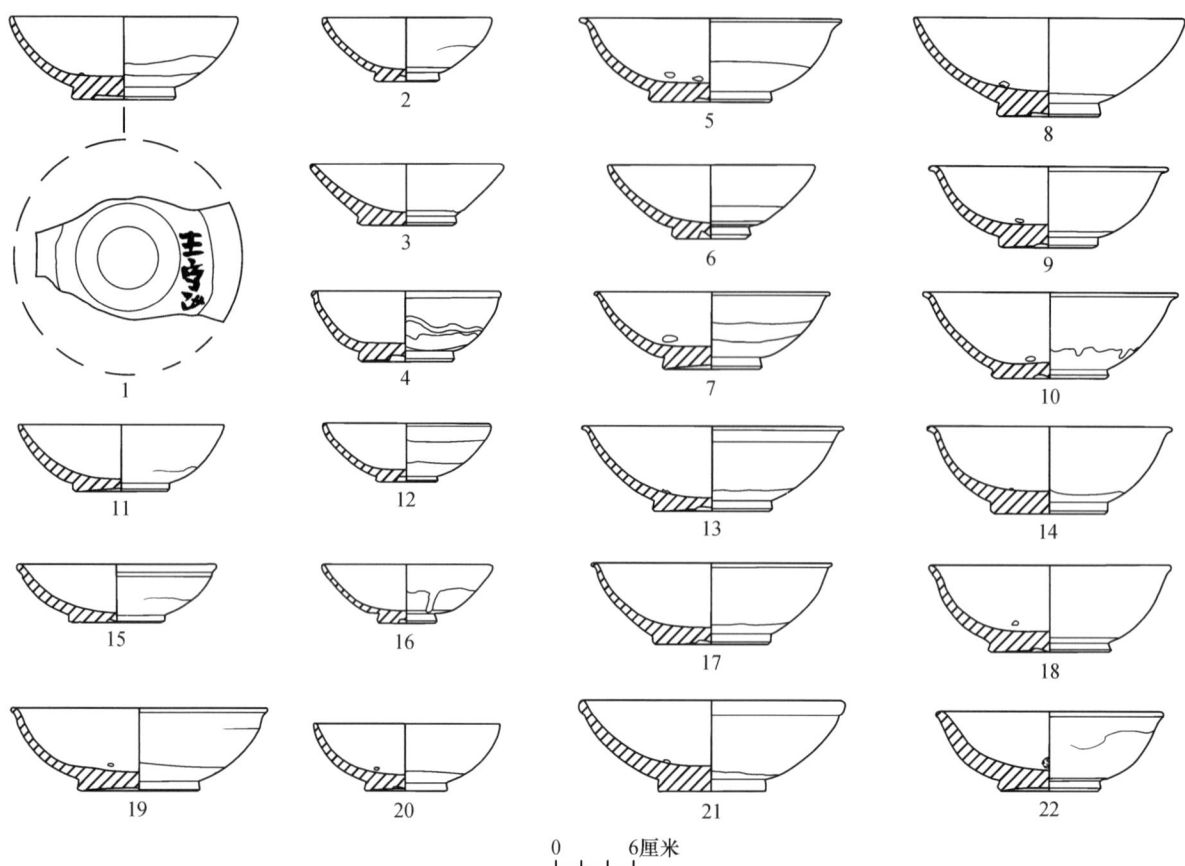

图五〇　第8层黄釉碗

1. 2006SBT5⑧：572　2. 2006SBT5⑧：573　3. 2006SBT5⑧：584　4. 2006SBT5⑧：585　5. 2006SBT5⑧：577
6. 2006SBT5⑧：589　7. 2006SBT5⑧：601　8. 2006SBT5⑧：590　9. 2006SBT5⑧：600　10. 2006SBT5⑧：603
11. 2006SBT5⑧：611　12. 2006SBT5⑧：633　13. 2006SBT5⑧：620　14. 2006SBT5⑧：642　15. 2006SBT5⑧：646
16. 2006SBT5⑧：647　17. 2006SBT5⑧：654　18. 2006SBT5⑧：659　19. 2006SBT5⑧：685　20. 2006SBT5⑧：686
21. 2006SBT5⑧：680　22. 2006SBT5⑧：668

底径8、高6厘米（图五〇，22）。

2006SBT5⑧：680，整。敞口，圆唇，弧腹，饼底。内施满釉，外施釉至腹下部，有流釉现象，釉下施化妆土。姜黄色胎，胎质较疏松。内底有三个支钉痕。口径20.4、底径8.2、高6.8厘米（图五〇，21；图版四三，4）。

2006SBT5⑧：685，残。侈口，圆唇，弧腹，玉璧底。内施满釉，外施半釉，釉面有小开片，釉下施化妆土。夹砂黄白色胎，胎质较疏松。内外底有支钉痕。口径19.8、底径9.4、高6厘米（图五〇，19）。

2006SBT5⑧：686，残。敞口，圆唇，弧腹，玉璧底内凹。内施满釉，外施釉至腹下部，有流釉、积釉现象，釉面有小开片，釉下施化妆土。夹砂姜黄色胎，胎质较疏松。内外底有支钉痕。口径14.4、底径6.4、高5厘米（图五〇，20）。

2006SBT5⑧：688，残。敞口，圆唇，弧腹，玉璧底，外沿斜削。内施满釉，外施釉至腹下部，釉下施化妆土。姜黄色胎，胎质较疏松。内底有支钉痕。口径19、底径8.7、高7厘米（图五一，1）。

2006SBT5⑧：691，残。敞口，圆唇，弧腹，玉璧底。内施满釉，外施釉至腹下部，有积釉现象。黄色胎，胎质较疏松。内底有支钉痕。口径16.4、底径7.6、高5.2厘米（图五一，2）。

2006SBT5⑧：702，残。敞口，圆唇，弧腹，玉璧底。内施满釉，外施釉至腹下部，有脱釉现象，釉下施化妆土。姜黄色胎，胎质较疏松。内外底有三个支钉痕。口径17.2、底径7.4、高6.3厘米（图五一，3；图版四四，1）。

2006SBT5⑧：711，残。敞口，圆唇，弧腹，玉璧底。内施满釉，外施釉至腹下部，釉下施化妆土。夹砂灰黄色胎，胎质较疏松。内外底有支钉痕。口径17、底径7.4、高6厘米（图五一，4）。

2006SBT5⑧：712，整。侈口，圆唇，弧腹，玉璧底，外沿斜削。内施满釉，外施釉至腹下部，有脱釉现象，釉下施化妆土。黄褐色胎，胎质较疏松。内外底有三个支钉痕。口径17.6、底径6.8、高5.9厘米（图五一，5；图版四二，6）。

2006SBT5⑧：719，残。敞口，圆唇，弧腹，玉璧底内凹。内施满釉，外施釉至腹下部，有流釉、积釉现象，釉面有小开片，釉下施化妆土，外底有窑粘现象。姜黄色胎，胎质较疏松。内底有三个支钉痕。口径18.4、底径8.4、高6.2厘米（图五一，7；图版四二，1）。

2006SBT5⑧：727，残。敞口，圆唇，弧腹，玉璧底。内施满釉，外施釉至腹下部，有流釉、积釉现象，釉面有小开片，釉下施化妆土。灰黄色胎，胎质较疏松。内外底有三个支钉痕。口径21.4、底径8.2、高6.6厘米（图五一，8）。

2006SBT5⑧：731，残。敞口，圆唇，弧腹，玉璧底。内施满釉，外施釉至腹下部，釉面部分脱落，有流釉、积釉现象，釉下施化妆土。夹砂灰黄色胎，胎质较疏松。口径14.2、底径6、高5.2厘米（图五一，6）。

2006SBT5⑧：738，整。敞口，圆唇，弧腹，玉璧底，外沿斜削。内施满釉，外施釉至腹下部，有流釉、积釉现象，釉面已脱，釉下施化妆土。姜黄色胎，胎质较疏松。内外底有支钉痕。口径15.2、底径7.2、高4.9厘米（图五一，11；图版四五，2）。

2006SBT5⑧：751，残。口、腹缺失，玉璧底，外沿斜削。内施满釉，有脱釉现象，外不详。外底墨书文字。姜黄色胎，胎质较疏松。底径7.6厘米（图五一，10）。

2006SBT5⑧：756，残。侈口，圆唇，弧腹，玉璧底，外沿斜削。内施满釉，外施釉至腹下部，有流釉现象，釉下施化妆土。姜黄色胎，胎质较疏松。内底有支钉痕。口径20、底径9.2、高6.6厘米（图五一，16）。

2006SBT5⑧：757，残。敞口，圆唇，弧腹，玉璧底，外沿斜削。内施满釉，外施釉至腹下部，釉下施化妆土。姜黄色胎，胎质较疏松。外底有支钉痕。口径16.2、底径7.4、高5.2厘米（图五一，19）。

2006SBT5⑧：760，残。侈口，圆唇，弧腹，玉璧底。内施满釉，外施半釉，有流釉现

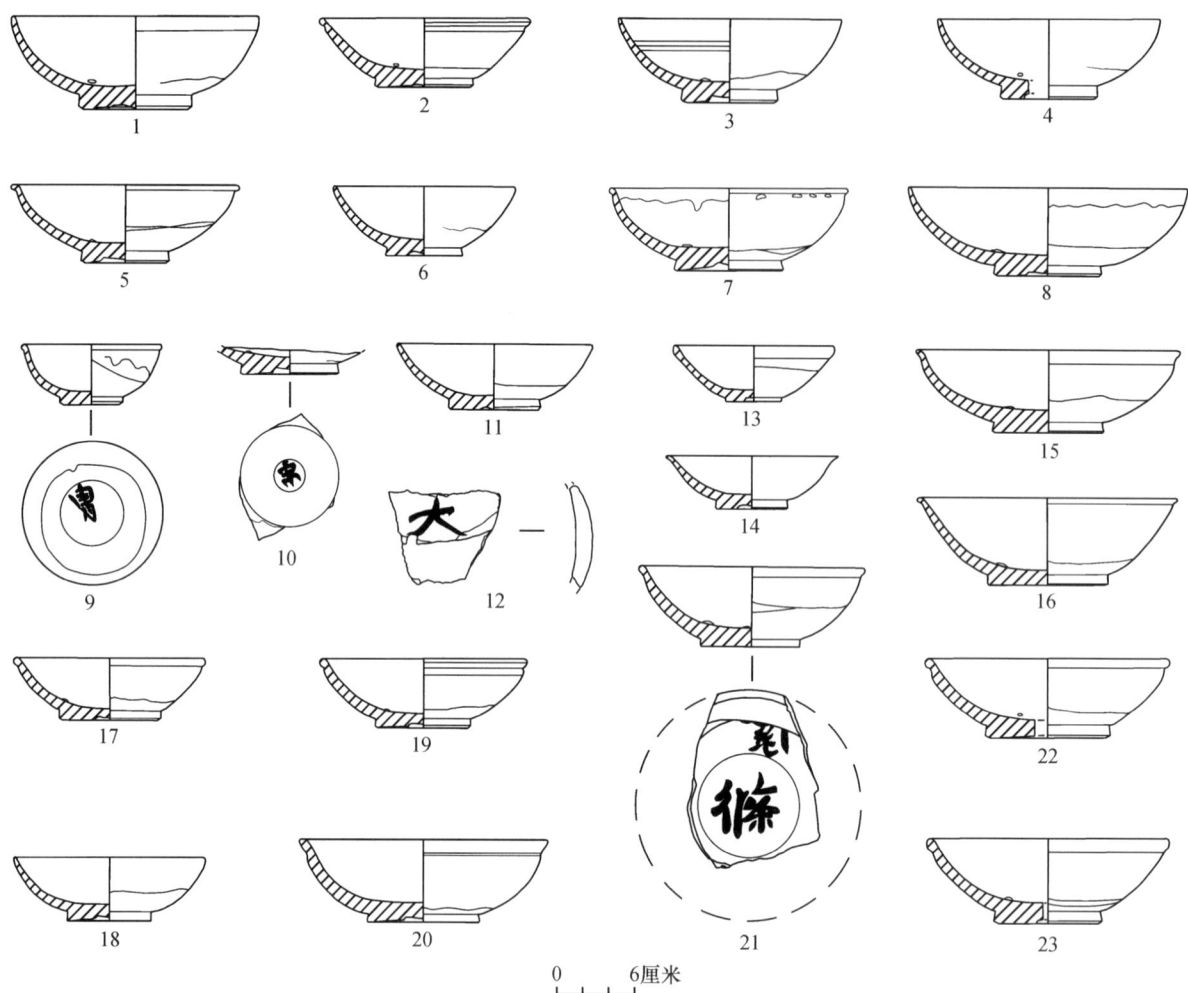

图五一　第8层黄釉碗

1. 2006SBT5⑧：688　2. 2006SBT5⑧：691　3. 2006SBT5⑧：702　4. 2006SBT5⑧：711　5. 2006SBT5⑧：712
6. 2006SBT5⑧：731　7. 2006SBT5⑧：719　8. 2006SBT5⑧：727　9. 2006SBT5⑧：776　10. 2006SBT5⑧：751
11. 2006SBT5⑧：738　12. 2006SBT5⑧：803　13. 2006SBT5⑧：770　14. 2006SBT5⑧：842　15. 2006SBT5⑧：760
16. 2006SBT5⑧：756　17. 2006SBT5⑧：786　18. 2006SBT5⑧：787　19. 2006SBT5⑧：757　20. 2006SBT5⑧：878
21. 2006SBT5⑧：802　22. 2006SBT5⑧：808　23. 2006SBT5⑧：831

象，釉下施化妆土。姜黄色胎，胎质较疏松。内底有支钉痕。口径20.2、底径8.4、高6.2厘米（图五一，15）。

2006SBT5⑧：770，残。敞口，圆唇，弧腹，玉璧底。内施满釉，外施半釉，有流釉、积釉现象，釉下施化妆土。灰黄色胎，胎质细净、较致密。口径12.2、底径4.2、高4.2厘米（图五一，13）。

2006SBT5⑧：776，敞口，圆唇，弧腹，饼形底。内施满釉，外施半釉，施釉不均，釉面粗糙，有滚釉现象。夹砂浅黄色胎，胎质粗糙。器底有墨书"曹"字。口径10.8、底径4.8、高4.5厘米（图五一，9）。

2006SBT5⑧：786，残。侈口，圆唇，弧腹，玉璧底。内施满釉，外施釉至腹下部，有流釉、积釉现象，釉下施化妆土。夹砂姜黄色胎，胎质较疏松。内外底有支钉痕。口径14.8、底径6.4、高4.8厘米（图五一，17）。

2006SBT5⑧：787，残。敞口，圆唇，弧腹，玉璧底。内施满釉，外施釉至腹下部，有流釉、积釉现象，釉面有小开片，釉下施化妆土。灰黄色胎，胎质较疏松。内外底有三个支钉痕。口径14.8、底径6.4、高4.8厘米（图五一，18）。

2006SBT5⑧：802，残。敞口，圆唇，弧腹，饼底。内施满釉，外施半釉，釉面已脱，釉下施化妆土。姜黄色胎，胎质较疏松。内底有支钉痕，外腹下、底有墨书文字。口径17.4、底径7.8、高6厘米（图五一，21）。

2006SBT5⑧：803，残。口、腹、底缺失。内施满釉，外施半釉，有流釉现象。外腹下有墨书"大"字，釉下施化妆土。姜黄色胎，胎质较疏松（图五一，12）。

2006SBT5⑧：808，残。微侈口，圆唇，弧腹，饼底内凹，外沿斜削。内施满釉，外施釉至腹下部，有流釉、积釉现象，釉下施化妆土。姜黄色胎，胎质较疏松。内底有支钉痕。口径18.8、底径9.6、高6厘米（图五一，22）。

2006SBT5⑧：831，残。敞口，圆唇，弧腹，玉璧底。内施满釉，外施釉至腹下部，有流釉、积釉现象，釉下施化妆土。姜黄色胎，胎质较疏松。内外底有支钉痕。口径18.6、底径8.2、高6.4厘米（图五一，23）。

2006SBT5⑧：842，残。侈口，圆唇，弧腹，玉璧底。内外施满釉，有流釉、积釉、脱釉现象，釉下施化妆土。灰黄色胎，胎质细净、较疏松。外底有支钉痕。口径13.2、底径5.6、高4厘米（图五一，14）。

2006SBT5⑧：878，残。敞口，圆唇，弧腹，玉璧底。内施满釉，外施釉不及底，有流釉现象，釉下施化妆土。夹砂姜黄色胎，胎质较疏松。内底有支钉痕。口径19.4、底径8.8、高6.2厘米（图五一，20）。

2006SBT5⑧：891，残，敞口，圆唇外撇，弧腹，玉璧底。釉面莹润，有细开片，器内满釉，器外施釉不及底，有流釉现象。灰胎，较致密。口径20、底径7.2、高7.2厘米（图五二，1；图版四三，5）。

2006SBT5⑧：892，整。敞口，圆唇，弧腹，玉璧底。釉面莹润，有小开片，器内满釉，器外施半釉，釉线不齐，有流釉、积釉现象，釉厚处泛青。灰黄胎，含细砂，较疏松。口径19.2、底径8、高6.4厘米（图五二，2；图版四三，6）。

壶 2件。

2006SBT5⑧：728，残。口、柄缺失，颈、腹上有两个对称双条形系，腹一侧有一八棱短流，另一侧有一扁双条形柄，溜肩，鼓腹，平底。内颈以下无釉，外施满釉，有流釉现象，釉下施化妆土。灰黄色胎，胎质较致密。外底有支钉痕，流下侧有一双鱼贴花。腹径14.6、底径12.4、高20.6厘米（图五二，4；图版四八，3）。

2006SBT5⑧：900，残。侈口，圆唇，束颈，溜肩，鼓弧腹，饼底外撇。颈至肩部装一双条形曲柄，对称肩部短圆管状流残。釉面莹润，内施釉至颈，器外施釉不及底。灰胎，含细

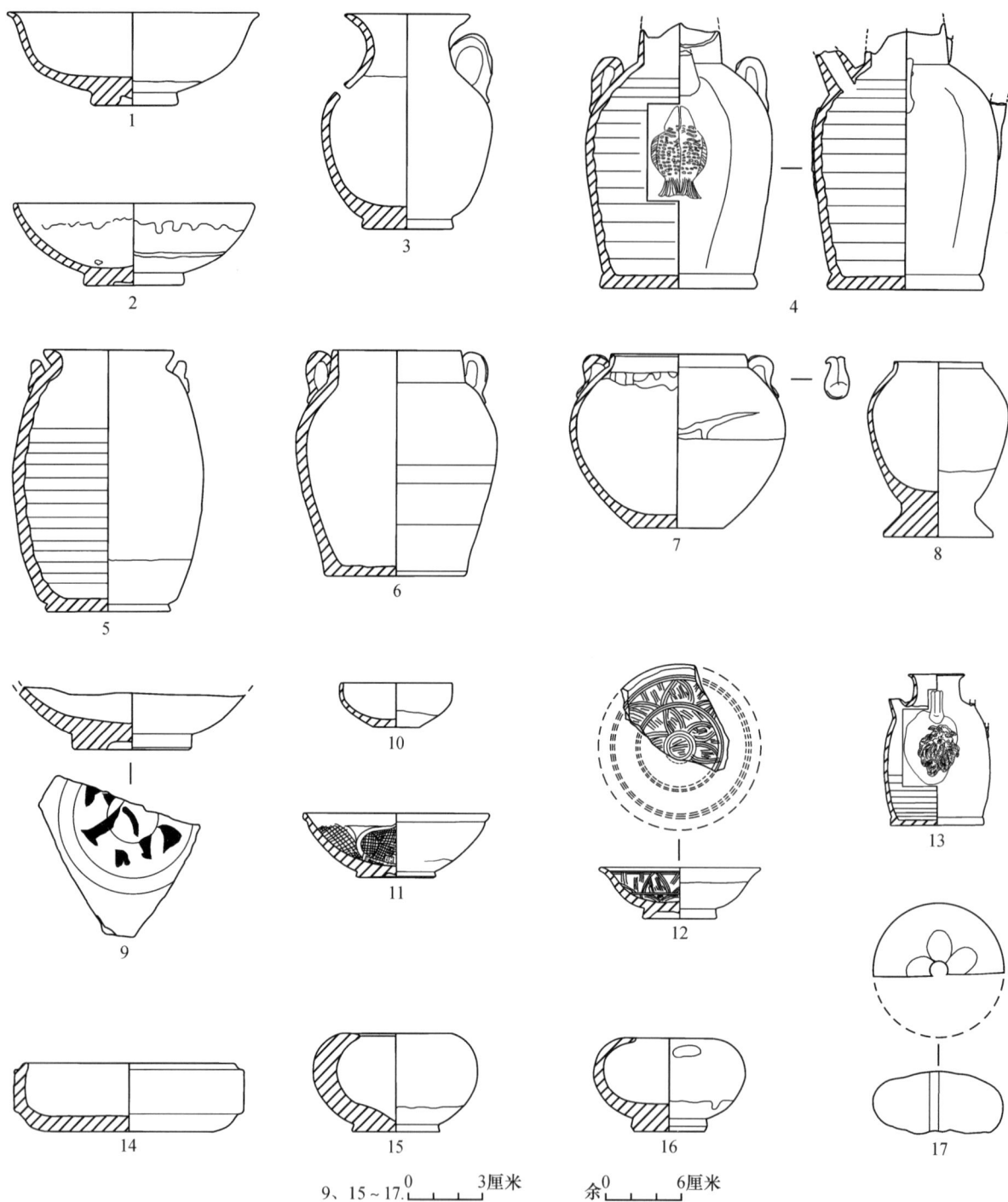

9、15~17. ⊢—0———3厘米　　余 ⊢—0———6厘米

图五二　第8层黄釉、黄釉褐彩瓷器

1、2. 黄釉碗（2006SBT5⑧：891、2006SBT5⑧：892）　　3、4. 黄釉壶（2006SBT5⑧：900、2006SBT5⑧：728）　　5~8. 黄釉罐（2006SBT5⑧：119、2006SBT5⑧：730、2006SBT5⑧：582、2006SBT5⑧：458）　　9. 黄釉盏（2006SBT5⑧：827）　　10. 黄釉钵（2006SBT5⑧：343）　　11、12. 黄釉碾碗（2006SBT5⑧：610、2006SBT5⑧：77）　　13. 黄釉褐彩执壶（2006SBT5⑧：627）　　14. 黄釉盒（2006SBT5⑧：899）　　15、16. 黄釉盂（2006SBT5⑧：56、2006SBT5⑧：778）　　17. 黄釉纺轮（2006SBT5⑧：871）

砂，较致密。口径10、腹径13.6、底径7.4、高16.7厘米（图五二，3；图版四八，4）。

罐　4件。

2006SBT5⑧：119，残。敞口，圆唇，半环状条形系，鼓腹，平底。内无釉，外施釉至腹下部，釉下施化妆土。灰色胎，胎质细净、较致密。外底有支钉痕。口径10.4、腹径15.2、底径9.8、高20.3厘米（图五二，5；图版四六，4）。

2006SBT5⑧：458，残。敛口，圆唇，鼓腹，平底。内无釉，外施釉至腹下部，有脱釉现象，釉下施化妆土。灰黄色胎，胎质较疏松。外底有垫痕。口径7、通径11.2、底径8.6、高13.5厘米（图五二，8；图版四六，3）。

2006SBT5⑧：582，整。敛口，圆唇，鼓腹，平底，腹沿间有两个对称的条形系。内施满釉，外施半釉，有流釉、积釉、脱釉现象，釉下施化妆土。黄褐色胎，胎质较致密。外底有垫饼痕。口径10.6、底径17、底径7.2、高13.5厘米（图五二，7；图版四六，2）。

2006SBT5⑧：730，残。敛口，圆唇，双条形系，溜肩，敛腹，平底。内颈下无釉，外施釉至腹下部，有流釉、积釉现象，釉下施化妆土。姜黄色胎，胎质较疏松。外底有垫痕。口径10.4、腹径16.2、底径11.5、高17.5厘米（图五二，6）。

钵　1件。

2006SBT5⑧：343，整。敞口，圆唇，弧腹，平底。内施满釉，外施半釉，釉面已脱落，釉下施化妆土。红褐色胎，胎质细净、较致密。有窑粘现象。口径9、底径3.8、高3.4厘米（图五二，10；图版四八，1）。

碾碗　2件。

2006SBT5⑧：77，残。侈口，圆唇，斜弧腹，圈足外撇。内口沿以下无釉，外施半釉，有流釉、积釉现象，釉面有小开片。内饰刻划花瓣纹饰。灰黄色胎，胎质细净、较致密。外底有垫圈痕。口径12.8、底径5.9、高4厘米（图五二，12）。

2006SBT5⑧：610，残。敞口，圆唇，弧腹，玉璧底。内施半釉，外施釉至腹下部，有流釉、积釉现象，釉下施化妆土。姜黄色胎，胎质较疏松。内刻划有网纹、双环纹、棋盘纹、色子纹。口径15、底径6.4、高5厘米（图五二，11；图版四五，1）。

盏　1件。

2006SBT5⑧：827，残，口、腹缺失，弧腹，玉璧底。内施满釉，外施半釉，釉下施化妆土。外底有墨书"茶"字。灰黄色胎，胎质较疏松。底径4.8厘米（图五二，9）。

纺轮　1件。

2006SBT5⑧：871，残。圆形，面为弧形，弧缘，弧腹，平底。通体施釉，有脱釉现象，釉下施化妆土。底有刻划花瓣纹饰。夹砂浅黄色胎，胎质较致密。直径5.2、高2.4厘米（图五二，17；图版四九，3）。

盂　2件。

2006SBT5⑧：56，整。敛口，圆唇，弧腹，饼底。内施满釉，外施釉至腹下部，有流釉、脱釉现象，釉下施化妆土。灰黄色胎，胎质较疏松。口径3、通径6.6、底径3.6、高3.8厘米（图五二，15；图版四七，2）。

2006SBT5⑧：778，敛口，圆唇，弧腹，饼形底。内施满釉，外施半釉，有脱釉现象，釉层厚，口沿及外腹部釉下施白色化妆土。夹砂浅黄色胎，胎质粗糙。轮制痕迹明显。口径2.7、通径6、底径3、高3.6厘米（图五二，16）。

盒　1件。

2006SBT5⑧：899，残。子母口微敛，窄沿，尖圆唇，直腹，至底弧内收，平底。黄釉，乳浊，除唇沿外，器内外施满釉。灰胎，含细砂，较致密。口径18.5、底径13.4、高5.3厘米（图五二，14；图版四八，2）。

15. 黄釉褐彩

执壶　1件。

2006SBT5⑧：627，残。侈口，圆唇，溜肩，鼓腹，平底，三条形扁錾，六棱短流，对称两个扁条形系，流、系下各有一点彩贴花。器表施满釉，有流釉、积釉现象，釉下施化妆土。底露胎，黄褐色胎，胎质较疏松。外底有垫砂痕。口径8.8、腹径16.8、底径14.8、高23.4厘米（图五二，13）。

16. 黑釉

9件。

器盖　2件。

2006SBT5⑧：136，残。坛状，弧口，圆唇，管状舌，弧面，中下部为圆饼状，顶部为隆乳状。内无釉，外施满釉。灰色胎，胎质较疏松。有窑粘现象。通径6、底径2.6、高4.4厘米（图五三，1；图版五四，1）。

2006SBT5⑧：434，残。敛口，圆唇，弧顶。内施白釉，外施黑釉，口沿处无釉。浅黄色胎，胎质较致密。口径9.9、高3.7厘米（图五三，2）。

枕　2件。

2006SBT5⑧：143，残。枕面弧形，两端微翘，面与座之间有一卧兔，平底。通体施釉，釉下施化妆土。夹砂灰黄色胎，胎质较致密。底面有支钉痕。长12.5、宽5.6、高6.4厘米（图五三，5）。

2006SBT5⑧：931，整。形近长方体，面呈椭圆形，内侧低凹，棱圆折弧状，底弧面，素面。胎体灰白，较细腻。釉面润亮，底无釉。长15、宽10、高7厘米（图五三，8；图版五四，4）。

盂　1件。

2006SBT5⑧：336，残。敛口，圆唇，弧腹，饼底。内施满釉，外施半釉，釉面呈橘皮状，灰色、灰白色胎，胎质致密。釉下有对称乳钉纹。口径2.5、腹径3.6、底径2、高2.3厘米（图五三，3）。

盏 1件。

2006SBT5⑧：499，残。敞口，圆唇，弧腹，饼底。内施满釉，外无釉，釉下施化妆土。灰白色胎，胎质较致密。外底有支钉痕。口径9.6、底径4.6、高3.6厘米（图五三，4）。

盆 1件。

2006SBT5⑧：651，残。敞口，圆唇，弧腹，饼底。内外施半釉，内施青釉，外施黑釉，有流釉、积釉现象，釉下施化妆土。浅灰色胎，胎质细纯、较致密。外底有支钉痕，外有窑粘现象。口径24.8、底径12.8、高12.4厘米（图五三，6）。

瓶 1件。

2006SBT5⑧：917，整。瓶喇叭口，圆唇，束颈，溜肩，鼓腹，饼底。内施釉至口沿下，外施釉至下腹部，有积釉现象。夹砂灰色胎。口径4.4、腹径7.5、底径4.7、通高10厘米（图五三，9；图版五四，3）。

碗 1件。

2006SBT5⑧：919，残。葵花形敞口，圆唇外撇，弧腹，圈足、挖足浅。釉面润亮，器内外满釉。灰胎，较致密。口径18.2、底径9、高7.4厘米（图五三，7；图版五三，2）。

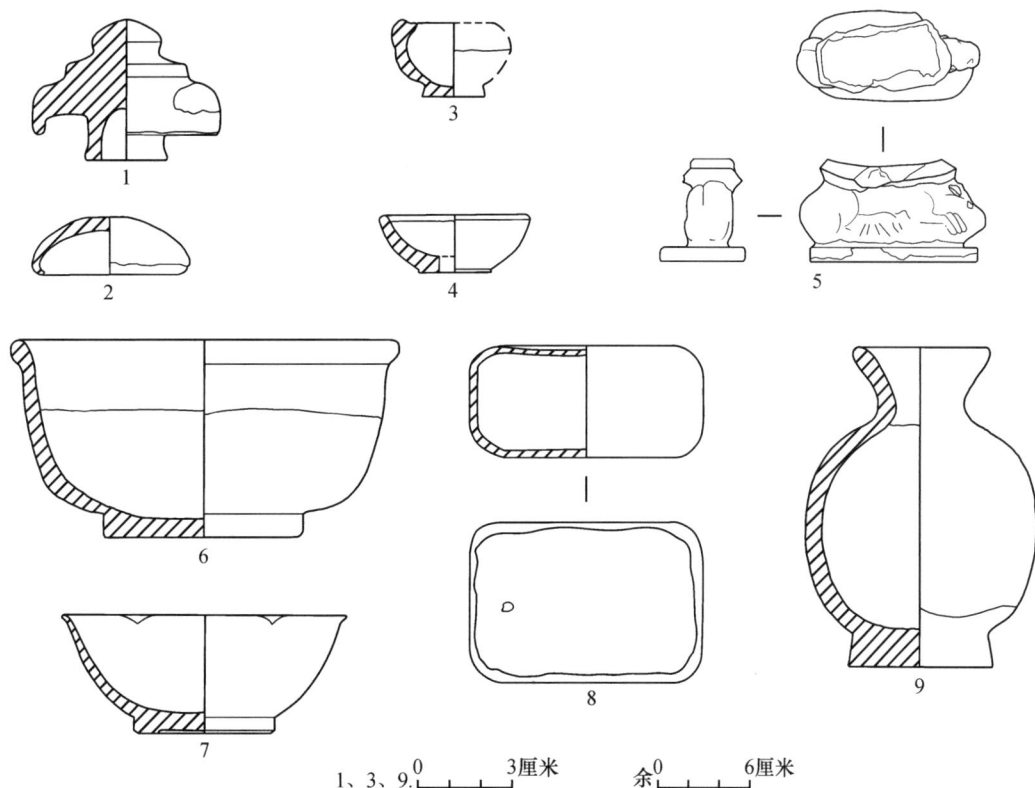

1、3.9.　0　　　3厘米　　余0　　　6厘米

图五三　第8层黑釉瓷器

1、2.器盖（2006SBT5⑧：136、2006SBT5⑧：434）　3.盂（2006SBT5⑧：336）　4.盏（2006SBT5⑧：499）
5、8.枕（2006SBT5⑧：143、2006SBT5⑧：931）　6.盆（2006SBT5⑧：651）　7.碗（2006SBT5⑧：919）
9.瓶（2006SBT5⑧：917）

17. 酱釉

28件。

碗　16件。

2006SBT5⑧：10，残。敞口，圆唇，弧腹，饼底内凹。内外施半釉，有流釉现象。浅灰色胎，胎质较致密。口径16.4、底径6.8、高6.6厘米（图五四，1）。

2006SBT5⑧：11，残。敞口，圆唇，弧腹，平底。内施满釉，外施半釉，有流釉现象，釉下施化妆土。灰色胎，胎质细净、较致密。内外底有支钉痕。口径19、底径11、高6厘米（图五四，2；图版五〇，3）。

2006SBT5⑧：31，残。敞口，圆唇，斜弧腹，平底内凹。内施满釉，外无釉。土黄色胎，胎质较致密。外底有支钉痕。口径10.4、底径4、高3.5厘米（图五四，6）。

2006SBT5⑧：48，残。侈口，圆唇，斜直腹，平底。内施满釉，外施半釉，有流釉、积釉、飞釉现象。灰色胎，胎质较致密。内外底有支钉痕。口径19.2、底径11.2、高5.6厘米（图五四，3）。

2006SBT5⑧：61，残。侈口，圆唇，斜腹，平底。内施满釉，外施半釉，内外有流釉、积釉现象，釉下施化妆土。灰色胎，胎质细净、较致密。内外底有支钉痕。口径18.8、底径10.6、高5.7厘米（图五四，4；图版五〇，4）。

2006SBT5⑧：91，残。微侈口，圆唇，弧腹，平底。内施满釉，外施半釉，有流釉现象。灰色胎，胎质较致密。内外底有支钉痕。口径19、底径11、高5.6厘米（图五四，7）。

2006SBT5⑧：95，残。敞口，圆唇，斜弧腹，平底。内施满釉，外施半釉，有流釉、积釉现象。砖红色胎，胎质较致密。内外底有支钉痕。口径19.2、底径11.2、高5.6厘米（图五四，8）。

2006SBT5⑧：145，残。侈口，圆唇，弧腹，圈足斜削。内外施满釉，内施白釉，外施青釉，釉面有小开片。灰白色胎，胎质较致密。外底有垫圈痕。口径18、底径10.4、高6.4厘米（图五四，9）。

2006SBT5⑧：312，残。敞口，圆唇，斜弧腹，平底。内施满釉，外施釉至腹下部，有流釉、积釉现象。灰色胎，胎质较致密。内外底有支钉痕。口径18.6、底径10.6、高5.6厘米（图五四，10）。

2006SBT5⑧：408，残。敞口，圆唇，斜弧腹，饼底内凹，外沿斜削。内施满釉，外施釉至腹下部，有流釉、积釉、脱釉现象，釉面有小开片，釉下施化妆土。褐色胎，胎质细净、较致密。内底有支珠痕。口径16.8、底径7.6、高5.4厘米（图五四，11）。

2006SBT5⑧：435，残。敞口，圆唇，斜弧腹，平底。内施满釉，外施半釉，有流釉、飞釉现象。灰色胎，胎质较致密。内外底有支钉痕。口径18.8、底径10、高6.5厘米（图五四，12）。

　　2006SBT5⑧：612，残。敞口，圆唇，斜腹，平底内凹。内施半釉，外施釉至腹下部，有流釉现象，釉下施化妆土。褐色胎，胎质细净、较致密。内外底有支钉痕，外底有墨书文字。口径20.4、底径10.8、高6.6厘米（图五四，5）。

　　2006SBT5⑧：619，残。敞口，圆唇，斜弧腹，平底。内施满釉，外施半釉。灰褐色胎，胎质致密。内外底有支钉痕。口径20.2、底径11.8、高5.1厘米（图五四，13）。

　　2006SBT5⑧：690，残。敞口，圆唇，斜腹，平底。内施满釉，外施半釉，有流釉、积釉、飞釉现象，釉下施化妆土。灰色胎，胎质细净、较致密。内底有支钉痕。口径19、底径10.4、高5.5厘米（图五四，14）。

　　2006SBT5⑧：713，残。敞口，圆唇，斜直腹，平底内凹。内施满釉，外施半釉，施釉不均，有流釉、积釉现象，釉下施化妆土。褐色胎，胎质细净、较致密。内外底有支钉痕。口径19、底径10.4、高5.6厘米（图五四，15）。

　　2006SBT5⑧：890，整。敞口，圆唇，弧腹，饼底。器底有明显修胎切削痕迹，底缘斜削。器内满釉，器外施釉不及底，釉线不齐，有流釉现象。灰胎，含细砂，较致密。口径

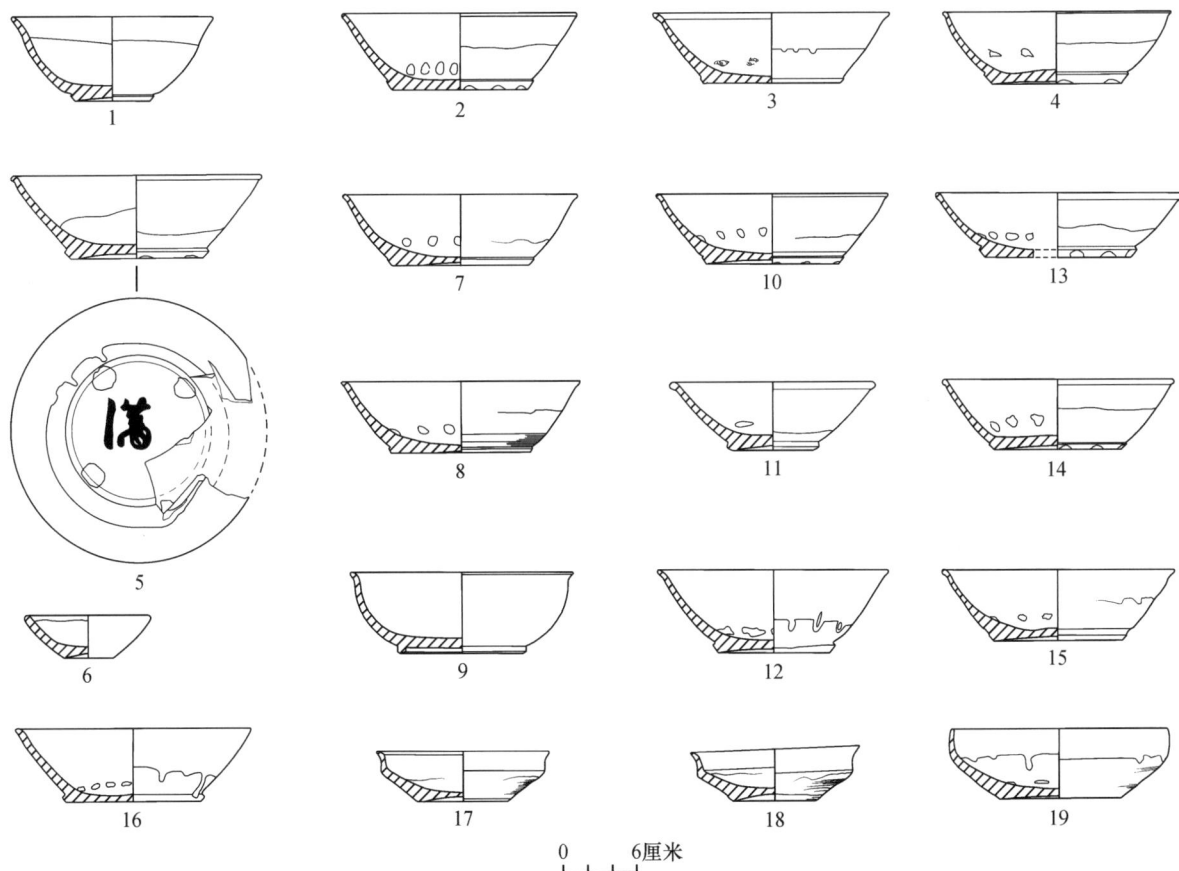

图五四　第8层酱釉碗、钵

1~16.碗（2006SBT5⑧：10、2006SBT5⑧：11、2006SBT5⑧：48、2006SBT5⑧：61、2006SBT5⑧：612、2006SBT5⑧：31、2006SBT5⑧：91、2006SBT5⑧：95、2006SBT5⑧：145、2006SBT5⑧：312、2006SBT5⑧：408、2006SBT5⑧：435、2006SBT5⑧：619、2006SBT5⑧：690、2006SBT5⑧：713、2006SBT5⑧：890）　17~19.钵（2006SBT5⑧：3、2006SBT5⑧：147、2006SBT5⑧：748）

18.2、底径11.6、高5.8厘米（图五四，16；图版五〇，5）。

钵　3件。

2006SBT5⑧：3，残。侈口，圆唇，折腹，平底内凹。内外施半釉，脱釉严重，有流釉现象，釉下施化妆土。灰褐色胎，胎质细净、较致密。内外底有支钉痕。口径14、底径4、高7.4厘米（图五四，17）。

2006SBT5⑧：147，残，侈口，圆唇，折腹，平底内凹。内外施半釉，有流釉、积釉现象，脱釉严重。灰紫色胎，胎质较致密。内外底有支钉痕。口径13.8、底径6.8、高3.9～4.4厘米（图五四，18）。

2006SBT5⑧：748，残。敛口，圆唇，直腹折收，平底微内凹。内外施半釉，有流釉、积釉、飞釉现象，釉面有小开片。红褐色胎，胎质较致密。内底有支钉痕。口径18、底径10、高5.5厘米（图五四，19）。

罐　3件。

2006SBT5⑧：63，残。敞口，圆唇，溜肩，鼓腹，平底，腹与肩之间有条形系。内颈以下无釉，外施釉至腹下部，有窑变现象，釉下施化妆土。褐色胎，胎质较致密。外底有支钉痕。口径12.4、通径15.4、底径8.2、高16.2厘米（图五五，1；图版五一，5）。

2006SBT5⑧：791，整。敞口，圆唇，束颈，双条形系，广肩，鼓腹，腹下内收，平底内凹。内口沿以下无釉，外施釉至腹下部，有流釉、积釉现象，釉下施化妆土。腹上有数道弦纹。深灰色胎，胎质细净、较致密。外底有支钉痕。口径5.4、腹径7.6、底径4.6、高10.5厘米（图五五，2）。

2006SBT5⑧：906，整。侈口，口沿微撇，耸肩，折腹，上腹部微凸，中部束腰，下腹部微鼓，斜弧内收至底，平底微凹。酱釉，有砂眼，器内口沿施釉，器外施釉不及底，釉线不齐。器底有五个支烧痕。胎体灰黄，含砂粒，较致密。口径11.2、腹径20.2、底径8、高13.8厘米（图五五，4；图版五一，6）。

盂　1件。

2006SBT5⑧：255，残。敞口，圆唇，弧腹，饼底微内凹。内外施釉至腹下部，有流釉、脱釉现象。浅灰色胎，胎质致密。口径5.6、底径3.2、高2.6厘米（图五五，3）。

执壶　1件。

2006SBT5⑧：669，残。口、颈、柄缺失，束颈，腹上有两个对称条形系，一侧有管状短流，另一侧有一扁条柄，鼓腹，平底。内沿以下无釉，外施釉至腹下部，釉下施化妆土。浅灰色胎，胎质细净、较致密，外底有支钉痕。口径6.5、腹径16.7、底径10.2、高20.8厘米（图五五，6；图版五二，4）。

碾碗　1件。

2006SBT5⑧：500，残。侈口，圆唇，斜腹，圈足。内口沿施釉，外施半釉，釉下施化妆土。灰白色胎，胎质较致密。内有刻划花纹，内底有支钉痕。口径13.4、底径5、高3.8厘米（图五五，9；图版五〇，6）。

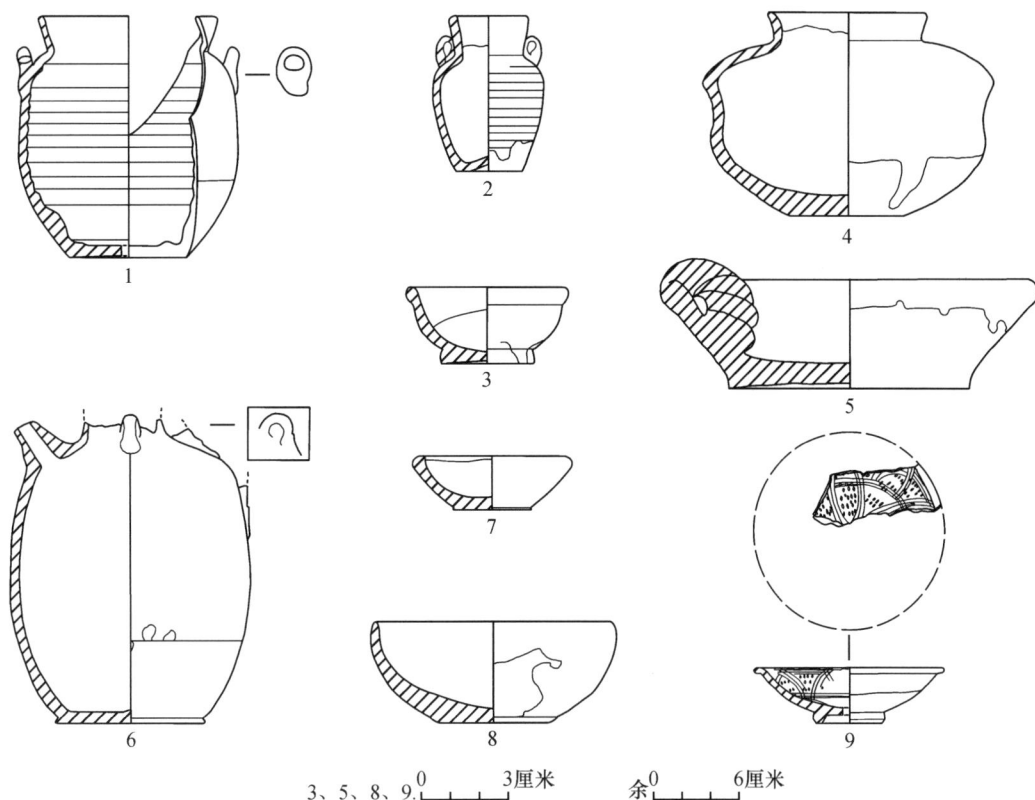

图五五　第8层酱釉瓷器

1、2、4.罐（2006SBT5⑧：63、2006SBT5⑧：791、2006SBT5⑧：906）　3.盂（2006SBT5⑧：255）

5.灯（2006SBT5⑧：306）　6.执壶（2006SBT5⑧：669）　7、8.盏（2006SBT5⑧：592、2006SBT5⑧：112）

9.碾碗（2006SBT5⑧：500）

盏　2件。

2006SBT5⑧：112，残。敛口，圆唇，弧腹，平底。内施满釉，外施半釉，有流釉、积釉现象，有窑变现象。灰色胎，胎质较致密。口径8.2、底径4、高3.3厘米（图五五，8）。

2006SBT5⑧：592，残。敞口，圆唇，弧腹，平底。内施满釉，外无釉，有窑变现象。灰黄色胎，胎质较致密。口径11、底径5.4、高3.6厘米（图五五，7）。

灯　1件。

2006SBT5⑧：306，残。敞口，圆唇，斜弧腹，平底内凹，内腹有绹形纽。内施满釉，外腹上部施釉，有流釉、积釉、窑变现象，釉下施化妆土。灰色胎，胎质较致密。外底有支钉痕。口径13.2、底径8.8、高4.4厘米（图五五，5；图版五一，4）。

18. 三彩

15件。

碗　1件。

2006SBT5⑧：19，残。侈口，圆唇，弧腹，圈足外撇。内施满釉，外施釉不及底，有流釉现象，黄、绿、蓝三彩釉。浅黄色、灰色胎，胎质较致密。口径11.6、底径6、高5.8厘米（图五六，1）。

器盖　2件。

2006SBT5⑧：36，残。圆形，直口，弧顶，顶中心有一纽，隆乳形。内无釉，外施满釉，黄、绿、褐三彩釉。土黄色胎，胎质较疏松。口径4.4、高2.2厘米（图五六，8；图版五七，6）。

2006SBT5⑧：410，残。圆形，圆唇，短舌内收，弧顶，顶中心置一乳状纽。内无釉，外施满釉，黄、绿、褐三彩釉，有流釉现象，釉面有小开片，釉下施化妆土。灰色胎，胎质细腻、较疏松。口径2、通径4.6、高2.2厘米（图五六，9；图版五五，1）。

炉　6件。

2006SBT5⑧：40，残。敞口，圆唇，弧形宽沿，弧腹，圈足外撇，呈喇叭状。内口沿处施釉，外施半釉，黄、褐、绿三彩釉，有流釉、积釉现象，釉面有小开片。浅黄色胎，胎质细净、较致密。外底有垫圈痕。口径9.6、通径11.8、底径6.4、高4.9厘米（图五六，2；图版五七，4）。

2006SBT5⑧：221，残。敞口，平唇，斜弧腹，圈足外撇、内凹，底呈喇叭状。口沿处施釉，黄、绿、褐三彩釉。黄色胎，胎质较致密。口径10、底径5、高4厘米（图五六，3）。

2006SBT5⑧：332，残。敞口，圆唇，弧形宽沿，斜弧腹，喇叭形圈足。沿面施釉，有流釉现象，釉面有小开片，釉下施化妆土，黄、褐、绿三彩釉。灰白色胎，胎质细净、较疏松。内底有垫饼痕。口径12.8、底径5.6、高3.9厘米（图五六，4）。

2006SBT5⑧：348，残。敞口，翻唇，斜弧腹，圈足外撇。口沿处施黑、黄、绿三彩釉。灰白色胎，胎质较疏松。口径12、底径5.4、高3.9厘米（图五六，5）。

2006SBT5⑧：381，残。敞口，圆唇，弧形宽沿，弧腹，喇叭形圈足。内口沿处施釉，外施满釉，褐、绿、黄三彩釉，釉面有小开片。灰黄色胎，胎质细净、较疏松。沿至外体点彩，似"蝌蚪"纹饰。口径10.8、通径13.6、底径6.8、高3.9厘米（图五六，6）。

2006SBT5⑧：678，残。敞口，斜弧窄沿，喇叭状圈足。沿面、外腹上部施釉，黄、绿、褐三彩釉，釉下施化妆土。灰黄色胎，胎质细净、较疏松。口径14.6、底径6.4、高5.8厘米（图五六，7；图版五八，2）。

盂　1件。

2006SBT5⑧：76，残。敛口，圆唇，弧腹，平底。内无釉，外施半釉，黄、绿、褐三彩釉。灰黄色胎，胎质较疏松。口径3.6、腹径4.8、底径2.6、高2.8厘米（图五六，10）。

盏　1件。

2006SBT5⑧：501，残。敞口，圆唇，斜腹，圈足，外沿斜削。内施满釉，黄褐绿三彩釉。外无釉。灰白胎，胎质较疏松。口径10.2、底径5、高2.6厘米（图五六，11）。

造像　1件。

2006SBT5⑧：591，残。实体，斡娇如萨满之神，头披为开放式（不结扎），粗眉，大眼

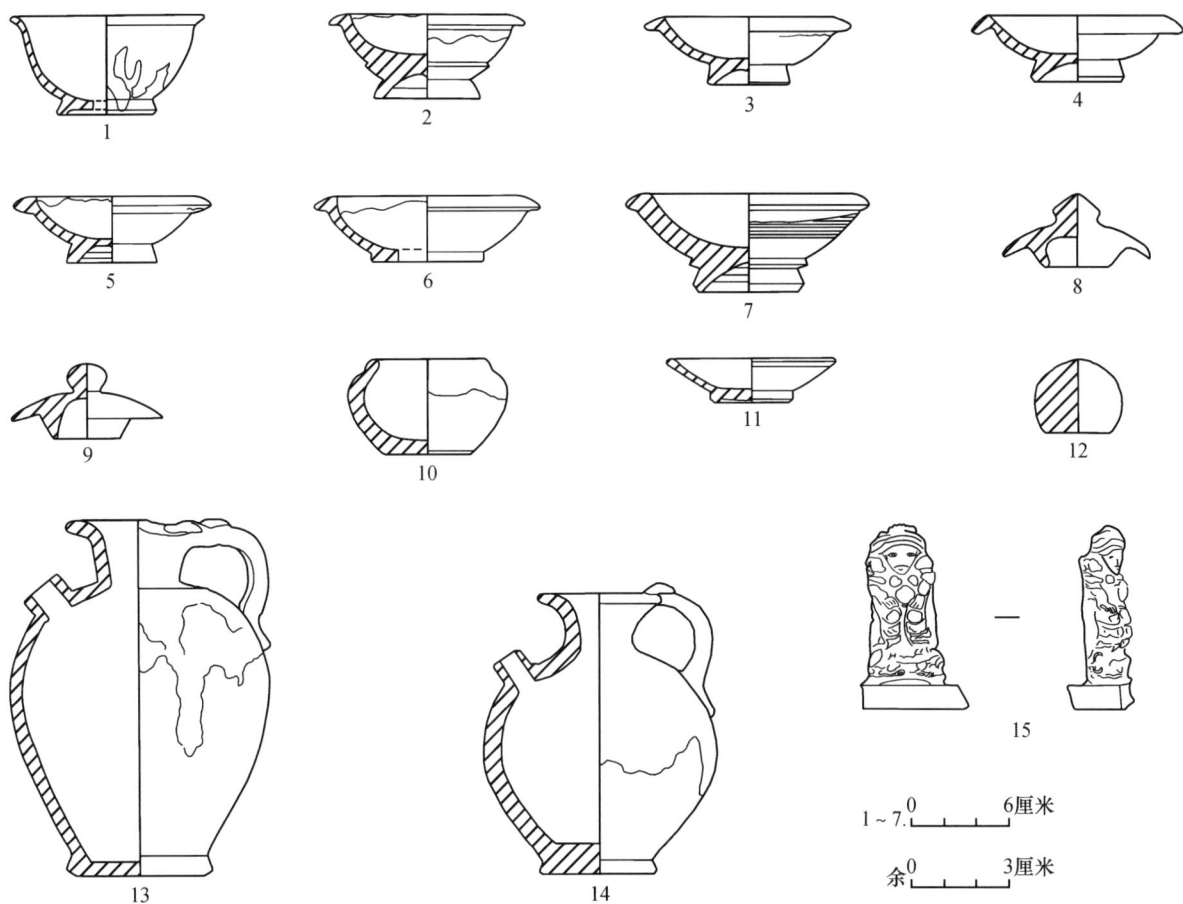

图五六 第8层三彩器

1.碗（2006SBT5⑧：19） 2～7.炉（2006SBT5⑧：40、2006SBT5⑧：221、2006SBT5⑧：332、2006SBT5⑧：348、
2006SBT5⑧：381、2006SBT5⑧：678） 8、9.器盖（2006SBT5⑧：36、2006SBT5⑧：410） 10.盂（2006SBT5⑧：76）
11.盏（2006SBT5⑧：501） 12.三彩器（2006SBT5⑧：382） 13.执壶（2006SBT5⑧：914） 14.注子（2006SBT5⑧：771）
15.造像（2006SBT5⑧：591）

睛，广鼻首，大嘴，宽下颚，胸配圆饼形玉（象征太阳），身着皮衣，脚蹬马靴，座为半环形。通体施釉。黄白色胎，胎质细净、较致密。长3.2、宽2、高5.4厘米（图五六，15；图版五七，3）。

注子 1件。

2006SBT5⑧：771，喇叭形口，圆唇，束颈，圆鼓腹，平底。施绿、褐、白釉，内施釉至颈部，外施釉至腹部。浅黄色胎，胎质粗糙。腹部施数道弦纹。口径3.7、腹径7、底径3.6、高8.5厘米（图五六，14）。

执壶 1件。

2006SBT5⑧：914，残。喇叭口，溜肩，鼓腹斜内收，平底内凹，削足，底缘微撇。曲柄，管状短流。三彩釉，半施釉，釉面莹润，有流釉、积釉现象。灰白胎，胎质较细。口径4.4、腹径7.8、底径3.8、高10.4厘米（图五六，13；图版五八，6）。

其他　1件。

2006SBT5⑧：382，三彩器，残。隆乳形，平底。黄、绿、蓝三彩釉。黄白色胎，胎质细腻，较致密。直径2.6、高2.2厘米（图五六，12）。

19. 素胎

23件。

碗　12件。

2006SBT5⑧：71，残。敞口，圆唇，弧腹，玉璧底，外沿斜削。釉面已脱，釉下施化妆土。姜黄色胎，胎质较疏松。内外底有支钉痕。口径18.2、底径8.2、高5.9厘米（图五七，1）。

2006SBT5⑧：105，残。敞口，圆唇，弧腹，玉璧底。釉已完全脱落，仅留釉下化妆土。姜黄色胎，胎质较疏松。内外底有支钉痕。口径15.4、底径7.8、高4.8厘米（图五七，2）。

2006SBT5⑧：120，残。敞口，圆唇，弧腹，饼底微内凹，外沿斜削。釉面已脱，釉色不详。黄褐色胎，胎质较致密。内外底有支钉痕。口径15、底径6.8、高6.5厘米（图五七，3）。

2006SBT5⑧：134，残。敞口，圆唇，斜弧腹，玉璧底。釉面已脱，仅留釉下化妆土。浅黄色胎，胎质较致密。内底有支钉痕。口径14.6、底径8、高4厘米（图五七，4）。

2006SBT5⑧：161，残。侈口，圆唇，弧腹，饼底，外沿斜削。内外施满釉，釉面已脱，釉下施化妆土。黄色胎，胎质较致密。口径16、底径7.8、高5.8厘米（图五七，5）。

2006SBT5⑧：246，残。敞口，圆唇，弧腹，平底。内外近口沿处施釉，有流釉、飞釉现象，釉面已脱。灰色、红褐色胎，胎质较致密。内外底有支钉痕。口径12.2、底径4.8、高4.4厘米（图五七，8）。

2006SBT5⑧：359，残。敞口，圆唇，弧腹，玉璧底，外沿斜削。釉完全脱落，仅留化妆土。浅黄色胎，胎质较疏松。口径20、底径10、高6.8厘米（图五七，7）。

2006SBT5⑧：394，残。敞口，圆唇，弧腹，饼底。釉面已脱，釉下施化妆土。姜黄色胎，胎质疏松，胎体厚重。内外底有支钉痕。口径16.6、底径7.6、高7.4厘米（图五七，6）。

2006SBT5⑧：415，残。敞口，圆唇，弧腹，饼底，外沿斜削。有脱釉现象，釉下施化妆土。姜黄色胎，胎质较疏松。口径16.8、底径8.4、高5.9厘米（图五七，9；图版六〇，4）。

2006SBT5⑧：461，残。敞口，圆唇，弧腹，饼底。釉面已脱，釉色不详，釉下施化妆土。姜黄色胎，胎质疏松。内外底有支钉痕。口径18.6、底径8.4、高4.7厘米（图五七，10）。

2006SBT5⑧：543，残。敞口，圆唇，弧腹，饼底内凹，外沿斜削。釉完全脱落，仅留化妆土。灰黄色胎，胎质较疏松。内底有支钉痕。口径19、底径8、高7.5厘米（图五七，11）。

2006SBT5⑧：695，残。敞口，圆唇，弧腹，饼底。釉完全脱落，仅留化妆土。姜黄色胎，胎质较疏松。口径10.9、底径4.5、高4.9厘米（图五七，12）。

钵　3件。

2006SBT5⑧：259，残。敞口，圆唇，弧腹，平底内凹。内外釉已脱。灰褐色胎，胎质疏

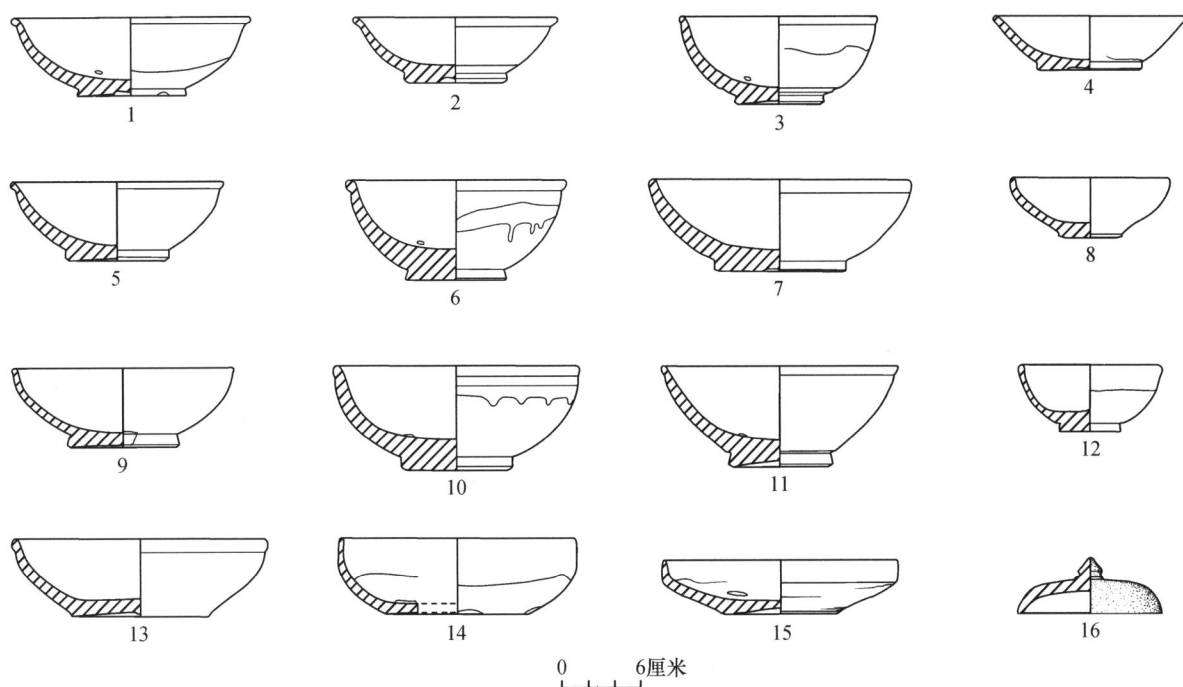

图五七　第8层素胎碗、钵、器盖

1～12. 碗（2006SBT5⑧：71、2006SBT5⑧：105、2006SBT5⑧：120、2006SBT5⑧：134、2006SBT5⑧：161、
2006SBT5⑧：394、2006SBT5⑧：359、2006SBT5⑧：246、2006SBT5⑧：415、2006SBT5⑧：461、2006SBT5⑧：543、
2006SBT5⑧：695）　13～15. 钵（2006SBT5⑧：259、2006SBT5⑧：354、2006SBT5⑧：511）　16. 器盖（2006SBT5⑧：211）

松。外底有支钉痕。口径19.4、底径10.4、高5.7厘米（图五七，13）。

2006SBT5⑧：354，残。敞口，圆唇，鼓腹，平底微内凹。釉完全脱落，仅留釉下化妆
土，外有点彩。灰色胎，胎质较致密。内外底有支钉痕。口径18、底径10.6、高5.6厘米（图
五七，14）。

2006SBT5⑧：511，残。敞口，圆唇，直腹折收，平底内凹。釉完全脱落，仅留化妆土。
红褐色胎，较粗糙。内外底有支钉痕。口径18、底径8.4、高4厘米（图五七，15）。

器盖　1件。

2006SBT5⑧：211，残。圆形，弧顶，斜面口，顶中心有一隆乳形纽。灰色胎，胎质疏
松。口径11、高4.2厘米（图五七，16）。

碾钵　1件。

2006SBT5⑧：602，残。敞口，平唇，弧腹，平底。红色胎，胎质疏松。内有刻划花纹，
外底有垫痕。口径24.6、底径10.2、高9.3厘米（图五八，1）。

盆　1件。

2006SBT5⑧：123，残。敛口，平唇，弧腹，平底。紫砂质，胎质较疏松。口径26.2、底
径10.4、高8厘米（图五八，2）。

碾轮　1件。

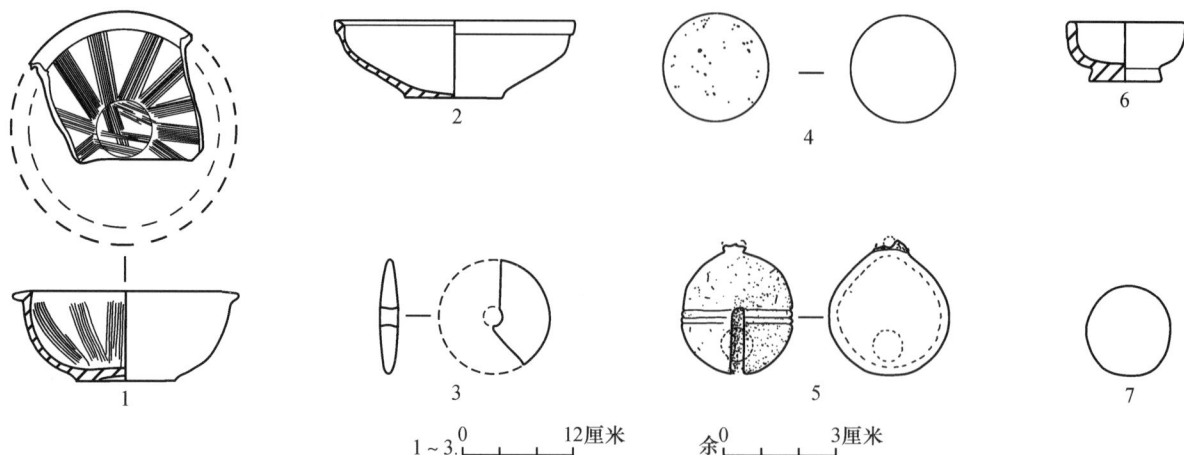

图五八　第8层其他素胎器

1. 碾钵（2006SBT5⑧：602）　　2. 盆（2006SBT5⑧：123）　　3. 碾轮（2006SBT5⑧：269）　　4、7. 丸（2006SBT5⑧：491、2006SBT5⑧：743）　　5. 铃（2006SBT5⑧：697）　　6. 玩具碗（2006SBT5⑧：107）

2006SBT5⑧：269，残。打磨，圆形，弧面，截面为梭形中间有一孔。黄白色胎，胎质较致密。外缘有使用痕迹。直径12、厚1.8厘米（图五八，3）。

弹丸　2件。

2006SBT5⑧：491，整。圆球状，实心。瓷制，灰色胎，胎质细净、较致密。直径2.8厘米（图五八，4；图版六〇，6）。

2006SBT5⑧：743，不规则圆球状，实心。深灰色胎。直径2.3厘米（图五八，7）。

铃　1件。

2006SBT5⑧：697，残。圆形，内空，顶上有系，腹部有三道阴弦纹。陶制。通径3.4厘米（图五八，5）。

玩具碗　1件。

2006SBT5⑧：107，素胎碗具，整。微敛口，圆唇，弧腹，饼底。釉面已脱，仅留釉下化妆土。深灰色胎，胎质细腻、致密。口径3.2、底径2、高1.6厘米（图五八，6）。

20. 茶叶末釉

2件。

水盂　1件。

2006SBT5⑧：479，残。敛口，圆唇，弧腹，饼底。内施满釉，外施半釉，有流釉现象。黄白色胎，胎质较致密。口径10.2、通径10.8、底径6.4、高5厘米（图五九，13）。

盆　1件。

2006SBT5⑧：110，残。敞口，圆唇，弧腹，饼底微内凹。内外施半釉，有流釉、积釉现象。灰黄色胎，胎质较疏松。外底有窑粘现象。口径25、底径11、高12厘米（图五九，12）。

21. 其他杂器

窑棒　1件。

2006SBT5⑧：746，残。圆柱形。无釉，局部有粘釉现象。灰黄色胎，胎质较疏松。直径4.8、长24厘米（图五九，14）。

瓷塑　1件。

2006SBT5⑧：896，塑形鸟首、贴片圆形中孔似眼睛，束颈，溜肩，鼓腹，平底，条形曲柄，短管状流。灰胎，较疏松。青釉，有小开片，器外施半釉，有流釉、积釉、脱釉现象。底径3、通高4厘米（图五九，6）。

瓷俑　4件。

2006SBT5⑧：921，残。慈眉善目，寿眉长弯至脸颊，微颔首，内着右衽博袖绣花深衣，外罩兜帽锦袍，双手交于袖中置于腹前。整体模制，服装模印勾连云纹、网格纹等纹饰，面部刻画修饰表情。素胎，灰褐色，胎质细腻、较致密。宽5.9、高7.6厘米（图五九，7）。

2006SBT5⑧：922，残。怒目，高颧骨，阔嘴，戴圆锥帽，袍服敞开，坦胸露肚，大肚鼓起，一手握拳置于上腹，一手托杵于肚侧。整体模制，刻画修饰细部，帽模印云纹等纹饰。素胎，灰褐色，胎质细腻、较致密。宽5.7、高8厘米（图五九，8）。

2006SBT5⑧：923，残。温文尔雅的书生手持拍板，正在说唱。人物盘腿而坐，一手持板，一手置于膝上，着绣花圆领锦袍，戴簇花高冠圆帽，表情神态栩栩如生。背依罗伞靠背，两端各垂一绣球，中间阴刻三行共九字"招子"。整体模制，阴线刻画细部，细腻考究，小到衣服纹理、褶皱、花纹均非常清晰。素胎，灰黄色，胎质细腻、较致密。宽3.8、高8厘米（图五九，9）。

2006SBT5⑧：924，残。怒目圆睁、面相威严的天王，着兜鍪、全套甲胄。整体模制，兜鍪、甲胄模印花卉等纹饰，面部刻画修饰表情。素胎，红褐色，胎质细腻、较致密。宽4.2、高5.6厘米（图五九，10）。

绞胎枕　1件。

2006SBT5⑧：932，整。枕面、枕底呈圆角等腰梯形，两腰微弧，枕面略大于枕底，整体近似斗状，枕体一侧有小圆孔，枕体中空。釉质莹润透明，枕底无釉。除枕底外，贴绞胎皮，绞胎使用灰、褐两种胎土，枕面绞胎拼成四个整花朵、四个半花朵，花朵五瓣，枕体绞胎成自然变幻线条。胎体灰，较细腻致密。长12.3、宽8.4、高6.6厘米（图五九，11；图版五九，1、2）。

（二）陶器

碾轮　4件。

2006SBT5⑧：692，残。打磨，平面呈圆形，断面中厚周边薄，中有一孔。胎质较致密。直径11.4、厚2厘米（图五九，1）。

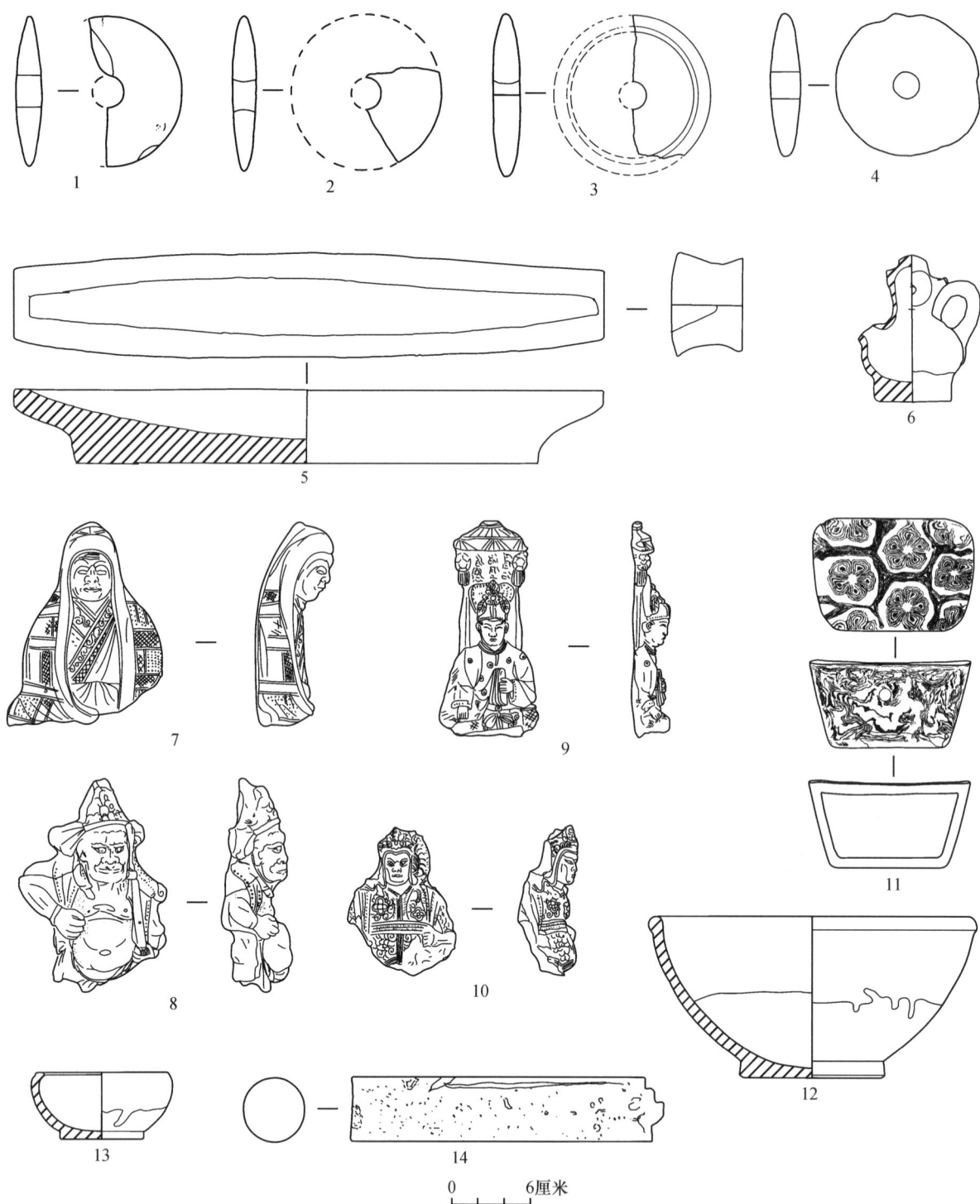

0   6厘米

图五九　第8层瓷器、陶器

1~4.碾轮（2006SBT5⑧：692、2006SBT5⑧：703、2006SBT5⑧：765、2006SBT5⑧：897）　5.碾轮槽（2006SBT5⑧：898）

6.瓷塑（2006SBT5⑧：896）　7~10.瓷俑（2006SBT5⑧：921、2006SBT5⑧：922、2006SBT5⑧：923、2006SBT5⑧：924）

11.绞胎枕（2006SBT5⑧：932）　12.茶叶末釉盆（2006SBT5⑧：110）　13.茶叶末釉水盂（2006SBT5⑧：479）

14.窑棒（2006SBT5⑧：746）

2006SBT5⑧：703，残。打磨，平面呈圆形，断面中厚周边薄，中有一孔。胎质较致密。直径11.8、厚1.8厘米（图五九，2）。

2006SBT5⑧：765，残。圆形，截面为梭形，弧面，中有一圆孔。陶制，胎质较疏松。长12.1、高2厘米（图五九，3）。

2006SBT5⑧：897，残。面呈圆饼形，中间有圆孔，可以安木柄，边缘磨损有残缺，截面似梭形。素胎。胎体焦黄，含砂，较粗糙。直径11.2、厚2.3厘米（图五九，4）。

碾轮槽 1件。

2006SBT5⑧：898，整体似船形，面呈长方形，槽似梭形，截面似"V"形，侧面看两端翘起，座为长条形平底实座。素胎，胎体焦黄，含砂，较粗糙。长45.6、底径36、高5.6厘米（图五九，5）。

盆 10件。

2006SBT5⑧：235，残。敞口，卷沿，圆唇，弧腹，平底。灰色胎，胎质疏松。外底有垫痕。口径24.6、底径16.4、高10.5厘米（图六〇，6）。

2006SBT5⑧：299，残。敞口，圆唇，弧腹，平底。灰色胎，胎质疏松。外底有垫痕。口径21.2、底径12.8、高8.3厘米（图六〇，1）。

2006SBT5⑧：368，残。敞口，卷沿，翻唇，弧腹，平底。通体无釉。灰色胎。口径31.2、底径19.6、高11.6厘米（图六〇，2）。

2006SBT5⑧：481，残。敞口，圆唇，弧腹，平底。灰色胎，胎质疏松。外底有垫痕。口径34、底径19.8、高12.6厘米（图六〇，7）。

2006SBT5⑧：575，残。敞口，翻唇，斜直腹，平底。灰色胎，胎质疏松。外底有垫痕。口径24.2、底径16.4、高6厘米（图六〇，5）。

2006SBT5⑧：579，残。敞口，圆唇，弧腹，平底。灰色胎，胎质疏松。外底有垫痕。口径30、底径18、高11.6厘米（图六〇，10）。

2006SBT5⑧：593，残。敞口，卷沿，斜腹，平底。器内有较多弦纹。泥制灰陶。口径39.2、底径24.8、高13.6厘米（图六〇，8）。

2006SBT5⑧：596，残。敛口，卷沿，弧腹，平底。陶制，通体无釉。胎质细净、较疏松。外底有垫砂痕。口径31、底径22、高9.1厘米（图六〇，3）。

2006SBT5⑧：606，残。敞口，卷沿，圆唇，鼓腹，腹下内收，平底。灰色胎，胎质疏松。外底有垫痕。口径30.4、底径18、高11.3厘米（图六〇，9）。

2006SBT5⑧：664，残。敞口，卷沿，圆唇，弧腹，平底。灰色胎，胎质疏松。外底有垫痕。口径30.4、底径20.8、高9.6厘米（图六〇，4）。

铃 4件。

2006SBT5⑧：315，残。鸟首形，腹上部有四道凹弦纹，上端有一环状纽。陶制，胎质较致密。直径3.45、高4.3厘米（图六一，1；图版六二，4）。

2006SBT5⑧：417，残。鸟首形，体上部有三道凹弦纹，顶中部有一环状纽。陶制，胎质

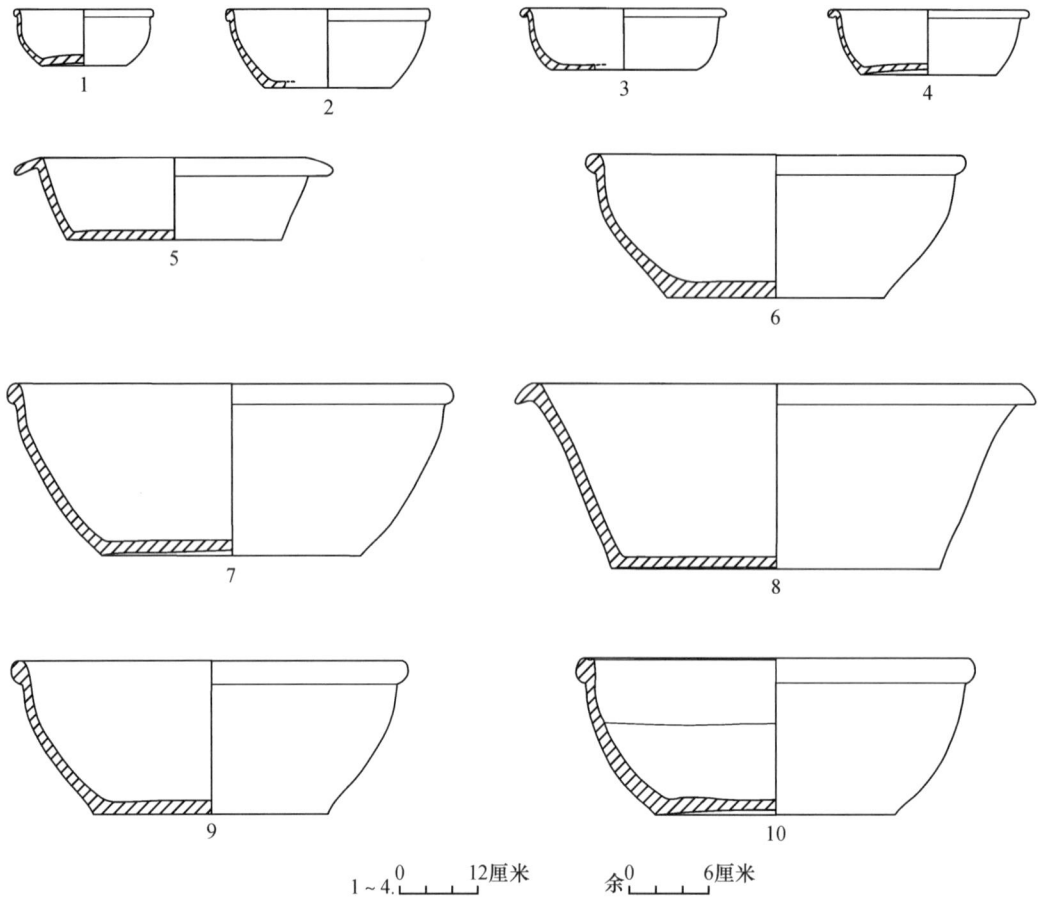

图六〇　第8层陶盆

1. 2006SBT5⑧：299　2. 2006SBT5⑧：368　3. 2006SBT5⑧：596　4. 2006SBT5⑧：664　5. 2006SBT5⑧：575
6. 2006SBT5⑧：235　7. 2006SBT5⑧：481　8. 2006SBT5⑧：593　9. 2006SBT5⑧：606　10. 2006SBT5⑧：579

较致密。直径3.9、高5.3厘米（图六一，2）。

　　2006SBT5⑧：674，残。不规则圆球状，顶有一环形纽，中空。红陶，胎质较疏松。直径3.55、高5.1厘米（图六一，3；图版六〇，2）。

　　2006SBT5⑧：767，残。圆球状，顶有一环形纽，中空。陶制，胎质较疏松。外腹中部有两道弦纹。宽3、高4.4厘米（图六一，4）。

　　炉　5件。

　　2006SBT5⑧：151，残。敞口，宽沿，翻唇，斜直腹，平底，三足（截面为抹棱三角形，足根为羊首形）。灰色胎，胎质较疏松。沿面有两道凹弦纹。口径12.5、底径9.4厘米（图六一，5）。

　　2006SBT5⑧：422，残。敞口，宽沿，翻唇，斜直腹，平底，三足（截面为抹棱三角形，足根为羊首形）。沿面有两道凹弦纹。灰色胎，胎质细净、较疏松。口径12.1、底径8.2、高5.9厘米（图六一，6）。

　　2006SBT5⑧：430，残。敞口，宽沿，翻唇，斜直腹，平底，三足（截面为抹棱三角形，

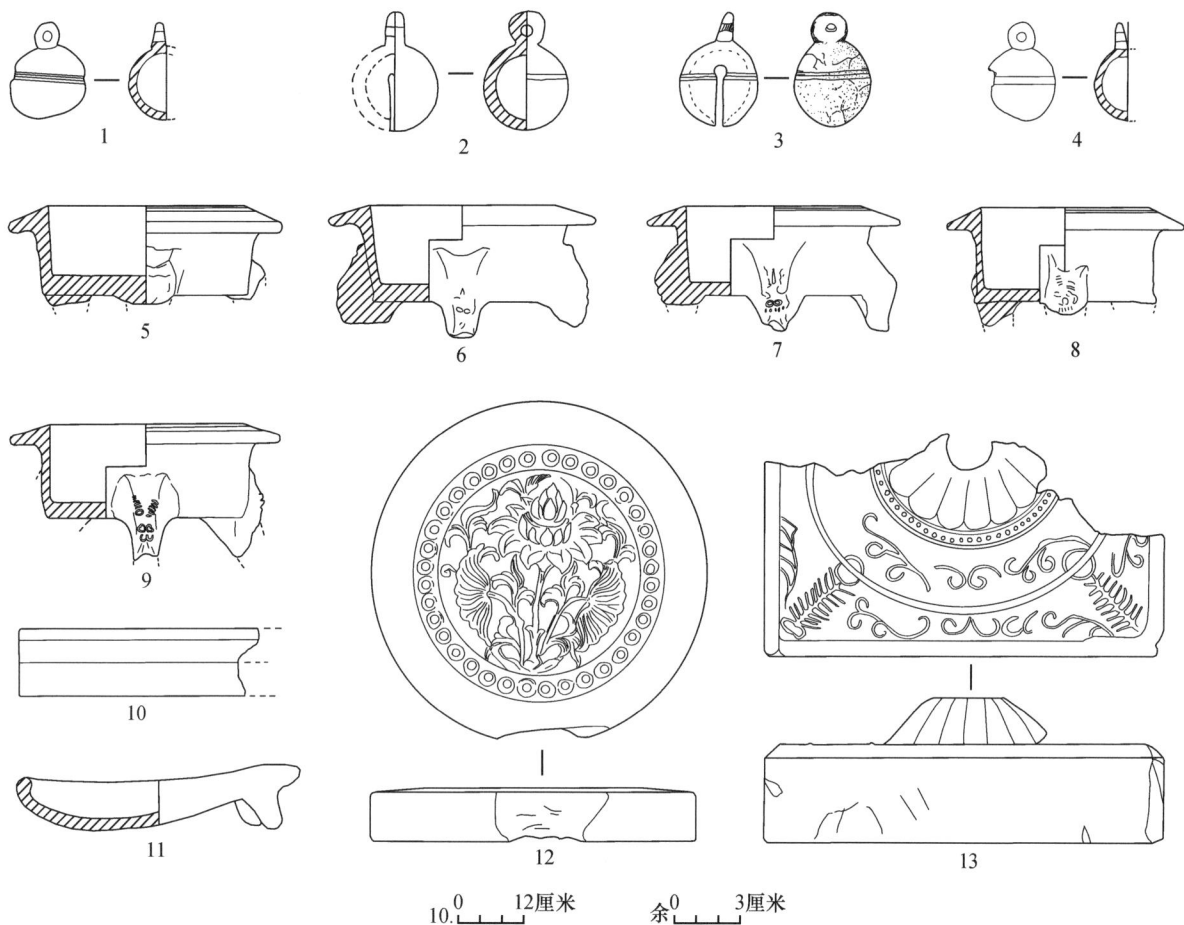

图六一 第8层陶器

1~4. 陶铃（2006SBT5⑧：315、2006SBT5⑧：417、2006SBT5⑧：674、2006SBT5⑧：767） 5~9. 陶炉（2006SBT5⑧：151、
2006SBT5⑧：422、2006SBT5⑧：430、2006SBT5⑧：811、2006SBT5⑧：926） 10. 水管（2006SBT5⑧：927）
11. 砚（2006SBT5⑧：930） 12. 瓦当（2006SBT5⑧：928） 13. 器座（2006SBT5⑧：929）

足根为羊首形）。沿面有两道凹弦纹。灰色胎，胎质细净、较疏松。口径11.6、底径8、高5.6厘米（图六一，7）。

2006SBT5⑧：811，残。敞口，宽沿，翻唇，斜直腹，平底，三足（截面为抹棱三角形，足根为羊首形）。灰色胎，胎质细净、较疏松。沿面有两道凹弦纹。口径11、底径8.4、高5.3厘米（图六一，8）。

2006SBT5⑧：926，残。泥质灰陶，陶质较细。直口，斜宽折沿，直腹，平底，三蹄形足。足面捏塑、刻画呈兽首状，折沿上有数周弦纹。宽12.4厘米（图六一，9）。

水管 1件。

2006SBT5⑧：927，残。泥质灰陶，陶质较粗。圆筒状，中空，端口平直，一端残，外表面有绳纹。直径12、高4.4厘米（图六一，10）。

瓦当 1件。

2006SBT5⑧：928，微残。泥制灰陶。圆形。宽缘，中部微凹为纹饰区，一凸起圆周分成内外区，内区浅浮雕莲花荷叶纹，外区为一周乳钉纹。直径15.4、高2.4厘米（图六一，12）。

纺轮　3件。

2006SBT5⑧：29，残。不规则圆形，面较平，平底，轮中心有一小穿孔。灰色胎，胎质较致密。有麻布纹。直径6.8、厚2厘米（图六二，1）。

2006SBT5⑧：403，整。体呈"梭"形，中有一小穿孔。泥质红陶。直径3.1、高2.5厘米（图六二，2；图版六二，5）。

2006SBT5⑧：766，残。不规则圆形，面背较平，中有一孔，为不规则椭圆形。陶制，胎质较疏松。长6.2、高1.7厘米（图六二，3）。

砚　2件。

2006SBT5⑧：864，残。箕形，后半部缺失，内为凹弧状，外为弧面，有二足，一足缺失。瓷。内外面黑色。灰黄色胎，胎质较细纯、致密。底刻"士"字。宽6.1、高2.1厘米（图六二，5；图版六一，6）。

2006SBT5⑧：930，残。砚呈箕形，砚面近似长圆形，边缘高、中间凹，形成砚窝；一端砚尾略宽，为直边，另一端砚首圆弧状；砚底呈弧状；两楔形足置于直边侧，使砚尾略高。灰褐色，陶洗精细，陶质细腻，坚硬致密。器形规整。宽13、高2.9厘米（图六一，11）。

盂　1件。

2006SBT5⑧：62，残。敞口，圆唇，斜腹，平底、不规整。泥质红陶。口径5、底径3.6、高2.1厘米（图六二，7）。

执壶　1件。

2006SBT5⑧：856，残。颈、口、柄、流缺失，敛腹，饼底。灰黄色胎，胎质疏松。腹径5.5、底径3.1、残高5.9厘米（图六二，8；图版六二，6）。

器座　2件。

2006SBT5⑧：854，残。底缺失，半球形，覆莲状，中有一孔。胎质细净。烧制火候偏高。宽7.5、高5.4厘米（图六二，6）。

2006SBT5⑧：929，残。泥质灰陶，陶质较粗。方形底座，中间有圆形莲瓣状凸起，中心有圆形穿孔，正面四周抹角。正面有浅浮雕纹饰，中间莲瓣纹，接双圈带内连珠纹，围以周圈蔓枝纹，一周凸弦纹与四周区分，四角饰草叶纹，四边蔓枝纹。宽18.5、高6.5厘米（图六一，13）

丸　1件。

2006SBT5⑧：586，不规则圆形，实心。灰色胎，胎质较疏松。直径5厘米（图六二，9）。

其他　1件。

2006SBT5⑧：103，陶器，残。敛口，圆唇，溜肩，敛腹，底形不详。灰色胎，胎质较致密。口径3.4、腹径6.4、高9.5厘米（图六二，4）。

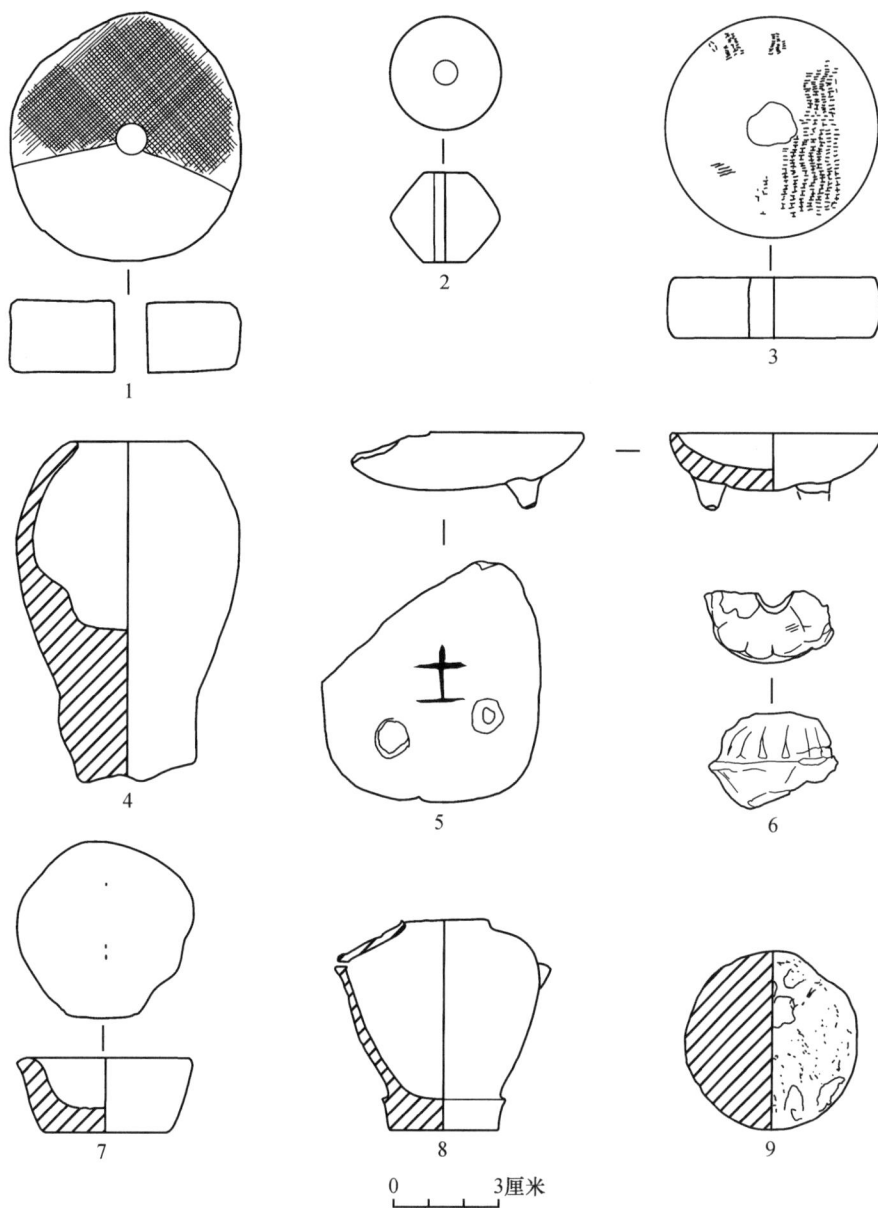

图六二　第8层陶器

1～3. 纺轮（2006SBT5⑧：29、2006SBT5⑧：403、2006SBT5⑧：766）　4. 陶器（2006SBT5⑧：103）
5. 砚（2006SBT5⑧：864）　6. 器座（2006SBT5⑧：854）　7. 盂（2006SBT5⑧：62）　8. 执壶（2006SBT5⑧：856）
9. 丸（2006SBT5⑧：586）

（三）骨器

2件。

骨笄　1件。

2006SBT5⑧：223，残。扁条形，截面呈椭圆形。灰黄色，素面。长9.1、宽0.95、厚0.2厘米（图六三，1）。

骨钗　1件。

2006SBT5⑧：773，钗尖残缺。钗顶部刻划花卉纹，形制精美。长23、宽1.6厘米（图六三，3）。

（四）铜器

铜器　1件。

2006SBT5⑧：413，整。椭圆形，直口，平沿，平顶。锈蚀严重，内外有较多附着物。口长6.3、口宽4.6、通高1.1厘米（图六三，2）。

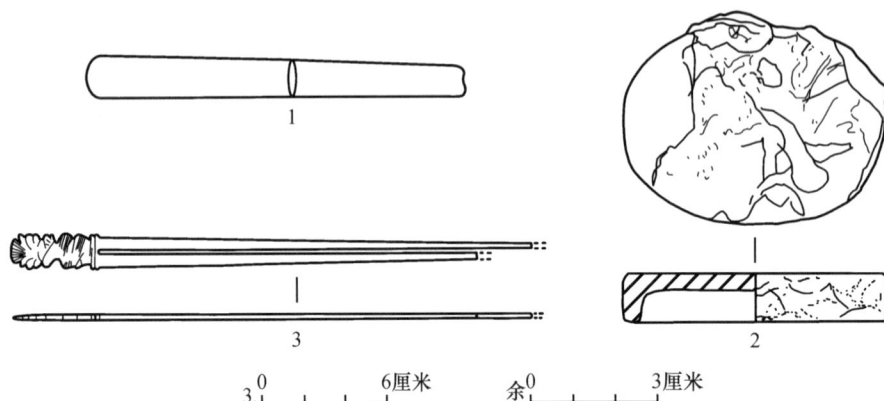

图六三　第8层其他器物
1. 骨笄（2006SBT5⑧：223）　2. 铜器（2006SBT5⑧：413）　3. 骨钗（2006SBT5⑧：773）

（五）铜钱

4枚。

淳化元宝　1枚。

2006SBT5⑧：782-1，圆形方孔小平钱。面文行书"淳化元宝"，旋读。光背。有内、外郭，宽缘。直径24、孔径6.5、厚2毫米，重4.13克（图六四，1；图版六三，5）。

绍圣元宝　1枚。

2006SBT5⑧：782-2，圆形方孔小平钱。面文隶书"绍圣元宝"，旋读。光背。有内、外郭，狭缘。直径22、穿径7、厚1.5毫米，重3.83克（图六四，2）。

开元通宝　1枚。

2006SBT5⑧：783，残。圆形方孔小平钱。面文隶书"开元通宝"，顺读，平头"通"，通字"甬"融合了篆书的特点，"元"字第二笔左挑。光背。有内、外郭。直径25、穿径6、厚1.5毫米，重3.71克（图六四，3）。

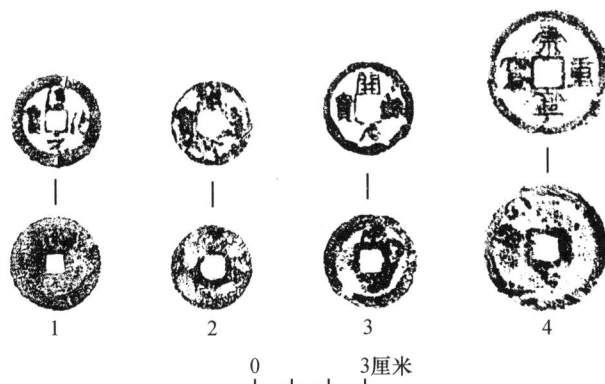

图六四　第8层铜钱

1. 淳化元宝（2006SBT5⑧：782-1）　2. 绍圣元宝（2006SBT5⑧：782-2）　3. 开元通宝（2006SBT5⑧：783）

4. 崇宁重宝（2006SBT5⑧：784）

崇宁重宝　1枚。

2006SBT5⑧：784，圆形方孔折三钱。面文隶书"崇宁重宝"，顺读。背穿上星、决文。有内、外郭，宽缘。直径33、穿径6、厚2毫米，重9.77克（图六四，4）。

二、第 7 层

（一）瓷器

1. 青釉

59件。

碗　35件。

2006SBT5⑦：5，残。敞口，圆唇，斜直腹，玉璧底微内凹。内外施满釉。浅灰色胎，胎质细腻，较致密。外底有垫圈痕。口径14.6、底径6、高4.3厘米（图六五，1）。

2006SBT5⑦：6，残。敞口，圆唇，弧腹，饼底。内施满釉，外施半釉，有流釉、积釉、窑变现象，釉面有小开片，釉下施化妆土。姜黄色胎，胎质较疏松。内底有三个支钉痕。口径16.4、底径7.6、高7厘米（图六五，2；图版二五，2）。

2006SBT5⑦：8，残。敞口，圆唇，弧腹，玉璧底。内施满釉，外施半釉，有流釉、积釉现象，釉面有小开片，釉下施化妆土。灰色胎，胎质较致密。外底有支钉痕。口径13、底径4.6、高4.6厘米（图六五，3）。

2006SBT5⑦：13，残。敞口，圆唇，斜直腹，玉璧底。内施满釉，外施釉至腹下部，有流釉、积釉现象，釉面有小开片，釉下施化妆土。浅灰色胎，胎质细腻、较致密。内外底有支钉痕。口径14.8、底径5.8、高4.3厘米（图六五，4）。

　　2006SBT5⑦：14，残。敞口，圆唇，弧腹，玉璧底。内施满釉，外施釉至腹下部，有流釉、积釉现象，釉面有小开片，釉下施化妆土。灰色胎，胎质较致密。内外底有支钉痕。口径13、底径4.6、高4.2厘米（图六五，5）。

　　2006SBT5⑦：15，残。敞口，圆唇，弧腹，玉璧底，外沿斜削。内施满釉，外施半釉，釉面有小开片，釉下施化妆土。灰色胎，胎质细净、较致密。口径12.7、底径5、高4.6厘米（图六五，6）。

　　2006SBT5⑦：18，残。敞口，圆唇，弧腹，玉璧底。内施满釉，外施釉至腹下部，有流釉、积釉现象。姜黄色胎，胎质较疏松。外底有支钉痕。口径18、底径6、高6.2厘米（图六五，7；图版二七，3）。

　　2006SBT5⑦：22，残。敞口，圆唇，斜直腹，玉璧底。除外底沿通体施釉，釉面有开片。灰色胎，胎质细腻、致密。外底有支钉痕。口径14.8、底径6、高3.8厘米（图六五，8）。

　　2006SBT5⑦：23，整。敞口，圆唇，弧腹，玉璧底。内施满釉，外施半釉，有流釉、积釉现象，釉下施化妆土。姜黄色胎，胎质较疏松。内底有支钉痕。口径18、底径7.6、高6.1厘米（图六五，9；图版二五，3）。

　　2006SBT5⑦：27，残。敞口，圆唇，弧腹，玉璧底。内施满釉，外施半釉，有流釉、积

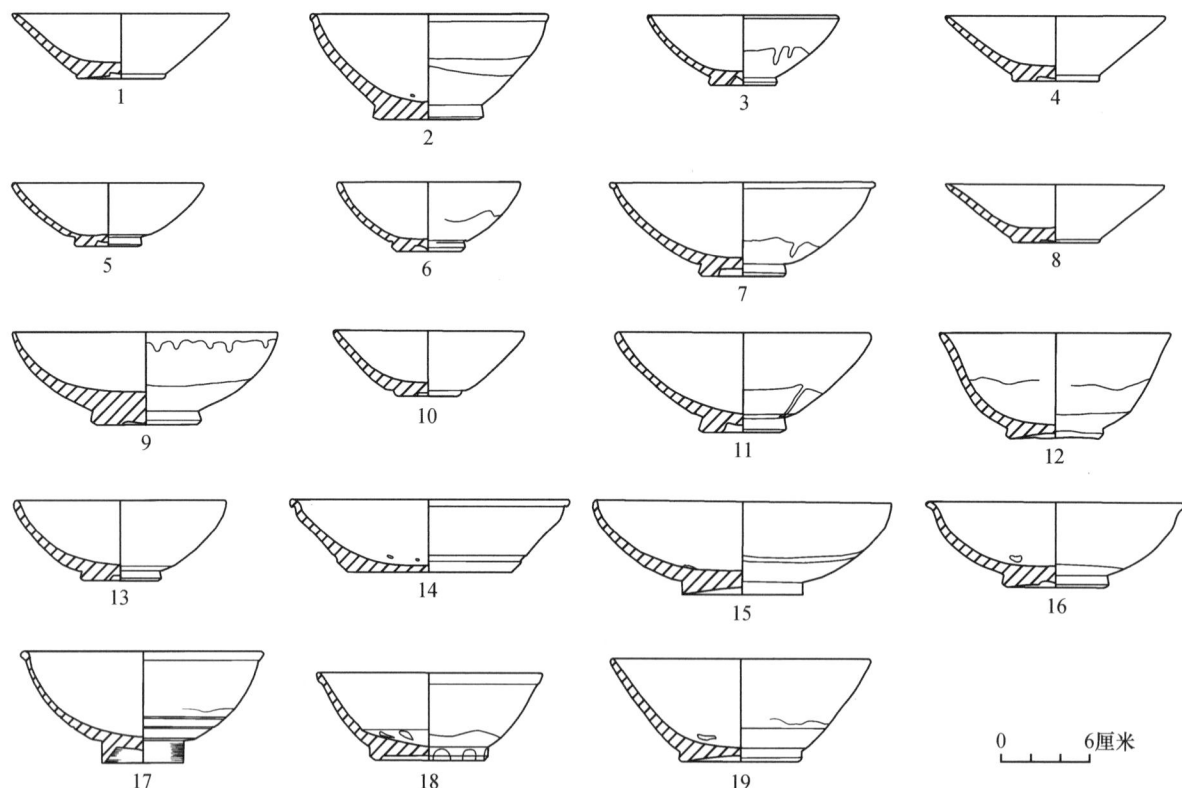

图六五　第7层青釉碗

1. 2006SBT5⑦：5　2. 2006SBT5⑦：6　3. 2006SBT5⑦：8　4. 2006SBT5⑦：13　5. 2006SBT5⑦：14　6. 2006SBT5⑦：15
7. 2006SBT5⑦：18　8. 2006SBT5⑦：22　9. 2006SBT5⑦：23　10. 2006SBT5⑦：27　11. 2006SBT5⑦：28
12. 2006SBT5⑦：32　13. 2006SBT5⑦：39　14. 2006SBT5⑦：43　15. 2006SBT5⑦：45　16. 2006SBT5⑦：48
17. 2006SBT5⑦：69　18. 2006SBT5⑦：103　19. 2006SBT5⑦：129

釉现象，釉面有小开片，釉下施化妆土。灰黄色胎，胎质较致密。外底有支钉痕。口径13.2、底径4.6、高4.3厘米（图六五，10）。

2006SBT5⑦：28，残。敞口，圆唇，弧腹，玉璧底。内施满釉，外施半釉，有流釉、积釉现象，釉面有小开片，釉下施化妆土。灰色胎，胎质较致密。内底有支钉痕。口径17.4、底径6、高6.6厘米（图六五，11）。

2006SBT5⑦：32，残。敞口，圆唇，弧腹，饼底内凹。内外施半釉。灰褐色胎，胎质较致密。内外底有支钉痕，有窑粘现象。口径15.6、底径6.6、高7厘米（图六五，12）。

2006SBT5⑦：39，残。敞口，圆唇，弧腹，玉璧底，外沿斜削。内施满釉，外施半釉，有流釉现象，釉下施化妆土。灰色胎，胎质较致密。口径14.4、底径5.5、高5.4厘米（图六五，13）。

2006SBT5⑦：43，残。敞口，圆唇，斜弧腹，平底。内施满釉，外施半釉，有流釉、飞釉、脱釉现象。灰褐色胎，胎质较致密。内外底有支钉痕。口径19.2、底径11.2、高4.6厘米（图六五，14）。

2006SBT5⑦：45，残。敞口，圆唇，弧腹，饼底内凹。内施满釉，外施半釉，有流釉、积釉现象，釉面有开片，釉下施化妆土。夹砂姜黄色胎，胎质较疏松。内外底有支钉痕。口径20.2、底径8.2、高6.2厘米（图六五，15）。

2006SBT5⑦：48，残。侈口，圆唇，弧腹，玉璧底。内施满釉，外施釉至腹下部，施釉不均，有流釉、积釉现象，釉面有开片，釉下施化妆土。夹砂灰色、黄褐色胎，胎质较疏松。内外底有支钉痕。口径17.6、底径7.2、高5.6厘米（图六五，16）。

2006SBT5⑦：69，残。敞口，圆唇，弧腹，高圈足，内足外撇。内施满釉，外施釉至腹下部。灰白色胎，胎质较致密。内底有支钉痕。口径16.6、底径5.6、高7.4厘米（图六五，17）。

2006SBT5⑦：103，残。敞口，圆唇，斜弧腹，圈足。内施满釉，外施釉至腹下部，釉下施化妆土。浅灰色胎，胎质致密。内外底有支钉痕。口径15.6、底径8.2、高5.7厘米（图六五，18）。

2006SBT5⑦：111，残。花口，圆唇，弧腹，圈足，内足外撇。内外施满釉。灰色、黄色胎，胎质较致密。腹部有凹棱，内底有支钉痕。口径17.6、底径7.6、高7.4厘米（图六六，13）。

2006SBT5⑦：129，残。敞口，圆唇，斜弧腹，饼底内凹。内施满釉，外施釉至腹下部，有流釉现象。褐色胎，胎质粗糙。内外底有支钉痕。口径17.6、底径8.4、高6.8厘米（图六五，19）。

2006SBT5⑦：134，残。侈口，圆唇，弧腹，高圈足，内足外撇，腹部有四条凹槽。内施满釉，外施釉至腹下部。灰白色胎，胎质细腻、较致密。口径17、底径4.8、高4.8厘米（图六六，1）。

2006SBT5⑦：146，残。敞口，圆唇，卷沿，弧腹，高圈足，内足外撇。内施满釉，外施釉至腹下部，釉面有开片。灰白色胎，胎质较疏松。口径14.6、底径4.8、高6厘米（图六六，2）。

2006SBT5⑦：150，残。敞口，圆唇，斜腹，圈足。内施满釉，外施釉至腹下部，有流釉、积釉现象，釉下施化妆土。灰色胎，胎质细净、较致密。内底有五个支钉痕。口径17、底径8.2、高6.8厘米（图六六，3）。

　　2006SBT5⑦：153，残。敞口，圆唇，斜腹，圈足。内外施满釉，除外底沿通体施釉，釉面有开片，釉下施化妆土。灰色胎，胎质较疏松。内腹有条形纹饰，外底有垫砂痕。口径18.8、底径6.2、高5.5厘米（图六六，4）。

　　2006SBT5⑦：157，残。敞口，圆唇，弧腹，圈足，内足外撇。内外施满釉，有流釉、积釉现象，釉面有小开片。浅灰色胎，胎质细净、较致密。口径15.6、底径6.4、高5.9厘米（图六六，5）。

　　2006SBT5⑦：169，残。敛口，圆唇，弧腹，圈足，内足外撇。内施满釉，外施釉至腹下

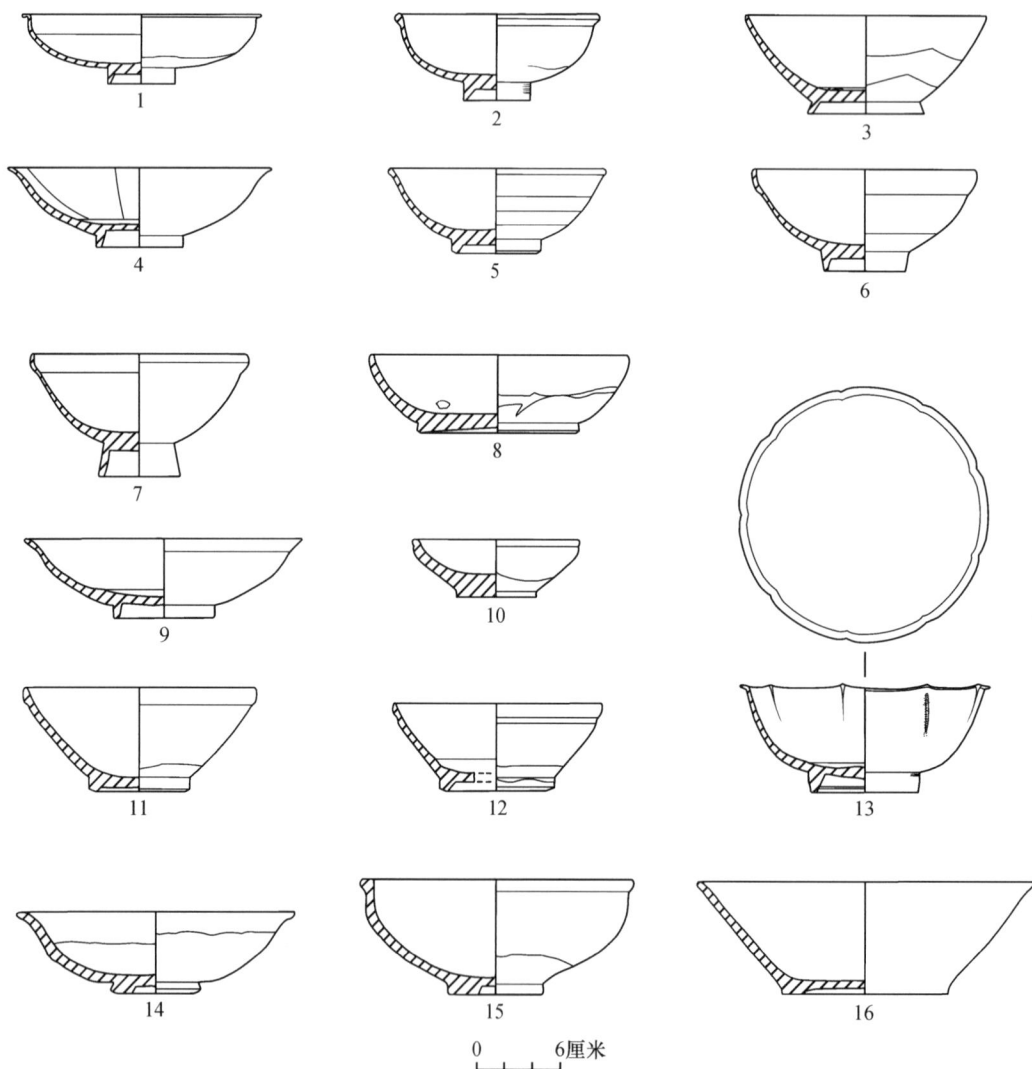

图六六　第7层青釉碗

1. 2006SBT5⑦：134　2. 2006SBT5⑦：146　3. 2006SBT5⑦：150　4. 2006SBT5⑦：153　5. 2006SBT5⑦：157
6. 2006SBT5⑦：169　7. 2006SBT5⑦：170　8. 2006SBT5⑦：178　9. 2006SBT5⑦：193　10. 2006SBT5⑦：201
11. 2006SBT5⑦：225　12. 2006SBT5⑦：228　13. 2006SBT5⑦：111　14. 2006SBT5⑦：230　15. 2006SBT5⑦：231
16. 2006SBT5⑦：237

部，釉面有小开片。浅灰色胎，胎质较致密。口径16、底径5.8、高7厘米（图六六，6）。

2006SBT5⑦：170，残。敛口，圆唇，弧腹，高圈足。内施满釉，外施釉至腹下部，釉面有小开片。浅灰色胎，胎质细腻、较致密。内底有支钉痕。口径15.6、底径5.8、高8.4厘米（图六六，7）。

2006SBT5⑦：178，残。敞口，圆唇，弧腹，饼底微内凹。内施满釉，外施半釉，釉下施化妆土。灰色胎，胎质较疏松。内底有支钉痕。口径18.6、底径11.6、高5.4厘米（图六六，8）。

2006SBT5⑦：193，残。敞口，圆唇，弧腹，圈足，挖足过肩。通体施釉，釉面有小开片，釉下施化妆土。灰色胎，胎质细腻、较致密。内腹有条形纹饰，外底有垫砂痕。口径20、底径7.2、高5.5厘米（图六六，9）。

2006SBT5⑦：201，残。敞口，圆唇，弧腹，饼底。内施满釉，外施釉至腹下部，有流釉、积釉现象，釉面有小开片，釉下施化妆土。姜黄色胎，胎质较疏松。内底有支钉痕。口径12、底径5.8、高4厘米（图六六，10）。

2006SBT5⑦：225，残。敞口，圆唇，斜弧腹，圈足，内足墙较低。内施满釉，外施釉至腹下部，有流釉、积釉现象。青灰色胎，胎质细腻、较致密。内底有垫砂痕。口径16.6、底径7.2、高7.2厘米（图六六，11）。

2006SBT5⑦：228，残。敞口，圆唇，弧腹，圈足。内外施满釉，釉面有小开片，釉下施化妆土。灰色胎，胎质较细净，较致密。内底有支钉痕。口径15、底径8.3、高6厘米（图六六，12）。

2006SBT5⑦：230，整。敞口，圆唇外撇，弧腹，玉璧底。釉面莹润，薄匀，器内满釉，器外施半釉，釉线不齐，有流釉现象。器底有修胎切削痕迹，底缘斜削。灰胎，较细腻致密。口径20、底径6.7、高5.7厘米（图六六，14；图版二三，4）。

2006SBT5⑦：231，残。敞口，圆唇微撇，弧腹，玉璧底。釉面莹润，匀净，有开片，器内满釉，器外施釉不及底，釉线不齐，有流釉现象。灰胎，较细腻致密。口径19.8、底径6.8、高8厘米（图六六，15；图版二三，6）。

2006SBT5⑦：237，残。敞口，圆唇，弧腹，圈足。除外圈足均满施釉，有积釉现象。内外底均有支钉痕。口径23.8、底径11.8、高7.8厘米（图六六，16；图版二三，2）。

盏　16件。

2006SBT5⑦：1，残。敞口，圆唇，斜弧腹，玉璧底。内施满釉，外施半釉，釉面有小开片，釉下施化妆土。灰黄色胎，胎质较疏松。口径12.2、底径4.4、高4厘米（图六七，1）。

2006SBT5⑦：60，残。侈口，圆唇，斜腹，矮圈足。内外施满釉，釉面有小开片。浅灰色胎，胎质细纯、致密。有窑粘现象。口径11.2、底径2.6、高5厘米（图六七，2）。

2006SBT5⑦：63，残。微侈口，圆唇，斜弧腹，矮圈足。除外底沿外通体施釉，有流釉、积釉现象，釉下施化妆土。灰色胎，胎质细净、较致密。外底有垫砂痕。口径12.8、底径3.4、高5.9厘米（图六七，3）。

2006SBT5⑦：64，残。敞口，圆唇，斜弧腹，小浅圈足。除外底沿通体施釉，釉下施化妆土。灰色胎，胎质细净、较致密。外底有垫砂痕。口径12.4、底径4、高4.8厘米（图六七，4）。

　　2006SBT5⑦：72，整。敞口，圆唇，弧腹，饼底。内施满釉，外施半釉，釉下施化妆土。灰色胎，胎质较疏松。口径9、底径3.8、高3.8厘米（图六七，5）。

　　2006SBT5⑦：91，残。敞口，圆唇，斜腹，小浅圈足。通体施釉，釉面有开片。灰色胎，胎质细净、较致密。外底有垫砂痕。口径11.4、底径4、高5.3厘米（图六七，6）。

　　2006SBT5⑦：104，残。侈口，圆唇，斜弧腹，矮圈足。通体施釉，有流釉、积釉现象。褐色胎，胎质较致密。内外底有支钉痕。口径12.6、底径4、高5.7厘米（图六七，7）。

　　2006SBT5⑦：121，残。侈口，圆唇，斜弧腹，矮圈足。除外底沿通体施釉，釉面有小开片。灰色胎，胎质较致密。外底有粘窑现象。口径11.5、底径3.8、高5.5厘米（图六七，8）。

　　2006SBT5⑦：142，残。敞口，圆唇，斜弧腹，矮圈足。除外底沿通体施釉，有积釉现象，釉面有小开片。灰色胎，胎质细腻、较致密。外底有垫砂痕。口径10、底径3、高4.1厘米（图六七，9）。

　　2006SBT5⑦：155，残。侈口，圆唇，斜弧腹，矮圈足。除外底沿通体施釉，有流釉、积釉现象，釉面有开片，釉下施化妆土。灰色胎，胎质较致密。口径11.8、底径4、高5.2厘米（图六七，10）。

　　2006SBT5⑦：156，残。敞口，圆唇，斜弧腹，饼底。内施满釉，外口沿施釉，有流釉现

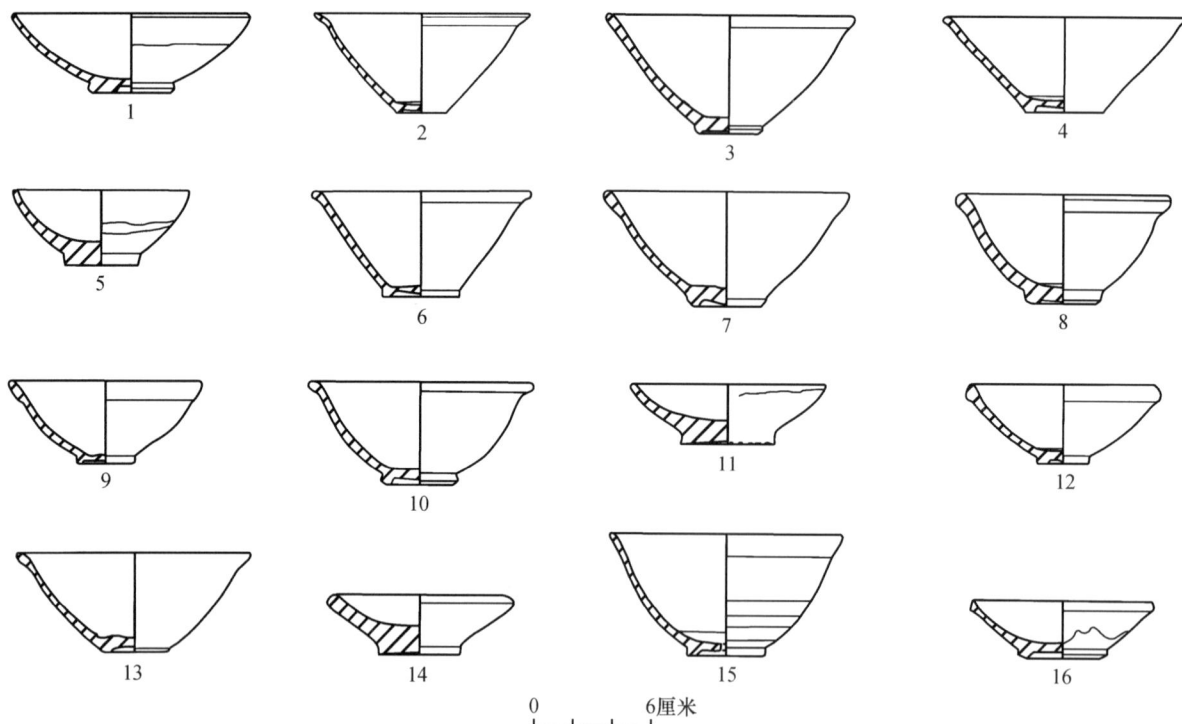

图六七　第7层青釉盏

1. 2006SBT5⑦：1　2. 2006SBT5⑦：60　3. 2006SBT5⑦：63　4. 2006SBT5⑦：64　5. 2006SBT5⑦：72　6. 2006SBT5⑦：91
7. 2006SBT5⑦：104　8. 2006SBT5⑦：121　9. 2006SBT5⑦：142　10. 2006SBT5⑦：155　11. 2006SBT5⑦：156
12. 2006SBT5⑦：161　13. 2006SBT5⑦：179　14. 2006SBT5⑦：191　15. 2006SBT5⑦：194　16. 2006SBT5⑦：219

象，釉面已脱，釉下施化妆土。夹砂褐色胎，胎质疏松。有窑粘现象。口径10、底径4.8、高3厘米（图六七，11）。

2006SBT5⑦：161，残。敞口，圆唇，斜弧腹，矮圈足。除外底沿通体施釉，釉下施化妆土。灰色胎，胎质细净、较致密。外底有垫砂痕。口径10、底径4、高3厘米（图六七，12）。

2006SBT5⑦：179，残。微侈口，圆唇，斜弧腹，矮圈足。除外底沿通体施釉，有积釉现象，釉面有小开片。灰黄色胎，胎质细腻、较致密。外底有垫砂痕。口径12、底径3.8、高5厘米（图六七，13）。

2006SBT5⑦：191，残。敞口，圆唇，斜弧腹，饼底。内施满釉，外无釉，釉下施化妆土。夹砂姜黄色胎，胎质较疏松。口径9.8、底径4.2、高3厘米（图六七，14）。

2006SBT5⑦：194，残。敞口，圆唇，斜弧腹，矮圈足。除外底沿通体施釉，釉面有小开片，釉下施化妆土。灰色胎，胎质细腻、较致密。外底有垫砂痕。口径12、底径4、高6.1厘米（图六七，15）。

2006SBT5⑦：219，青釉盏。敞口，圆唇，斜弧腹，矮圈足。内施满釉，外施釉至腹下部，施釉不均，有积釉现象。灰白色胎，胎质细腻。口径9.4、底径4.6、高2.9厘米（图六七，16）。

钵 3件。

2006SBT5⑦：25，残。敞口，圆唇，弧腹，平底内凹。内外施半釉。灰色胎，胎质细净、较致密。内外底有支钉痕。口径12.8、底径5.2、高4.8厘米（图六八，1）。

2006SBT5⑦：47，残。敛口，圆唇，斜直腹，腹下内收，平底。内外施半釉，釉几乎完全脱落，有流釉、积釉现象，釉下施化妆土。褐色胎，胎质细净、较致密。内外底有支钉痕。通径18.2、底径8.6、高5.5厘米（图六八，2）。

2006SBT5⑦：51，残。敞口，圆唇，折腹，平底。内外施半釉。有流釉、积釉、脱釉现象。红褐色胎，胎质细腻，较致密。口径20、底径11.2、高5.5厘米（图六八，3）。

盒 1件。

2006SBT5⑦：71，残。圆形，子母口，母口平唇，子口圆唇，直壁，近平底。内外施满釉。灰色胎，胎质细净、较致密。外底有支钉痕。口径6、底径2.4、高2.4厘米（图六八，6）。

执壶 3件。

2006SBT5⑦：184，残。口、流、鋬缺失，束颈，广肩，弧腹，圈足，腹颈间有二盾形系，腹上有一凹弦纹，腹部有六组竖条形纹饰。内颈下无釉，外施满釉，有流釉、脱釉现象，釉面有小开片。灰色胎，胎质细净、较致密。外底有垫饼痕。有窑粘现象。通径7.6、底径8、残高21.6厘米（图六八，4；图版三四，3）。

2006SBT5⑦：234，残。侈口，圆卷唇，束颈，溜肩，瓜棱鼓腹，饼底，底缘外撇。肩部竖装对称扁条形双系，曲柄残，八棱管状流。釉面莹润，釉层薄匀，器内颈下无釉，器外施釉不及底，有流釉现象。流下贴塑双鱼纹饰。胎体青灰，较致密。口径7.2、通径14.5、底径11.6、高21.1厘米（图六八，7；图版三三，4）。

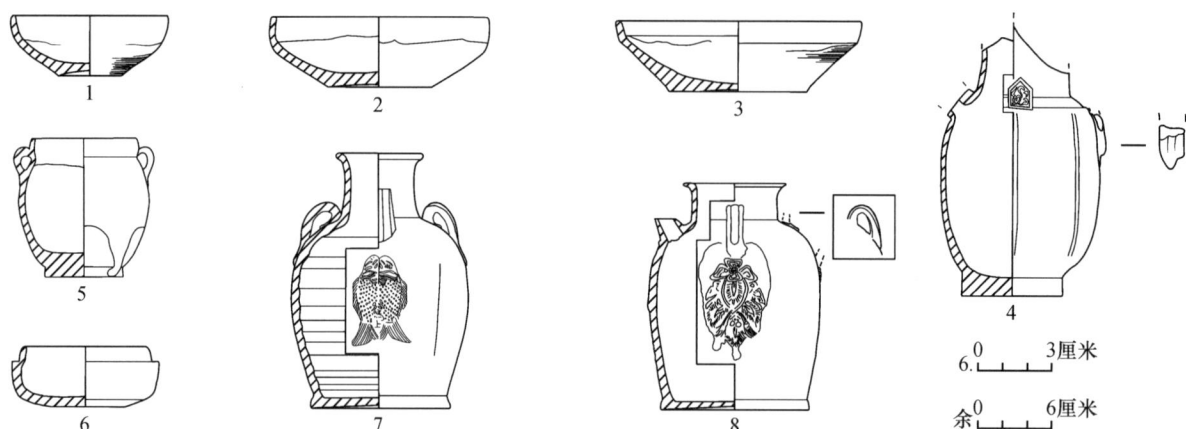

图六八　第7层青釉瓷器

1~3.钵（2006SBT5⑦：25、2006SBT⑦：47、2006SBT⑦：51）　4、7、8.壶（2006SBT⑦：184、2006SBT⑦：234、
2006SBT⑦：235）　5.罐（2006SBT⑦：233）　6.盒（2006SBT⑦：71）

2006SBT5⑦：235，残。侈口，扁圆卷唇，直领，溜肩，直鼓腹，饼底，底缘外撇。肩部竖装对称三条形双系，提梁残，八棱状短流。釉面莹润，釉层薄匀，玻璃质感较强，器内颈下无釉，器外施釉不及底，有细开片。双系、流下施桃形褐彩，贴花于双系和流下，其纹饰为双凤、蔓枝、十字蝴蝶结组合。胎体青灰，较致密。口径8.4、通径13.8、底径12.1、高17.9厘米（图六八，8；图版三三，3）。

罐　1件。

2006SBT5⑦：233，整。侈口，圆唇，矮颈，溜肩，颈肩部竖装对称扁条形双系，鼓弧腹，饼底外撇。器底有修胎切削痕迹，底缘斜削。器内施釉至口沿下，外施半釉，有飞釉、流釉现象。灰胎，含砂，较粗糙。口径8.6、通径11.4、底径6.4、高11厘米（图六八，5；图版三二，2）。

2. 青白釉

16件。

碗　10件。

2006SBT5⑦：11，整。敞口，圆唇，斜弧腹，饼底。有流釉、积釉现象。釉面有小开片，釉下施化妆土。灰黄色胎，胎质较致密。内底有支钉痕，外底有垫痕。口径18.4、底径8.4、高6.5厘米（图六九，1）。

2006SBT5⑦：100，残。敞口，圆唇，斜弧腹，高圈足。内外施满釉。白色胎，胎质细净、致密。外底有垫饼痕。口径17.2、底径6.2、高8.8厘米（图六九，2）。

2006SBT5⑦：108，残。敞口，圆唇，弧腹，圈足外撇。内外施满釉，外底部脱釉严重。青白色胎，胎质细纯、致密。口径17.2、底径6.8、高7.6厘米（图六九，3）。

2006SBT5⑦：117，残。敞口，圆唇，弧腹，圈足，内足外撇。内外施满釉，有流釉现象，釉面有开片。白色胎，胎质致密。口径12、底径4.8、高5.4厘米（图六九，4；图版四〇，3）。

2006SBT5⑦：118，残。敞口，圆唇，弧腹，高圈足，内足墙较低。内外施满釉。青白色胎，胎质细腻、致密。口径16.4、底径7.2、高9厘米（图六九，5）。

2006SBT5⑦：163，残。敞口，圆唇，弧腹，高圈足。内外施满釉，釉面有小开片。白色胎，胎质致密。外底有支钉痕。口径15.2、底径6.6、高8.4厘米（图六九，6；图版四〇，4）。

2006SBT5⑦：175，残。敞口，尖圆唇，弧腹，圈足，内足墙极低。内外施满釉，釉层薄匀，釉质莹润。青白色胎，胎质细腻、致密，胎体薄。外底有垫饼痕。口径16、底径5.6、高5.3厘米（图六九，8；图版四〇，5）。

2006SBT5⑦：176，残。侈口，圆唇，弧腹，圈足。内外施满釉，外有流釉现象。内腹中部有一道凹弦纹。灰白色胎，胎质细纯、致密。口径14、底径5.1、高4.2厘米（图六九，9；图版四〇，6）。

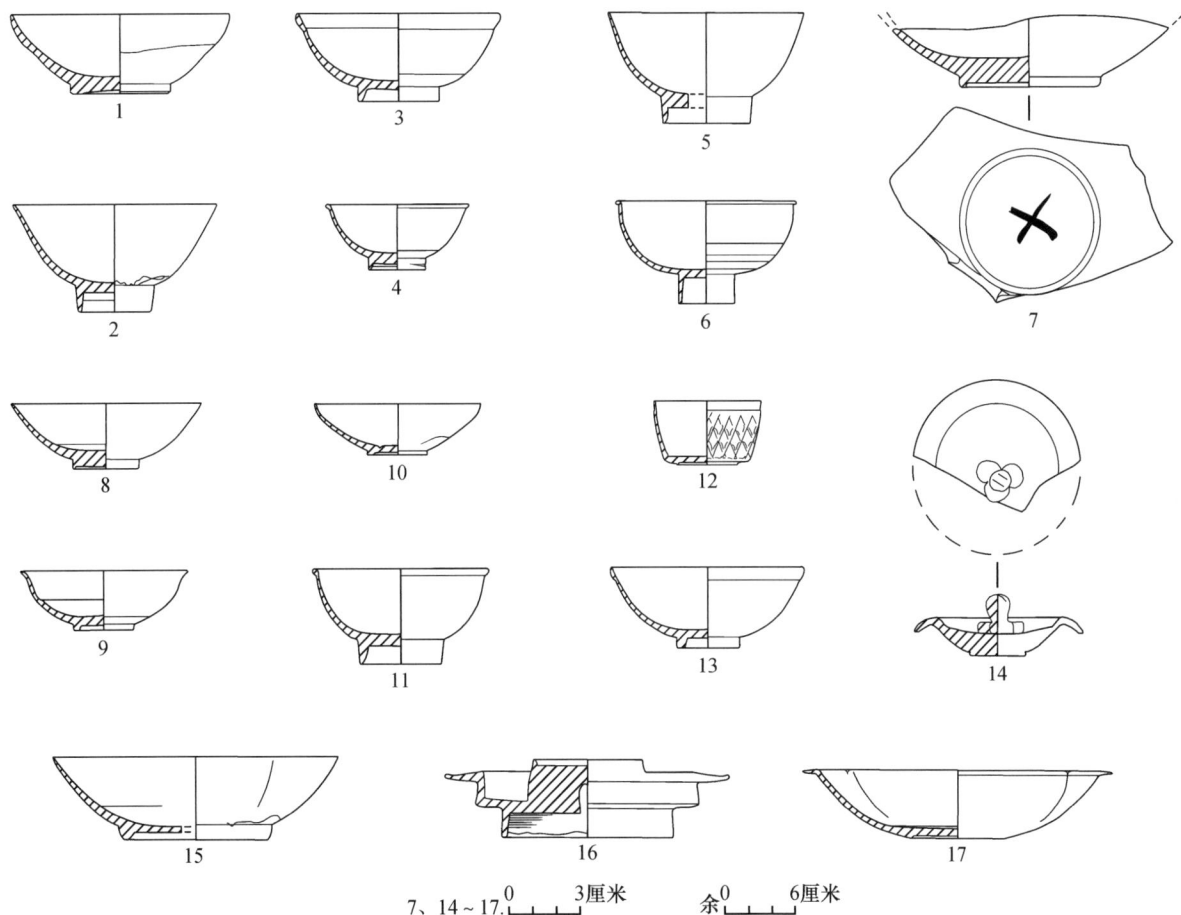

图六九　第7层青白釉、青灰釉瓷器

1~9、11. 青白釉碗（2006SBT5⑦：11、2006SBT5⑦：100、2006SBT5⑦：108、2006SBT5⑦：117、2006SBT5⑦：118、2006SBT5⑦：163、2006SBT5⑦：207、2006SBT5⑦：175、2006SBT5⑦：176、2006SBT5⑦：182）　10、15. 青白釉盏（2006SBT5⑦：109、2006SBT5⑦：210）　12. 青白釉杯（2006SBT5⑦：248）　13. 青灰釉碗（2006SBT5⑦：110）　14. 青白釉器盖（2006SBT5⑦：177）　16. 青白釉盏托（2006SBT5⑦：249）　17. 青白釉盘（2006SBT5⑦：250）

2006SBT5⑦：182，残。敞口，圆唇，弧腹，高圈足，内足微外撇。内施满釉，外施釉至底足，釉面有小开片。黄白色胎，胎质致密。口径14.8、底径6.8、高7.8厘米（图六九，11）。

2006SBT5⑦：207，残。口、腹缺失，矮圈足，内足墙较低。内外施满釉，釉面有开片。白色胎，胎质细腻、较致密。外底有墨书文字。底径6厘米（图六九，7）。

盏　2件。

2006SBT5⑦：109，残。敛口，圆唇，弧腹，圈足。内施满釉，外施半釉。青灰色胎，胎质致密。口径14、底径5、高4.2厘米（图六九，10）。

2006SBT5⑦：210，残。花口，圆唇，弧腹，圈足。内施满釉，外施釉不及底，釉面有小开片。白色胎，胎质细腻、较致密。口径12、底径6、高3.4厘米（图六九，15）。

器盖　1件。

2006SBT5⑦：177，残。圆形，圆唇，斜腹，平底，外顶中部有一堆塑梅花形纽，墙面斜弧形。内无釉，外施满釉，釉面有小开片。青白色胎，胎质较致密。口径7.2、高2.5厘米（图六九，14）。

杯　1件。

2006SBT5⑦：248，残。敞口，尖唇，斜直腹，浅圈足内收。釉面玻璃质，除芒口，器内外满釉。器外腹壁饰凸起交错三角锥形蕉叶纹。白胎，胎体轻薄，腹壁透光，胎质细腻致密。口径8.9、底径5、高5.2厘米（图六九，12；图版四一，5）。

盏托　1件。

2006SBT5⑦：249，残。呈圆形，直口，折沿平出、边缘微翘，腹壁斜直，中间有作为承托的凸起的圆形托圈，托面略下凹、中心有小圆孔，圈足外撇。釉面玻璃质，有小气泡，器内外满釉，足内无釉。足心有垫圈痕。白胎，胎质细腻致密。托径4.6、通径11.8、底径7.2、高3.2厘米（图六九，16；图版二八，6）。

盘　1件。

2006SBT5⑦：250，残。敞口，尖唇，折沿、沿外缘葵花形，斜弧腹，假圈足、挖足浅。器内出筋对应器外凹射线，呈葵花瓣。釉面玻璃质，釉层薄匀，器内外满釉。白胎，胎体轻薄，腹壁透光，胎质细腻致密。口径13.2、底径4、高2.8厘米（图六九，17；图版四一，6）。

3. 青灰釉

碗　1件。

2006SBT5⑦：110，残。敞口，圆唇，弧腹，圈足。内外施满釉，有流釉、积釉现象，釉下施化妆土。灰色胎，胎质细净、较致密。口径16.4、底径5.2、高6.6厘米（图六九，13）。

4. 青黄釉

9件。

碗　6件。

2006SBT5⑦：4，残。敞口，圆唇，弧腹，玉璧底。内施满釉，外施半釉，有流釉、积釉现象，釉下施化妆土。夹砂姜黄色胎，胎质较疏松。内外底有支钉痕。口径18.8、底径8、高6.2厘米（图七〇，1；图版四四，6）。

2006SBT5⑦：21，残。敞口，圆唇，弧腹，饼底微内凹，外沿斜削。内施满釉，外施半釉，施釉不均，有积釉现象，釉面有小开片，釉下施化妆土。夹砂姜黄色胎，胎质较疏松。内外底有支钉痕。口径15.6、底径7.4、高5厘米（图七〇，2）。

2006SBT5⑦：24，残。敞口，圆唇，弧腹，玉璧底。内施满釉，外施釉至腹下部，有流釉现象，釉面有小开片，釉下施化妆土。灰黄色胎，胎质较疏松。口径14.6、底径6、高5厘米（图七〇，3；图版四四，5）。

2006SBT5⑦：40，残。敞口，圆唇，弧腹，饼底。内施满釉，外施半釉，施釉不均，有流釉现象，釉面有小开片，釉下施化妆土。夹砂褐色胎，胎质粗糙、较疏松。内外底有三个支钉痕。口径17、底径8.2、高6.8厘米（图七〇，4；图版四四，4）。

2006SBT5⑦：52，残。敞口，圆唇，弧腹，饼底。内施满釉，外施半釉，有积釉现象，釉下施化妆土。灰色、褐色胎，胎质较致密。内底有支钉痕。口径13.2、底径4.6、高4.8厘米（图七〇，5）。

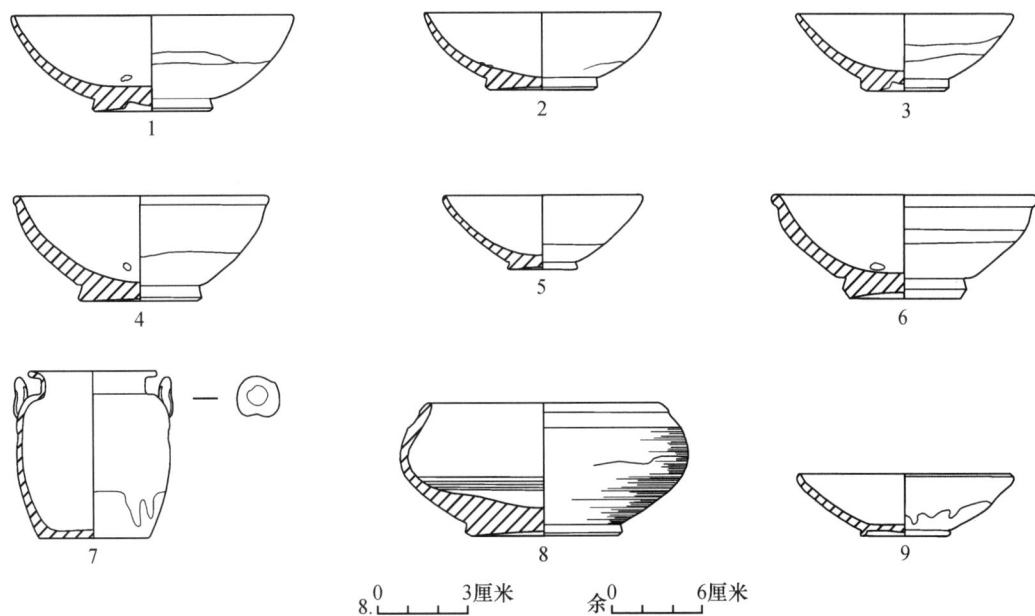

图七〇　第7层青黄釉瓷器

1~6. 碗（2006SBT5⑦：4、2006SBT5⑦：21、2006SBT5⑦：24、2006SBT5⑦：40、2006SBT5⑦：52、2006SBT5⑦：53）
7. 罐（2006SBT5⑦：3）　8. 盂（2006SBT5⑦：31）　9. 盏（2006SBT5⑦：75）

2006SBT5⑦：53，残。敞口，圆唇，弧腹，饼底内凹。内施满釉，外施半釉，有积釉现象，釉面有小开片，釉下施化妆土。夹砂灰黄色胎，胎质较疏松，胎体厚重。内外底有三个支钉痕。口径18、底径8.4、高6.6厘米（图七○，6）。

罐　1件。

2006SBT5⑦：3，残。侈口，圆唇，平肩，弧腹，平底，腹上部有二环状系。内口沿处施釉，外施釉至腹下部，有流釉、积釉现象。灰褐色胎，胎质较致密。外底有垫砂痕。口径8.6、通径10.6、底径8.6、高10.8厘米（图七○，7；图版四六，1）。

水盂　1件。

2006SBT5⑦：31，残。敛口，圆唇，鼓腹，饼底微内凹，外沿斜削。内施满釉，外施半釉，釉面有小开片，釉层薄，釉质莹润。黄白色胎，胎质细净、较致密。口径7.4、腹径9.5、底径5.2、高4.4厘米（图七○，8）。

盏　1件。

2006SBT5⑦：75，残。敞口，圆唇，斜腹，矮圈足。内施满釉，外施釉至腹下部，有流釉现象，釉下施化妆土。红褐色胎，胎质较致密。口径14.6、底径6.2、高4厘米（图七○，9）。

5. 青釉划花、印花、刻花

6件。

碗　4件。

2006SBT5⑦：84，划花碗，残。敞口，圆唇，弧腹，高圈足。内外施满釉，有流釉、积釉现象。外腹有斜划纹。灰白色胎，胎质细腻、较致密。外底有垫饼痕。口径15.4、底径6.2、高7.7厘米（图七一，2）。

2006SBT5⑦：58，印花碗，残。敞口，圆唇，斜弧腹，圈足。除外底沿外通体施釉，有流釉、积釉现象。内釉下有印花纹饰。灰色胎，胎质细腻、较致密。内外底有垫砂痕。口径20.2、底径6.3、高8.5厘米（图七一，3）。

2006SBT5⑦：164，印花碗，残。侈口，圆唇，斜弧腹，圈足。除外底沿面通体施釉，有流釉、积釉现象。内有印花缠枝牡丹纹饰。灰色胎，胎质细净、致密。外底有垫砂痕。口径18.4、底径6.2、高7.4厘米（图七一，4）。

2006SBT5⑦：244，刻花碗，残。敞口，圆唇外撇，弧腹，圈足微撇、挖足略深。釉面玻璃质，莹润，有开片，器内外满釉。器内腹壁六出筋，饰刻花草叶纹，底心刻花缠枝花卉纹。器底有修胎切削痕迹，足内壁外斜。灰胎，较细腻致密。口径11、底径4.6、高3.4厘米（图七一，1）。

盏　1件。

2006SBT5⑦：102，印花盏，残。侈口，圆唇，弧腹，矮圈足。除外底沿面通体施釉，有

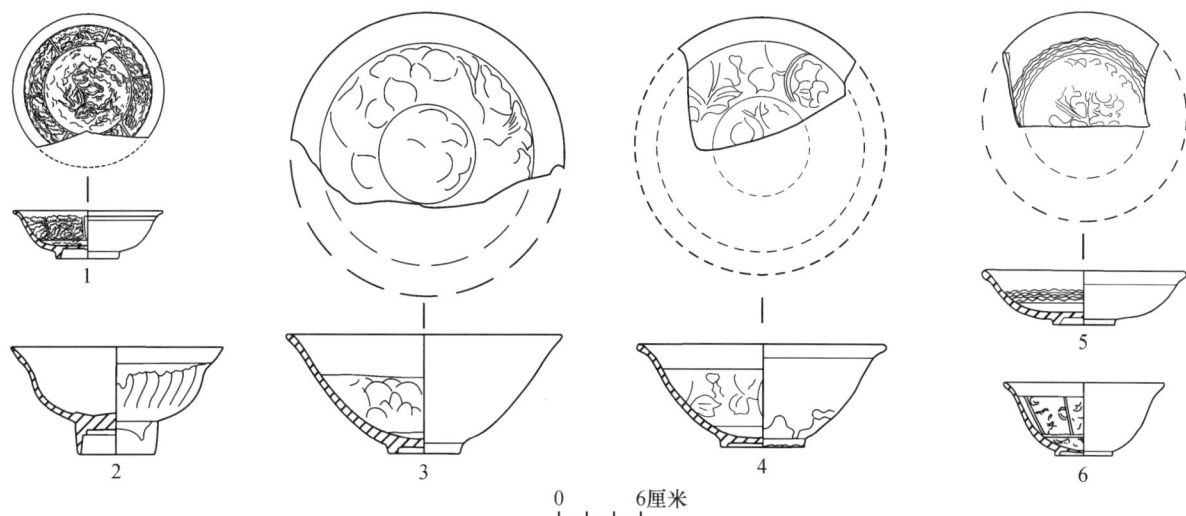

图七一　第7层青釉印花、划花、刻花瓷器

1. 刻花碗（2006SBT5⑦：244）　　2. 划花碗（2006SBT5⑦：84）　　3、4. 印花碗（2006SBT5⑦：58、2006SBT5⑦：164）
5. 印花盘（2006SBT5⑦：114）　　6. 印花盏（2006SBT5⑦：102）

流釉、积釉现象。内有印花纹饰。浅灰色胎，胎质细腻、较致密。外底有支钉痕。口径11.8、底径4.2、高5.2厘米（图七一，6）。

盘　1件。

2006SBT5⑦：114，印花盘，残。侈口，圆唇，弧腹，圈足。除外底沿通体施釉，釉面有小开片，釉下施化妆土。内有划花纹。灰色胎，胎质较致密。口径15、底径5.5、高3.9厘米（图七一，5）。

6. 青白釉印划花、印花、划花

12件。

碗　9件。

2006SBT5⑦：67，印划花碗，残。敞口，圆唇，斜弧腹，圈足。内外施满釉。内有牡丹划花纹饰，外有菊花划花纹饰。白色胎，胎质细腻、致密。口径13、底径3.3、高6.3厘米（图七二，1；图版四一，3）。

2006SBT5⑦：105，印划花碗，残。敞口，圆唇，斜弧腹，圈足，斗笠形。内外施满釉，釉面有开片。内釉下有划花。青白色胎，胎质致密。口径16.8、底径6.8、高5.4厘米（图七二，8）。

2006SBT5⑦：152，划花碗，残。侈口，圆唇，鼓腹，圈足。内外施满釉。外腹有划花纹饰。白色胎，胎质细腻、较致密。口径11.6、底径5.2、高6.2厘米（图七二，9）。

2006SBT5⑦：180，印划花碗，残。花口，圆唇，弧腹，圈足。内外施满釉。内底及外腹有缠枝花纹。灰白色胎，胎质细腻、较致密。口径14.6、底径6、高5.7厘米（图七二，3）。

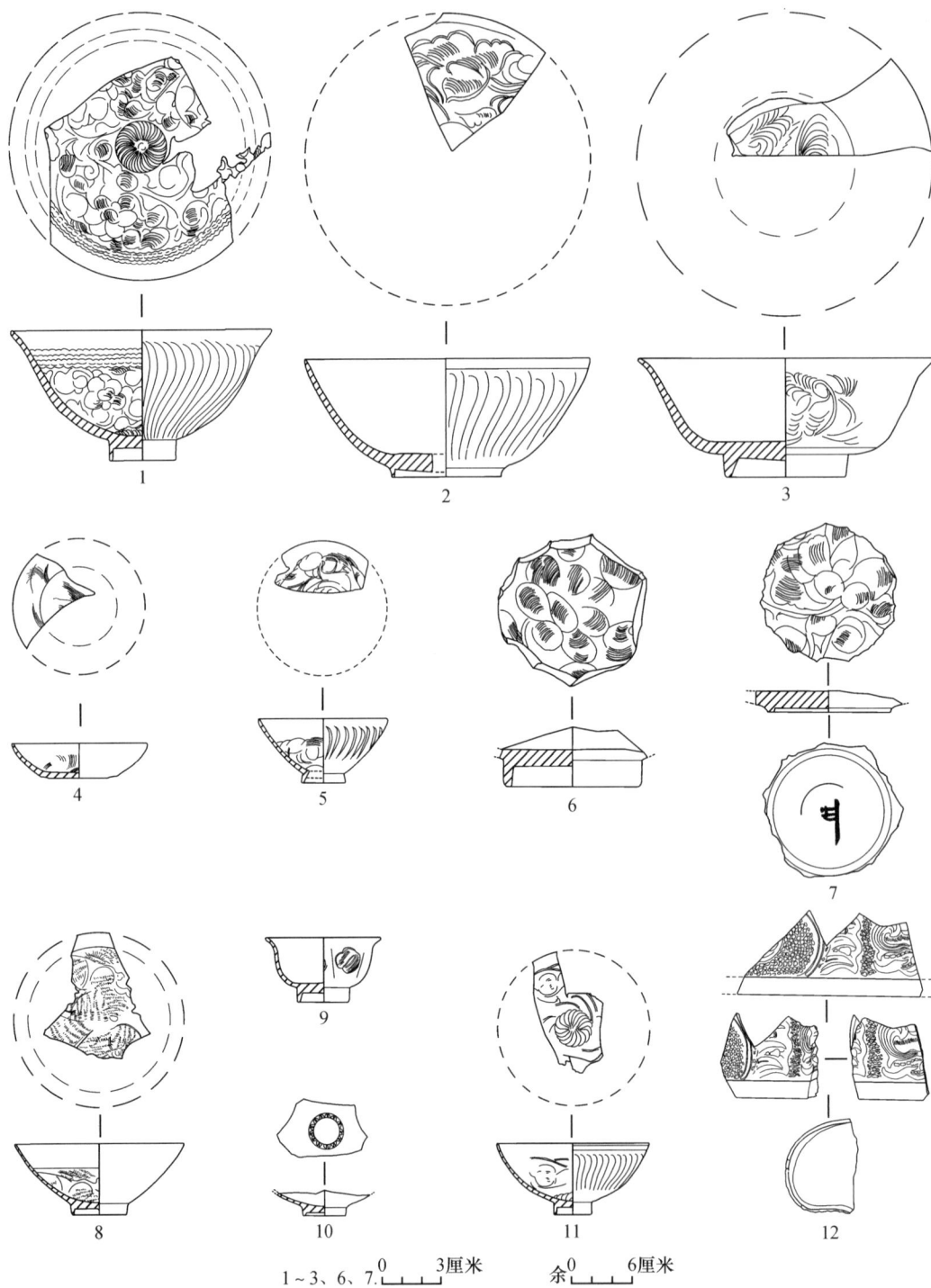

图七二　第7层青白釉印划花、印花、划花瓷器

1、3、5~8、10.印划花碗（2006SBT5⑦：67、2006SBT5⑦：180、2006SBT5⑦：203、2006SBT5⑦：204、2006SBT5⑦：205、
2006SBT5⑦：105、2006SBT5⑦：206、2006SBT5⑦：196）　2.印划花盏（2006SBT5⑦：165）
4、9.划花盘（2006SBT5⑦：130、2006SBT5⑦：152）　12.印花枕（2006SBT5⑦：208）

2006SBT5⑦：196，印划花碗，残。敞口，圆唇，斜弧腹，高圈足，内足墙较低。内外施满釉，釉面有小开片。内底有菊花划花纹、腹有牡丹划花纹。外有简线菊花纹饰。白色胎，胎质细腻，致密。口径12.7、底径3.7、高6.9厘米（图七二，11）。

2006SBT5⑦：203，印划花碗，残。敞口，圆唇，斜弧腹，小圈足。内外施满釉，釉面有小开片。内有划花牡丹纹，外有划花简线菊花纹。白色胎，胎质细腻、较致密。口径13、底径2.1、高6.2厘米（图七二，5）。

2006SBT5⑦：204，印划花碗，残。口、腹缺失，圈足。内外施满釉，釉面有开片。内底有印花纹饰。白色胎，胎质细腻、致密。外底有垫圈痕。底径6.8厘米（图七二，6）。

2006SBT5⑦：205，印划花碗，残。口、腹缺失，矮圈足。内外施满釉，釉面有开片。内底有印花牡丹纹饰。白色胎，胎质细腻、较致密。外底有垫圈痕、有墨书文字。底径6.1厘米（图七二，7）。

2006SBT5⑦：206，印花碗，残。口、腹缺失，圈足，内足墙较低。内外施满釉，有流釉现象，釉面有开片。白色胎，胎质细腻、较致密。内底有印花菊花纹饰。底径4.3厘米（图七二，10）。

盘　1件。

2006SBT5⑦：130，划花盘，残。敞口，圆唇，弧腹，平底。内外施满釉，釉面有小开片。内釉下有划花纹饰。白色胎，胎质致密。口径13、底径5.4、高3.4厘米（图七二，4）。

盏　1件。

2006SBT5⑦：165，印划花盏，残。敞口，圆唇，斜弧腹，矮圈足。内外施满釉，釉面有开片。内有牡丹划花纹饰，外有简线菊花划花纹饰。白色胎，胎质细腻、致密。口径14、底径5.4、高5.7厘米（图七二，2）。

枕　1件。

2006SBT5⑦：208，印花枕，残。枕面缺失，斜弧腹，平底。内无釉，外施满釉，底面露胎。白色胎，胎质细腻、较致密。外底有支钉痕，外腹四周有印花纹饰（图七二，12）。

7. 白釉

70件。

碗　45件。

2006SBT5⑦：20，残。敞口，圆唇，弧腹，饼底。内施满釉，外施半釉，有流釉现象，釉面有小开片，釉下施化妆土。浅黄色胎，胎质较致密。内外底有支钉痕。口径13.6、底径7.2、高4.2厘米（图七三，1）。

2006SBT5⑦：29，残。花口，圆唇，斜弧腹，玉璧底，内腹有凸棱。除外底沿通体施釉，釉下施化妆土，釉层薄匀，釉质莹润。黄白色胎，胎质细净、较致密。内底有支钉痕。口径15.2、底径7.7、高4厘米（图七三，2）。

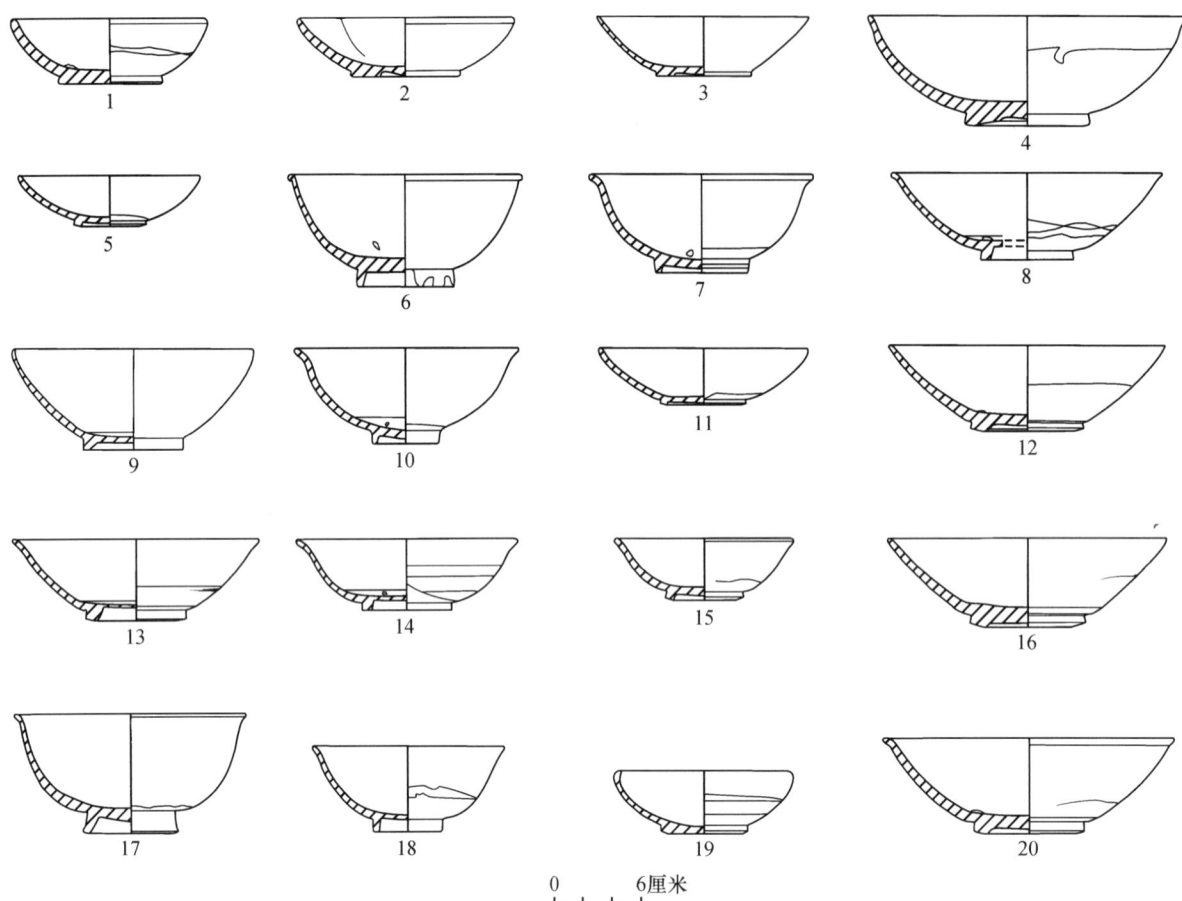

图七三　第7层白釉碗

1. 2006SBT5⑦：20　2. 2006SBT5⑦：29　3. 2006SBT5⑦：34　4. 2006SBT5⑦：41　5. 2006SBT5⑦：68　6. 2006SBT5⑦：65
7. 2006SBT5⑦：66　8. 2006SBT5⑦：62　9. 2006SBT5⑦：77　10. 2006SBT5⑦：112　11. 2006SBT5⑦：79　12. 2006SBT5⑦：85
13. 2006SBT5⑦：86　14. 2006SBT5⑦：107　15. 2006SBT5⑦：99　16. 2006SBT5⑦：80　17. 2006SBT5⑦：120
18. 2006SBT5⑦：128　19. 2006SBT5⑦：124　20. 2006SBT5⑦：119

　　2006SBT5⑦：34，残。敞口，圆唇，斜腹，玉璧底。除外底沿面通体施釉，釉下施化妆土，釉质温润。白色胎，胎质细净、致密，胎体薄。内外底有支钉痕。口径14.6、底径6.6、高4厘米（图七三，3）。

　　2006SBT5⑦：41，残。敞口，圆唇，弧腹，玉璧底。内施满釉，外施半釉，有流釉、积釉现象，釉面有小开片，釉下施化妆土。黄色胎，胎质较致密。内外底有支钉痕。口径21.8、底径8.6、高7.3厘米（图七三，4）。

　　2006SBT5⑦：62，残。侈口，圆唇，弧腹，圈足微外撇。内施满釉，外施釉至腹下部，釉面有开片，釉下施化妆土。浅灰色胎，胎质较致密。内底有支钉痕。口径18.6、底径6.4、高5.8厘米（图七三，8）。

　　2006SBT5⑦：65，残。敞口，圆唇，弧腹，圈足，内足外撇。内施满釉，外施釉至底足，有流釉现象。灰色、黄色胎，胎质较致密。内底有支钉痕。口径16.4、底径6.8、高7.5厘米（图七三，6）。

2006SBT5⑦：66，残。侈口，圆唇，弧腹，圈足。内施满釉，外施釉至腹下部，有流釉、积釉现象，釉面有开片，通体施化妆土。灰色胎，胎质较致密。内底有支钉痕。口径15.4、底径6.4、高6.6厘米（图七三，7）。

2006SBT5⑦：68，残。敞口，圆唇，弧腹，矮圈足。内施满釉，外施釉至腹下部，有流釉现象，釉面有小开片，通体施化妆土。灰黄色胎，胎质较致密。口径12.6、底径5、高3.4厘米（图七三，5）。

2006SBT5⑦：77，残。敞口，圆唇，弧腹，圈足。内外施满釉，有流釉、积釉现象，釉面有小开片。灰白色胎，胎质细纯、致密。口径16.6、底径6.9、高6.8厘米（图七三，9）。

2006SBT5⑦：79，残。敞口，圆唇，弧腹，矮圈足，内足墙较低。内施满釉，外施釉至腹下部，有流釉、积釉现象，釉面有小开片，通体施化妆土。灰色胎，胎质较致密。外腹有窑粘现象。口径14.4、底径6、高3.8厘米（图七三，11）。

2006SBT5⑦：80，残。敞口，圆唇，斜弧腹，圈足。内施满釉，外施半釉，釉面有小开片，釉下施化妆土。夹砂姜黄色胎，胎质疏松。内外底有支钉痕。口径19.2、底径8、高6厘米（图七三，16）。

2006SBT5⑦：85，残。敞口，圆唇，斜弧腹，圈足斜削。内施满釉，外施半釉，釉下施化妆土。夹砂黄褐色胎，胎质疏松。内外底有支钉痕。口径19、底径7.8、高5.8厘米（图七三，12）。

2006SBT5⑦：86，残。敞口，圆唇，弧腹，圈足，内足外撇。内施满釉，外施半釉，釉面有小开片，釉下施化妆土。灰色胎，胎质较致密。内外底有支钉痕。口径17、底径7、高5.7厘米（图七三，13）。

2006SBT5⑦：99，残。敞口，圆唇，弧腹，矮圈足。内施满釉，外施釉至腹下部，釉面有小开片，通体施化妆土。姜黄色胎，胎质较疏松。口径12.4、底径5.4、高4.2厘米（图七三，15）。

2006SBT5⑦：107，残。微侈口，圆唇，弧腹，圈足。内施满釉，外施釉至腹下部，釉下施化妆土。灰黄色胎，胎质较致密。内底有支钉痕。口径15.4、底径6.2、高4.8厘米（图七三，14）。

2006SBT5⑦：112，残。侈口，圆唇，弧腹，圈足，内足墙较低。内施满釉，外施釉至腹下部，有流釉现象，釉面有小开片，通体施化妆土。灰色胎，胎质较致密。内底有支钉痕。口径15.8、底径4.6、高6.4厘米（图七三，10）。

2006SBT5⑦：119，残。侈口，圆唇，弧腹，圈足，内足墙较低。内施满釉，外施半釉，釉下施化妆土，釉色白中泛黄。姜黄色胎，胎质较疏松。内外底有支钉痕。口径20、底径7.6、高6.4厘米（图七三，20）。

2006SBT5⑦：120，残。侈口，圆唇，弧腹，高圈足，内足微外撇。内施满釉，外施釉至腹下部，有流釉、漏釉现象，釉层薄匀，釉质莹润。灰白色胎，胎质细纯、致密。口径16、底径5.8、高8厘米（图七三，17）。

2006SBT5⑦：124，残。敛口，圆唇，弧腹，饼底，外沿斜削。内外近口沿处施釉。灰白色胎，胎质细腻、较致密。口径12.4、底径6、高4.2厘米（图七三，19）。

2006SBT5⑦：128，残。敞口，圆唇，弧腹，圈足。内施满釉，外施釉至腹下部，有流釉、积釉现象，釉下施化妆土。灰色、黄色胎，胎质较致密。内底有支钉痕。口径13.6、底径4.8、高5.7厘米（图七三，18）。

2006SBT5⑦：135，残。侈口，圆唇，弧腹，圈足。内施满釉，外施半釉，釉面有小开片，通体施化妆土。浅灰色胎，胎质较致密。内底有支钉痕，外底有垫痕。口径20.4、底径7.6、高6.7厘米（图七四，1）。

2006SBT5⑦：137，残。侈口，圆唇，弧腹，高圈足，内足外撇。内施满釉，外施釉不及底，有积釉现象。青白色胎，胎质致密。口径15.6、底径6.2、高7.6厘米（图七四，2）。

2006SBT5⑦：158，残。敞口，圆唇，弧腹，圈足。内施满釉，外施釉至腹下部，釉面有小开片，通体施化妆土。黄色胎，胎质较疏松。外底有垫痕。口径18、底径8、高6.2厘米（图七四，3）。

2006SBT5⑦：160，残。敞口，圆唇，斜腹，圈足。内施满釉，外施釉至腹下部，有流釉现象，釉面有小开片，釉下施化妆土。灰黄色胎，胎质较疏松。内外底有支钉痕。口径21、底径8.2、高7.1厘米（图七四，18；图版一〇，2）。

2006SBT5⑦：162，残。敞口，圆唇，斜弧腹，玉璧底，外沿斜削。内施满釉，外腹上至沿处施釉，釉下施化妆土。黄色胎，胎质较疏松。内外底有支钉痕。口径20、底径7、高7.5厘米（图七四，5）。

2006SBT5⑦：167，残。微侈口，圆唇，弧腹，圈足。内施满釉，外施釉至腹下部，釉面有小开片，通体施化妆土。夹砂灰褐色胎，胎质较疏松。内底有支钉痕。口径19、底径8.2、高6.7厘米（图七四，6）。

2006SBT5⑦：168，残。敞口，圆唇，弧腹，圈足。内施满釉，外施釉至腹下部，通体施化妆土。土黄色胎，胎质较致密。内底有支钉痕。口径20.2、底径7.4、高6.6厘米（图七四，16）。

2006SBT5⑦：171，残。敞口，圆唇，斜弧腹，圈足。内施满釉，外施半釉，有脱釉现象，釉面有开片，釉下施化妆土。夹砂黄褐色胎，胎质疏松。内底有五个支钉痕。口径19.2、底径7.6、高6.7厘米（图七四，8；图版一〇，3）。

2006SBT5⑦：174，残。敞口，圆唇，斜弧腹，饼底。内施满釉，外施半釉，有脱釉现象，釉下施化妆土。灰黄色胎，胎质较疏松。外底有支钉痕。口径13.6、底径6.4、高4.4厘米（图七四，10）。

2006SBT5⑦：181，残。侈口，圆唇，弧腹，圈足，内施满釉，外施釉至腹下部，通体施化妆土。灰黄色胎，胎质细腻，较疏松。内底有支钉痕。口径21、底径7.8、高6.8厘米（图七四，9）。

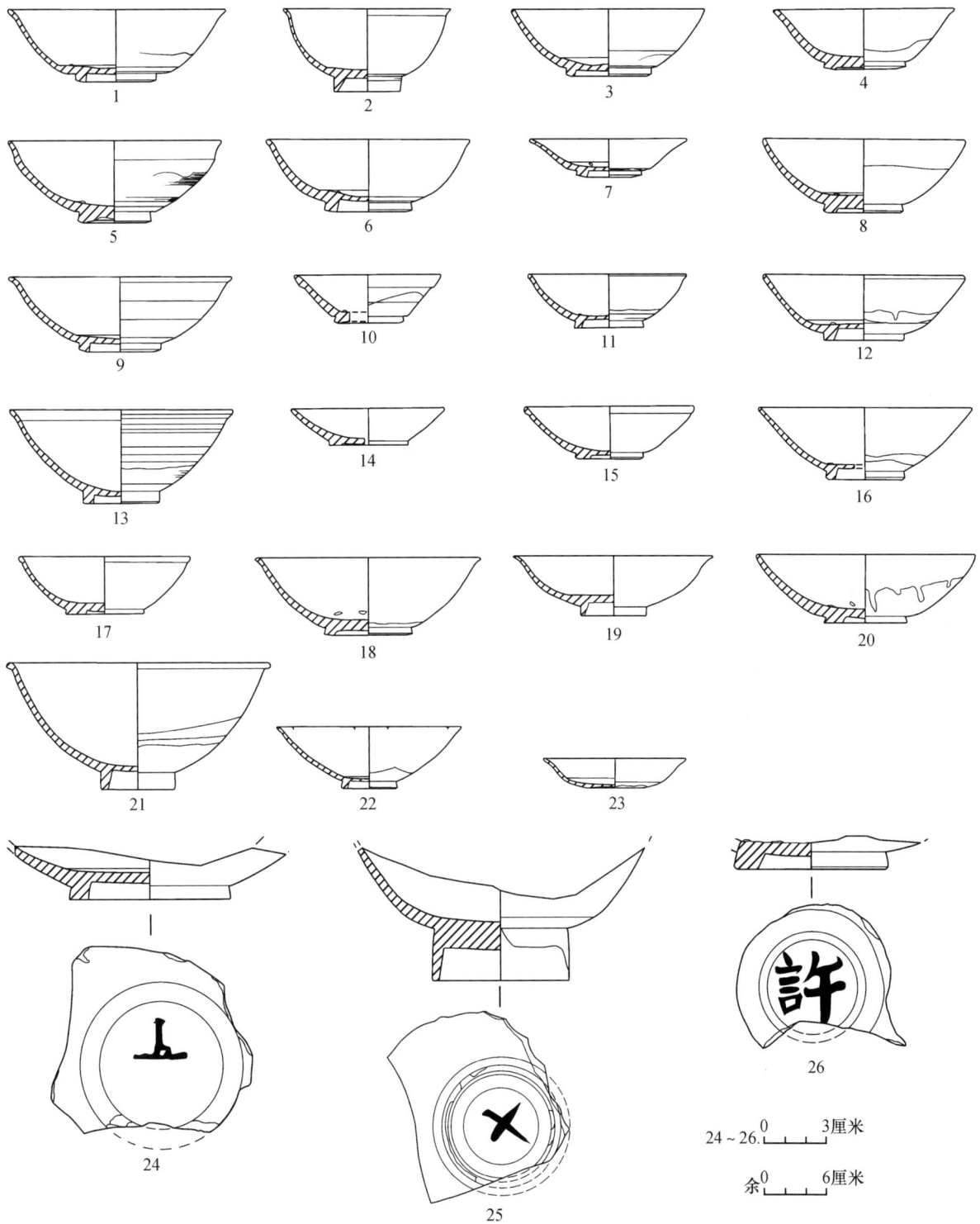

图七四　第7层白釉碗、盘

1~22、24~26. 碗（2006SBT5⑦：135、2006SBT5⑦：137、2006SBT5⑦：158、2006SBT5⑦：195、2006SBT5⑦：162、
2006SBT5⑦：167、2006SBT5⑦：215、2006SBT5⑦：171、2006SBT5⑦：181、2006SBT5⑦：174、2006SBT5⑦：189、
2006SBT5⑦：190、2006SBT5⑦：192、2006SBT5⑦：226、2006SBT5⑦：200、2006SBT5⑦：168、2006SBT5⑦：218、
2006SBT5⑦：160、2006SBT5⑦：241、2006SBT5⑦：242、2006SBT5⑦：243、2006SBT5⑦：247、2006SBT5⑦：186、
2006SBT5⑦：187、2006SBT5⑦：188）　23.盘（2006SBT5⑦：78）

2006SBT5⑦：186，残。口、腹缺失，圈足。内施满釉，外不详，釉下施化妆土。灰黄色胎，胎质较疏松。内外底有支钉痕，外底有墨书"上"字。底径7.6厘米（图七四，24）。

2006SBT5⑦：187，残。口、腹缺失，弧腹，高圈足。内外施满釉。灰白色胎，胎质较致密。外底有垫饼痕。外底有墨书文字。底径6.4厘米（图七四，25）。

2006SBT5⑦：188，残。口、腹缺失，圈足。内施满釉，外不详，釉面有小开片，釉下施化妆土。灰黄色胎，胎质较疏松。内底有支钉痕，外底有墨书"许"字。底径7.4厘米（图七四，26）。

2006SBT5⑦：189，残。微侈口，圆唇，弧腹，圈足。内施满釉，外施釉至腹下部，釉下施化妆土。褐色胎，胎质较疏松。内外底有支钉痕。口径15、底径6.6、高4.8厘米（图七四，11）。

2006SBT5⑦：190，残。敞口，圆唇，弧腹，圈足。内施满釉，外施釉至腹下部，有流釉现象，釉面有小开片，釉下施化妆土。土黄色胎，胎质较疏松。内外底有支钉痕。口径19.2、底径7.6、高6厘米（图七四，12）。

2006SBT5⑦：192，残。敞口，圆唇，斜弧腹，圈足。内施满釉，外施釉至腹下部，釉面有小开片，釉下施化妆土。灰黄色胎，胎质较疏松。外底有支钉痕。口径21、底径7.2、高8.6厘米（图七四，13）。

2006SBT5⑦：195，残。敞口，圆唇，弧腹，圈足。内施满釉，外施半釉，釉下施化妆土。姜黄色胎，胎质较疏松。内外底有支钉痕。口径17.2、底径7.6、高5.5厘米（图七四，4）。

2006SBT5⑦：200，残。敞口，圆唇，斜弧腹，矮圈足。内外施满釉。灰白色胎，胎质较致密。口径16、底径7.4、高4.8厘米（图七四，15）。

2006SBT5⑦：215，白釉碗。侈口，圆唇，斜弧腹，圈足。内施满釉，外施釉至腹下部，施釉均匀，釉层厚，釉下施白色化妆土。浅灰色胎，胎质粗糙。内底有四个支钉痕。口径14.8、底径6.2、高3.5厘米（图七四，7）。

2006SBT5⑦：218，白釉碗。敞口，圆唇，斜弧腹，矮玉璧底。除底部外通体施白釉，有积釉现象，釉面光滑，有光泽。灰白色胎，胎质细腻。口径16.2、底径7.4、高5.2厘米（图七四，17）。

2006SBT5⑦：226，残。敞口，圆唇，斜腹，圈足。内外施满釉，釉下施化妆土。灰白色胎，胎质较致密。内底有支钉痕。口径14.4、底径7.4、高3.4厘米（图七四，14）。

2006SBT5⑦：241，整。敞口，圆唇外撇，窄折沿，弧腹，圈足微撇、挖足较深、足壁外斜。釉面莹润，器内满釉，器外施釉不及足，有流釉现象。釉下施化妆土。灰胎，较致密。口径18.8、底径6.2、高5.5厘米（图七四，19；图版一一，2）。

2006SBT5⑦：242，微残。敞口，圆唇，弧腹，圈足外撇。器底有修胎切削痕迹，足内壁外斜，足心微凸。釉面莹润，器内满釉，器外施半釉，釉线不齐，有流釉现象。釉下施化妆土。焦黄胎，较疏松。口径20.8、底径7.8、高6.3厘米（图七四，20；图版一〇，4）。

2006SBT5⑦：243，残。敞口，圆唇，卷沿，弧腹，圈足外撇。施化妆土。白釉，莹润，匀净，器内满釉，器外施半釉，釉线不齐。灰胎，较致密。口径24.8、底径7、高11.6厘米（图七四，21；图版一二，3）。

2006SBT5⑦：247，整。葵花形敞口，圆唇微撇，斜弧腹，圈足外撇。器外凹射线对应花口，呈葵花瓣。釉面莹润，器内满釉，器外施釉不及足，釉线不齐，有流釉现象。灰白胎，较细腻致密。口径17.2、底径5.2、高5.7厘米（图七四，22；图版一○，5）。

盘 1件。

2006SBT5⑦：78，白釉盘，残。敞口，圆唇，斜弧腹，腹下内折收，平底微内凹。内外施满釉，底足露胎，有流釉现象，釉面有小开片，釉下施化妆土。黄白色胎，胎质细净、较致密。内底有支钉痕。口径13.2、底径5.2、高2.7厘米（图七四，23；图版一四，2）。

盏 15件。

2006SBT5⑦：76，残。敞口，圆唇，弧腹，圈足。内外施满釉，釉下施化妆土。灰白色胎，胎质细腻、较致密。口径11.2、底径4、高4.5厘米（图七五，1）。

2006SBT5⑦：81，残。敞口，圆唇，弧腹，矮圈足。内外施满釉。青白色胎，胎质细纯，致密。口径11.4、底径4.1、高4.2厘米（图七五，2）。

2006SBT5⑦：89，残。敞口，圆唇，弧腹，矮圈足。内施满釉，外施釉至腹下部，釉面有小开片，通体施化妆土。灰色胎，胎质较致密。口径12、底径4.9、高3.5厘米（图七五，3）。

2006SBT5⑦：96，残。敞口，圆唇，弧腹，圈足。内施满釉，外施半釉，有流釉、

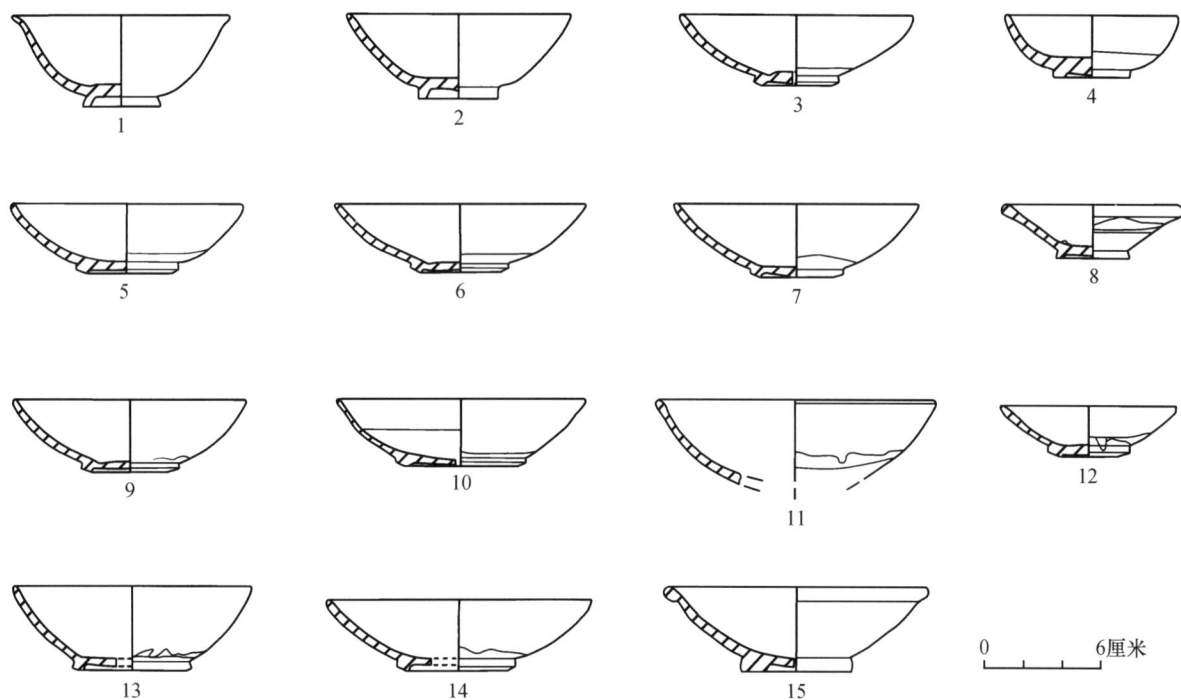

图七五 第7层白釉盏

1. 2006SBT5⑦：76　2. 2006SBT5⑦：81　3. 2006SBT5⑦：89　4. 2006SBT5⑦：96　5. 2006SBT5⑦：97　6. 2006SBT5⑦：101
7. 2006SBT5⑦：136　8. 2006SBT5⑦：227　9. 2006SBT5⑦：166　10. 2006SBT5⑦：197　11. 2006SBT5⑦：209
12. 2006SBT5⑦：212　13. 2006SBT5⑦：139　14. 2006SBT5⑦：211　15. 2006SBT5⑦：213

积釉、脱釉现象，釉下施化妆土。黄白色胎，胎质较致密。口径9、底径4、高3.1厘米（图七五，4）。

2006SBT5⑦：97，残。敞口，圆唇，斜弧腹，矮圈足。内施满釉，外施釉至腹下部，釉面有开片，釉色白中泛黄，通体施化妆土。灰色胎，胎质较致密。外底有支钉痕。口径12、底径5.2、高3.5厘米（图七五，5；图版一三，2）。

2006SBT5⑦：101，残。敞口，圆唇，弧腹，矮圈足。内施满釉，外施釉至腹下部，釉色白中泛黄，通体施化妆土。灰色胎，胎质较致密。口径12.8、底径5、高4.4厘米（图七五，6）。

2006SBT5⑦：136，残。敞口，圆唇，弧腹，矮圈足。内施满釉，外施釉至腹下部，釉面有小开片，通体施化妆土。灰黄色胎，胎质较致密。有窑粘现象。口径12.6、底径4.8、高3.6厘米（图七五，7）。

2006SBT5⑦：139，残。敞口，圆唇，弧腹，矮圈足，内施满釉，外施釉至腹下部，有流釉、积釉现象，釉面有开片，通体施化妆土。灰色胎，胎质细腻、较致密。口径12.2、底径6、高4.2厘米（图七五，13）。

2006SBT5⑦：166，残。敞口，圆唇，斜弧腹，矮圈足。内施满釉，外施釉至腹下部，釉面有小开片，通体施化妆土。青灰色胎，胎质较致密。口径12、底径5、高3.6厘米（图七五，9）。

2006SBT5⑦：197，残。敞口，圆唇，斜弧腹，矮圈足。内施满釉，外施釉至腹下部，釉面有小开片。灰白色胎，胎质较致密。口径12.8、底径6.6、高3.4厘米（图七五，10）。

2006SBT5⑦：209，残。敞口，圆唇，弧腹，底缺失。内施满釉，外施釉至腹下部，有流釉、脱釉现象，釉下施化妆土。灰黄色胎，胎质较致密。口径14.6厘米（图七五，11）。

2006SBT5⑦：211，残。敞口，圆唇，弧腹，圈足。内施满釉，外施釉至腹下部，有流釉现象，釉色白中泛黄，通体施化妆土。灰黄色胎，胎质较致密。口径13.4、底径6.2、高3.5厘米（图七五，14）。

2006SBT5⑦：212，残。敞口，圆唇，斜弧腹，矮圈足。内施满釉，外施半釉，釉下施化妆土。灰黄色胎，胎质较致密。口径9、底径4.2、高2.6厘米（图七五，12）。

2006SBT5⑦：213，残。敞口，翻唇，斜弧腹，玉璧底。内外施满釉。灰白色胎，胎质较致密。口径13.6、底径5.8、高4.2厘米（图七五，15）。

2006SBT5⑦：227，残。敞口，圆唇，弧腹，圈足。内施满釉，外施半釉，釉下施化妆土。灰色胎，胎质细净、较致密。内底有支钉痕。口径9.4、底径3.8、高2.7厘米（图七五，8）。

盂　2件。

2006SBT5⑦：92，残。敛口，圆唇，鼓腹，平底。内外施满釉，有脱釉现象，釉面有小开片，釉层薄匀，釉质润亮。白色胎，胎质细净、致密。外底有支钉痕。口径3.8、底径2、高1.4厘米（图七六，7）。

2006SBT5⑦：149，残。敞口，圆唇，鼓腹，平底，近口沿有管状小系。内施满釉，外施半釉，有流釉现象，釉面有小开片。白色胎，胎质致密。外底有垫砂痕。口径4、底径2、高3.6厘米（图七六，6）。

炉 1件。

2006SBT5⑦：217，残。敛口，斜沿，圆唇，近直腹，圆底，圈足。内施半釉，外施釉至腹下部，有流釉现象，釉下施白色化妆土。夹砂浅灰色胎，胎质粗糙。腹部与底部之间饰一道凸纹。口径11、底径6.6、高9.1厘米（图七六，2）。

壶 1件。

2006SBT5⑦：221，喇叭形口，微束颈，圆弧腹，平底。内施釉至颈部，外施釉至腹下部，釉层薄，釉下施白色化妆土。灰褐色胎，胎质粗糙。口径2.8、通径4.6、底径2.4、高6厘米（图七六，4）。

罐 2件。

2006SBT5⑦：222，残。侈口，圆唇，弧腹，矮圈足。内外均施半釉，釉层薄，口沿处及外腹部施白色化妆土。浅黄色胎，胎质粗糙。口径4.8、腹径5.6、底径2.8、高4.7厘米（图

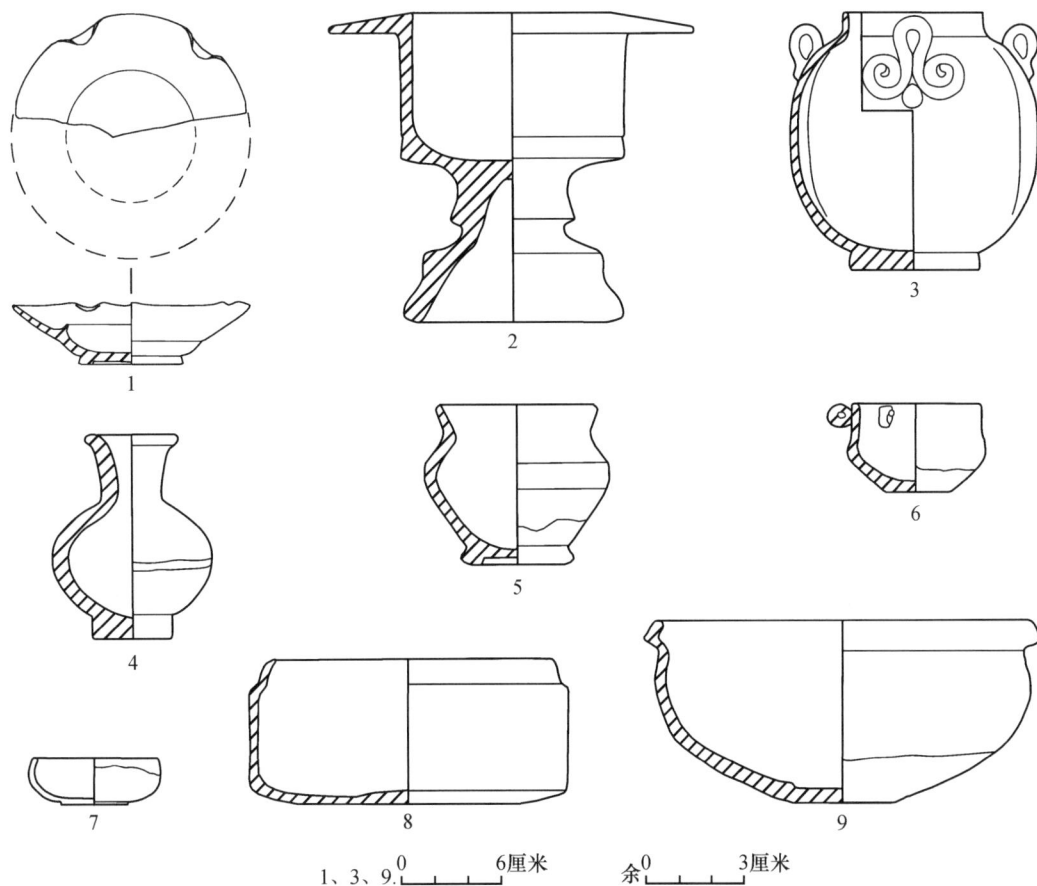

图七六 第7层白釉瓷器

1.盏托（2006SBT5⑦：224） 2.炉（2006SBT5⑦：217） 3、5.罐（2006SBT5⑦：254、2006SBT5⑦：222）
4.壶（2006SBT5⑦：221） 6、7.盂（2006SBT5⑦：149、2006SBT5⑦：92） 8.盒（2006SBT5⑦：236）
9.钵（2006SBT5⑦：232）

七六，5）。

2006SBT5⑦：254，残。直口，矮领，溜肩，肩竖装对称两条形系、两卷云系，鼓腹呈瓜棱形，大圈足底。釉色匀、莹润，有流釉现象，釉厚处泛青。白胎，质坚且细。口径8.6、通径15、底径8、高15.2厘米（图七六，3；图版一六，4）。

盏托　1件。

2006SBT5⑦：224，残。荷叶形口，圆唇，折腹，圈足，内足墙较低。除外底沿通体施釉，有流釉、积釉现象。灰白色胎，胎质细腻、较致密。外底有支钉痕。口径14.4、底径6.3、高3.7厘米（图七六，1；图版一三，5）。

钵　1件。

2006SBT5⑦：232，残。敛口，圆唇，上腹较直下附斜收，小平底。内施满釉，外施青釉至下腹部，有积釉现象。夹砂灰色胎，致密细腻。口径24.2、底径6.2、通高11.8厘米（图七六，9；图版一六，3）。

盒　1件。

2006SBT5⑦：236，残。盒子母口微敛，尖圆唇，直腹，平底。内无釉，外施青釉至下腹部，有积釉、飞釉现象。灰色胎，致密细腻。口径8.6、底径6.6、通高5.8厘米（图七六，8；图版一五，1）。

8. 白釉印花、划花、刻划花

4件。

碗　3件。

2006SBT5⑦：57，印花碗，残。口，腹缺失，圈足内撇，内足墙极低。内外施满釉。内有印花牡丹纹饰，外底有墨书"周山"二字。白色胎，胎质细腻、较致密。底径4.6厘米（图七七，1）。

2006SBT5⑦：127，划花碗，残。侈口，圆唇，弧腹，高圈足。内外施满釉，有流釉、积釉现象。内底有一凹弦纹。浅灰色胎，胎质致密。外底有垫饼痕。口径16.8、底径6.6、高8.4厘米（图七七，6）。

2006SBT5⑦：133，刻划花碗，残。敞口，圆唇，弧腹，圈足斜削。内外施满釉，有流釉现象。外釉下划花瓣纹。青白色胎，胎质致密。内底有支钉痕。口径15.2、底径6、高4.8厘米（图七七，7）。

盘　1件。

2006SBT5⑦：202，印花盘，残。花口，圆唇，弧腹，平底。内外施满釉。内底有印花纹饰，底面露胎。白色胎，胎质细腻、致密。口径13.2、底径10.1、高2.4厘米（图七七，5；图版三六，5）。

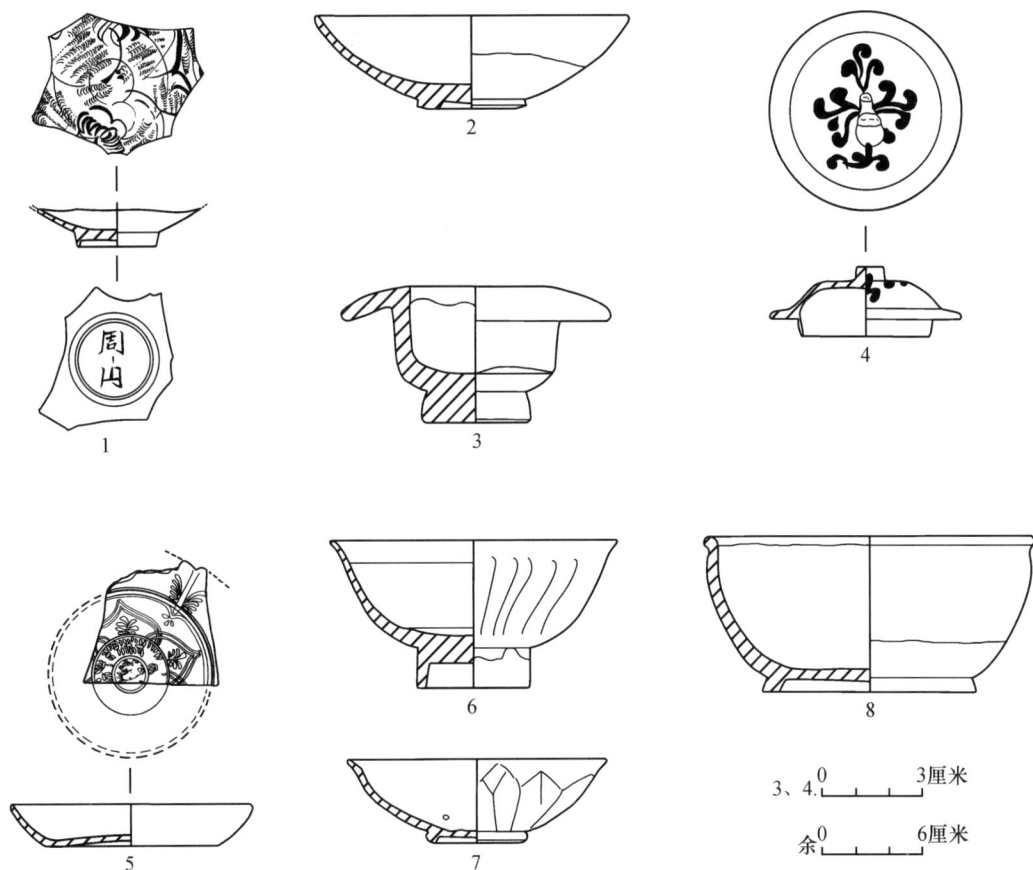

图七七　第7层白釉瓷器

1.印花碗（2006SBT5⑦：57）　2.点绿彩碗（2006SBT5⑦：106）　3.点绿彩炉（2006SBT5⑦：246）　4.点褐彩器盖
（2006SBT5⑦：245）　5.印花盘（2006SBT5⑦：202）　6.划花碗（2006SBT5⑦：127）　7.刻划花碗（2006SBT5⑦：133）
8.外黑内白釉钵（2006SBT5⑦：239）

9. 白釉点绿彩

2件。

碗　1件。

2006SBT5⑦：106，残。敞口，圆唇，斜弧腹，矮圈足。釉基本脱落，口沿处点绿彩，仅留化妆土。夹砂黄褐色胎，胎质疏松。内底有支钉痕。口径18.4、底径6.4、高5.3厘米（图七七，2）。

炉　1件。

2006SBT5⑦：246，敞口，宽斜平沿，圆唇，直腹，平底稍外撇。口沿及外腹部施白釉，沿处施绿彩，釉层薄，釉面有开片，釉下施一层白色化妆土。浅黄色胎，胎质稍粗糙。口径3.9、通径7.2、底径3.2、高3.9厘米（图七七，3；图版二〇，6）。

10. 白釉褐彩

器盖　1件。

2006SBT5⑦：245，残。盘扣形盖纽，圆盔形盖体，宽边沿底面平直，子口微敛突出边沿。釉面莹润，盖外满釉，盖内无釉，纽周饰黑彩缠枝纹。灰白胎，胎质细腻致密。口径3.8、通径5.7、高2厘米（图七七，4；图版二〇，3）。

11. 外黑内白釉

钵　1件。

2006SBT5⑦：239，残。敞口，圆唇外撇，弧腹，圈足外撇。器内及唇满施白釉，莹润，器外半施黑釉，釉线不齐。灰胎，较致密，含细砂。口径19.6、底径12.8、高8.9厘米（图七七，8；图版二二，2）。

12. 黄釉

23件。

碗　19件。

2006SBT5⑦：7，残。敞口，圆唇，弧腹，玉璧底。内施满釉，外施釉至腹下部，釉面已脱，釉下施化妆土。土黄色胎，胎质较疏松。内外底有支钉痕。口径21、底径10、高7.2厘米（图七八，1）。

2006SBT5⑦：10，残。敞口，圆唇，弧腹，玉璧底，外沿斜削。内施满釉，外施半釉，有积釉现象，釉下施化妆土。夹砂姜黄色胎，胎质较疏松。内外底有支钉痕。口径18.8、底径8.2、高5.9厘米（图七八，2）。

2006SBT5⑦：12，残。敞口，圆唇，弧腹，宽圈足。内施满釉，外施釉至腹下部，有流釉、积釉现象，釉面有开片，釉下施化妆土。灰黄色胎，胎质较疏松。内外底有支钉痕，外底有墨书文字。口径19.6、底径8.6、高6.2厘米（图七八，3）。

2006SBT5⑦：16，残。敞口，圆唇，弧腹，玉璧底。内施满釉，外施半釉，釉下施化妆土。姜黄色胎，胎质较疏松。内外底有支钉痕。口径13.4、底径6.2、高4.9厘米（图七八，5）。

2006SBT5⑦：17，残。敞口，圆唇，斜弧腹，玉璧底。内施满釉，外施釉至腹下部，有流釉、积釉现象，釉面有小开片，釉下施化妆土。姜黄色胎，胎质较疏松。内外底均有三个支钉痕。口径20.2、底径8.2、高7厘米（图七八，4；图版四五，6）。

2006SBT5⑦：35，残。敞口，圆唇，弧腹，玉璧底。内施满釉，外施半釉，有流釉、积釉现象，釉面有小开片，釉下施化妆土。夹砂姜黄色胎，胎质较疏松。内外底均有三个支钉痕。口径14、底径6、高4.4厘米（图七八，7）。

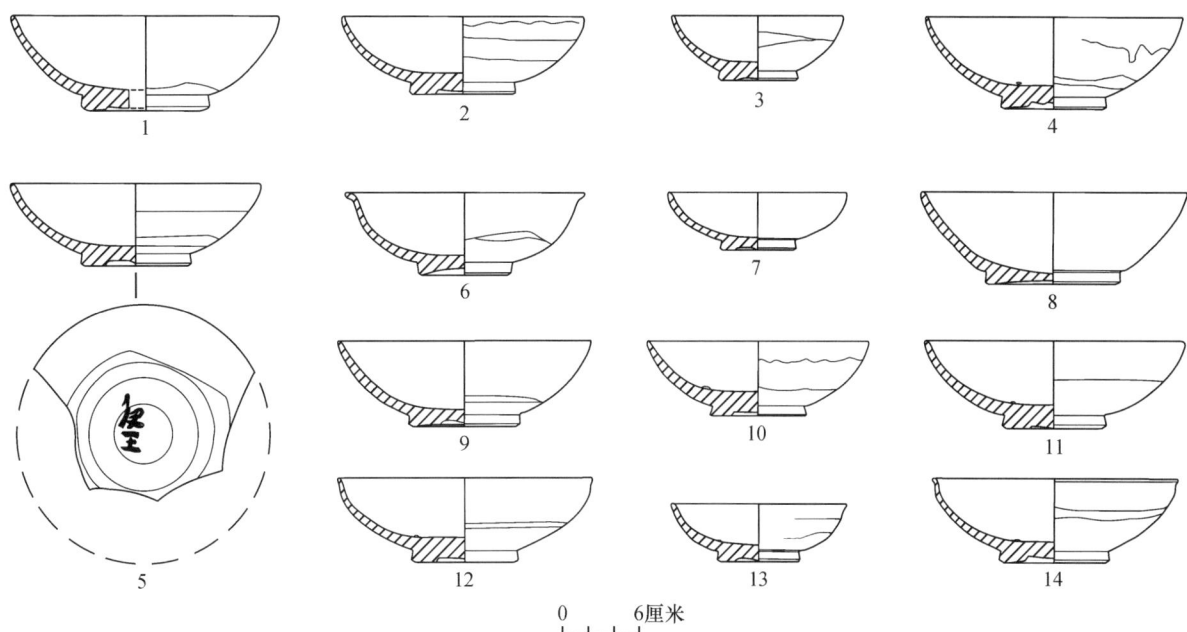

图七八 第7层黄釉碗

1.2006SBT5⑦：7 2.2006SBT5⑦：10 3.2006SBT5⑦：12 4.2006SBT5⑦：17 5.2006SBT5⑦：16 6.2006SBT5⑦：38
7.2006SBT5⑦：35 8.2006SBT5⑦：44 9.2006SBT5⑦：46 10.2006SBT5⑦：54 11.2006SBT5⑦：70 12.2006SBT5⑦：74
13.2006SBT5⑦：113 14.2006SBT5⑦：116

2006SBT5⑦：38，残。侈口，圆唇，弧腹，饼底内凹。内施满釉，外施釉至腹下部，釉下施化妆土。夹砂姜黄色胎，胎质较疏松。内外底有支钉痕。口径18.6、底径7.2、高6.2厘米（图七八，6）。

2006SBT5⑦：44，残。敞口，圆唇，弧腹，饼底。内施满釉，外施半釉，脱釉严重，釉下施化妆土。黄色胎，胎质较致密。内外底有支钉痕。口径21、底径10.6、高7厘米（图七八，8）。

2006SBT5⑦：46，残。敞口，圆唇，弧腹，玉璧底。内施满釉，外施釉至腹下部，有流釉、积釉现象，釉面有小开片，釉下施化妆土。夹砂姜黄色胎，胎质较疏松。内底有支钉痕。口径19.6、底径8.6、高6.5厘米（图七八，9）。

2006SBT5⑦：54，残。敞口，圆唇，弧腹，玉璧底。内施满釉，外施釉至腹下部，有流釉、积釉现象，釉面有小开片，釉下施化妆土。夹砂姜黄色胎，胎质较疏松。内外底均有三个支钉痕。口径17.4、底径7.6、高5.7厘米（图七八，10；图版四五，5）。

2006SBT5⑦：70，残。敞口，圆唇，弧腹，玉璧底。内施满釉，外施半釉，有积釉现象，釉下施化妆土。夹砂姜黄色胎，胎质较疏松。内底有支钉痕。口径20.6、底径8.2、高6.6厘米（图七八，11）。

2006SBT5⑦：74，残。敞口，圆唇，弧腹，玉璧底。内施满釉，外施半釉，有流釉、积釉现象，釉下施化妆土。夹砂姜黄色胎，胎质较疏松。内外底有支钉痕。口径19.6、底径8.2、高6.4厘米（图七八，12）。

2006SBT5⑦：113，残。敞口，圆唇，弧腹，玉璧底。内施满釉，外施半釉，釉下施化妆土。夹砂姜黄色胎，胎质疏松。内外底有三个支钉痕。口径13.8、底径6.5、高4.4厘米（图七八，13）。

2006SBT5⑦：116，残。敞口，圆唇，弧腹，玉璧底。内施满釉，外施半釉，釉下施化妆土。姜黄色胎，胎质较疏松。内底有支钉痕。口径19.4、底径8.6、高6.4厘米（图七八，14）。

2006SBT5⑦：132，残。敞口，圆唇，弧腹，饼底内凹。内施满釉，外施半釉，有流釉、积釉现象，釉面有小开片，釉下施化妆土。夹砂姜黄色胎，胎质较疏松。内外底有支钉痕。口径20、底径7.8、高5.6～6.4厘米（图七九，10）。

2006SBT5⑦：143，整。敞口，圆唇，弧腹，饼底，外沿斜削。内施满釉，外施半釉，有积釉现象，釉下施化妆土。姜黄色胎，胎质较疏松。内底有三个支钉痕。口径17.6、底径7.6、高5.2厘米（图七九，9；图版四二，2）。

2006SBT5⑦：144，残。敞口，圆唇，弧腹，饼底。内外施满釉，釉下施化妆土。夹砂灰黄色胎，胎质较疏松。内底有支钉痕。口径13.8、底径6.6、高5.6～6.1厘米（图七九，5）。

2006SBT5⑦：147，残。敞口，圆唇，弧腹，饼底，外沿斜削。内施满釉，外施半釉，釉下施化妆土，釉面有小开片。夹砂姜黄色胎，胎质较疏松。内外底均有三个支钉痕。口径13.6、底径6.6、高4.3厘米（图七九，6）。

2006SBT5⑦：183，残。敞口，圆唇，弧腹，饼底。内施满釉，外施半釉，有流釉、积釉现

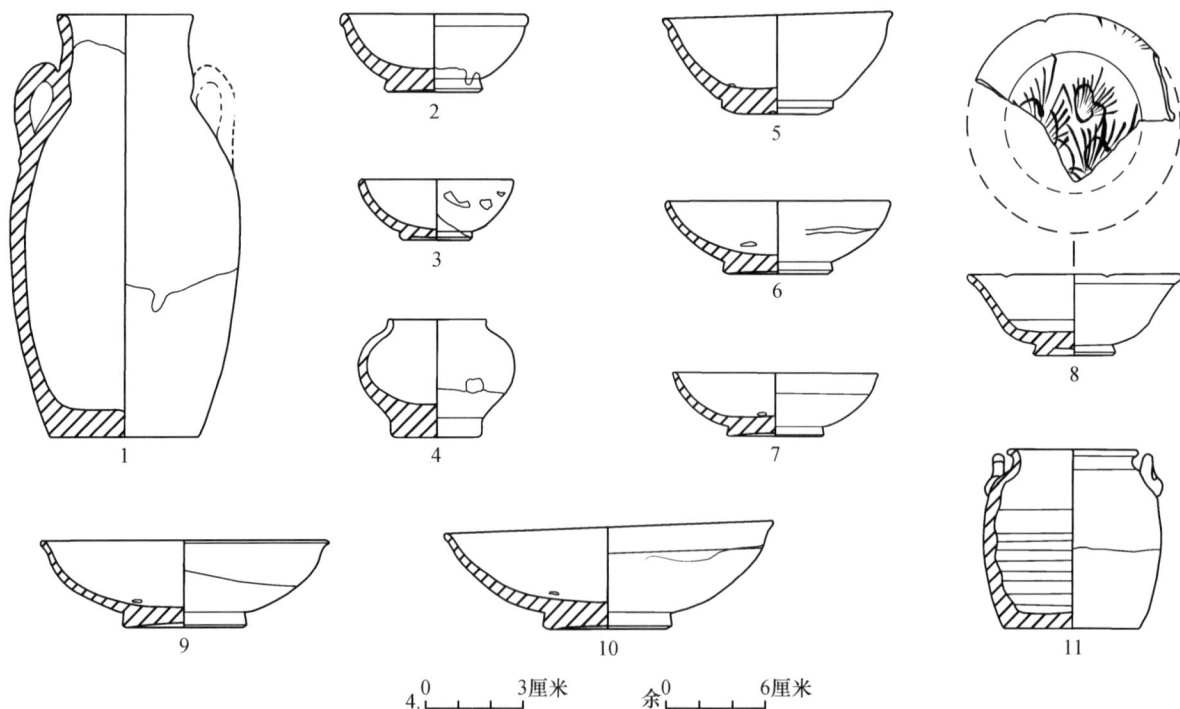

图七九　第7层黄釉、黄绿釉瓷器

1、4. 黄釉罐（2006SBT5⑦：122、2006SBT5⑦：148）　　2、3. 黄釉盏（2006SBT5⑦：125、2006SBT5⑦：199）

5～7、9、10. 黄釉碗（2006SBT5⑦：144、2006SBT5⑦：147、2006SBT5⑦：183、2006SBT5⑦：143、2006SBT5⑦：132）

8. 黄釉印花碗（2006SBT5⑦：229）　　11. 黄绿釉罐（2006SBT5⑦：50）

象。浅黄色胎，胎质较疏松。内底有支钉痕。口径12.4、底径5.8、高3.7厘米（图七九，7）。

盏　2件。

2006SBT5⑦：125，残。敞口，圆唇，弧腹，饼底微内凹。内施满釉，外施釉至腹下部，有流釉、积釉现象，釉下施化妆土。夹砂灰黄色胎，胎质疏松，胎体厚。口径11.6、底径6、高4.6厘米（图七九，2）。

2006SBT5⑦：199，残。敞口，圆唇，弧腹，圈足，外沿斜削。内施满釉，外施釉无序，有流釉现象，釉面有小开片。灰黄色胎，胎质较致密。口径9.9、底径4.4、高3.5厘米（图七九，3）。

罐　2件。

2006SBT5⑦：122，残。敞口，平唇，溜肩，鼓腹，平底，腹上有两条形系。内施满釉，外施釉至腹下部，施釉不均，有流釉、积釉、漏釉现象，釉下施化妆土。灰黄色、红褐色胎，胎质较疏松。外底有支钉痕，外有窑粘现象。口径8、腹径14、底径9.2、高25.1厘米（图七九，1；图版四七，3）。

2006SBT5⑦：148，残。敛口，圆唇，鼓腹，饼底。内施满釉，外施半釉，有流釉现象，釉面有小开片。深灰色胎，胎质较致密。有窑粘现象。口径3、通径4.8、底径2.8、高3.5厘米（图七九，4；图版四七，1）。

13. 黄釉印花

碗　1件。

2006SBT5⑦：229，残。花口，圆唇，斜腹，腹下内收，圈足。内外施满釉，有流釉、积釉现象，釉下施化妆土。内底有褐彩绘花草纹饰。灰黄色胎，胎质细净、较致密。口径13、底径4.8、高5厘米（图七九，8；图版四九，2）。

14. 黄绿釉

罐　1件。

2006SBT5⑦：50，整。侈口，圆唇，弧腹，平底，腹上有两个半环形系。内口沿以下无釉，外施半釉，有流釉、积釉、脱釉、窑变现象，釉下施化妆土。灰色胎，胎质细腻、较致密。外底有支钉痕。口径8、腹径10.8、底径8.4、高10.6厘米（图七九，11）。

15. 黑釉

15件。

盏　14件。

2006SBT5⑦：56，残。侈口，圆唇，斜弧腹，矮圈足。内施满釉，外施釉至腹下部。灰白色胎，胎质细腻、较致密。口径11、底径3、高4.5厘米（图八〇，2）。

2006SBT5⑦：59，残。侈口，圆唇，斜弧腹，饼底。内施满釉，外施釉不及底，有流釉现象。灰色胎，胎质致密。口径12、底径3.8、高4.2厘米（图八〇，3）。

2006SBT5⑦：82，残。微侈口，圆唇，斜弧腹，矮圈足，内足墙极低。内外施满釉。灰色胎，胎质细腻、较致密。外底有支钉痕。口径12.2、底径4.2、高4.9厘米（图八〇，4）。

2006SBT5⑦：87，残。敞口，圆唇，斜弧腹，圈足，内足墙极低。内施满釉，外施釉至腹下部，有流釉现象。浅灰色胎，胎质致密，胎体薄。内有垫砂痕。口径11.8、底径4、高4.6~5厘米（图八〇，5）。

2006SBT5⑦：94，残。侈口，圆唇，斜弧腹，小浅圈足。内施满釉，外施釉至腹下部，釉下施化妆土。浅灰色胎，胎质细净、较致密。外底有支钉痕。口径11.4、底径3.8、高4.8厘米（图八〇，6）。

2006SBT5⑦：115，残。敞口，圆唇，斜弧腹，圈足外撇，内足墙极低。内施满釉，外施釉至腹下部。青白色胎，胎质致密，胎体薄。内底有支钉痕。口径10.7、底径3.5、高5厘米（图八〇，7）。

2006SBT5⑦：123，残。侈口，圆唇，斜弧腹，圈足，内足墙极低。内施满釉，外施釉至腹下部，有流釉现象。灰白色胎，胎质细净、较致密。口径12.2、底径4.2、高4.9厘米（图八〇，8）。

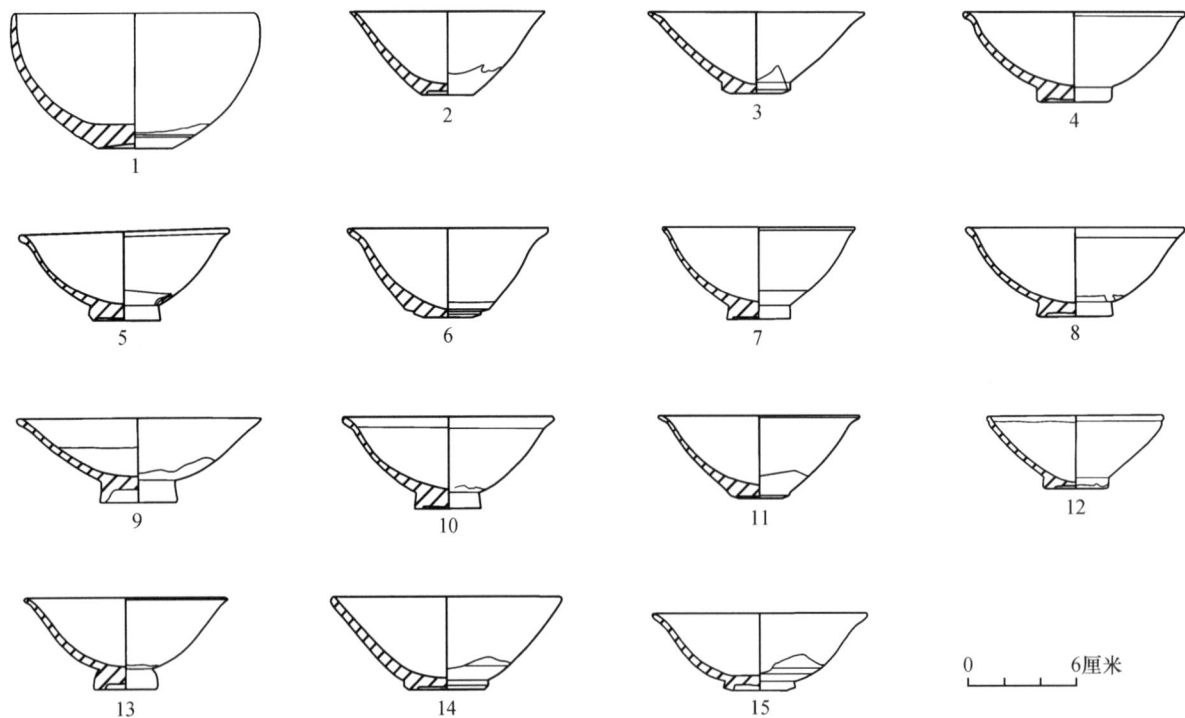

图八〇　第7层黑釉瓷碗、盏

1. 碗（2006SBT5⑦：83）　2~15.盏（2006SBT5⑦：56、2006SBT5⑦：59、2006SBT5⑦：82、2006SBT5⑦：87、2006SBT5⑦：94、2006SBT5⑦：115、2006SBT5⑦：123、2006SBT5⑦：126、2006SBT5⑦：138、2006SBT5⑦：140、2006SBT5⑦：154、2006SBT5⑦：173、2006SBT5⑦：198、2006SBT5⑦：240）

2006SBT5⑦：126，残。侈口，圆唇，斜弧腹，高圈足，内足微外撇。内施满釉，外施釉至腹下部，有飞釉现象。青灰色胎，胎质较致密。口径13.6、底径4.2、高4.6厘米（图八〇，9）。

2006SBT5⑦：138，残。侈口，圆唇，斜弧腹，矮圈足，内足墙极低。内外施满釉。有流釉、漏釉现象。灰白色胎，胎质细腻、较致密。口径12、底径3.8、高5厘米（图八〇，10）。

2006SBT5⑦：140，残。侈口，圆唇，斜弧腹，矮圈足。内外施满釉，有漏釉现象。灰色胎，胎质较致密。口径11.2、底径3.2、高4.5厘米（图八〇，11）。

2006SBT5⑦：154，残。敞口，圆唇，斜弧腹，圈足，内足墙极低。除口沿处施护胎釉外内外施满黑釉，有流釉现象。灰白色胎，胎质细净、较致密。口径9.8、底径3.6、高4厘米（图八〇，12）。

2006SBT5⑦：173，残。敞口，圆唇，斜腹，圈足，内足墙较低。内施满釉，外施釉至腹下部，有流釉现象，釉下施化妆土。灰白色胎，胎质较致密。口径11.4、底径3.6、高5厘米（图八〇，13）。

2006SBT5⑦：198，残。敞口，圆唇，斜弧腹，矮圈足，内足墙较低。内施满釉，外施釉至腹下部，灰黄色胎，胎质较致密。口径13.2、底径4.8、高5.1厘米（图八〇，14）。

2006SBT5⑦：240，残。敞口，圆唇外撇，弧腹，圈足外撇。器底有明显修胎切削痕迹，底缘斜削。釉面玻璃质，器内有兔毫斑，器内满釉，器外施釉不及底，釉线不齐，有流釉、积釉现象。灰胎，较致密。口径12、底径4、高4.2厘米（图八〇，15）。

碗　1件。

2006SBT5⑦：83，残。敞口，圆唇，弧腹，平底微内凹。内施满釉，外施釉至腹下部，釉面已脱，釉下施化妆土。褐色胎，胎质细净、较致密。外底有垫砂痕。口径13.8、底径4.2、高7.3厘米（图八〇，1）。

16. 酱釉

8件。

碗　1件。

2006SBT5⑦：33，残。敞口，圆唇，斜腹，平底。内施满釉，外施釉至腹下部，有流釉、积釉现象。灰色胎，胎质细净、较致密。内外底有十五个支钉痕。口径18.8、底径11.2、高5.7厘米（图八一，8；图版五〇，1、2）。

壶　3件。

2006SBT5⑦：37，执壶，残。柄缺失，敞口，圆唇，束颈，广肩，双系，瓜棱流（八棱），半袋形柄，鼓腹，腹有四个凹棱，体为瓜形，平底。内沿以下无釉，外施釉至腹下部，釉下施化妆土。灰黄色胎，胎质较疏松。外底有支钉痕。口径9.3、腹径16.9、底径11、高20.1厘米（图八一，1；图版五二，2）。

2006SBT5⑦：73，残。敞口，厚圆唇，长颈，溜肩，弧腹，平底内凹，有一个条形系，与之对称的缺失。内口颈处施釉，外施半釉，有流釉、窑变现象。深褐色胎，胎质较致密。外底有垫圈痕。口径4.6、通径7.2、底径4.4、高10.5厘米（图八一，2）。

2006SBT5⑦：141，残。侈口，圆唇，细长颈，鼓腹，饼底。外施釉至腹下部，有流釉现象，釉下施化妆土。姜黄色胎，胎质疏松。口径2.6、腹径4.9、底径3、高6.4厘米（图八一，4）。

盏　1件。

2006SBT5⑦：98，残。敞口，圆唇，斜弧腹，圈足，内足墙较低。内施满釉，外施釉至腹下部，有流釉、积釉现象。灰色胎，胎质较致密。口径9.6、底径4、高3.1厘米（图八一，3；图版五一，3）。

罐　2件。

2006SBT5⑦：131，残。敞口，翻唇，鼓腹，腹上有双条形系，平底。内施满釉，外施釉至腹下部，有流釉、积釉、漏釉现象，釉面有小开片。灰色胎，胎质细净、较致密。外底有支钉痕。口径9.6、底径8、高16.5厘米（图八一，6；图版五二，3）。

2006SBT5⑦：185，残。口、颈缺失，溜肩，敛腹，平底内凹，颈肩处有两个对称的条形系。内口沿处施釉，外施釉至腹下部，有流釉现象。深褐色胎，胎质较致密。腹径7.8、底径4、残高10.5厘米（图八一，7）。

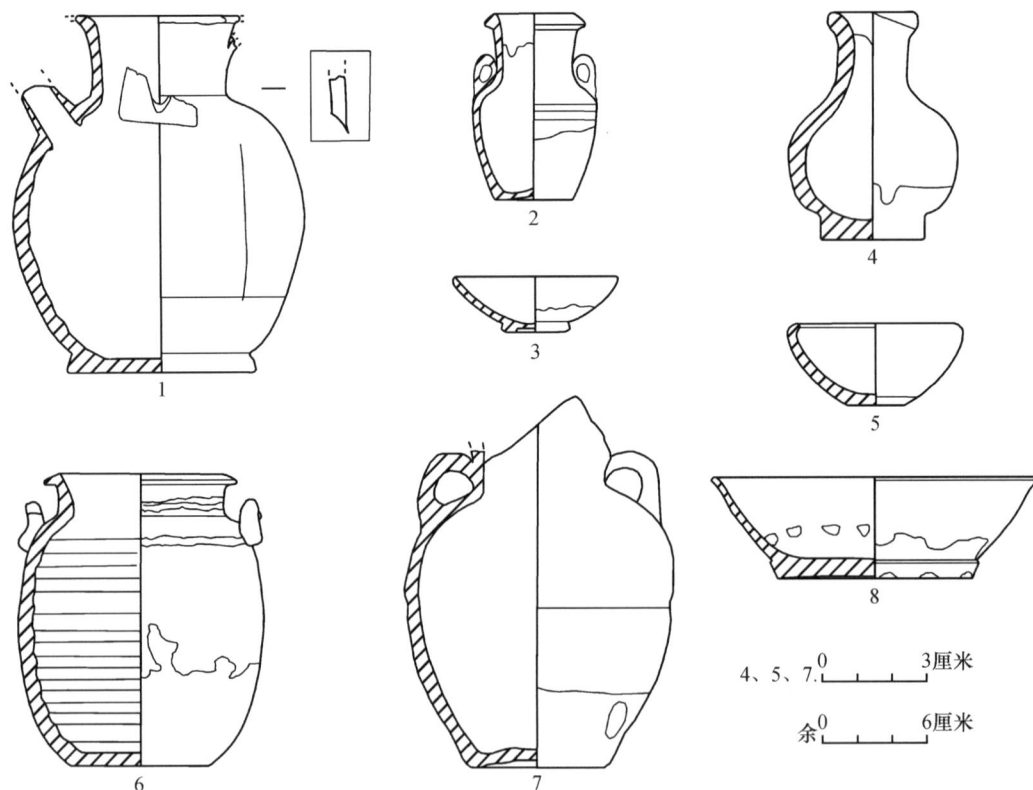

图八一　第7层酱釉瓷器

1、2、4.壶（2006SBT5⑦：37、2006SBT5⑦：73、2006SBT5⑦：141）　3.盏（2006SBT5⑦：98）　5.盂（2006SBT5⑦：151）
6、7.罐（2006SBT5⑦：131、2006SBT5⑦：185）　8.碗（2006SBT5⑦：33）

盉 1件。

2006SBT5⑦：151，残。敛口，圆唇，弧腹，平底。除口沿处通体施釉，釉面呈橘皮状。浅灰色胎，胎质较致密。口径4.4、底径2.6、高2.3厘米（图八一，5）。

17. 三彩

6件。

执壶 1件。

2006SBT5⑦：36，残。流、柄缺失，敞口，圆唇，束颈，溜肩，鼓腹，平底内凹。内沿以下无釉，外施满釉，釉下施化妆土。施白、绿釉。灰黄色胎，胎质细净、较疏松。外底有支钉痕。口径5、腹径11.2、底径7.8、高16.5厘米（图八二，1；图版五八，5）。

炉 1件。

2006SBT5⑦：90，残。敞口，翻唇，宽沿，弧腹，圈足，内足外撇。口沿处施黄、绿、褐三色釉，有流釉现象。黄白色胎，胎质致密。口径12.6、底径5.8、高3.7厘米（图八二，6；图版五八，3）。

杯 1件。

2006SBT5⑦：93，残。直口，近平唇，直腹，喇叭形座。脱釉严重，釉色不明。砖红色胎，胎质疏松。口径9、底径5.6、高7.8厘米（图八二，2；图版五八，4）。

注子 1件。

2006SBT5⑦：214，残。敞口，束颈，溜肩，圆弧腹，平底内凹，颈肩部贴饰双泥条弧形把手，对饰一圆柱形短流。内施青、绿、黄釉，内施釉至颈部，外施釉至腹中部，釉面有开片。浅黄色胎，胎质粗糙。口径3.5、腹径6.5、底径4、高8.8厘米（图八二，3）。

器盖 1件。

2006SBT5⑦：238，整。敛口，圆唇，宝塔式顶。一侧口沿饰两个小圆形孔。内无釉，外施青釉，点缀绿彩。白色胎，胎质较致密。口径6.4、高7.2厘米（图八二，5；图版五七，5）。

枕 1件。

2006SBT5⑦：253，残。枕面近长方形，两头上翘，枕座为蹲伏兔子塑形，细腻生动，枕底近梯形，宽边抹角。枕面细线刻划方框四出，方框内刻花，主体纹饰为两只飞翔的天鹅，辅以枝叶。三彩为黄、绿、褐彩，外罩透明釉，玻璃质感较强，枕底无釉。胎体灰黄，较细腻。长14、宽8.6、高7.2厘米（图八二，4；图版五七，1、2）。

18. 素胎

4件。

碾轮 1件。

2006SBT5⑦：2，残。圆形，中部有一穿孔，中间厚周边薄，缘直削。夹砂褐色胎，胎质

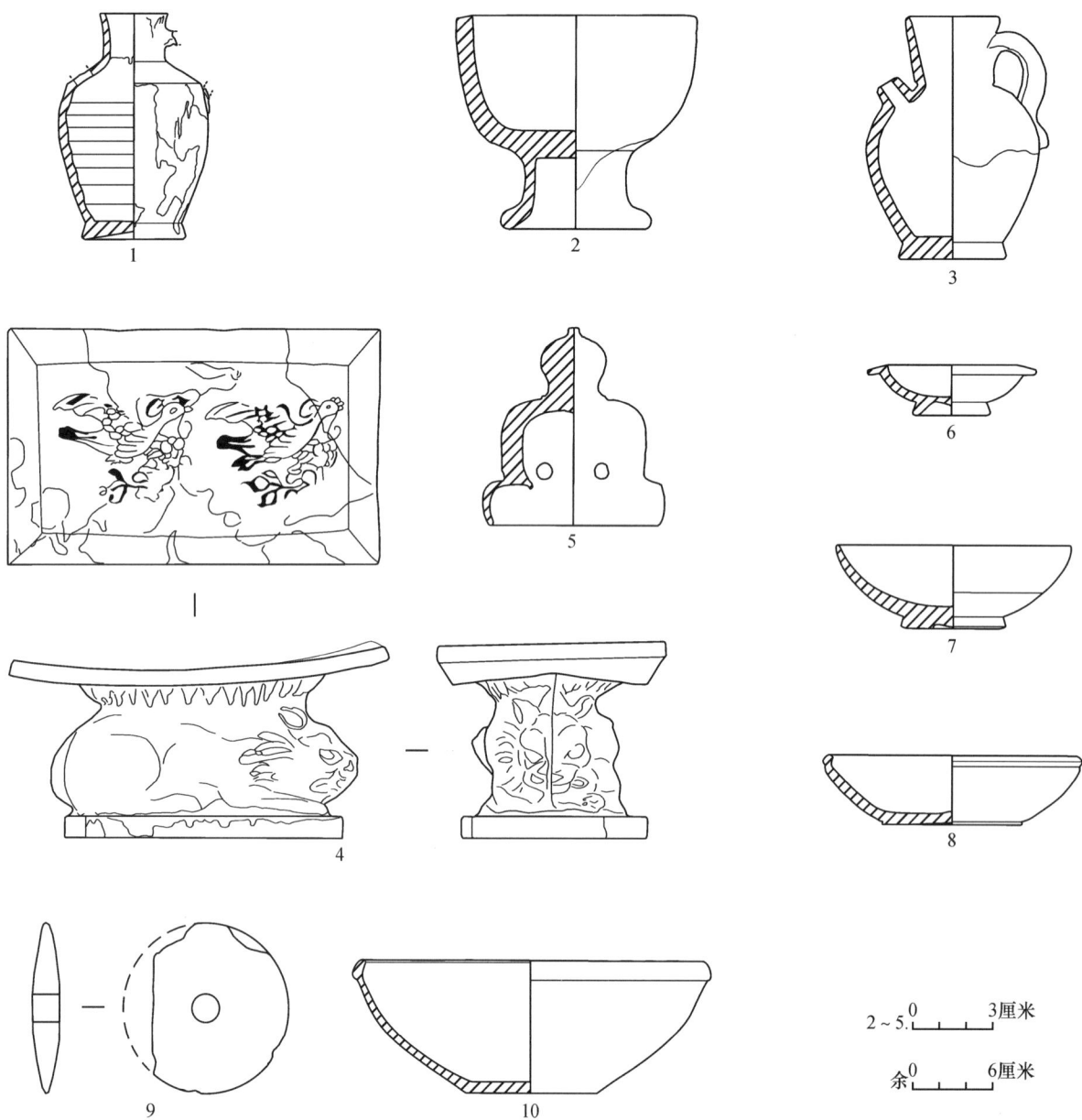

图八二　第7层三彩、素胎器

1.三彩执壶（2006SBT5⑦：36）　2.三彩杯（2006SBT5⑦：93）　3.三彩注子（2006SBT5⑦：214）　4.三彩枕（2006SBT5⑦：253）
5.三彩器盖（2006SBT5⑦：238）　6.三彩炉（2006SBT5⑦：90）　7.素胎碗（2006SBT5⑦：26）　8.素胎钵
（2006SBT5⑦：30）　9.素胎碾轮（2006SBT5⑦：2）　10.素胎盆（2006SBT5⑦：19）

较致密。直径12.4、厚2厘米（图八二，9；图版六〇，3）。

盆　1件。

2006SBT5⑦：19，残。敛口，圆唇，斜曲腹，平底。夹砂浅灰色胎，胎质粗糙。口径
27、底径10、高9.6厘米（图八二，10）。

碗　1件。

2006SBT5⑦：26，残。敞口，圆唇，弧腹，玉璧底。内施满釉，外施半釉，有流釉、积

釉现象，釉面已脱，釉色不详。釉下施化妆土。夹砂黄色胎，胎质较疏松。内外底均有三个支钉痕。口径17.6、底径7.8、高6厘米（图八二，7）。

钵　1件。

2006SBT5⑦：30，残。敛口，圆唇，斜弧腹，平底。灰色胎，胎质较疏松。内外底有支钉痕。口径19.4、底径10.4～11、高5厘米（图八二，8）。

（二）陶器

盆　5件。

2006SBT5⑦：9，残。敞口，翻唇，弧腹，平底。泥制灰陶。灰色胎，胎质较疏松。口径33.8、底径21.5、高11.9厘米（图八三，1）。

2006SBT5⑦：42，残。敞口，微卷沿，弧腹，平底。泥制灰陶。口径33.6、底径21.4、高11.7厘米（图八三，3）。

2006SBT5⑦：49，残。敛口，圆唇，鼓腹，腹下内收，平底。泥制灰陶。灰色胎，胎质疏松。外底有垫痕。口径26.8、通径28.8、底径19.6、高13.2厘米（图八三，4）。

2006SBT5⑦：55，残。敞口，圆唇，弧腹，平底。泥制灰陶。灰色胎，胎质较疏松。口径29.4、底径18、高8.6厘米（图八三，2）。

2006SBT5⑦：252，残。泥质灰陶，陶质较细。敞口，卷唇，弧腹斜内收，平底内凹。口径22.4、底径14.4、高8.2厘米（图八三，14；图版六一，2）。

罐　1件。

2006SBT5⑦：251，残。泥质灰陶，陶质较细。侈口，方唇微撇，溜肩，鼓弧腹，平底。口径18.4、底径11.2、高13.3厘米（图八三，13；图版六一，3）。

釜　1件。

2006SBT5⑦：61，残。敛口，圆唇，敛腹，平底，腹上部有六个爪。泥质红陶，胎质细净。口径4.6、腹径6.7、底径3.4、高4.1厘米（图八三，11；图版六二，2）。

铃　2件。

2006SBT5⑦：88，残。鸟首形，喙部有一穿，圆形体，体内空，有一丸粒，弧腹，圆底。陶制，胎质细净、较疏松。直径3.8、高4.4厘米（图八三，9）。

2006SBT5⑦：95，残。鸟首形，顶部有一环纽。陶制，胎质较疏松。高6厘米（图八三，10）。

印模　1件。

2006SBT5⑦：145，残。侈口，圆唇，弧腹，平底。胎质疏松。口沿饰条纹，内底饰花瓣纹，内腹饰凸棱。口径6、高1.7厘米（图八三，6；图版六二，3）。

执壶　1件。

2006SBT5⑦：159，残，泥质红陶。柄缺失，侈口，圆唇，束颈，溜肩，鼓腹，腹上一侧

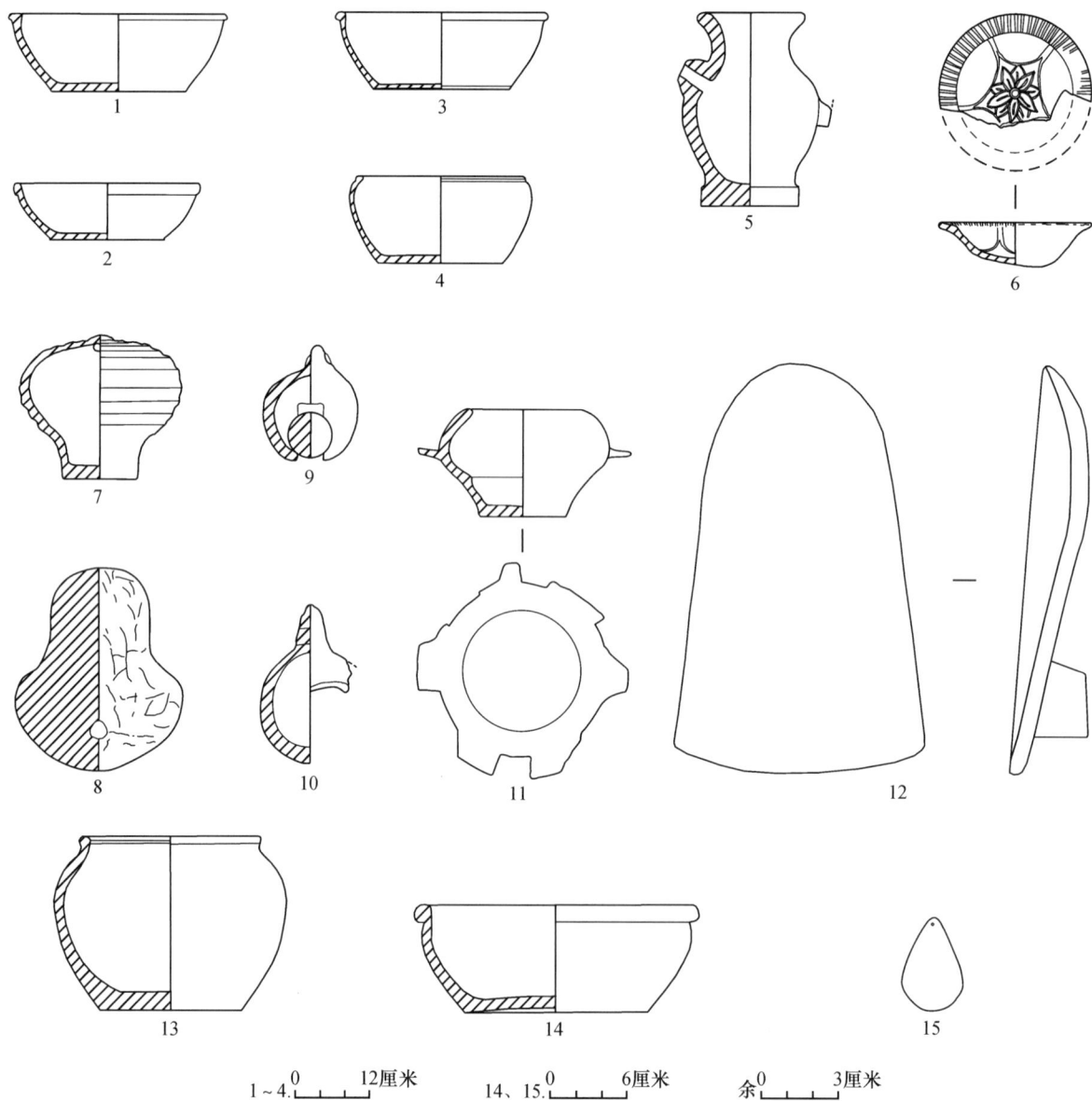

图八三　第7层陶器、石器

1~4、14. 陶盆（2006SBT5⑦：9、2006SBT5⑦：55、2006SBT5⑦：42、2006SBT5⑦：49、2006SBT5⑦：252）　5. 陶执壶（2006SBT5⑦：159）　6. 陶印模（2006SBT5⑦：145）　7. 陶扑满（2006SBT5⑦：172）　8. 陶药杵（2006SBT5⑦：220）　9、10. 陶铃（2006SBT5⑦：88、2006SBT5⑦：95）　11. 陶釜（2006SBT5⑦：61）　12. 石砚（2006SBT5⑦：216）　13. 陶罐（2006SBT5⑦：251）　15. 水晶鸡心坠（2006SBT5⑦：255）

留有短管状流，另一侧留有扁条形柄，下腹内收，饼底。胎质细净、较疏松。口径4.2、腹径5.3、底径3.8、高7.4厘米（图八三，5）。

扑满　1件。

2006SBT5⑦：172，残。顶有圆纽，纽侧有一穿，弧面，弧腹，腹部有三道凹弦纹，腹下折收，平底。灰陶质，胎质细净、较致密。外底有垫饼痕。腹径6.9、底径3、高5.5厘米（图八三，7；图版六一，5）。

药杵　1件。

2006SBT5⑦：220，残。上呈圆柱状，圆腹，圜底，近底部有一圆形穿孔。表面有一层白色化妆土，表面开裂较严重。浅黄色胎，胎质粗糙。上径3.9、最大腹径6.55、高7.7厘米（图八三，8）。

（三）石器

石砚　1件。

2006SBT5⑦：216，（抄手砚）底有"江州令"铭文。长15.7、宽9.8、高3.1厘米（图八三，12）。

鸡心坠　1件。

2006SBT5⑦：255，微残。形似鸡心，又似水滴，尖首部有对钻穿孔，孔内可见崩口，水晶晶莹剔透纯净，局部受沁。腹径2.4、高3.5厘米。

（四）铜钱

50枚。

淳化元宝　1枚。

2006SBT5⑦：223-1，圆形方孔小平钱。面文真书"淳化元宝"，旋读。光背。有内、外郭。重3.7克，直径25、孔径5.5、厚1.3毫米（图八四，1）。

皇宋通宝　4枚。

2006SBT5⑦：223-2，圆形方孔小平钱。面文真书"皇宋通宝"，顺读。光背。有内、外郭，宽缘。重4克，直径25、孔径6、厚1毫米（图八四，2）。

2006SBT5⑦：223-3，圆形方孔小平钱。面文小字真书"皇宋通宝"，顺读。光背。有内、外郭。重3.1克，直径25、孔径6、厚1毫米（图八四，3）。

2006SBT5⑦：223-4，圆形方孔小平钱。面文篆书"皇宋通宝"，顺读。光背。有内、外郭。重3.1克，直径25、孔径7、厚1毫米（图八四，4）。

2006SBT5⑦：223-23，残。圆形方孔小平钱。面文篆书"皇宋通宝"，顺读。光背。有内、外郭，宽缘。重2.71克，直径25、穿径7、厚1毫米（图八四，5）。

景德元宝　5枚。

2006SBT5⑦：223-5，残。圆形方孔小平钱。面文真书"景德元宝"，旋读。光背。有内、外郭。重3.6克，直径24、孔径5.5、厚2毫米（图八四，6；图版六三，2）。

2006SBT5⑦：223-6，圆形方孔小平钱。面文真书"景德元宝"，旋读。光背。有内、外郭。重3.7克，直径24、孔径5.5、厚1毫米（图八四，7）。

2006SBT5⑦：223-26，景德元宝，残。圆形方孔小平钱。面文真书"景德元宝"，旋读。光背。有内、外郭。重3.1克，直径25、穿径6、厚1.2毫米（图八四，8）。

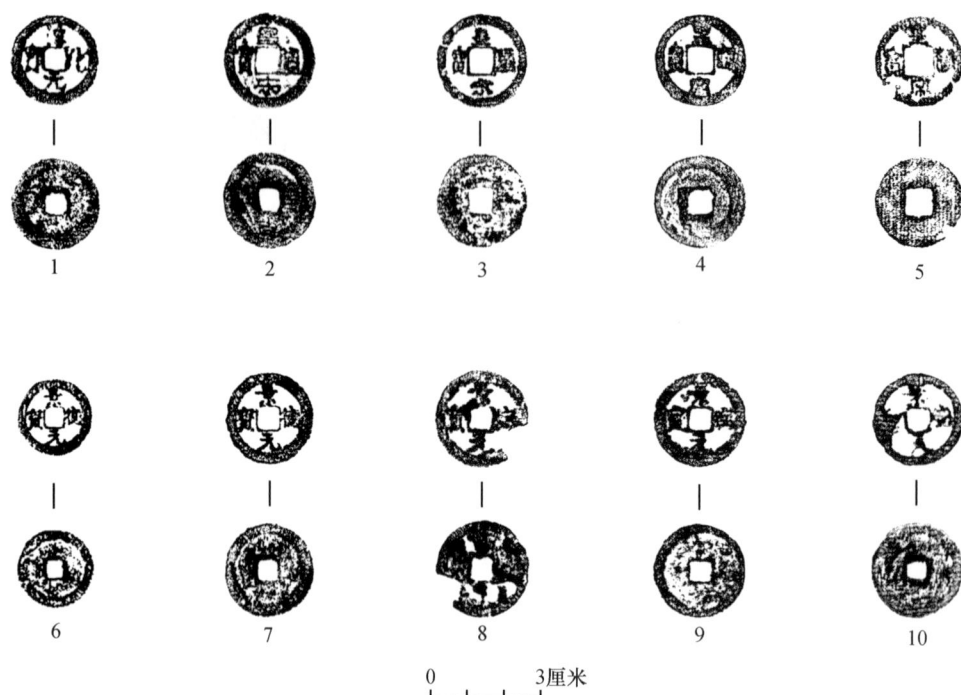

图八四　第7层铜钱

1. 淳化元宝（2006SBT5⑦：223-1）　2～5. 皇宋通宝（2006SBT5⑦：223-2、2006SBT5⑦：223-3、2006SBT5⑦：223-4、
2006SBT5⑦：223-23）　6～10. 景德元宝（2006SBT5⑦：223-5、2006SBT5⑦：223-6、2006SBT5⑦：223-26、
2006SBT5⑦：223-27、2006SBT5⑦：223-28）

2006SBT5⑦：223-27，景德元宝。圆形方孔小平钱。面文真书"景德元宝"，旋读。光背。有内、外郭。重4.46克，直径25、穿径5、厚1.5毫米（图八四，9）。

2006SBT5⑦：223-28，景德元宝，残。圆形方孔小平钱。面文真书"景德元宝"，旋读。光背。有内、外郭。重4.17克，直径25、穿径6、厚1.5毫米（图八四，10）。

开元通宝　3枚。

2006SBT5⑦：223-7，残。圆形方孔小平钱。面文隶书"开元通宝"，顺读，断舟"通"，"元"字第二笔左挑。光背。有内、外郭。重2.6克，直径24、孔径6、厚1毫米（图八五，1）。

2006SBT5⑦：223-29，开元通宝，残。圆形方孔小平钱。面文隶书"开元通宝"，顺读，断舟"通"，"元"字第二笔左挑。光背。有内、外郭，狭缘。重1.61克，直径22、穿径7、厚1毫米（图八五，2）。

2006SBT5⑦：223-30，开元通宝。圆形方孔小平钱。面文隶书"开元通宝"，顺读，断舟"通"，"元"字第二笔左挑。光背。有内、外郭。重0.95克，直径20、穿径6、厚0.5毫米（图八五，3）。

绍圣元宝　1枚。

2006SBT5⑦：223-8，残。圆形方孔小平钱。面文行书"绍圣元宝"，旋读。光背。有内、外郭。重3克，直径24、孔径6、厚1毫米（图八五，4）。

太平通宝　1枚。

2006SBT5⑦：223-9，残。圆形方孔小平钱。面文真书"太平通宝"，顺读。光背。有内、外郭。重2.4克，直径24、孔径5.5、厚1毫米（图八五，5）。

天禧通宝　2枚。

2006SBT5⑦：223-10，圆形方孔小平钱。面文真书"天禧通宝"，旋读。光背。有内、外郭。重3.7克，直径25、孔径6、厚1毫米（图八五，6；图版六四，2）。

2006SBT5⑦：223-31，残。圆形方孔小平钱。面文真书"天禧通宝"，旋读。光背。有内、外郭。重3.21克，直径26、穿径6、厚1毫米（图八五，7）。

熙宁元宝　3枚。

2006SBT5⑦：223-33，残。圆形方孔小平钱。面文真书"熙宁元宝"，旋读。光背。有内、外郭。重2.41克，直径25、穿径6、厚1.5毫米（图八五，8）。

2006SBT5⑦：223-34，圆形方孔小平钱。面文篆书"熙宁元宝"，旋读。光背。有内、外郭。重3.19克，直径25、穿径7、厚1.5毫米（图八五，9）。

2006SBT5⑦：223-35，圆形方孔小平钱。面文真书"熙宁元宝"，旋读。光背。有内、外郭。重4.82克，直径25、穿径6、厚1.5毫米（图八五，10）。

咸平元宝　3枚。

2006SBT5⑦：223-12，残。圆形方孔小平钱。面文真书"咸平元宝"，旋读。光背。有内、外郭，宽缘。重3.4克，直径24.5、孔径5、厚1毫米（图八五，11）。

2006SBT5⑦：223-13，残。圆形方孔小平钱。面文真书"咸平元宝"，旋读。光背。有内、外郭，宽缘。重3.7克，直径24、孔径6、厚1毫米（图八五，12）。

2006SBT5⑦：223-39，残。圆形方孔小平钱。面文真书"咸平元宝"，旋读。光背。有内、外郭。重2.85克，直径25、穿径6、厚1.3毫米（图八五，13）。

元丰通宝　7枚。

2006SBT5⑦：223-17，圆形方孔小平钱。面文篆书"元丰通宝"，旋读。光背。有内、外郭，宽缘。重3.3克，直径25、孔径7、厚1毫米（图八五，14）。

2006SBT5⑦：223-18，圆形方孔小平钱。面文行书"元丰通宝"，旋读。光背。有内、外郭，宽缘。重4.4克，直径24.5、孔径6.5、厚1毫米（图八五，15）。

2006SBT5⑦：223-19，圆形方孔小平钱。面文行书"元丰通宝"，旋读。光背。有内、外郭。重3.1克，直径24.5、孔径7、厚1毫米（图八五，16）。

2006SBT5⑦：223-42，圆形方孔小平钱。面文行书"元丰通宝"，旋读。光背。有内、外郭。重3.11克，直径25、穿径6、厚1毫米（图八五，17）。

2006SBT5⑦：223-43，残。圆形方孔折二钱。面文行书"元丰通宝"，旋读。光背。有内、外郭，宽缘。重6.89克，直径30、穿径7、厚2毫米（图八五，18）。

2006SBT5⑦：223-44，圆形方孔折二钱。面文行书"元丰通宝"，旋读。光背。有内、外郭，宽缘。重8.09克，直径29、穿径6、厚1.8毫米（图八五，19）。

2006SBT5⑦：223-45，圆形方孔小平钱。面文行书"元丰通宝"，旋读。光背。有内、外郭，宽缘。重3.77克，直径25、穿径6、厚1.3毫米（图八五，20）。

熙宁重宝　4枚。

2006SBT5⑦：223-11，残。圆形方孔折三钱。面文隶书"熙宁重宝"，旋读。光背。有内、外郭，宽缘。重6克，直径33、孔径8、厚1毫米（图八六，1）。

2006SBT5⑦：223-36，残。圆形方孔折二钱。面文隶书"熙宁重宝"，旋读。光背。有内、外郭，宽缘。重6.19克，直径30、穿径7、厚1.8毫米（图八六，2）。

2006SBT5⑦：223-37，圆形方孔折二钱。面文隶书"熙宁重宝"，旋读。光背。有内、外郭，宽缘。重6.08克，直径29、穿径6、厚2毫米（图八六，3）。

2006SBT5⑦：223-38，圆形方孔折三钱。面文隶书"熙宁重宝"，旋读。光背。有内、外郭，宽缘。重7.56克，直径33、穿径8、厚2毫米（图八六，4）。

祥符元宝　1枚。

2006SBT5⑦：223-41，圆形方孔小平钱。面文小字真书"祥符元宝"，旋读。光背。有内、外郭，宽缘。重4.36克，直径25、穿径6、厚1.5毫米（图八六，5）。

祥符通宝　4枚。

2006SBT5⑦：223-14，残。圆形方孔小平钱。面文大字真书"祥符通宝"，旋读。光背。有内、外郭。重3.4克，直径24.5、孔径5.5、厚1毫米（图八六，6）。

2006SBT5⑦：223-15，圆形方孔小平钱。面文小字真书"祥符通宝"，旋读。光背。有内、外郭，宽缘。重4.9克，直径25、孔径5.5、厚1毫米（图八六，7）。

2006SBT5⑦：223-16，圆形方孔小平钱。面文小字真书"祥符通宝"，旋读。光背。有内、外郭，宽缘。重3.9克，直径25、孔径7、厚1毫米（图八六，8）。

2006SBT5⑦：223-40，圆形方孔小平钱。面文小字真书"祥符通宝"，旋读。光背。有内、外郭，宽缘。重4.15克，直径25、穿径6、厚1.5毫米（图八六，9）。

汉五铢　1枚。

2006SBT5⑦：223-32，圆形方孔钱。面文篆书"五铢"，直读，"五"字交笔缓曲，"铢"字"金"首等腰三角形、"朱"上圆折、下方折。光背。广穿。有外郭，背有内郭，面穿上下有内郭。重3.13克，直径27、穿径10、厚1.5毫米（图八六，10）。

元祐通宝　5枚。

2006SBT5⑦：223-20，残。圆形方孔折二钱。面文行书"元祐通宝"，旋读。光背。有内、外郭，宽缘。重6.5克，直径30、孔径5.5、厚1.5毫米（图八六，11）。

2006SBT5⑦：223-46，圆形方孔折二钱。面文篆书"元祐通宝"，旋读。光背。有内、外郭。重6.91克，直径30、穿径7、厚2毫米（图八六，12）。

2006SBT5⑦：223-47，圆形方孔折二钱。面文篆书"元祐通宝"，旋读。光背。有内、外郭。重5.88克，直径30、穿径7、厚2毫米（图八六，13）。

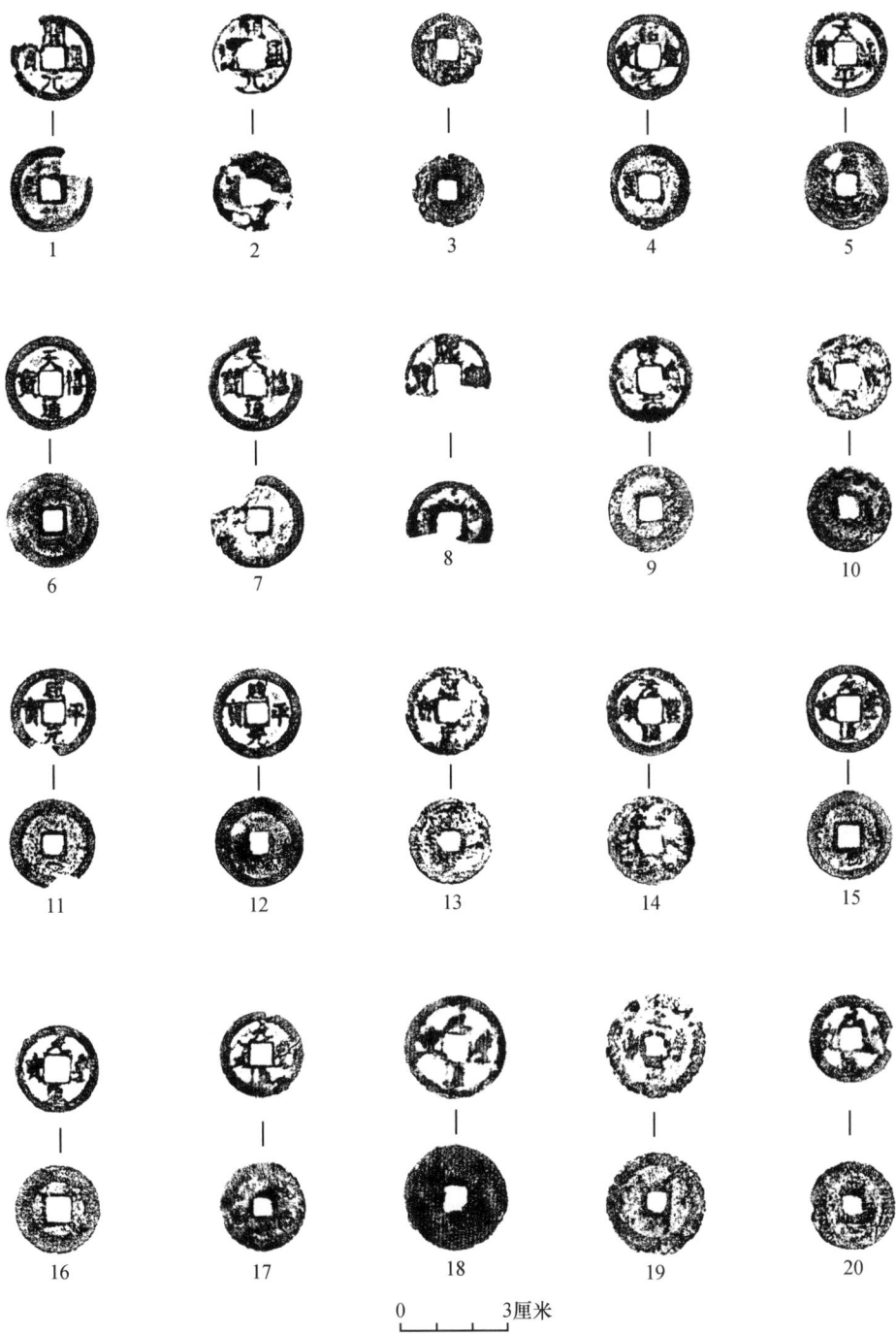

0 ___ 3厘米

图八五　第7层铜钱

1~3.开元通宝（2006SBT5⑦：223-7、2006SBT5⑦：223-29、2006SBT5⑦：223-30）　4.绍圣元宝（2006SBT5⑦：223-8）

5.太平通宝（2006SBT5⑦：223-9）　6、7.天禧通宝（2006SBT5⑦：223-10、2006SBT5⑦：223-31）　8~10.熙宁元宝

（2006SBT5⑦：223-33、2006SBT5⑦：223-34、2006SBT5⑦：223-35）　11~13.咸平元宝（2006SBT5⑦：223-12、

2006SBT5⑦：223-13、2006SBT5⑦：223-39）　14~20.元丰通宝（2006SBT5⑦：223-17、2006SBT5⑦：223-18、

2006SBT5⑦：223-19、2006SBT5⑦：223-42、2006SBT5⑦：223-43、2006SBT5⑦：223-44、2006SBT5⑦：223-45）

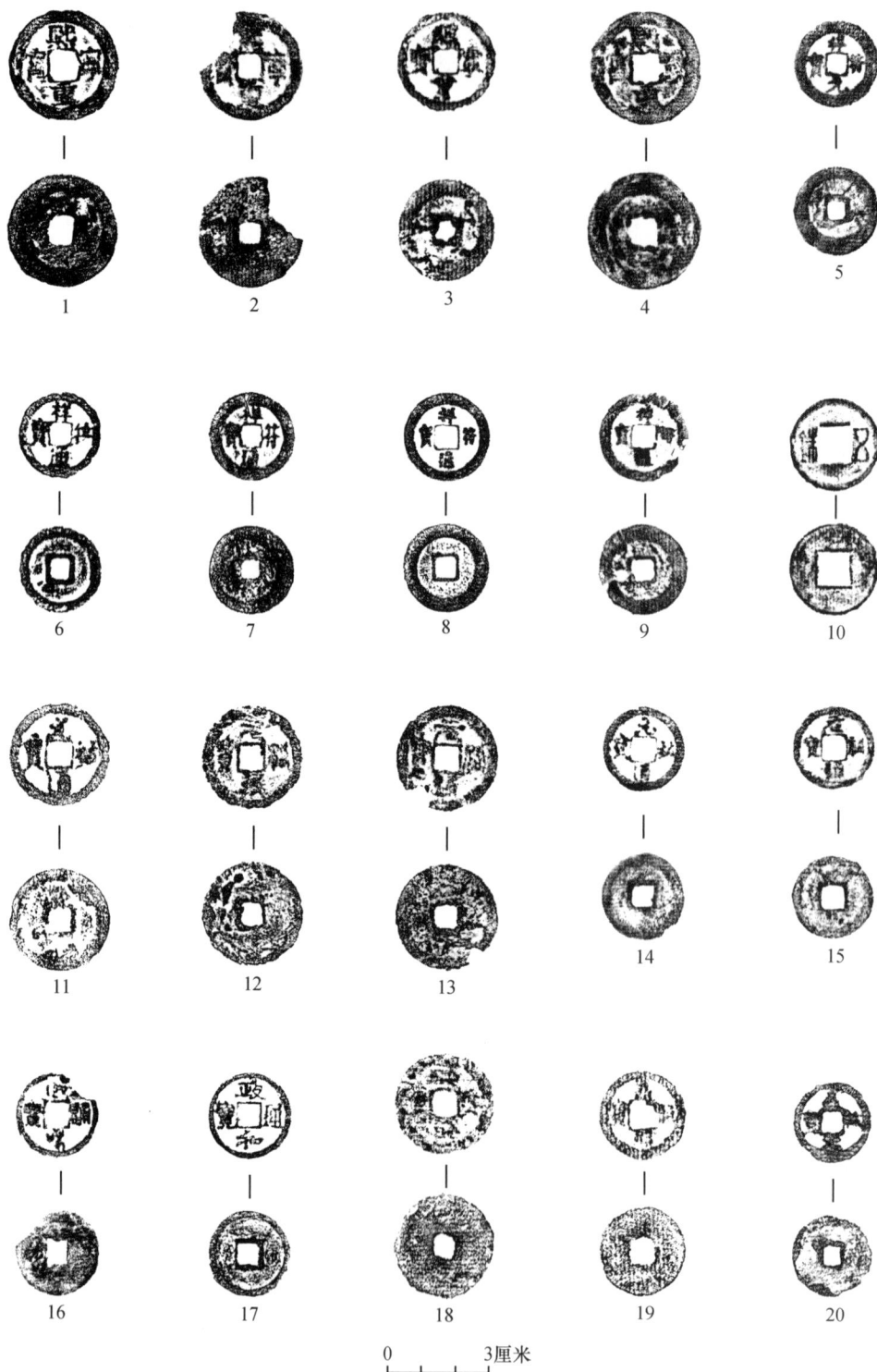

0   3厘米

图八六　第7层铜钱

1~4.熙宁重宝（2006SBT5⑦：223-11、2006SBT5⑦：223-36、2006SBT5⑦：223-37、2006SBT5⑦：223-38）　5.祥符元宝
（2006SBT5⑦：223-41）　6~9.祥符通宝（2006SBT5⑦：223-14、2006SBT5⑦：223-15、2006SBT5⑦：223-16、
2006SBT5⑦：223-40）　10.汉五铢（2006SBT5⑦：223-32）　11~15.元祐通宝（2006SBT5⑦：223-20、2006SBT5⑦：223-46、
2006SBT5⑦：223-47、2006SBT5⑦：223-48、2006SBT5⑦：223-49）　16~18.政和通宝（2006SBT5⑦：223-21、
2006SBT5⑦：223-22、2006SBT5⑦：223-50）　19.嘉祐通宝（2006SBT5⑦：223-24）　20.嘉祐元宝（2006SBT5⑦：223-25）

2006SBT5⑦：223-48，圆形方孔小平钱。面文行书"元祐通宝"，旋读。光背。有内、外郭，宽缘。重4.07克，直径25、穿径6、厚1.6毫米（图八六，14）。

2006SBT5⑦：223-49，元祐通宝。圆形方孔小平钱。面文行书"元祐通宝"，旋读。光背。有内、外郭。重3.15克，直径24、穿径5.5、厚2毫米（图八六，15）。

政和通宝　3枚。

2006SBT5⑦：223-21，残。圆形方孔小平钱。面文篆书"政和通宝"，顺读。光背。有内、外郭，狭缘。重3.2克，直径25、孔径6、厚1毫米（图八六，16）。

2006SBT5⑦：223-22，圆形方孔小平钱。面文隶书"政和通宝"，顺读。光背。有内、外郭。重4克，直径24、孔径6.5、厚2毫米（图八六，17）。

2006SBT5⑦：223-50，政和通宝。圆形方孔折二钱。面文隶书"政和通宝"，顺读。光背。有内、外郭，宽缘。重6.46克，直径29、穿径6、厚1.6毫米（图八六，18）。

嘉祐通宝　1枚。

2006SBT5⑦：223-24，圆形方孔小平钱。面文篆书"嘉祐通宝"，顺读。光背。有内、外郭。重3.45克，直径25、穿径7、厚1.3毫米（图八六，19）。

嘉祐元宝　1枚。

2006SBT5⑦：223-25，圆形方孔小平钱。面文篆书"嘉祐元宝"，旋读。光背。有内、外郭，宽缘。重3.6克，直径24、厚1.5、穿径5毫米（图八六，20）。

三、第　6　层

（一）瓷器

1. 白釉

21件。

碗　17件。

2006SBT5⑥：1，残。敞口，圆唇，斜弧腹，璧形底。内外施满釉，有流釉现象，釉层薄匀，釉质温润、纯净。白色胎，胎质较致密。口径14.4、底径6.2、高4.4厘米（图八七，1）。

2006SBT5⑥：6，残。敞口，厚圆唇，斜弧腹，宽圈足。内外施满釉，有窑变现象，釉质清亮，釉层薄匀。白色胎，胎质细腻、较致密。外底有窑粘。口径14.7、底径6.1、高4.3厘米（图八七，2）。

2006SBT5⑥：14，残。敞口，圆唇，斜腹，璧形底。内外施满釉，有流釉、积釉现象，釉下施化妆土。青灰色胎，胎质细净、较致密。口径14.8、底径6.4、高4.6厘米（图八七，3）。

2006SBT5⑥：20，残。敞口，厚圆唇，弧腹，璧形底。内施满釉，外施釉不及底，有流釉、积釉现象。青白色胎，胎质细腻、致密。口径13.8、底径5.4、高4厘米（图八七，4）。

2006SBT5⑥：36，残。侈口，圆唇，斜弧腹，圈足。内施满釉，外施釉至腹下部，有流釉、积釉现象，釉面有小开片，釉下施化妆土。灰黄色胎，胎质较致密。内底有支钉痕，外底有墨书文字。口径20.8、底径7.8、高5.4厘米（图八七，5）。

2006SBT5⑥：37，残。敞口，圆唇，弧腹，饼底。内施满釉，外施半釉，有流釉、积釉、脱釉现象，釉下施化妆土。灰色胎，胎质较致密。内外底有支钉痕。口径13.6、底径8、高4.1厘米（图八七，6）。

2006SBT5⑥：44，残。敞口，圆唇，斜弧腹，璧形底，外沿斜削。内施满釉，外施釉至腹下部，有积釉现象，釉下施化妆土。灰黄色胎，胎质较疏松。内底有三个支钉痕。口径13.8、底径6.1、高4厘米（图八七，7）。

2006SBT5⑥：48，残。侈口，圆唇，鼓腹，圈足。内外施满釉，有流釉现象，釉面有小开片，釉下施化妆土。外腹有一道凹弦纹。灰色胎，胎质较致密。内底有支钉痕。口径15.6、底径8.8、高8.1厘米（图八七，8）。

2006SBT5⑥：50，残。敞口，圆唇，斜弧腹，圈足。内施满釉，外施釉至腹下部，有飞釉现象，釉面有小开片，釉下施化妆土。灰黄色胎，胎质细净、较致密。内外底有支钉痕。口径18.8、底径7.2、高6厘米（图八七，9）。

2006SBT5⑥：52，残。敞口，圆唇，弧腹，圈足。内施满釉，外施釉至腹下部，有流釉现象，釉面有小开片，釉下施化妆土。浅褐色胎，胎质较致密。内外底有五个支钉痕。口径19.4、底径8、高5.8厘米（图八七，10）。

2006SBT5⑥：57，残。敞口，圆唇，斜弧腹，圈足。内施满釉，外施釉至腹下部，釉面有开片，釉下施化妆土。灰黄色胎，胎质较疏松。内底有支钉痕，外底有垫痕。口径18、底径7.6、高5.7厘米（图八七，11）。

2006SBT5⑥：61，残。敞口，圆唇，弧腹，高圈足。通体施釉，有流釉、积釉现象，釉面有小开片，釉下施化妆土。青白色胎，胎质较致密。内底有支钉痕。口径14.4、底径6、高7.9厘米（图八七，12；图版一二，4）。

2006SBT5⑥：62，残。敞口，圆唇，斜弧腹，圈足斜削。内施满釉，外施半釉，有流釉现象。浅灰色胎，胎质致密。口径15.7、底径7.3、高6.5厘米（图八七，13）。

2006SBT5⑥：64，残。敞口，圆唇，弧腹，圈足。内施满釉，外施釉至腹下部，有流釉现象，釉面有小开片，通体施化妆土。灰黄色胎，胎质细净、较致密。内底有支钉痕。外底有垫痕。口径14.2、底径6、高4.5厘米（图八七，14）。

2006SBT5⑥：65，残。敞口，圆唇，弧腹，圈足。内施满釉，外施釉至腹下部，有流釉、积釉现象，釉面有小开片，釉色白中泛黄，釉下施化妆土。灰色胎，胎质细净、较致密。内底有支钉痕。口径20.4、底径8、高6.5厘米（图八七，15）。

2006SBT5⑥：74，白釉碗，残。侈口，圆唇，斜弧腹，圈足。内施满釉，外施半釉，釉下施化妆土。夹砂灰黄色胎，胎质较致密。内底有支钉痕，外底有支珠痕。口径20.4、底径

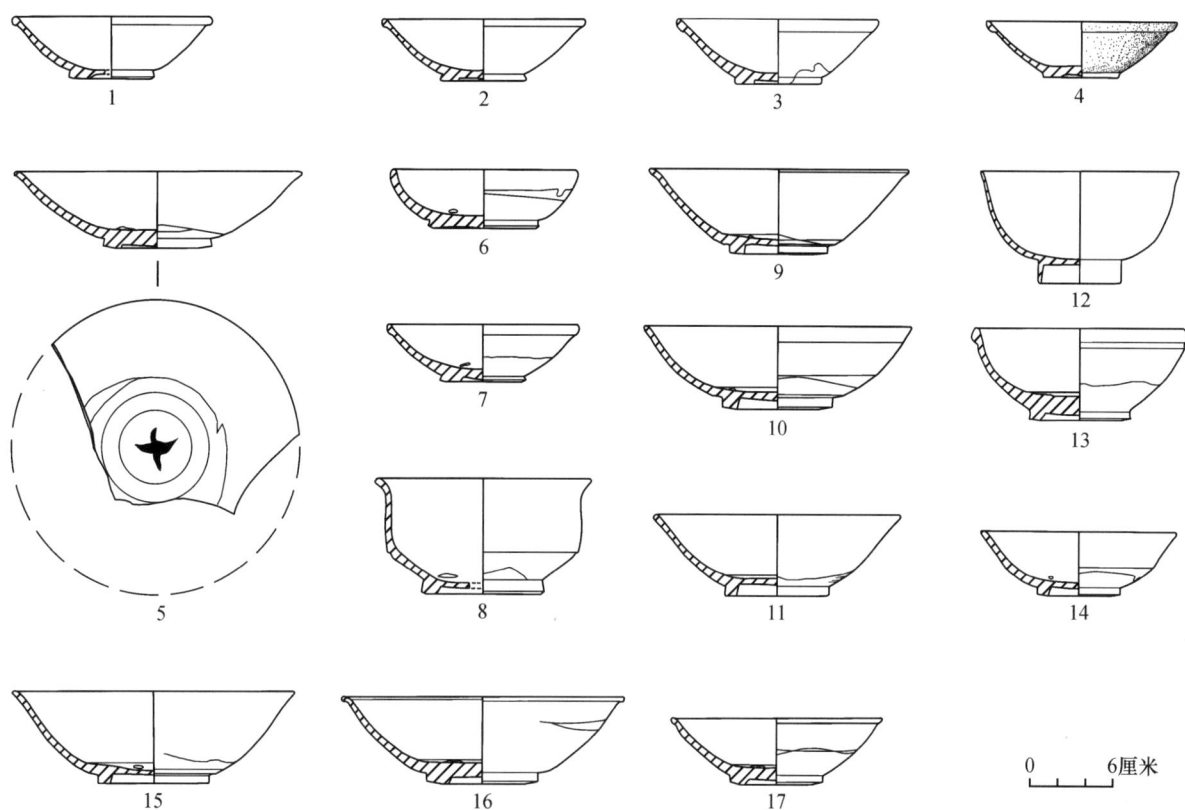

图八七　第6层白釉碗

1. 2006SBT5⑥：1　2. 2006SBT5⑥：6　3. 2006SBT5⑥：14　4. 2006SBT5⑥：20　5. 2006SBT5⑥：36　6. 2006SBT5⑥：37
7. 2006SBT5⑥：44　8. 2006SBT5⑥：48　9. 2006SBT5⑥：50　10. 2006SBT5⑥：52　11. 2006SBT5⑥：57
12. 2006SBT5⑥：61　13. 2006SBT5⑥：62　14. 2006SBT5⑥：64　15. 2006SBT5⑥：65　16. 2006SBT5⑥：74
17. 2006SBT5⑥：75

8、高6.2厘米（图八七，16）。

2006SBT5⑥：75，残。微侈口，圆唇，弧腹，圈足。内施满釉，外施半釉，釉面有小开片，釉下施化妆土。灰黄色胎，胎质较疏松。内底有支钉痕，外底有支珠痕。口径15.4、底径6.8、高4.8厘米（图八七，17）。

盏　2件。

2006SBT5⑥：2，残。敞口，圆唇，弧腹，圈足。内施满釉，外施釉不及底，有流釉、积釉、脱釉现象，釉面有小开片，通体施化妆土。浅灰色胎，胎质较致密。口径12.4、底径6、高3.6厘米（图八八，5）。

2006SBT5⑥：33，残。敞口，圆唇，斜弧腹，矮圈足，内足墙较低，外沿斜削。内施满釉，外施釉不及底，有流釉现象，釉面有小开片。白色胎，胎质较致密。口径11.2、底径4.4、高4.6厘米（图八八，6）。

盒　1件。

2006SBT5⑥：54，残。敞口，圆唇，弧腹，平底。内外施满釉。白色胎，胎质细纯，致密。外底有支钉痕。口径4、底径1.9、高1.5厘米（图八八，7）。

器盖　1件。

2006SBT5⑥：11，残。圆形，直口，宽沿，圆唇，弧顶。内无釉，外施满釉，釉面有小开片，釉下施化妆土。灰黄色胎，胎质较致密。口径4.4、高2.2厘米（图八八，4）。

2. 白釉划花

2件。

碟　1件。

2006SBT5⑥：73，敞口，圆唇，弧腹，平底。通体施釉，釉面有小开片。内底有划花纹饰。白色胎，胎质细净、较致密。外底有支珠痕。口径12.2、底径8.8、高1.7厘米（图八八，2）。

碗　1件。

2006SBT5⑥：77，残。口缺失，弧腹，圈足，内足墙较低。内外施满釉，釉面有小开片，釉层薄匀，釉质莹润。内有划花牡丹纹，外有划花菊花纹，外底有"朱古"墨书文字。白色胎，胎质细净、致密。底径5.3厘米（图八八，1；图版一七，3）。

3. 白釉点绿彩

碗　1件。

2006SBT5⑥：8，残。敞口，圆唇，弧腹，圈足。内施满釉，外施釉至腹下部，釉下施化妆土。外口沿处点绿彩。灰黄色胎，胎质较疏松。内外底有支钉痕。口径17.2、底径7.2、高6厘米（图八八，3；图版二〇，4）。

4. 青釉

24件。

碗　15件。

2006SBT5⑥：12，残。侈口，圆唇，斜弧腹，平底内凹。内施满釉，外施釉至腹下部，有流釉、积釉现象，釉面有小开片。灰褐色胎，胎质较致密。内外底有支钉痕。口径20.4、底径10.8、高5.6厘米（图八九，1）。

2006SBT5⑥：13，残。敞口，圆唇，弧腹，饼底内凹。内施满釉，外施半釉，有流釉、积釉、漏釉现象，釉面有小开片，釉下施化妆土。夹砂姜黄色胎，胎质较疏松。内外底有支钉痕，内有窑粘现象。口径14.8、底径5.8、高4.4厘米（图八九，2）。

2006SBT5⑥：15，残。敞口，圆唇，弧腹，饼底。内施满釉，外施半釉，釉下施化妆土。夹砂灰黄色胎，胎质粗糙、较疏松。内底有支钉痕。口径19、底径8.5、高6厘米（图八九，3）。

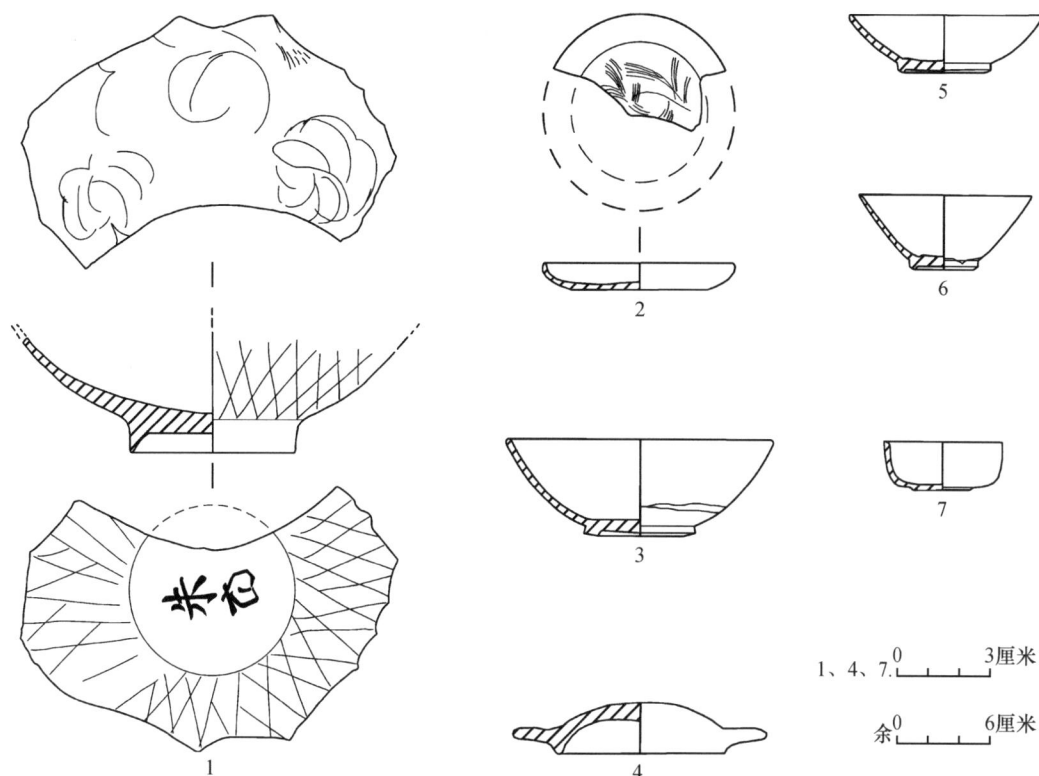

图八八　第6层白釉瓷器

1. 划花碗（2006SBT5⑥：77）　2. 划花碟（2006SBT5⑥：73）　3. 点绿彩碗（2006SBT5⑥：8）　4. 器盖（2006SBT5⑥：11）
5、6. 盏（2006SBT5⑥：2、2006SBT5⑥：33）　7. 盒（2006SBT5⑥：54）

2006SBT5⑥：16，残。敞口，圆唇，弧腹，璧形底。内施满釉，外施半釉，有流釉、积釉现象，釉面有小开片，釉下施化妆土。灰色胎，胎质较致密。内底有支钉痕。口径12.8、底径4.8、高5.4厘米（图八九，4）。

2006SBT5⑥：19，残。敞口，圆唇，弧腹，饼底。内施满釉，外施半釉，施釉不均，有积釉现象，釉面有小开片，釉下施化妆土。夹砂灰黄色胎，胎质疏松。内外底有支钉痕。口径13.6、底径7.2、高5.6厘米（图八九，6）。

2006SBT5⑥：21，残。敞口，圆唇，弧腹，玉璧底。内施满釉，外施釉至腹下部，釉下施化妆土。灰黄色胎，胎质较疏松。外底有支钉痕。口径20、底径7.2、高7.8厘米（图八九，5）。

2006SBT5⑥：24，残。侈口，圆唇，弧腹，平底。内施满釉，外施半釉，有流釉、积釉、脱釉现象，釉下施化妆土。灰色胎，胎质细净、较致密。内外底有支钉痕。口径20、底径10.2、高5.8厘米（图八九，7）。

2006SBT5⑥：30，残。敞口，圆唇，弧腹，圈足外撇，外底心隆起，似乳头状。内施满釉，外施半釉，釉面有小开片，釉下施化妆土。灰黄色胎，胎质较致密。内底有三个支钉痕。口径19.2、底径7.6、高7.1厘米（图八九，8）。

2006SBT5⑥：31，残。敞口，圆唇，弧腹，饼底。内施满釉，外施半釉，釉面有小开片，釉下施化妆土。灰色、土黄色胎，胎质较致密。内外底有支钉痕。口径17.4、底径9.6、高5.6厘米（图八九，9）。

2006SBT5⑥：32，残。敞口，圆唇，弧腹，璧形底。内施满釉，外施半釉，有流釉、积釉现象，釉面有小开片，釉下施化妆土，釉质莹润。灰色胎，胎质较致密。内底有支钉痕。口径12、底径5、高4.5厘米（图八九，10）。

2006SBT5⑥：35，残。敞口，圆唇，弧腹，平底。内外施满釉，有窑变现象。灰色胎，胎质较致密。内底有支钉痕。口径20.8、底径10.6、高6.6厘米（图八九，11）。

2006SBT5⑥：38，残。敞口，圆唇，弧腹，璧形底，外沿斜削。内施满釉，外施釉至腹下部，施釉不均，有流釉、积釉现象，釉下施化妆土。夹砂浅黄色胎，胎质较疏松。内底有支钉痕。口径16.8、底径7.3、高5.2厘米（图八九，12；图版二五，1）。

2006SBT5⑥：42，残。敞口，圆唇，斜弧腹，平底。通体施釉。灰色胎，胎质细腻、致密。内外底有三个支钉痕。口径20.8、底径11.2、高6厘米（图八九，13）。

2006SBT5⑥：43，整。敞口，圆唇，弧腹，饼底，外沿斜削。内施满釉，外施半釉，内外有流釉、积釉现象，釉下施化妆土。夹砂姜黄色胎，胎质较疏松。内底有支钉痕。口径16.6、底径6.8、高5厘米（图八九，14）。

2006SBT5⑥：46，残。敞口，圆唇，斜弧腹，饼底。内施满釉，外施半釉，施釉不均匀，有积釉现象，釉面有小开片。夹砂姜黄色胎，胎质较疏松。内外底有支钉痕。口径19.6、

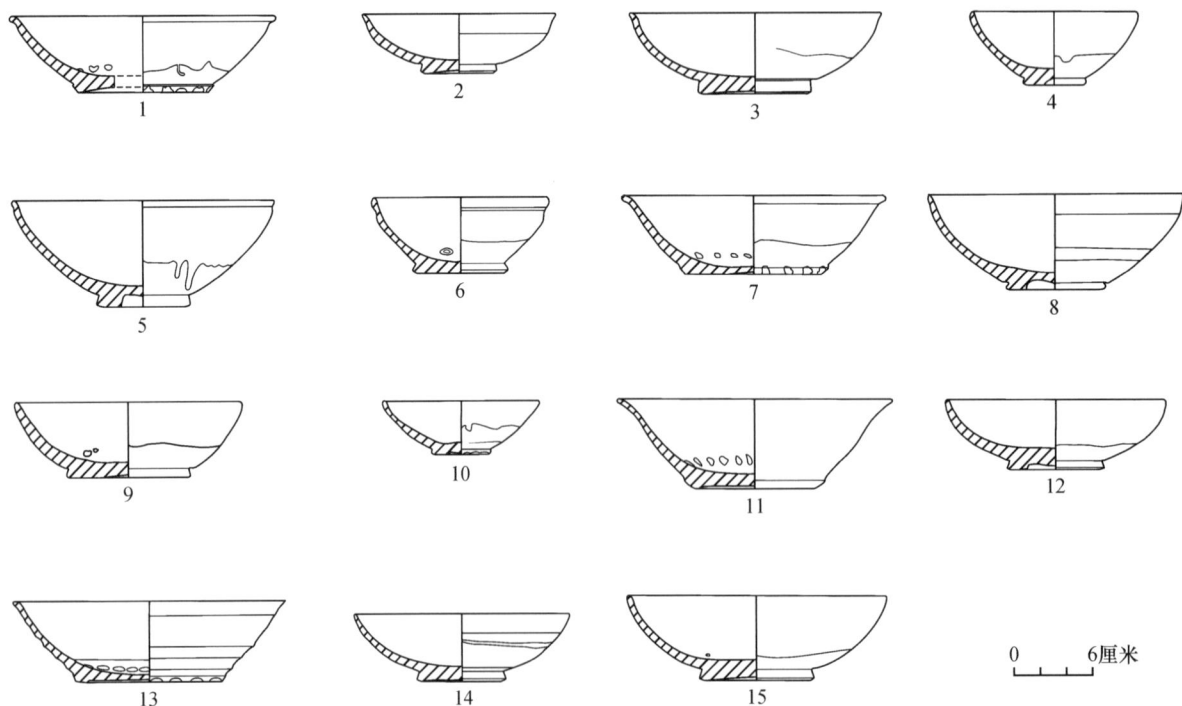

图八九　第6层青釉碗

1. 2006SBT5⑥：12　2. 2006SBT5⑥：13　3. 2006SBT5⑥：15　4. 2006SBT5⑥：16　5. 2006SBT5⑥：21　6. 2006SBT5⑥：19
7. 2006SBT5⑥：24　8. 2006SBT5⑥：30　9. 2006SBT5⑥：31　10. 2006SBT5⑥：32　11. 2006SBT5⑥：35　12. 2006SBT5⑥：38
13. 2006SBT5⑥：42　14. 2006SBT5⑥：43　15. 2006SBT5⑥：46

底径8.6、高6.2厘米（图八九，15）。

盏　7件。

2006SBT5⑥：4，残。敞口，圆唇，弧腹，饼底。内施满釉，外施釉至腹下部，有流釉现象，釉面有开片，釉下施化妆土。姜黄色胎，胎质较疏松。内外底有支钉痕。口径12.4、底径6.4、高5.5厘米（图九〇，1）。

2006SBT5⑥：26，残。敞口，圆唇，斜弧腹，玉璧底。内施满釉，外施半釉，施护胎釉，有流釉、积釉、窑变现象，釉面有小开片。姜黄色胎，胎质较疏松。口径13、底径5.2、高4.5厘米（图九〇，2）。

2006SBT5⑥：29，残。敞口，圆唇，斜弧腹，璧形底，外沿斜削。除底沿面通体施釉，有流釉现象，釉面有小开片，釉下施化妆土。灰色、土黄色胎，胎质致密。内底有支钉痕。口径12.6、底径4.4、高4.6厘米（图九〇，3）。

2006SBT5⑥：40，残。敞口，圆唇，斜弧腹，璧形底，外沿斜削。内外施满釉，釉面有小开片，釉下施化妆土。灰色胎，胎质细净、较疏松。口径12.6、底径5.4、高4.6厘米（图九〇，4；图版二八，4）。

2006SBT5⑥：45，残。侈口，圆唇，斜弧腹，矮圈足。内外施满釉。浅灰色胎，胎质致密。口径10、底径2.7、高3.8厘米（图九〇，5）。

2006SBT5⑥：59，残。侈口，圆唇，斜弧腹，矮圈足。除外底沿面通体施釉，釉面有小开片。灰色胎，釉质细腻、较致密。内底有窑粘现象，外底有垫砂痕。口径12.4、底径3.8、高4.6厘米（图九〇，6）。

2006SBT5⑥：60，残。侈口，圆唇，斜弧腹，矮圈足。除外底沿面通体施釉，釉面有小开片。灰色胎，釉质细腻、较致密。外底有垫砂痕。口径13.2、底径3.4、高5.1厘米（图九〇，8）。

炉　1件。

2006SBT5⑥：5，整。敞口，卷沿，圆唇，鼓腹，腹下内收，平底。内外施半釉，有流釉、脱釉现象。砖红色胎，胎质较致密。外底有支钉痕。口径10.6、底径4.4、高5.7厘米（图九〇，14；图版三二，5）。

罐　1件。

2006SBT5⑥：10，残。敛口，圆唇，溜肩，鼓腹，饼底，外沿斜削，腹沿间有两个对称双条形系。内施满釉，外施半釉，有流釉、积釉、窑变现象，釉面有小开片，釉下施化妆土。灰褐色胎，胎质较疏松。口径8.2、通径11.4、底径6.2、高11.9厘米（图九〇，7）。

5. 青釉褐彩

罐　1件。

2006SBT5⑥：79，微残。侈口，卷唇微撇，直领，斜肩，领肩间竖装两对称圆条形系，直腹微弧，平底，底心内凹。器内口部施釉，器外施釉不及底，釉色匀，釉层薄。肩至腹部饰褐彩圈点纹，组成两组对称的桃形纹。胎体青灰，较致密。口径7.6、腹径9、底径8、高13.2厘米（图九〇，12；图版三八，2）。

6. 青釉印花

3件。

盏　1件。

2006SBT5⑥：55，残。敞口，圆唇，斜弧腹，矮圈足。除外底沿面通体施釉，釉下施化妆土。内腹、底有印花菊花纹饰。浅灰色胎，胎质细净、较致密。外底有窑粘现象。口径11.6、底径4.4、高4.5厘米（图九〇，9）。

碗　2件。

2006SBT5⑥：56，残。敞口，圆唇，斜弧腹，圈足。除外底沿处通体施釉。内外有简线菊花印花纹饰。灰色胎，胎质细腻、较致密。口径18.2、底径5、高7.5厘米（图九〇，10）。

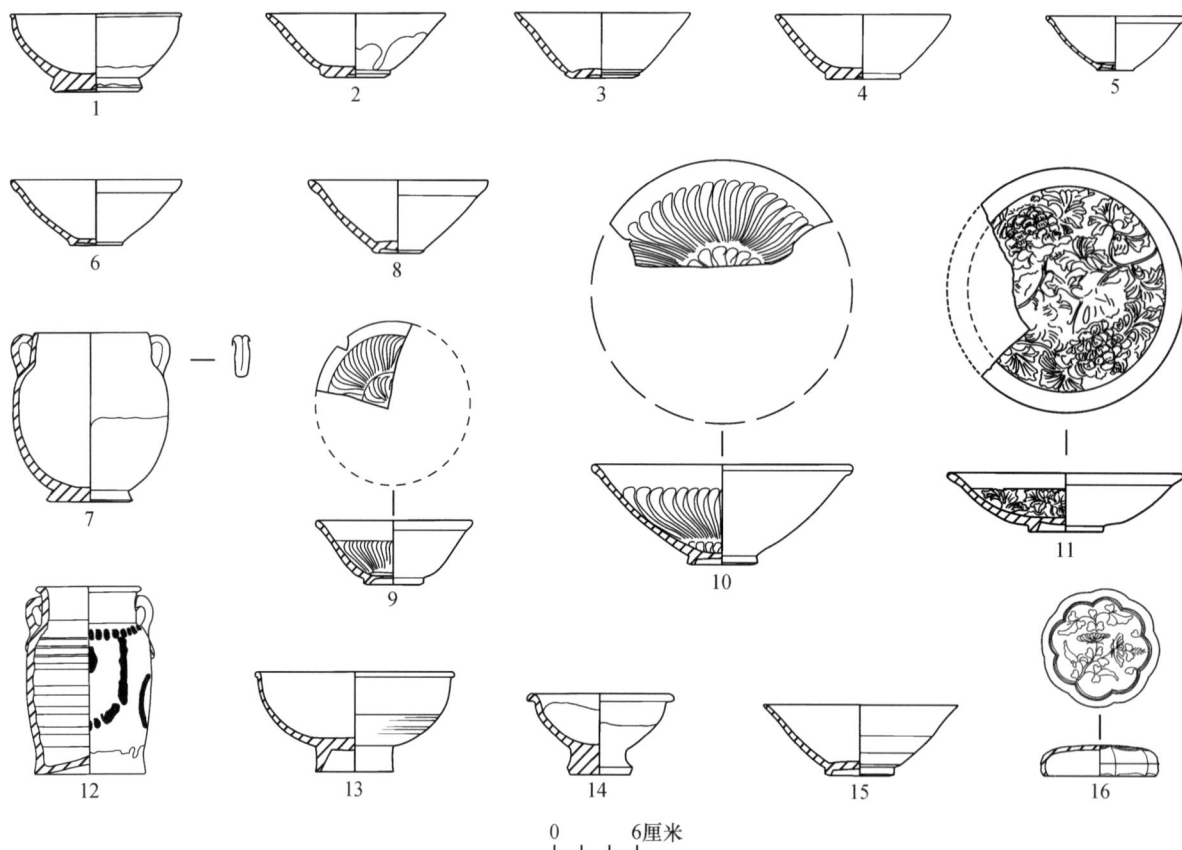

图九〇　第6层出土瓷器

1~6、8.青釉盏（2006SBT5⑥：4、2006SBT5⑥：26、2006SBT5⑥：29、2006SBT5⑥：40、2006SBT5⑥：45、2006SBT5⑥：59、2006SBT5⑥：60）　7.青釉罐（2006SBT5⑥：10）　9.青釉印花盏（2006SBT5⑥：55）　10、11.青釉印花碗（2006SBT5⑥：56、2006SBT5⑥：80）　12.青釉褐彩罐（2006SBT5⑥：79）　13.青灰釉碗（2006SBT5⑥：58）　14.青釉炉（2006SBT5⑥：5）　15.青白釉碗（2006SBT5⑥：9）　16.青白釉印花盒盖（2006SBT5⑥：81）

2006SBT5⑥：80，残。敞口，圆唇外撇微折，浅弧腹，浅圈足。釉面玻璃质，有开片，器内满釉，器外施釉不及足，有流釉现象。器内腹壁饰印花缠枝花卉纹。灰胎，较致密。口径16.8、底径5.3、高4厘米（图九〇，11）。

7. 青灰釉

碗　1件。

2006SBT5⑥：58，残。敞口，翻唇，弧腹，高圈足。内外施满釉，有漏釉现象。灰黄色胎，胎质较致密。口径14.6、底径5.8、高7厘米（图九〇，13）。

8. 青白釉

2件。

碗　1件。

2006SBT5⑥：9，残。敞口，圆唇，斜弧腹，矮圈足。内施满釉，外施釉不及底，有流釉现象。白色胎，胎质较致密。口径14、底径5、高5厘米（图九〇，15）。

器盖　1件。

2006SBT5⑥：81，残。葵花形，盖顶微弧鼓起，盖顶印花，缠枝牡丹、外围三层葵花细线条，盒盖中部凸起一圈细线。外部满釉，盖内底部有釉，釉质莹润、透明、玻璃质感强，有细小气泡。胎体洁白，细腻致密。宽8.5、高2.2厘米（图九〇，16；图版四一，1、2）。

9. 黑釉

7件。

盏　5件。

2006SBT5⑥：28，残。敞口，圆唇，弧腹，圈足，内足墙较低。内外施满釉，有流釉现象。灰色胎，胎质致密，胎体偏薄。口径12.2、底径5、高4.5厘米（图九一，1）。

2006SBT5⑥：47，残。侈口，圆唇，斜弧腹，矮圈足。内施满釉，外施釉至腹下部，釉质温亮。灰黄色胎，胎质致密。口径11.2、底径3.8、高4.7厘米（图九一，2）。

2006SBT5⑥：49，残。侈口，圆唇，斜弧腹，矮圈足。内施满釉，外施釉不及底。灰色胎，胎质细腻、较致密。口径11.6、底径4.8、高3厘米（图九一，3）。

2006SBT5⑥：53，残。侈口，圆唇，斜弧腹，矮圈足。内施满釉，外施釉至腹下部，釉下施化妆土。浅灰色胎，胎质细净、较致密。口径11.8、底径3.2、高4.8厘米（图九一，4）。

2006SBT5⑥：76，残。敞口，圆唇，斜弧腹，小圈足，内足墙极低。内施满釉，外施釉至腹下部，有流釉、积釉现象，釉面有开片，釉下施化妆土，釉质润亮。浅黄色胎，胎质细净、较致密。釉有发丝，近乎兔毫。口径11.2、底径3.8、高4.7厘米（图九一，5）。

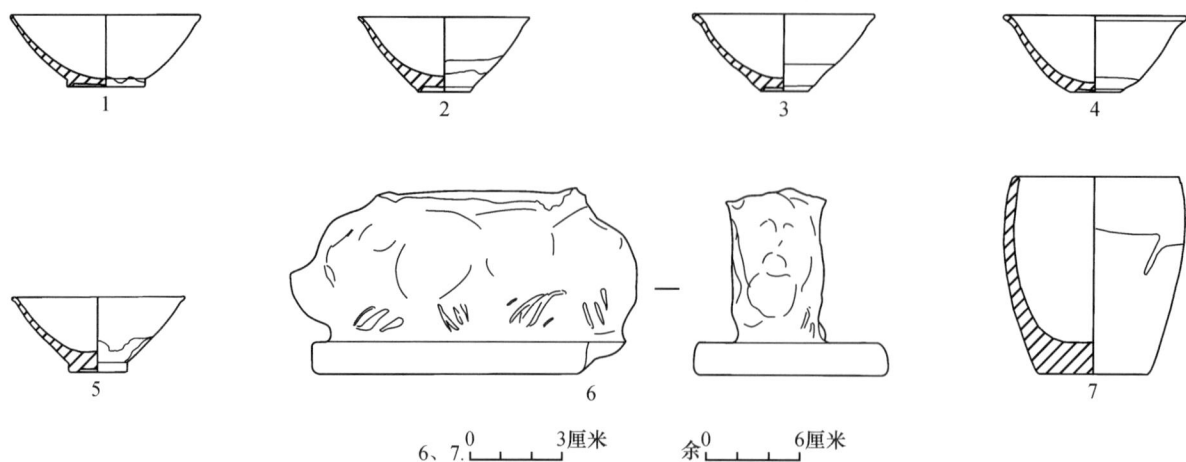

6、7. ├─────┤ 3厘米　　　余 ├─────┤ 6厘米
0　　　　　　　　　0

图九一　第6层黑釉瓷器

1~5.盏（2006SBT5⑥：28、2006SBT5⑥：47、2006SBT5⑥：49、2006SBT5⑥：53、2006SBT5⑥：76）

6.枕（2006SBT5⑥：39）　　7.杯（2006SBT5⑥：41）

枕　1件。

2006SBT5⑥：39，残。上枕面缺失，中托为趴卧兔，长方形扁平底。趴卧兔和上底面施釉，下底面无釉。夹砂黄色胎，胎质较疏松。长11.2、高5.8、厚6.2厘米（图九一，6；图版五四，5）。

杯　1件。

2006SBT5⑥：41，残。直口，圆唇，弧腹，平底。内施满釉，外腹上部施釉，有流釉、积釉、窑变现象。土黄色、紫色胎，胎质疏松。口径5.4、底径3.6、高6.2厘米（图九一，7；图版五四，2）。

10. 黄釉

5件。

碗　4件。

2006SBT5⑥：3，残。敞口，圆唇，弧腹，饼底。内施满釉，外施半釉，有流釉、积釉现象，釉面有小开片，釉下施化妆土。姜黄色胎，胎质较疏松。内外底有支钉痕。口径19.2、底径7.8、高5.7厘米（图九二，1）。

2006SBT5⑥：17，整。敞口，圆唇，弧腹，饼底。内施满釉，外施半釉，有脱釉现象，釉下施化妆土。姜黄色胎，胎质较疏松。内外底有支钉痕。口径19.8、底径7.4、高6.4厘米（图九二，2；图版四三，1）。

2006SBT5⑥：25，残。敞口，圆唇，弧腹，饼底。内施满釉，外施釉至腹下部，釉下施化妆土。土黄色胎，胎质较疏松。内外底有支钉痕。口径20.2、底径9、高8.4厘米（图九二，3）。

2006SBT5⑥：27，残。敞口，圆唇，弧腹，玉璧底。内施满釉，外施半釉，有流釉、积釉现象，釉面有小开片，釉下施化妆土。姜黄色胎，胎质较疏松。内底有三个支钉痕。口径19.6、底径8.2、高7.2（图九二，4）。

执壶 1件。

2006SBT5⑥：78，微残。喇叭口，圆唇微凸，长直颈，溜肩，长弧腹，饼底微撇、底缘切削，肩颈部安条形曲柄，肩部对称扁条形双系，短圆管状流。黄釉，器外施釉不及底，脱釉，釉下施化妆土。灰胎，较细腻致密。口径7、腹径12.8、底径8.5、高22.9厘米（图九二，5；图版四七，4）。

11. 绿釉

罐 1件。

2006SBT5⑥：69，绿釉小罐。侈口，圆唇，短颈，斜弧腹，平底。内施釉至颈部，外施釉至腹下部，施釉不均，釉面有开片。黄白色胎，胎质疏松。口径1.2、通径1.9、底径1.5、高2.2厘米（图九二，10）。

12. 绿釉划花

枕 1件。

2006SBT5⑥：72，残。面为弧形，内弧，圆沿，四壁呈梯形，平底。器表除底面通体施釉，有流釉、飞釉现象，釉面有小开片。枕面刻划两个凹线界格，格内有划花牡丹纹饰。黄白色胎，胎质细净、较疏松。宽26、高8厘米（图九二，7；图版五五，5）。

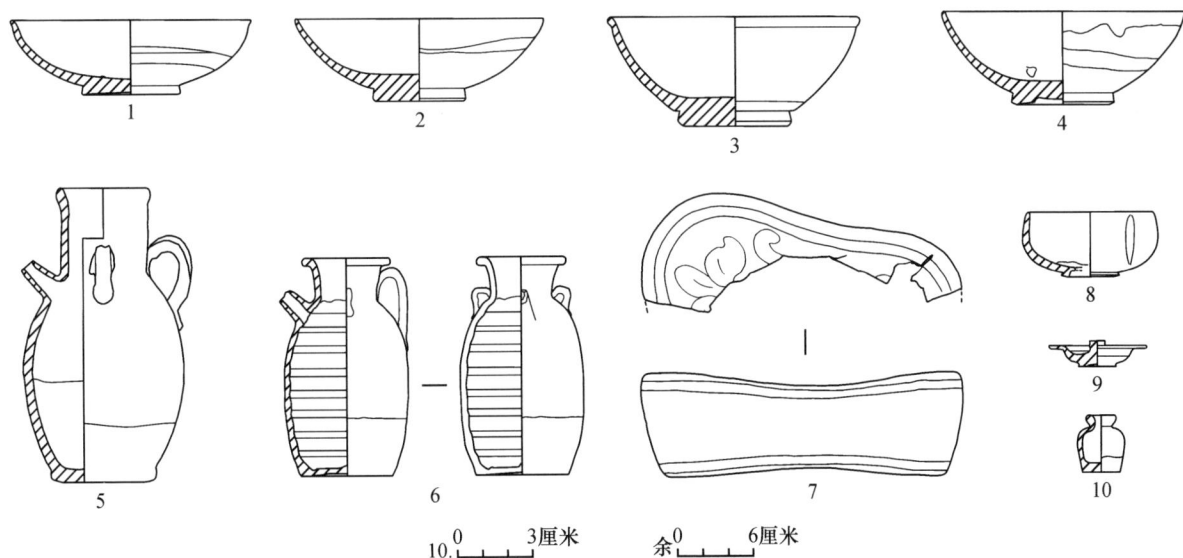

图九二 第6层出土器物

1~4.黄釉碗（2006SBT5⑥：3、2006SBT5⑥：17、2006SBT5⑥：25、2006SBT5⑥：27） 5.黄釉执壶（2006SBT5⑥：78） 6.酱釉执壶（2006SBT5⑥：22） 7.绿釉划花枕（2006SBT5⑥：72） 8.钧釉洗（2006SBT5⑥：18） 9.素胎盏托（2006SBT5⑥：63） 10.绿釉罐（2006SBT5⑥：69）

13. 钧釉

洗　1件。

2006SBT5⑥：18，残。敛口，圆唇，直腹，腹下内收，小矮圈足。内施半釉，外施釉至腹下部，釉下施化妆土，釉层厚而均匀，釉质莹润。香灰色胎，胎质细净、较致密。口径10.2、底径4.6、高5厘米（图九二，8）。

14. 酱釉

执壶　1件。

2006SBT5⑥：22，残。敞口，圆唇，束颈，扁条形双系，带状柄，管状流，溜肩，鼓腹，平底。内沿以下无釉，外施釉至腹下部，有流釉、积釉现象，露胎处施护胎釉，釉下施化妆土。灰色胎，胎质细净、较致密。外底有支钉痕。口径7、腹径9.8、底径7.4、高17厘米（图九二，6；图版五二，1）。

15. 素胎

盏托　1件。

2006SBT5⑥：63，残。圆形，宽沿，圆唇，平顶内凹，中凹部置一圆台形纽。深灰色胎，胎质细腻、较致密。口径7.8、底径3、高2厘米（图九二，9）。

（二）陶器

4件。

人物造像　1件。

2006SBT5⑥：7，红陶人物造像，残。头缺失，着官服，腰束玉带，拱手，直立，脚下有覆斗形座、内空。泥质红陶，胎质细净。长3.5、宽3、高8.6厘米（图九三，1）。

陶铃　1件。

2006SBT5⑥：23，残。鸟首形，喙部有一穿，椭圆体，体内空，弧腹，圆底。陶制，灰色胎，胎质细净、较疏松。高4.8厘米（图九三，2）。

盆　1件。

2006SBT5⑥：34，灰陶盆，残。敞口，卷沿，圆唇，鼓腹，腹下内收，平底。灰色胎，胎质疏松。外底有垫痕。口径29.4、底径18.6、高9.2厘米（图九三，3）。

炉　1件。

2006SBT5⑥：82，残。夹砂灰陶，陶质较粗。敞口，斜内折沿，斜弧腹，圜底，对称两个近半圆耳、有小圆穿孔，圆锥状三足、足尖外撇。宽9.3、高6.2厘米（图九三，4）。

（三）骨器

篦　1件。

2006SBT5⑥：66，骨篦，残。上呈弧形，正反两面皆有一圆弧状凹纹，下为篦齿。长10、高3.55、厚1厘米（图九三，5）。

（四）铜器

3件。

筷　2件。

2006SBT5⑥：67，一支，残断。长条形，呈六棱柱状，上端较细，下端较粗，表面锈蚀严重。长23.6、宽0.2～0.6厘米（图九三，7）。

2006SBT5⑥：68，一支，残断。长条形，呈六棱柱状，上端较细，下端较粗，表面锈蚀严重。长23.2、宽0.2～0.6厘米（图九三，8）。

簪　1件。

2006SBT5⑥：51，残。体为针状，首端为梯形、中有一穿。外表硫化较重。残长8.2、宽1.1、直径0.2～0.3厘米（图九三，6）。

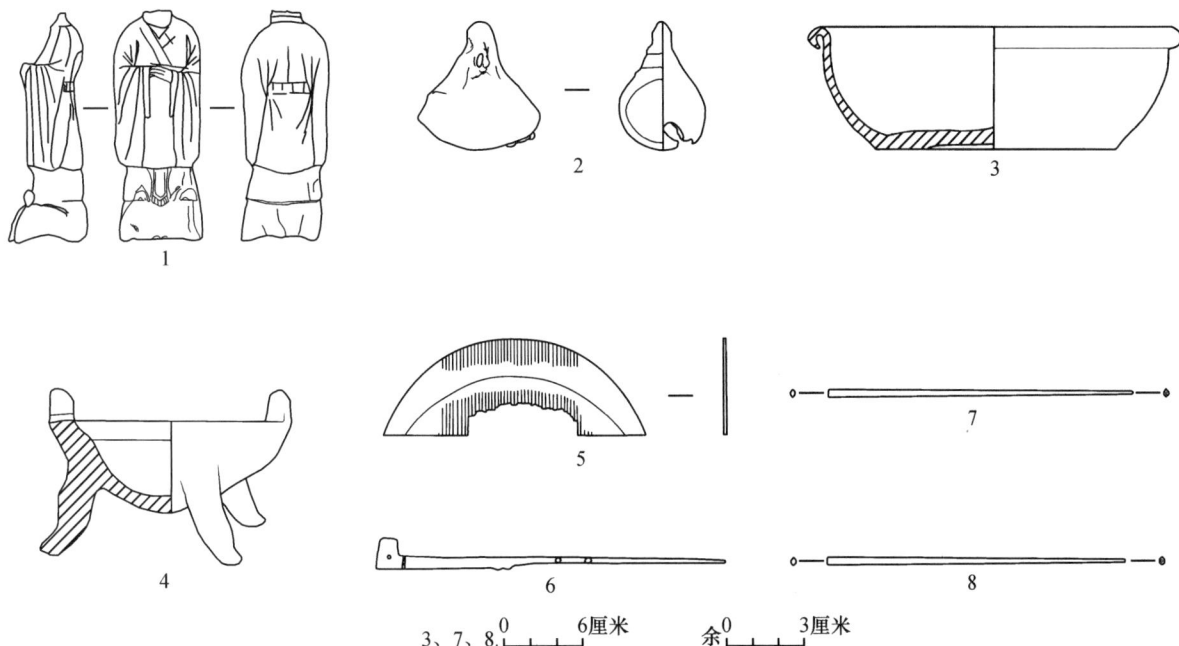

图九三　第6层其他器物

1. 造像（2006SBT5⑥：7）　2. 陶铃（2006SBT5⑥：23）　3. 陶盆（2006SBT5⑥：34）　4. 炉（2006SBT5⑥：82）
5. 骨篦（2006SBT5⑥：66）　6. 铜簪（2006SBT5⑥：51）　7、8. 铜筷（2006SBT5⑥：67、2006SBT5⑥：68）

（五）铜钱

21枚。

崇宁重宝　2枚。

2006SBT5⑥：70-1，残。圆形方孔折三钱。面文隶书"崇宁重宝"，顺读。背穿上星、决文。有内、外郭，宽缘。残重8.3克、直径34.5、孔径7、厚2毫米（图九四，1）。

2006SBT5⑥：70-2，圆形方孔折三钱。面文隶书"崇宁重宝"，顺读。背穿上星、决文。有内、外郭，宽缘。重11克，直径35、孔径7.5、厚2毫米（图九四，1；图版六五，6）。

大观通宝　1枚。

2006SBT5⑥：70-3，残。圆形方孔小平钱。面文瘦金体"大观通宝"，顺读。光背。有内、外郭，狭缘。残重3克，直径25、孔径7、厚2毫米（图九四，3）。

皇宋通宝　1枚。

2006SBT5⑥：70-4，圆形方孔小平钱。面文真书"皇宋通宝"，顺读。光背。有内、外郭。重4.3克，直径25、孔径7、厚2毫米（图九四，4）。

绍圣元宝　3枚。

2006SBT5⑥：70-5，圆形方孔小平钱。面文篆书"绍圣元宝"，旋读。光背。有内、外郭。重4.6克，直径24.5、孔径6、厚1毫米（图九四，5）。

2006SBT5⑥：70-6，圆形方孔小平钱。面文篆书"绍圣元宝"，旋读。光背。有内、外郭。重4克，直径24、孔径6、厚1毫米（图九四，6）。

2006SBT5⑥：70-12，圆形方孔小平钱。面文行书"绍圣元宝"，旋读。光背。有内、外郭。重3.45克，直径24、穿径6、厚1.5毫米（图九四，7）。

熙宁元宝　3枚。

2006SBT5⑥：70-7，残。圆形方孔小平钱。面文真书"熙宁元宝"，旋读。光背。有内、外郭。残重3.1克，直径24、孔径7、厚1毫米（图九四，8）。

2006SBT5⑥：70-8，圆形方孔小平钱。面文篆书"熙宁元宝"，旋读。光背。有内、外郭。重4.6克，直径24、孔径6、厚1毫米（图九四，9）。

2006SBT5⑥：71-4，残。圆形方孔小平钱。面文篆书"熙宁元宝"，旋读。光背。有内、外郭。残重3.3克，直径23.5、孔径5.5、厚1.5毫米（图九四，10）。

咸平元宝　1枚。

2006SBT5⑥：70-9，残。圆形方孔小平钱。面文真书"咸平元宝"，旋读。光背。有内、外郭，宽缘。重4.3克，直径24、孔径5.5、厚2毫米（图九五，1）。

元祐通宝　3枚。

2006SBT5⑥：70-10，圆形方孔小平钱。面文篆书"元祐通宝"，旋读。光背。有内、外郭，宽缘。重4.2克，直径25、孔径5、厚1毫米（图九五，2）。

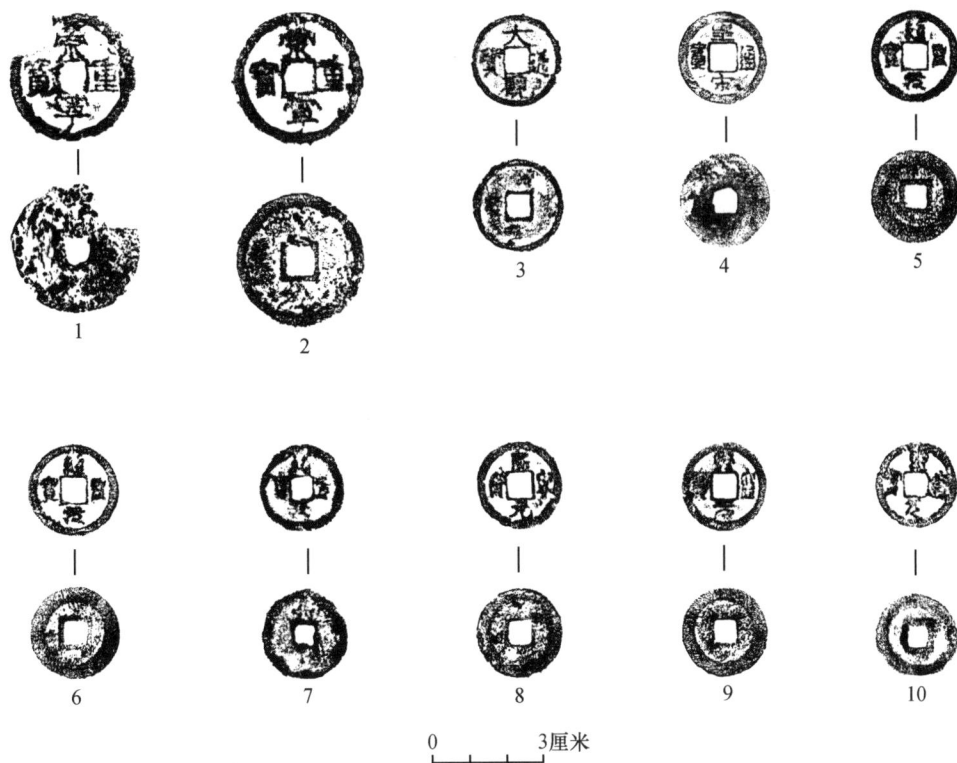

图九四　第6层铜钱

1、2. 崇宁重宝（2006SBT5⑥：70-1、2006SBT5⑥：70-2）　3. 大观通宝（2006SBT5⑥：70-3）

4. 皇宋通宝（2006SBT5⑥：70-4）　5～7. 绍圣元宝（2006SBT5⑥：70-5、2006SBT5⑥：70-6、2006SBT5⑥：70-12）

8～10. 熙宁元宝（2006SBT5⑥：70-7、2006SBT5⑥：70-8、2006SBT5⑥：71-4）

2006SBT5⑥：70-15，元祐通宝。重3.52克，直径24、穿径6、厚1.5毫米。圆形方孔小平钱。面文篆书"元祐通宝"，旋读。光背。有内、外郭，宽缘（图九五，3）。

2006SBT5⑥：71-5，元祐通宝。圆形方孔小平钱。面文篆书"元祐通宝"，旋读。光背。有内、外郭。重3.7克，直径24.5、孔径6、厚1.5毫米（图九五，4）。

嘉祐通宝　2枚。

2006SBT5⑥：70-11，圆形方孔小平钱。面文真书"嘉祐通宝"，顺读。光背。有内、外郭。重3.95克，直径25、穿径7、厚1.5毫米（图九五，5）。

2006SBT5⑥：71-6，嘉祐通宝。圆形方孔小平钱。面文篆书"嘉祐通宝"，顺读。光背。有内、外郭。重2.96克，直径25、穿径7、厚1.5毫米（图九五，6）。

祥符通宝　1枚。

2006SBT5⑥：70-13，残。圆形方孔小平钱。面文小字真书"祥符通宝"，旋读。光背。有内、外郭，宽缘。重3.4克，直径25、穿径6、厚1.5毫米（图九五，7）。

元丰通宝　1枚。

2006SBT5⑥：70-14，圆形方孔小平钱。面文篆书"元丰通宝"，旋读。光背。有内、外郭，宽缘。重4.4克，直径25、穿径6、厚1.5毫米（图九五，8）。

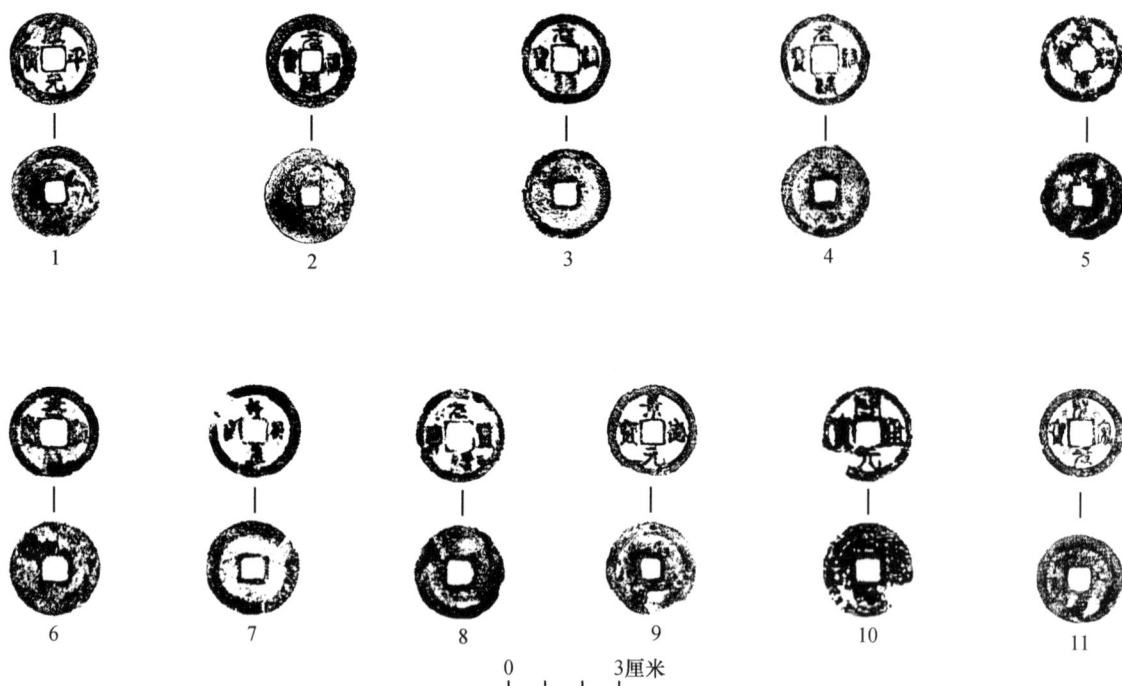

图九五　第6层铜钱

1.咸平元宝（2006SBT5⑥：70-9）　2~4.元祐通宝（2006SBT5⑥：70-10、2006SBT5⑥：70-15、2006SBT5⑥：71-5）
5、6.嘉祐通宝（2006SBT5⑥：70-11、2006SBT5⑥：71-6）　7.祥符通宝（2006SBT5⑥：70-13）
8.元丰通宝（2006SBT5⑥：70-14）　9.景德元宝（2006SBT5⑥：71-1）　10.开元通宝（2006SBT5⑥：71-2）
11.圣宋元宝（2006SBT5⑥：71-3）

景德元宝　1枚。

2006SBT5⑥：71-1，残。圆形方孔小平钱。面文真书"景德元宝"，旋读。光背。有内、外郭。残重3.6克，直径25、孔径5、厚1毫米（图九五，9）。

开元通宝　1枚。

2006SBT5⑥：71-2，残。圆形方孔小平钱。面文隶书"开元通宝"，顺读，断舟"通"，"元"字第二笔左挑。光背。有内、外郭。残重2.7克，直径25、孔径6、厚1毫米（图九五，10）。

圣宋元宝　1枚。

2006SBT5⑥：71-3，圆形方孔小平钱。面文篆书"圣宋元宝"，旋读。光背。有内、外郭。重3.6克，直径24、孔径6.5、厚1毫米（图九五，11）。

四、第 5 层

（一）瓷器

1. 白釉

27件。

碗 21件。

2006SBT5⑤：1，残。敞口，圆唇，斜弧腹，圈足。内施满釉，外施釉至腹下部，釉下施化妆土。灰褐色胎，胎质较疏松。内外底有支钉痕。口径19.6、底径8.2、高6厘米（图九六，1）。

2006SBT5⑤：2，残。敞口，圆唇，弧腹，圈足。内施满釉，外施釉至腹下部，釉面已脱，釉色不详，釉下施化妆土。浅黄色胎，胎质较疏松。内底有支钉痕。口径20.4、底径8、高6.3厘米（图九六，2）。

2006SBT5⑤：5，残。敞口，平唇，弧腹，高圈足。内外施满釉，有流釉现象。灰白色胎，胎质细腻、较致密。口径14.4、底径6、高7.5厘米（图九六，3）。

2006SBT5⑤：11，残。敞口，圆唇，弧腹，圈足。内施满釉，外施半釉，釉下施化妆土。土黄色胎，胎质较致密。内底有支钉痕。口径18、底径6.8、高5.8厘米（图九六，4）。

2006SBT5⑤：14，残。敞口，圆唇，斜弧腹，圈足。内施满釉，外施半釉，釉下施化妆土。浅灰色胎，胎质细净、较致密。内底有支钉痕。口径17.2、底径6、高5.1厘米（图九六，5）。

2006SBT5⑤：21，残。敞口，圆唇，弧腹，高圈足，挖足过肩。内外施满釉，有流釉现象，釉面有开片，釉层均薄、莹润。内底有一凹弦纹。灰白色胎，胎质细腻、较致密。内底有五个支钉痕。口径16.8、底径6.4、高10厘米（图九六，6；图版一二，6）。

2006SBT5⑤：26，残。敞口，翻唇，弧腹，圈足，内足外撇。内施满釉，外施半釉。灰色胎，胎质较致密。口径13.2、底径4.2、高5.9厘米（图九六，7）。

2006SBT5⑤：30，残。敞口，圆唇，弧腹，圈足。除底沿通体施釉。白色胎，胎质细腻、致密。口径15、底径6.6、高7厘米（图九六，8）。

2006SBT5⑤：31，残。敞口，圆唇，弧腹，高圈足。内外施满釉，釉面有小开片。灰白色胎，胎质细腻、较致密。外底有垫饼痕。口径13.6、底径6.4、高7.7厘米（图九六，9；图版一二，5）。

2006SBT5⑤：32，残。口缺失，直腹，高圈足。内外施满釉，釉面有开片。白色胎，胎质细腻、较致密。底径5.6（图九六，10）。

2006SBT5⑤：33，残。敞口，圆唇，弧腹，圈足，挖足过肩，内足墙外撇。内施满釉，外施半釉，有积釉现象，釉面有小开片，釉下施化妆土。灰黄色胎，胎质较致密。内底有垫圈痕。口径12.6、底径5、高3.8厘米（图九六，11）。

2006SBT5⑤：37，残。口、腹缺失，高圈足。内外施满釉，釉面有开片，釉层薄匀。白色胎，胎质细净、致密。外底有墨书"周"字。底径6.2厘米（图九六，12）。

2006SBT5⑤：40，残。敞口，圆唇，弧腹，圈足。内施满釉，外施半釉，釉面有小开

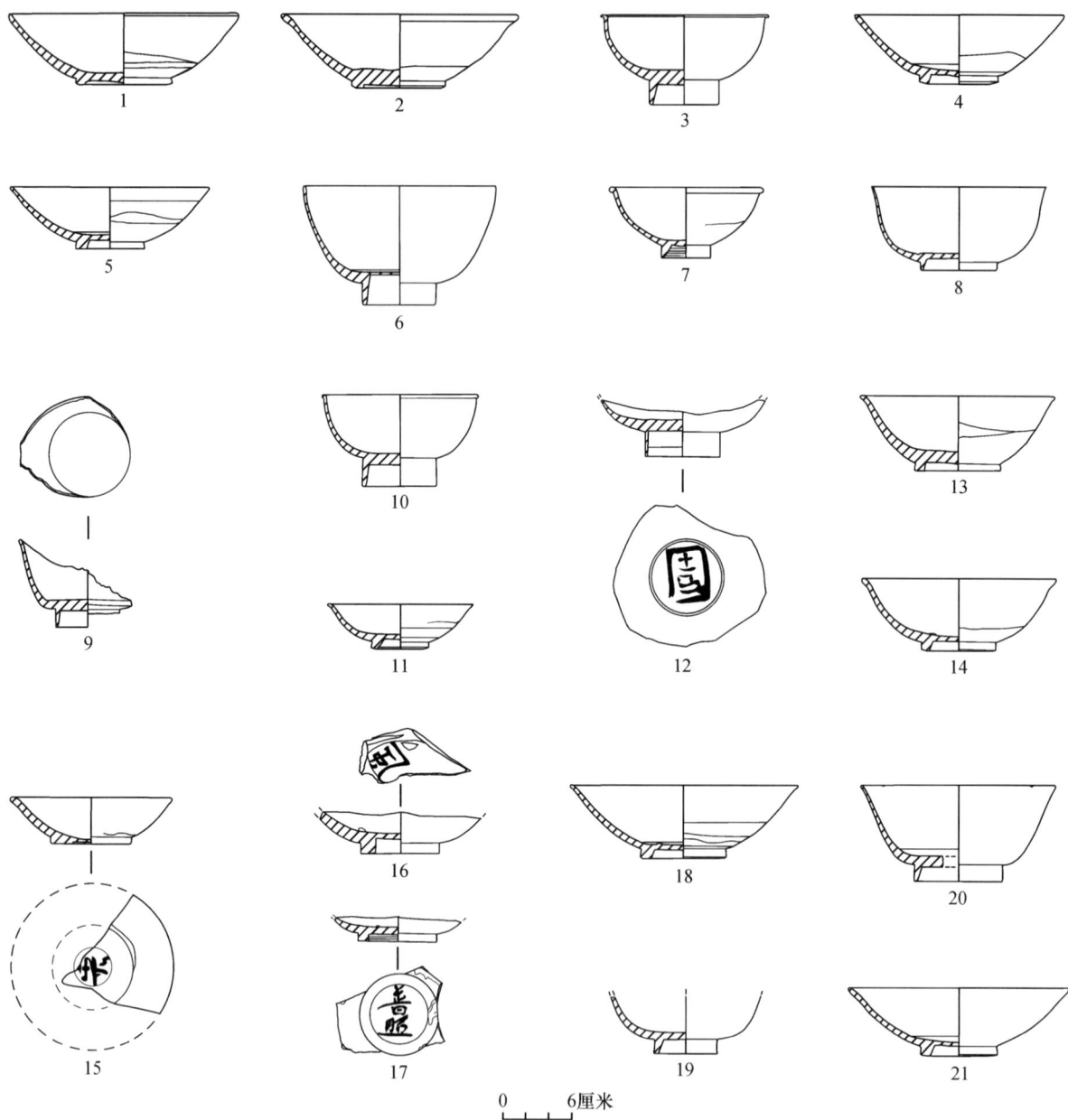

图九六　第5层白釉碗

1. 2006SBT5⑤：1　2. 2006SBT5⑤：2　3. 2006SBT5⑤：5　4. 2006SBT5⑤：11　5. 2006SBT5⑤：14　6. 2006SBT5⑤：21
7. 2006SBT5⑤：26　8. 2006SBT5⑤：30　9. 2006SBT5⑤：31　10. 2006SBT5⑤：32　11. 2006SBT5⑤：33　12. 2006SBT5⑤：37
13. 2006SBT5⑤：40　14. 2006SBT5⑤：41　15. 2006SBT5⑤：44　16. 2006SBT5⑤：45　17. 2006SBT5⑤：46
18. 2006SBT5⑤：52　19. 2006SBT5⑤：54　20. 2006SBT5⑤：55　21. 2006SBT5⑤：56

片，釉下施化妆土。灰黄色胎，胎质较疏松。内底有垫圈痕，外底有垫砂痕。口径16.8、底径6.4、高6.3厘米（图九六，13）。

2006SBT5⑤：41，残。侈口，圆唇，弧腹，圈足。内施满釉，外施釉至腹下部，釉面有小开片，釉下施化妆土。灰黄色胎，胎质较疏松。内底有支钉痕。口径16.8、底径6.4、高6.1厘米（图九六，14）。

2006SBT5⑤：44，残。口、腹缺失，弧腹，圈足。内施满釉，外施半釉，釉面有小开片，釉下施化妆土。内底有墨书"风"字。灰黄色胎，胎质较疏松。内外底有支钉痕。底径6.8厘米（图九六，15）。

2006SBT5⑤：45，残。口、腹缺失，圈足。内施满釉，外施釉不及底，釉面有小开片，釉下施化妆土。外底心有墨书"普照"二字。灰黄色胎，胎质较疏松。内外底有支钉痕。底径6.8厘米（图九六，16）。

2006SBT5⑤：46，残。微侈口，圆唇，斜弧腹，圈足。内施满釉，外施釉至腹下部，釉面有小开片，釉下施化妆土。灰黄色胎，胎质较致密。内外底有支钉痕。口径19.6、底径7.4、高6.1厘米（图九六，17）。

2006SBT5⑤：52，残。花口，圆唇，斜弧腹，玉璧底。内外施满釉，釉下施化妆土。外底有墨书文字。黄白色胎，胎质较致密。内腹有凸棱。口径14、底径7、高3.9厘米（图九六，18）。

2006SBT5⑤：54，残。缺口，弧腹，高圈足。内外施满釉，有流釉、积釉、漏釉现象，釉下施化妆土。灰色胎，胎质较疏松。内底有垫砂痕。底径5.4厘米（图九六，19）。

2006SBT5⑤：55，残。花口，圆唇，鼓腹，圈足。内外施满釉，有流釉现象，釉面有小开片。青灰色胎，胎质细净、致密。口径16.8、底径7.6、高8厘米（图九六，20）。

2006SBT5⑤：56，残。敞口，圆唇，弧腹，圈足。内施满釉，外施半釉，有流釉现象，釉下施化妆土。灰色胎，胎质较致密。内底有支钉痕。口径19、底径6.6、高5.7厘米（图九六，21）。

盏　2件。

2006SBT5⑤：39，残。敞口，翻唇，斜弧腹，高圈足。内外施满釉。白色胎，胎质细净、致密。外底有垫圈痕。口径11.8、底径3.2、高5.7厘米（图九七，1）。

2006SBT5⑤：47，残。敞口，圆唇，弧腹，圈足。内施满釉，外施半釉，有流釉、积釉现象，釉面有小开片，釉下施化妆土。黄褐色胎，胎质较致密。内底有垫圈痕。口径9.8、底径4.2、高3.3厘米（图九七，2）。

盒　1件。

2006SBT5⑤：8，残。子母口微敛，圆唇，直腹，腹下内收，矮圈足。内外施满釉，有积釉、脱釉现象，釉面有小开片。白色胎，胎质细腻、较疏松。外底有三个支珠痕。口径3.5、通径4.4、底径3.2、高3厘米（图九七，3；图版一五，5）。

雁　1件。

2006SBT5⑤：35，残。仅留首部，写实造型。通体施釉，釉下施化妆土。青白色胎，胎质较致密。2006SBT5⑤：35-1，长2.7、宽1、残高1.5厘米；2006SBT5⑤：35-2，长2.6、宽1、高1.85厘米（图九七，4）。

器盖　1件。

2006SBT5⑤：24，残。圆形，敛口，圆唇，圆边宽沿，圆弧盖面，平顶，顶中有一"如意"纽。内无釉，外施满釉。浅灰色胎，胎质细净、较致密。口径7.8、通径11.2、高3厘米（图九七，5；图版一四，3）。

钵　1件。

2006SBT5⑤：59，残。敛口，鼓腹，平底。腹外釉下壁刻划圆圈、斜条、花卉，圆圈形成珍珠地效果，内底划花葵花形。施化妆土，白釉微泛黄，有小开片，器内外满釉。灰胎，胎壁较薄，质坚且细。口径11.6、底径7.6、高6厘米（图九八，2；图版一六，1、2）。

2. 白釉印花

6件。

碗　5件。

2006SBT5⑤：27，残。微侈口，圆唇，弧腹，圈足，挖足过肩，内足外撇。内施满釉，外施半釉，有流釉、积釉现象，釉面有小开片，釉下施化妆土。内有划花鱼纹饰。灰色胎，胎质较致密。口径19.6、底径7.6、高7.8厘米（图九七，6）。

2006SBT5⑤：29，残。敞口，圆唇，弧腹，圈足，挖足过肩。内外施满釉。内腹下部至底部有划花纹饰。灰色胎，胎质较致密。口径19.8、底径8、高9厘米（图九七，7）。

2006SBT5⑤：36，残。腹、底缺失，敞口，圆唇。釉层薄匀，釉质莹润。内腹上部有一周回纹带，腹下有梅、竹、凤印花纹饰。青白色胎，胎质细净、较致密（图九七，9）。

2006SBT5⑤：48，残。敞口，窄平沿，圆唇，弧腹折收，圈足。内外施满釉。内腹有印花海涛纹，内底有缠枝牡丹纹。白色胎，胎质细净、致密。口径14.2、底径5.8、高4.4厘米（图九七，8；图版一七，1、2）。

2006SBT5⑤：49，残。腹、底缺失，敞口，圆唇，弧腹。釉层薄匀，釉质温润。内有鸳鸯、荷花、荷叶、水印花纹饰，腹上有一周回纹印花。灰白色胎，胎质细净、较致密（图九七，10）。

碟　1件。

2006SBT5⑤：50，残。口缺失，斜弧腹，矮圈足。除外底沿通体施釉。内有云凤印花纹饰。青白色胎，胎质细净、较致密。底径5.2厘米（图九七，11）。

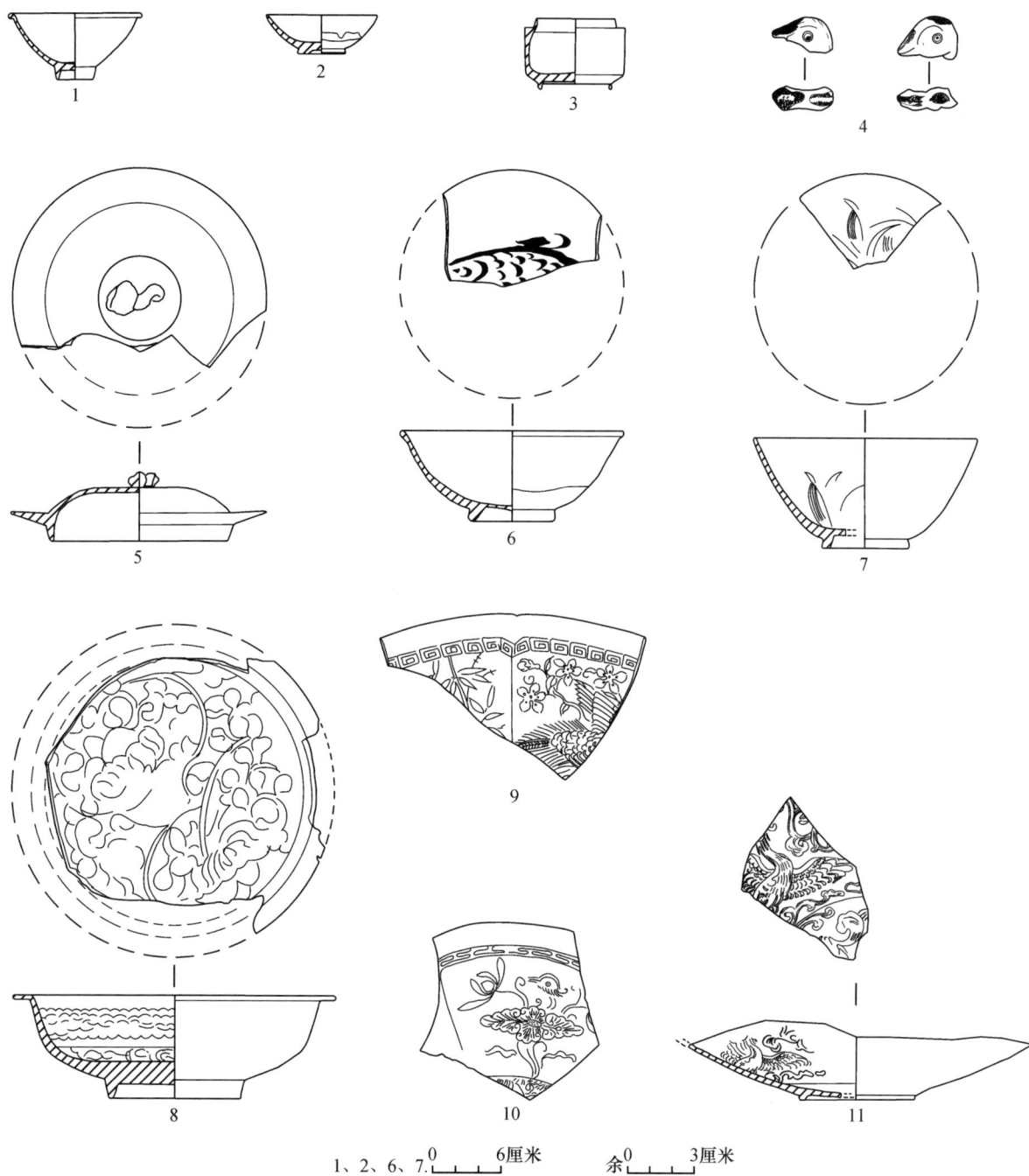

1、2、6、7.└─┴─┘6厘米　　余0└─┴─┘3厘米

图九七　第5层白釉瓷器

1、2. 盏（2006SBT5⑤：39、2006SBT5⑤：47）　3. 盒（2006SBT5⑤：8）　4. 雁（2006SBT5⑤：35）

5. 器盖（2006SBT5⑤：24）　6～10. 印花碗（2006SBT5⑤：27、2006SBT5⑤：29、2006SBT5⑤：48、2006SBT5⑤：36、

2006SBT5⑤：49）　11. 印花碟（2006SBT5⑤：50）

3. 白釉划花

2件。

碗　1件。

2006SBT5⑤：22，残。花口，圆唇，斜弧腹，圈足，内足墙较低。内外施满釉，釉面有开片。内有划花纹饰。白色胎，胎质细腻、致密。内底有垫砂痕，外底有垫饼痕。口径17.8、底径4.6、高6.7厘米（图九八，1；图版一七，4）。

盏　1件。

2006SBT5⑤：7，残。敞口，圆唇，弧腹，矮圈足。内外施满釉，有积釉现象，釉面有小开片，釉下施化妆土。灰白色胎，胎质较致密。内釉下有划花。口径11.8、底径4、高5厘米（图九八，7）。

4. 白釉褐彩

4件。

碗　3件。

2006SBT5⑤：38，残。敞口，圆唇，弧腹，圈足。内施满釉，外施半釉，釉面有小开片，釉下施化妆土。内施褐彩绘两道弦纹、花纹，内底有垫砂痕。灰黄色胎，胎质较疏松，外底有支钉痕。口径20、底径7.6、高7.6厘米（图九八，3）。

2006SBT5⑤：42，残。敞口，圆唇，弧腹，圈足。内施满釉，外施半釉，有流釉、积釉现象，釉面有小开片，釉下施化妆土。内腹下有两道褐彩弦纹。灰黄色胎，胎质较疏松。口径18、底径7.2、高5.4厘米（图九八，5）。

2006SBT5⑤：43，残。敞口，圆唇，弧腹，圈足。内施满釉，外施半釉，釉面有小开片，釉下施化妆土，化妆土有流淌痕迹。内有两道褐彩弦纹，黑彩兰花纹。灰色胎，胎质较疏松。口径17.4、底径7.2、高6.4厘米（图九八，6；图版一八，6）。

盘　1件。

2006SBT5⑤：12，残。圆形，敞口，斜直腹，平底。内施满釉，外无釉。内心有墨绘花纹。白色胎，胎质细腻、致密，胎体偏薄。口径6.6、底径4.8、高1.3厘米（图九八，4）。

5. 青釉

9件。

碗　8件。

2006SBT5⑤：6，残。侈口，尖唇，弧腹，高圈足。内施满釉，外施釉至足，有流釉、积釉现象，釉面有小开片。外沿下有一周花瓣剔纹。浅黄色胎，胎质较疏松。口径16.4、底径

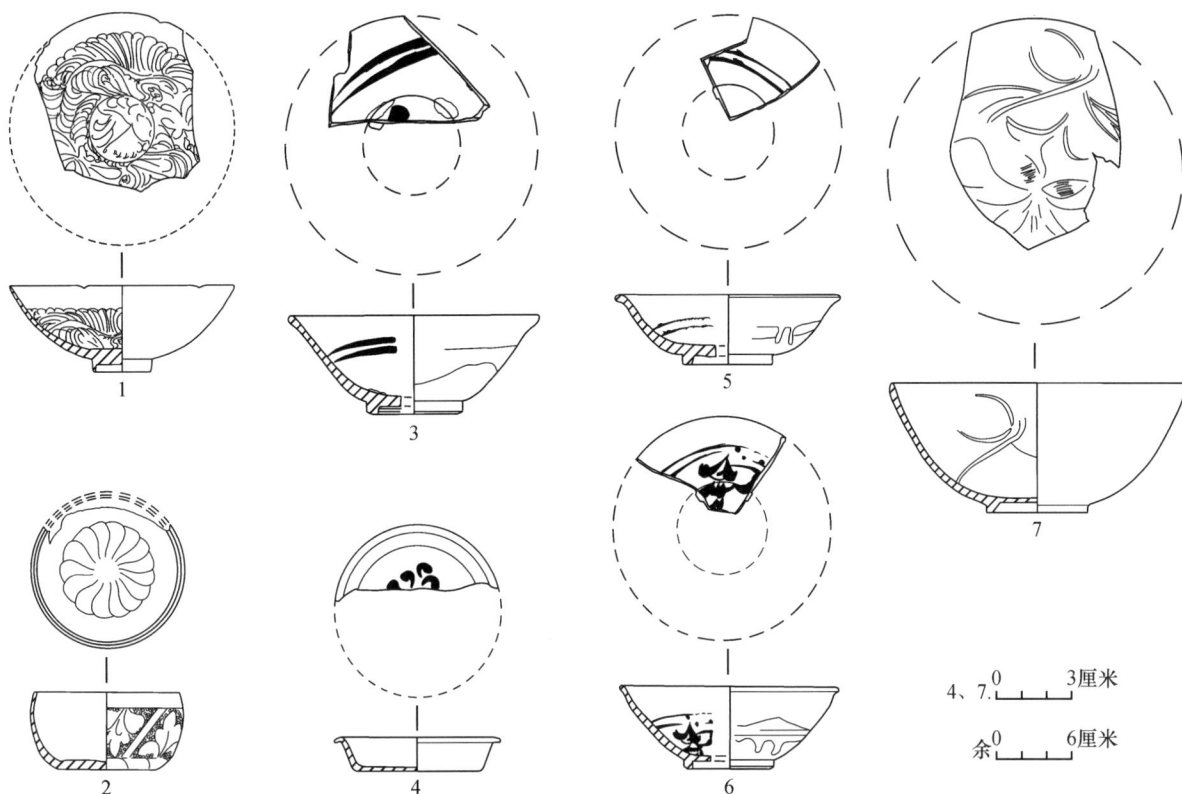

图九八 第5层白釉瓷器

1. 划花碗（2006SBT5⑤：22） 2. 钵（2006SBT5⑤：59） 3、5、6. 褐彩碗（2006SBT5⑤：38、2006SBT5⑤：42、
2006SBT5⑤：43） 4. 褐彩盘（2006SBT5⑤：12） 7. 划花盏（2006SBT5⑤：7）

6、高8.5厘米（图九九，1）。

2006SBT5⑤：9，残。敞口，圆唇，弧腹，高圈足。内外施满釉，有流釉、漏釉现象，釉面有小开片。外腹有斜划纹。浅黄色胎，胎质细净、较致密。内底有支钉痕。口径17、底径6.6、高8.2厘米（图九九，2）。

2006SBT5⑤：15，残。敞口，圆唇，弧腹，饼底，外沿斜削。内施满釉，外施釉不及底，釉面几乎完全脱落，釉下施化妆土。姜黄色胎，胎质较疏松。内底有三个支钉痕。口径16.6、底径8.4、高5.4厘米（图九九，3）。

2006SBT5⑤：20，残。敞口，厚圆唇，弧腹，高圈足，内施满釉，外施釉至腹下部，釉面有小开片，釉下施化妆土。灰色胎，胎质较致密。口径15.4、底径5.8、高7.8厘米（图九九，4）。

2006SBT5⑤：23，整。侈口，圆唇，弧腹，高圈足。内外施满釉，釉下施化妆土。灰白色胎，胎质较致密。外底有垫饼痕。口径14、底径5.2、高7.6厘米（图九九，5；图版二七，6）。

2006SBT5⑤：25，残。敞口，圆唇，斜弧腹，高圈足。内外施满釉，釉面有小开片。灰白色胎，胎质较致密。口径16.6、底径5.2、高8.2厘米（图九九，6）。

2006SBT5⑤：28，残。敞口，翻唇，斜弧腹，高圈足，内足外撇。内施满釉，外施釉至腹下部。灰白色胎，胎质细腻、较致密。口径16.8、底径6、高7.6厘米（图九九，8）。

2006SBT5⑤：34，残。莲花口，体莲花形，圆唇，弧腹，圈足，内足墙外撇。内外施满釉，釉面有小开片，釉质薄匀、莹润。青白色胎，胎质细腻、致密。口径11、底径5.4、高4.3厘米（图九九，7）。

盏　1件。

2006SBT5⑤：57，残。斗笠状，敞口，圆唇外撇微凸，弧腹，浅圈足。釉面玻璃质，有小开片，器内外满釉，有积釉现象。足底有垫砂痕。灰胎，较致密。口径11.4、底径4、高5厘米（图九九，9；图版二八，1）。

6. 青白釉

碗　2件。

2006SBT5⑤：10，残。敞口，圆唇，斜弧腹，圈足外撇，内足墙较低。内外施满釉，釉面有小开片。灰白色胎，胎质细腻、较致密。口径16.6、底径5、高5.2厘米（图九九，10）。

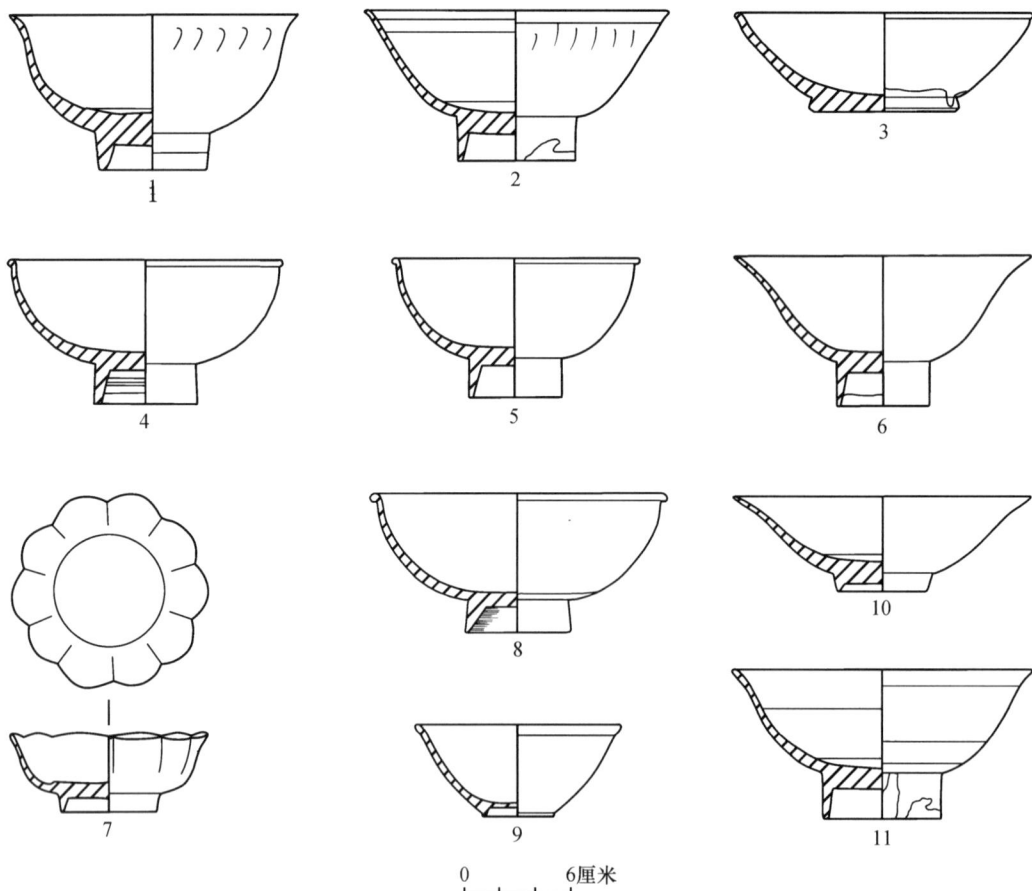

图九九　第5层青釉、青白釉瓷器

1~8. 青釉碗（2006SBT5⑤：6、2006SBT5⑤：9、2006SBT5⑤：15、2006SBT5⑤：20、2006SBT5⑤：23、2006SBT5⑤：25、2006SBT5⑤：34、2006SBT5⑤：28）　9. 青釉盏（2006SBT5⑤：57）　10、11. 青白釉碗（2006SBT5⑤：10、2006SBT5⑤：61）

2006SBT5⑤：61，残。敞口，尖唇外撇，弧腹，高圈足微撇、挖足略浅。釉面玻璃质，釉层薄匀，器内满釉，器外施釉不及足，釉线不齐，有流釉现象。白胎，胎质细腻致密。口径16.8、底径6.6、高8.1厘米（图九九，11；图版四〇，2）。

7. 青釉印花

4件。

盏　2件。

2006SBT5⑤：17，残。侈口，圆唇，斜弧腹，矮圈足。除外底沿通体施釉，有积釉现象。内有缠枝印花纹饰。灰色胎，胎质细腻，较致密。外底有垫砂痕。口径10.8、底径2.7、高4.9厘米（图一〇〇，1；图版三六，1、2）。

2006SBT5⑤：18，残。侈口，圆唇，弧腹，圈足。除外底沿通体施釉。内有印花菊花纹饰。灰色胎，胎质细腻、致密。口径12.2、底径4.8、高5厘米（图一〇〇，2；图版三六，3、4）。

碗　2件。

2006SBT5⑤：19，残。侈口，圆唇，弧腹，圈足。除外底沿通体施釉，釉面有开片。内腹有海涛印纹、底有缠枝牡丹纹印花。灰色胎，胎质细净、较致密。外底有垫砂痕。口径14.8、底径5、高4.1厘米（图一〇〇，3；图版三五，5、6）。

2006SBT5⑤：62，整。敞口，圆唇外撇，弧腹，圈足微撇。釉面玻璃质，莹润，有开片，器内外满釉。器内底心有印花葵花纹，周围饰印花缠枝牡丹纹，器外腹壁刻划莲瓣纹。器底有修胎切削痕迹。足内壁外斜，足心微凸。灰胎，较致密，规整。口径19.6、底径5.5、高7.3厘米（图一〇〇，4；图版三五，1、2）。

8. 青釉褐彩

钵　1件。

2006SBT5⑤：13，残。敛口，圆唇，弧腹，饼底。内施满釉，外腹上部施釉，口沿处施点褐彩。浅灰色胎，胎质致密，胎体薄。内外底有支钉痕。口径20.8、底径8.2、高9.2厘米（图一〇〇，6）。

9. 黑釉

6件。

盏　5件。

2006SBT5⑤：3，残。敞口，圆唇，斜弧腹，矮圈足。内施满釉，外施釉至腹下部。灰色胎，胎质细腻，较致密。内底有支钉痕。口径11、底径3、高5厘米（图一〇〇，7；图版五三，3）。

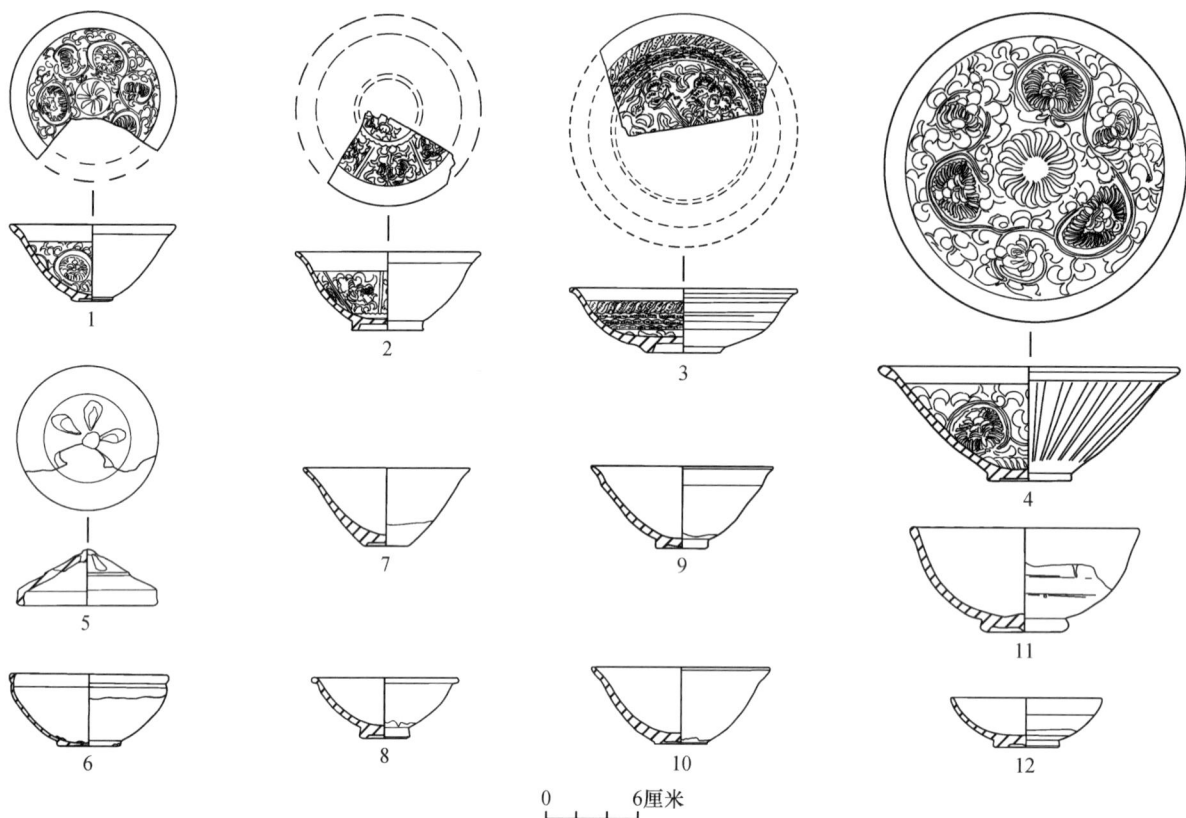

图一〇〇　第5层出土瓷器

1、2.青釉印花盏（2006SBT5⑤：17、2006SBT5⑤：18）　3、4.青釉印花碗（2006SBT5⑤：19、2006SBT5⑤：62）
5.酱釉器盖（2006SBT5⑤：51）　6.青釉褐彩钵（2006SBT5⑤：13）　7～11.黑釉盏（2006SBT5⑤：3、2006SBT5⑤：4、
2006SBT5⑤：53、2006SBT5⑤：58、2006SBT5⑤：63）　12.黑釉碗（2006SBT5⑤：60）

2006SBT5⑤：4，残。敞口，圆唇，斜弧腹，圈足，内足墙较低。内施满釉，外施釉不及底。灰白色胎，胎质细腻、较致密。口径9.8、底径3.4、高3.9厘米（图一〇〇，8）。

2006SBT5⑤：53，残。微侈口，圆唇，斜弧腹，矮圈足，内足墙较低。内施满釉，外施釉不及底，有流釉、飞釉现象。灰色胎，胎质较致密。内底有垫砂痕。口径11.8、底径3.4、高5.2厘米（图一〇〇，9）。

2006SBT5⑤：58，微残。敞口，圆唇，斜弧腹，圈足。内施满釉，外施釉至圈足处。釉层厚，乌黑亮丽。浅灰色胎，胎质细腻。口径11.6、底径3.4、高4.9厘米（图一〇〇，10；图版五三，4）。

2006SBT5⑤：63，残。敞口，圆唇，弧腹，圈足。内施满釉，外施半釉，釉面光亮，有较多粗斑点，有积釉现象。灰白色胎，胎质细腻。口径15、底径5.8、高6.6厘米（图一〇〇，11；图版五三，5）。

碗　1件。

2006SBT5⑤：60，残。微侈口，圆唇，弧腹，圈足。内施满釉，外施釉至圈足处。釉层厚，釉面玻璃光泽。灰色胎，胎质致密。口径19.6、底径8.6、高6.2厘米（图一〇〇，12；图版五三，1）。

10. 酱釉

器盖　1件。

2006SBT5⑤：51，残。直口，平唇，弧顶，顶中有五个孔，顶中心置一鸡心状纽。内顶部施釉，外施满釉，有流釉现象，釉面有小开片。灰黄色胎，胎质较致密。通径9.2、高3.6厘米（图一〇〇，5；图版二九，4）。

（二）铜钱

17枚。

崇宁重宝　5枚。

2006SBT5⑤：16-1，残。圆形方孔折三钱。面文隶书"崇宁重宝"，顺读。背穿上星、决文。有内、外郭，宽缘。残重11.3克，直径34、孔径7、厚1.8毫米（图一〇一，1）。

2006SBT5⑤：16-2，残。圆形方孔折三钱。面文隶书"崇宁重宝"，顺读。光背。有内、外郭，宽缘。残重9.6克，直径35、孔径8、厚2毫米（图一〇一，2）。

2006SBT5⑤：16-3，圆形方孔折三钱。面文隶书"崇宁重宝"，顺读。背穿上仰月。有内、外郭，狭缘深郭。重11.5克，直径36、孔径8、厚2毫米（图一〇一，3）。

2006SBT5⑤：16-12，残。圆形方孔折三钱。面文隶书"崇宁重宝"，顺读。光背。有内、外郭。重10.37克，直径33、穿径7、厚2毫米（图一〇一，5）。

2006SBT5⑤：16-11，残。圆形方孔折三钱。面文隶书"崇宁重宝"，顺读。光背。有内、外郭。重8.59克，直径33、穿径7、厚2毫米（图一〇一，4）。

天圣元宝　2枚。

2006SBT5⑤：16-4，圆形方孔小平钱。面文篆书"天圣元宝"，旋读。光背。有内、外郭，宽缘。重4克，直径25、孔径6.5、厚2毫米（图一〇一，6）。

2006SBT5⑤：16-14，圆形方孔小平钱。面文真书"天圣元宝"，旋读。光背。有内、外郭。重4.37克，直径24、穿径5、厚1.5毫米（图一〇一，7）。

熙宁元宝　2枚。

2006SBT5⑤：16-5，圆形方孔小平钱。面文真书"熙宁元宝"，旋读。光背。有内、外郭。重4.4克，直径24、孔径6、厚1毫米（图一〇一，8）。

2006SBT5⑤：16-6，残。圆形方孔小平钱。面文篆书"熙宁元宝"，旋读。光背。有内、外郭，宽缘。残重4克，直径24.5、孔径6.5、厚2毫米（图一〇一，9；图版六五，1）。

元祐通宝　4枚。

2006SBT5⑤：16-7，圆形方孔折二钱。面文篆书"元祐通宝"，旋读。光背。有内、外郭，宽缘。重6.9克，直径29、孔径7、厚1.5毫米（图一〇二，1）。

2006SBT5⑤：16-8，圆形方孔小平钱。面文行书"元祐通宝"，旋读。光背。有内、外

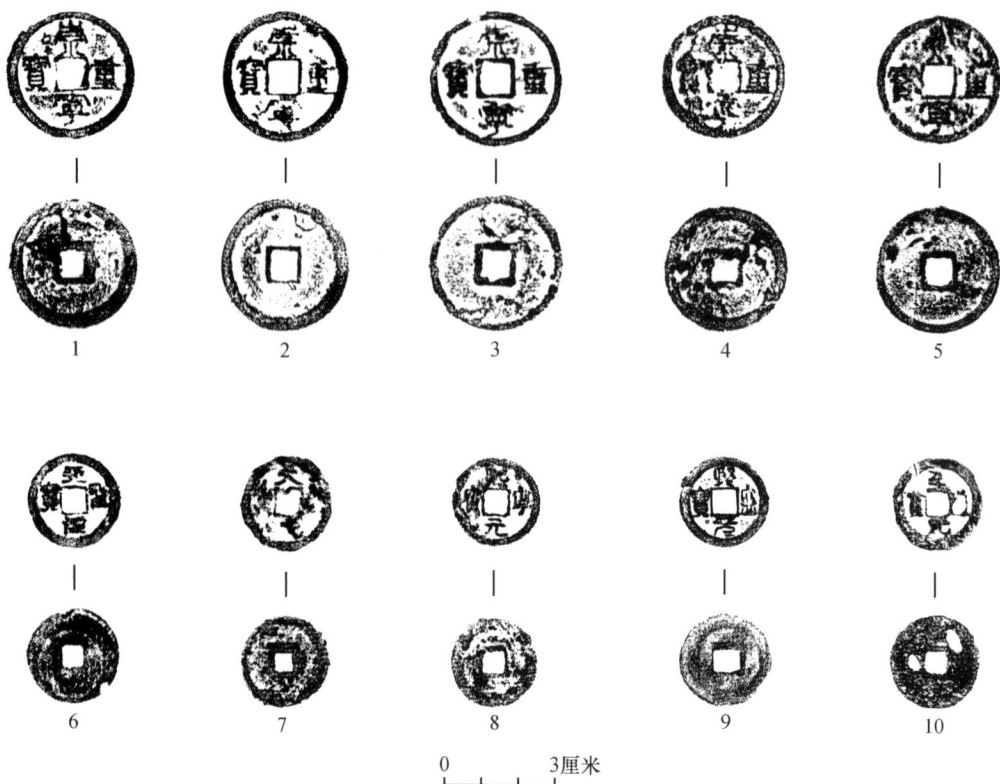

图一〇一　第5层铜钱

1~5. 崇宁重宝（2006SBT5⑤：16-1、2006SBT5⑤：16-2、2006SBT5⑤：16-3、2006SBT5⑤：16-11、2006SBT5⑤：16-12）
6、7. 天圣元宝（2006SBT5⑤：16-4、2006SBT5⑤：16-14）　　8、9. 熙宁元宝（2006SBT5⑤：16-5、2006SBT5⑤：16-6）
10. 至元通宝（2006SBT5⑤：16-9）

郭，宽缘。重3.35克，直径24、孔径6、厚1.3毫米（图一〇二，2）。

2006SBT5⑤：16-10，圆形方孔小平钱。面文行书"元祐通宝"，旋读。光背。有内、外郭。重3.96克，直径24、穿径6、厚1.5毫米（图一〇二，3）。

2006SBT5⑤：16-16，残。圆形方孔小平钱。面文篆书"元祐通宝"，旋读。光背。有内、外郭，宽缘。重2.11克，直径25、穿径7、厚1.5毫米（图一〇二，4）。

至元通宝　1枚。

2006SBT5⑤：16-9，残。圆形方孔小平钱。面文真书"至道元宝"，旋读。光背。有内、外郭，宽缘。残重3.45克，直径24.5、孔径6.5、厚2毫米（图一〇一，10）。

圣宋元宝　1枚。

2006SBT5⑤：16-13，圆形方孔小平钱。面文篆书"圣宋元宝"，旋读。光背。有内、外郭。重3.74克，直径25、穿径7、厚1.5毫米（图一〇二，5）。

祥符通宝　1枚。

2006SBT5⑤：16-15，圆形方孔小平钱。面文真书"祥符通宝"，旋读。光背。有内、外郭。重3.8克，直径24、穿径6、厚1.5毫米（图一〇二，6）。

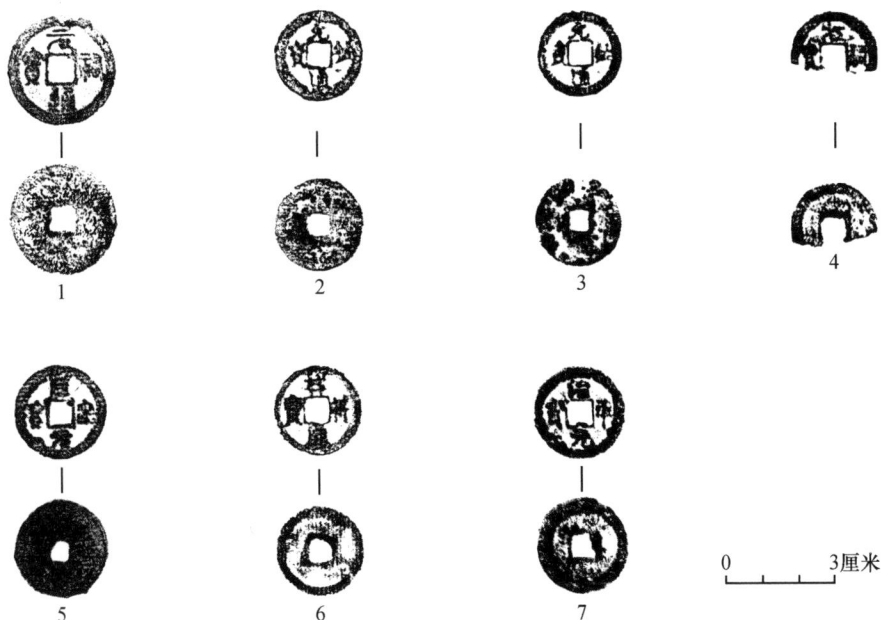

图一〇二　第5层铜钱

1~4.元祐通宝（2006SBT5⑤：16-7、2006SBT5⑤：16-8、2006SBT5⑤：16-10、2006SBT5⑤：16-16）　5.圣宋元宝（2006SBT5⑤：16-13）　6.祥符元宝（2006SBT5⑤：16-15）　7.治平元宝（2006SBT5⑤：16-17）

治平元宝　1枚。

2006SBT5⑤：16-17，圆形方孔小平钱。面文真书"治平元宝"，旋读。光背。有内、外郭，宽缘。重3.76克，直径25、穿径6、厚1.5毫米（图一〇二，7）。

五、第　4　层

（一）瓷器

1.白釉

6件。

碗　5件。

2006SBT5④：3，残。侈口，圆唇，弧腹，圈足，内足外撇。内外施满釉，釉面有小开片，通体施化妆土。外底有墨书文字。灰褐色胎，胎质较致密。口径17、底径6、高5.3厘米（图一〇三，1）。

2006SBT5④：9，残。敞口，圆唇，弧腹，宽圈足。内施满釉，外施釉至腹下部，釉下施化妆土。土黄色胎，胎质较疏松。内底有五个支钉痕。口径20、底径8.8、高6.7厘米（图一〇三，2）。

2006SBT5④：10，残。敞口，圆唇，弧腹，圈足，挖足过肩。内施满釉，外施半釉，釉下施化妆土。灰色胎，胎质较致密。内外底有支钉痕。口径20.8、底径6.2、高7.7厘米（图一〇三，3；图版一〇，1）。

2006SBT5④：11，残。敞口，圆唇，斜弧腹，圈足。内施满釉，外施半釉，釉面有小开片，釉下施化妆土。夹砂灰黄色胎，胎质粗糙、较疏松。内外底均有五个支钉痕。口径20.4、底径8、高6.5厘米（图一〇三，4）。

2006SBT5④：12，残。敞口，圆唇，斜弧腹，圈足。内施满釉，外施釉至腹下部，釉面已脱，釉下施化妆土。灰黄色胎，胎质较致密。内底有支钉痕。口径19、底径7.6、高6.1厘米（图一〇三，5）。

盘　1件。

2006SBT5④：5，残。花口，斜腹折收，平底。内外施满釉，有流釉、积釉现象，釉面有小开片，釉下施化妆土，釉层薄匀，釉质莹润。黄白色胎，胎质较致密。内底有支钉痕。口径12.8、底径5.6、高2.4厘米（图一〇三，8）。

2. 青釉

碗　2件。

2006SBT5④：1，残。侈口，圆唇，弧腹，高圈足。内施满釉，外施釉不及底。灰白色胎，胎质较致密。口径16.4、底径5.4、高8.4厘米（图一〇三，6；图版二七，5）。

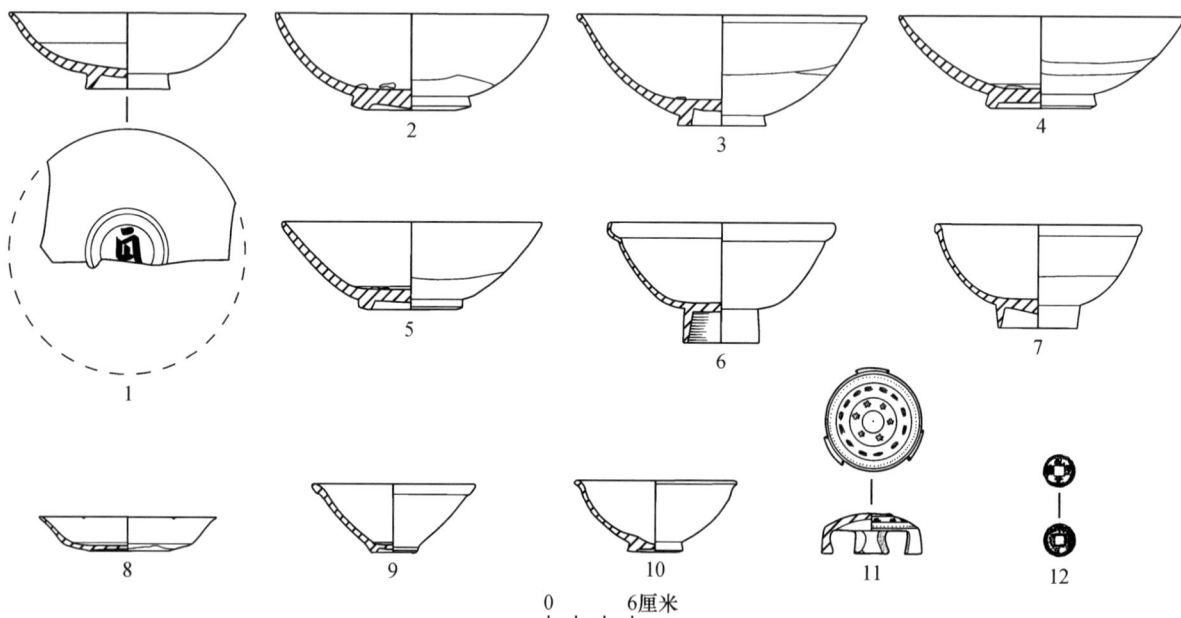

图一〇三　第4层出土器物

1~5.白釉碗（2006SBT5④：3、2006SBT5④：9、2006SBT5④：10、2006SBT5④：11、2006SBT5④：12）　6、7.青釉碗（2006SBT5④：1、2006SBT5④：2）　8.白釉盘（2006SBT5④：5）　9.青釉盏（2006SBT5④：4）　10.黑釉盏（2006SBT5④：6）　11.陶印模（2006SBT5④：7）　12.乾元重宝（2006SBT5④：8）

2006SBT5④：2，残。敞口，厚圆唇，弧腹，高圈足，内足外撇。内施满釉，外施半釉，釉面有小开片。白色胎，胎质较致密。口径14.8、底径5.6、高7.2厘米（图一○三，7；图版二七，4）。

盏　1件。

2006SBT5④：4，残。侈口，圆唇，斜弧腹，矮圈足。通体施釉，有流釉现象。浅灰色胎，胎质细腻，较致密。外底有垫砂痕。口径12、底径3.6、高4.8厘米（图一○三，9）。

3. 黑釉

盏　1件。

2006SBT5④：6，残。侈口，圆唇，弧腹，圈足，内足墙较低。内外施满釉，外有流釉现象。灰色胎，胎质致密。口径11.6、底径4、高5厘米（图一○三，10）。

（二）陶器

印模　1件。

2006SBT5④：7，残。泥质红陶，弧形顶，饰弦纹、圆点纹、花纹等。直径7、通高2.8厘米（图一○三，11）。

（三）铜钱

乾元重宝　1枚。

2006SBT5④：8，圆形方孔小平钱。面文隶书"乾元重宝"，顺读。光背。有内、外郭，宽缘。径24、厚1.5、穿径6毫米，重3.65克（图一○三，12）。

六、第　3　层

（一）瓷器

1. 白釉

8件。

碗　5件。

2006SBT5③：1，残。敞口，圆唇，弧腹，圈足，内足墙极低。内施满釉，外施半釉，釉层较薄，有流釉现象，釉下施化妆土。夹砂褐色胎，胎质较致密。内底有支钉痕。口径19.6、底径9.6、高5.9厘米（图一〇四，1）。

2006SBT5③：2，残。侈口，圆唇，斜弧腹，圈足。内施满釉，外施釉至腹下部，釉面有小开片，釉下施化妆土。灰色胎，胎质较疏松。内底有五个支钉痕。口径18、底径6.2、高4.9厘米（图一〇四，2）。

2006SBT5③：5，残。敞口，圆唇，弧腹，高圈足，内足外撇。内施满釉，外施釉至腹下部，釉层较薄，釉下施化妆土。褐色胎，胎质较致密。口径14、底径6.2、高5.9厘米（图一〇四，3）。

2006SBT5③：9，残。侈口，尖唇，弧腹，圈足。内施满釉，外施釉至腹下部。青白色胎，胎质较致密。口径11.5、底径3.7、高4.2厘米（图一〇四，4）。

2006SBT5③：12，残。敞口，圆唇，斜弧腹，圈足。内施满釉，外施半釉，有流釉现象，釉面有小开片，釉下施化妆土。夹砂灰黄色胎，胎质较疏松。内外底有支钉痕。口径19、底径7.4、高6.2厘米（图一〇四，5）。

盘　2件。

2006SBT5③：4，残。敞口，圆唇，斜弧腹，圈足。内施满釉，外施半釉，釉面有小开片，釉下施化妆土。灰黄色胎，胎质较疏松。口径16.8、底径5.4、高3.6厘米（图一〇四，6）。

2006SBT5③：17，残。花口，尖唇，折腹，圈足。内外施满釉，釉下施化妆土。黄白色胎，胎质较致密。内外底有支钉痕。口径15、底径4.8、高3.5厘米（图一〇四，7）。

盏　1件。

2006SBT5③：19，残。敞口，圆唇，弧腹，圈足。内施满釉，外施半釉，有流釉、积釉现象，有釉面有小开片，釉下施化妆土。深灰色胎，胎质细净、较致密。内底有垫圈痕。口径10.8、底径4.4、高3.3厘米（图一〇四，8）。

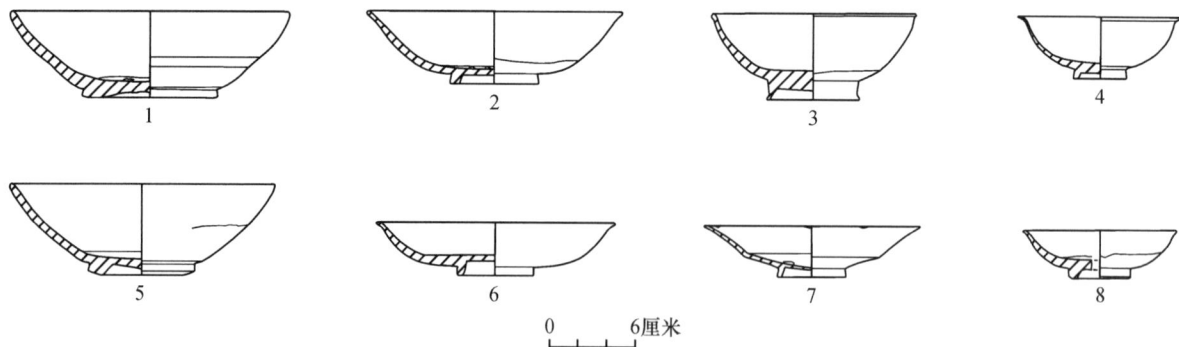

图一〇四　第3层白釉瓷器

1~5.碗（2006SBT5③：1、2006SBT5③：2、2006SBT5③：5、2006SBT5③：9、2006SBT5③：12）
6、7.盘（2006SBT5③：4、2006SBT5③：17）　8.盏（2006SBT5③：19）

2. 白釉褐彩

4件。

碗　2件。

2006SBT5③：23，残。敞口，圆唇，弧腹，圈足。内施满釉，外施半釉，釉面有小开片，釉下施化妆土。内腹有两道褐彩弦纹，底有褐彩花纹。灰黄色胎，胎质较疏松。内外底有支钉痕。口径13.8、底径6.6、高3.4厘米（图一〇五，1）。

2006SBT5③：24，残。敞口，圆唇，弧腹，圈足。内施满釉，外施半釉，有流釉、积釉现象，釉面有小开片，釉下施化妆土。内有褐彩绘两道弦纹、一花纹。灰黄色胎，胎质较疏松。内外底有支钉痕。口径14.8、底径7、高3.7厘米（图一〇五，2；图版一八，5）。

盘　2件。

2006SBT5③：21，残。敞口，宽沿，圆唇，弧腹，圈足。内施满釉，外施半釉，釉下施化妆土。内底有一道褐彩弦纹，底心有褐彩书写“花”字。灰黄色胎，胎质较疏松。内底有支钉痕，有窑粘现象。口径16.6、底径6、高3.4厘米（图一〇五，3；图版一九，1、2）。

2006SBT5③：22，残。敞口，宽沿，圆唇，斜弧腹，圈足。内施满釉，外施半釉，釉下施化妆土。内底有墨书“竹叶青”三字。灰色胎，胎质较疏松。内有垫砂痕，外有支钉痕。口径18.2、底径7.4、高3.6厘米（图一〇五，4；图版一九，6）。

3. 白釉黑花

盘　1件。

2006SBT5③：15，残。敞口，圆唇，斜腹，圈足。内施满釉，外施半釉，釉面有小开片，釉下施化妆土，露胎处施护胎釉。内有墨绘兰花纹饰。青灰色胎，胎质细净、较疏松。内底有垫圈痕。口径18.8、底径6.4、高4.1厘米（图一〇五，5；图版二一，1、2）。

4. 内白外酱褐彩

碟　2件。

2006SBT5③：16，残。侈口，圆唇，弧腹，圈足。通体施釉，内至外腹上部施白釉，外腹至底部施釉，内底有褐色彩绘纹饰，釉面有小开片，釉下施化妆土。灰色胎，胎质较致密。口径16.8、底径7.8、高3厘米（图一〇五，6）。

2006SBT5③：20，残。敞口，宽沿，圆唇，斜弧腹，圈足。通体施釉，内至外沿下施白釉，腹底为酱釉，有积釉现象，釉面有小开片，釉下施化妆土。内底有褐色纹饰。灰黄色胎，胎质较疏松。口径16.8、底径8、高3.2厘米（图一〇五，7）。

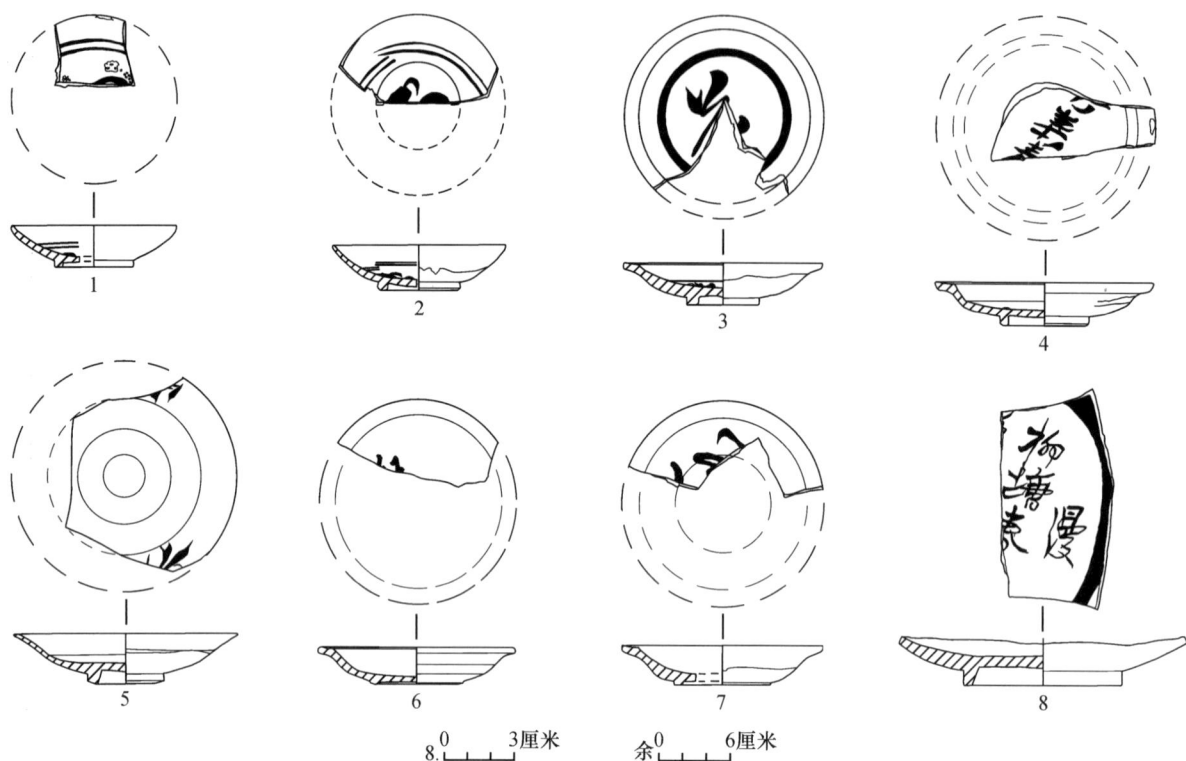

图一〇五　第3层出土瓷器

1、2. 白釉褐彩碗（2006SBT5③：23、2006SBT5③：24）　　3、4. 白釉褐彩盘（2006SBT5③：21、2006SBT5③：22）

5. 白釉黑花盘（2006SBT5③：15）　　6、7. 内白外酱褐彩碟（2006SBT5③：16、2006SBT5③：20）

8. 红绿彩碟（2006SBT5③：26）

5. 青釉

6件。

盏　3件。

2006SBT5③：3，残。敞口，圆唇，斜弧腹，矮圈足。除外底沿通体施釉，釉面有开片。灰色胎，胎质细腻、致密。口径9.5、底径3.5、高4厘米（图一〇六，2）。

2006SBT5③：7，残。微侈口，圆唇，斜弧腹，矮圈足。内外施满釉。灰色、黄色胎，胎质较致密。内底有支钉痕，外底有窑粘。口径12、底径4、高5厘米（图一〇六，1）。

2006SBT5③：11，残。侈口，圆唇，斜弧腹，矮圈足。通体施釉，有流釉、积釉现象。灰色胎，胎质细净、较致密。口径11.2、底径3.8、高5.2厘米（图一〇六，3）。

碗　1件。

2006SBT5③：18，残。敞口，圆唇，弧腹，圈足。内施满釉，外施釉至腹下部，有脱釉现象，釉下施化妆土。红褐色胎，胎质细净、较致密。内底有支钉痕。口径9.8、底径3.8、高3.3厘米（图一〇六，4）。

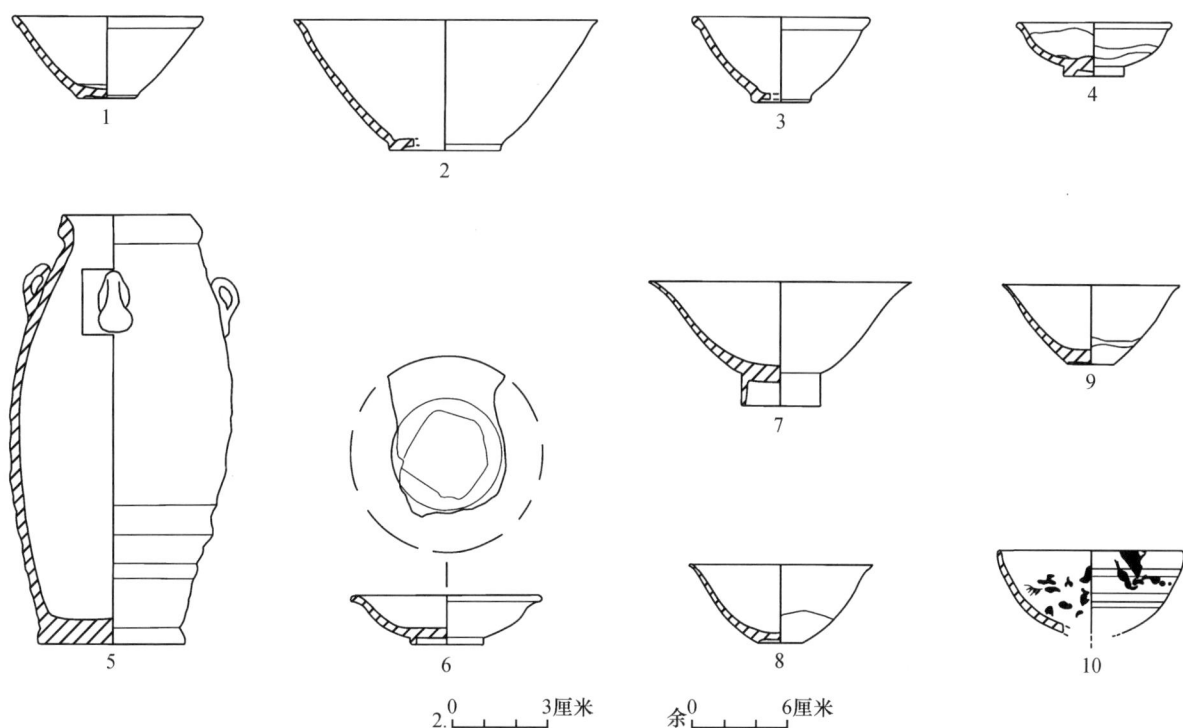

图一○六 第3层出土瓷器

1~3.青釉盏（2006SBT5③：7、2006SBT5③：3、2006SBT5③：11） 4.青釉碗（2006SBT5③：18） 5.青釉罐
（2006SBT5③：6） 6.青釉盘（2006SBT5③：25） 7.青白釉碗（2006SBT5③：8） 8、9.黑釉盏（2006SBT5③：10、
2006SBT5③：13） 10.黄釉褐彩盏（2006SBT5③：27）

罐 1件。

2006SBT5③：6，整。侈口，翻唇，腹上有四个条形系，鼓腹，平底。内无釉，外施釉
至腹下部，有流釉、积釉现象，釉下施化妆土，露胎处施护胎釉。灰黄色胎，胎质较疏松。
外底有垫圈痕，外腹部有窑粘。口径8、腹径15.8、底径9.2、高26.4厘米（图一○六，5；图版
三一，1）。

盘 1件。

2006SBT5③：25，残。敞口，圆唇，斜腹，腹下内折收，圈足。内外施满釉，釉下施化妆
土。褐色胎，胎质细净、较致密。口径12、底径4.6、高3厘米（图一○六，6；图版二九，2）。

6.青白釉

碗 1件。

2006SBT5③：8，残。敞口，圆唇，斜弧腹，高圈足。内外施满釉，有流釉、积釉现象，
釉面有开片，釉质莹润。白色胎，胎质致密。口径16.6、底径5、高7.6厘米（图一○六，7；图
版四○，1）。

7. 黑釉

盏　2件。

2006SBT5③：10，残。侈口，圆唇，斜弧腹，矮圈足。内施满釉，外施半釉，釉下施化妆土。灰色胎，胎质细净、较致密。内底有支钉痕。口径13.6、底径2.8、高4.8厘米（图一〇六，8）。

2006SBT5③：13，残。侈口，圆唇，斜腹，矮圈足。内施满釉，外施釉至腹下部，施釉不均。浅灰色胎，胎质粗糙。口径11.2、底径3、高4.8厘米（图一〇六，9）。

8. 黄釉褐彩

盏　1件。

2006SBT5③：27，残。敞口，圆唇，弧腹，底缺。内外施满釉，釉下施化妆土。内外有点褐彩纹饰。青灰色胎，胎质较致密。口径11.8厘米（图一〇六，10；图版四九，1）。

9. 红绿彩

碟　1件。

2006SBT5③：26，残。口、腹缺失，圈足，挖足过肩。除外底沿通体施釉，釉面有小开片，釉下施化妆土。内有褐彩弦纹，内底有褐色"漫柳塘春"残字。灰黄色胎，胎质细净、较致密。底径6.6厘米（图一〇五，8；图版三九，4）。

（二）铜钱

3枚。

熙宁元宝　1枚。2006SBT5③：14-1，圆形方孔小平钱。面文真书"熙宁元宝"，旋读。光背。有内、外郭。重4.78克，直径25、穿径6、厚1.5毫米（图一〇七，1）。

圣宋元宝　1枚。2006SBT5③：14-2，圆形方孔小平钱。面文篆书"圣宋元宝"，旋读。光背。有内、外郭。重3.76克，直径25、穿径7、厚1.5毫米（图一〇七，2）。

祥符元宝　1枚。2006SBT5③：14-3，圆形方孔小平钱。面文小字真书"祥符元宝"，旋读。光背。有内、外郭，宽缘。重4.18克，直径25、穿径6、厚1.5毫米（图一〇七，3；图版六三，6）。

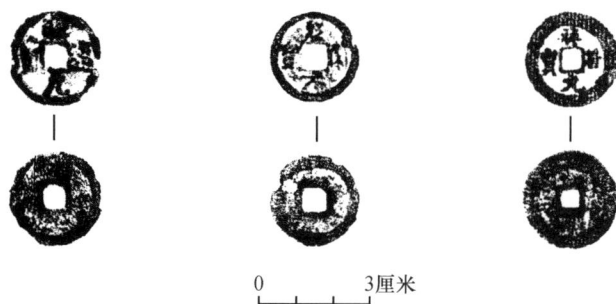

图一〇七 第3层铜钱

1. 熙宁元宝（2006SBT5③：14-1） 2. 圣宋元宝（2006SBT5③：14-2） 3. 祥符元宝（2006SBT5③：14-3）

七、第 2 层

（一）瓷器

1. 青釉

2件。

碗 1件。

2006SBT5②：6，残。敞口，尖唇，斜弧腹，圈足。内外施满釉，底足露胎。灰色胎，胎质较致密。口径11.6、底径4、高5.5厘米（图一〇八，1）。

炉 1件。

2006SBT5②：3，残。敞口，平唇，弧腹，平底，座柄上有一凸箍。脱釉严重，仅底足留有釉。红色胎，胎质较致密。口径10.4、底径6、高7.3厘米（图一〇八，2）。

2. 青釉印花、划花

2件。

碗 1件。

2006SBT5②：4，印花碗，残。侈口，圆唇，斜弧腹，圈足。内外施满釉，釉下施化妆土。内有缠枝牡丹，外有荷花印纹。灰色胎，胎质细净、较致密。外底有支钉痕。口径13、底径4.8、高6.1厘米（图一〇八，5；图版三五，3、4）。

盘 1件。

2006SBT5②：8，划花盘，残。敞口，圆唇，弧腹，圈足，外沿斜削。内外施满釉，有流釉现象。外有划花菊花纹饰。灰色胎，胎质细净、较致密。口径16.2、底径6.7、高4.3厘米（图一〇八，3）。

3. 白釉

碗　1件。

2006SBT5②：2，残。侈口，圆唇，弧腹，矮圈足。内外施满釉，有积釉现象。灰白色胎，胎质较致密。口径17、底径6、高4.1厘米（图一〇八，4）。

4. 钧釉

3件。

碗　2件。

2006SBT5②：7，残。敛口，圆唇，斜弧腹，圈足。内施满釉，外施釉至腹下部，釉面有小开片。灰黄色胎，胎质细净、较疏松。口径19.8、底径5.8、高7.8厘米（图一〇八，6）。

2006SBT5②：9，残。敞口，圆唇，直腹，腹下内折收，圈足。内施半釉，外施釉至腹下部，釉下施化妆土。灰色胎，胎质细净、较致密。口径12.4、底径5.2、高4.8厘米（图一〇八，8；图版五六，1）。

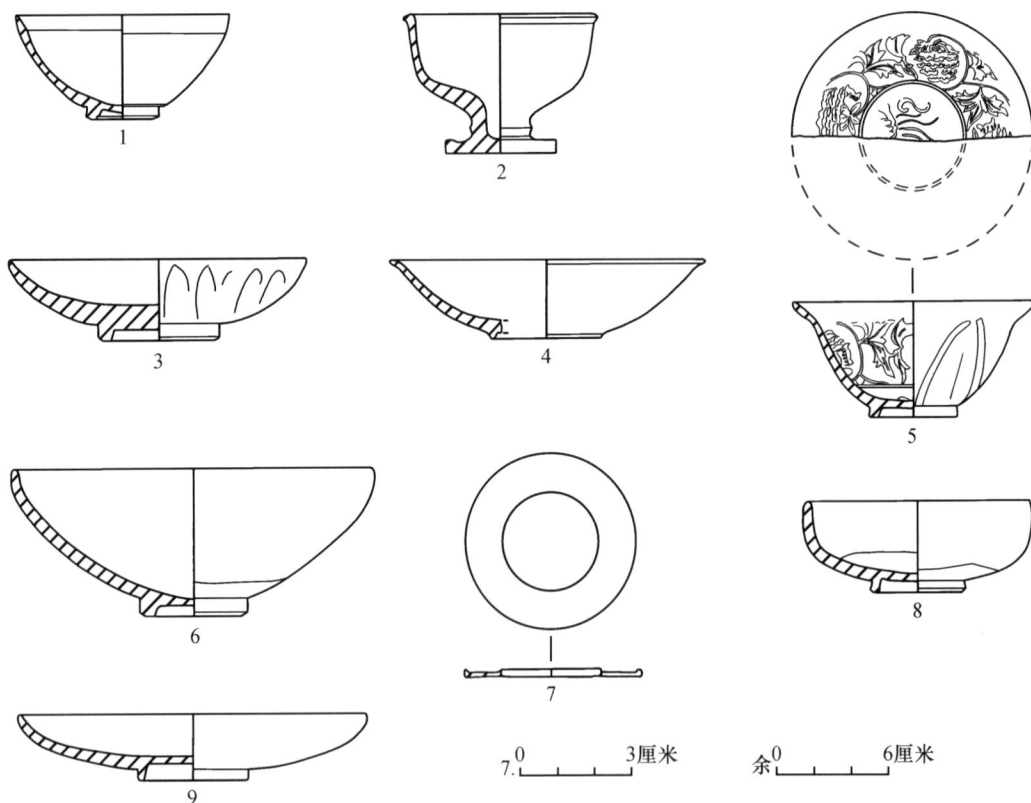

图一〇八　第2层器物

1. 青釉碗（2006SBT5②：6）　2. 青釉炉（2006SBT5②：3）　3. 青釉划花盘（2006SBT5②：8）　4. 白釉碗（2006SBT5②：2）
5. 青釉印花碗（2006SBT5②：4）　6、8. 钧釉碗（2006SBT5②：7、2006SBT5②：9）　7. 铜环（2006SBT5②：1）
9. 钧釉盘（2006SBT5②：5）

盘 1件。

2006SBT5②：5，残。敞口，圆唇，斜弧腹，圈足，挖足过肩。除外底沿通体施釉。灰黄色胎，胎质较疏松。口径19、底径6、高3.5厘米（图一○八，9）。

（二）铜器

铜环 1件。

2006SBT5②：1，残。表面锈蚀，背有两道凸弦纹。直径4.7、厚2厘米（图一○八，7）。

八、第 1 层

（一）瓷器

1. 白釉

28件。

碗 17件。

2006SBT5①：1，残。敞口，圆唇，斜弧腹，璧形底。内外施满釉，青白色胎，胎质较致密。内底有支钉痕。口径13.8、底径7.9、高4.2厘米（图一○九，1）。

2006SBT5①：12，残。敞口，圆唇，弧腹，圈足。除外底沿通体施釉，有流釉、积釉现象，釉面有小开片，釉下施化妆土。灰黄色胎，胎质较致密。口径16.4、底径6.4、高6.9厘米（图一○九，2）。

2006SBT5①：24，残。口、腹缺失，圈足。内施满釉，外不详，釉下施化妆土。外底心有墨书文字。姜黄色胎，胎质较疏松。内外底有支钉痕。底径7厘米（图一一○，1）。

2006SBT5①：25，残。口、腹缺失，圈足。内施满釉，外不详，釉下施化妆土。外底有墨书文字。灰黄色胎，胎质较疏松。底径8.4厘米（图一一○，3）。

2006SBT5①：27，残。侈口，圆唇，弧腹，圈足。内施满釉，外施半釉，釉下施化妆土。灰黄色胎，胎质较疏松。内外底有支钉痕。口径19.6、底径7.2、高7.6厘米（图一○九，3）。

2006SBT5①：28，残。敞口，圆唇，弧腹，圈足，挖足过肩。内施满釉，外施半釉，釉下施化妆土。灰色胎，胎质较疏松。内外底有支钉痕。口径21、底径4、高7.7厘米（图一○九，4）。

2006SBT5①：44，残。敞口，圆唇，弧腹，圈足。内施满釉，外施半釉，有流釉、积釉现象，釉下施化妆土。灰黄色胎，胎质较疏松。内外底有四个支钉痕。口径14.8、底径6、高6

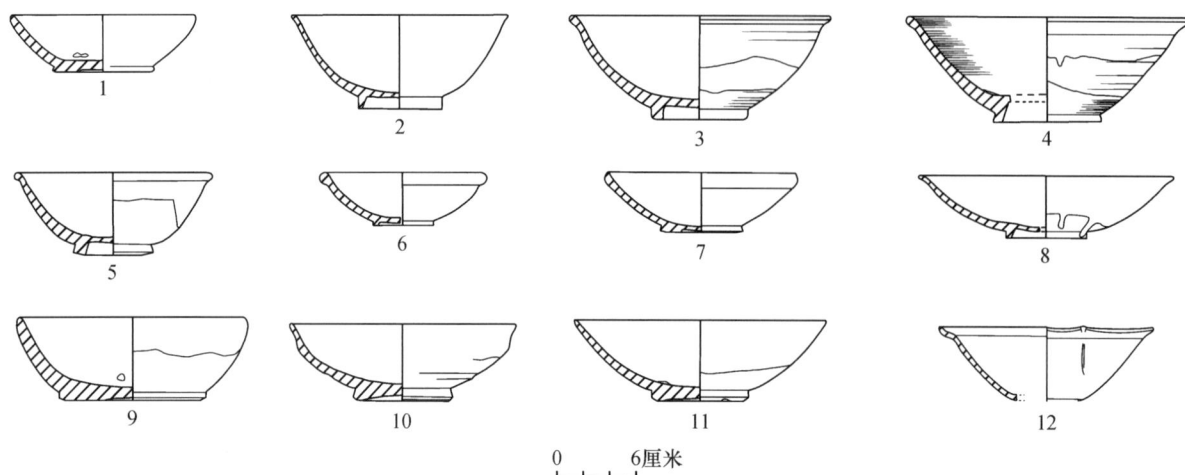

图一〇九　第1层白釉碗

1. 2006SBT5①：1　2. 2006SBT5①：12　3. 2006SBT5①：27　4. 2006SBT5①：28　5. 2006SBT5①：44　6. 2006SBT5①：48
7. 2006SBT5①：51　8. 2006SBT5①：53　9. 2006SBT5①：56　10. 2006SBT5①：58　11. 2006SBT5①：77　12. 2006SBT5①：79

厘米（图一〇九，5；图版一一，1）。

2006SBT5①：48，残。敞口，厚圆唇，弧腹，矮圈足。内施满釉，外施半釉，有积釉现象，釉面有小开片，通体施化妆土。褐色胎，胎质较致密。内外底有支钉痕。口径12.8、底径4.6、高3.8厘米（图一〇九，6）。

2006SBT5①：51，残。敞口，尖唇，斜弧腹，玉璧底。内外施满釉，有流釉现象，釉面有小开片。黄白色胎，胎质较致密。内外底有支钉痕。口径14.4、底径6.2、高4.3厘米（图一〇九，7）。

2006SBT5①：53，残。侈口，圆唇，弧腹，圈足。内施满釉，外施釉不及底，有流釉，积釉现象，釉面有小开片，釉下施化妆土，釉质莹润、光亮。青灰色胎，胎质较致密。内底有支钉痕。口径19、底径6、高4.5厘米（图一〇九，8）。

2006SBT5①：56，残。敞口，圆唇，弧腹，饼底。内施满釉，外施半釉，有脱釉现象，釉下施化妆土。黄白色胎，胎质较致密。内外底有支钉痕。口径17.2、底径11、高6.1厘米（图一〇九，9）。

2006SBT5①：58，残。敞口，圆唇，弧腹，饼底微内凹，外沿斜削。内施满釉，外施半釉，有流釉、积釉现象，釉下施化妆土。灰黄色胎，胎质较致密。内外底有支钉痕。口径17.2、底径7.6、高5.6厘米（图一〇九，10）。

2006SBT5①：70，残。口、腹缺失，圈足。内施满釉，外不详，釉下施化妆土。外腹下有墨书文字。灰黄色胎，胎质较疏松（图一一〇，4）。

2006SBT5①：73，残。口、腹缺失，弧腹，圈足。内施满釉，外不详，釉下施化妆土。灰黄色胎，胎质较疏松。内底有垫圈痕，外腹下有墨书文字。底径6.4厘米（图一一〇，5）。

2006SBT5①：77，残。敞口，圆唇，弧腹，饼底，外沿斜削。内施满釉，外施半釉，

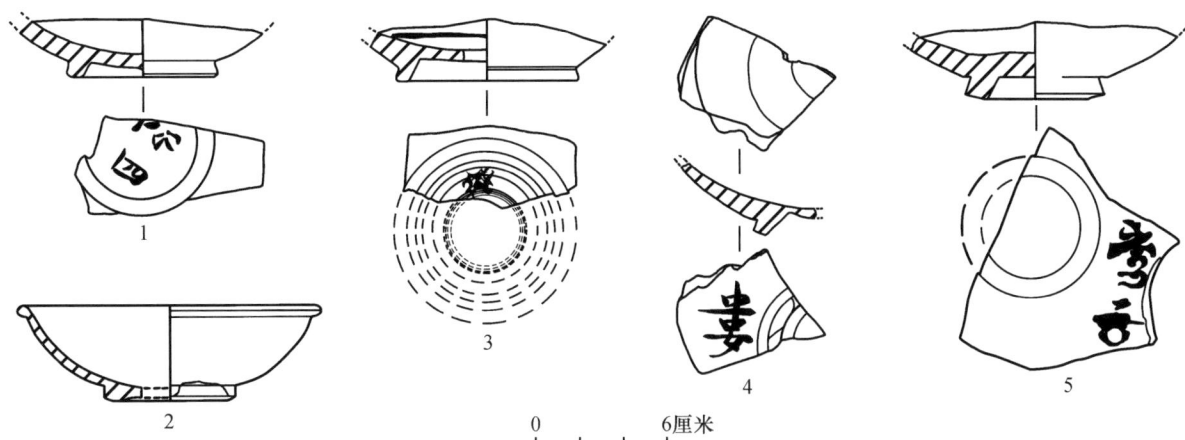

图一一○ 第1层白釉碗

1. 2006SBT5①∶24　2. 2006SBT5①∶78　3. 2006SBT5①∶25　4. 2006SBT5①∶70　5. 2006SBT5①∶73

釉下施化妆土。灰色胎，胎质较疏松。内外底有支钉痕。口径18.8、底径7.2、高5.9厘米（图一○九，11）。

2006SBT5①∶78，残。敞口，厚圆唇，弧腹，圈足。内外施满釉，有流釉现象，釉下施化妆土。灰黄色胎，胎质较疏松。内底有支钉痕。口径14、底径6、高4.3厘米（图一一○，2）。

2006SBT5①∶79，残，缺底。撇口，圆唇，弧腹。内外施满釉，釉面有小开片，釉下施化妆土。灰黄色胎，胎质较疏松。口径15.2厘米（图一○九，12）。

盘 3件。

2006SBT5①∶5，残。敞口，圆唇，斜弧腹，圈足。内施满釉，外施半釉，釉面有小开片，釉下施化妆土。土黄色胎，胎质较致密。内外底有支钉痕。口径15.6、底径5.9、高3.4厘米（图一一一，1）。

2006SBT5①∶14，残。敞口，圆唇，斜弧腹，圈足。内施满釉，外施半釉，有流釉、积釉现象，釉面有小开片，釉下施化妆土。浅灰色胎，胎质较致密。内外底有支钉痕。口径15.2、底径6.4、高3.6厘米（图一一一，2；图版一四，1）。

2006SBT5①∶46，残。敞口，圆唇，斜弧腹，圈足。内施满釉，外施半釉，有流釉现象，釉面有小开片，釉下施化妆土。灰黄色胎，胎质较致密。内外底有支钉痕，外底有窑粘现象。口径13.2、底径6.2、高2.9厘米（图一一一，3）。

盏 4件。

2006SBT5①∶21，残。敛口，圆唇，斜弧腹，饼底。内施满釉，外施半釉，有流釉现象，釉下施化妆土。灰色胎，胎质较致密。口径7.6、底径3.6、高3.1厘米（图一一一，4）。

2006SBT5①∶47，残。敞口，圆唇，弧腹，圈足。内施满釉，外施半釉，釉面有小开片，釉下施化妆土。褐色胎，胎质较致密。内底有垫圈痕，有窑粘现象。口径10.2、底径4、高3.2厘米（图一一一，5）。

2006SBT5①：57，残。侈口，尖圆唇，弧腹，圈足。内外施满釉，釉下施化妆土。灰色胎，胎质较致密。口径11、底径4.2、高4.5厘米（图一一一，6）。

2006SBT5①：67，残。敞口，圆唇，弧腹，圈足，内足墙较低。内施满釉，外施釉不及底，通体施化妆土。灰色胎，胎质较致密。口径12、底径4、高3.8厘米（图一一一，7）。

盒　2件。

2006SBT5①：45，残。子母口，圆唇，斜直腹，矮圈足。子母口无釉，内外施满釉，有流釉现象，釉面有小开片，釉色润亮。白色胎，胎质致密，胎体薄。口径3.6、底径3、高1.9厘米（图一一一，10）。

2006SBT5①：64，残。子母口，圆唇，敛腹，圈足，内足墙极低。内无釉，子母口无釉，外施满釉。外腹中部有一道凹弦纹。灰白色胎，胎质致密。口径4.8、底径3.6、高4厘米（图一一一，9）。

执壶　1件。

2006SBT5①：23，上部残。矮圈足。内无釉，外施满釉，釉下施化妆土。底心有墨书文字。灰黄色胎，胎质较疏松。外底有垫圈痕。底径5.4厘米（图一一一，8）。

碟　1件。

2006SBT5①：76，残。敞口，圆唇，斜弧腹，平底。内外施满釉。白色胎，胎质细净、较致密。口径8.4、底径6、高1.2厘米（图一一一，11）。

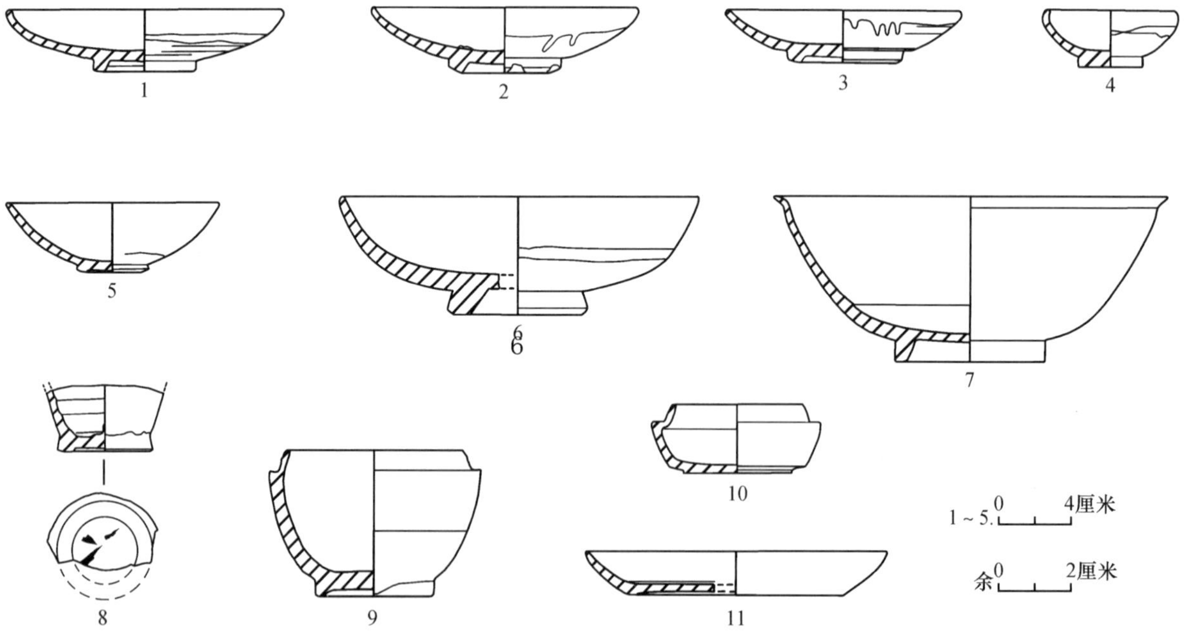

图一一一　第1层其他白釉瓷器

1～3. 盘（2006SBT5①：5、2006SBT5①：14、2006SBT5①：46）　4～7. 盏（2006SBT5①：21、2006SBT5①：47、2006SBT5①：57、2006SBT5①：67）　8. 执壶（2006SBT5①：23）　9、10. 盒（2006SBT5①：64、2006SBT5①：45）　11. 碟（2006SBT5①：76）

2. 白釉褐彩

17件。

碗　11件。

2006SBT5①：3，残。侈口，圆唇，弧腹，圈足。内施满釉，外施半釉，有流釉、积釉现象，釉下白色施化妆土。内腹部有三道褐彩弦纹、底部有褐彩文字。灰色胎，胎质较致密。内外底有支钉痕。口径15.4、底径8、高5.1厘米（图一一二，1）。

2006SBT5①：6，残。口、腹缺失，圈足。内施满釉，外施釉至腹下部，有流釉现象，釉面有小开片，釉下施化妆土。灰黄色胎，胎质细净、较致密。内底有褐彩绘弦纹、兰花。底径6.8厘米（图一一二，2）。

2006SBT5①：9，残。敞口，圆唇，斜弧腹，圈足。内施满釉，外施半釉，釉面有小开片。内有两道褐彩弦纹、花瓣纹。灰色胎，胎质较致密。内外底有垫砂痕。口径14.6、底径6.6、高3.5厘米（图一一二，8，图版一八，1）。

2006SBT5①：26，残。口、腹缺失，圈足。内施满釉，外施半釉，釉下施化妆土。外底有墨书"孙"字。灰色胎，胎质较疏松。内外底有支钉痕，内底有褐彩纹饰。底径7.3厘米（图一一二，4）。

2006SBT5①：31，残。敞口，圆唇，弧腹，圈足。内施满釉，外施釉至腹下部，釉面有小开片，釉下施化妆土。内有两道褐彩弦纹。灰黄色胎，胎质较疏松。内底有支钉痕。口径20.8、底径8、高6.6厘米（图一一二，5）。

2006SBT5①：32，残。敞口，圆唇，弧腹，圈足。内施满釉，外施半釉，有流釉现象，釉下施化妆土。内有两道黑彩弦纹。灰黄色胎，胎质较疏松。内底有支钉痕。口径20.8、底径8.4、高7.9厘米（图一一二，6）。

2006SBT5①：34，残。口、腹缺失，圈足。内施满釉，外施半釉，釉下施化妆土。内底有褐彩"王"字，外底有墨书文字。灰白色胎，胎质较疏松。内外底有支钉痕。底径6.8厘米（图一一二，9；图版一八，2）。

2006SBT5①：35，残。口、腹缺失，圈足。内施满釉，釉面有小开片，釉下施化妆土。内底有褐彩文字。灰黄色胎，胎质较疏松。内外底有支钉痕。底径7.6厘米（图一一二，10；图版一八，3）。

2006SBT5①：41，残。敞口，圆唇，弧腹，圈足。内施满釉，外施半釉，釉下施化妆土。内有黑釉彩绘纹饰。灰黄色胎，胎质较疏松。内外底有支钉痕。口径22、底径9.2、高7.4厘米（图一一二，7）。

2006SBT5①：71，残。口、腹缺失，弧腹，圈足。内施满釉，外不详。内底有褐彩文字。灰黄色胎，胎质较疏松。底径5.5厘米（图一一二，3；图版一八，4）。

2006SBT5①：92，残。敞口，圆唇，斜弧腹，圈足外撇、底心微凸。釉面莹润，器内满

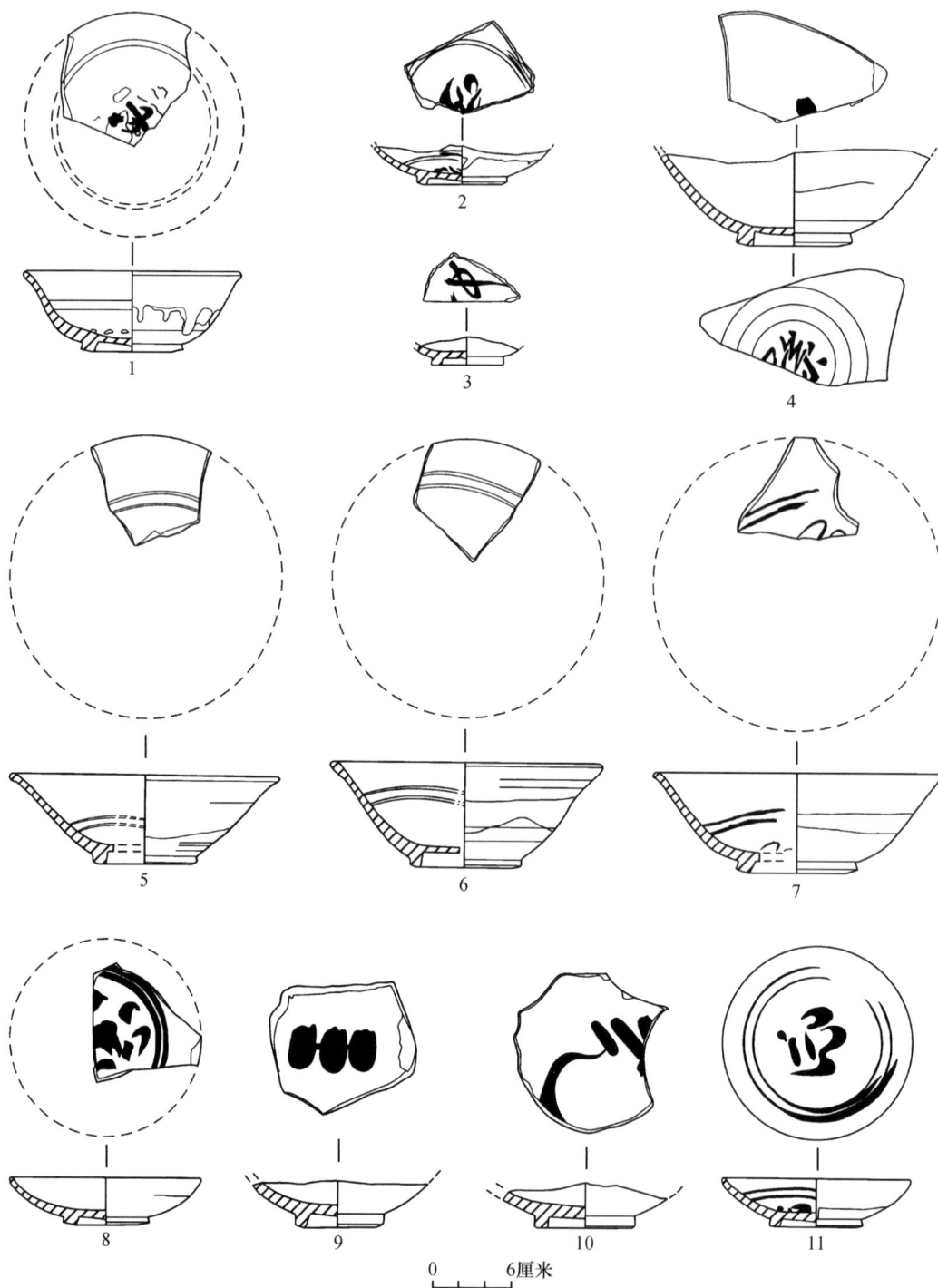

图一一二　第1层白釉褐彩碗

1. 2006SBT5①：3　2. 2006SBT5①：6　3. 2006SBT5①：71　4. 2006SBT5①：26　5. 2006SBT5①：31　6. 2006SBT5①：32
7. 2006SBT5①：41　8. 2006SBT5①：9　9. 2006SBT5①：34　10. 2006SBT5①：35　11. 2006SBT5①：92

釉，器外施半釉，施化妆土，器内底心饰黑彩曲线，内底缘饰褐彩双弦纹。灰胎，较致密。口径14.4、底径7、高3.6厘米（图一一二，11；图版二〇，1、2）。

盘　3件。

2006SBT5①：4，残。敞口，圆唇，浅弧腹，圈足。内施满釉，外施半釉，釉面有小开片，釉下施化妆土。内底有有褐彩弦纹及装饰。夹砂灰黄色胎，胎质较致密。内底有支钉痕。口径14、底径6.4、高2.8厘米（图一一三，1；图版一九，3）。

2006SBT5①：13，残。敞口，圆唇，斜弧腹，圈足。内施满釉，外施半釉，有流釉、积釉现象，釉面有小开片，釉下施化妆土。内腹部有两道褐彩弦纹、花纹。土黄色胎，胎质较致密。内外底有支钉痕。口径14.4、底径6.8、高3.3厘米（图一一三，2；图版一九，5）。

2006SBT5①：15，残。敞口，圆唇，斜弧腹，圈足。内施满釉，外施半釉，釉面有小开片，釉下施化妆土。内有褐彩弦纹、褐色双弦纹、墨兰色竹叶纹。灰黄色胎，胎质细净、较致密。内外底有垫砂痕。口径14.4、底径6.4、高3厘米（图一一三，3；图版一九，4）。

盏　3件。

2006SBT5①：33，残。敞口，圆唇，弧腹，圈足。内施满釉，外施半釉，釉面有小开片，釉下施化妆土。内有两道褐彩弦纹。灰黄色胎，胎质较疏松。口径12.6、底径4.4、高4厘米（图一一三，4）。

2006SBT5①：34，残。敞口，圆唇，斜弧腹，圈足。内施满釉，外施半釉，釉面有小开片，釉下施化妆土。内有两道褐彩弦纹。灰黄色胎，胎质较疏松。内外底有支钉痕。口径12、底径4.8、高2.8厘米（图一一三，5）。

2006SBT5①：39，残。敞口，圆唇，弧腹，圈足。内施满釉，外施半釉，釉面有小开片，釉下施化妆。内有褐色弦纹土。灰黄色胎，胎质较疏松。内底有支钉痕。口径15.4、短颈6.2、高3.4厘米（图一一三，6）。

3. 白釉黑花

7件。

盏　2件。

2006SBT5①：17，残。敞口，圆唇，斜弧腹，圈足。内施满釉，外施半釉，釉面有小开片，釉下施化妆土。内有褐彩纹饰。灰黄色胎，胎质细腻、较致密。内外底有支钉痕。口径14.4、底径7.6、高3厘米（图一一四，1）。

2006SBT5①：22，残。口、腹缺失，圈足。内施满釉，外不详，釉下施化妆土。内底心有墨书文字。灰黄色胎，胎质较疏松。底径4.7厘米（图一一四，2；图版二一，6）。

碗　4件。

2006SBT5①：30，残。敞口，圆唇，弧腹，圈足，挖足过肩。内施满釉，外施半釉，釉下施化妆土。内有黑彩条形纹饰。灰黄色胎，胎质较疏松。内外底有支钉痕。口径20.8、底径8.7、高7.7厘米（图一一四，7；图版二一，5）。

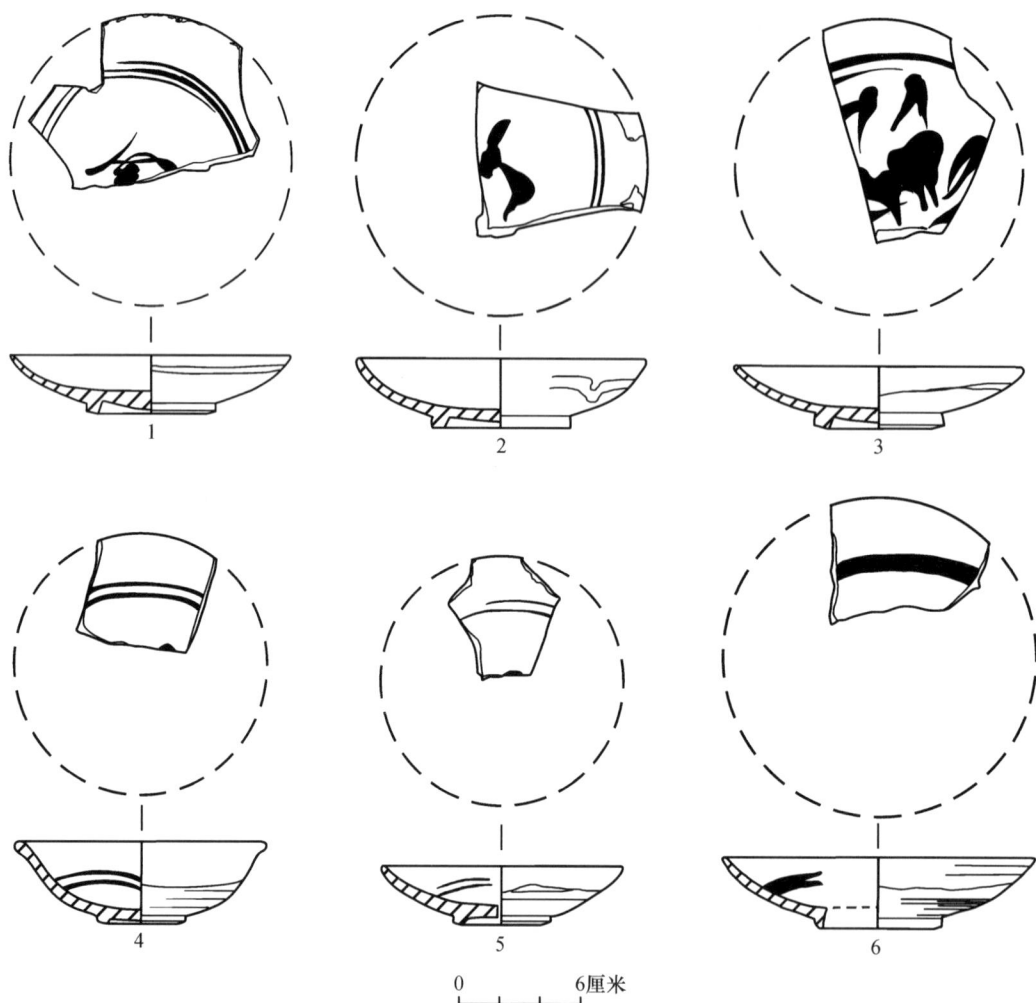

图一一三　第1层白釉褐彩盘、盏

1～3. 盘（2006SBT5①：4、2006SBT5①：13、2006SBT5①：15）　4～6. 盏（2006SBT5①：33、2006SBT5①：34、

2006SBT5①：39）

2006SBT5①：36，残。口、腹缺失，圈足。内外施满釉，有流釉现象，釉下施化妆土。内有黑彩纹饰。褐色胎，胎质较疏松。底径5.4厘米（图一一四，3）。

2006SBT5①：37，残。口缺失，弧腹，圈足。内施满釉，釉面有小开片，釉下施化妆土。内底有黑彩"中"字。灰色胎，胎质较疏松。内底有有支钉痕。底径5.9厘米（图一一四，4；图版二一，4）。

2006SBT5①：49，残。侈口，圆唇，弧腹，圈足。内施满釉，外施釉至腹下部，釉面有小开片，釉下施化妆土。内腹有两周黑彩弦纹。土黄色胎，胎质较致密。内外底有支钉痕。口径18、底径7、高8厘米（图一一四，5；图版二一，3）。

碟　1件。

2006SBT5①：75，残。敞口，圆唇，斜腹，平底。内施满釉，外无釉，釉面有小开片，内底有黑色彩绘纹饰。白色胎，胎质较致密。口径4.9、底径2.9、高1.1厘米（图一一四，6）。

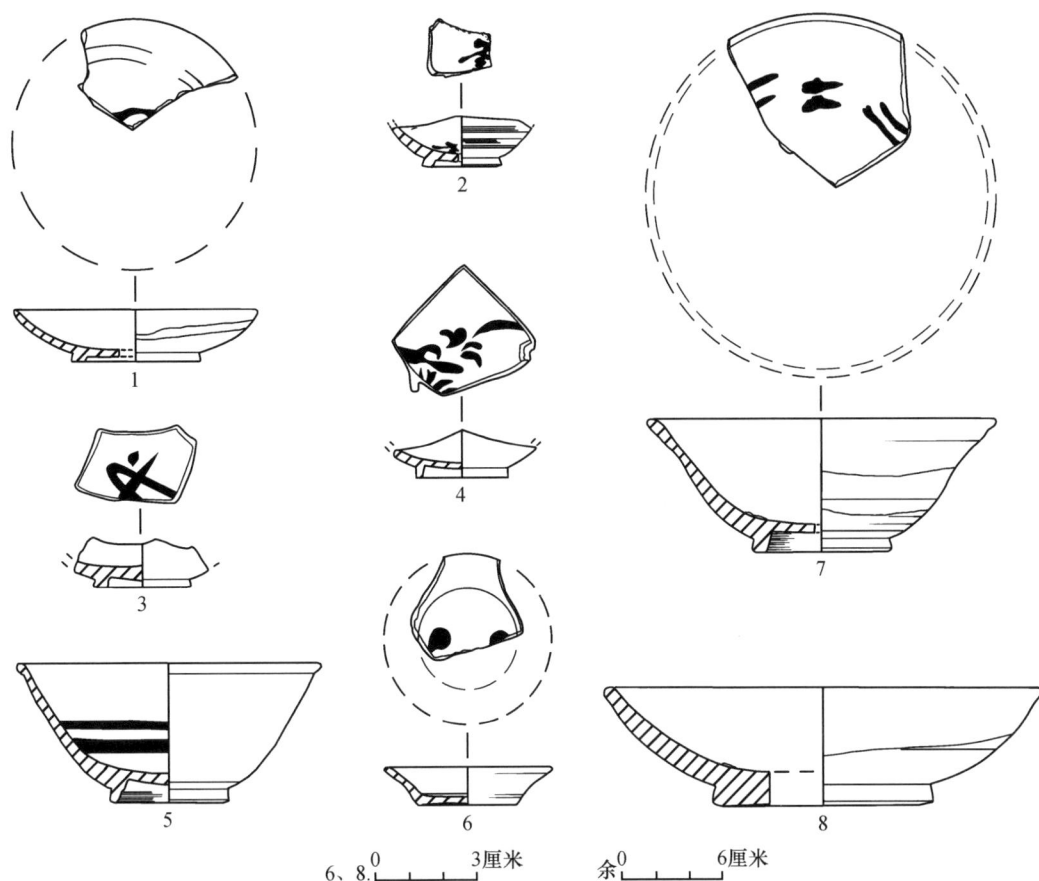

图一一四 第1层白釉彩绘瓷器

1、2.白釉黑花盏（2006SBT5①：17、2006SBT5①：22） 3～5、7.白釉黑花碗（2006SBT5①：36、2006SBT5①：37、
2006SBT5①：49、2006SBT5①：30） 6.白釉黑花碟（2006SBT5①：75） 8.白釉点绿彩碗（2006SBT5①：74）

4. 白釉点绿彩

碗 1件。

2006SBT5①：74，残。敞口，圆唇，弧腹，饼底。内施满釉，外施半釉，釉面有小开片，釉下施化妆土。外口沿处有点绿彩。灰色胎，胎质较疏松。内底有支钉痕。口径13、底径6.8、高3.4厘米（图一一四，8）。

5. 青釉

9件。

盏 3件。

2006SBT5①：2，残。敞口，圆唇，斜弧腹，矮圈足。除外底沿通体施釉。灰色胎，胎质细净、较致密。外底有垫砂痕。口径9.2、底径2.4、高3.7厘米（图一一五，1）。

2006SBT5①：54，残。敞口，圆唇，斜弧腹，圈足。通体施釉，有流釉现象，釉下施化妆土。灰色胎，胎质细净、较致密。有窑粘现象。口径11.2、底径4、高4.2厘米（图一一五，2）。

2006SBT5①：60，残。敞口，圆唇，弧腹，圈足。内施满釉，外施半釉。黄褐色胎，胎质较疏松。内底有垫圈痕。口径10.8、底径4.8、高3.8厘米（图一一五，3）。

碗　2件。

2006SBT5①：10，残。侈口，圆唇，圈足。内外施满釉，釉层厚。灰色胎，胎质细纯，致密。口径13、底径4.6、高厘5.4米（图一一五，4）。

2006SBT5①：42，残。敞口，厚圆唇，弧腹，圈足。外施满釉，内施半釉。灰色胎，胎质较致密。口径16、底径6.2、高6.8厘米（图一一五，5）。

炉　1件。

2006SBT5①：43，残。侈口，圆唇，弧腹，平底。内口沿处施釉，外施半釉，有流釉现象。夹砂黄褐色胎，胎质较疏松。口径10.2、底径4.2、高4.5-5厘米（图一一五，6）。

洗　1件。

2006SBT5①：50，残。敛口，平唇，斜直腹，圈足。内外施满釉，有流釉现象，釉面有小开片。外近口沿处有两道凸弦纹。浅灰色、浅黄色胎，胎质较致密。口径19、底径15.4、高7厘米（图一一五，9）。

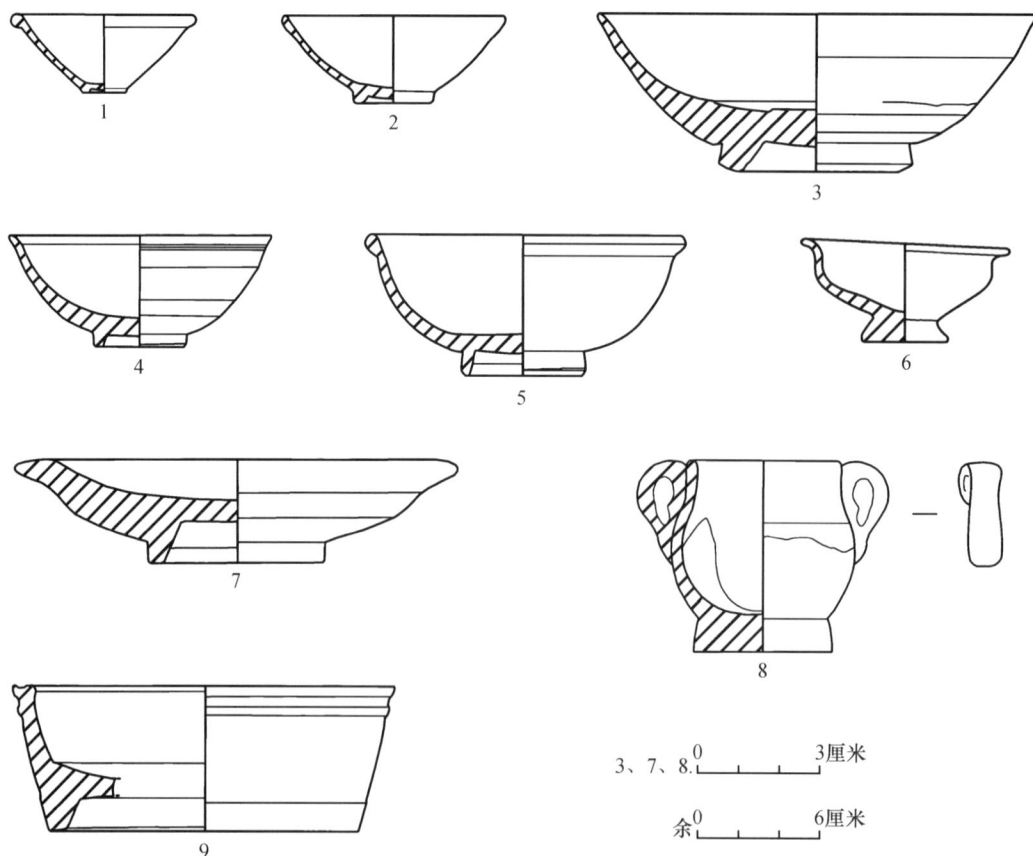

图一一五　第1层青釉瓷器

1～3.盏（2006SBT5①：2、2006SBT5①：54、2006SBT5①：60）　4、5.碗（2006SBT5①：10、2006SBT5①：42）

6.炉（2006SBT5①：43）　7.盘（2006SBT5①：65）　8.罐（2006SBT5①：61）　9.洗（2006SBT5①：50）

罐 1件。

2006SBT5①：61，残。直口，圆唇，鼓腹，平底，腹间有对称双系。内外施半釉，有流釉现象。黄褐色胎，胎质较疏松。口径3.8、通径6.2、底径3.4、高4.6厘米（图一一五，8；图版三二，1）。

盘 1件。

2006SBT5①：65，残。侈口，圆唇，弧腹，圈足，挖足过肩。内施满釉，外施釉至腹下部，有流釉现象。黄白色胎，胎质较致密。口径11、底径4.4、高2.5厘米（图一一五，7）。

6. 青灰釉

2件。

碗 1件。

2006SBT5①：16，残。敞口，圆唇，斜弧腹，圈足。内外施满釉，有流釉、积釉现象，釉面有小开片。浅黄色胎，胎质较疏松。口径16.6、底径5、高7.5厘米（图一一六，1）。

盘 1件。

2006SBT5①：63，残。敞口，圆唇，斜弧腹，圈足，挖足过肩。内施满釉，外施釉不及底，有流釉现象。黄白色胎，胎质较致密。高3.2厘米（图一一六，2）。

7. 青白釉刻划花

碗 1件。

2006SBT5①：93，残。敞口，尖唇，窄折沿，弧腹，圈足微撇。青白釉，玻璃质，匀净，有开片，器内外满釉。器内饰刻划花缠枝花卉纹。白胎，胎质细腻致密。口径16.2、底径5.9、高5.5厘米（图一一六，5；图版四一，4）。

8. 酱釉

2件。

盂 1件。

2006SBT5①：7，残。敛口，圆唇，鼓腹，平底。内口沿处施釉，外施釉至腹下部，有流釉现象，釉下施化妆土。浅灰色胎，胎质细净、较致密。口径3.2、通径5.8、底径3.6、高3.5厘米（图一一六，3；图版五一，1、2）。

盏 1件。

2006SBT5①：18，残。敞口，圆唇，弧腹，饼底。内施满釉，外无釉。夹砂土黄色胎，胎质较疏松。外底有支钉痕。口径10、底径4.6、高3.3厘米（图一一六，4）。

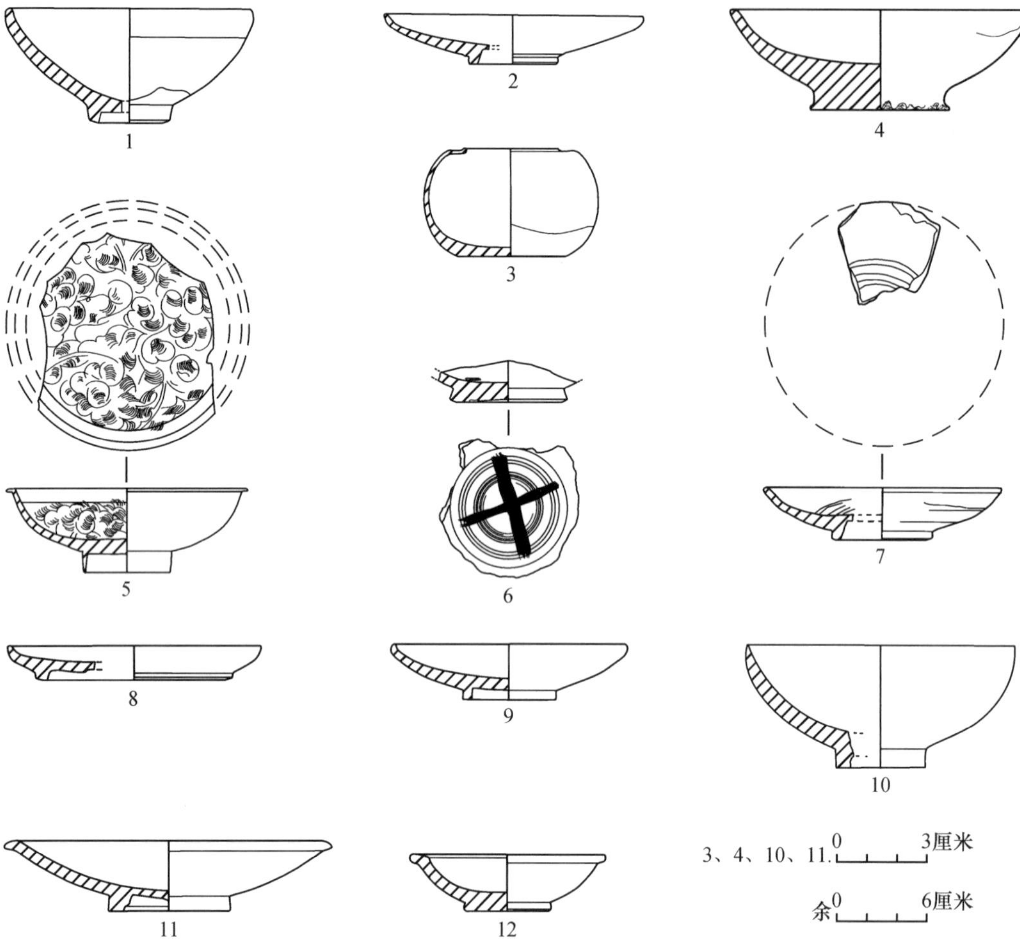

图一一六　第1层其他釉色瓷器

1. 青灰釉碗（20006SBT5①：16）　2. 青灰釉盘（20006SBT5①：63）　3. 酱釉盂（20006SBT5①：7）　4. 酱釉盏（20006SBT5①：18）　5. 青白釉刻划花碗（20006SBT5①：93）　6. 黄釉碗（20006SBT5①：72）　7. 柿釉盏（20006SBT5①：40）　8、9、11、12. 钧釉盘（20006SBT5①：20、20006SBT5①：95、20006SBT5①：66、20006SBT5①：94）　10. 钧釉盏（20006SBT5①：62）

9. 柿釉

盏　1件。

2006SBT5①：40，残。敞口，圆唇，斜弧腹，圈足。内施满釉，外施半釉。褐色胎，胎质较致密。口径15.8、底径6.6、高3.4厘米（图一一六，7）。

10. 黄釉

碗　1件。

2006SBT5①：72，残。口、腹缺失，饼底。内施满釉，外不详，釉面有小开片，釉下施化妆土。外底墨书“十”。浅黄色胎，胎质较疏松。内底有支钉痕。底径7.8厘米（图一一六，6）。

11. 钧釉

5件。

盘　4件。

2006SBT5①：20，残。敞口，圆唇，弧腹，圈足。内施满釉，外施釉不及底，有窑变现象。黄褐色胎，胎质较致密。口径17、底径13.2、高2.2厘米（图一一六，8；图版五六，2）。

2006SBT5①：66，残。侈口，圆唇，斜弧腹，圈足。内外施满釉，有流釉、漏釉、积釉现象。釉面有开片，釉层偏厚。灰色、黄褐色胎，胎质较致密。内底有支钉痕。口径11、底径4.1、高2.3厘米（图一一六，11；图版五六，3）。

2006SBT5①：94，残。敞口，折沿，斜弧腹，圈足外撇、外缘切削。釉面匀净，玻璃质，有小开片，器内满釉，器外施釉不及足。灰胎，较致密。口径13、底径5.8、高3.7厘米（图一一六，12；图版五六，4）。

2006SBT5①：95，残。敞口，圆唇微敛，斜弧腹，圈足、底心微凸。釉面玻璃质，釉层较厚，有小气泡，有开片，器内满釉，器外施釉不及底。灰胎，较致密。口径15.8、底径6.2、高3.6厘米（图一一六，9；图版五六，5）。

盏　1件。

2006SBT5①：62，残。敞口，圆唇，弧腹，圈足。内施满釉，外施釉至腹下部，釉面有开片，釉层偏厚。灰色胎，胎质较致密。高4厘米（图一一六，10）。

12. 黑白二色釉

盘　5件。

2006SBT5①：8，残。敞口，圆唇，斜弧腹，矮圈足。内外施满釉，内施白釉，外及底面施酱釉，釉面有小开片。灰黄色胎，胎质较致密。口径14、底径6、高2.5厘米（图一一七，1）。

2006SBT5①：11，残。撇口，圆唇，斜弧腹，矮圈足。通体施釉，内至外腹上部施白色釉，外腹下部至底面施黑色釉，有脱釉现象，釉面有小开片。青黄色胎，胎质较致密。口径16.8、底径7.6、高2.6厘米（图一一七，3）。

2006SBT5①：19，残。敞口，圆唇，斜弧腹，矮圈足。内外施满釉，内施白釉，外及底面施酱釉，釉色不均，釉面有小开片。灰白色胎，胎质较致密。口径12.6、底径4.8、高2.5厘米（图一一七，2）。

2006SBT5①：29，残。敞口，圆唇，斜弧腹，矮圈足。内施满白釉，外施满黑釉，釉面有小开片，釉下施化妆土。灰黄色胎，胎质较疏松。口径16.8、底径8.4、高3.2厘米（图一一七，4）。

2006SBT5①：88，残。侈口，尖圆唇，弧腹，平底。口沿及器内施白釉，外腹部及底施

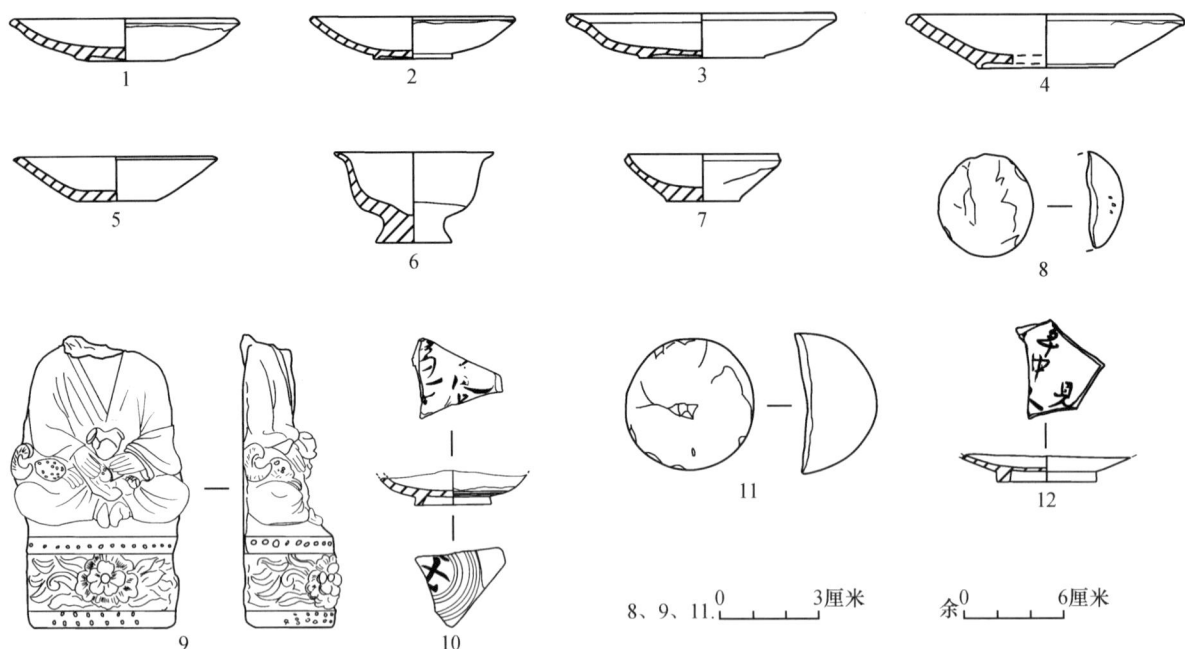

图一一七　第1层黑白二色釉、红绿彩、素胎瓷器

1. 内白外酱釉盘（2006SBT5①：8）　2. 外白内酱釉盘（2006SBT5①：19）　3～5. 内白外黑釉盘（2006SBT5①：11、
2006SBT5①：29、2006SBT5①：88）　6. 素胎炉（2006SBT5①：52）　7. 素胎盏（2006SBT5①：55）　8. 素胎
丸（2006SBT5①：81）　9. 素胎造像（2006SBT5①：68）　10. 红绿彩盏（2006SBT5①：69）　11. 素胎球（2006SBT5①：82）
12. 红绿彩碗（2006SBT5①：85）

黑釉，釉面光滑有开片，釉层厚。浅灰色胎，胎质细腻。口径12.4、底径4.8、高2.6厘米（图
一一七，5）。

13. 红绿彩

2件。

盏　1件。

2006SBT5①：69，残。口、腹缺失，圈足。内施满釉，外施釉至腹下部，釉下施化妆土。
内底有红彩纹饰，外底有墨书文字。灰黄色胎，胎质较疏松。底径5厘米（图一一七，10；图版
三九，6）。

碗　1件。

2006SBT5①：85，残。口、腹缺失，圈足，挖足过肩。内施满釉，外施釉至腹下部，有
流釉现象，釉面有小开片，釉下施化妆土，内底有红彩文字"见""年中人"。灰黄色胎，胎
质较疏松。底径6厘米（图一一七，12；图版三九，5）。

14. 素胎

5件。

炉　1件。

2006SBT5①：52，残。侈口，圆唇，弧腹，平底。器表施浅黄色化妆土。砖红色胎，胎质较致密。口径9.8、底径4.6、高5.3厘米（图一一七，6）。

盏　1件。

2006SBT5①：55，残。敞口，尖唇，斜直腹，平底。器表施白色化妆土。夹砂浅褐色胎，胎质粗糙。口径9、底径4.5、高2.8厘米（图一一七，7）。

造像　1件。

2006SBT5①：68，残。缺首，身着帐，两手握净瓶，禅坐，座为半圆形，坐格内有一宝相花，上下边为穿珠纹饰，平底，实体。灰黄色胎，胎质细净、较致密。宽5.4、厚3厘米（图一一七，9；图版六〇，1）。

丸　1件。

2006SBT5①：81，残。圆形，实心。灰白色瓷胎，胎质较致密。长3.1厘米（图一一七，8）。

球　1件。

2006SBT5①：82，残。圆形，实心。瓷胎，黑色胎表，灰色胎里，胎质较致密。长4.3厘米（图一一七，11；图版六〇，5）。

（二）陶器

6件。

纺轮　1件。

2006SBT5①：59，整。圆形，截面呈梭形，弧面，中有一穿孔。灰黄色胎，胎质较致密。烧制火候偏高。直径3.1-3.3、厚1厘米（图一一八，1）。

铃　1件。

2006SBT5①：80，残。不规则圆球形，顶上有一纽缺失，中空。陶制，胎质较疏松。高5厘米（图一一八，2）。

网坠　1件。

2006SBT5①：83，残。一端缺失，角端内有一凹槽，腹部有两道对称凹槽。浅红胎，胎质较致密。宽3.4、高5.7厘米（图一一八，4；图版六二，1）。

炉　2件。

2006SBT5①：84，陶，残。敞口，圆唇，直腹，平底。砖红色胎，胎质较致密。宽6.8、高6.4厘米（图一一八，3；图版六一，4）。

2006SBT5①：86，残。柄，底缺失，敞口，宽沿，圆唇，斜直腹。泥质红陶，胎质较致密。宽9.3、高5.8厘米（图一一八，5）。

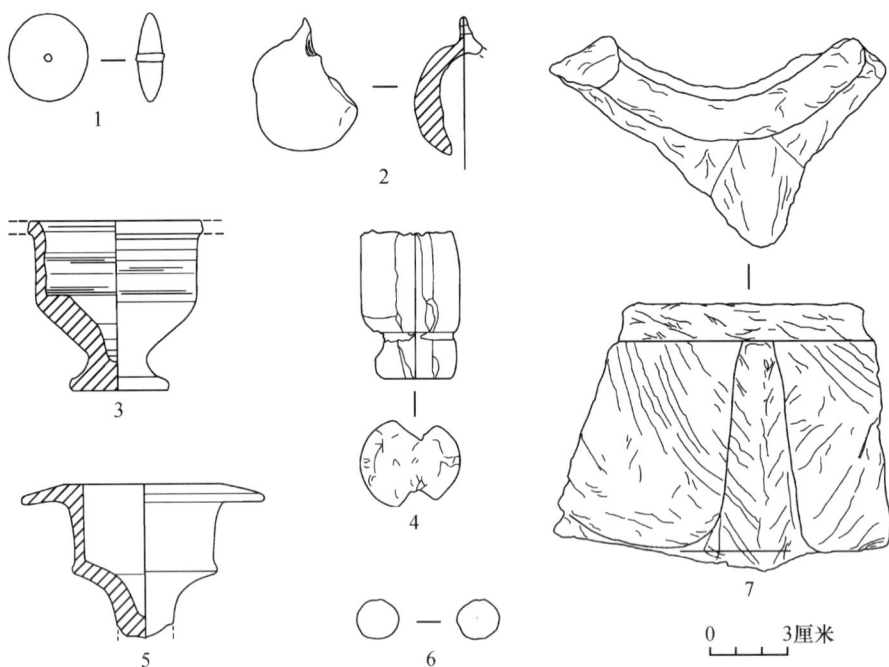

图一一八　第1层陶器、石器

1. 陶纺轮（2006SBT5①：59）　2. 陶铃（2006SBT5①：80）　3、5. 陶炉（2006SBT5①：84、2006SBT5①：86）

4. 陶网坠（2006SBT5①：83）　6. 灰陶弹丸（2006SBT5①：89）　7. 石臼（2006SBT5①：87）

弹丸　1件。

2006SBT5①：89，圆形。泥制灰陶，揉制。直径1.6厘米（图一一八，6）。

（三）石器

石臼　1件。

2006SBT5①：87，残。底缺失，敛口，圆唇，鼓腹。外沿线有一道凹弦纹，外腹部有一道凸棱，外饰有斜条纹饰。宽13、高10厘米（图一一八，7）。

（四）铜钱

46枚。

大观通宝　1枚。

2006SBT5①：90-1，残。圆形方孔小平钱。面文瘦金体"大观通宝"，顺读。光背。有内、外郭，狭缘深郭。残重3.94克，直径24.5、孔径6、厚1毫米（图一一九，1；图版六三，4）。

皇宋通宝　6枚。

2006SBT5①：90-2，圆形方孔小平钱。面文小字真书"皇宋通宝"，顺读。光背。有内、外郭。重4.07克，直径24.5、孔径6、厚1毫米（图一一九，2）。

2006SBT5①：90-3，残。圆形方孔小平钱。面文篆书"皇宋通宝"，顺读。光背。有内、外郭。残重4.07克，直径25、孔径7、厚1毫米（图一一九，3）。

2006SBT5①：90-13，圆形方孔小平钱。面文篆书"皇宋通宝"，顺读。光背。有内、外郭。重3.51克，直径25、穿径7、厚1.3毫米（图一一九，4）。

2006SBT5①：91-11，圆形方孔小平钱。面文小字真书"皇宋通宝"，顺读。光背。有内、外郭。重3.82克，直径25、穿径6、厚1.5毫米（图一一九，5）。

2006SBT5①：91-12，圆形方孔小平钱。面文篆书"皇宋通宝"，顺读。光背。有内、外郭，宽缘。重3.05克，直径24、穿径6、厚1.5毫米（图一一九，6）。

2006SBT5①：91-13，圆形方孔小平钱。面文篆书"皇宋通宝"，顺读。光背。有内、外郭，宽缘。重3.47克，直径24、穿径6、厚1.5毫米（图一一九，7）。

开元通宝　8枚。

2006SBT5①：90-4，圆形方孔小平钱。面文隶书"开元通宝"，顺读，平头"通"，"通"字"甬"融合了篆书的特点，"元"字第二笔左挑。光背。有内、外郭。重3.02克，直径25、孔径7、厚1毫米（图一一九，8；图版六三，1）。

2006SBT5①：90-14，残。圆形方孔小平钱。面文隶书"开元通宝"，顺读，平头"通"，"通字""甬"融合了篆书的特点，"元"字第二笔左挑。光背。有内、外郭。重3.02克，直径25、穿径6、厚1.5毫米（图一一九，9）。

2006SBT5①：90-15，残。圆形方孔小平钱。面文隶书"开元通宝"，顺读，平头"通"，"通"字"甬"融合了篆书的特点，"元"字第二笔左挑。光背。有内、外郭。重1.61克，直径24、穿径7、厚1毫米（图一一九，10）。

2006SBT5①：90-16，圆形方孔小平钱。面文隶书"开元通宝"，顺读，断舟"通"，"元"字第二笔左挑。光背。有内、外郭。重3.58克，直径25、穿径6、厚1.3毫米（图一一九，11）。

2006SBT5①：90-17，残。圆形方孔小平钱。面文隶书"开元通宝"，顺读，平头"通"，"通"字"甬"融合了篆书的特点，"元"字第二笔左挑。光背。有内、外郭，宽缘。重2.99克，直径25、穿径6、厚1.5毫米（图一一九，12）。

2006SBT5①：91-14，圆形方孔小平钱。面文隶书"开元通宝"，顺读，断舟"通"，"元"字第二笔左挑。光背。有内、外郭。重3.33克，直径25、穿径7、厚1毫米（图一一九，13）。

2006SBT5①：91-15，圆形方孔小平钱。面文隶书"开元通宝"，顺读，平头"通"，"通"字"甬"融合了篆书的特点，"元"字第二笔左挑。光背。有内、外郭。重3.41克，直径25、穿径7、厚1.5毫米（图一一九，14）。

2006SBT5①：91-16，圆形方孔小平钱。面文隶书"开元通宝"，顺读，断舟"通"，"元"字第二笔左挑。光背。有内、外郭，宽缘。重2.82克，直径25、穿径6、厚1.5毫米（图一一九，15）。

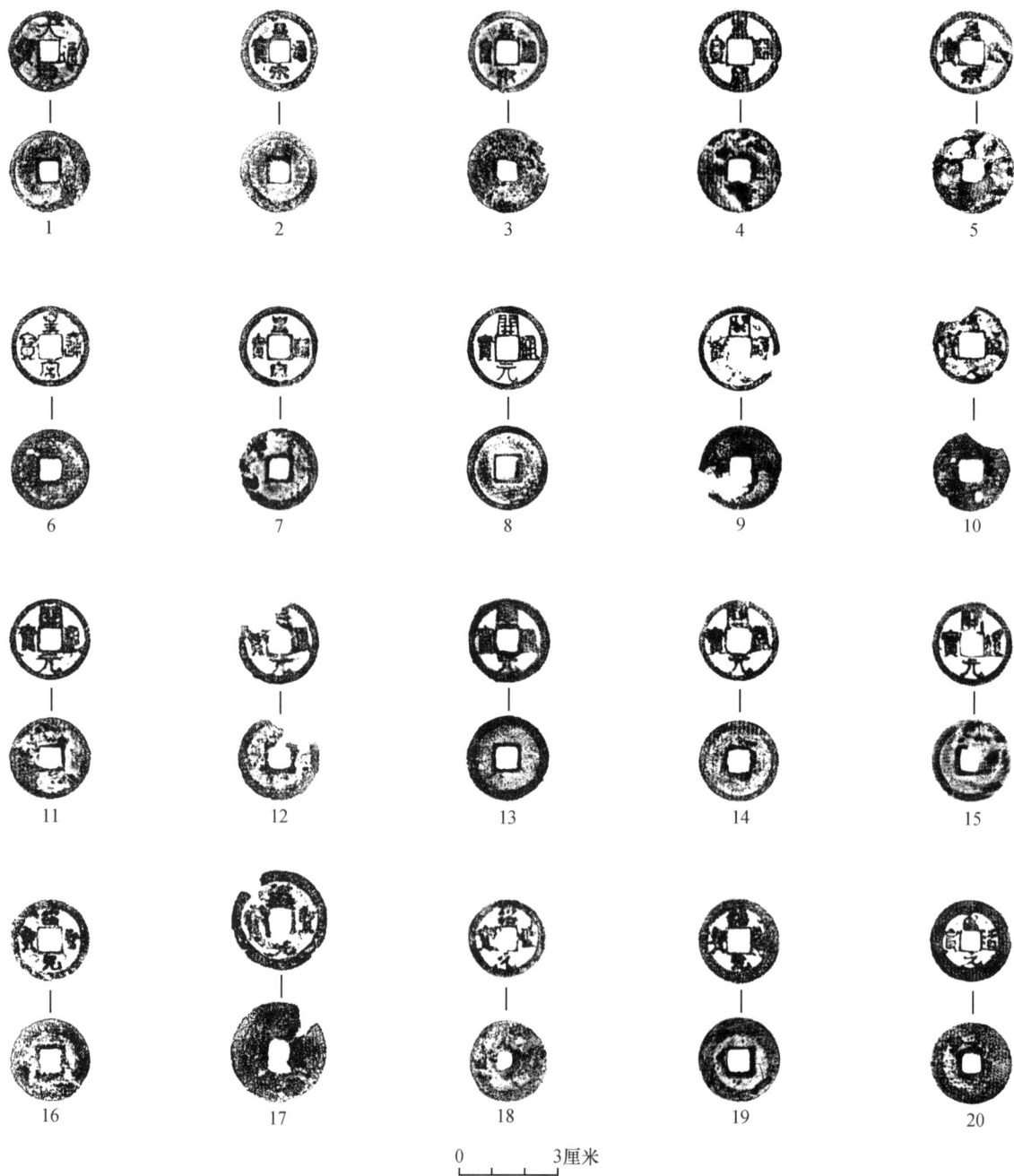

0 　　　 3厘米

图一一九　第1层铜钱

1. 大观通宝（2006SBT5①：90-1）　2~7. 皇宋通宝（2006SBT5①：90-2、2006SBT5①：90-3、2006SBT5①：90-13、
2006SBT5①：91-11、2006SBT5①：91-12、2006SBT5①：91-13）　8~15. 开元通宝（2006SBT5①：90-4、2006SBT5①：90-14、
2006SBT5①：90-15、2006SBT5①：90-16、2006SBT5①：90-17、2006SBT5①：91-14、2006SBT5①：91-15、2006SBT5①：91-16）
16~19. 绍圣元宝（2006SBT5①：90-5、2006SBT5①：90-18、2006SBT5①：91-2、2006SBT5①：91-17）　20. 至道元宝
（2006SBT5①：91-24）

绍圣元宝 4枚。

2006SBT5①：90-5，圆形方孔小平钱。面文行书"绍圣元宝"，旋读。光背。有内、外郭。重4.15克，直径24.5、孔径6、厚1毫米（图一一九，16）。

2006SBT5①：90-18，残。圆形方孔折二钱。面文行书"绍圣元宝"，旋读。光背。有内、外郭。宽缘。重4.91克，直径30、穿径7、厚1.5毫米（图一一九，17）。

2006SBT5①：91-2，圆形方孔小平钱。面文行书"绍圣元宝"，旋读。光背。花穿。有内、外郭。重3.47克，直径23.5、孔径7、厚2毫米（图一一九，18；图版六五，4）。

2006SBT5①：91-17，圆形方孔小平钱。面文行书"绍圣元宝"，旋读。光背。有内、外郭，宽缘。重3.82克，直径25、穿径7、厚1.3毫米（图一一九，19）。

至道元宝 1枚。

2006SBT5①：91-24，残。圆形方孔小平钱。面文行书"至道元宝"，旋读。光背。有内、外郭，宽缘。重3.82克，直径25、穿径6、厚1.5毫米（图一一九，20；图版六四，1）。

熙宁元宝 4枚。

2006SBT5①：90-6，残。圆形方孔小平钱。面文篆书"熙宁元宝"，旋读。光背。有内、外郭。残重3.35克，直径24.5、孔径6、厚1毫米（图一二〇，1）。

2006SBT5①：91-4，圆形方孔小平钱。面文真书"熙宁元宝"，旋读。光背。有内、外郭。重3.41克，直径23.5、孔径5.5、厚2毫米（图一二〇，2）。

2006SBT5①：91-19，圆形方孔小平钱。面文篆书"熙宁元宝"，旋读。光背。有内、外郭，宽缘。重3.85克，直径25、穿径7、厚1.2毫米（图一二〇，3）。

2006SBT5①：91-20，圆形方孔小平钱。面文篆书"熙宁元宝"，旋读。光背。有内、外郭。重4.45克，直径25、穿径5、厚1.3毫米（图一二〇，4）。

熙宁重宝 2枚。

2006SBT5①：90-7，圆形方孔折二钱。面文篆书"熙宁重宝"，旋读。光背。有内、外郭，宽缘。重8.26克，直径30、孔径7、厚2毫米（图一二〇，16）。

2006SBT5①：91-21，圆形方孔折三钱。面文隶书"熙宁重宝"，旋读。光背。有内、外郭，宽缘。重6.93克，直径33、穿径7、厚2毫米（图一二〇，17）。

咸平元宝 2枚。

2006SBT5①：90-8，圆形方孔小平钱。面文真书"咸平元宝"，旋读。光背。有内、外郭。重3.58克，直径25、孔径6、厚1毫米（图一二〇，5）。

2006SBT5①：91-5，圆形方孔小平钱。面文真书"咸平元宝"，旋读。花穿。光背。有内、外郭，宽缘。重4.33克，直径25、孔径5.5、厚2毫米（图一二〇，6；图版六四，3）。

元丰通宝 3枚。

2006SBT5①：90-9，圆形方孔小平钱。面文篆书"元丰通宝"，旋读。光背。有内、外郭，宽缘。重3.13克，直径25、孔径6、厚1毫米（图一二〇，9；图版六五，2）。

2006SBT5①：91-8，圆形方孔小平钱。面文行书"元丰通宝"，旋读。光背。有内、外

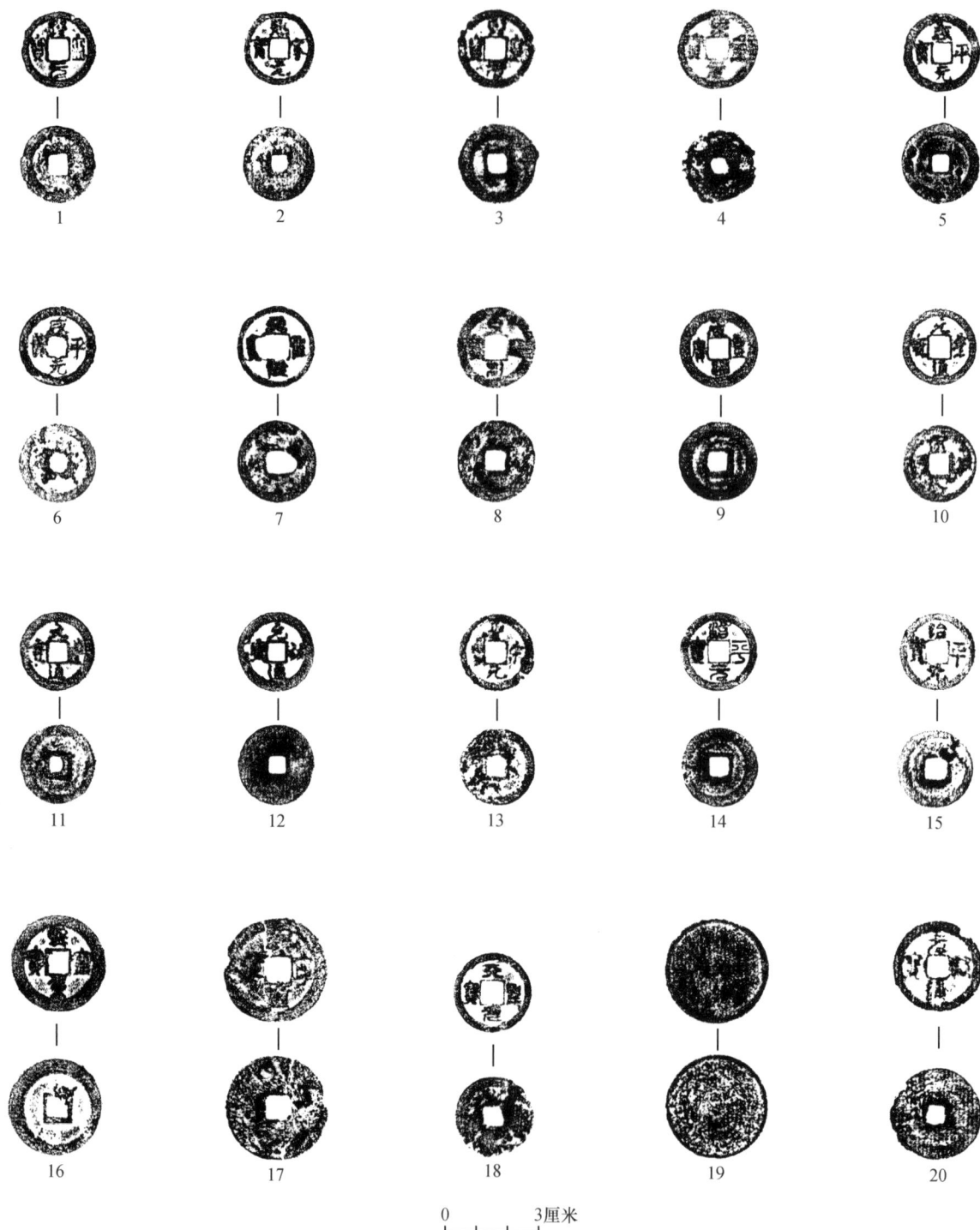

图一二〇　第1层铜钱

1～4. 熙宁元宝（2006SBT5①：90-6、2006SBT5①：91-4、2006SBT5①：91-19、2006SBT5①：91-20）　5、6. 咸平元宝
（2006SBT5①：90-8、2006SBT5①：91-5）　7、18. 天圣元宝（2006SBT5①：91-18、2006SBT5①：90-20）　8. 至和通宝
（2006SBT5①：91-23）　9～11. 元丰通宝（2006SBT5①：90-9、2006SBT5①：91-8、2006SBT5①：91-9）　12、20. 元祐通宝
（2006SBT5①：90-10、2006SBT5①：91-22）　13. 圣宋元宝（2006SBT5①：90-19）　14、15. 治平元宝（2006SBT5①：90-11、
2006SBT5①：91-10）　16、17. 熙宁重宝（2006SBT5①：90-7、2006SBT5①：91-21）　19. 光绪元宝（2006SBT5①：90-12）

郭，宽缘。重3.5克，直径24、孔径6.3、厚2毫米（图一二〇，10）。

2006SBT5①：91-9，圆形方孔小平钱。面文行书"元丰通宝"，旋读。光背。有内、外郭，宽缘。重3.85克，直径25、孔径6、厚1毫米（图一二〇，11）。

元祐通宝 2枚。

2006SBT5①：90-10，圆形方孔小平钱。面文篆书"元祐通宝"，旋读。光背。有内、外郭，宽缘。重3.91克，直径24、孔径5.5、厚2毫米（图一二〇，12；图版六五，3）。

2006SBT5①：91-22，圆形方孔折二钱。面文篆书"元祐通宝"，旋读。光背。有内、外郭，宽缘。重9.86克，直径28、穿径6、厚2毫米（图一二〇，20）。

治平元宝 2枚。

2006SBT5①：90-11，圆形方孔小平钱。面文篆书"治平元宝"，旋读。光背。有内、外郭。重3.87克，直径25、孔径6、厚1毫米（图一二〇，14）。

2006SBT5①：91-10，圆形方孔小平钱。面文真书"治平元宝"，旋读。光背。有内、外郭。重3.21克，直径25、孔径7、厚2毫米（图一二〇，15；图版六四，6）。

光绪元宝 1枚。

2006SBT5①：90-12，圆形铜元。面中央为"光绪元宝"，外环珠圈，上缘"户部"，下缘"当制钱二十文"，直读。背中央铸"飞龙"图及珠圈，上缘"HU POO"，下缘"20 CASH"。重11.04克，直径33、厚1.8毫米（图一二〇，19）。

圣宋元宝 1枚。

2006SBT5①：90-19，圆形方孔小平钱。面文真书"圣宋元宝"，旋读。光背。有内、外郭。重3.83克，直径25、穿径7、厚1.5毫米（图一二〇，13；图版六五，5）。

天圣元宝 2枚。

2006SBT5①：90-20，圆形方孔小平钱。面文篆书"天圣元宝"，旋读。光背。有内、外郭，宽缘。重4.15克，直径25、穿径6、厚1.5毫米（图一二〇，18；图版六四，4）。

2006SBT5①：91-18，圆形方孔小平钱。面文篆书"天圣元宝"，旋读。光背。有内、外郭。重4.03克，直径25、穿径7、厚1.5毫米（图一二〇，7）。

祥符通宝 2枚。

2006SBT5①：90-21，圆形方孔小平钱。面文小字真书"祥符通宝"，旋读。光背。有内、外郭，宽缘。重4.25克，直径25、穿径6、厚1毫米（图一二一，1）。

2006SBT5①：91-6，圆形方孔小平钱。面文真书"祥符通宝"，旋读。光背。有内、外郭，宽缘。重4.1克，直径24、孔径6、厚2毫米（图一二一，2）。

祥符元宝 2枚。

2006SBT5①：90-22，残。圆形方孔小平钱。面文小字真书"祥符元宝"，旋读。光背。有内、外郭，宽缘。重2.77克，直径25、穿径6、厚1.5毫米（图一二一，3）。

2006SBT5①：91-7，圆形方孔小平钱。面文真书"祥符元宝"，旋读。光背。有内、外郭，宽缘。重5.05克，直径25、孔径5.5、厚2毫米（图一二一，4）。

图一二一　第1层铜钱

1、2. 祥符通宝（2006SBT5①：90-21、2006SBT5①：91-6）　　3、4.祥符元宝（2006SBT5①：90-22、2006SBT5①：91-7）
5. 嘉祐通宝（2006SBT5①：91-1）　　6. 宋元通宝（2006SBT5①：91-3）

嘉祐通宝　1枚。

2006SBT5①：91-1，圆形方孔小平钱。面文真书"嘉祐通宝"，顺读。光背。有内、外郭。重4.02克，直径25、孔径7、厚2毫米（图一二一，5）。

宋元通宝　1枚。

2006SBT5①：91-3，圆形方孔小平钱。面文隶书"宋元通宝"，顺读。光背。有内、外郭，宽缘。重2.8克，直径25、孔径5、厚2毫米（图一二一，6；图版六三，3）。

至和通宝　1枚。

2006SBT5①：91-23，圆形方孔小平钱。面文篆书"至和通宝"，顺读。光背。有内、外郭。重3.73克，直径25、穿径7、厚1.3毫米（图一二〇，8）。

九、遗迹内出土器物

（一）瓷器

1. 白釉

6件。

碗　4件。

2006SBG1∶1，残。敞口，圆唇，弧腹，圈足。内施满釉，外施半釉，有积釉现象，釉面有小开片，釉下施化妆土。灰黄色胎，胎质细腻、较致密。内底有支钉痕。口径14、底径5.5、高3.6厘米（图一二二，1）。

2006SBG1∶2，残。敞口，圆唇，弧腹，圈足。内施满釉，外施半釉，釉下施化妆土。灰黄色胎，胎质较致密。内底有支钉痕。口径20.8、底径8、高6.4厘米（图一二二，2）。

2006SBJ2∶1，残。敞口，圆唇，斜弧腹，宽圈足。除外底沿通体施釉，釉面有小开片，釉下施化妆土。灰白色胎，胎质较致密。内底有支钉痕。口径14.6、底径7.4、高4.2厘米（图一二二，3）。

2006SBM1∶1，残。敞口，圆唇，弧腹，圈足，挖足过肩。内施满釉，外施半釉，有流釉、积釉、飞釉现象，釉面有开片，釉下施化妆土。灰褐色胎，胎质较疏松。内外底有五个支钉痕。口径19.4、底径5、高6.4厘米（图一二二，4）。

水盂　1件。

2006SBJ2∶2，残。平口，圆唇，鼓腹，饼底。内无釉，外施半釉，釉面有小开片。灰色胎，胎质较致密。口径1.5、底径1.9、高2.2厘米（图一二二，5）。

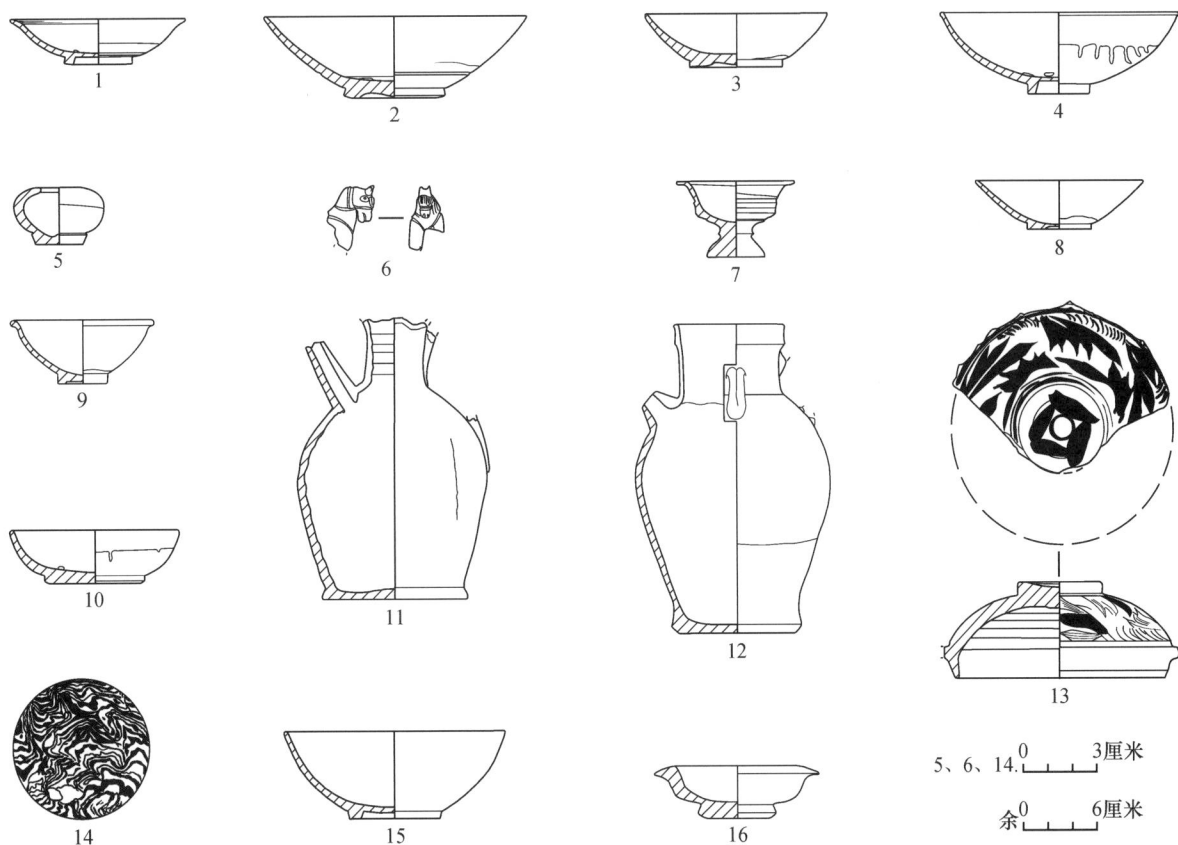

图一二二　遗迹内出土器物

1~4.白釉碗（2006SBG1∶1、2006SBG1∶2、2006SBJ2∶1、2006SBM1∶1）　5.白釉水盂（2006SBJ2∶2）　6.白釉马头（2006SBJ2∶3）　7.青白釉炉（2006SBG1∶3）　8.青白釉盏（2006SBJ1∶2）　9.黑釉盏（2006SBK1∶1）　10.黄釉碗（2006SBK1∶2）　11、12.青釉执壶（2006SBJ1∶3、2006SBJ1∶4）　13.白釉褐彩器盖（2006SBJ1∶1）　14.绞胎球（2006SBJ3∶4）　15.陶碗（2006SBJ3∶3）　16.三彩盘（2006SBJ2∶4）

马头 1件。

2006SBJ2：3，残。仅残留马头和残前腿，马嘴、鼻、眼、鬃毛、辔头用阴线刻。灰白胎，细腻致密。白釉，莹润，满施釉。一侧眼、颈后、前腿上侧饰褐彩。残长1.8、残高2.4厘米（图一二二，6；图版五九，4）。

2. 青白釉

2件。

盏 1件。

2006SBJ1：2，残。敞口，圆唇，斜腹，璧形底。内施满釉，外施釉至腹下部，有流釉、积釉现象，釉面有小开片，釉下施化妆土。灰白色胎，胎质较致密。内底有支钉痕。口径13.6、底径5.2、高3.8厘米（图一二二，8；图版二八，2）。

炉 1件。

2006SBG1：3，残。敞口，宽斜平沿，圆唇，直腹折收，短柄，喇叭状座，平底。内外近口沿处施釉，釉面有小开片，釉下施化妆土。灰黄色胎，胎质较致密。内底有垫饼痕。口径9.4、底径4.6、高5.9厘米（图一二二，7）。

3. 白釉褐彩

器盖 1件。

2006SBJ1：1，残。口、沿不详，平唇，弧顶，顶中心覆一盘状抓纽。内无釉，外施满釉，有脱釉、粘釉现象，釉面有小开片，釉下施化妆土。灰色胎，胎质较致密。外绘褐彩竹叶、草纹饰。顶6.8、口径17.2、高7.5（图一二二，13）。

4. 青釉

执壶 2件。

2006SBJ1：3，残。口、柄缺失，束颈，瓜棱长流（八棱），条形柄，溜肩，鼓腹，腹下内收，平底。内沿以下无釉，外施釉至腹下部，釉下施化妆土。灰黄色胎，胎质较致密。外底有垫砂痕。腹径15.1、底径11.6、高22厘米（图一二二，11）。

2006SBJ1：4，残。盘口，圆唇，溜肩，鼓腹，平底，肩腹间有二对称双条形系，短管状流，鋬缺失。器表施釉至腹下部，有流釉、积釉现象，釉面有小开片，釉下施化妆土。姜黄色胎，胎质较疏松。外底有垫饼痕，有窑粘现象。口径8.9、腹径15.7、底径9.4、高24.2厘米（图一二二，12；图版三三，2）。

5. 黑釉

盏　1件。

2006SBK1：1，残。敞口，圆唇，斜弧腹，圈足，内足墙较低。内施满釉，外施釉不及底。灰白色胎，胎质细腻、较致密。口径11.6、底径4、高5厘米（图一二二，9；图版五三，6）。

6. 黄釉

碗　1件。

2006SBK1：2，残。敞口，圆唇，弧腹，饼底，外沿斜削。内施满釉，外腹上部施釉，有流釉、积釉现象，釉面有小开片，釉下施化妆土。浅黄色胎，胎质较致密。内底有支钉痕。口径13.6、底径8、高4.2厘米（图一二二，10）。

7. 三彩

盘　1件。

2006SBJ2：4，残。敞口，斜弧沿，圆唇，圈足外撇。内外口沿施酱、黄、绿彩，有积釉现象。浅黄色胎微泛红。口径13.2、底径6.2、通高4.1厘米（图一二二，16；图版五八，1）。

8. 绞胎

球　1件。

2006SBJ3：4，整。圆球状，形制规整，浑圆。灰、褐两种胎土绞胎，线条自然变换流畅，无釉。直径5.5厘米（图一二二，14；图版五九，3）。

（二）陶器

碗　1件。

2006SBJ3：3，残。敞口，圆唇，弧腹，圈足。泥制灰陶。口径17.6、底径7.2、通高6.8厘米（图一二二，15；图版六一，1）。

（三）铜钱

8枚。

道光通宝　1枚。2006SBJ1：5，圆形方孔小平钱。面文行书"道光通宝"，顺读。背满文宝泉"𝌡𝌡"。有内、外郭，宽缘。直径23、厚1.5、穿径6毫米，重3.35克（图一二三，1）。

皇宋通宝　2枚。

2006SBJ1∶6，圆形方孔小平钱。面文篆书"皇宋通宝"，顺读。光背。有内、外郭，宽缘。重3.33克，直径25、穿径7、厚1.3毫米（图一二三，2）。

2006SBJ1∶7，圆形方孔小平钱。面文小字真书"皇宋通宝"，顺读。光背。有内、外郭。重3.46克，直径25、穿径7、厚1.3毫米（图一二三，3；图版六四，5）。

熙宁元宝　2枚。

2006SBJ1∶8，圆形方孔小平钱。面文篆书"熙宁元宝"，旋读。光背。有内、外郭。重3.13克，直径25、穿径6、厚1.5毫米（图一二三，4）。

2006SBJ3∶2，熙宁元宝。圆形方孔小平钱。面文篆书"熙宁元宝"，旋读。光背。有内、外郭。重3.46克，直径25、穿径7、厚1.5毫米（图一二三，7）。

元丰通宝　1枚。

2006SBJ1∶9，残。圆形方孔小平钱。面文篆书"元丰通宝"，旋读。光背。有内、外郭，宽缘。重2.87克，直径25、穿径7、厚1.5毫米（图一二三，5）。

政和通宝　1枚。

2006SBJ3∶1，残。圆形方孔小平钱。面文隶书"政和通宝"，顺读。光背。有内、外郭。重3.06克，直径25、孔径5.5、厚度1毫米（图一二三，6）。

开元通宝　1枚。

2006SBK1∶3，残。圆形方孔小平钱。面文隶书"开元通宝"，顺读，平头"通"，"通"字的"甬"融合了篆书的特点，"元"字第二笔左挑。光背。有内、外郭。重3.13克，直径25、穿径6、厚1.5毫米（图一二三，8）。

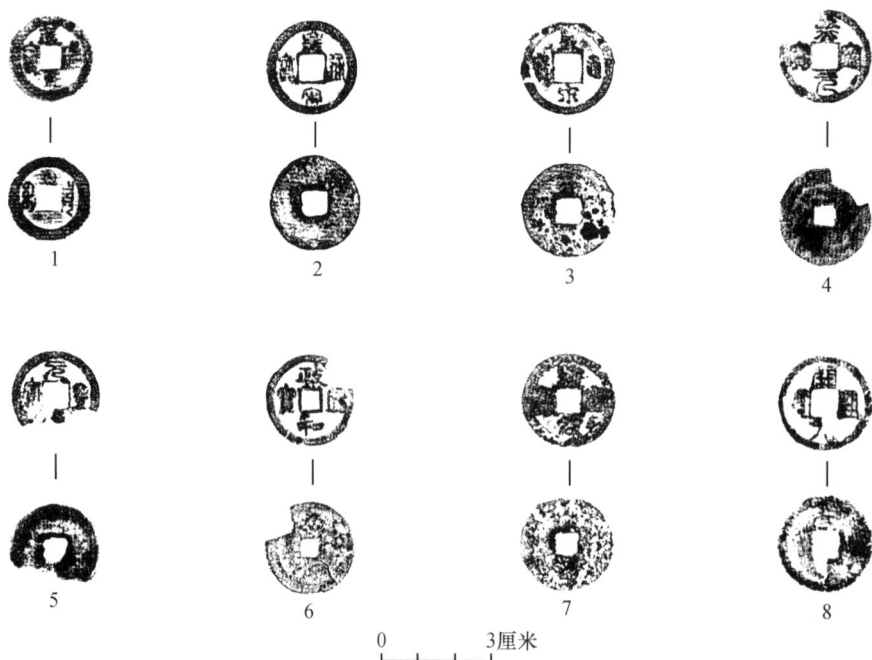

图一二三　遗迹内出土铜钱

1. 道光通宝（2006SBJ1∶5）　　2、3. 皇宋通宝（2006SBJ1∶6、2006SBJ1∶7）　　4、7. 熙宁元宝（2006SBJ1∶8、2006SBJ3∶2）
5. 元丰通宝（2006SBJ1∶9）　　6. 政和通宝（2006SBJ3∶1）　　8. 开元通宝（2006SBK1∶3）

第五章　出土器物研究

西关运河遗址出土瓷器较多，我们根据釉色分为黄釉、青黄釉、青釉、白釉等几大类，再按数量较多的典型器物进行分类分型。

一、分　　型

（一）黄釉、青黄釉系列

黄釉、青黄釉瓷器器形以碗为主，因此将以碗作为典型器物进行分型。黄釉碗、青黄釉碗主要集中出土于T5⑥、T5⑦、T5⑧层中，且胎质、施釉和制作工艺基本相似，所以放在一起分析。根据口、腹、底的不同分为六型（表一）。

A型　敞口，圆唇，弧腹，饼底。根据腹的变化分为三式。

Ⅰ式：深腹，饼底，矮小且直，胎粗，厚重。

2006SBT5⑧：270，口径17.6、底径7、高6.5厘米（图一二四，1）。

Ⅱ式：浅弧腹，饼底内凹，足墙外撇，且有斜削一刀痕迹，胎较Ⅰ式细。

2006SBT5⑦：183，口径12.4、底径5.8、高3.7厘米（图一二四，2）。

2006SBT5⑧：360，口径18.4、底径7.6、高7.3厘米（图一二四，3；图版四三，2）。

Ⅲ式：口沿外侈明显，斜弧腹，较浅，饼底内凹，足墙外撇，且有斜削一刀痕迹，胎较Ⅰ式细。

2006SBT5⑦：143，口径17.6、底径7.6、高5.2厘米（图一二四，4）。

B型　敞口，圆唇，弧腹，外口沿下有一周凹槽。分为两个亚型。

Ba型　饼底。分为三式。

Ⅰ式：敞口，深腹，饼底较矮，胎粗，厚重。

2006SBT5⑧：278，口径17.6、底径7.6、高6厘米（图一二四，5）。

2006SBT5⑧：802，口径17.4、底径7.8、高6厘米（图一二四，6）。

2006SBT5⑧：680，口径20.4、底径8.2、高6.8厘米（图一二四，8；图版四三，4）。

Ⅱ式：饼底内凹，足墙外撇，且有斜削一刀痕迹，胎较Ⅰ式细。

2006SBT5⑦：40，口径19.2、底径8、高6厘米（图一二四，9；图版四四，4）。

2006SBT5⑧：436，口径16、底径8.2、高4.4厘米（图一二四，10）。

Ⅲ式：口沿稍外侈，斜弧腹稍浅，外口沿下凹槽逐渐消失，演变成一道折肩痕，饼底内凹，足墙外撇，且有斜削一刀痕迹，胎不粗。

2006SBT5⑧：372，口径18.4、底径8.6、高6厘米（图一二四，7）。

2006SBT5⑧：373，口径19.2、底径8、高6厘米（图一二四，11）。

Bb型　玉璧底，根据腹、足的变化分为两式。

Ⅰ式：深弧腹，足墙外撇，且有斜削一刀痕迹。

2006SBT5⑧：291，口径19.2、底径9、高6.6厘米（图一二四，12）。

2006SBT5⑧：380，口径19、底径8.6、高6.4厘米（图一二四，13）。

Ⅱ式：浅弧腹，足墙外撇，较矮。

2006SBT5⑧：17，口径17.4、底径7.5、高5.8厘米（图一二四，14）。

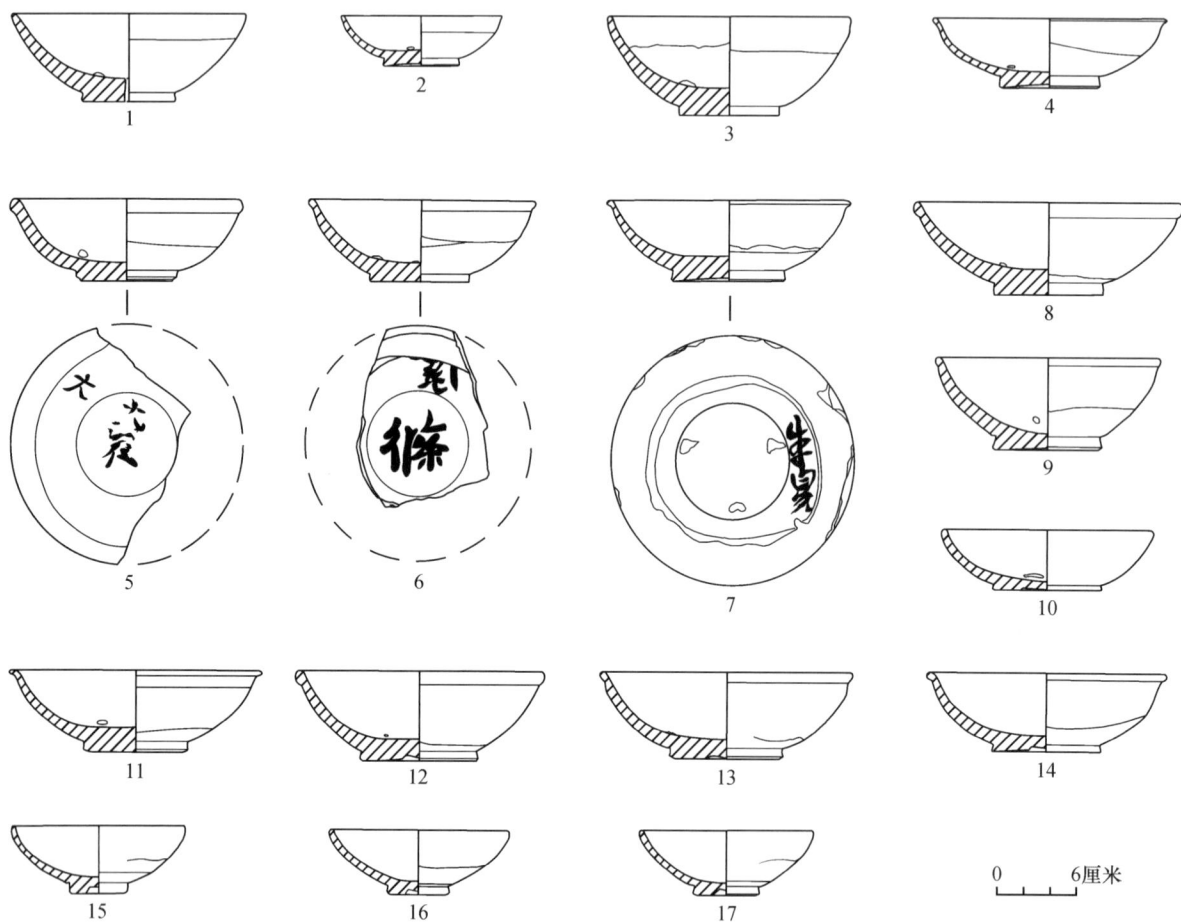

图一二四　黄釉、青黄釉碗

1. A型Ⅰ式（2006SBT5⑧：270）　2、3. A型Ⅱ式（2006SBT5⑦：183、2006SBT5⑧：360）　4. A型Ⅲ式（2006SBT5⑦：143）
5、6、8. Ba型Ⅰ式（2006SBT5⑧：278、2006SBT5⑧：802、2006SBT5⑧：680）　7、11. Ba型Ⅲ式（2006SBT5⑧：372、2006SBT5⑧：373）　9、10. Ba型Ⅱ式（2006SBT5⑦：40、2006SBT5⑧：436）　12、13. Bb型Ⅰ式（2006SBT5⑧：291、2006SBT5⑧：380）　14. Bb型Ⅱ式（2006SBT5⑧：17）　15～17. Ca型（2006SBT5⑧：64、2006SBT5⑧：375、2006SBT5⑧：573）

C型 敛口，圆唇，斜弧腹，玉璧底，底沿斜削。根据底、胎的区别分为两个亚型。

Ca型 底部稍规整，偏灰、黄色胎。

2006SBT5⑧：64，口径13.2、底径4.4、高5厘米（图一二四，15）。

2006SBT5⑧：375，口径14、底径4.8、高4.8厘米（图一二四，16）。

2006SBT5⑧：573，口径13.2、底径5、高4.8厘米（图一二四，17）。

Cb型 底部稍粗糙，偏红、褐色胎。

2006SBT5⑧：426，口径13.8、底径5.2、高5.2厘米（图一二五，1）。

2006SBT5⑧：633，口径13.2、底径4.8、高4.4厘米（图一二五，2）。

D型 圆唇，弧腹，矮圈足外撇，底心突出。根据口、底的变化分为二式。

Ⅰ式：敞口，宽圈足。

2006SBT5⑧：59，口径20.2、底径8.8、高6.8厘米（图一二五，3）。

2006SBT5⑧：187，口径18、底径7.8、高6.1厘米（图一二五，4）。

Ⅱ式：敞口，窄圈足。

2006SBT5⑧：389，口径15、底径6、高5.2厘米（图一二五，5）。

E型 侈口，圆唇，弧腹，足墙矮、外撇，且有斜削一刀痕迹。根据底的变化分二式。

Ⅰ式：玉璧底，底心突出。

2006SBT5⑧：208，口径18.8、底径8、高6厘米（图一二五，6）。

2006SBT5⑧：418，口径18.8、底径8.6、高5.8厘米（图一二五，7）。

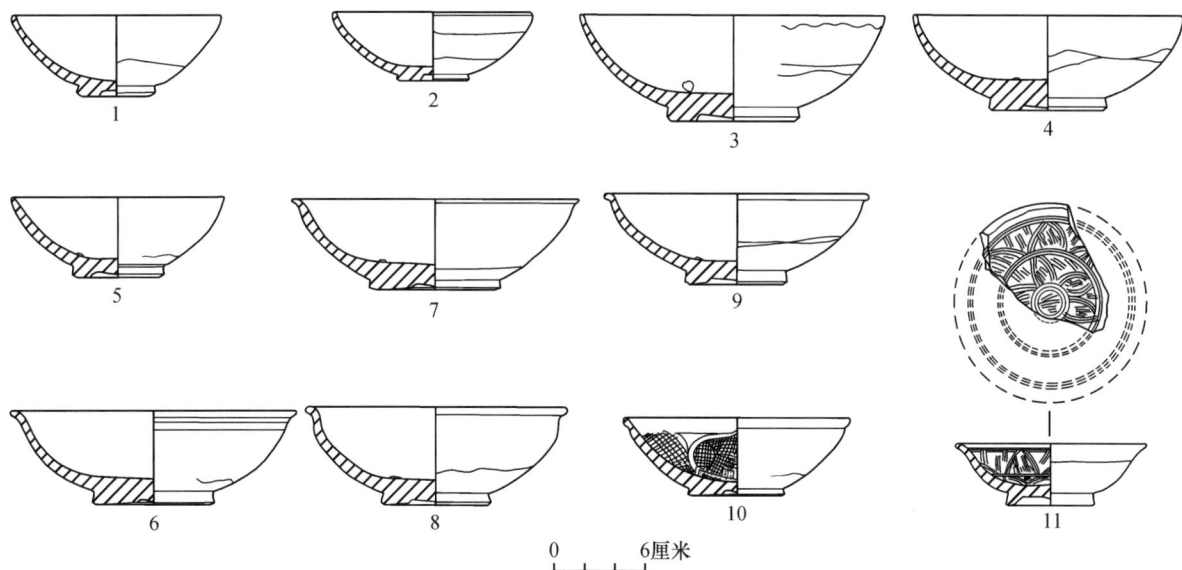

图一二五 黄釉、青黄釉碗

1、2. Cb型（2006SBT5⑧：426、2006SBT5⑧：633） 3、4. D型Ⅰ式（2006SBT5⑧：59、2006SBT5⑧：187） 5. D型Ⅱ式（2006SBT5⑧：389） 6、7. E型Ⅰ式（2006SBT5⑧：208、2006SBT5⑧：418） 8、9. E型Ⅱ式（2006SBT5⑧：468、2006SBT5⑧：712） 10. F型Ⅰ式（2006SBT5⑧：610） 11. F型Ⅱ式（2006SBT5⑧：77）

Ⅱ式：矮圈足。

2006SBT5⑧：468，口径17.2、底径7.2、高6.3厘米（图一二五，8）。

2006SBT5⑧：712，口径17.6、底径6.8、高5.9厘米（图一二五，9；图版四二，6）。

F型　碾碗，圆唇，弧腹，器内刻划纹饰。根据口、底的不同分为两式。

Ⅰ式：敞口，口沿下有一周浅凹槽，玉璧底。

2006SBT5⑧：610，口径15、底径6.4、高5厘米（图一二五，10；图版四五，1）。

Ⅱ式：侈口，浅腹，矮圈足外撇。

2006SBT5⑧：77，口径12.8、底径5.9、高4厘米（图一二五，11）。

表一　黄釉、青黄釉分期型式表

期别	器类 型式	A型	B型		C型		D型	E型	F型
			Ba	Bb	Ca	Cb			
1	唐早	Ⅰ							
2	唐中	Ⅰ、Ⅱ	Ⅰ	Ⅰ、Ⅱ	Ca	Cb	Ⅰ	Ⅰ	Ⅰ
3	唐晚	Ⅲ	Ⅱ、Ⅲ				Ⅱ	Ⅱ	Ⅱ

（二）青釉系列

1. 碗（表二）

甲类　敞口，圆唇，弧腹，内底支钉痕明显。

根据口沿、腹等差异分为三型。

A型　敞口，圆唇，弧腹，足墙外撇。根据底的不同分为三式。

Ⅰ式：胎体厚重，饼形底。

2006SBT5⑧：12，口径16.9、底径7.7、高6.1厘米（图一二六，1）。

Ⅱ式：腹壁变薄，玉璧形底。

2006SBT5⑧：308，口径18.4、底径8.8、高5.2厘米（图一二六，2）。

2006SBT5⑦：23，口径18、底径7.6、高6.1厘米（图一二六，3；图版二五，3）。

Ⅲ式：腹壁、底部变薄，整体形态较Ⅰ式、Ⅱ式轻盈。

2006SBT5⑧：224，口径20.6、底径7.8、高7.4厘米（图一二六，4）。

B型　敞口，圆唇，弧腹，底沿斜削，外口沿下有一周凹槽。分为两个亚型。

Ba型　饼底，胎体厚重。根据底部差异分为两式。

Ⅰ式：饼底较矮，胎粗，厚重。

2006SBT5⑧：176，口径18、底径8.4、高6.2厘米（图一二六，5）。

2006SBT5⑧：329，口径17.2、底径7.8、高6.5厘米（图一二六，6）。

表二　青釉碗分期型式表

期别＼型式	甲类 A型	甲类 B型 Ba	甲类 B型 Bb	甲类 C型	乙类 A型 Aa	乙类 A型 Ab	乙类 B型 Ba	乙类 B型 Bb	乙类 B型 Bc	丙类 A型 Aa	丙类 A型 Ab	丙类 B型	丁类 A型 Aa	丁类 A型 Ab	丁类 B型	丁类 C型	丁类 D型
1 唐早	I	I		I			I	I									
2 唐中	II	II	I	II	I			II	Bc		Ab	B					
3 唐晚	III		II III		II	Ab	III			Aa							
4 五代																	
5 北宋早													I			I	
6 北宋晚													II	I II	B	II	D
7 南宋																	
8 元明清																	

Ⅱ式：饼底内凹。

2006SBT5⑧：617，口径18、底径8.2、高6.8厘米（图一二六，7）。

2006SBT5⑧：347，口径16.2、底径8.4、高5.8厘米（图一二六，8）。

Bb型　玉璧底，根据腹、足的变化分为三式。

Ⅰ式：玉璧底较矮，胎粗，厚重。

2006SBT5⑧：398，口径16、底径7.2、高5.4厘米（图一二六，9）。

Ⅱ式：弧腹稍浅。

2006SBT5⑧：706，口径19.6、底径9.2、高5.6厘米（图一二六，10）。

Ⅲ式：斜弧腹稍浅，外口沿下凹槽逐渐消失，演变成一道折肩痕。

2006SBT5⑧：394，口径16.6、底径7.6、高7.4厘米（图一二六，11）。

C型　侈口，弧腹，足墙外撇，底沿斜削。根据底部的不同分为两式。

Ⅰ式：饼底内凹。

2006SBT5⑧：662，口径18.6、底径8.6、高5.8厘米（图一二六，12）。

Ⅱ式：玉璧底。

2006SBT5⑧：553，口径13.4、底径4.8、高4.3厘米（图一二六，13）。

2006SBT5⑧：665，口径18.8、底径8.2、高6厘米（图一二六，14）。

乙类　器内外有明显的支钉痕，数量较多，多灰色胎。根据器物制作粗细情况分为两型。

A型　制作规整，敞口，圆唇、尖圆唇，斜直腹，玉璧底。灰色胎，胎质细腻。根据器形大小分为两亚型。

Aa型　口径稍小，14～15厘米。根据腹的差异分为两式。

Ⅰ式：斜直腹稍深。

2006SBT5⑧：844，口径14.8、底径5.8、高5.3厘米（图一二六，15）。

　　Ⅱ式：斜直腹稍浅。

2006SBT5⑧：188，口径14.8、底径6、高4.1厘米（图一二六，16）。

T2006SB5⑧：340，口径14.6、底径5.8、高4.1厘米（图一二六，17）。

Ab型　口径稍大，20厘米以上，内外底均有较多的小支钉痕。

2006SBT5⑧：489，口径23、底径11、高7.5厘米（图一二六，18）。

2006SBT5⑧：513，口径21.4、底径10、高6.7厘米（图一二六，19）。

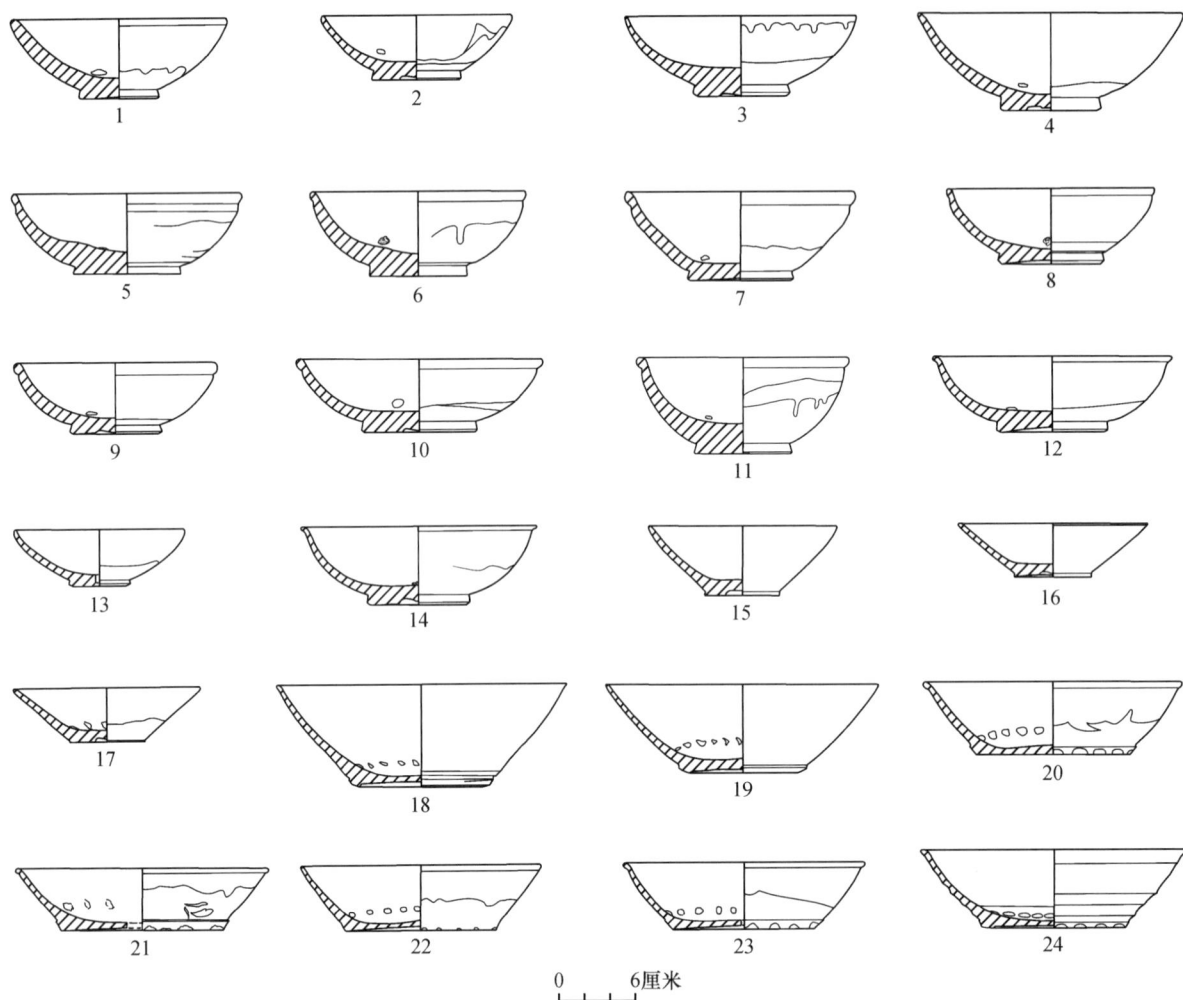

0　　　　6厘米

图一二六　青釉碗

1.甲类A型Ⅰ式（2006SBT5⑧：12）　　2、3.甲类A型Ⅱ式（2006SBT5⑧：308、2006SBT5⑦：23）　4.甲类A型Ⅲ（2006SBT5⑧：224）
5、6.甲类Ba型Ⅰ式（2006SBT5⑧：176、2006SBT5⑧：329）　7、8.甲类Ba型Ⅱ式（2006SBT5⑧：617、2006SBT5⑧：347）
9.甲类Bb型Ⅰ式（2006SBT5⑧：398）　10.甲类Bb型Ⅱ式（2006SBT5⑧：706）　11.甲类Bb型Ⅲ式（2006SBT5⑧：394）
12.甲类C型Ⅰ式（2006SBT5⑧：662）　13、14.甲类C型Ⅱ式（2006SBT5⑧：553、2006SBT5⑧：665）　15.乙类Aa
型Ⅰ式（2006SBT5⑧：844）　16、17.乙类Aa型Ⅱ式（2006SBT5⑧：188、2006SBT5⑧：340）　18、19.乙类Ab型
（2006SBT5⑧：489、2006SBT5⑧：513）　20、21.乙类Ba型Ⅰ式（2006SBT5⑧：412、2006SBT5⑧：795）　22、23.乙类Ba型
Ⅱ式（2006SBT5⑧：429、2006SBT5⑧：672）　24.乙类Ba型Ⅲ式（2006SBT5⑥：42）

B型　制作稍粗糙，支钉痕粗大，多灰色胎，施釉不均，多有脱落现象。根据口沿、腹部差异分为三个亚型。

Ba型　敞口，圆唇，根据腹部、底部差异分为三式。

Ⅰ式：斜直腹，平底。

2006SBT5⑧：412，口径20.2、底径12、高5.5厘米（图一二六，20）。

2006SBT5⑧：795，口径20、底径12.8、高4.8厘米（图一二六，21）。

Ⅱ式：斜直腹，平底内凹。

2006SBT5⑧：429，口径18.8、底径12、高5厘米（图一二六，22；图版二四，3）。

2006SBT5⑧：672，口径18.8、底径11、高5.1厘米（图一二六，23）。

Ⅲ式：斜弧腹，矮圈足。

2006SBT5⑥：42，口径20.8、底径11.2、高6厘米（图一二六，24）。

Bb型　侈口，圆唇，根据底部差异分为两式。

Ⅰ式：平底。

2006SBT5⑧：796，口径19、底径11、高5.8厘米（图一二七，1）。

Ⅱ式：平底内凹。

2006SBT5⑧：117，口径19.2、底径11.4、高5.5厘米（图一二七，2）。

2006SBT5⑧：863，口径18.4、底径9.6、高5.8厘米（图一二七，3）。

Bc型　敛口，圆唇，口沿下有一道浅凹槽，平底。

2006SBT5⑧：621，口径26、底径16.2、高7.4厘米（图一二七，4）。

丙类　敞口、敛口，斜弧腹，玉璧底，底沿斜削，灰胎或者黄褐胎，釉面多有开片，有的釉色泛黄。口径与底径比较大。根据整体形态的差异分为两型。

A型　敞口、敛口，斜弧腹，器形稍小，接近于盏。根据口沿差异分为两亚型。

Aa型　口微敛。

2006SBT5⑧：241，口径14.6、底径5.8、高5.4厘米（图一二七，5）。

2006SBT5⑧：294，口径13.2、底径4.6、高4.6厘米（图一二七，6）。

2006SBT5⑧：814，口径13.4、底径5.4、高5.3厘米（图一二七，7）。

Ab型　敞口。

2006SBT5⑧：635，口径12.8、底径4.4、高4.3厘米（图一二七，8）。

2006SBT5⑧：643，口径12.8、底径4.2、高4.5厘米（图一二七，9）。

B型　敞口，圆唇，斜弧腹较深，器形较大。

2006SBT5⑧：445，口径20、底径6.8、高8.2厘米（图一二七，10）。

2006SBT5⑧：482，口径18.4、底径6、高7.9厘米（图一二七，11）。

丁类　圈足，不同于甲、乙、丙类。根据口沿、腹部及底部的不同分为四型。

A型　高圈足，器表施青釉偏白到下腹部，根据口底的变化分为两亚型。

Aa型　口微敛，尖圆唇，口沿下有一周浅凹槽，深弧腹，根据圈足的变化分为两式。

Ⅰ式：矮圈足稍内收，足尖稍尖。

2006SBT5⑧：169，口径14、底径7.2、高4.6厘米（图一二七，12）。

Ⅱ式：圈足较高且外撇。

2006SBT5⑧：170，口径17.8、底径9、高6.6厘米（图一二七，13）。

Ab型　敞口，圆唇，弧腹，圈足，口沿处稍厚。根据口、底的变化分两式。

Ⅰ式：厚唇，圈足稍矮。

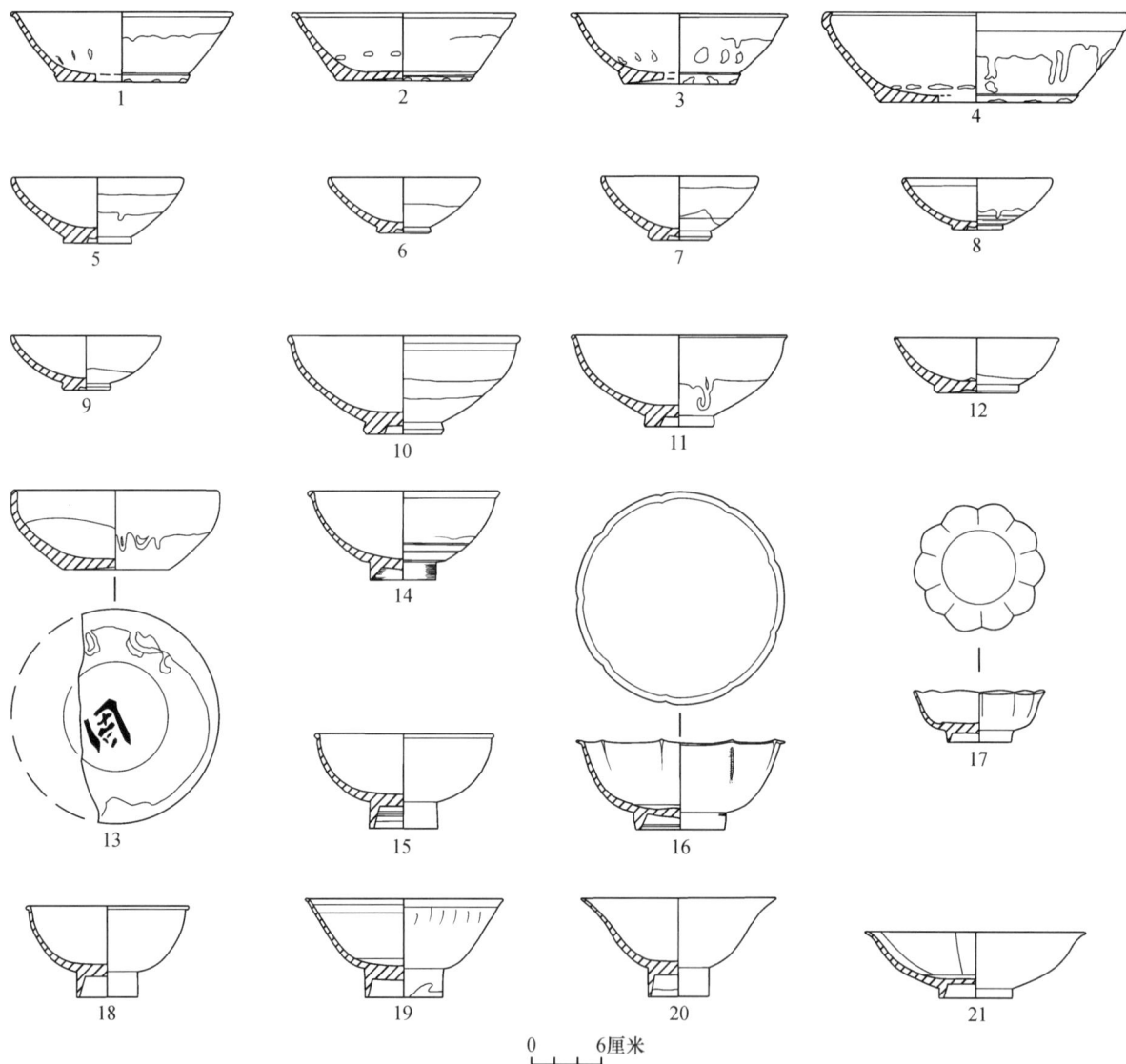

图一二七　青釉碗

1. 乙类Bb型Ⅰ式（2006SBT5⑧：796）　2、3. 乙类Bb型Ⅱ式（2006SBT5⑧：117、2006SBT5⑧：863）　4. 乙类Bc型（2006SBT5⑧：621）　5～7. 丙类Aa型（2006SBT5⑧：241、2006SBT5⑧：294、2006SBT5⑧：814）　8、9. 丙类Ab型（2006SBT5⑧：635、2006SBT5⑧：643）　10、11. 丙类B型（2006SBT5⑧：445、2006SBT5⑧：482）　12. 丁类Aa型Ⅰ式（2006SBT5⑧：169）　13. 丁类Aa型Ⅱ式（2006SBT5⑧：170）　14. 丁类Ab型Ⅰ式（2006SBT5⑦：69）　15、18. 丁类Ab型Ⅱ式（2006SBT5⑤：20、2006SBT5⑤：23）　16. 丁类C型Ⅰ式（2006SBT5⑦：111）　17. 丁类C型Ⅱ式（2006SBT5⑤：34）　19、20. 丁类B型（2006SBT5⑤：9、2006SBT5⑤：25）　21. 丁类D型（2006SBT5⑦：153）

2006SBT5⑦：69，口径16.6、底径5.6、高7.4厘米（图一二七，14）。

Ⅱ式：口沿微卷，圈足稍高。

2006SBT5⑤：20，口径15.4、底径5.8、高7.8厘米（图一二七，15）。

2006SBT5⑤：23，口径14、底径5.2、高7.6厘米（图一二七，18；图版二七，6）。

B型　敞口，圆唇，高圈足。

2006SBT5⑤：9，口径17、底径6.6、高8.2厘米（图一二七，19）。

2006SBT5⑤：25，口径16.6、底径5.2、高8.2厘米（图一二七，20）。

C型　花口，高圈足。根据口沿、腹部的变化分为两式。

Ⅰ式：花口幅度较小，口微侈，斜弧腹。

2006SBT5⑦：111，口径17.6、底径7.6、高7.4厘米（图一二七，16）。

Ⅱ式：花口幅度大，敞口，弧腹，底较平。

2006SBT5⑤：34，口径11、底径5.4、高4.3厘米（图一二七，17）。

D型　敞口，斜弧腹稍浅，圈足稍矮，内壁有凸棱。

2006SBT5⑦：153，口径18.8、底径6.2、高5.5厘米（图一二七，21）。

2. 小碗、盏

根据口沿及底部的差异分为二型（表三）。

A型　敞口，圆唇，斜弧腹，饼底，器形厚重，胎粗。根据口沿、底部的不同分为两亚型。

Aa型　斜弧腹稍浅，器底较厚，平底，底面较粗糙。

2006SBT5⑧：406，口径11.2、底径5、高3.9厘米（图一二八，1）。

2006SBT5⑧：598，口径11.4、底径5.4、高3.6厘米（图一二八，2）。

Ab型　饼底外撇，底沿斜削。

2006SBT5⑧：520，口径10.8、底径4.8、高3.9厘米（图一二八，3）。

B型　厚唇，圈足，根据口部的不同分为三亚型。

Ba型　侈口，根据器底的不同分为两式。

Ⅰ式：圈足。

2006SBT5⑦：155，口径11.8、底径4、高5.2厘米（图一二八，4）。

Ⅱ式：隐圈足。

2006SBT5⑦：179，口径12、底径3.8、高5厘米（图一二八，5）。

Bb型　敞口，斜腹，矮圈足，底沿斜削。

2006SBT5⑦：63，口径12.8、底径3.4、高5.9厘米（图一二八，6）。

2006SBT5⑦：64，口径12.4、底径4、高4.8厘米（图一二八，7）。

Bc型　敞口，厚唇，斜腹，矮圈足外撇。

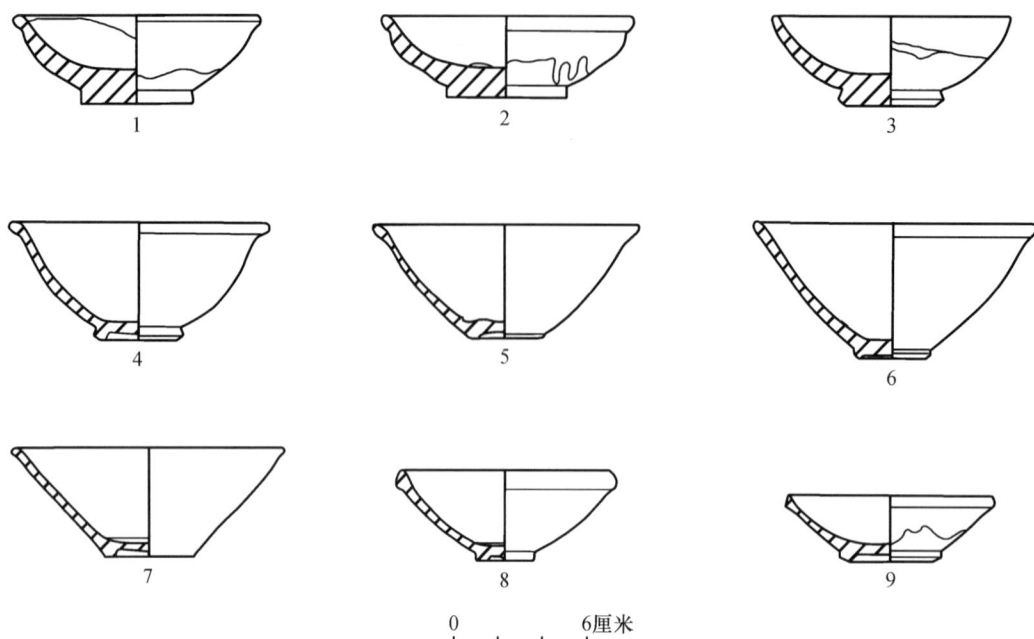

图一二八　青釉盏

1、2. Aa型（2006SBT5⑧：406、2006SBT5⑧：598）　3. Ab型（2006SBT5⑧：520）　4. Ba型Ⅰ式（2006SBT5⑦：155）
5. Ba型Ⅱ式（2006SBT5⑦：179）　6、7. Bb型（2006SBT5⑦：63、2006SBT5⑦：64）　8、9. Bc型（2006SBT5⑦：161、
2006SBT5⑦：219）

2006SBT5⑦：161，口径10、底径4、高3厘米（图一二八，8）。

2006SBT5⑦：219，口径9.4、底径4.6、高2.9厘米（图一二八，9）。

3. 钵

根据整体形态的差异分为两型（表三）。

A型　平底或平底内凹，斜折腹，内外底支钉痕较多且明显，内外均施半釉。根据口、腹等差异分为四亚型。

Aa型　敛口，根据底部的变化分为两式。

Ⅰ式：平底。

2006SBT5⑧：258，口径18.6、底径9、高5.8～6厘米（图一二九，1）。

Ⅱ式：平底内凹。

2006SBT5⑧：655，口径16.8、底径7.4、高6厘米（图一二九，2）。

2006SBT5⑧：763，口径19、底径9.6、高5.5厘米（图一二九，3）。

Ab型　直口，平底内凹。

2006SBT5⑧：51，口径19.4、底径8.4、高5.7厘米（图一二九，4）。

2006SBT5⑧：89，口径13.6、底径6.4、高4.6厘米（图一二九，5）。

Ac型　敞口，根据腹部变化分为两式。

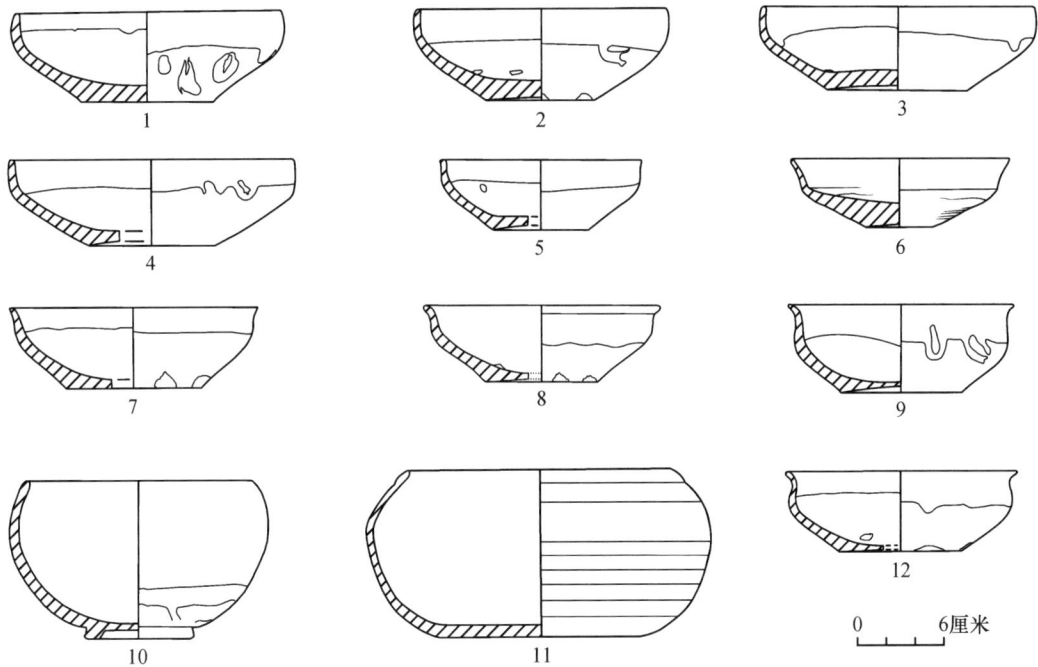

图一二九　青釉钵

1. Aa型Ⅰ式（2006SBT5⑧：258）　　2、3. Aa型Ⅱ式（2006SBT5⑧：655、2006SBT5⑧：763）　　4、5. Ab型Ⅰ式
（2006SBT5⑧：51、2006SBT5⑧：89）　　6. Ac型Ⅰ式（2006SBT5⑧：675）　　7. Ac型Ⅱ式（2006SBT5⑧：196）
8. Ad型Ⅰ式（2006SBT5⑧：178）　　9、12. Ad型Ⅱ式（2006SBT5⑧：32、2006SBT5⑧：828）　　10. Ba型（2006SBT5⑧：93）
11. Bb型（2006SBT5⑧：775）

Ⅰ式：折腹，小平底内凹。

2006SBT5⑧：675，口径15、底径4.6、高4.5厘米（图一二九，6）。

Ⅱ式：斜弧腹，平底。

2006SBT5⑧：196，口径16.8、底径9.2、高5.3厘米（图一二九，7）。

Ad型　侈口，平底内凹，根据腹部的变化分为两式。

Ⅰ式：斜弧腹。

2006SBT5⑧：178，口径16、底径7.6、高5.1厘米（图一二九，8）。

Ⅱ式：斜弧腹，腹微鼓。

2006SBT5⑧：32，口径15.6、底径8.4、高5.8厘米（图一二九，9）。

2006SBT5⑧：828，口径16、底径8.4、高5.3厘米（图一二九，12）。

B型　敛口，鼓腹，整体形态呈扁圆形，根据底部的不同分为两亚型。

Ba型　矮圈足稍外撇。

2006SBT5⑧：93，口径15.6、底径7.4、高10.5厘米（图一二九，10）。

Bb型　平底。

2006SBT5⑧：755，口径17.6、底径13.6、高11.1厘米（图一二九，11；图版三〇，1）。

4. 执壶

器形大致可以分为三型（表三）。

A型　直口，短束颈，微鼓腹，平底略内凹，口沿下有一周凸棱，根据腹部差异分两式。

Ⅰ式：口沿下凸棱较明显，最大腹径在上腹部。

2006SBT5⑧：425，口径8.4、通径16.8、底径9.8、高23厘米（图一三〇，1）。

Ⅱ式：凸棱变缓，最大腹径下移。

2006SBT5⑧：563，口径9.3、腹径17.2、底径10.2、高22.1厘米（图一三〇，2）。

B型　侈口，卷沿，长颈，瓜棱腹。分两式。

Ⅰ式：宽平沿，斜颈，短流，平底内凹。

2006SBT5⑧：199，口径7.4、通径10.4、底径8.4、高16.8厘米（图一三〇，3）。

Ⅱ式：沿微卷，微束颈，流变长，圈足。

2006SBT5⑧：385，口径9.2、腹径12.4、底径7.6、高19.5厘米（图一三〇，4；图版三四，4）。

C型　侈口，竖颈，弧腹，宽平底。腹部有褐彩等装饰。

2006SBT5⑧：903，口径9.8、腹径14、底径11.4、高19.4厘米（图一三〇，5）。

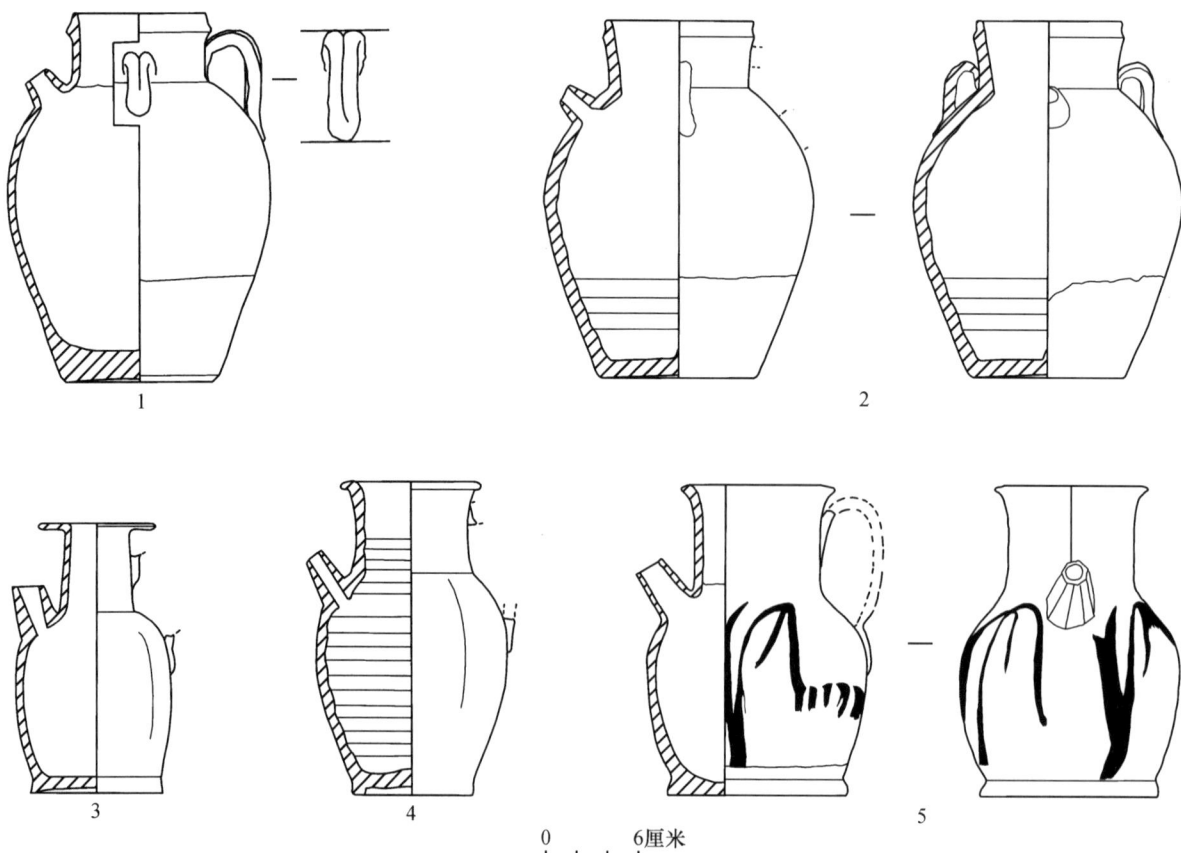

0 　 6厘米

图一三〇　青釉执壶

1. A型Ⅰ式（2006SBT5⑧：425）　2. A型Ⅱ式（2006SBT5⑧：563）　3. B型Ⅰ式（2006SBT5⑧：199）
4. B型Ⅱ式（2006SBT5⑧：385）　5. C型（2006SBT5⑧：903）

表三　青釉盏、钵、执壶分期型式表

期别		盏					钵						执壶		
	器类 型式	A型		B型			A型				B型		A型	B型	C型
		Aa	Ab	Ba	Bb	Bc	Aa	Ab	Ac	Ad	Ba	Bb			
1	唐早														
2	唐中	Aa	Ab				I		I	I	Ba	Bb	I		C
3	唐晚						II	Ab	II	II			I II	I	
4	五代													II	
5	北宋早														
6	北宋晚			I II	Bb	Bc									
7	南宋														
8	元														
9	明清														

（三）白釉器类

1. 碗

白釉碗形式多样，各层均有出现，年代跨度大，所以总体上形式划分比较多。

A型　圆唇，饼形底，外沿斜削，内底多有支钉痕。根据口、腹及底部差异分为四亚型。

Aa型　敞口，斜弧腹。根据底部的变化分为两式。

Ⅰ式：饼形底较平。

2006SBT5⑧：152，口径19.4、底径8、高6.2厘米（图一三一，1）。

2006SBT5⑧：274，口径18、底径6.1、高7.8厘米（图一三一，2；图版一一，4）。

Ⅱ式：饼形底内凹。

2006SBT5⑧：232，口径18、底径10、高5.7厘米（图一三一，3；图版一一，3）。

2006SBT5⑧：397，口径13.8、底径6.2、高4.7厘米（图一三一，4）。

Ab型　敞口，斜腹，饼形底内凹，内底较平。

2006SBT5⑧：433，口径19.4、底径7.6、高6.2厘米（图一三一，5）。

Ac型　敞口，深弧腹，宽平底内凹。

2006SBT5⑧：653，口径18.8、底径11.8、高7.1厘米（图一三一，6）。

Ad型　敛口。

2006SBT5⑦：124，口径12.4、底径6、高4.2厘米（图一三一，7）。

B型　敞口，圆唇，玉璧形底，唇与腹的厚度相近，根据腹部的差异分二亚型。

Ba型　斜腹，根据唇部变化分为两式。

Ⅰ式：唇部较厚。

2006SBT5⑧：853，口径13、底径6.4、高4厘米（图一三一，8）。

2006SBT5⑧：869，口径14.4、底径8、高3.8厘米（图一三一，9）。

Ⅱ式：唇部较薄。

2006SBT5⑧：277，口径16、底径8.8、高3.6厘米（图一三一，10）。

2006SBT5⑧：859，口径14.4、底径7.6、高3.8厘米（图一三一，11）。

Bb型　斜弧腹，底沿外撇。

2006SBT5⑧：319，口径15.8、底径8.4、高4.7厘米（图一三一，12）。

2006SBT5⑧：436，口径16、底径8.2、高4.4厘米（图一三一，13）。

C型　花口，根据腹部、底部的差异分为两亚型。

Ca型　敞口，圆唇，玉璧形底，底沿斜削。根据腹部的变化分为两式。

Ⅰ式：斜腹。

2006SBT5⑧：443，口径13.2、底径8、高3.8厘米（图一三一，14）。

2006SBT5⑧：448，口径14、底径6.8、高4厘米（图一三一，15）。

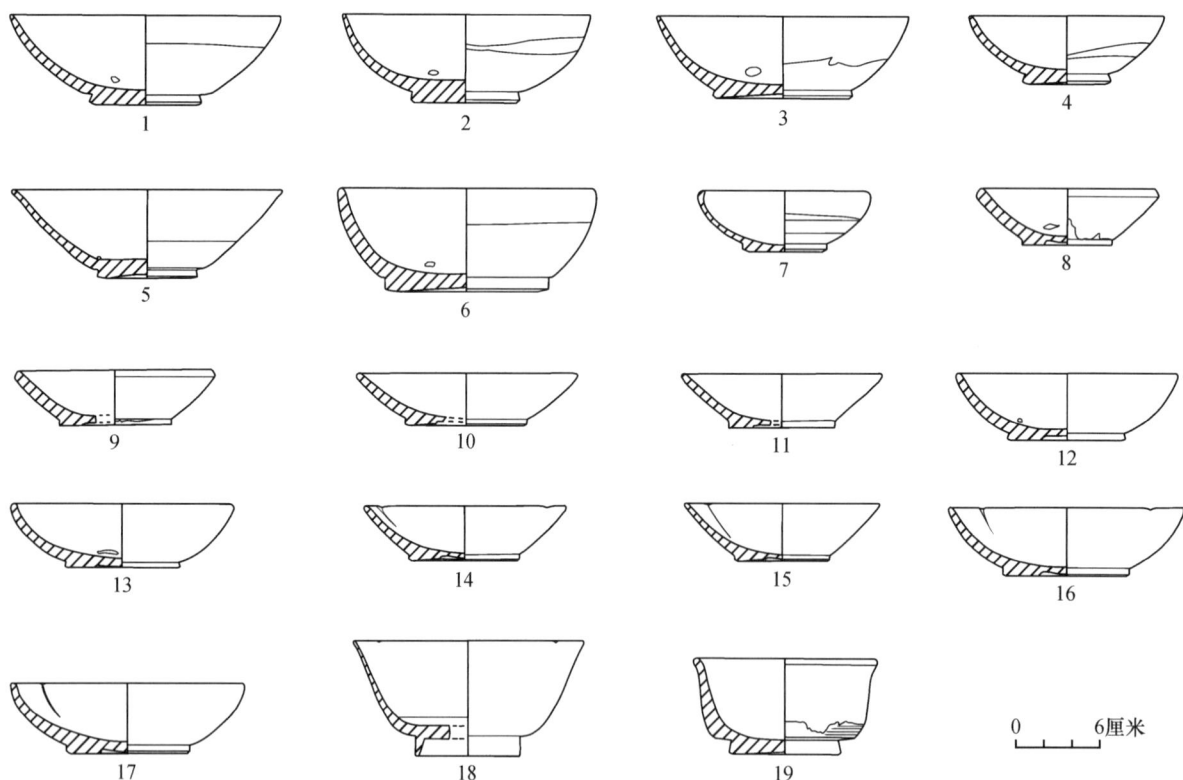

图一三一　白釉碗

1、2. Aa型Ⅰ式（2006SBT5⑧：152、2006SBT5⑧：274）　3、4. Aa型Ⅱ式（2006SBT5⑧：232、2006SBT5⑧：397）　5. Ab型（2006SBT5⑧：433）　6. Ac型（2006SBT5⑧：653）　7. Ad型（2006SBT5⑦：124）　8、9. Ba型Ⅰ式（2006SBT5⑧：853、2006SBT5⑧：869）　10、11. Ba型Ⅱ式（2006SBT5⑧：277、2006SBT5⑧：859）　12、13. Bb型（2006SBT5⑧：319、2006SBT5⑧：436）　14、15. Ca型Ⅰ式（2006SBT5⑧：443、2006SBT5⑧：448）　16、17. Ca型Ⅱ式（2006SBT5⑧：98、2006SBT5⑧：460）　18. Cb型（2006SBT5⑤：55）　19. Da型Ⅰ式（2006SBT5⑧：287）

Ⅱ式：斜弧腹。

2006SBT5⑧：98，口径16.8、底径9、高4.8厘米（图一三一，16）。

2006SBT5⑧：460，口径16.8、底径8.8、高4.9厘米（图一三一，17）。

Cb型　斜弧腹，高圈足。

2006SBT5⑤：55，口径16.8、底径7.6、高8厘米（图一三一，18）。

D型　深弧腹，下腹微折。根据口沿差异分为两亚型。

Da型　敞口，圆唇，弧腹。根据底部的变化分为两式。

Ⅰ式：饼形底内凹。

2006SBT5⑧：287，口径13.2、底径8、高6.7厘米（图一三一，19）。

Ⅱ式：矮圈足外撇。

2006SBT5⑥：48，口径15.6、底径8.8、高8.1厘米（图一三二，1）。

Db型　花口，矮圈足外撇。

2006SBT5⑧：171，口径16、底径7.8、高7.9厘米（图一三二，2；图版一二，2）。

E型　敞口，凸唇，近斜腹，矮圈足，底沿斜削。

2006SBT5⑦：200，口径16、底径7.4、高4.8厘米（图一三二，3）。

2006SBT5⑥：1，口径14.4、底径6.2、高4.4厘米（图一三二，4）。

2006SBT5⑥：6，口径14.7、底径6.1、高4.3厘米（图一三二，5）。

2006SBT5⑥：14，口径14.8、底径6.4、高4.6厘米（图一三二，6）。

F型　敞口，圆唇，斜弧腹，矮圈足，底沿斜削，胎稍粗。根据口部、底部的变化分为两式。

Ⅰ式：矮圈足外撇。

2006SBT5⑦：80，口径19.2、底径8、高6厘米（图一三二，7）。

2006SBT5⑦：85，口径19、底径7.8、高5.8厘米（图一三二，8）。

Ⅱ式：口微侈，足墙变高。

2006SBT5⑥：50，口径18.8、底径7.2、高6厘米（图一三二，9）。

2006SBT5⑥：65，口径20.4、底径8、高6.5厘米（图一三二，10）。

G型　弧腹，高圈足，根据口沿差异分为三亚型。

Ga型　侈口，根据圈足的变化分为两式。

Ⅰ式：圈足稍矮。

2006SBT5⑦：66，口径15.4、底径6.4、高6.6厘米（图一三二，11）。

2006SBT5⑦：112，口径15.8、底径4.6、高6.4厘米（图一三二，12）。

Ⅱ式：圈足变高，外撇。

2006SBT5⑦：120，口径16、底径5.8、高8厘米（图一三二，13）。

2006SBT5⑦：137，口径15.6、底径6.2、高7.6厘米（图一三二，14）。

Gb型　侈口，卷沿，根据沿、足的变化分为三式。

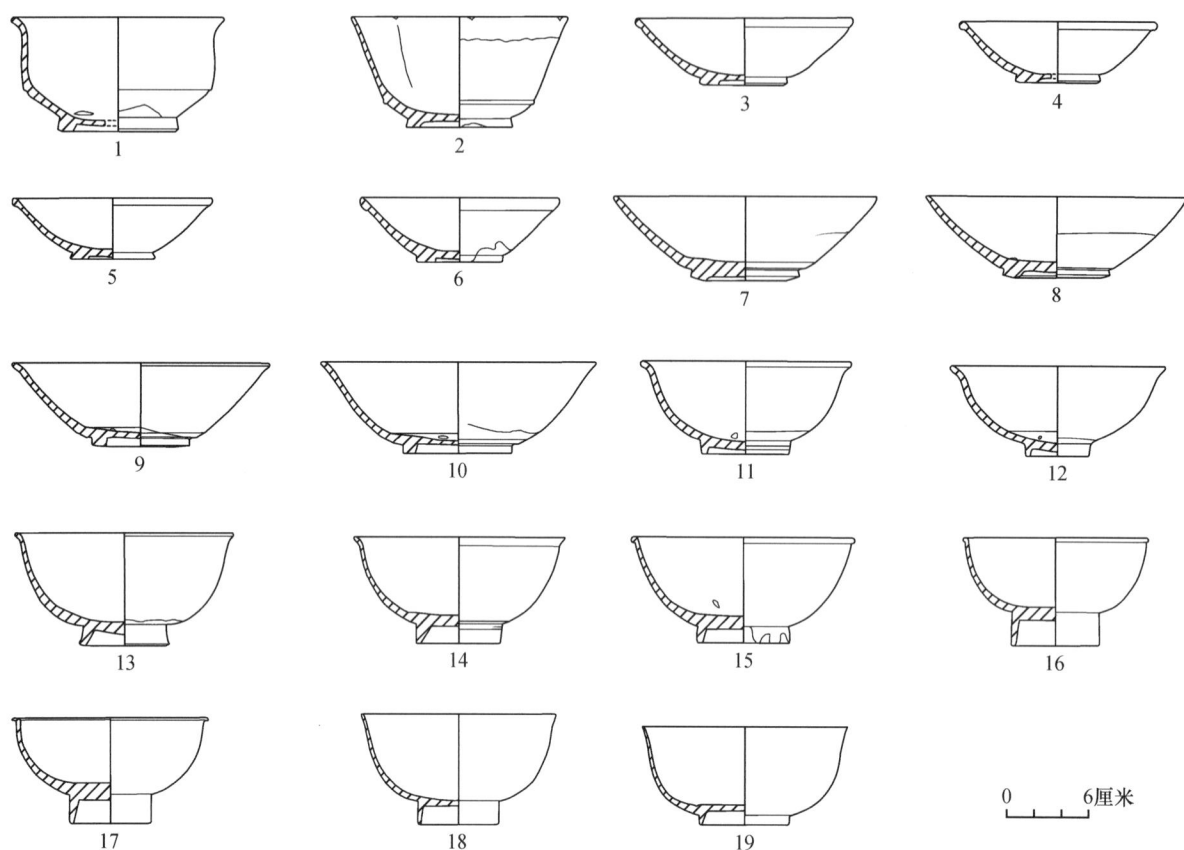

图一三二　白釉碗

1. Da型Ⅱ式（2006SBT5⑥：48）　2. Db型（2006SBT5⑧：171）　3～6. E型（2006SBT5⑦：200、2006SBT5⑥：1、2006SBT5⑥：6、2006SBT5⑥：14）　7、8. F型Ⅰ式（2006SBT5⑦：80、2006SBT5⑦：85）　9、10. F型Ⅱ式（2006SBT5⑥：50、2006SBT5⑥：65）

11、12. Ga型Ⅰ式（2006SBT5⑦：66、2006SBT5⑦：112）　13、14. Ga型Ⅱ式（2006SBT5⑦：120、2006SBT5⑦：137）

15. Gb型Ⅰ式（2006SBT5⑦：65）　16. Gb型Ⅱ式（2006SBT5⑤：31）　17. Gb型Ⅲ式（2006SBT5⑤：5）　18. Gc型Ⅰ式（2006SBT5⑥：61）　19. Gc型Ⅱ式（2006SBT5⑤：30）

Ⅰ式：沿微卷，圈足稍矮。

2006SBT5⑦：65，口径16.4、底径6.8、高7.5厘米（图一三二，15）。

Ⅱ式：沿微卷，圈足变高。

2006SBT5⑤：31，口径13.6、底径6.4、高7.7厘米（图一三二，16；图版一二，5）。

Ⅲ式：卷平沿，较薄，高圈足。

T2006SBT5⑤：5，口径14.4、底径6、高7.5厘米（图一三二，17）。

Gc型　敞口，根据腹部、足部的变化分为两式。

Ⅰ式：腹部弧度小，高圈足。

2006SBT5⑥：61，口径14.4、底径6、高7.9厘米（图一三二，18；图版一二，4）。

Ⅱ式：腹部弧度大，内腹部有一周凹线。

2006SBT5⑤：30，口径15、底径6.6、高7厘米（图一三二，19）。

表四　白釉碗分期型式表

期别	器类 型式	A型				B型		C型		D型		E型	F型	G型		
		Aa	Ab	Ac	Ad	Ba	Bb	Ca	Cb	Da	Db			Ga	Gb	Gc
1	唐早															
2	唐中	Ⅰ	Ab	Ac		Ⅰ、Ⅱ	Bb									
3	唐晚	Ⅱ			Ad			Ⅰ、Ⅱ		Ⅰ	Db					
4	五代											E				
5	北宋早												Ⅰ	Ⅰ	Ⅰ	Ⅰ
6	北宋晚								Ⅱ				Ⅱ	Ⅱ	Ⅱ Ⅲ	Ⅱ
7	南宋金								Cb							
8	元															
9	明清															

2. 盏

A型　圆唇，斜弧腹，饼形底，胎粗。根据口部变化分为两亚型。

Aa型　敞口。

2006SBT5⑧：792，口径9、底径4、高3.4厘米（图一三三，1；图版一三，3）。

Ab型　敛口。

2006SBT5①：21，口径7.6、底径3.6、高3.1厘米（图一三三，2）。

B型　敞口，斜弧腹，玉璧形底。

2006SBT5⑧：710，口径13、底径3.5、高6.8厘米（图一三三，3；图版一三，4）。

C型　圆唇，斜弧腹，圈足，根据口部的差异分为三亚型。

Ca型　敞口，圈足外撇，底沿斜削，根据圈足的变化分为两式。

Ⅰ式：矮圈足外撇。

2006SBT5⑦：97，口径12、底径5.2、高3.5厘米（图一三三，4；图版一三，2）。

2006SBT5⑦：89，口径12、底径4.9、高3.5厘米（图一三三，5）。

2006SBT5⑦：166，口径12、底径5、高3.6厘米（图一三三，6）。

Ⅱ式：圈足变高。

2006SBT5⑦：81，口径11.4、底径4.1、高4.2厘米（图一三三，7）。

Cb型　厚唇，斜腹。根据口部变化分为两式。

Ⅰ式：厚唇明显。

2006SBT5⑦：227，口径9.4、底径3.8、高2.7厘米（图一三三，8）。

Ⅱ式：口微侈。

2006SBT5⑦：213，口径13.6、底径5.8、高4.2厘米（图一三三，9）。

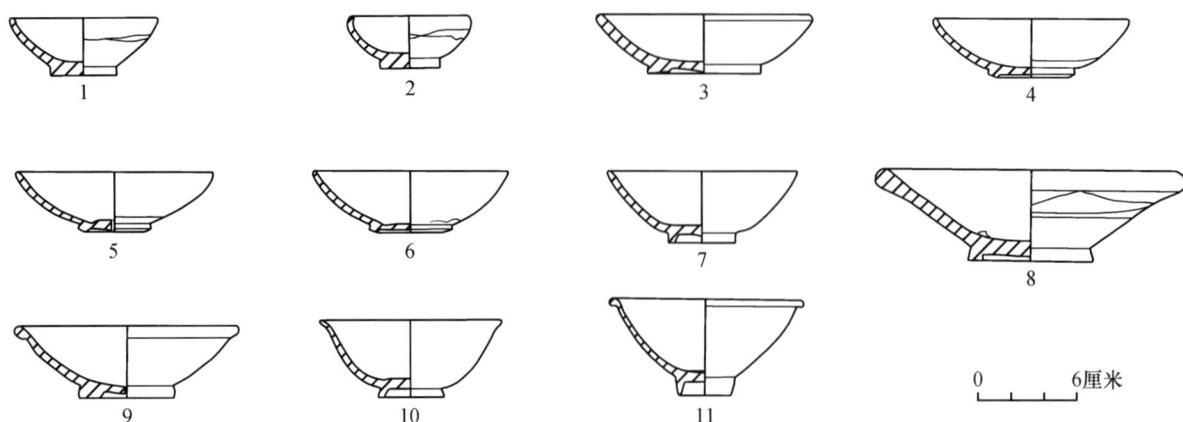

图一三三　白釉盏

1. Aa型（2006SBT5⑧：792）　2. Ab型（2006SBT5①：21）　3. B型（2006SBT5⑧：710）　4~6. Ca型Ⅰ式（2006SBT5⑦：97、2006SBT5⑦：89、2006SBT5⑦：166）　7. Ca型Ⅱ式（2006SBT5⑦：81）　8. Cb型Ⅰ式（2006SBT5⑦：227）　9. Cb型Ⅱ式（2006SBT5⑦：213）　10. Cc型Ⅰ式（2006SBT5⑦：76）　11. Cc型Ⅱ式（2006SBT5⑤：39）

Cc型　侈口，斜弧腹，深腹，圈足。根据口沿及圈足变化分为两式。

Ⅰ式：圆唇，腹部弧度大，圈足外撇。

2006SBT5⑦：76，口径11.2、底径4、高4.5厘米（图一三三，10）。

Ⅱ式：侈口微卷，厚唇，腹部弧度小，高圈足内收。

2006SBT5⑤：39，口径11.8、底径3.2、高5.7厘米（图一三三，11）。

3. 盆

根据整体形态的差异分两型。

A型　敞口内敛，斜平沿，弧腹，饼形底。根据沿的变化分两式。

Ⅰ式：斜平沿稍窄。

2006SBT5⑧：682，口径11.8、底径3.2、高5.7厘米（图一三四，1）。

2006SBT5⑧：693，口径15、底径12、高8.5厘米（图一三四，2）。

2006SBT5⑧：744，口径20、底径11.8、高8.7厘米（图一三四，3）。

Ⅱ式：斜平沿较宽。

2006SBT5⑧：768，口径15.6、底径10.6、高8.5厘米（图一三四，4）。

B型　敞口，斜弧腹，深腹，矮圈足外撇，上腹部有数道弦纹。

2006SBT5⑧：607，口径27、底径13、高17.7厘米（图一三四，5）。

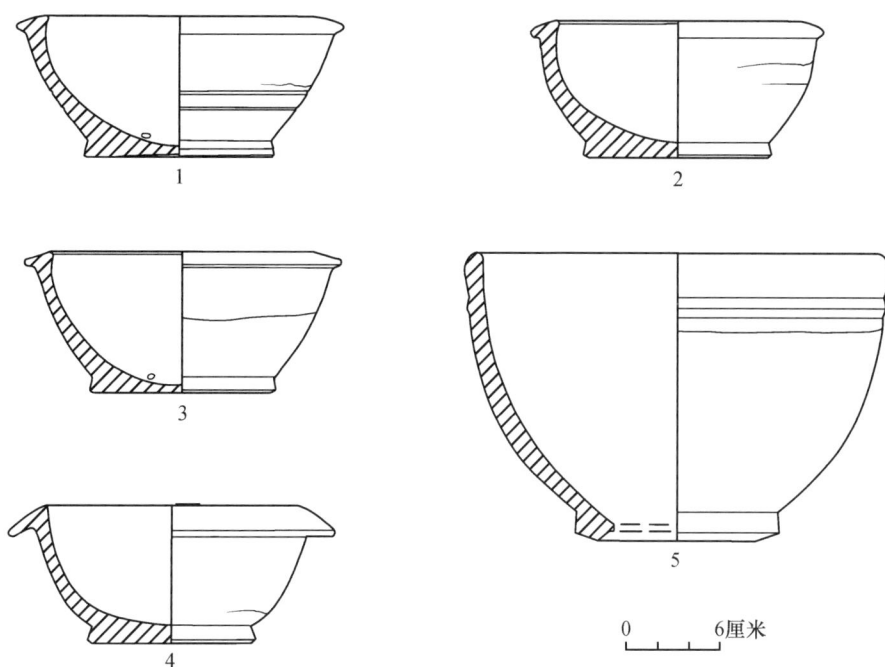

图一三四　白釉盆

1~3.A型Ⅰ式（2006SBT5⑧：682、2006SBT5⑧：693、2006SBT5⑧：744）　4.A型Ⅱ式（2006SBT5⑧：768）

5.B型（2006SBT5⑧：607）

4. 盒

根据整体形态的差异分两型。

A型　子母口，敛口，直腹，平底。根据沿、内底的差异分两亚型。

Aa型　沿内收，底厚度均匀。根据直径、高比例的差异分为两式。

Ⅰ式：直径大，稍矮，整体形态宽扁。

2006SBT5⑧：200，口径8.5、通径9.7、底径7.1、高2.8厘米（图一三五，1）。

Ⅱ式：直径变小，稍高，整体形态浑圆。

2006SBT5⑧：749，通径8、底径5.4、高3.2厘米（图一三五，2）。

Ab型　沿内收较长，内底较厚，内腹弧形较明显。

2006SBT5⑧：820，口径7.4、通径8.2、底径4.4、高3厘米（图一三五，3）。

B型　子母口，敛口，矮圈足。根据腹部差异分为两亚型。

Ba型　直腹。

2006SBT5⑤：8，口径3.5、通径4.4、底径3.2、高3厘米（图一三五，4）。

Bb型　弧腹。

2006SBT5①：64，口径4.8、底径3.6、高4厘米（图一三五，5）。

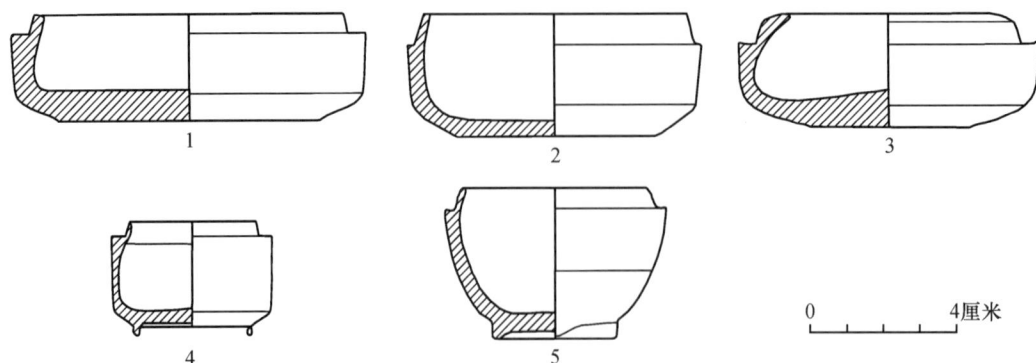

图一三五　白釉盒

1. Aa型Ⅰ式（2006SBT5⑧：200）　2. Aa型Ⅱ式（2006SBT5⑧：749）　3. Ab型（2006SBT5⑧：820）　4. Ba型（2006SBT5⑤：8）
5. Bb型（2006SBT5①：64）

表五　白釉盏、盆、盒分期型式表

期别	型式＼器类	盏						盆		盒			
		A型		B型	C型			A型	B型	A型		B型	
		Aa	Ab		Ca	Cb	Cc			Aa	Ab	Ba	Bb
1	唐早												
2	唐中							Ⅰ	B	Ⅰ			
3	唐晚	Aa	Ab	B				Ⅱ		Ⅱ	Ab		
4	五代												
5	北宋早				Ⅰ	Ⅰ、Ⅱ							
6	北宋晚				Ⅱ		Ⅰ					Ba	Bb
7	南宋金						Ⅱ						
8	元												
9	明清												

二、分　　期

　　根据遗址地层的叠压关系、遗存间的打破关系和典型瓷器的分型变化，可将遗址分为四期九段。

　　第一期的地层是2006SBT5⑨、2006SBT5⑧层，出土遗物较多，可分为四段。

　　第一期一段的典型器物有黄釉、青黄釉碗A型Ⅰ式，青釉碗甲类A型Ⅰ式、Ba型Ⅰ式、C型Ⅰ式，青釉碗乙类Ba型Ⅰ式、Bb型Ⅰ式。

　　第一期二段的典型器物有黄釉、青黄釉碗A型Ⅰ式、A型Ⅱ式、Ba型Ⅰ式、Bb型Ⅰ式、Bb型Ⅱ式、Ca型、Cb型、D型Ⅰ式、E型Ⅰ式、F型Ⅰ式，青釉碗甲类A型Ⅱ式、Ba型Ⅱ式、Bb型Ⅰ式、C型Ⅱ式，青釉碗乙类Aa型Ⅰ式、Ba型Ⅱ式、Bb型Ⅱ式、Bc型，青釉碗丙类Ab型、B

型，青釉盏Aa型、Ab型，青釉钵Aa型Ⅰ式、Ac型Ⅰ式、Ad型Ⅰ式、Ba型、Bb型，青釉执壶A型Ⅰ式、C型，白釉碗Aa型Ⅰ式、Aa型Ⅱ式、Ab型、Ac型、Ba型Ⅰ式、Ba型Ⅱ式、Bb型，白釉盆A型Ⅰ式、B型。

第一期三段的典型器物有黄釉、青黄釉碗Ba型Ⅱ式、Ba型Ⅲ式、D型Ⅱ式、E型Ⅱ式、F型Ⅱ式，青釉碗甲类A型Ⅲ式、Bb型Ⅱ式、Bb型Ⅲ式，青釉碗乙类Aa型Ⅱ式、Ab型、B型Ⅲ式，青釉碗丙类Aa型，青釉钵Aa型Ⅱ式、Ab型、Ac型Ⅱ式、Ad型Ⅱ式，青釉执壶A型Ⅰ式、A型Ⅱ式，白釉碗Aa型Ⅰ式、Aa型Ⅱ式、Ad型、Ca型Ⅰ式、Ca型Ⅱ式、Da型Ⅰ式、Db型、E型，白釉盏Aa型、Ab型、B型，白釉盆A型Ⅱ式，白釉盒Aa型Ⅱ式、Ab型。

第一期四段的典型器物有白釉碗E型，青釉执壶B型Ⅱ式。

第二期的地层是2006SBT5⑦、2006SBT5⑥层，可分为二段。

第二期一段的地层是2006SBT5⑦层。典型器物有青釉碗丁类Aa型Ⅰ式、C型Ⅰ式，白釉碗F型Ⅰ式、F型Ⅱ式、Ga型Ⅰ式、Gb型Ⅰ式、Gc型Ⅰ式，白釉盏CaⅠ式、Cb型Ⅰ式、Cb型Ⅱ式。

第二期二段的地层是2006SBT5⑦、2006SBT5⑥层。典型器物有青釉碗丁类Aa型Ⅱ式、Ab型Ⅰ式、Ab型Ⅱ式、B型、C型Ⅱ式、D型，青釉盏Ba型Ⅰ式、Ba型Ⅱ式、Bb型、Bc型，白釉碗Da型Ⅱ式、F型Ⅰ式、F型Ⅱ式、Ga型Ⅱ式、Gb型Ⅱ式、Gb型Ⅲ式、Gc型Ⅱ式，白釉盏Ca型Ⅱ式、Cc型Ⅰ式，白釉盒Ba型、Bb型。

第三期的地层是2006SBT5⑤、2006SBT5④层。典型器物有白釉碗Cb型、白釉盏Cc型Ⅱ式，并有一部分白釉印划花瓷器，白釉褐彩瓷器开始出现。

第四期的地层是2006SBT5③、2006SBT5②层。器物较少，各段时期的遗物皆夹杂其中，新出现内白外酱釉、钧釉、红绿彩等瓷器。

三、年　代

第一期一段的器物以青釉、青黄釉为主，器形主要为碗和盏，胎体比较厚重，胎质较粗糙，夹杂有砂粒，皆是饼形底。这期的碗与安徽寿州窑、萧窑唐代早期的碗比较类似。时代应在唐代早期。

第一期二段遗物比较丰富，仍然以青釉、青黄釉、黄釉为主，器形以碗、钵为主，胎体厚重的饼形底碗仍有一定数量，玉璧形底碗开始出现。钵以青釉为主，另有少量的酱釉，这与安徽宣州窑及江苏南部的一些唐代瓷钵类似，年代大致在唐代中期。乙类青釉碗胎质较细腻，以灰胎为主，器内外有较多的支钉痕，Aa型青釉碗与浙江越窑唐代青釉碗相似，乙类B型青釉碗亦是与越窑系产品类似。丙类A型青釉碗胎质稍细，釉色偏黄，釉面有细小开片，这种碗与长沙窑系产品类似，C型青釉执壶也是长沙窑系的典型器物。还出土了一些白釉瓷器，器形以碗为主，大多玉璧形底。Ba型碗与河北邢窑出土的唐代中期白釉碗较为类似。出土一些三彩器，器形多样，其中以炉稍多，应是唐代黄堡窑或巩县窑的产品。由此推断，这一段的年代应是唐代中期。

第一期三段黄釉碗依然存在，以玉璧底为主，开始出现圈足。白釉玉璧底碗、盏仍有一定数量，足脊开始变窄，胎质变细腻，并开始出现白釉花口碗。均具有唐代晚期瓷器特征。这一段的年代应是唐代晚期。

第一期四段的遗物比较少。以白釉器为主，基本为圈足。E型白釉碗与淮北柳孜E型二式、邢台临城祁村窑出土的Aa型XV式碗相似。这一段的年代应为五代时期。

第二期一段的器物较多，以青釉和青白釉为主，寿州窑、萧窑的黄釉器数量急剧变少，黑釉和酱釉瓷器也开始较多出现。新出现印划花瓷器。出土的Ga型、Gb型、Gc型白釉碗与萧县白土窑北宋白釉碗基本类似。出土的青白釉碗与江西景德镇湖田窑北宋早期青白釉碗类似。判断这一段的年代应为北宋早期。

第二期二段的器物出土较多。这一段的瓷器类型及种类较前一段丰富，器形仍以碗为主，盏的数量开始变多。一些器形较小的器物开始出现，例如绿釉小罐、酱釉小壶等。黑釉和青白釉瓷器数量也增多，并出土了大量铜钱，铜钱年代涵盖整个北宋，其中2006SBT5⑥层出土的年代最晚的是宋徽宗时期铸造的大观通宝。这一段的年代应为北宋晚期。

第三期的器物出土比较少。这一期基本延续了第二期二段的釉色和器形。白釉、青白釉碗以高圈足居多，胎体较薄，釉面光滑，器物有墨书文字。出土的白釉印花碟与金代定窑产品相似。出土的铜钱基本属于北宋时期。这一期的年代应为南宋时期。

第四期的器物出土较少，应与运河的废弃有直接关系。瓷器种类多样，数量较均衡，未出现某种器物繁多的情况。新出现了红绿彩、钧釉瓷器，并有一定的涩圈瓷器。地层堆积中出现了青花瓷片。这一期的年代应是运河废弃后的元至明清时期。

第六章　出土动物骨骼研究

此次整理的动物骨骼均出自于2006SBT5⑧层，年代属于唐代。但是，由于发掘年代较早，骨骼均为手工采集所得，绝大多数动物骨骼体积大、较为完整。受当时发掘条件等限制，难以辨别是原地沉积还是流水搬运沉积，并且样品量太少，无法对相关问题开展讨论，因此仅做了基本的种属鉴定、尺寸测量、数量统计、痕迹观察、死亡年龄推断等。动物种属的鉴定主要是通过与现生动物骨骼标本以及动物骨骼图谱进行比对，主要参考的图谱有《动物骨骼图谱》[①]、《考古遗址出土动物骨骼图谱》[②]和《哺乳动物骨骼和牙齿鉴定方法指南》[③]；完整骨骼和牙齿测量参照《考古遗址出土动物骨骼测量指南》[④]。

经鉴定，这批动物骨骼所包含的种属有家猪、山羊、梅花鹿、黄牛、水牛、马、驴、骡，下面分别对各类动物种属的典型标本进行介绍。

1. 猪

仅2件，均为下颌。2006SBT5⑧：1为猪的下颌，保留右侧牙齿$I_1-I_2+I_3$（孔）$-C$（孔），左侧牙齿$I_1-I_2+I_3$（孔）$-P_1$（孔）$+P_2$（碎）$-P_4+M_1$（碎）$+M_2-M_3$。P_4长11.97、宽8.14毫米。M_3长31.21、宽13.64毫米。根据Grant的猪牙齿磨耗标准，P_4磨耗级别为g，M_2为l，M_3为e-f，推断死亡年龄超过3岁。根据犬齿孔的形态推断为雌性（图一三六，1）。

2006SBT5⑧：2为猪的右侧下颌，保存牙齿情况为：I_3（孔）$+C+P_1-P_3$（孔）$+P_4-M_3$。各牙齿的测量值为：P_4长12.85、宽8.64毫米；M_1长15.17、前叶宽9.73、后叶宽10.55毫米；M_2长20.5、前叶宽13.3、后叶宽13.62毫米。各牙齿的磨耗级别为P_4：c；M_1：e；M_2：c；M_3：v（齿冠可见于齿槽中，尚未萌出），推断死亡年龄为1岁左右。根据犬齿形态推断为雌性（图一三六，2）。

① （瑞士）伊丽莎白·施密德著，李天元译：《动物骨骼图谱》，中国地质大学出版社，1991年。

② 中国社会科学院考古研究所科技考古中心：《考古遗址出土动物骨骼图谱》，待刊。

③ （英）西蒙·赫森著，侯彦峰等译：《哺乳动物骨骼和牙齿鉴定方法指南》，科学出版社，2012年。

④ （德）安格拉·冯登德里施著，马萧林等译：《考古遗址出土动物骨骼测量指南》，科学出版社，2007年。

2. 鹿

仅1件（2006SBT5⑧：3），为右侧肱骨的远端部分，骨骺已经愈合，远端关节处的最大宽为41.41毫米（图一三六，3）。

3. 山羊

共2件，均为下颌。2006SBT5⑧：4，左侧下颌，保存牙齿P$_2$孔+P$_3$-M$_3$（图一三六，4）。2006SBT5⑧：5，右侧下颌，保存牙齿P$_2$-M$_3$。这两件山羊下颌的各牙齿测量数值及磨耗情况见表六（图一三六，5）。

表六　山羊下颌牙齿测量及磨耗（单位：毫米；磨耗级别参考Payne[①]）

编号	M$_1$长	M$_1$宽	M$_2$长	M$_2$宽	M$_3$长	M$_3$宽	P$_4$长	P$_4$宽	M$_1$磨耗	M$_2$磨耗	M$_3$磨耗	P$_4$磨耗
2006SBT5⑧：4	10.39	8.99	15.95	10.48	27.57	10.86	9.91	7.76	15A	11C	11G	12S
2006SBT5⑧：5	11.44	8.46	13.97	9.02	24.3	9.31	9.42	6.65	12A	9A	11G	11S

4. 黄牛

共8件。2006SBT5⑧：6为一件完整的黄牛右侧距骨，两端骨骺均已愈合。2006SBT5⑧：12为一件黄牛的寰椎，破损严重，无法测量，椎体背侧尚未完全愈合。2006SBT5⑧：16为一件基本完整的黄牛右侧股骨，两端尚未完全愈合，可见骨骺线。2006SBT5⑧：17和2006SBT5⑧：18分别为右侧和左侧的桡骨和尺骨，尺骨均残损，仅保存了远端部分，桡骨两端均已愈合（图一三六，6）。2006SBT5⑧：22为黄牛的胫骨远端关节。2006SBT5⑧：23为一件黄牛的右侧肱骨，其中近端的肱骨头和大结节已经脱落，远端的骨骺已愈合。2006SBT5⑧：33为黄牛的右侧角芯，顶部（尖部）残损，整体形态扭曲，截面近似圆形（图一三六，7）。以上黄牛肢骨的测量值见表七。

表七　黄牛肢骨的测量值　　（单位：毫米）

编号	部位	左/右	最大长（GL）	近端宽（Bp）	远端宽（Bd）
2006SBT5⑧：6	距骨	右	214	43.27	49.83
2006SBT5⑧：16	股骨	右	347	114.08	88.32
2006SBT5⑧：17	桡骨+尺骨	右	328	/	81.53
2006SBT5⑧：18	桡骨+尺骨	左	321	95.74	87.39
2006SBT5⑧：22	胫骨	右	/	/	61.87
2006SBT5⑧：23	肱骨	右	/	/	81.88

[①]　Payne S. Reference codes for wear states in the mandibular cheek teeth of sheep and goats. Journal of Archaeological science, 1987, 14(6): 609-614.

图一三六 出土动物骨骼
1、2.猪 3.鹿 4、5.羊 6、7.黄牛

5.水牛

共18件。2006SBT5⑧：7为一件水牛的左侧距骨，近端骨骺已愈合，远端未愈合，关节脱落。2006SBT5⑧：8为一件完整的水牛右侧距骨，两端的骨骺均愈合。远端滑车外侧的上方有横向砍痕5道，滑车前侧有两组横向的切割痕，此处部位的痕迹多是宰杀/肢解时造成的（图一三七，1）。2006SBT5⑧：9和2006SBT5⑧：10为两件水牛的右侧掌骨，保存均较完整，两端骨骺已愈合。其中，2006SBT5⑧：9远端滑车的前侧和后侧均有多道横向切割痕迹，推测是宰杀/肢解时造成的。2006SBT5⑧：11为一件水牛的左侧掌骨，仅保存中间的骨干，两端关节被截去，断口平齐，可能是取骨料所致（图一三七，2）。2006SBT5⑧：13为水牛的寰椎，仅保存一半，骨质增生严重。表八为保存均较完整的水牛肢骨的测量值，除2006SBT5⑧：14的近端尚未完全愈合（可见骺线），其余两端骨骺均已愈合。

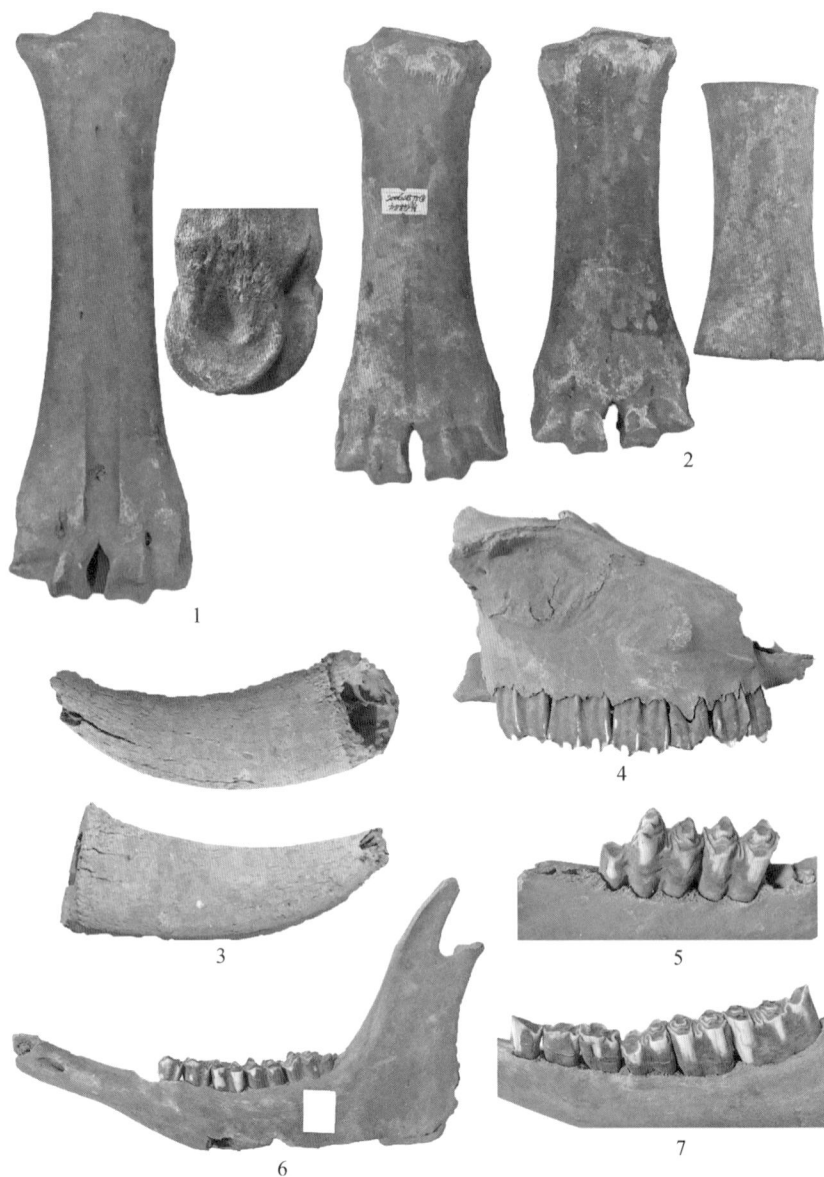

图一三七　出土动物骨骼
1~3. 水牛　　4~7. 黄牛/水牛

表八　水牛肢骨测量值　　　　　　（单位：毫米）

编号	部位	左/右	长（GL）	近端宽（Bp）	远端宽（Bd）
2006SBT5⑧：8	跗骨	右	228	58.53	73.07
2006SBT5⑧：9	掌骨	右	197.49	67.2	76.64
2006SBT5⑧：10	掌骨	右	209	74.34	82.36
2006SBT5⑧：14	股骨	右	440	156.29	/
2006SBT5⑧：15	股骨	左	450	161.35	124.44
2006SBT5⑧：19	胫骨	左	356	110.7	75.57
2006SBT5⑧：20	胫骨	右	380	11.83	/

续表

编号	部位	左/右	长（GL）	近端宽（Bp）	远端宽（Bd）
2006SBT5⑧：21	胫骨	右	约362	/	/
2006SBT5⑧：24	肱骨	右	322	/	90.38
2006SBT5⑧：25	肱骨	右	359	125.24	90.04
2006SBT5⑧：26	肱骨	左	340	111.19	89.25

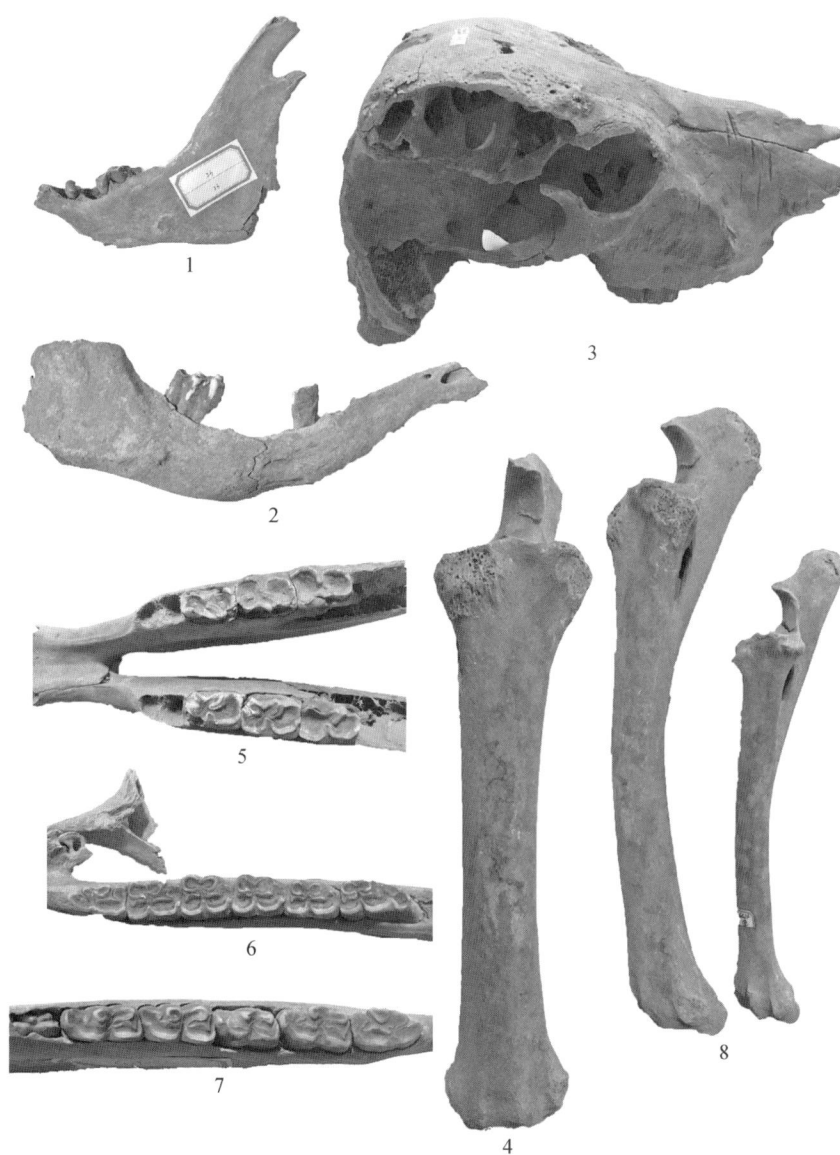

图一三八　出土动物骨骼

1、2.黄牛/水牛　3、4.马　5、6.驴　7.骡　8.马/驴/骡

2006SBT5⑧：29、2006SBT5⑧：30、2006SBT5⑧：31和2006SBT5⑧：32是4件水牛角芯，截面呈三角形，顶部（尖部）均残损（图一三七，3）。其中，2006SBT5⑧：31在靠近角芯基部有一周锯痕，断口平齐；2006SBT5⑧：29和2006SBT5⑧：30的角芯基部有大半周砍痕，无砍痕的地方断口参差不齐，应为折断；2006SBT5⑧：32上未见任何人工痕迹。水牛角芯是骨质，质地疏松多孔，其外包裹一层角质套，是由互相密接的角质管构成，多被用来制作角器，因此，水牛角芯上的痕迹很可能是分离牛角时形成的。

6. 黄牛/水牛

除以上可鉴定至黄牛或水牛的骨骼外，另有28件骨骼无法鉴定为黄牛/水牛，包括1件左侧髋骨（2006SBT5⑧：27），1件右侧盆骨（2006SBT5⑧：28）、2件不完整的头骨和24件下颌。2006SBT5⑧：34为牛的右侧头骨，主要保存了上颌、颚骨、额骨、泪骨等，保存牙齿$P^2-P^3+dp^4+M^1-M^3$（图一三七，4）。2006SBT5⑧：84为牛的左侧头骨，主要残存了上颌，保存牙齿$P^4+M^1-M^3$。以上两件头骨的各牙齿的测量值见表九。

表九　牛上颌各牙齿的测量值　　　　　（单位：毫米）

单位	左/右	保存牙齿	M¹长	M¹宽	M²长	M²宽	M³长	M³宽
2006SBT5⑧：34	右	$P^2-P^3+dp^4+M^1-M^3$	30.31	25.19	34.2	24.8	30.7	21.47
2006SBT5⑧：84	左	$P^4+M^1-M^3$	29.27	28.61	34.54	29.94	37.66	28.12

24件下颌骨中，除2006SBT5⑧：45仅保存了下颌角外，其余均保存有不同数量的牙齿（表一○）通过观察可知，4件下颌发现牙齿异常磨耗的现象：2006SBT5⑧：38和2006SBT5⑧：52第三臼齿（M_3）的第三叶均磨耗非常严重，齿冠明显低于前两叶（图一三七，5、6）；2006SBT5⑧：49第一臼齿的前叶磨耗严重，齿冠明显低于后叶（图一三七，7）；2006SBT5⑧：68仅保存了第二臼齿的前叶和第三臼齿（图一三八，1）。另外，2件下颌上发现疑似病理的现象：2006SBT5⑧：35下颌膨大，齿槽较浅（图一三八，2）；2006SBT5⑧：57缺少第二前臼齿，且不见相应的齿槽孔。除2006SBT5⑧：45上有砍痕外，其余下颌均未发现人工痕迹。

利用牙齿萌出与磨耗推断牛的死亡年龄，尚无统一、细化的标准，以上24件下颌很难区分是黄牛还是水牛，因此，对这24件牛的死亡年龄只能做粗略的推断。我们参照Grant[①]的（W.M.S）方法，记录每件下颌骨各臼齿（M_1-M_3）的萌出及磨耗级别，累加各臼齿的磨耗级别，进而得出牛的死亡年龄模式。经统计，22件下颌可以计算W.M.S值，其中2件的W.M.S值为24，另外2件分别为36和38，其余均为40以上。由此可见，大运河里出土的牛，整体年龄偏大，并非主要用于食肉，而是用于劳役等。

---

① Grant A. The use of toothwear as a guide to the age of domestic ungulates. Ageing and Sexing Animal Bones from Archaeological Sites. Wilsons B, Grigson C and Payne S. Oxford, British Archaeological Reports British Series 109, 1982: 91-108.

表一〇　牛下颌各牙齿测量值

（单位：毫米）

单位	左右	保存牙齿	M_1长	M_1前宽	M_2长	M_2前宽	M_3长	M_3宽	P_4长	P_4宽	dp_4长	dp_4宽	M_1磨耗	M_2磨耗	M_3磨耗	P_4磨耗	dp_4磨耗
2006SBT5⑧：35	右	齿隙+P_2孔-P_3孔+P_4+M_1孔-M_3孔+M_3					40.79	17.02	22.07	13.32					k	g	
2006SBT5⑧：36	右	I_1孔-C孔+P_2-M_3	26.85	16.81	31	15.96	39.48	16.14	21.44	17.25			k	k	k	e	
2006SBT5⑧：37	右	I_1孔-C孔+P_2孔+P_3-M_3	20.83	15.52	27.22	16.27		15.46	21.51	13.44			l	k	k	g	
2006SBT5⑧：38	右	I_1-P_3孔+P_4齿根+M_1孔+M_2-M_3			30.14	17.57	40.48	17.94						k	k		
2006SBT5⑧：39	右	齿隙+P_2-M_3	25.47	16.38	30.02	17.94	37.54	16.56	20.69	12.94			k	k	k	e	
2006SBT5⑧：40	右	I_1孔-C孔+P_1-M_3	25.47	16.74	32.37	18.12	43	15.79					L	k-l	j	e	
2006SBT5⑧：41	右	齿隙+P_2孔-P_3孔+P_4孔+P_4-M_3	20.88	15.65	25.36	17.1	33.94	17.94	21.86	13.39			m	k	l	g	
2006SBT5⑧：42	右	I_1孔-C孔+P_2孔-P_3孔+P_4-M_3	23.59	13.99	25.26	13.41	36.42	13.75	20.81	11.99			k	j	g	f	
2006SBT5⑧：43	右	齿隙+P_2-M_3	22.99	13.86	28.77	14.42	37.43	12.07	21.08	13.09			k	g	f	d	
2006SBT5⑧：44	右	I_1孔-C孔+P_2-M_3	27.76	13.99	32.32	14.86			23.81	12.87			k	h	1/2-c	b	
2006SBT5⑧：46	左	I_1孔-C孔+P_2孔-M_3孔															
2006SBT5⑧：47	左	I_1孔-P_3孔+P_4齿根-M_1根+M_2-M_3				16.08	40.35	16.51						k	j		
2006SBT5⑧：48	左	I_1孔-C孔+P_2+P_3孔+P_4-M_3	25.13	15.78	30.95	17.22	43.06	17.77	21.09	13.21			l	k	k	e	
2006SBT5⑧：49	左	I_1孔-C孔+P_2-M_3	25.6	17.11	30.58	18.71	43.8	18.3	21.68	14.06			l	k	k	e	
2006SBT5⑧：50	左	齿隙+P_2-M_3	29.21	16.52	30.75	17.92	38.92	17.7	20.44	13.49			k	k	k	e	
2006SBT5⑧：51	左	齿隙+dp_2-dp_4+M_1根+M_2-M_3			34.38	13.86					29.71	14.49		d	E		k
2006SBT5⑧：52	左	齿隙+P_2孔+P_3-M_3	23.76	15.14	30.35	15.68	41.24	15.07	23.5	13.78			l	k	m	h	
2006SBT5⑧：53	左	齿隙+P_2-M_3	25.75	13.97	23.06	13.54	40.21	13.93	23.16	11.8			k	h	g	d	
2006SBT5⑧：54	左	齿隙+P_2-M_3	25.59	16.56	29.27	17.33		15.91	22.27	14.81			n	l	k	h	
2006SBT5⑧：55	左	I_1孔-C孔+P_2-M_3	21.33	14.58	16.69	15.53	35.51	13.64	20.94	10.96			l	k	j	g	

续表

单位	左右	保存牙齿	M_1长	M_1前宽	M_2长	M_2前宽	M_3长	M_3宽	P_4长	P_4宽	dp_4长	dp_4宽	M_1磨耗	M_2磨耗	M_3磨耗	P_4磨耗	dp_4磨耗
2006SBT5⑧:56	左	I_1孔-C孔（I_3见于齿槽中）+dp_2-M_3	29.58	11.88		11.58					30.33	13.34	h	d	E		m
2006SBT5⑧:57	左	I_1孔-C孔+P_3-M_3	21.56	13.55	25.39	12.91	36.34	13.09	21.48	11.73			l	l	h	g	
2006SBT5⑧:68	左	M_2-M_3												p	>m		

7. 马

马的骨骼共发现9件，包含一件较完整的头骨（根据保存情况推断应该是完整的头骨，发掘过程破损严重，缺少颌前骨，部分牙齿遗失）、一件缺少颌前骨和右侧鼻骨的头骨，两件下颌（图一三八，3），其他均为颅后骨，包括一件寰椎，两件胫骨（一左一右），一件左侧髂骨，一件左侧的尺骨和桡骨（图一三八，4）。

目前，对马的年龄主要是根据切齿的磨耗进行推断，但是以上几件马骨均未保存切齿，因此难以对其年龄进行推断。

8. 驴

驴和马的下颌通过臼齿的形态可以进行很好的区分，参照Johnstone[1]的标准，大运河遗址中发现至少11件驴下颌（图一三八，5、6），均保留了部分牙齿（表一一）。目前，关于驴的死亡年龄尚无系统参考资料，因此，无法对这些驴的死亡年龄进行推断。

表一一　大运河遗址出土的驴下颌

单位	左右	牙齿
2006SBT5⑧：71	左+右	左：I_1孔+I_2-C+P_2-P_3；右：I_1孔+I_2-M_3
2006SBT5⑧：72	左+右	左/右：I_1孔-C孔+P_2孔+P_3-M_2
2006SBT5⑧：73	左+右	左：I_1-M_3；右：I_1-C
2006SBT5⑧：74	左+右	右：I_1孔-C孔；左：I_1孔-C孔+P_2-M_3
2006SBT5⑧：75	左	I_1孔-I_3孔+C（非常小的齿槽孔）+P_2孔+P_3-M_1
2006SBT5⑧：76	左	齿隙+P_2-M_3
2006SBT5⑧：77	左+右	左：I_1孔-I_3孔；右：I_1孔-I_3孔+P_2-M_2
2006SBT5⑧：78	右	P_3-M_3
2006SBT5⑧：79	右	P_3-M_3
2006SBT5⑧：80	左+右	左：I_1孔-I_3孔；右：I_1孔-P_2孔（无C）+P_3-M_3
2006SBT5⑧：81	右	M_3

9. 骡

大运河遗址中共确定3件骡的骨骼，包括1件右侧下颌，1件右侧上颌，1件左右侧均保留的下颌，且均保留了不同数量的牙齿（图一三八，7）。

---

① Cluny Jane. Johnstone. A Biometric Study of Equids in the Roman World. York: University of York: 2004: 163-166.

10. 马/驴/骡

马、驴、骡的区分主要依据牙齿的形态，因为其肢骨的形态非常相近，仅通过肉眼观察很难进行区分。大运河遗址中出土了10件马（驴/骡）肢骨，部位包括尺骨、桡骨、肱骨、股骨、盆骨、胫骨和寰椎。通过尺寸比较，可以分为明显的大小两组（图一三八，8）。由于马的骨骼尺寸明显比驴或骡大，大致可以推断，尺寸较大的一组可能属于马。但是，尺寸小的则无法推断是驴还是骡。

大运河收集的动物骨骼虽然为我们认识唐代的家畜种类等提供了重要材料，但是由于骨骼数量较少，发掘年代早，缺少相关的出土背景信息，很难就各类动物的利用等展开讨论。

第七章　结　　语

西关运河遗址的考古发掘，发现了河坡、河道、河堤等遗迹，为研究隋唐大运河在宿州段的历史变迁、运河经营、维护与治理等方面提供了丰富的田野考古资料；出土了大量多产地、类型丰富的陶瓷器，具有南北兼容的基本特点，对于研究大运河史、水运史、交通史和陶瓷业发展史具有重要意义。

一、运河本体及相关的遗迹

本次发掘揭露了长36、宽10米的运河区域，基本了解了此段运河的本体情况及河道的历史变迁过程。

1. 运河河道

河道底部宽约20米，河底距地表5米。

运河河道地层堆积较平坦，各层叠压有序。2006SBT5⑨层属于河道堆积的最下一层，含有较多砂姜，基本无文化遗物，应是运河河道最原始的堆积；2006SBT5⑧层属于唐五代地层，出土了大量器物，是运河航道的繁盛期；2006SBT5⑦、2006SBT5⑥层属于北宋时期地层，也出土了较多器物。2006SBT5⑤层以后，中心河道已基本淤平，出土遗物骤然变少。2006SBT5④层为细淤沙层，它的形成标志着运河作为南北重要水路运输通道的地位已彻底消失。

中心河道下部剖面呈"╲╱"形，河道底部平坦，这与2015年灵璧小田庄、2016年灵璧二墩子等运河遗址的中心河道剖面基本一致，反映出作为人工运河修筑的一致性。

河道的地层堆积简单，早晚叠压有序，这与淮北柳孜运河遗址、2007年发掘的宿州木牌坊运河遗址杂乱的地层有所不同，说明当时或后期人类活动对运河本体改造的主动性行为较少，如为保障通航而进行的不断清淤活动、为增水势而进行"木岸狭河"的活动等。

2. 运河河坡

河坡呈斜坡状，大致分为两级。下部斜坡坡度约为45°，上部斜坡较缓，这样的设计既充分考虑了水流、泥沙沉积的客观性，又保障了运河的航运功能。两级河坡的设计在灵璧、泗县段的运河遗址中常有发现。

3. 河口及河堤

河堤由南河堤和北河堤组成，南河堤比北河堤高约1米，局限于发掘区域，河堤宽度未能揭露。以往发掘的运河遗址，北堤往往高于南堤，这是由于北堤是阻挡黄河泛滥侵扰的重要防线。而本次发掘河堤南高北低，可能与后期人类取土破坏有直接关系，同时南堤作为陆道，往往有垫高的可能。

南北河口的宽度为32.65米。

这里的河口指南北河堤的内沿，它表明运河河道的最大宽度。后期对河堤的修筑或破坏，都对它的宽度产生了直接的影响，因此，不同的时间段，它的数值有可能是不同的。由于发掘的局限性，我们现在主要说的是运河现存的原始河口宽度。

4. 与运河相关的其他遗迹

其他遗迹有水井、灰坑和墓葬。

水井、灰坑全部处于河堤或南北河坡上，有砖砌或土坑两种。根据出土的遗物判断，时代为明清时期。此时，运河已废弃。

M1位于T5，处于运河河道中，开口于2006SBT5②层下，出土一件白釉碗，初步判断墓葬年代大致为金元之交。河道中修筑墓葬，表明此时大运河完全失去了原有的功能，它完全废弃当在此时。

二、出土大量南北方的瓷器

通过发掘出土了大量遗物，时代跨度自唐代早期到明清时期。按种类划分有陶瓷器、铁器、铜器、石器、骨角器等。其中以瓷器占绝大多数，时代跨度自唐代早期到明清时期，涉及中国南北方众多窑口，有黄釉瓷、青釉瓷、白釉瓷、黑釉瓷、青白釉瓷、三彩等。根据用途可分为日常生活用具、陈设用具和娱乐用具。器形有碗、盏、盘、盒、罐、炉、杯、枕、钵、执壶、盂、人物俑、动物俑、棋子、骰子等。我们可以根据釉色、胎质、器形来初步判断这些器物的窑口。

黄釉、青黄釉系列：主要有碗、盏等。黄褐色胎夹砂，胎体厚重粗糙，胎中含有砂粒，施釉至器物上半部，有的黄釉中带白色斑点，脱釉现象较多，釉下施白色化妆土。内底一般有三个支钉痕迹。饼底粗糙且边缘有绳切割的痕迹。这种黄釉瓷应该是唐代寿州窑或萧窑的产品。

青釉系列：胎体厚重粗糙的饼形底、玉璧底碗，形制与黄釉、青黄釉器类中的碗基本一致，应皆属于唐代寿州窑或萧窑的产品。青釉钵形制与唐代宣州窑产品类似，应属于安徽宣州窑产品。乙类青釉碗胎质较细腻，以灰胎为主，器内外有较多的支钉痕，Aa型青釉碗与浙江越窑唐代青釉碗相似，乙类B型青釉碗亦是与越窑系产品类似，应属于唐代浙江越窑或越窑系产品，部分产品具有越窑秘色瓷的特点。丙类A型青釉碗胎质稍细，釉色偏黄，釉面有细小开片，同C型青釉执壶，皆属于长沙窑系典型器物。B型青釉盏除圈足脊未施釉外多数都是满釉，青灰胎较细腻，圈足矮小，具有北宋临汝窑或陕西耀州窑产品的特征。青釉印花碗釉色比较纯净，青灰色胎也较细腻，应是陕西耀州窑的产品。

白釉系列：唐代白釉瓷器器形以碗为主，大多玉璧形底，其中Ba型碗与河北邢窑出土的唐代白釉碗较为类似，应属于邢窑的产品，其他部分白釉瓷与Ba型碗相比较粗糙，可能是属于一些仿邢窑、仿定窑的窑口。A型白釉盆应是唐代邢窑的产品。Ga型、Gb型、Gc型白釉碗釉不及底，釉面光泽差，黄褐色胎体夹砂，支钉痕迹明显，与萧县白土窑北宋白釉碗基本类似，应是安徽萧窑的产品。白釉印花碟、盘胎体轻薄，有菊花纹饰等，是金元时期定窑的产品。

白釉彩绘瓷器：白釉彩瓷包括白釉褐彩、白釉黑花、白釉红绿彩三大类。白釉褐彩、白釉黑花器形以碗、盏为主，另有少量的器盖、罐等，生产这类器物的窑口众多，河南、河北、山东、安徽、山西等地皆有，附近的窑口有萧县白土窑、淮北烈山窑，但主要是受到磁州窑的影响，因此可归属于磁州窑系的产品。红绿彩瓷数量不多，器形有碗、碟等，器内写有文字，如2006SBT5③：26，有"柳塘春□漫"等文字，时代大致在金元时期。生产红绿彩瓷的省份有河南、河北、山东、山西等，出土的几件红绿彩瓷应来源于这几个地区，尤其是由运河相连的河南地区。

黑釉、酱釉瓷器：这类瓷器以碗和盏为主，施黑釉较薄，釉不及底，釉面乌黑无亮光。器壁自口沿向足底逐渐加厚，圈足较厚。这应是江西吉州窑的产品。酱、黑釉执壶、枕可能来自于淮南寿州窑。还有一部分黑釉瓷器应是仿建窑的瓷器。

此外，还出土少量三彩器，应是河南巩县黄冶窑或陕西黄堡窑的产品，也有少量宣州窑、长沙窑等瓷器，但是仍有很多瓷器的来源地区或窑口很模糊，期待以后的进一步研究。总之，运河遗址出土的瓷器种类丰富，涉及的窑口南北皆有，以唐宋时期最多，虽然考古发掘的地点基本处于城区外，但仍出土如此多的遗物，侧面反映出唐宋时期运河的繁忙。

后 记

隋唐大运河开凿于隋炀帝大业元年（605年），沟通了黄河、淮河、长江三大水系，成为隋唐宋时期南北方经济发展的大动脉，同时也极大地促进了南北方文化的交流，对于封建王朝的统治具有重要作用。南宋以后，由于战乱不断，运河逐渐荒废，漕运地位下降，从而逐渐退出了历史舞台。20世纪80年代以来，文物部门针对隋唐大运河位置、走向等问题进行过多次调查，同时在运河沿线的重要乡镇也出土和征集了较多运河文物，但大运河宿州段一直没有进行正式的考古发掘。直到2006年因配合宿州市西关步行街C区建设，安徽省文物考古研究所在宿州市文物部门的配合下，对此段运河遗址进行了考古发掘。

本次发掘意义重大，首先，这是大运河宿州段第一次正式考古发掘，使湮没于地下的千年运河再次重现，揭开了大运河宿州段的神秘面纱，引起了社会各界的普遍关注；其次，本次考古发掘揭露了完整的河床、河堤等，使人们了解了运河本体的宽度、深度、形状及构筑方式等情况；再次，出土了大量精美的文物，成为宿州甚至是安徽宣传大运河文化的重要物质载体。

报告编写工作由宫希成研究员主持，任一龙、邱少贝同志现场负责并统筹安排报告整理的所有工作。基础资料整理由邱少贝、文立中、任一龙完成；摄影为程京安、吴蕙瑶；绘图为任鹏、孙肖肖、杨妍英；文物修复为冯妮、毛玉思；插图排版由魏春婴、吴蕙瑶完成。

报告各章节执笔者如下。

第一章：高雷、贾庆元、任一龙；

第二章：任一龙、邱少贝；

第三章：李镇廷、任一龙；

第四章：任一龙、邱少贝；

第五章：邱少贝、任一龙；

第六章：戴玲玲；

第七章：任一龙、邱少贝；

后记：任一龙。

在报告的编写过程中得到了安徽省文物考古研究所领导及办公室、财务科、资料室的大力支持，尤其是当年的发掘领队贾庆元研究员多次到整理现场指导并提出诸多宝贵意见；整理期间考古部张辉、张小雷、陈超、蔡波涛，宿州市文物管理所张贵卿等同志也提出了许多有益的建议；宿州市博物馆刘林馆长、高雷副馆长和办公室、保管部同志给予了大力支持，很多文物标本已经进入博物馆库房，也有部分文物在展厅陈列，在整理过程中他们要一件件重复地拿出来放进去，以便绘图、拍照，增加了他们的工作量；科学出版社雷英编辑为本报告的出版付出了大量心血，在此一并表示感谢。

报告整理期间还承担了考古调查和发掘任务，报告编写主要利用发掘间隙完成，书中难免存在一些错误与疏漏，恳请各位读者不吝赐教。

编　者

2023年4月

图　　版

发掘现场（镜向北）

发掘现场（镜向北）

发掘现场

T5河道发掘现场（镜向北）

发掘现场（镜向南）

发掘现场

北河堤（镜向北）

北河堤及西壁北部剖面

发掘现场

河道发掘现场

南河堤（镜向南）

发掘现场

M1（镜向东）

H1

墓葬及灰坑

J2

J3

水井

1. 瓷狗

2. 水晶鸡心坠

3. 人骨

4. 瓷罐

5. 瓷人物造像

6. 瓷碗

遗物出土时情景

图版八

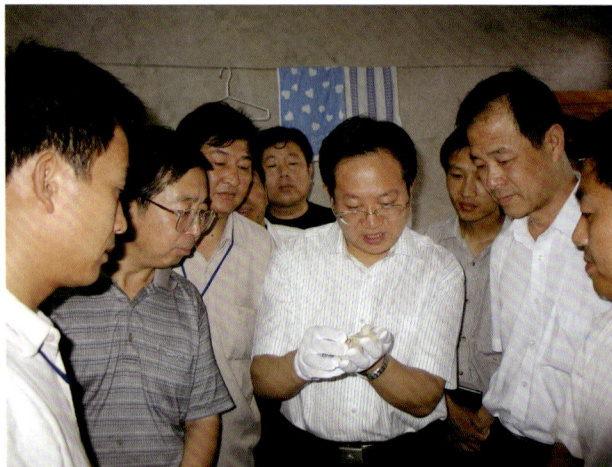

领导参观出土文物

后期整理核对

1. 2006SBT5④：10

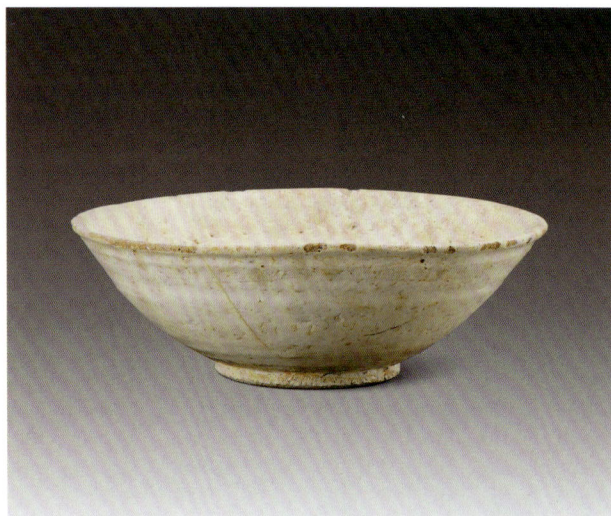

2. 2006SBT5⑦：160

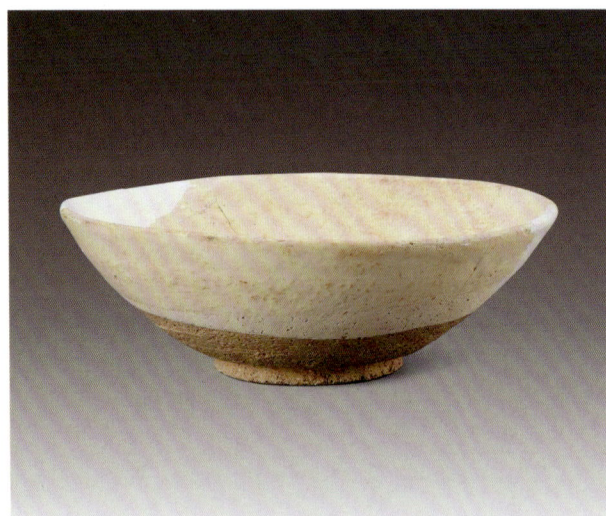

3. 2006SBT5⑦：171

4. 2006SBT5⑦：242

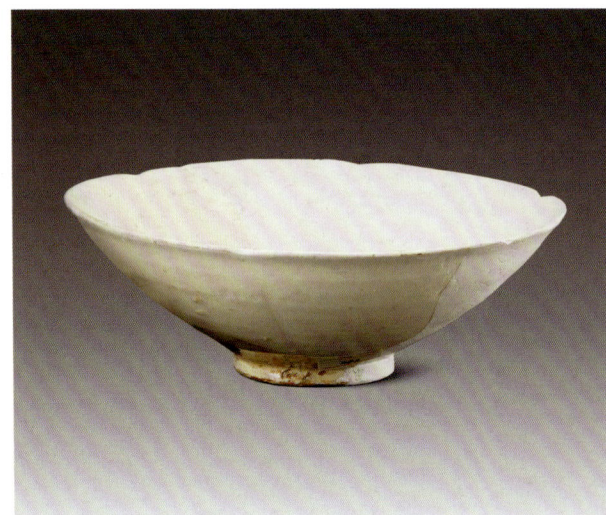

5. 2006SBT5⑦：247

6. 2006SBT5⑧：474

白釉碗

1. 2006SBT5①：44

2. 2006SBT5⑦：241

3. 2006SBT5⑧：232

4. 2006SBT5⑧：274

5. 2006SBT5⑧：490

6. 2006SBT5⑧：628

白釉碗

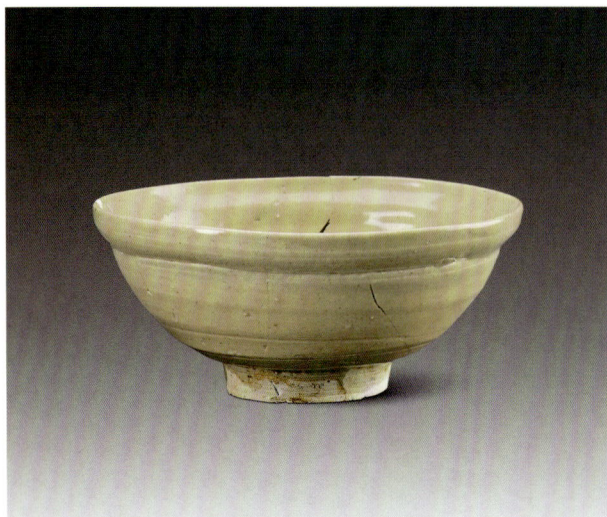

1. 2006SBT5⑧：925

2. 2006SBT5⑧：171

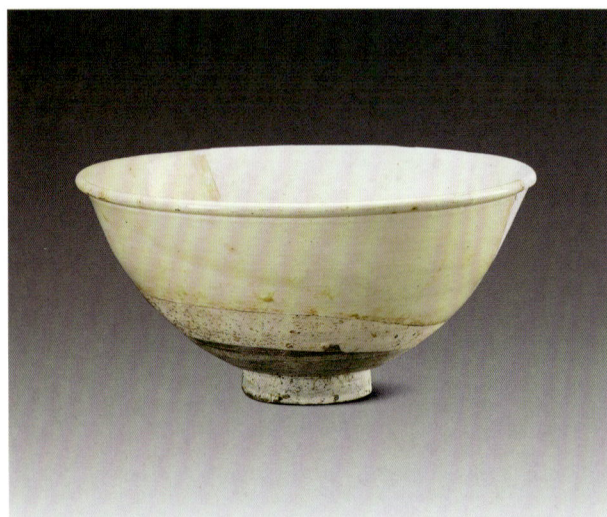

3. 2006SBT5⑦：243

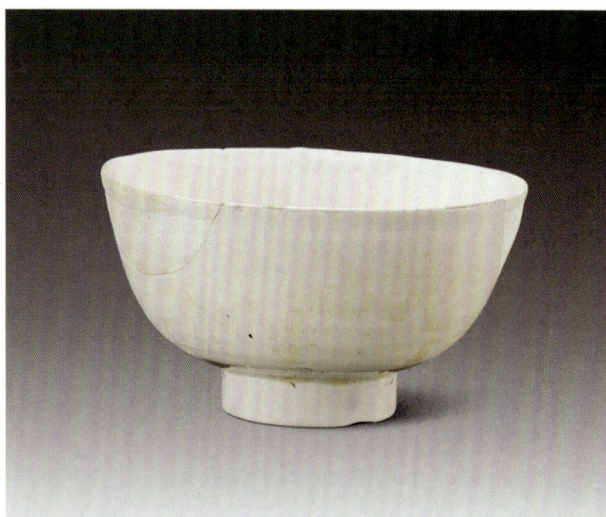

4. 2006SBT5⑥：61

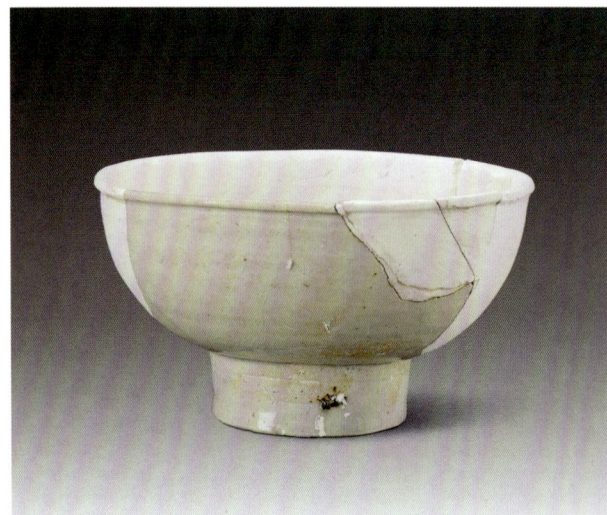

5. 2006SBT5⑤：31

6. 2006SBT5⑤：21

白釉碗

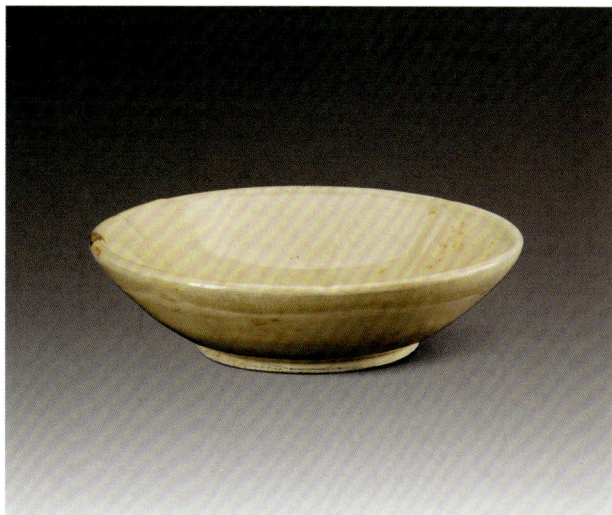

1. 盏（2006SBT5⑧：916）

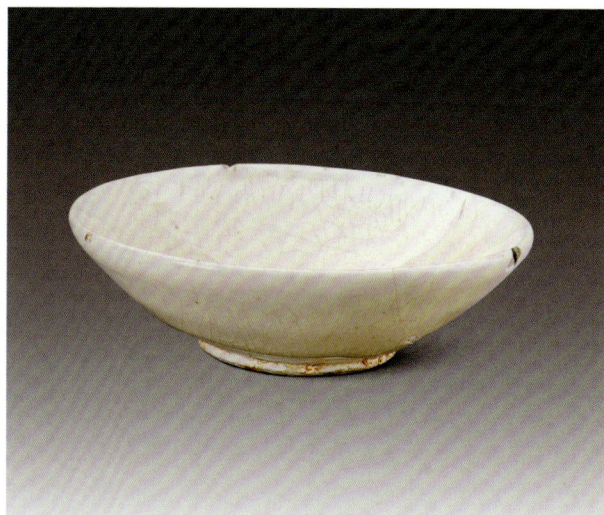

2. 盏（2006SBT5⑦：97）

3. 盏（2006SBT5⑧：792）

4. 盏（2006SBT5⑧：710）

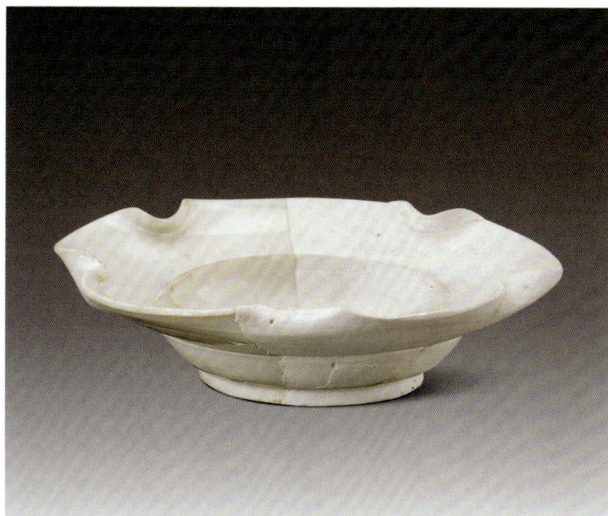

5. 盏托（2006SBT5⑦：224）

白釉盏、盏托

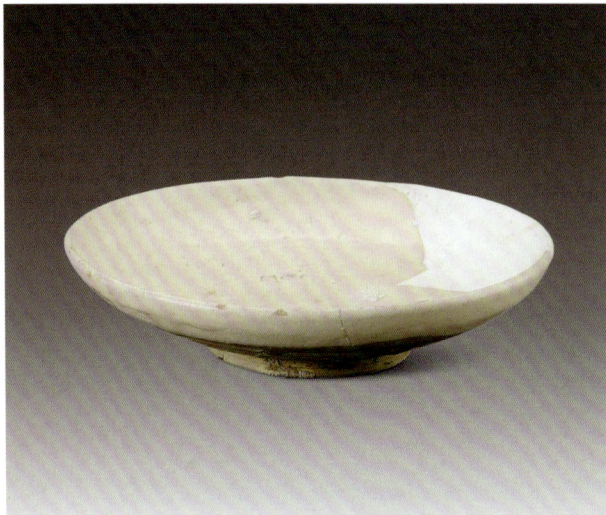

1. 盘（2006SBT5①：14）

2. 盘（2006SBT5⑦：78）

3. 器盖（2006SBT5⑤：24）

白釉盘、器盖

1. 2006SBT5⑦：236

2. 2006SBT5⑧：200

3. 2006SBT5⑧：915

4. 2006SBT5⑧：477

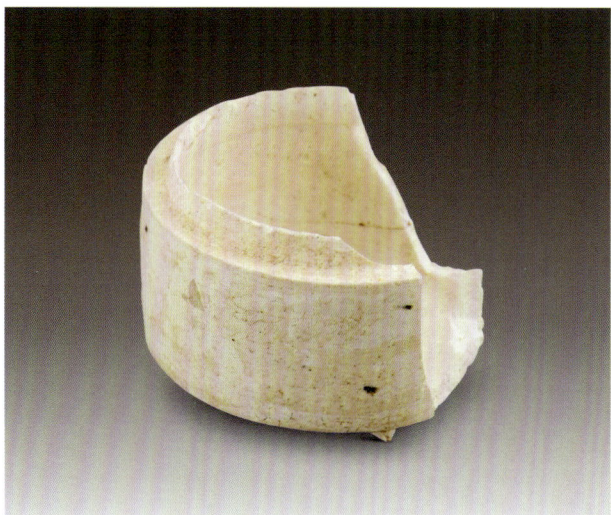

5. 2006SBT5⑤：8

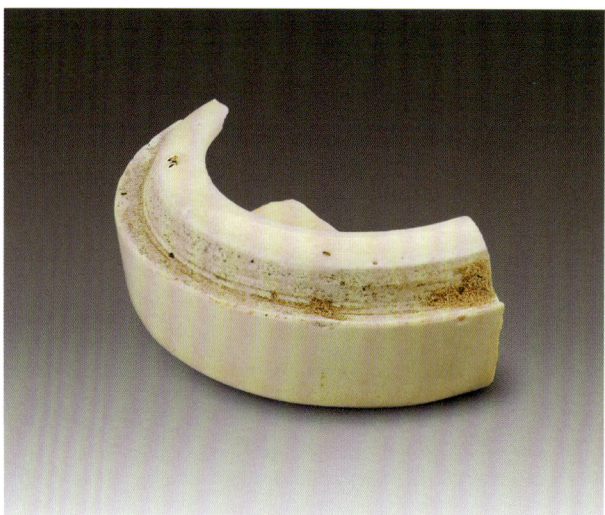

6. 2006SBT5⑧：820

白釉盒

1. 钵（2006SBT5⑤：59）

2. 钵（2006SBT5⑤：59）

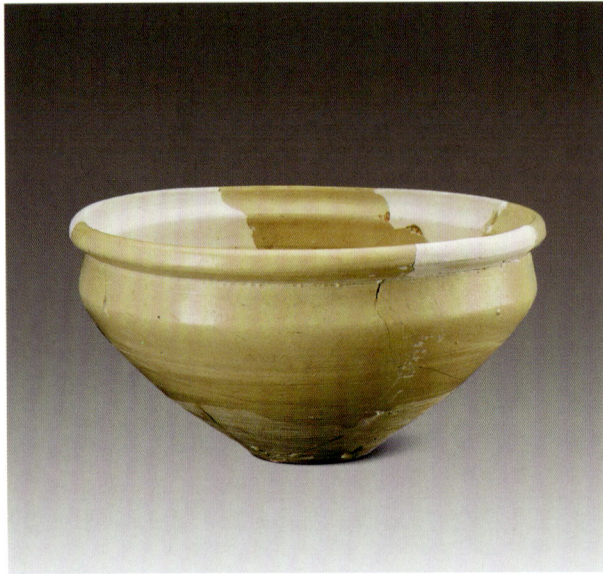

3. 钵（2006SBT5⑦：232）

4. 罐（2006SBT5⑦：254）

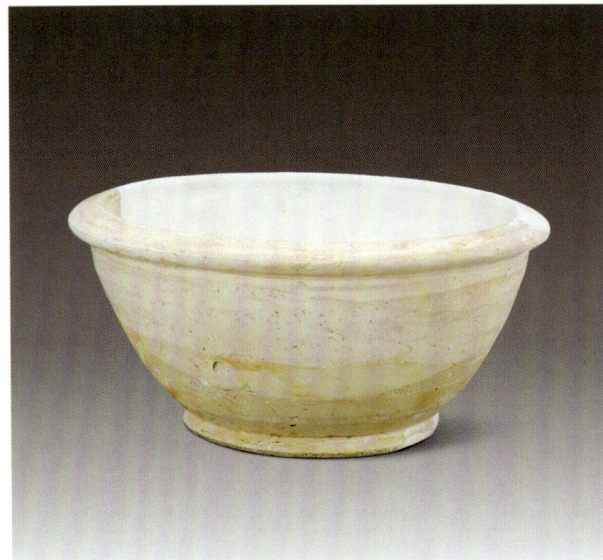

5. 盆（2006SBT5⑧：114）

6. 盂（2006SBT5⑧：918）

白釉瓷器

1. 印花碗（2006SBT5⑤：48）

2. 印花碗（2006SBT5⑤：48）

3. 划花碗（2006SBT5⑥：77）

4. 划花碗（2006SBT5⑤：22）

白釉印花、划花碗

1. 2006SBT5①：9

2. 2006SBT5①：34

3. 2006SBT5①：35

4. 2006SBT5①：71

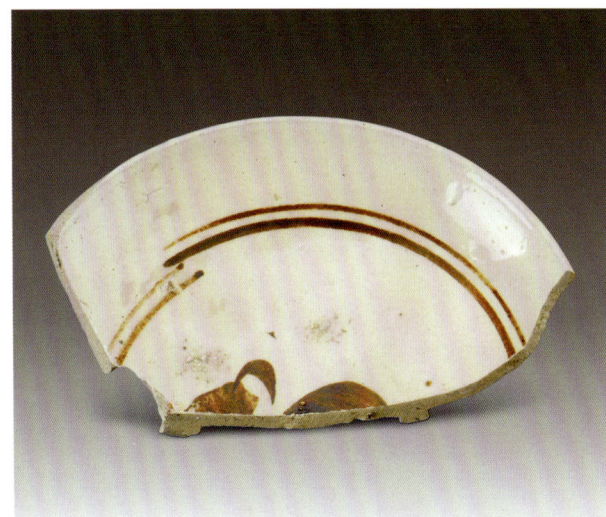

5. 2006SBT5③：24

6. 2006SBT5⑤：43

白釉褐彩碗

1. 2006SBT5③：21

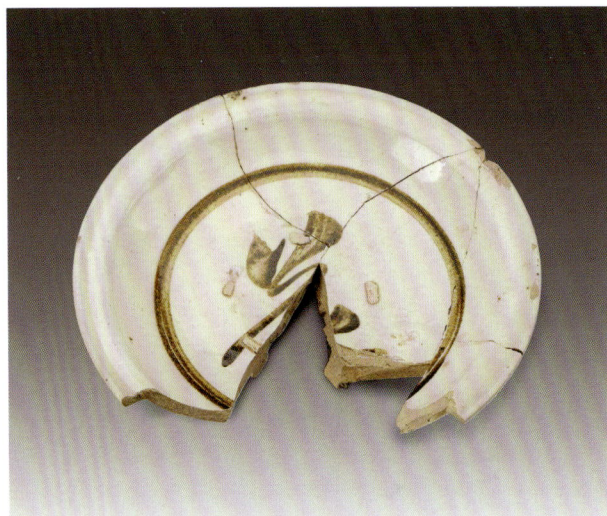

2. 2006SBT5③：21

3. 2006SBT5①：4

4. 2006SBT5①：15

5. 2006SBT5①：13

6. 2006SBT5③：22

白釉褐彩盘

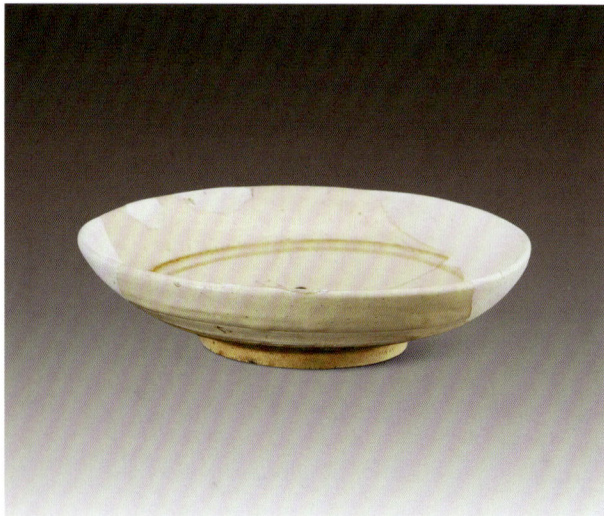

1. 白釉褐彩碗（2006SBT5①：92）

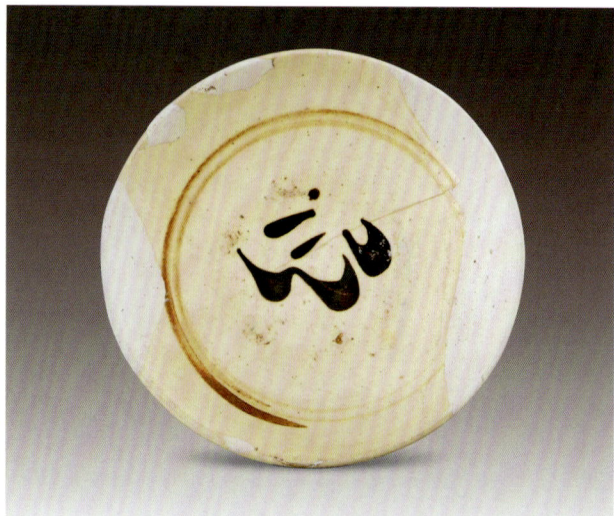

2. 白釉褐彩碗（2006SBT5①：92）

3. 白釉褐彩器盖（2006SBT5⑦：245）

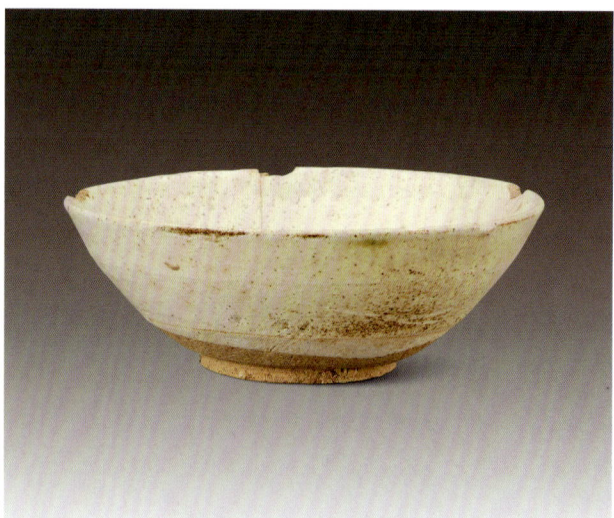

4. 白釉点绿彩碗（2006SBT5⑥：8）

5. 白釉点绿彩器盖（2006SBT5⑧：908）

6. 白釉点绿彩炉（2006SBT5⑦：246）

白釉褐彩、点绿彩瓷器

1. 盘（2006SBT5③：15）

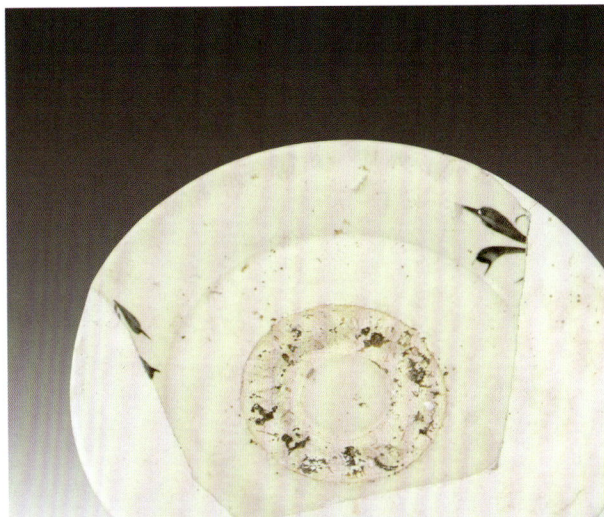

2. 盘（2006SBT5③：15）

3. 碗（2006SBT5①：49）

4. 碗（2006SBT5①：37）

5. 碗（2006SBT5①：30）

6. 盏（2006SBT5①：22）

白釉黑花盘、碗及盏

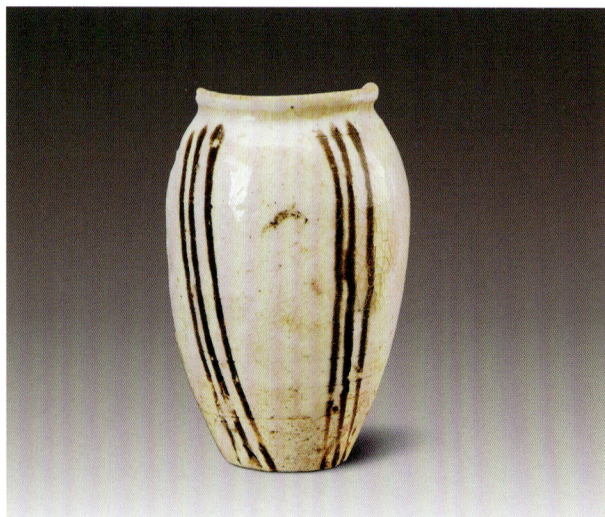

1. 白釉褐彩罐（2006SBT5⑧：459）

2. 外黑内白釉钵（2006SBT5⑦：239）

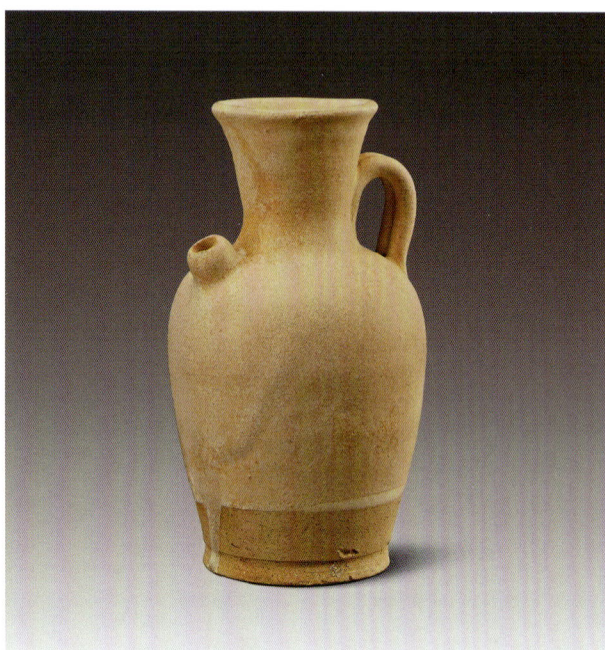

3. 白釉执壶（2006SBT5⑧：907）

白釉及外黑内白釉瓷器

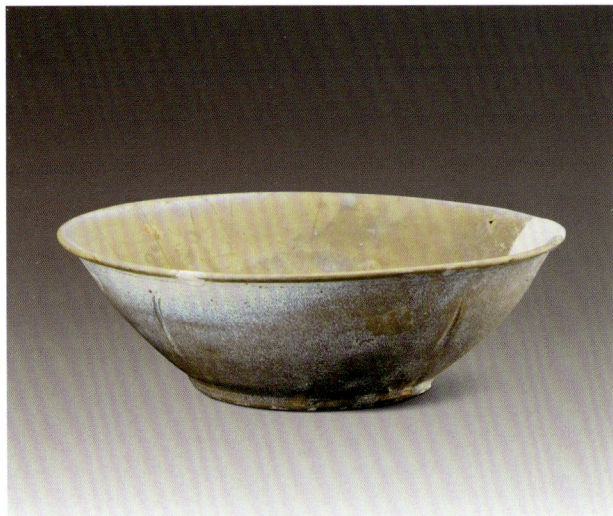

1. 2006SBT5⑧：912

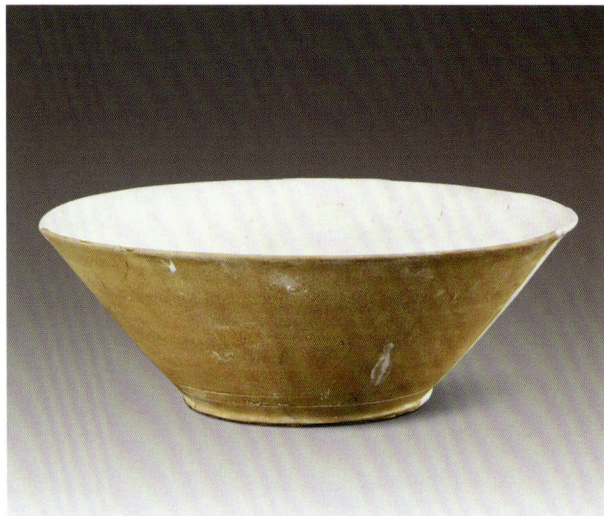

2. 2006SBT5⑦：237

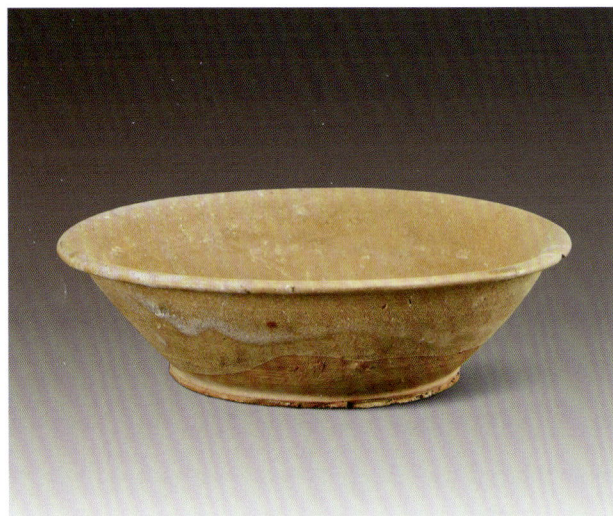

3. 2006SBT5⑧：911

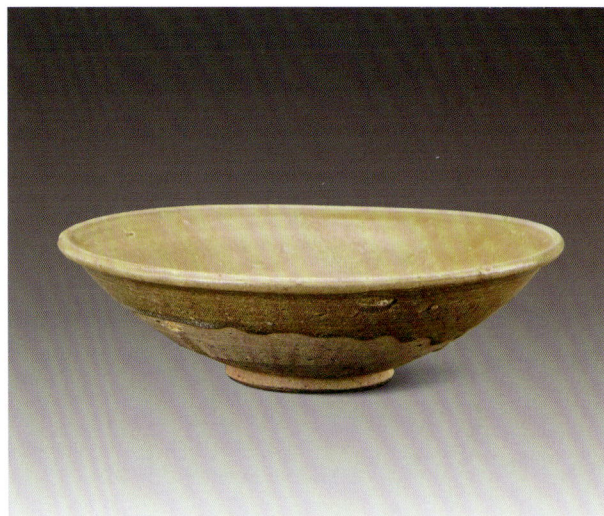

4. 2006SBT5⑦：230

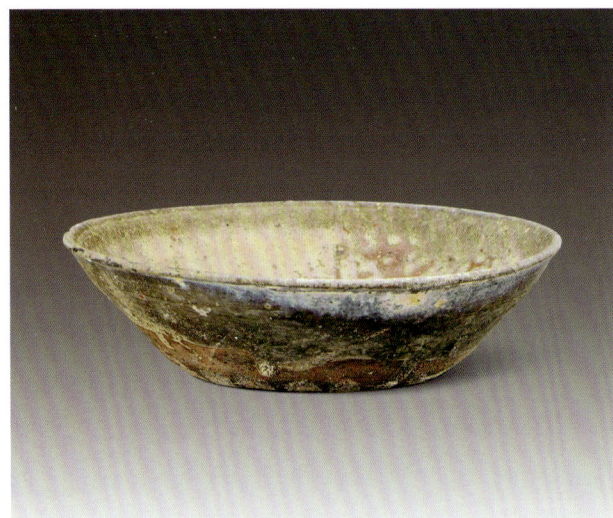

5. 2006SBT5⑧：714

6. 2006SBT5⑦：231

青釉碗

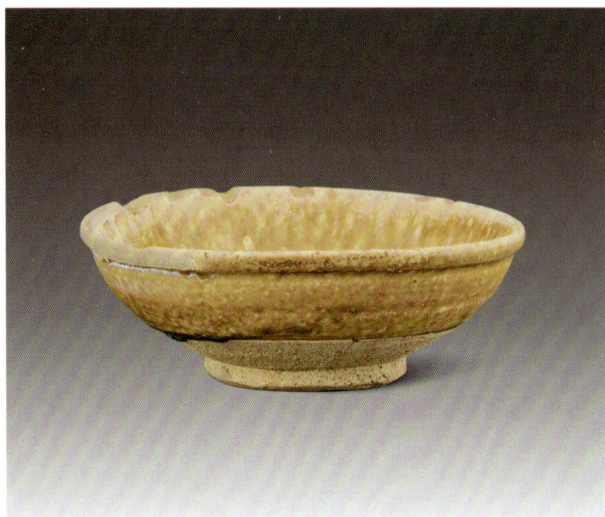

1. 2006SBT5⑧：322

2. 2006SBT5⑧：365

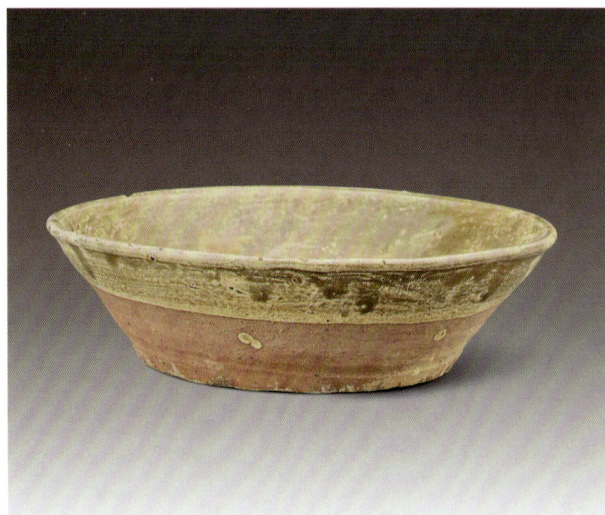

3. 2006SBT5⑧：429

4. 2006SBT5⑧：548

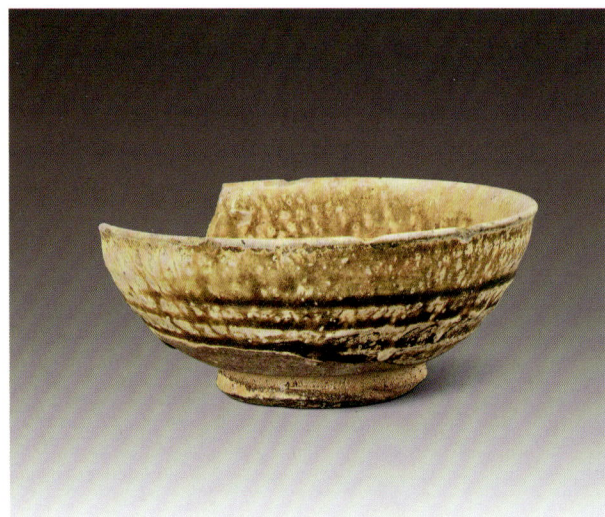

5. 2006SBT5⑧：639

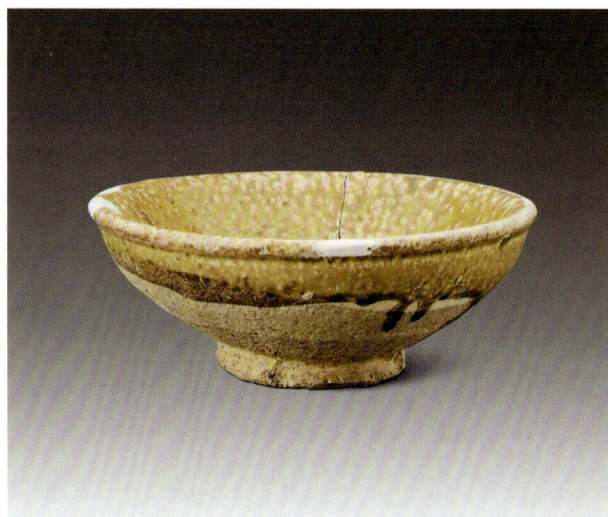

6. 2006SBT5⑧：679

青釉碗

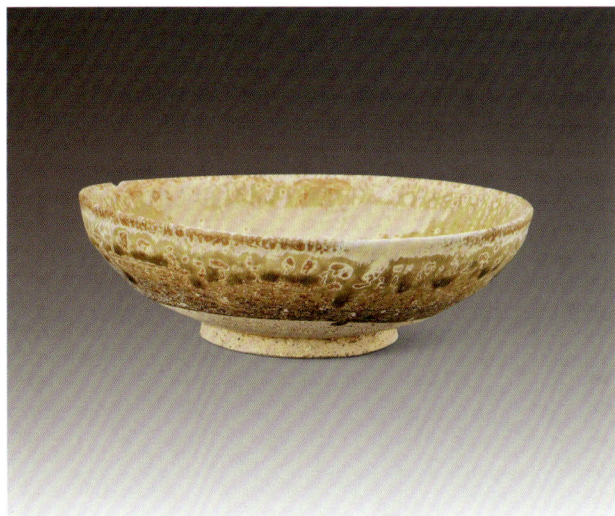

1. 碗（2006SBT5⑥：38）

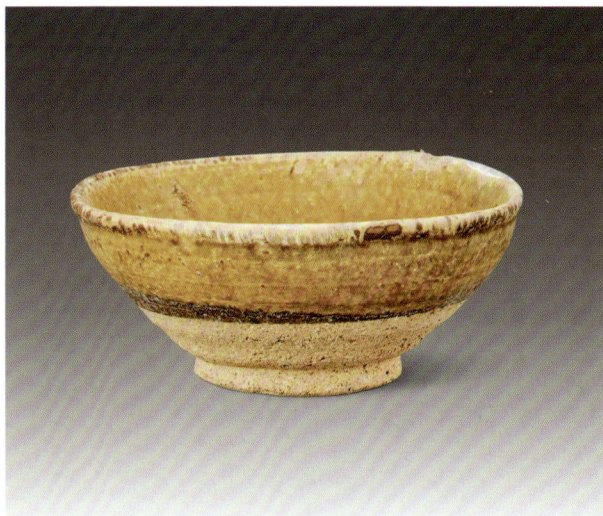

2. 碗（2006SBT5⑦：6）

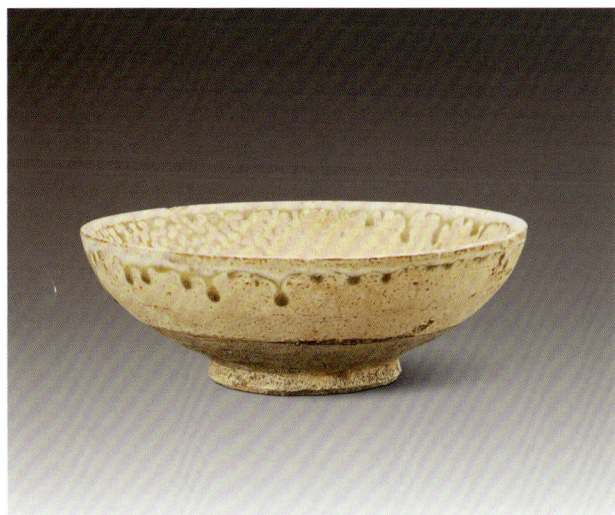

3. 碗（2006SBT5⑦：23）

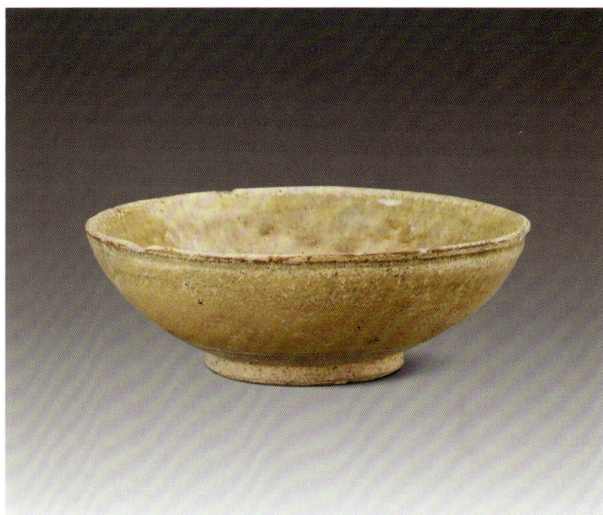

4. 碗（2006SBT5⑧：228）

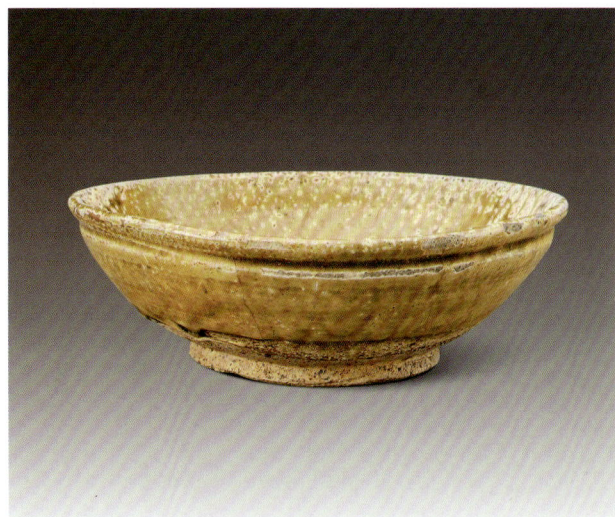

5. 碗（2006SBT5⑧：251）

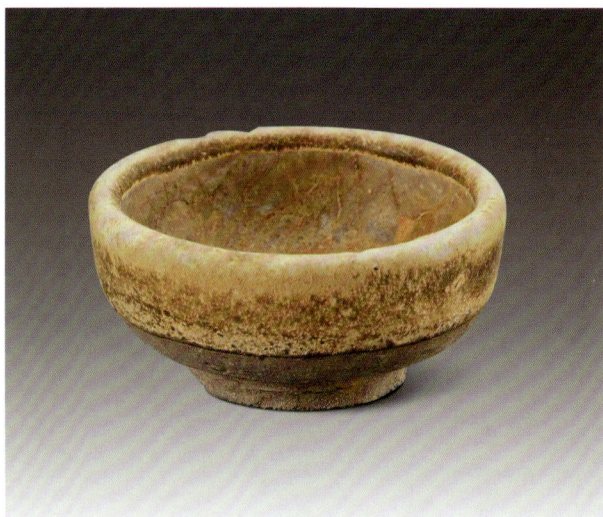

6. 玩具碗（2006SBT5⑧：344）

青釉碗及玩具碗

1. 2006SBT5⑧：153

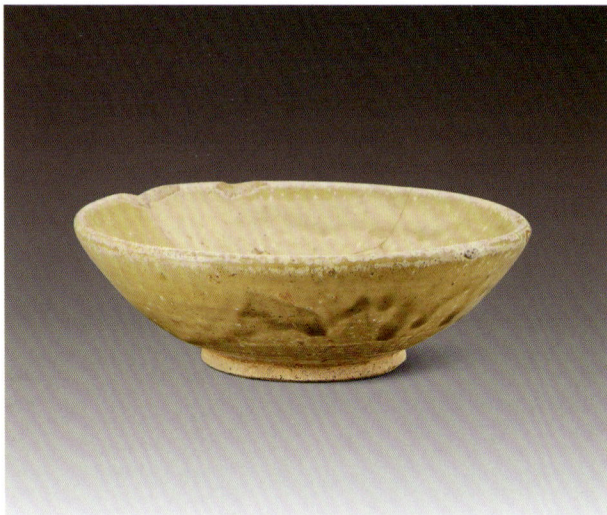

2. 2006SBT5⑧：309

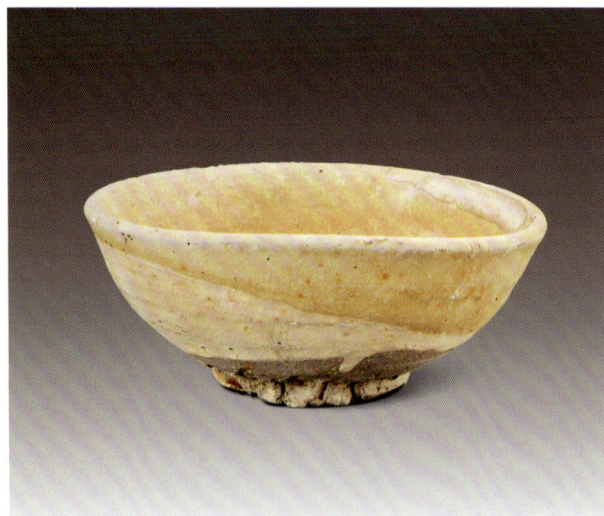

3. 2006SBT5⑧：505

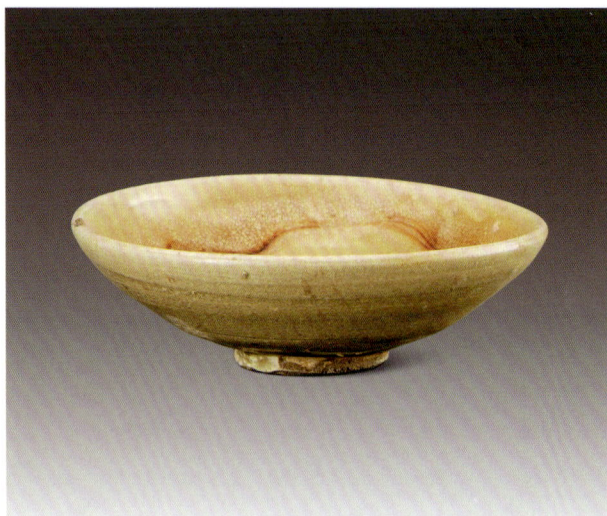

4. 2006SBT5⑧：883

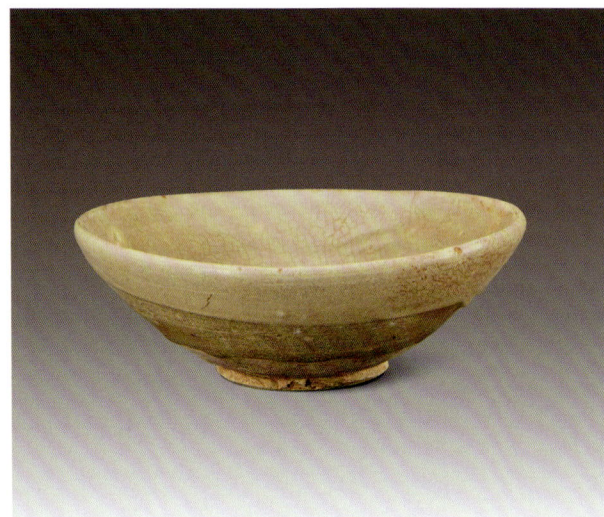

5. 2006SBT5⑧：884

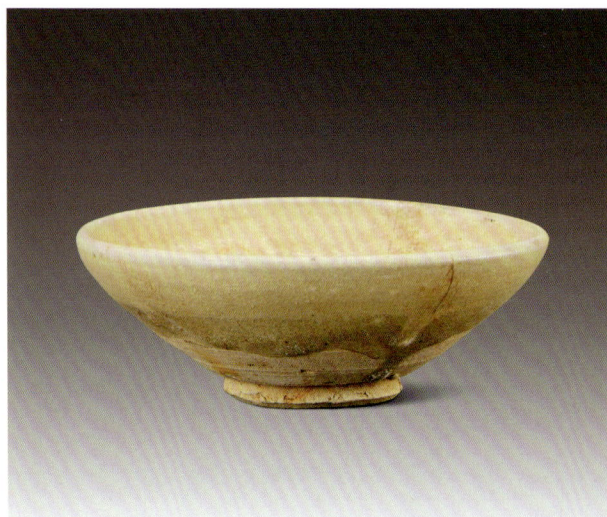

6. 2006SBT5⑧：885

青釉碗

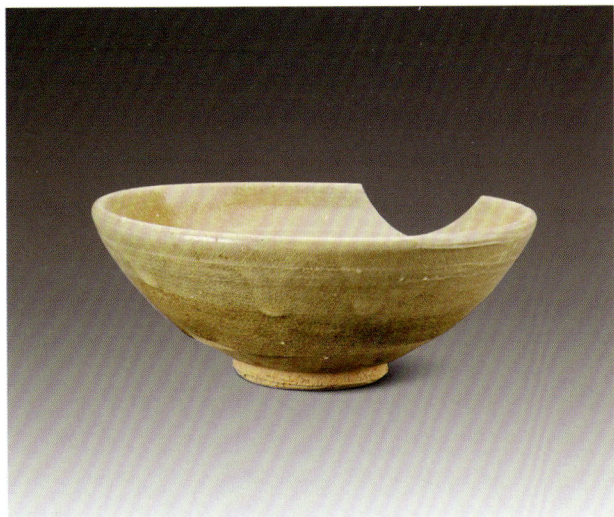

1. 2006SBT5⑧：296

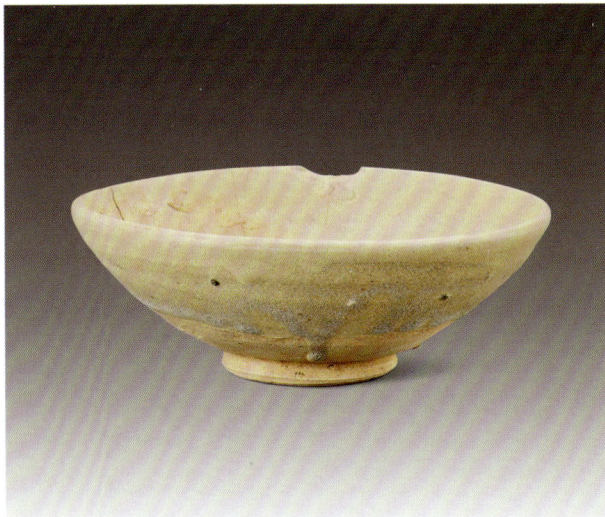

2. 2006SBT5⑧：15

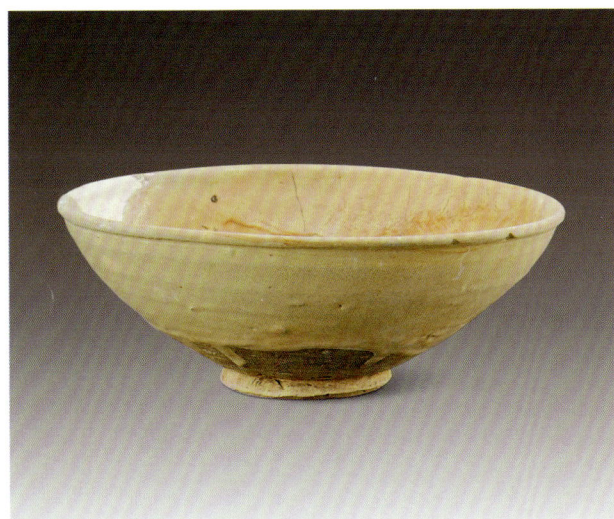

3. 2006SBT5⑦：18

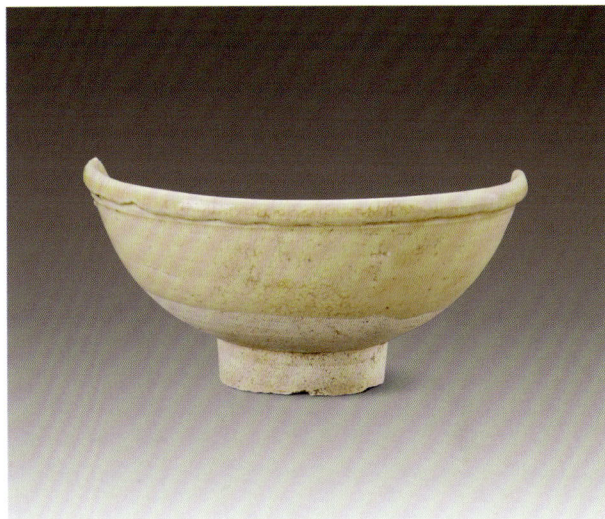

4. 2006SBT5④：2

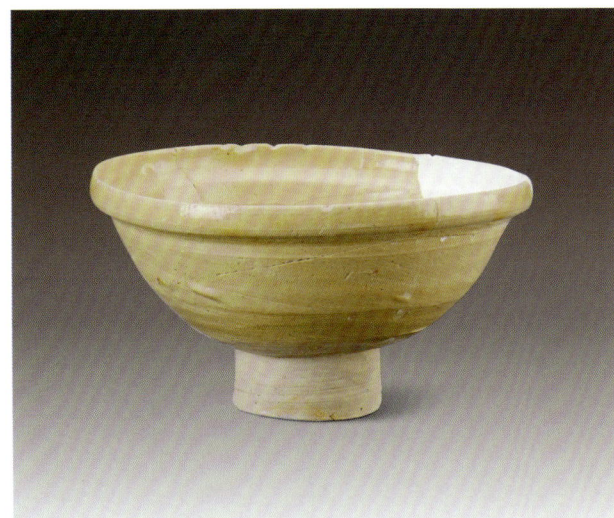

5. 2006SBT5④：1

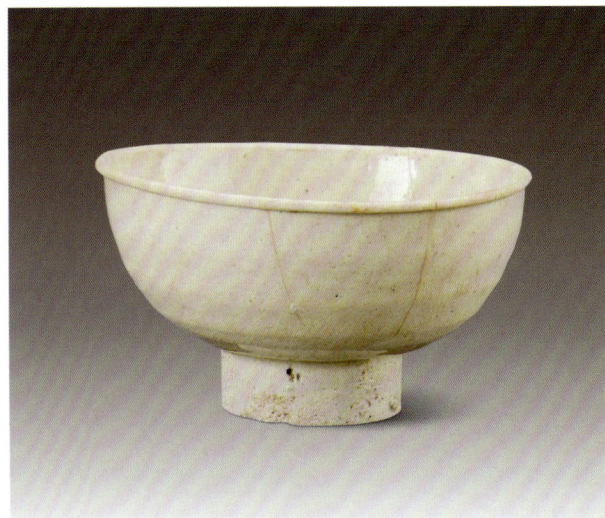

6. 2006SBT5⑤：23

青釉碗

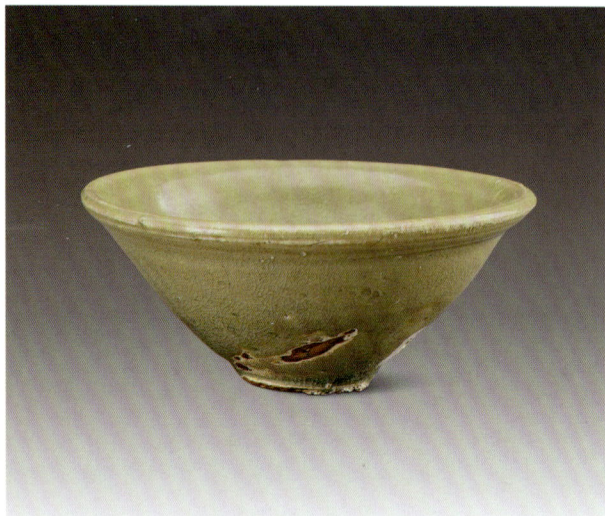

1. 青釉盏（2006SBT5⑤：57）

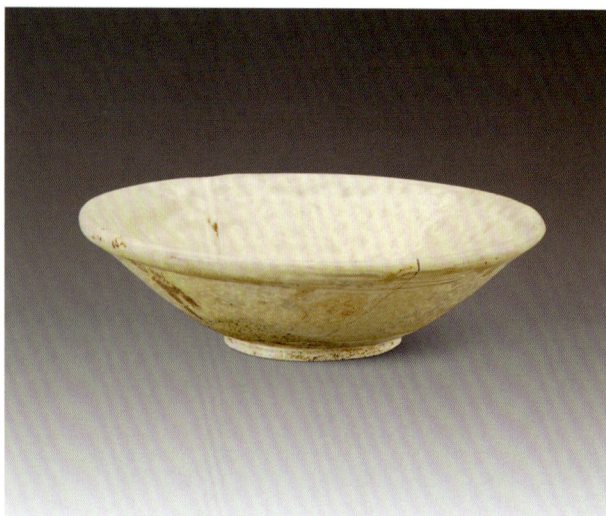

2. 青白釉盏（2006SBT5J1：2）

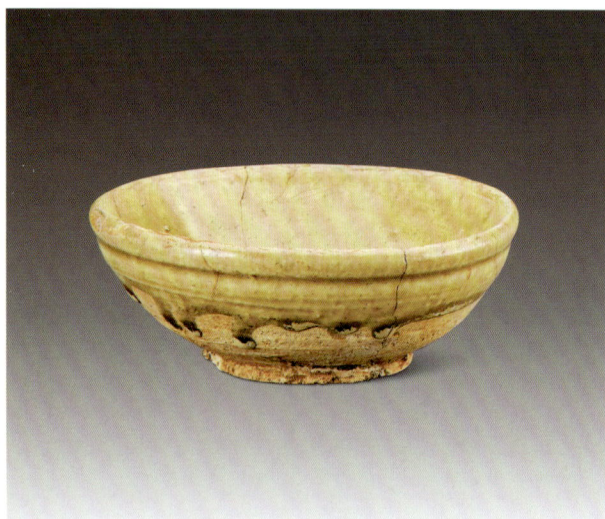

3. 青釉碗（2006SBT5⑧：18）

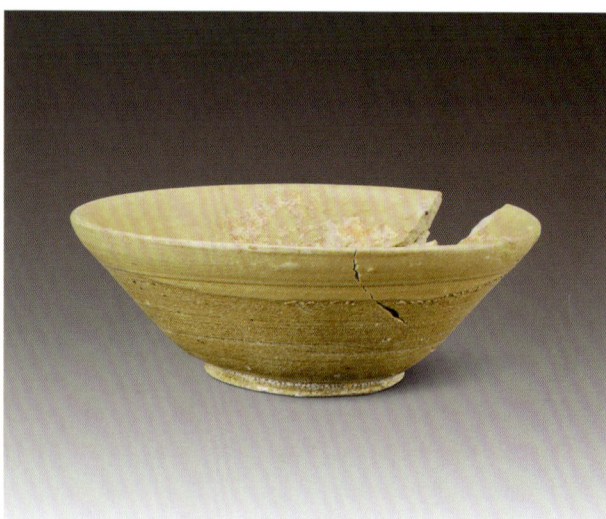

4. 青釉盏（2006SBT5⑥：40）

5. 青釉盏（2006SBT5⑧：889）

6. 青白釉盏托（2006SBT5⑦：249）

青釉、青白釉瓷器

1. 盘（2006SBT5⑧：920）

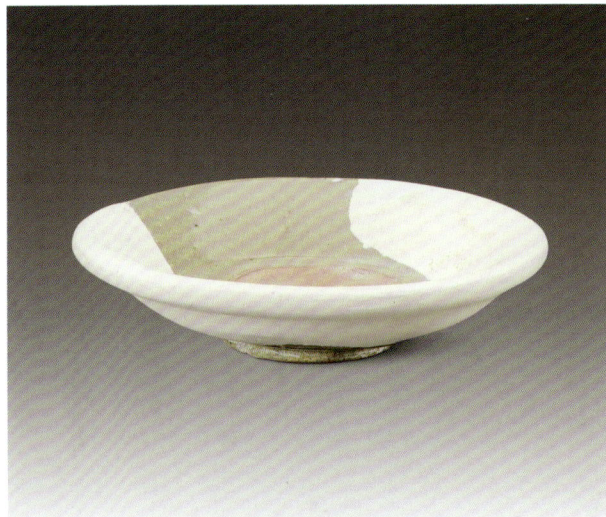

2. 盘（2006SBT5③：25）

3. 器盖（2006SBT5⑧：24）

4. 器盖（2006SBT5⑤：51）

5. 埙（2006SBT5⑧：894）

6. 埙（2006SBT5⑧：895）

青釉盘、器盖及埙

1. 2006SBT5⑧：755

2. 2006SBT5⑧：93

3. 2006SBT5⑧：542

4. 2006SBT5⑧：605

5. 2006SBT5⑧：393

6. 2006SBT5⑧：280

青釉钵

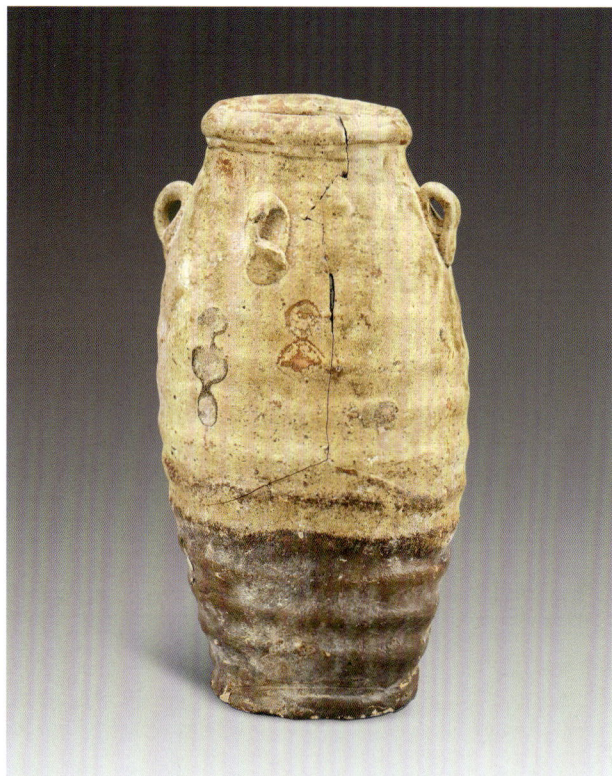

1. 2006SBT5③：6

2. 2006SBT5⑧：857

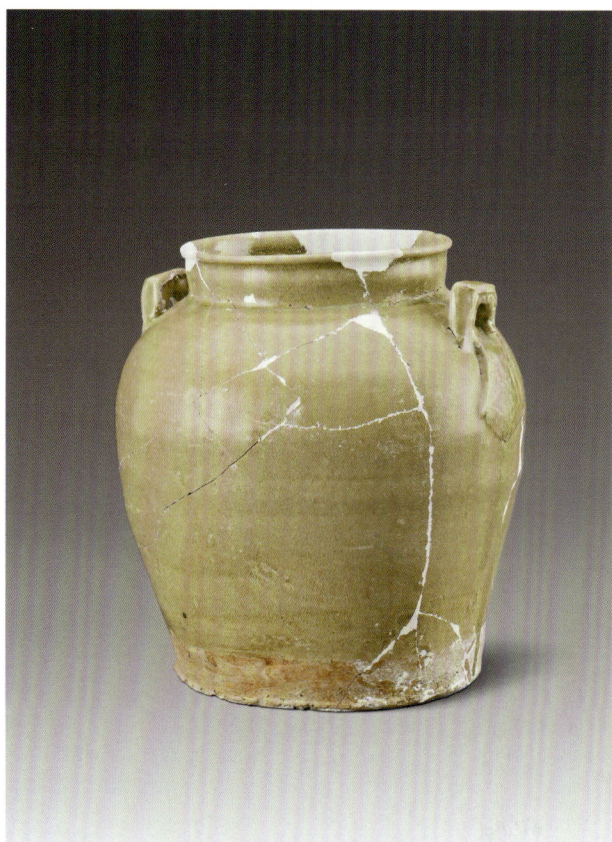

3. 2006SBT5⑧：886

4. 2006SBT5⑧：887

青釉罐

1. 罐（2006SBT5①：61）

2. 罐（2006SBT5⑦：233）

3. 壶（2006SBT5⑧：873）

4. 盂（2006SBT5⑧：909）

5. 炉（2006SBT5⑥：5）

6. 灯（2006SBT5⑧：507）

青釉瓷器

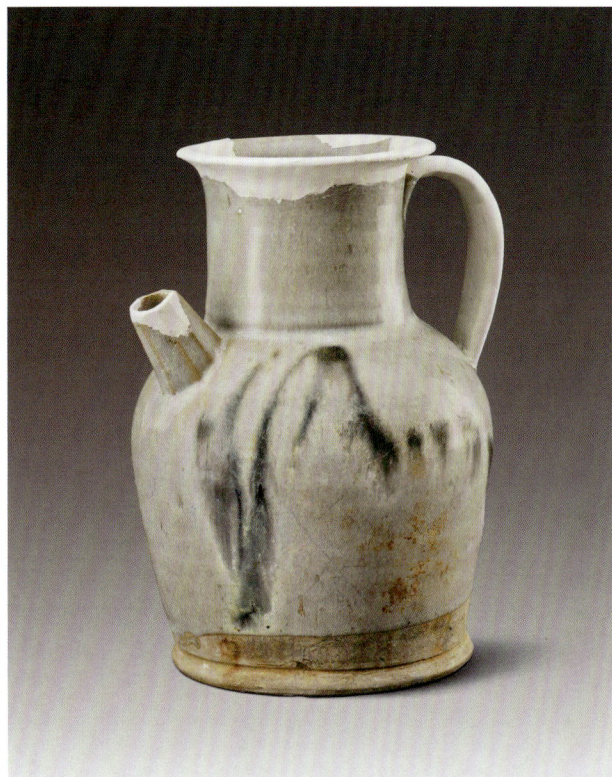

1. 2006SBT5⑧：903

2. 2006SBJ1：4

3. 2006SBT5⑦：235

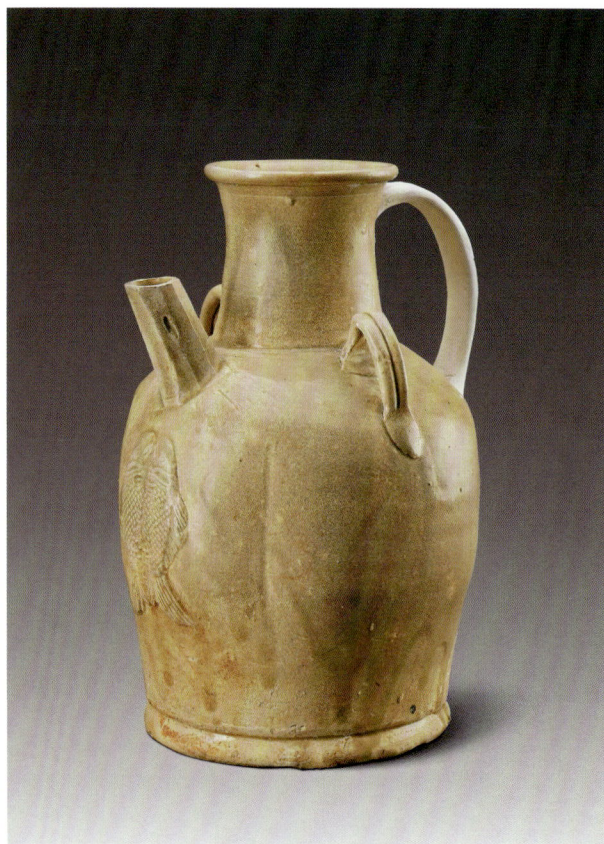

4. 2006SBT5⑦：234

青釉执壶

1. 2006SBT5⑧：901

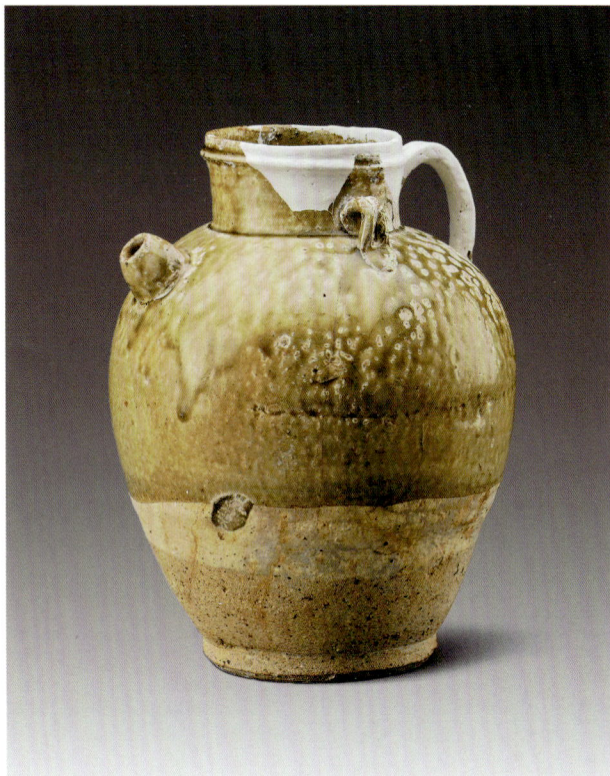

2. 2006SBT5⑧：902

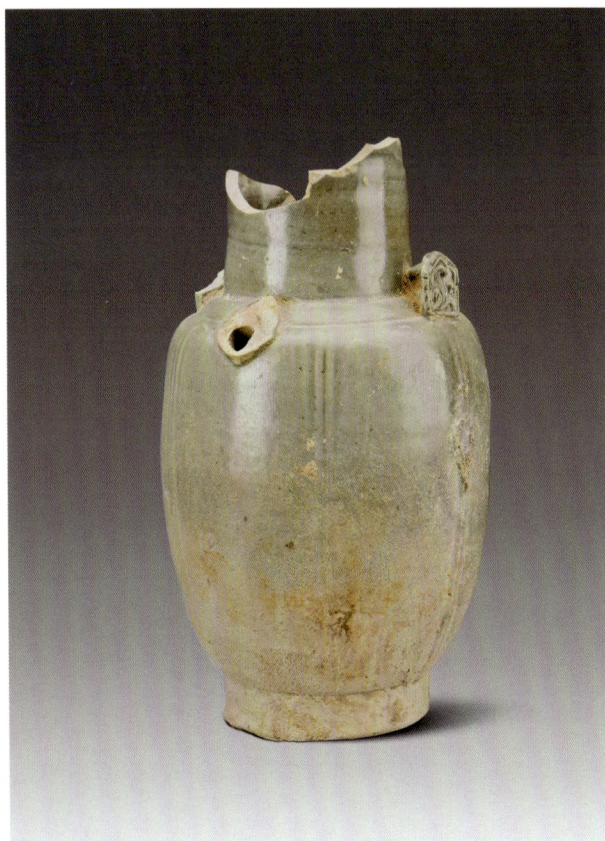

3. 2006SBT5⑦：184

4. 2006SBT5⑧：385

青釉执壶

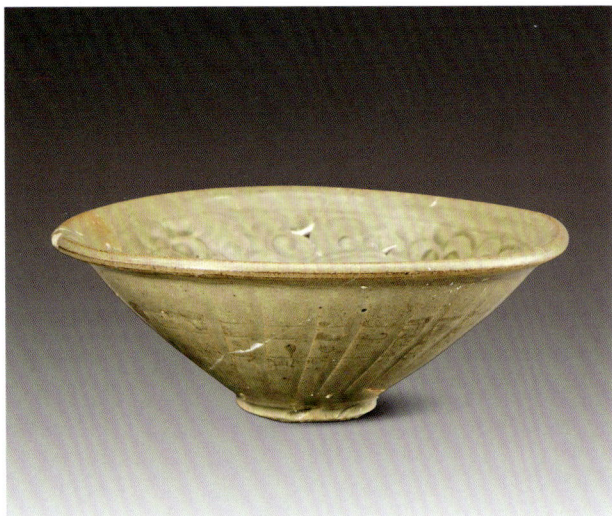

1. 2006SBT5⑤：62

2. 2006SBT5⑤：62

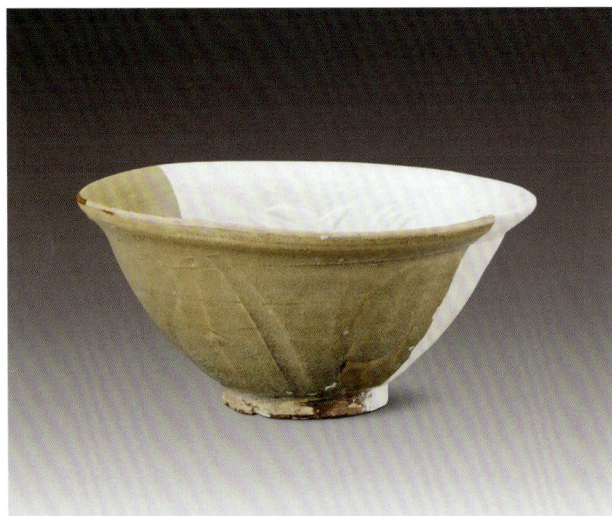

3. 2006SBT5②：4

4. 2006SBT5②：4

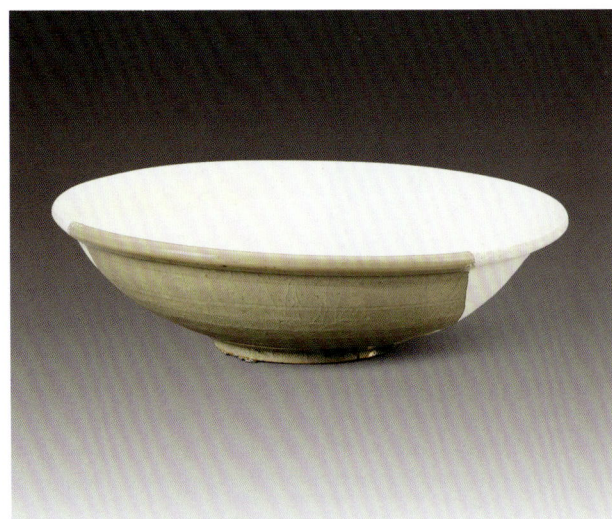

5. 2006SBT5⑤：19

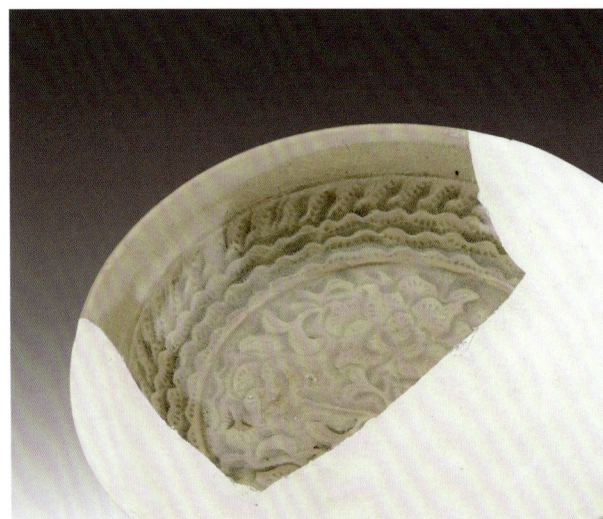

6. 2006SBT5⑤：19

青釉印花碗

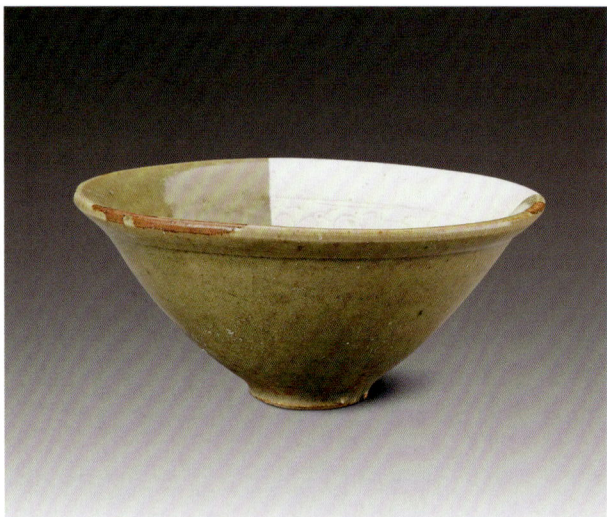
1. 盏（2006SBT5⑤：17）

2. 盏（2006SBT5⑤：17）

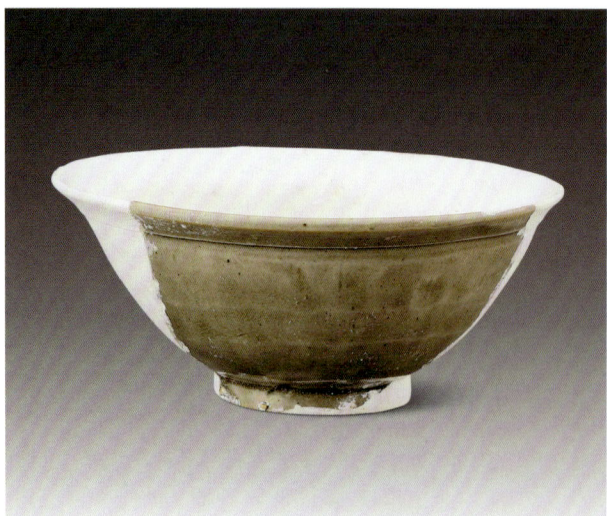
3. 盏（2006SBT5⑤：18）

4. 盏（2006SBT5⑤：18）

5. 盘（2006SBT5⑦：202）

青釉印花盏、盘

1. 盒盖（2006SBT5⑧：555）

2. 执壶（2006SBT5⑧：872）

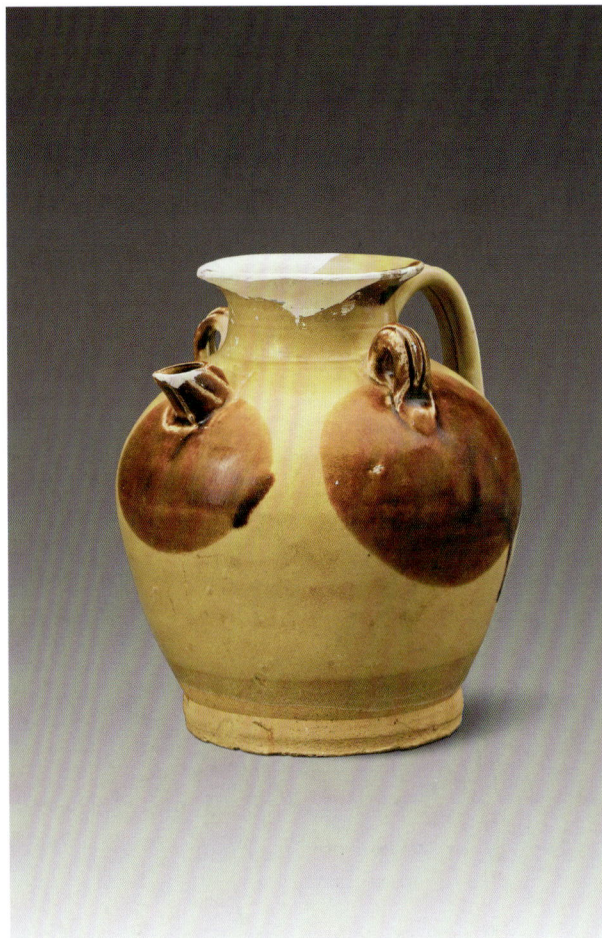

3. 执壶（2006SBT5⑧：904）

青釉褐彩盒盖、执壶

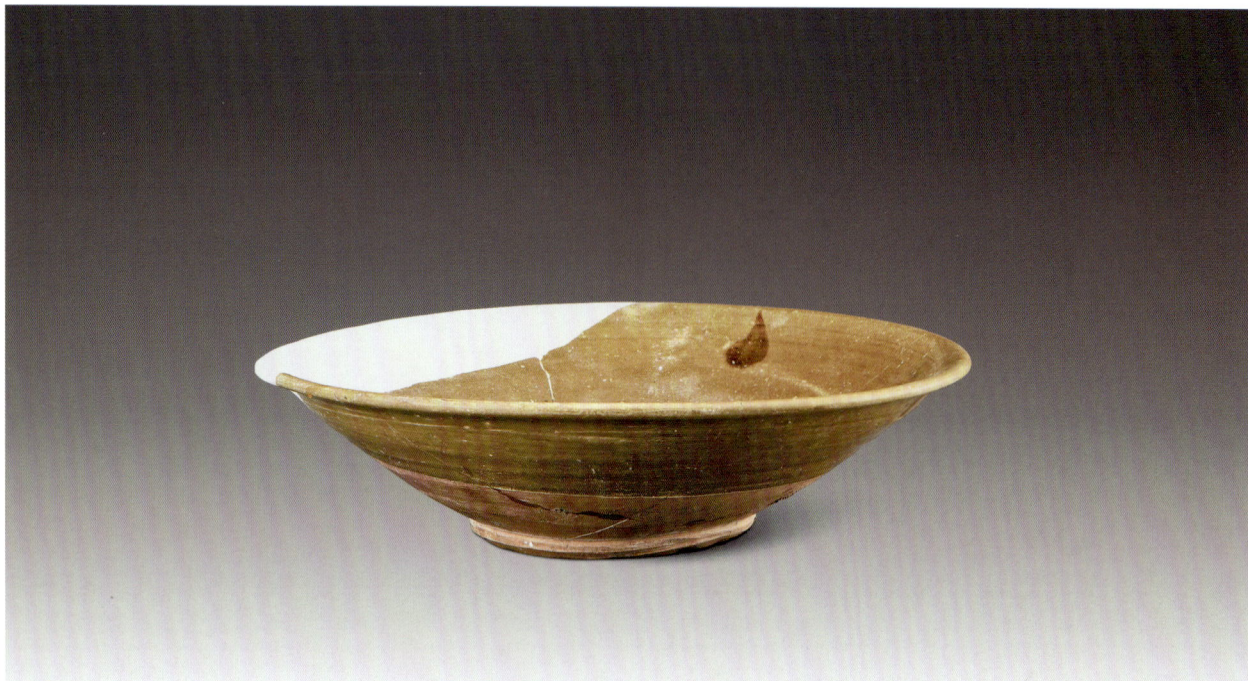

1. 碗（2006SBT5⑧：888）

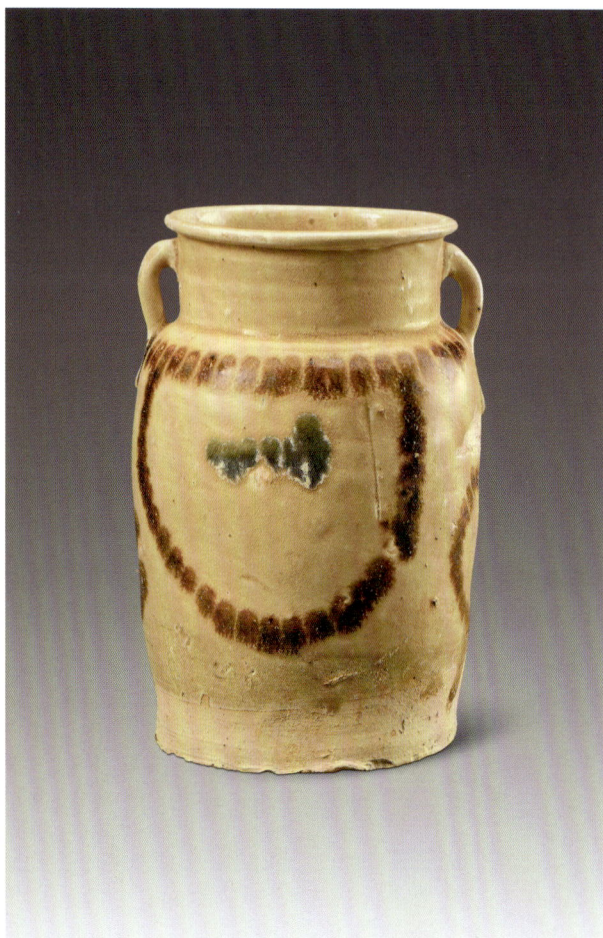

2. 罐（2006SBT5⑥：79）

3. 罐（2006SBT5⑧：905）

青釉褐彩碗、罐

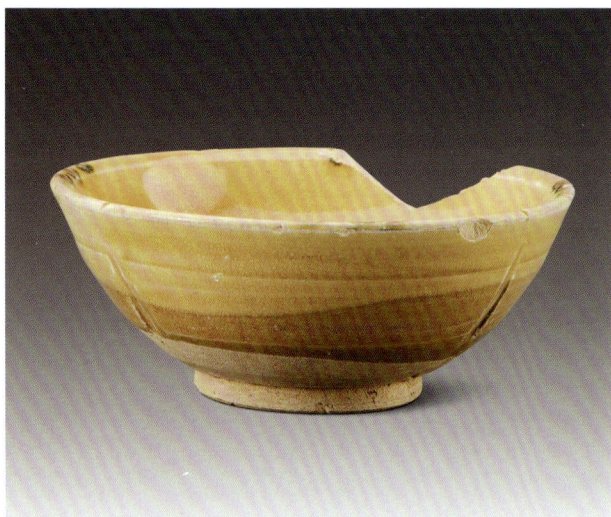

1. 青釉绿彩碗（2006SBT5⑧：165）

2. 青釉绿彩碗（2006SBT5⑧：165）

3 青釉绿彩碗（2006SBT5⑧：148）

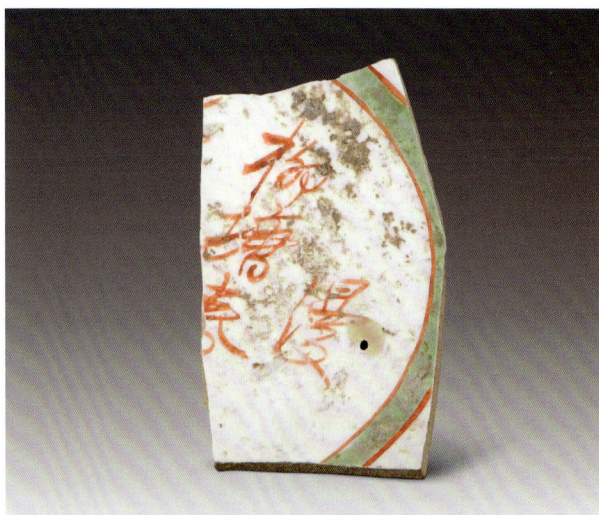

4. 红绿彩碟（2006SBT5③：26）

5. 红绿彩碗（2006SBT5①：85）

6. 红绿彩盏（2006SBT5①：69）

青釉绿彩、红绿彩瓷器

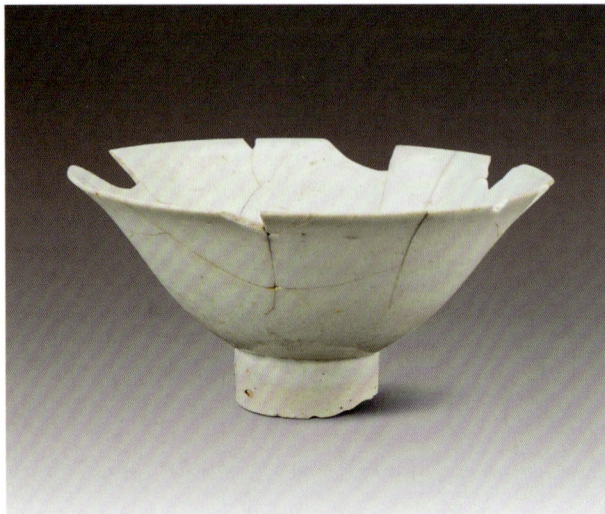
1. 2006SBT5③：8

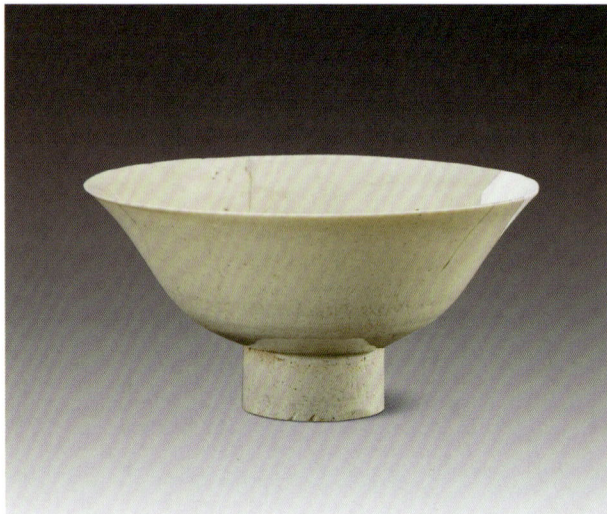
2. 2006SBT5⑤：61

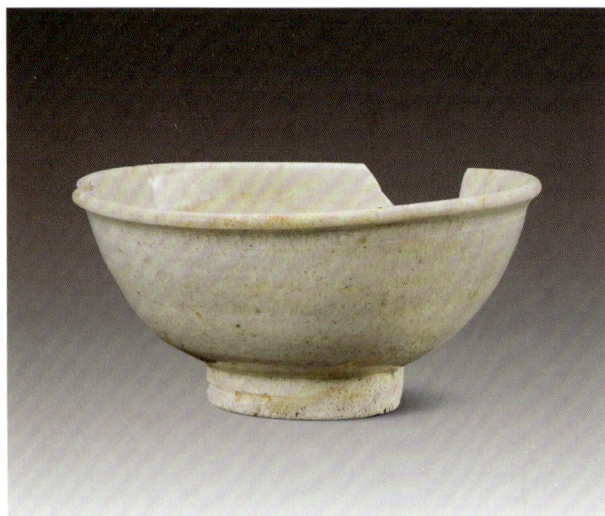
3. 2006SBT5⑦：117

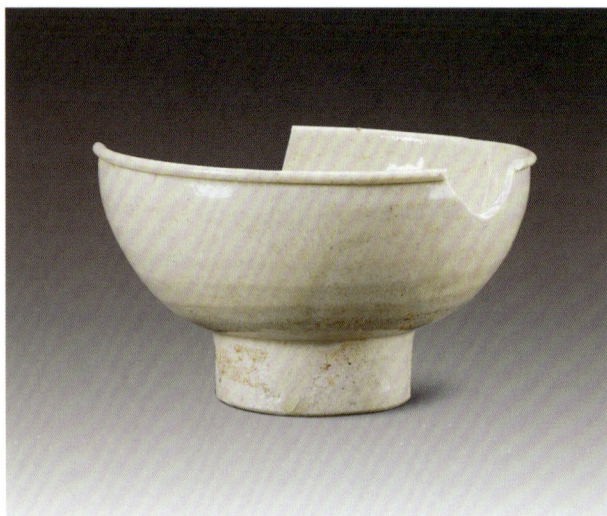
4. 2006SBT5⑦：163

5. 2006SBT5⑦：175

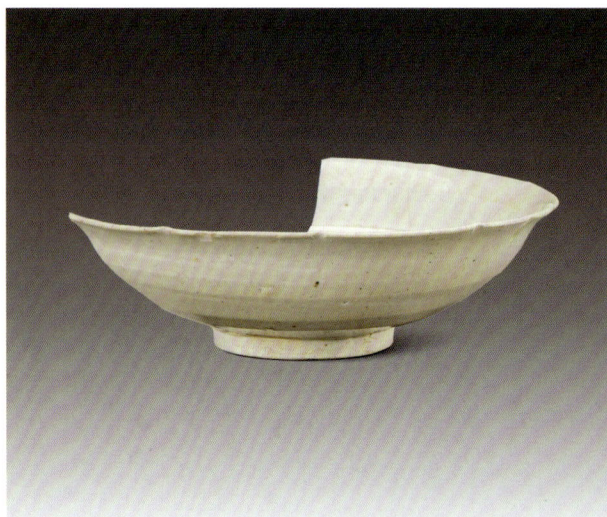
6. 2006SBT5⑦：176

青白釉碗

1. 器盖（2006SBT5⑥：81）

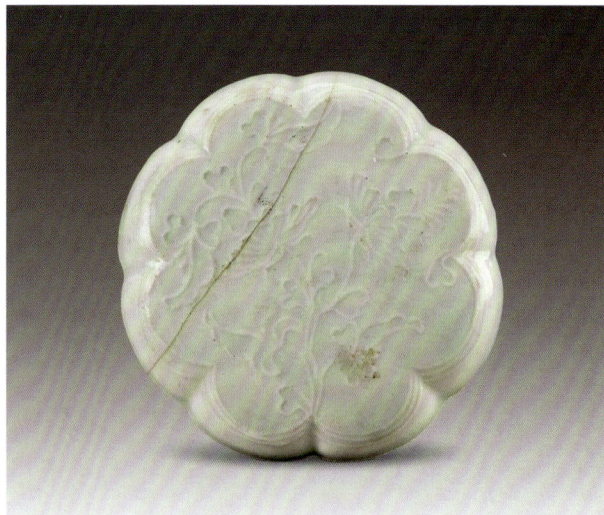

2. 器盖（2006SBT5⑥：81）

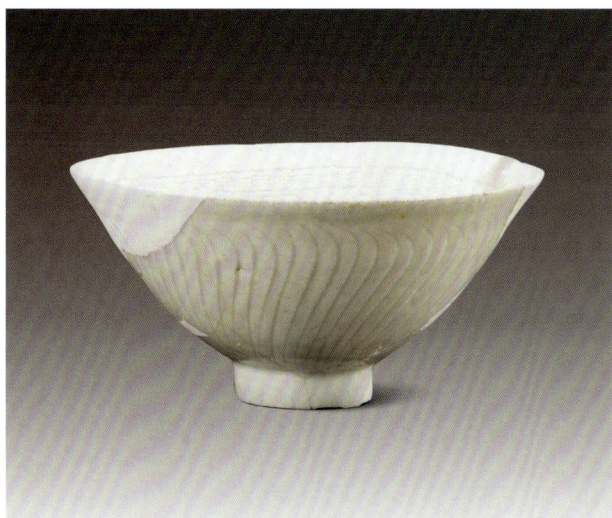

3. 印划花碗（2006SBT5⑦：67）

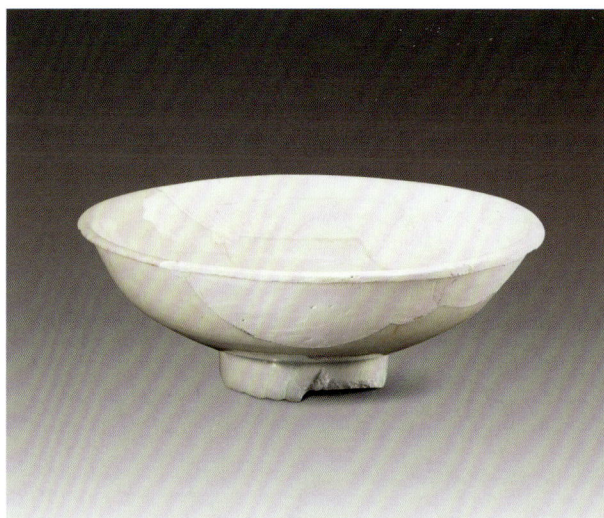

4. 刻划花碗（2006SBT5①：93）

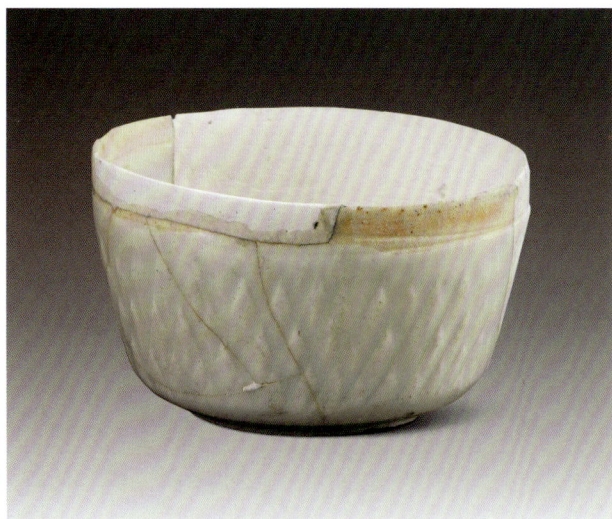

5. 杯（2006SBT5⑦：248）

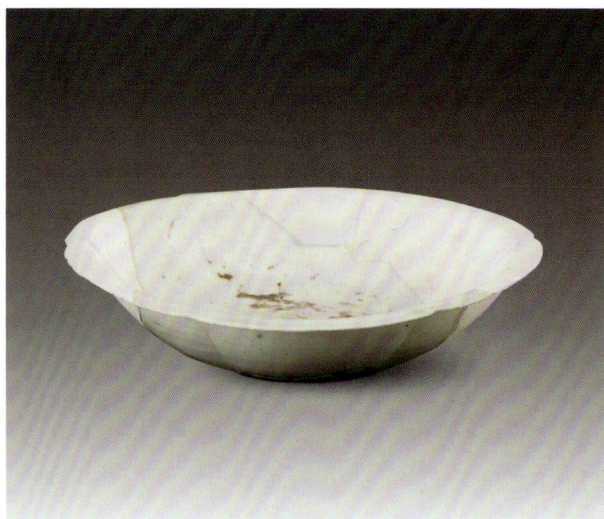

6. 盘（2006SBT5⑦：250）

青白釉瓷器

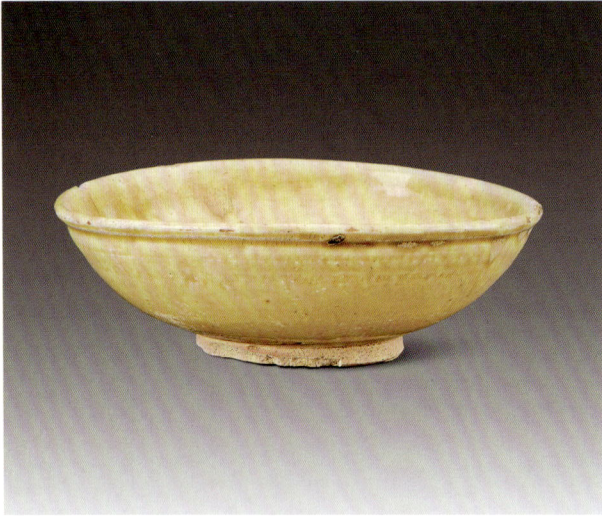

1. 2006SBT5⑧：719

2. 2006SBT5⑦：143

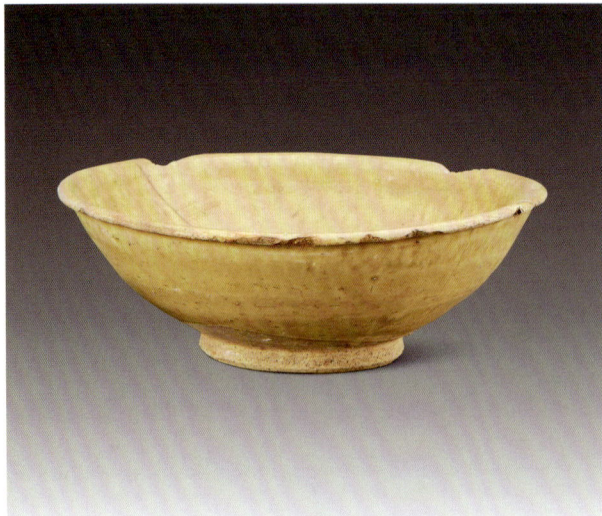

3. 2006SBT5⑧：44

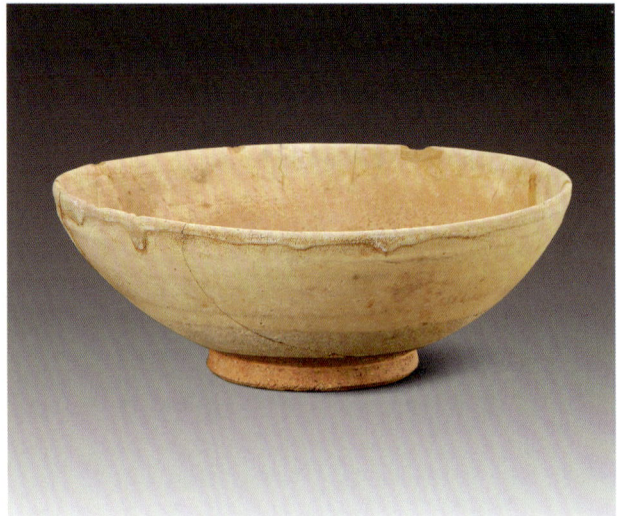

4. 2006SBT5⑧：96

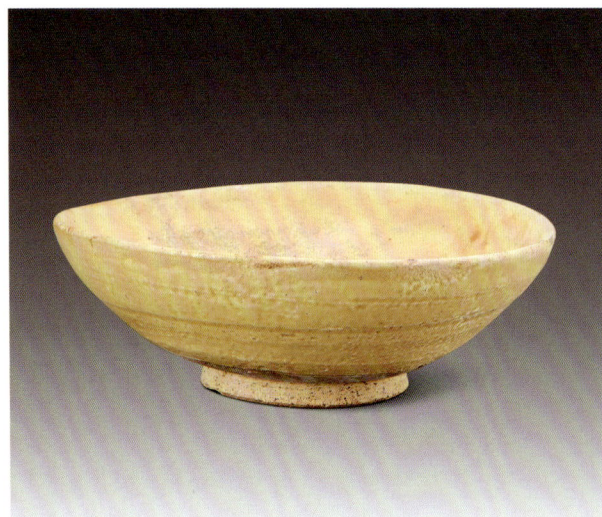

5. 2006SBT5⑧：216

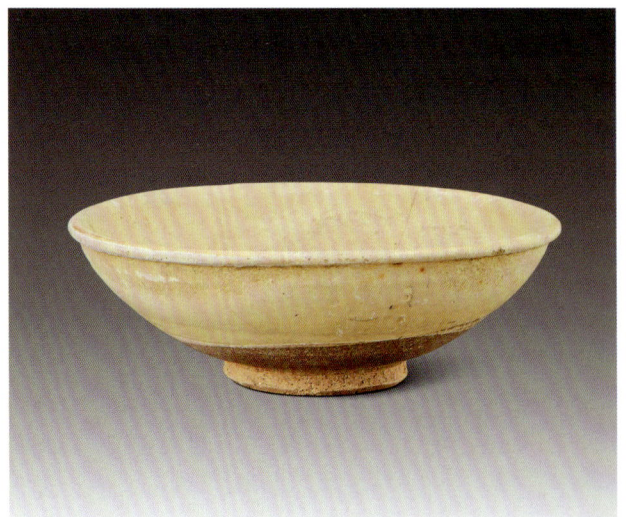

6. 2006SBT5⑧：712

黄釉碗

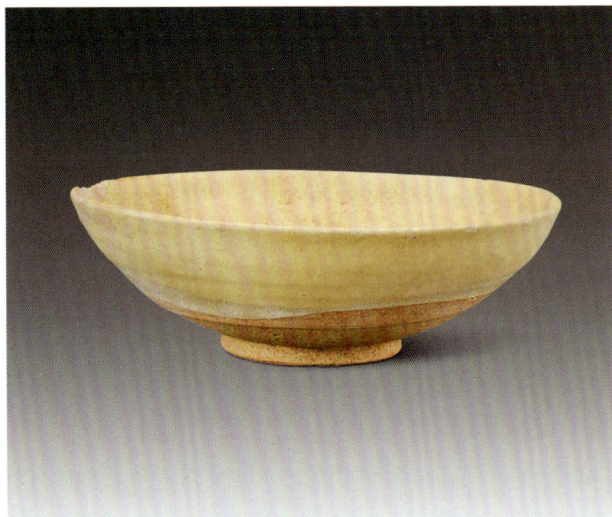

1. 2006SBT5⑥：17

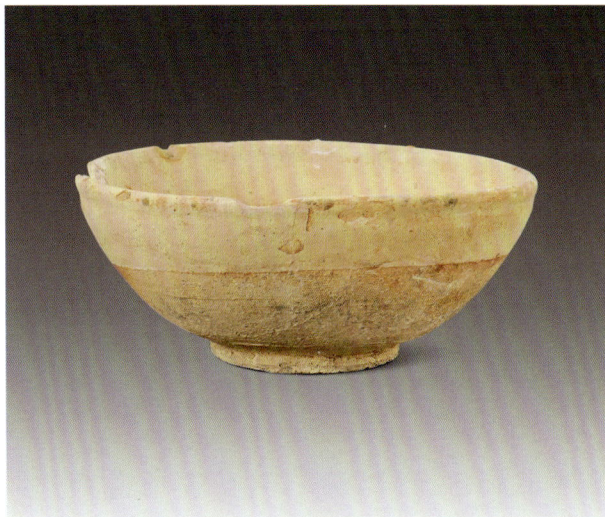

2. 2006SBT5⑧：360

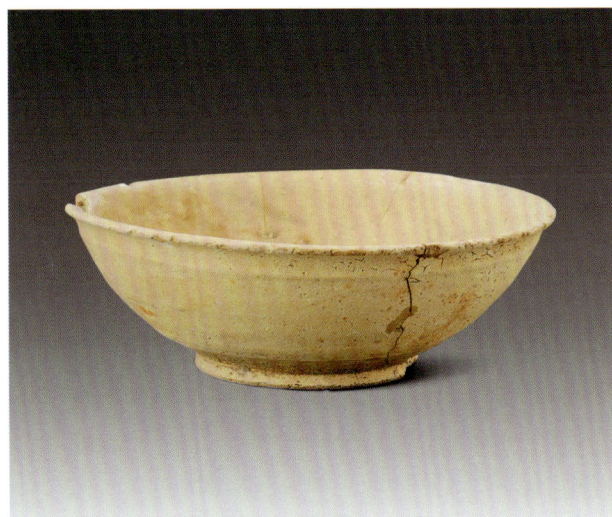

3. 2006SBT5⑧：620

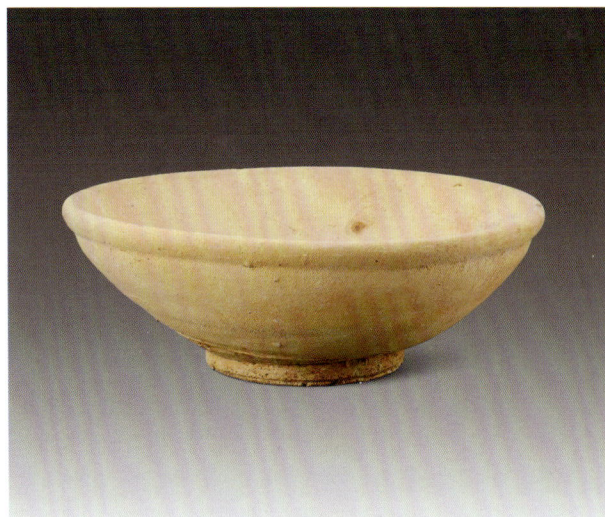

4. 2006SBT5⑧：680

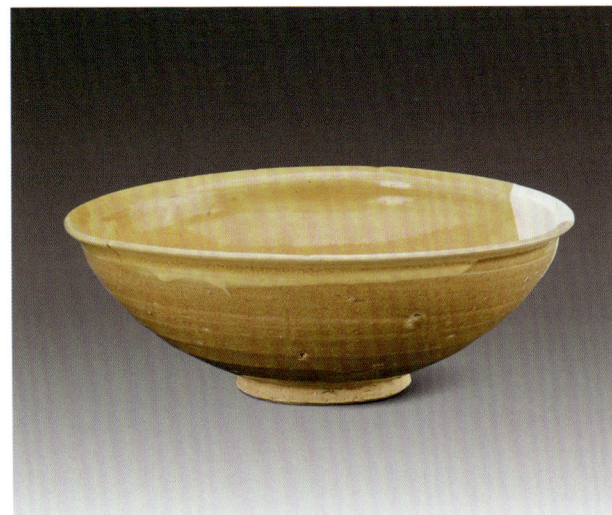

5. 2006SBT5⑧：891

6. 2006SBT5⑧：892

黄釉碗

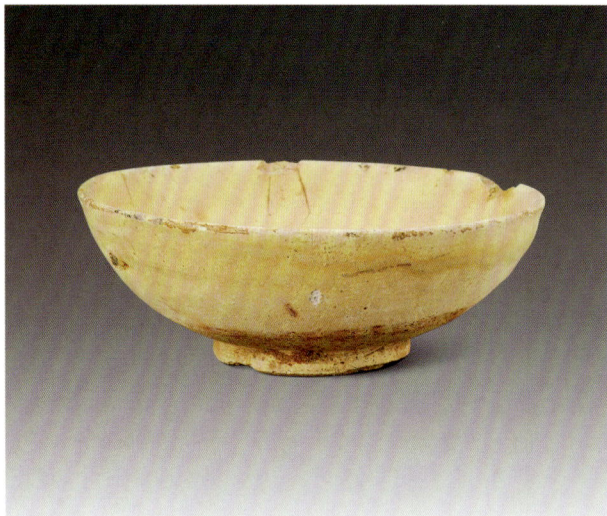

1. 黄釉碗（2006SBT5⑧：702）

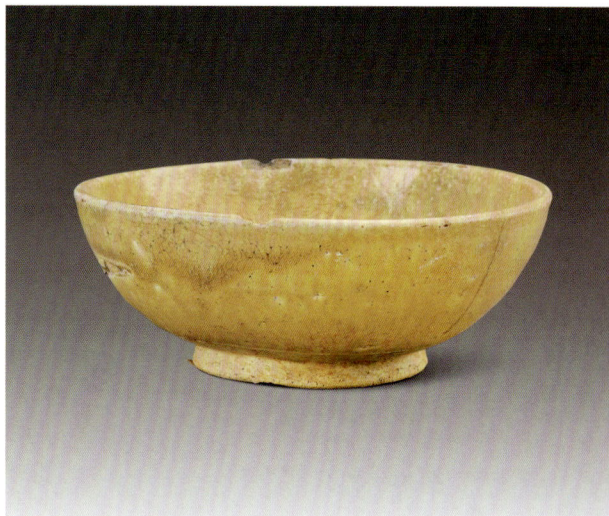

2. 黄釉碗（2006SBT5⑧：450）

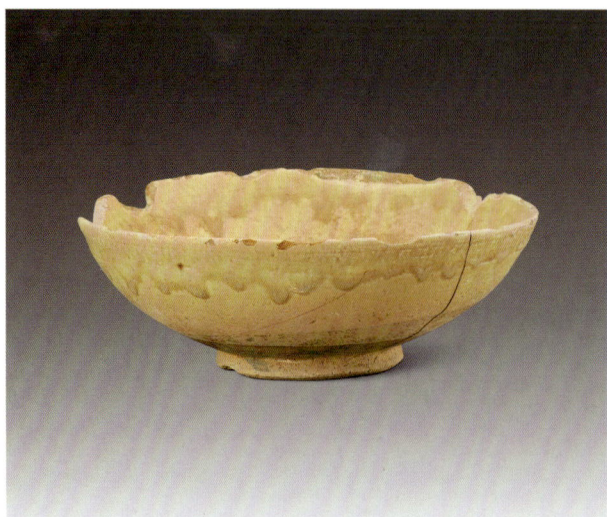

3. 黄釉碗（2006SBT5⑧：23）

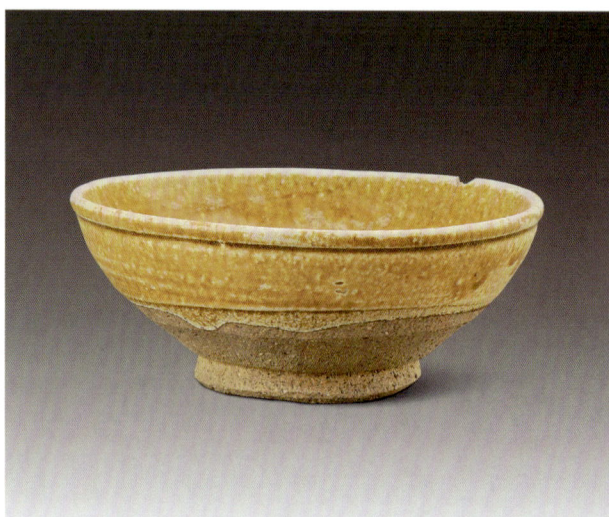

4. 青黄釉碗（2006SBT5⑦：40）

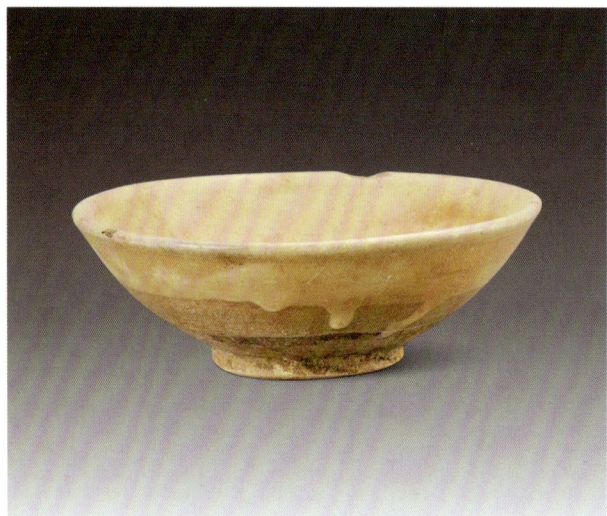

5. 青黄釉碗（2006SBT5⑦：24）

6. 青黄釉碗（2006SBT5⑦：4）

黄釉、青黄釉碗

1. 碾碗（2006SBT5⑧：610）

2. 碗（2006SBT5⑧：738）

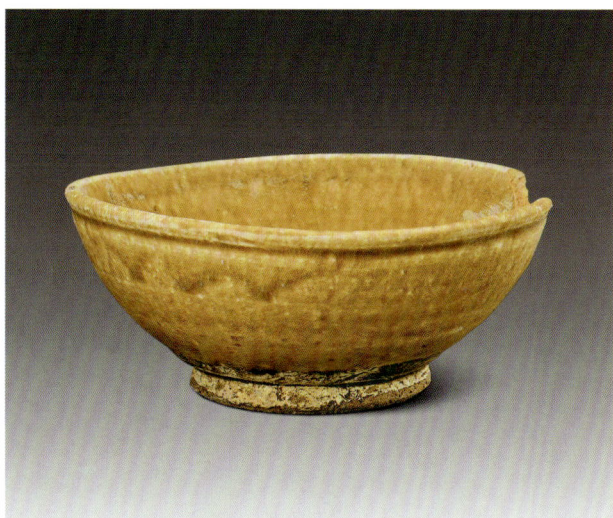

3. 碗（2006SBT5⑧：172）

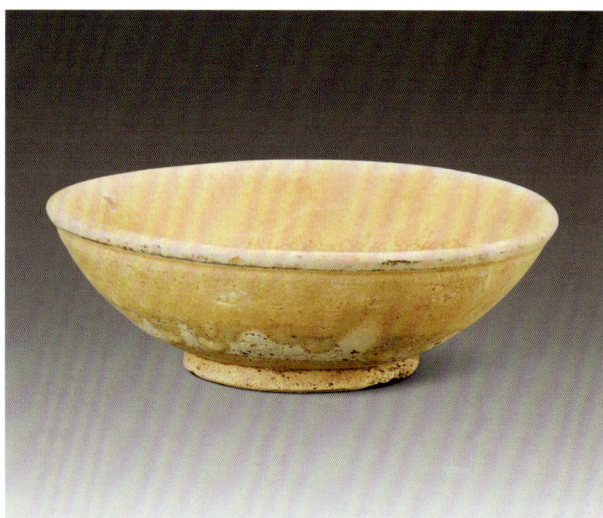

4. 碗（2006SBT5⑧：6）

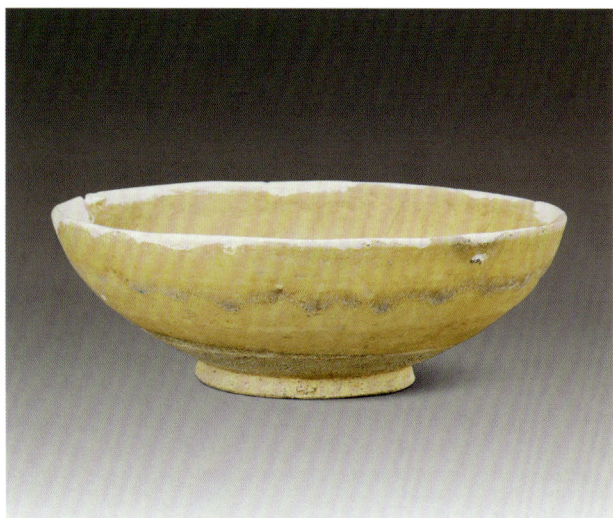

5. 碗（2006SBT5⑦：54）

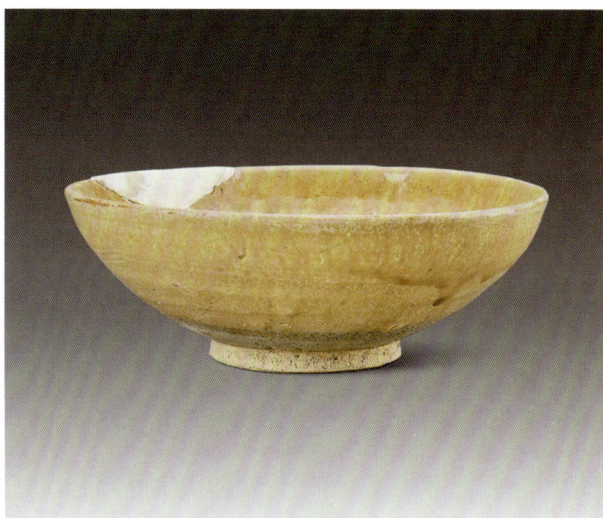

6. 碗（2006SBT5⑦：17）

黄釉碾碗、碗

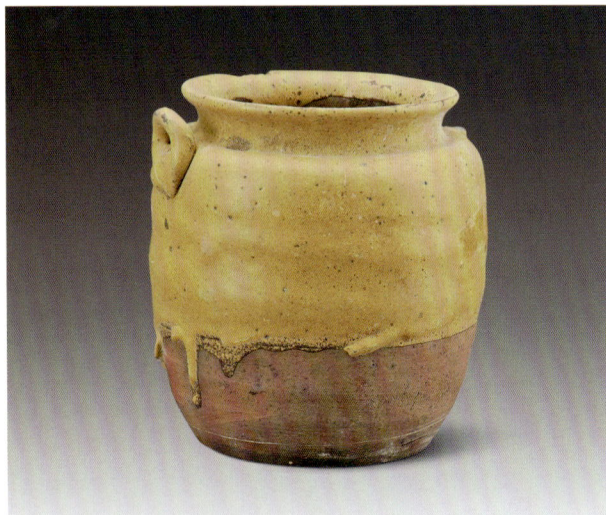

1. 青黄釉罐（2006SBT5⑦：3）

2. 黄釉罐（2006SBT5⑧：582）

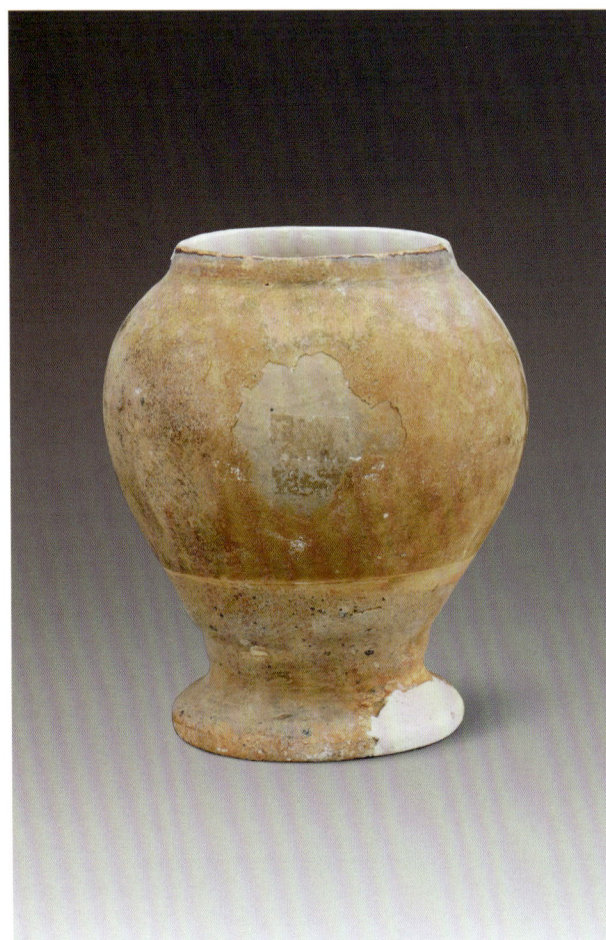

3. 黄釉罐（2006SBT5⑧：458）

4. 黄釉罐（2006SBT5⑧：119）

青黄釉、黄釉罐

1. 罐（2006SBT5⑦：148）

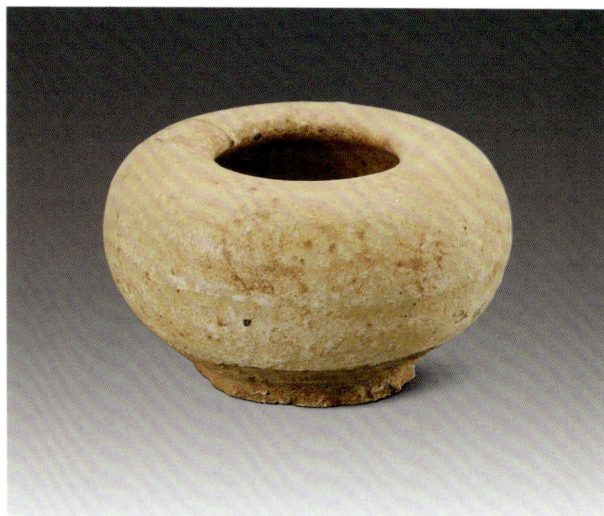

2. 盂（2006SBT5⑧：56）

3. 罐（2006SBT5⑦：122）

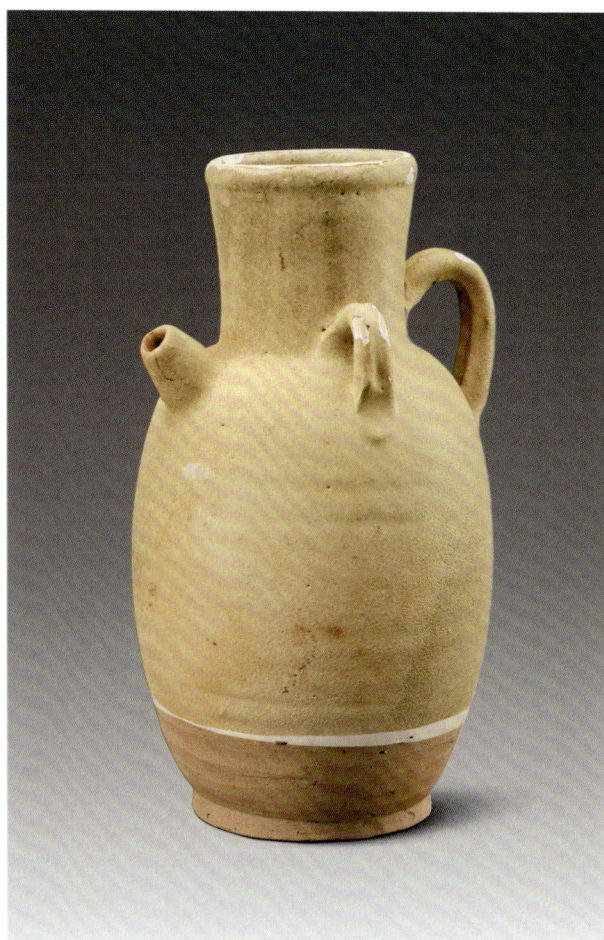

4. 执壶（2006SBT5⑥：78）

黄釉罐、盂及执壶

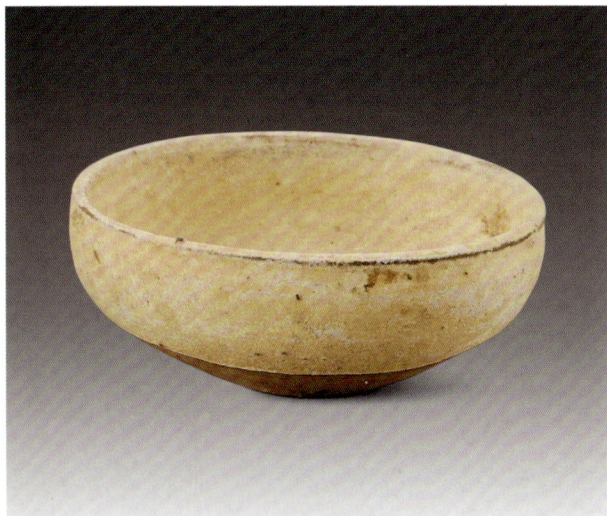

1. 钵（2006SBT5⑧：343）

2. 盒（2006SBT5⑧：899）

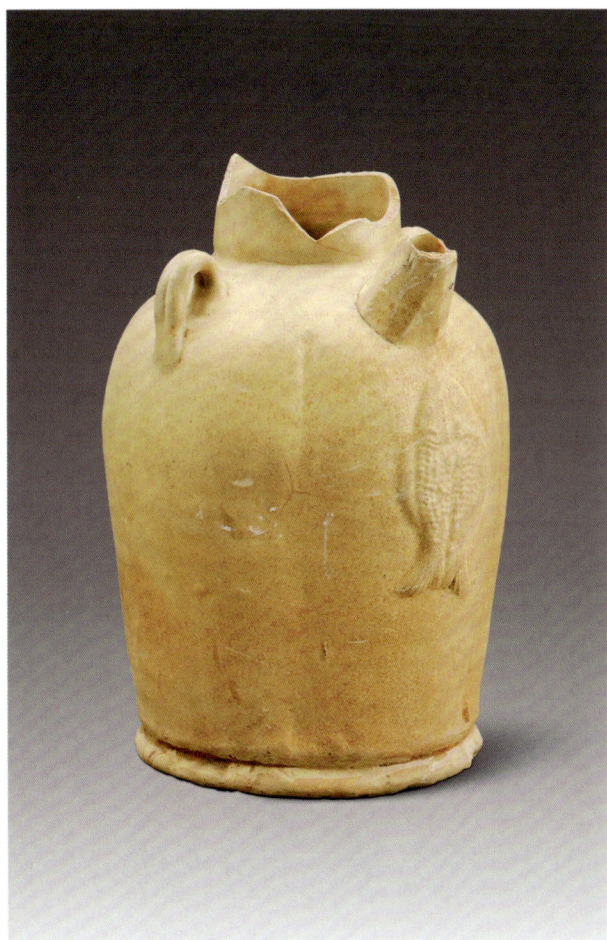

3. 壶（2006SBT5⑧：728）

4. 壶（2006SBT5⑧：900）

黄釉钵、盒及壶

1. 褐彩盏（2006SBT5③：27）

2. 印花碗（2006SBT5⑦：229）

3. 纺轮（2006SBT5⑧：871）

4. 骑俑（2006SBT5⑧：877）

黄釉瓷器

1. 碗（2006SBT5⑦：33）

2. 碗（2006SBT5⑦：33）

3. 碗（2006SBT5⑧：11）

4. 碗（2006SBT5⑧：61）

5. 碗（2006SBT5⑧：890）

6. 碾碗（2006SBT5⑧：500）

酱釉碗、碾碗

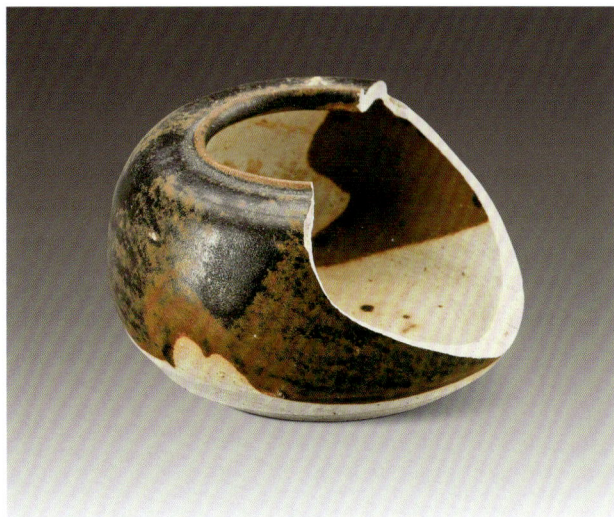

1. 盂（2006SBT5①：7）

2. 盂（2006SBT5①：7）

3. 盏（2006SBT5⑦：98）

4. 灯（2006SBT5⑧：306）

5. 罐（2006SBT5⑧：63）

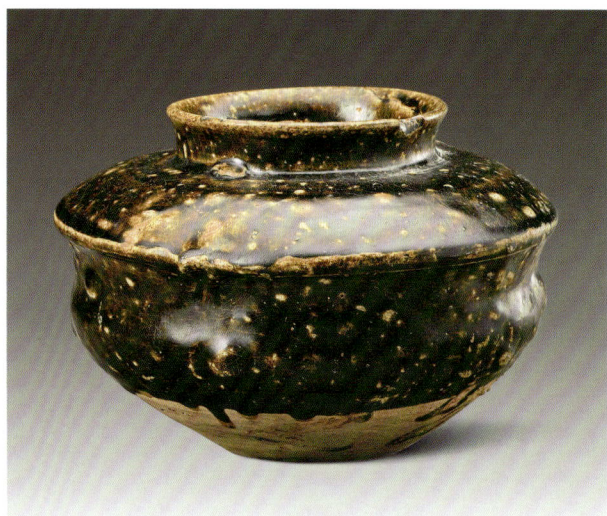

6. 罐（2006SBT5⑧：906）

酱釉瓷器

1. 执壶（2006SBT5⑥：22）

2. 执壶（2006SBT5⑦：37）

3. 罐（2006SBT5⑦：131）

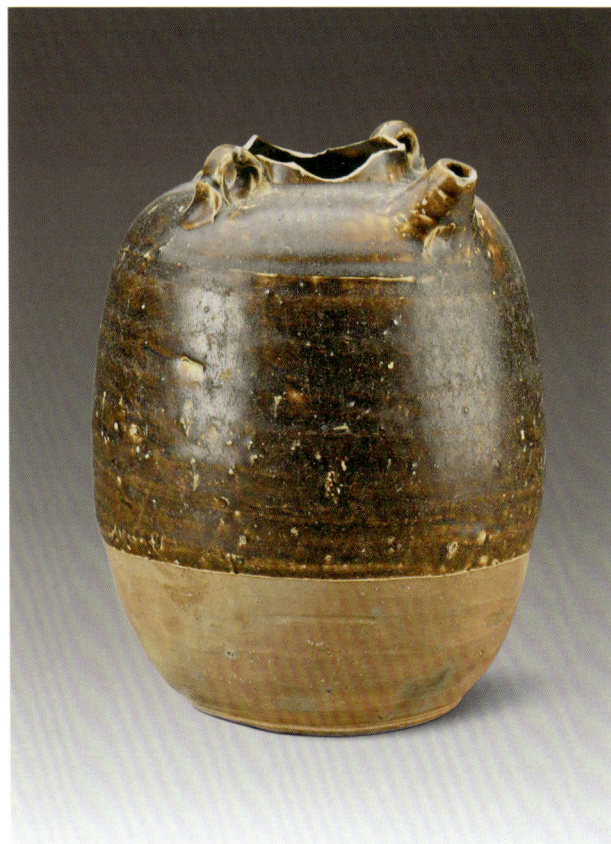

4. 执壶（2006SBT5⑧：669）

酱釉执壶、罐及碗

1. 碗（2006SBT5⑤：60）

2. 碗（2006SBT5⑧：919）

3. 盏（2006SBT5⑤：3）

4. 盏（2006SBT5⑤：58）

5. 盏（2006SBT5⑤：63）

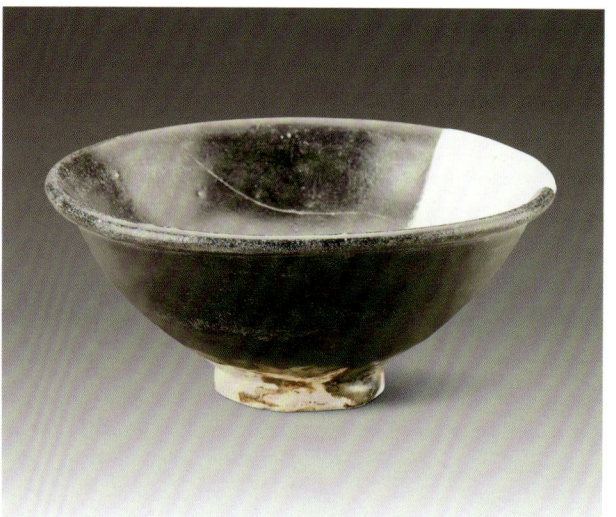

6. 盏（2006SBT5K1：1）

黑釉碗、盏

1. 器盖（2006SBT5⑧：136）

2. 杯（2006SBT5⑥：41）

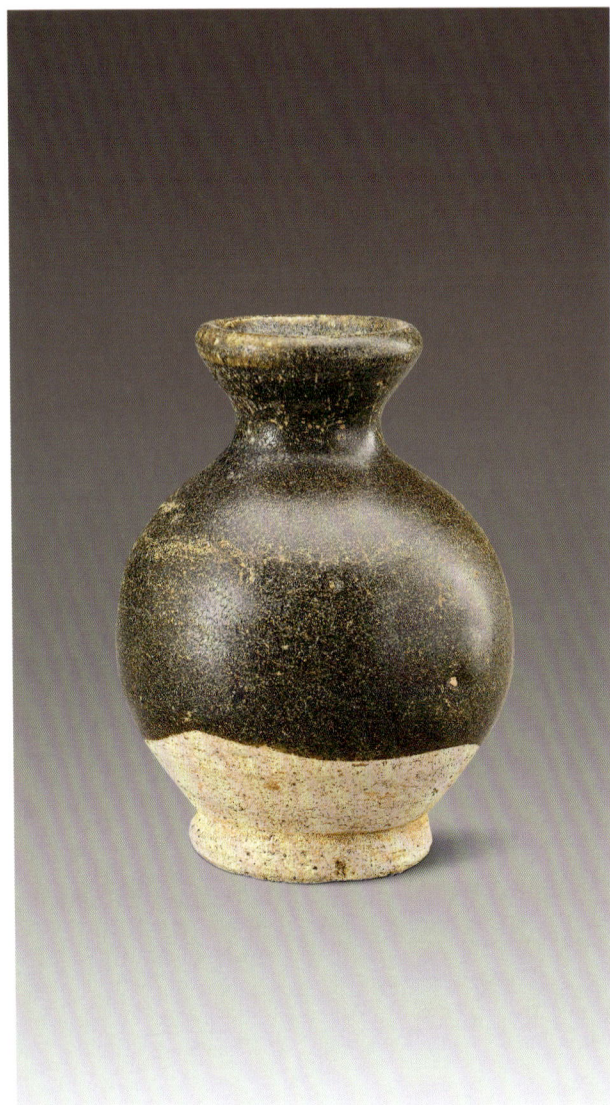

3. 瓶（2006SBT5⑧：917）

4. 枕（2006SBT5⑧：931）

5. 枕（2006SBT5⑥：39）

黑釉瓷器

1. 三彩器盖（2006SBT5⑧：410）

2. 青绿釉器盖（2006SBT5⑧：414）

3. 绿釉印花盏（2006SBT5⑧：438）

4. 绿釉印花盘（2006SBT5⑧：649）

5. 绿釉划花枕（2006SBT5⑥：72）

三彩、青绿釉及绿釉瓷器

1. 碗（2006SBT5②：9）

2. 盘（2006SBT5①：20）

3. 盘（2006SBT5①：66）

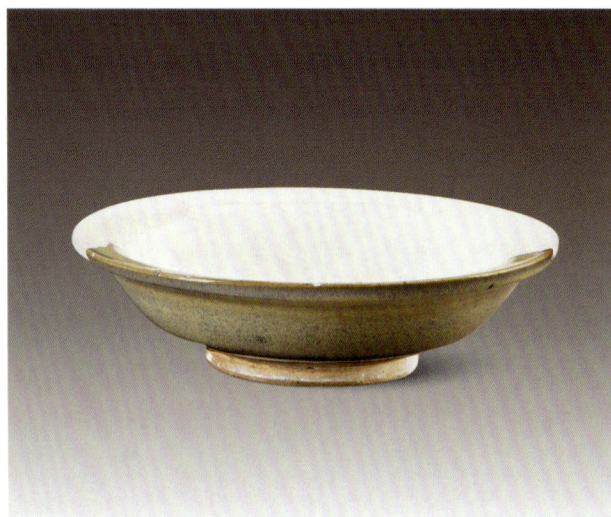

4. 盘（2006SBT5①：94）

5. 盘（2006SBT5①：95）

钧釉碗、盘

1. 枕（2006SBT5⑦：253）

2. 枕（2006SBT5⑦：253）

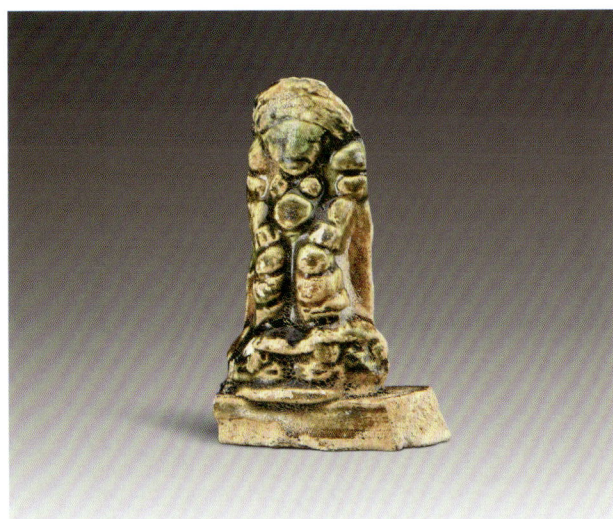

3. 造像（2006SBT5⑧：591）

4. 炉（2006SBT5⑧：40）

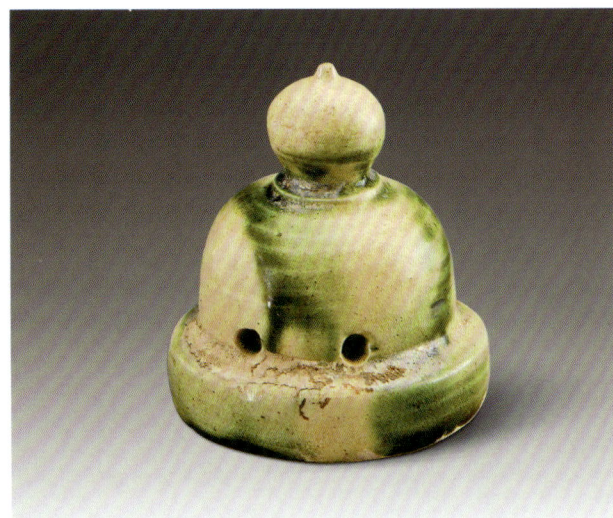

5. 器盖（2006SBT5⑦：238）

6. 器盖（2006SBT5⑧：36）

三彩瓷器

1. 盘（2006SBJ2：4）

2. 炉（2006SBT5⑧：678）

3. 炉（2006SBT5⑦：90）

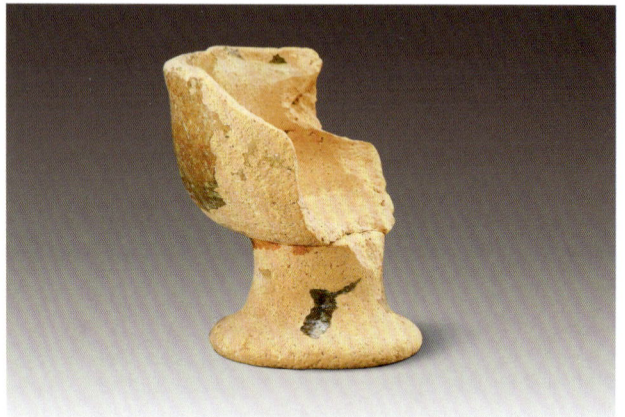

4. 杯（2006SBT5⑦：93）

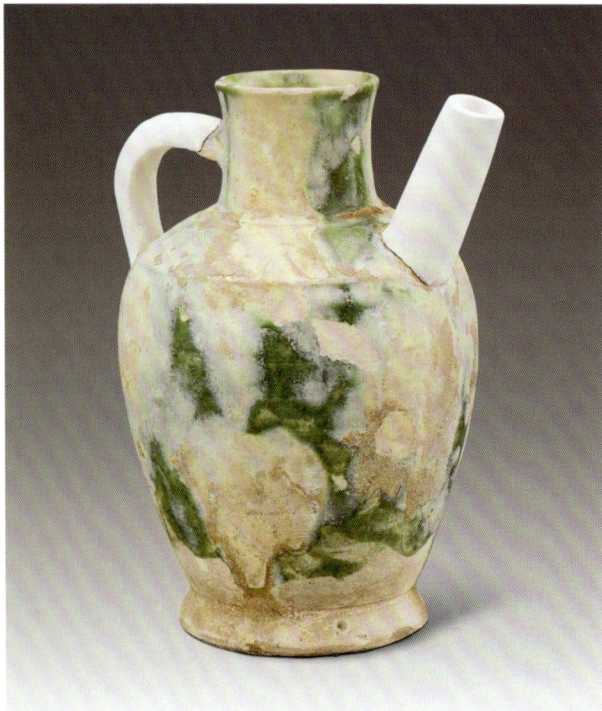

5. 执壶（2006SBT5⑦：36）

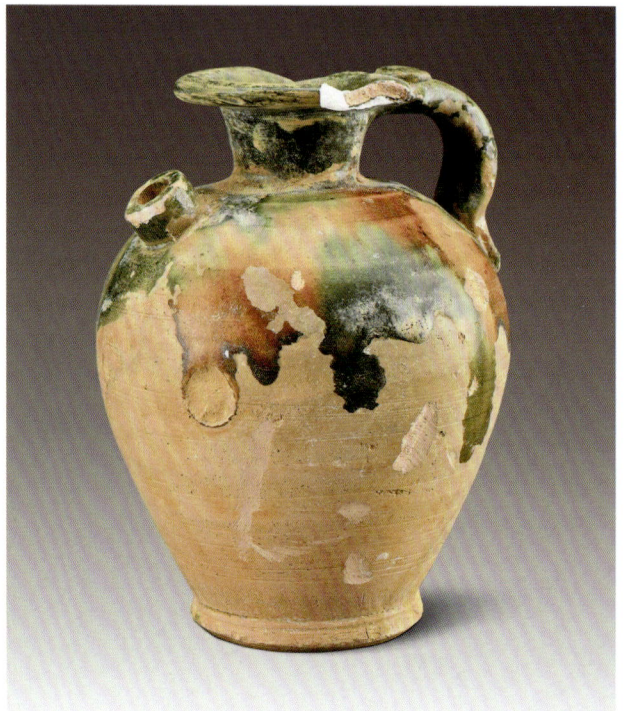

6. 执壶（2006SBT5⑧：914）

三彩瓷器

1. 枕（2006SBT5⑧：932）

2. 枕（2006SBT5⑧：932）

3. 球（2006SBJ3：4）

4. 马头（2006SBJ2：3）

绞胎器

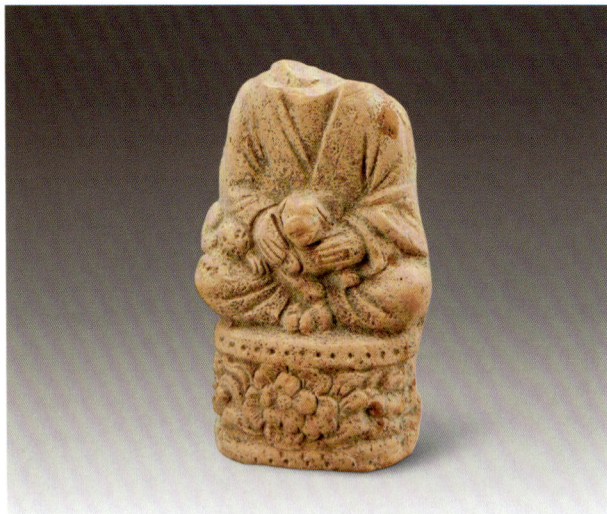

1. 造像（2006SBT5①：68）

2. 铃（2006SBT5⑧：674）

3. 碾轮（2006SBT5⑦：2）

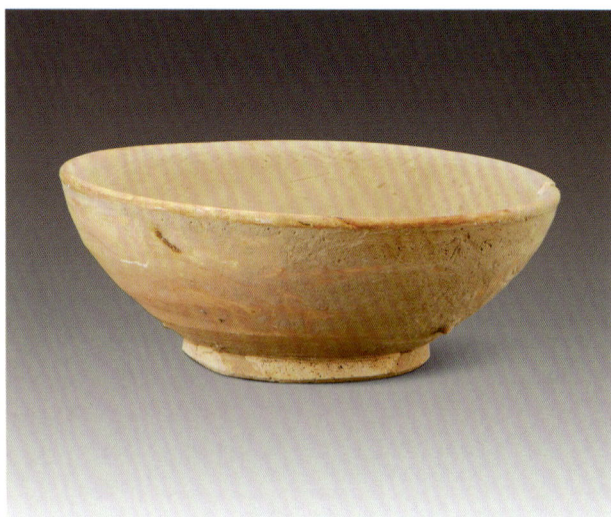

4. 碗（2006SBT5⑧：415）

5. 球（2006SBT5①：82）

6. 弹丸（2006SBT5⑧：491）

素胎器

1. 碗（2006SBJ3：3）

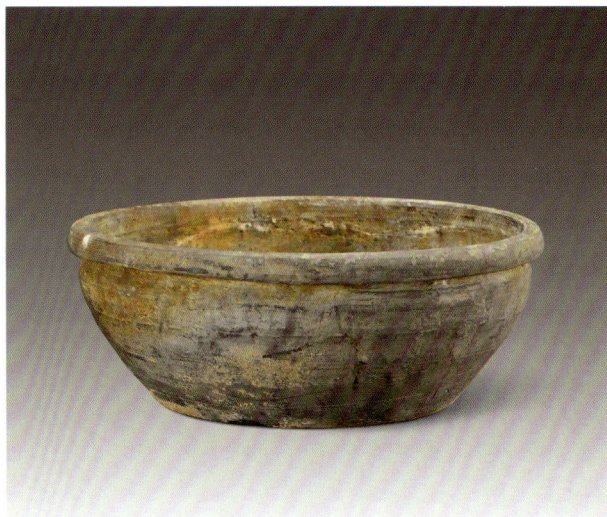

2. 盆（2006SBT5⑦：252）

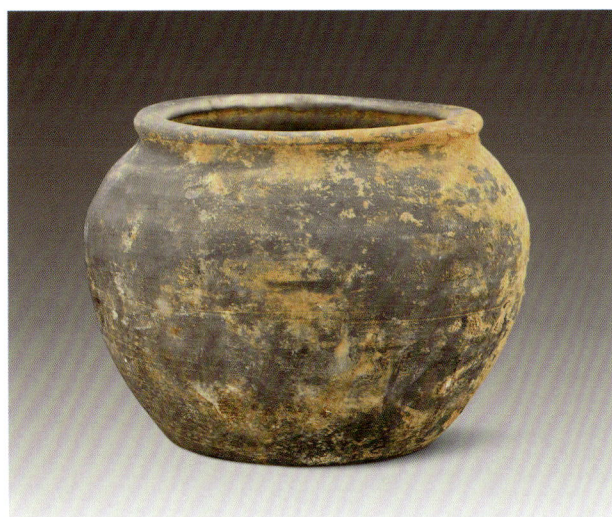

3. 罐（2006SBT5⑦：251）

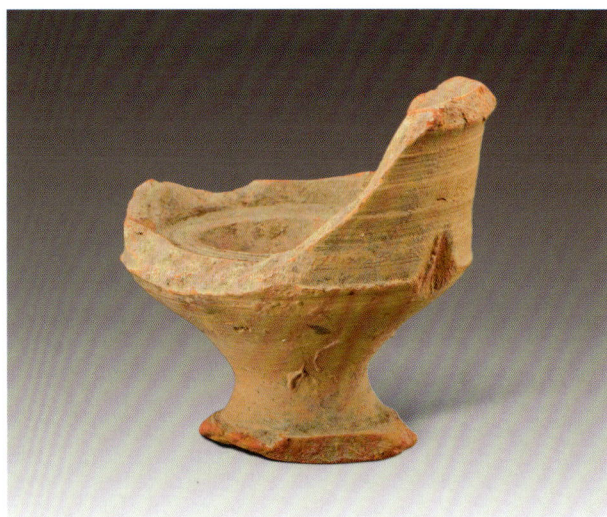

4. 炉（2006SBT5①：84）

5. 灰陶铺满（2006SBT5⑦：172）

6. 砚（2006SBT5⑧：864）

陶器

1. 网坠（2006SBT5①：83）

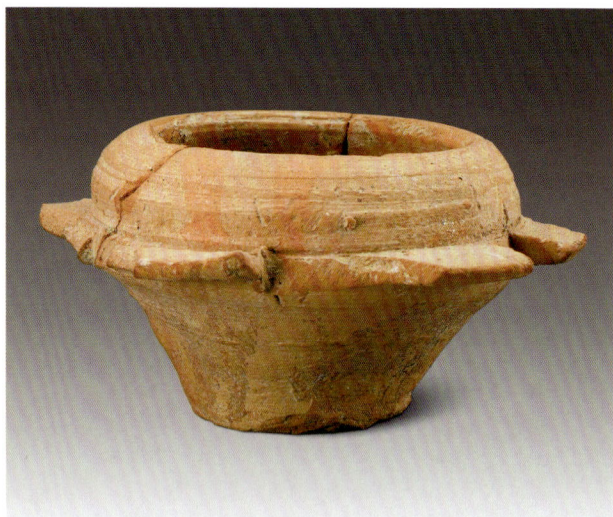

2. 红陶釜（2006SBT5⑦：61）

3. 印模（2006SBT5⑦：145）

4. 铃（2006SBT5⑧：315）

5. 纺轮（2006SBT5⑧：403）

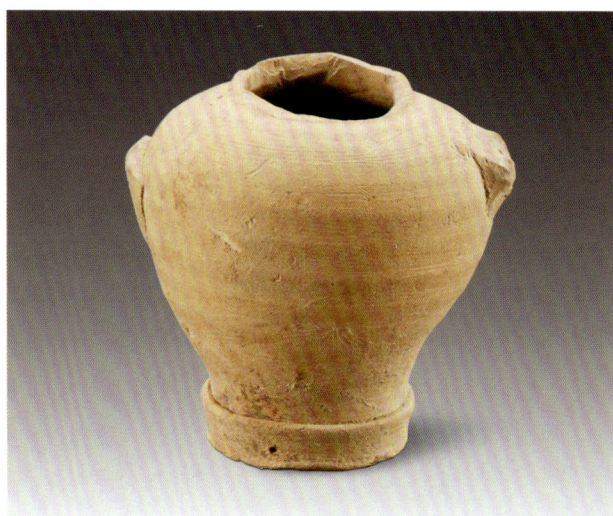

6. 执壶（2006SBT5⑧：856）

陶器

1. 开元通宝（2006SBT5①：90-4）

2. 景德元宝（2006SBT5⑦：223-5）

3. 宋元通宝（2006SBT5①：91-3）

4. 大观通宝（2006SBT5①：90-1）

5. 淳化元宝（2006SBT5⑧：782-1）

6. 祥符元宝（2006SBT5③：14-3）

铜钱

1. 至道元宝（2006SBT5①：91-24）

2. 天禧通宝（2006SBT5⑦：223-10）

3. 咸平元宝（2006SBT5①：91-5）

4. 天圣元宝（2006SBT5①：90-20）

5. 皇宋通宝（2006SBJ1：7）

6. 治平元宝（2006SBT5①：91-10）

铜钱

1. 熙宁元宝（2006SBT5⑤：16-6）

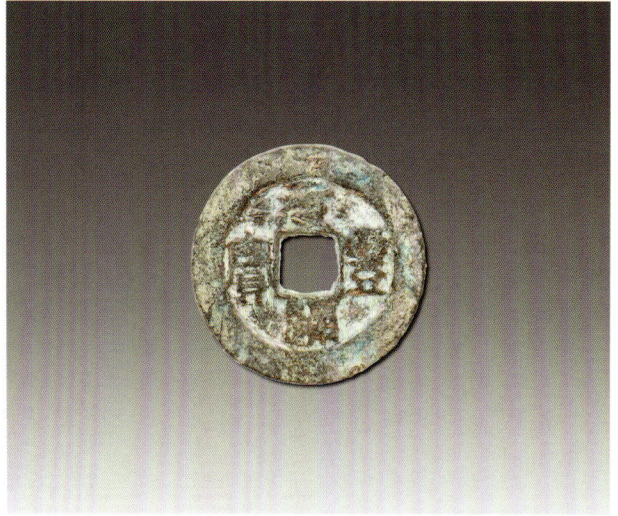

2. 元丰通宝（2006SBT5①：90-9）

3. 元祐通宝（2006SBT5①：90-10）

4. 绍圣元宝（2006SBT5①：91-2）

5. 圣宋元宝（2006SBT5①：90-19）

6. 崇宁重宝（2006SBT5⑥：70-2）

铜钱